Abordo

ABOUT THE AUTHORS

Conrad J. Schmitt

Conrad J. Schmitt received his B.A. degree magna cum laude from Montclair State College, Upper Montclair, NJ. He received his M.A. from Middlebury College, Middlebury, VT. He did additional graduate work at Seton Hall University and New York University.

Mr. Schmitt has taught Spanish and French at the elementary, junior, and senior high school levels. He was Coordinator of Foreign Languages for Hackensack, New Jersey, Public Schools. He also taught Spanish at Upsala College, East Orange, NJ; Spanish at Montclair State College; and Methods of Teaching a Foreign Language at the Graduate School of Education, Rutgers University, New Brunswick, NJ. He was editor-in-chief of Foreign Languages and Bilingual Education for McGraw-Hill Book Company and Director of English language Materials for McGraw-Hill International Book Company.

Mr. Schmitt has authored or co-authored more than eighty books, all published by Glencoe, a division of Macmillan/McGraw-Hill, or by McGraw-Hill. He has addressed teacher groups and given workshops in all states of the U.S. and has lectured and presented seminars throughout the Far East, Europe, Latin America, and Canada. In addition, Mr. Schmitt has travelled extensively throughout Spain, Central and South America, and the Caribbean.

Protase E. Woodford

Protase "Woody" Woodford has taught Spanish at all levels from elementary school through graduate school. At the Educational Testing Service in Princeton, NJ, he was Director of Test Development, Director of Language Programs, Director of International Testing Programs and Director of the Puerto Rico Office. He was appointed "Distinguished Linguist" at the U.S. Naval Academy in 1988. He is the author of over two dozen Spanish and English language textbooks for schools and colleges. He has served as a consultant to the American Council on the Teaching of Foreign Languages (ACTFL), The National Assessment of Educational Progress, The College Board, the United Nations Secretariat, UNESCO, the Organization of American States, the U.S. Office of Education, the United States Agency for International Development (AID), the World Bank, the Japanese Ministry of International Trade and Industry, and many ministries of education in Asia, Latin America, and the Middle East. In 1994 he was invited to chair the National Advisory Council on Standards in Foreign Language Education.

GLENCOE SPANISH 2

A bordo

Protase E. Woodford

Conrad J. Schmitt

GLENCOE

Macmillan/McGraw-Hill

New York, New York   Columbus, Ohio   Mission Hills, California   Peoria, Illinois

Send all inquiries to:

Glencoe Division, Macmillan/McGraw-Hill
15319 Chatsworth Street
P.O. Box 9609
Mission Hills, CA 91346-9609

ISBN 0-02-646073-4

1 2 3 4 5 6 7 8 9 RRW 98 97 96 95 94 93

CONTENTS

Introduction   T 7

Features and Benefits   T 8

Interdisciplinary Readings: *Fondo Académico*   T 15

Series Components   T 16

A bordo, Organization of the Student Textbook   T 17

Suggestions for teaching the Student Textbook   T 20

Organization of the Teacher's Wraparound Edition   T 26

Additional Ancillary Components   T 31

Cooperative Learning   T 35

Suggestions for Correcting Homework   T 38

Student Portfolios   T 39

Pacing   T 40

Useful Classroom Words and Expressions   T 43

Additional Spanish Resources   T 45

INTRODUCTION

Welcome to **Glencoe Spanish**, the junior high and high school Spanish series from the Glencoe Division of Macmillan/McGraw-Hill School Publishing Company. Every element in this series has been designed to help you create an atmosphere of challenge, variety, cooperation and enjoyment for your students. From the moment you begin to use **Glencoe Spanish**, you will notice that not only is it packed with exciting, practical materials and features designed to stimulate young people to work together towards language proficiency, but that it goes beyond by urging students to use their new skills in other areas of the curriculum.

Glencoe Spanish uses an integrated approach to language learning. From the introduction of new material, through reinforcement, evaluation and review, the series' presentations, exercises and activities are designed to span all four language skills. Another characteristic of this series is that students use and reinforce these new skills while developing a realistic, up-to-date awareness of Hispanic culture. **Glencoe Spanish** incorporates a new feature in which Spanish is used as the medium of instruction for a series of interdisciplinary presentations in the areas of natural sciences, social sciences, and the arts and humanities. The Teacher's Wraparound Edition you are reading has been developed based on the advice of experienced foreign language educators throughout the United States in order to meet your needs as a teacher both in and out of the foreign language classroom. Here are some of the features and benefits which make **Glencoe Spanish** a powerful set of teaching tools:

- flexible format
- student-centered instruction
- balance among all four language skills
- contextualized vocabulary
- thorough, contextual presentation of grammar
- an integrated approach to culture

FEATURES AND BENEFITS

Flexible Format While we have taken every opportunity to use the latest in pedagogical developments in order to create a learning atmosphere of variety, vitality, communication and challenge, we have also made every effort to make the **Glencoe Spanish** series "teacher-friendly." And this is where flexibility comes in.

Although the Student Textbook and the Teacher's Wraparound Edition provide an instructional method, every minute of every class period is not laid out. Plenty of room has been built in for you the teacher to be flexible: to draw on your own education, experience and personality in order to tailor a language program that is suitable and rewarding for the individual "chemistry" of each class.

A closer look at the most basic component, the Student Textbook, serves as an example of this flexibility. Each chapter opens with two sections of vocabulary (*Vocabulario: Palabras 1* and *Palabras 2*) each with its own set of exercises. *Vocabulario* is followed by *Estructura,* consisting of a series of grammar points, each with accompanying exercises. But there is nothing which says that the material must be presented in this order. The items of vocabulary and grammar are so well integrated that you will find it easy, and perhaps preferable, to move back and forth between them. You may also wish to select from the third and fourth sections of each chapter (the *Conversación* and *Lectura y Cultura* sections) at an earlier point than that in which they are presented, as a means of challenging students to identify or use the chapter vocabulary and grammar to which they have already been introduced.

These options are left to you. The only requirement for moving successfully through the Student Textbook is that the vocabulary and grammar of each chapter eventually be presented in their entirety, since each succeeding chapter builds on what has come before.

In the Student Textbook, there is a marked difference between learning exercises (*Ejercicios*) and communication-based activities (*Comunicación*), both of which are provided in each chapter. The former serve as their name implies, as exercises for the acquisition and practice of new vocabulary and structures, while the latter are designed to get students communicating in open-ended contexts using the Spanish they have learned. You can be selective among these, depending on the needs of your students.

The abundance of suggestions for techniques, strategies, additional practice, chapter projects, independent (homework) assignments, informal assessment, and more, which are provided in this Teacher's Wraparound Edition—as well as the veritable banquet of resources available in the wide array of ancillary materials provided in the series—are what make **Glencoe Spanish** truly flexible and "teacher-friendly." They provide ideas and teaching tools from which to pick and choose in order to create an outstanding course.

Student-Centered Instruction Glencoe Spanish Today's classroom is comprised of students who have different learning styles, special needs, and represent different cultural backgrounds. The emphasis on student-centered instruction provided by **Glencoe Spanish** allows the teacher to capitalize and deal positively with such diversity and encourage students to become involved in their own learning.

Glencoe Spanish anticipates the requirements of today's classroom by offering ideas for setting up a cooperative learning environment for students. Useful suggestions to this end accompany each chapter, under the heading Cooperative Learning, in the bottom margin of the Teacher's Wraparound Edition. Additional paired and group activities occur in the Student Textbook (*Comunicación*), and in other headings such as Additional Practice in the Teacher's Wraparound Edition.

Besides cooperative learning strategies, **Glencoe Spanish** contains many other student-centered elements that allow students to expand their learning experiences. Here are some examples: suggestions are offered in the Teacher's Wraparound Edition for out-of-class chapter projects on topics related to the chapter theme. In Level 1, there is a topic called "For the Younger Student," activities aimed primarily at stimulating the middle school/junior-high student.

In the Student Textbook, new grammatical material is divided into "bite-sized" lessons, so as not to be intimidating. The Writing Activities Workbook provides a self-test after every fourth chapter, so that students can prepare alone or in study groups for teacher-administered quizzes and tests. The Audio Cassette Program allows students to work at their own pace, stopping the tape whenever necessary to make directed changes in the language or to refer to their activity sheets in the Student Tape Manual. The Computer Software element consists of not only a Test Generator for the teacher, but a Practice Generator for students, with which they can practice vocabulary and grammar items at their own pace.

These and other features discussed elsewhere in this Teacher's Manual have been designed with the student in mind. They assure that each individual, regardless of learning style, special need, background, or age, will have the necessary resources for becoming proficient in Spanish.

Balance Among All Four Language Skills
Glencoe Spanish provides a balanced focus on the listening, speaking, reading, and writing skills throughout all phases of instruction. It gives you leeway if you wish to adjust the integration of these skills to the needs of a particular individual, group or class. Several features of the series lend themselves to this: the overall flexibility of format, the abundance of suggested optional and additional activities and the design of the individual activities themselves. Let's look at some sections of a typical chapter as examples of the other two characteristics mentioned.

If the suggested presentation is followed, students are introduced to new words and phrases in *Vocabulario* by the teacher, and/or by the audio cassette presentation. The focus is on listening and speaking through modeling and repetition. The *Ejercicios* which accompany the *Vocabulario* section can be done with books either closed (accentuating listening and speaking) or open (accentuating reading, listening and speaking). However, these *Ejercicios* can just as well be assigned or reassigned as written work if the teacher wishes to have the whole class or individuals begin to concentrate on reading and writing. Throughout the *Vocabulario* section, optional and additional reinforcement activities are suggested in the Teacher's Wraparound Edition. These suggestions address all four language skills. Later in each chapter, students are asked to combine the material learned in *Vocabulario* with material from the grammar section (*Estructura*) using a combination of listening, reading, writing, and speaking skills in the process.

Reading and writing activities are brought into play early in the **Glencoe Spanish** series. The authors realize that communication in Spanish includes the use of reading and writing skills and that these skills are indispensable for the assimilation and retention of new language and the organization of thought. Students are launched into writing, for example, as early as Level 1, Chapter 1, through the use of brief assignments such as lists, labeled diagrams, note taking or short answers. Longer writing activities are added in later chapters. These textbook activities are further reinforced in the Writing Activities Workbook.

Let's take a closer look at how each of the four skills is woven into the Student Textbook, the Teacher's Wraparound Edition and the ancillary materials.

Listening You the teacher are the primary source for listening, as you model new vocabulary, dialogues, structure and pronunciation, share your knowledge of Spanish culture, history and geography, talk to students about their lives and your own, or engage in culturally oriented activities and projects. It is your ability to use Spanish as much as possible with your students, both in and outside of the classroom, which determines how relevant and dynamic their learning experience will be.

Glencoe Spanish offers numerous ways in which to develop the listening skill. There are teacher-focused activities, which provide the consistent modeling that students need. Teachers who use the Audio Cassette Program will find that these recordings help students become accustomed to a variety of voices, as well as rates of speech. And activities in which students interact with each other develop listening spontaneity and acuity.

In the Student Textbook, new vocabulary will be modeled by the teacher. Students' attention on the sounds of the new words can be maximized by presenting this material with books closed and using the Vocabulary Transparencies to convey meaning. Following each *Palabras* segment are several *Ejercicios* for practicing the new vocabulary. These can also be done with books closed. After the two *Palabras* segments comes *Comunicación,* in which students may work in pairs or groups and must listen to each other in order to find information, take notes or report to others on what was said in their group. In *Estructura,* students listen as the teacher models new grammatical material and then are given a chance to practice each Structure in several *Ejercicios.* Once again, closing the book will provide increased focus on the listening skill. The next section of each chapter is *Conversación,* in which a real-life dialogue is modeled either by the teacher or by playing the recorded version from the Audio Cassette Program. The dialogue is followed by several communication-based activities, where students must listen to and interact with their peers. In **Bienvenidos** (Level 1), *Conversación* also contains a *Pronunciación* segment, covering an aspect of pronunciation related to the chapter material. Here again, students will be listening either to teacher or recorded models. The last section of each

chapter, *Culminación,* offers more listening-intensive activities *(Comunicación oral)* where students must be able to understand what their partners say in order to play out their role.

In addition to the Student Textbook, the Teacher's Wraparound Edition offers several other listening-based activities correlated to the chapters. Some of these listening activities are "Total Physical Response" (Level 1) and "Pantomime" (Level 2). Here students must perform an action after listening to a spoken command. There are further listening-based activities suggested under the heading "Cooperative Learning" and often under "Additional Practice," both of which occur in the bottom margins in each Teacher's Wraparound Edition chapter.

The Audio Cassette Program has two main listening components. The first is practice-oriented, wherein students further reinforce vocabulary and grammar, following directions and making changes in utterances. They can self-check their work by listening to the correctly modeled speech, which are supplied after a pause.

The second part of the program places more attention on the receptive listening skills. Students listen to language in the form of dialogues, announcements, or advertisements— language delivered at a faster pace and in greater volume—and then are asked to demonstrate their understanding of the main ideas and important details in what they have heard. The Student Tape Manual contains activity sheets for doing this work. The Teacher's Edition contains the complete transcript of all audio materials to assist you in laying out listening tasks for your class.

More listening practice is offered through the Video Cassette Program. This material corresponds to and enriches that in the Student Textbook, and gives students a chance to hear variations of the language elements they have been practicing, as spoken by a variety of native speakers from different parts of Latin America and Spain. Students' listening comprehension can be checked and augmented by using the corresponding print activities in the Video Activities Booklet.

Speaking Most of the areas of the Student Textbook and the Teacher's Wraparound Edition mentioned above simultaneously develop the speaking skill. After hearing a model in the

Vocabulario or *Estructura* sections, students will repeat it, either as a whole class, in small groups, or as individuals. From these modeled cues, they will progress to visual ones, supplied by the Vocabulary Transparencies or the photos and graphics in the textbook. The real thrust in the *Ejercicios* accompanying these two sections is to get students to produce this new material actively. Then, in *Comunicación,* students have the opportunity to adapt what they have learned by asking for and giving information to their classmates on a given topic. Here, and in the *Conversación* sections, students are engaged in meaningful, interesting sessions of sharing information, all designed to make them want to speak and experiment with the language. The suggestions in the "About the Language" feature in the Teacher's Wrap-around Edition enrich speaking skills by offering variants of expressions and speech mannerisms currently popular in Hispanic culture, especially among teenagers, so that from the start your students will be accustomed to speaking in a way that is accurate and reflective of contemporary Spanish. In Level 1, Chapter 1, for example, this feature discusses the variations of *muchacho(a) /chico(a),* the difference between *bolígrafo* and *pluma,* and provides information on the use and formation of nicknames, among other things. Previously presented material is constantly recycled in the communication-based activities, so that students' speaking vocabularies and knowledge of structure are always increasing. For this purpose, beginning with Level 1, Chapter 3, each *Culminación* section contains a *Reintegración* segment. The length of speech is increased over time, so that when students complete Level 1 (*Bienvenidos*) they will have acquired an appreciation of the intonation and inflection of longer streams of language. To assist you in fine-tuning your students' speech patterns, the *Pronunciación* section occurs in each chapter of Level 1.

The speaking skill is stressed in the first part of each recorded chapter of the Audio Cassette Program, where pauses are provided for the student to produce directed, spoken changes in the language. This is an excellent opportunity for those students who are self-conscious about speaking out in class to practice speaking. The Audio Cassette Program gives these students a chance to work in isolation. The format of making a change in the language, uttering the change and then listening for the correct model improves the speaking skill. The Audio Cassette Program can serve as a confidence-builder for self-conscious students, allowing them to work their way gradually into more spontaneous speech with their classmates.

The packet of Situation Cards provides students with yet another opportunity to produce spoken Spanish. They place the student into a contextualized, real-world situation. Students must ask and/or answer questions in order to perform successfully.

Reading Each chapter of the Student Textbook has readings based on the chapter theme. The first reading *Lectura y Cultura* is accompanied by a comprehension check and an exercise called *Estudio de palabras,* which focuses on useful strategies for vocabulary-building and recognizing word relationships, which students can carry over into other readings. The second reading, *Descubrimiento Cultural,* is optional and is to be read for more specific and detailed information about the theme of the chapter and as a stimulus for discussion on this theme. In the next section of each chapter, *Realidades,* students again use their reading skills albeit to a lesser degree. While the *Realidades* section is primarily visual in nature, students nevertheless are referred to numbered captions to learn more about the photographs shown in this two-page spread.

After every four chapters of the Student Textbook, **Glencoe Spanish** provides a unique section called *Fondo Académico.* This presentation is designed to use reading as a means of bridging the gap between Spanish and other areas of the curriculum. Three separate readings are offered, one in each of the three areas of natural sciences, social sciences, and arts and humanities. Here students have a chance to stretch their reading abilities in Spanish by reading basic information they may have already learned in other academic subjects. Although the material has been carefully written to include themes (as well as words and structures) which students have learned in previous chapters, it contains the most challenging readings. The *Fondo Académico* sections are optional.

The Writing Activities Workbook offers additional readings under the heading *Un Poco*

Más. These selections and the accompanying exercises focus on reading strategies such as cognate recognition, related word forms and the use of context clues.

In addition to the reading development above, students are constantly presented with authentic Spanish texts such as announcements from periodicals, telephone listings, transportation schedules, labeled diagrams, floor plans, travel brochures, school progress reports and many others, as sources of information. Sometimes these documents serve as the bases for language activities, and other times they appear in order to round out a cultural presentation, but, in varying degrees, they all require students to apply their reading skills.

Writing Written work is interwoven throughout the language learning process in **Glencoe Spanish**. The exercises, which occur throughout the *Vocabulario* and *Estructura* sections of each chapter in the Student Textbook are designed in such a way that they can be completed in written form as well as orally. Frequently, you may wish to reassign exercises which you have gone through orally in class as written homework. The Teacher's Wraparound Edition makes special note of this under the topic "Independent Practice". At the end of each chapter of the Student Textbook, direct focus is placed on writing in the *Culminación* section, under the heading *Comunicación escrita.* Here there are one or more activities that encourage students to use the new vocabulary and structure they have learned in the chapter to create their own writing samples. These are short, and may be descriptive, narrative, argumentative, analytical or in the form of dialogues or interviews. Often a context is set up and then students are asked to develop an appropriate written response.

The Writing Activities Workbook is the component in which writing skills receive the most overt attention. All of the exercises in there require writing. They vary in length from one-word answers to short compositions. They are designed to focus on the same vocabulary and grammar presented in the corresponding chapter of the Student Textbook, but they are all new and all contextualized around fresh visual material or situational vignettes. Since they often have students making lists, adding to charts and labeling, they provide an excellent

means for them to organize the chapter material in their minds and make associations which will help them retain it. As students' knowledge of Spanish increases, longer written pieces are required of them. One workbook section entitled *Mi Autobiografía* has students write installments of their own autobiographies. This is an effective way of stretching student writing skills. It also challenges students to personalize the Spanish they have been studying.

Students are also asked to make implicit use of writing almost everywhere in the series. They are constantly taking notes, listing, categorizing, labeling, summarizing, comparing or contrasting on paper. Even the Audio Cassette Program and the Video Cassette Program involve students in writing through the use of activity sheets. By choosing among these options, you can be sure that your students will receive the practice they need to develop their writing skills successfully.

Contextualized Vocabulary

From the moment students see new words at the beginning of each chapter in **Glencoe Spanish**, they see them within an identifiable context. From the start, students learn to group words by association, thereby enhancing their ability to assimilate and store vocabulary for long-term retention. This contextualization remains consistent throughout the practice, testing and recycling phases of learning.

In the *Vocabulario* section, each of the *Palabras* segments contains a short exchange or a few lead-in sentences or phrases which, together with interesting, colorful visuals, establish the context of the topic. Other vocabulary items which occur naturally within this topic are laid out among additional visuals, often as labels. The result is that students see at a glance the new language set into a real-life situation which provides "something to talk about"—a reason for using it. The accompanying exercises enrich this context. Each *ejercicio* practice item is related to the others within the set, so that when taken together they form a meaningful vignette or story. In other sections of the chapter, these words and phrases are reintroduced frequently.

Moreover, future chapters build on vocabulary and grammar from previous ones. Chapter themes introduced in Level 1 are reintroduced in Level 2 along with additional related vocabulary. Special attention has been given vocabulary in the reading sections of the series as well. For example, in *Lectura y Cultura*, students are encouraged to stretch their vocabularies in order to get as much meaning as possible from the selections. In addition to glossed words and frequent use of cognate recognition, the corresponding *Estudio de palabras* is there to help them with this. Another example is the *Fondo Académico* section after every four chapters. The selections here include glossaries of the most important new vocabulary items, and the accompanying activities put implicit understanding of vocabulary to the test.

Thorough, Contextual Presentation of Grammar

A quick look through the chapters of *Bienvenidos* (Level 1) and *A bordo* (Level 2) will show the role grammar plays in the overall approach of the **Glencoe Spanish** series. Although grammar is by no means the driving force behind the series, it is indeed an important aspect. In **Glencoe Spanish**, grammar is presented as one of seven sections in each chapter. What makes this series particularly effective is that, as well as being thorough, the presentation of grammar runs concurrent with, and is embedded in, the chapter-long situational themes. Students are presented with Spanish structure both directly, as grammar, and also as a set of useful functions that will aid them in communication, in expanding and improving their Spanish across the four skills, and in learning about Hispanic culture as well as other areas of the school curriculum. Another important series characteristic is that the presentation of grammar has been divided into short, coherent "doses," which prevent grammar from becoming overwhelming to the student.

As you use this series you will see as you teach the various grammar topics that student interest remains high because each exercise relates to a communicative topic and the format always varies. As is the case with the vocabulary exercises, the individual practice items in the grammar section are related to each other contextually, in order to heighten student interest.

You will find that it is easy to move in and out of the teaching of grammar, dipping into the other sections of a chapter or other components as you see fit. The grammar segments are short and intelligently divided. Each one provides a good sense of closure if they are taught in one section they are included as much as possible in the others; and they have a coherent contextual theme.

Aside from the Student Textbook and Teacher's Wraparound Edition, with their focus on grammar in the *Estructura* section of each chapter and in the *Repaso* after every four chapters, **Glencoe Spanish** offers students opportunities to practice grammar in other components as well. Chapter by chapter, the Writing Activities Workbook provides ample tasks in which students must put to writing the new structures on which they have been working in class. The Audio Cassette Program includes recorded sections in every chapter of the Student Tape Manual which correspond directly to *Estructura* in the Student Textbook. The Computer Software Program's Practice Generator contains additional grammar-based exercises. Students' knowledge of grammar is evaluated in the Chapter Quizzes and in the Testing Program. And each grammatical structure is practiced in other components, such as the Communication Activities Masters, Situation Cards and Video Cassette Program.

An Integrated Approach to Culture

True competence in a foreign language cannot be attained without simultaneous development of the awareness of the culture in which the language is spoken. That is why **Glencoe Spanish** places such great importance on culture. Accurate, up-to-date information on Hispanic culture is present either implicitly or explicitly throughout every phase of language learning and in every component of the series.

The presentation of Spanish in each chapter of the Student Textbook is embedded in running contextual themes, and these themes richly reflect the varied cultures of Hispanic America, Spain and Hispanic communities in the U.S. Even in chapter sections which focus primarily on vocabulary or grammar, the presence of culture comes through in the language used as examples or items in exercises, as well as in the content of the accompanying illustrations, photographs, charts, diagrams, maps or other reproductions of authentic documents in Spanish. This constant, implicit inclusion of cultural information creates a format which not only aids in the learning of new words and structures, but piques student interest, invites questions and stimulates discussion of the people behind the language.

Many culturally oriented questions raised by students may be answered in the two sections devoted to culture: *Lectura y Cultura* and *Realidades*. Through readings, captioned visuals and guided activities, these sections provide fundamental knowledge about such topics as family life, school, restaurants, markets, sports, transportation, food, hotels, offices and hospitals, among many others. This information is presented with the idea that culture is a product of people—their attitudes, desires, preferences, differences, similarities, strengths and weaknesses—and that it is ever changing. Students are always encouraged to compare or contrast what they learn about Hispanic culture with

their own, thereby learning to think critically and progress towards a more mature vision of the world. For more information on this unique feature, see the Teacher's Manual section immediately following, and also the section entitled ORGANIZATION OF THE STUDENT TEXTBOOK.

All of the cultural material described in the Student Textbook can be augmented by following a variety of suggestions in the Teacher's Wraparound Edition. There are guidelines for culturally rich instruction and activities, as well as useful, interesting facts for the teacher, under headings such as Chapter Projects, Geography Connection, History Connection, Critical Thinking Activity, Did You Know?, and others. Throughout the TWE there are sections entitled About the Language. In each of these sections, teachers are given regional differences for lexical items such as *el carril, la pista, la vía, la banda,* and *el canal* for lane of a highway, or *el autobús, la guagua, el camión,* and *el micro* for a bus. In addition to lexical regionalisms, explanations are given for structural variations: *contestar* vs. *contestar a*; *jugar* vs. *jugar a*.

INTERDISCIPLINARY READINGS:
FONDO ACADÉMICO

This distinctive feature of **Glencoe Spanish** allows students to use their Spanish skills to expand their knowledge in other areas of the school curriculum. The interdisciplinary readings, called *Fondo Académico,* occur in the Student Textbook after chapters 4, 8, 12, and 16. They consist of three different readings on topics chosen from the natural sciences, the social sciences and the arts and humanities. Each reading topic is accompanied by pre- and post-reading activities. In the *Fondo Académico* sections, students may read about the metric system, for example (Level 1, pages 352 and 353): the history of its development, the values of its respective units and how it compares to the English system. They may read and talk about great Spanish painters, such as Velázquez and Goya (Level 1, pages 124, 240 and 241), and learn details which help to put the work of these artists in perspective *vis à vis* other major events in world history. Or they may learn about what effects the arrival of the Europeans to the New World had on what the world eats (Level 2, pages 110 and 111). Aside from providing basic information about the above topics—*Diego Velázquez es un importante pintor clásico* (Level 1, page 124), for example— the readings have a Hispanic perspective. They include insights that students might not receive if they were reading about the same topic in an American textbook. In the selection about Velázquez, for example, we read: *En el siglo XVII Flandes es parte del imperio español* (Level 1, page 241). By using these interdisciplinary *Fondo Académico* readings, you can open up two-way avenues of exchange between the Spanish classroom and other subject areas in the school curriculum. These readings will also allow your students to exercise critical thinking skills, draw conclusions, and begin to interrelate the knowledge coming to them from fields which they formerly considered unrelated to Spanish. Perhaps the social studies, art, or science teachers in your school will have the pleasure of hearing from your students, "I learned in Spanish class that..." or conversely, students will have outside knowledge about a topic to bring to discussions in your class.

It is hoped that these readings with interdisciplinary content will make this kind of cognitive connection more common in the overall learning process. Of course, students are building their Spanish language skills while learning about the other subject areas. The selections in *Fondo Académico* recycle as much as possible the structures and vocabulary from previous chapters. Glossed words contribute to vocabulary-building, while the accompanying activities encourage discussion in Spanish around the topic.

SERIES COMPONENTS

In order to take full advantage of the student-centered, "teacher-friendly" curriculum offered by **Glencoe Spanish**, you may want to refer to this section to familiarize yourself with the various resources the series has to offer. Both Levels 1 and 2 of **Glencoe Spanish** contain the following components:

- Student Edition
- Teacher's Wraparound Edition
- Writing Activities Workbook & Student Tape Manual, Student Edition
- Writing Activities Workbook, Teacher's Annotated Edition
- Student Tape Manual, Teacher's Edition (tapescript)
- Audio Cassette Program
- Overhead Transparencies
- Video Cassette Program
- Computer Software: Practice and Test Generator
- Communication Activities Masters
- Bell Ringer Review Blackline Masters
- Situation Cards
- Chapter Quizzes with Answer Key
- Testing Program with Answer Key

A BORDO: ORGANIZATION OF
THE LEVEL 2 STUDENT TEXTBOOK

Initial Review The Level 2 textbook begins with six review sections, A through F which together make up the initial Repaso. These sections review all of the salient grammatical points and vocabulary topics presented in Level 1 (*Bienvenidos*). Review sections A, B, and C reintroduce content that was presented in Level 1, Chapters 1-8. Review sections D, E, and F review material that was presented in Level 1, Chapters 9-18. The Overview topic in the corresponding Teacher's Wraparound Edition points out more specifically which grammar topics and vocabulary are being reviewed in each of these sections. For example, *Repaso* section A reviews vocabulary needed to describe people, school and home (Level 1, Chapters 1 through 4). From a grammatical perspective, this section reviews agreement of adjectives, the present of the verbs *ser, ir, dar* and *estar* and the contractions *al* and *del*. (Level 1, Chapters 1 through 4). Each initial *Repaso* section includes practice exercises and activities to help students further internalize these review topics.

Following the initial *Repaso*, each chapter of **A bordo** is divided into the following sections:

- *Vocabulario (Palabras 1 & Palabras 2)*
- *Estructura*
- *Conversación*
- *Lectura y Cultura*
- *Realidades*
- *Culminación*

After every fourth chapter, the following special sections appear:

- *Nuestro Mundo*
- *Repaso*
- *Fondo Académico* (interdisciplinary readings)

Vocabulario The new vocabulary is laid out in two segments, *Palabras 1* and *Palabras 2*. Each of these presents new words in a cultural context in keeping with the theme of the chapter. Ample use is made of labeled illustrations to convey meaning and to provide an interesting introduction to the new vocabulary. The contextual vignettes into which the vocabulary items are embedded make use of the same grammatical structures which will be formally addressed in the chapter, and recycle words and structures from previous chapters. Accompanying each *Palabras* segment is a series of *Ejercicios* requiring students to use the new words in context. These *Ejercicios* employ techniques such as short answer, matching, multiple choice and labeling. They are always contextual, forming coherent vignettes, and they lend themselves well to any variations you might wish to apply to their delivery (books open, books closed, done as a class, in groups or pairs, or written for homework). Wrapping up the *Vocabulario* section is *Comunicación*, a segment consisting of communication-based activities which combine the new words from both *Palabras* sections. These are more open-ended activities, requiring students to personalize the new language by performing such tasks as gathering information from classmates, interviewing, taking notes, making charts or reporting to the class.

Estructura This is the grammar section of each chapter. It is conveniently and logically divided into two to four segments to aid in student assimilation of the material. Each segment provides a step-by-step description in English of how the new grammatical structure is used in Spanish, accompanied by examples, tables and other visuals. Each segment's presentation is followed by a series of flexible *Ejercicios,* designed along the same lines as those which accompany the *Vocabulario* section, and focusing on the grammar point. As in *Vocabulario,* the presentation of the new structures and the subsequent exercises is contextualized: examples as well as items in the exercises are never separate and unrelated, but always fit together in vignettes to enhance meaning. These vignettes are directly related to the overall chapter theme or a theme from a previous chapter. The *Estructura* section makes regular use of the new vocabulary from *Palabras 1* and *Palabras 2,* allowing for free interplay between these two sections of the chapter. This thorough yet manageable layout allows you to adapt the teaching of grammar to your students' needs and to your own teaching style.

Conversación Now that students have had a chance to see and practice the new items of vocabulary and grammar for the chapter, this section provides a recombined version of the new language in the form of an authentic, culturally rich dialogue under the heading *Escenas de la vida.* This can be handled in a variety of ways, depending on the teacher and the class and as suggested by accompanying notes in the Teacher's Wraparound Edition. Teacher modeling, modeling from the recorded version, class or individual repetitions, reading aloud by students, role-playing or adaptation through substitution are some of the strategies suggested. The dialogue is accompanied by one or more exercises which check comprehension and allow for some personalization of the material. Then students are invited once again to recombine and use all the new language in a variety of group and paired activities in the *Comunicación* section. New vocabulary and expressions are sometimes offered here, but only for the sake of richness and variation, and not for testing purposes. Every chapter in Level 1 also contains a *Pronunciación* segment which appears after the *Conversación* section. It

provides a guide to the pronunciation of one or more Spanish phonemes, a series of words and phrases containing the key sound(s), and an illustration which cues a key word containing the sound(s). These pronunciation illustrations are part of the Overhead Transparency package accompanying the series. *Pronunciación* can serve both as a tool for practice as students perform the chapter tasks, and as a handy speaking-skills reference to be used at any time.

Lectura y Cultura This is a reading about people and places from Hispanic America and Spain, offering further cultural input to the theme of the chapter and providing yet another recombination of the chapter vocabulary and grammar. As is always the case with **Glencoe Spanish**, material from previous chapters is recycled. Following the reading and based on it is *Estudio de palabras*—an exercise that gives students a chance to experiment with and expand their Spanish vocabularies by using strategies such as searching for synonyms, identifying cognates, completing cloze exercises, matching and others. Next comes a series of comprehension exercises based on the reading *(Comprensión),* and finally the *Descubrimiento Cultural,* where more cultural information is offered. The *Descubrimiento Cultural* is optional in each chapter.

Realidades These pages are intended as brief but enjoyable visual insights into the Spanish-speaking world. The two pages of this section are filled with photographs of scenes that are pertinent to the chapter theme. Each photograph is identified with a caption, thereby providing some additional reading practice. Students are encouraged to formulate questions about what they see, and to compare and contrast elements of Hispanic culture with their own. The *Realidades* section is optional in each chapter.

Culminación This wrap-up section requires students to consolidate material from the present as well as previous chapters in order to complete the tasks successfully. *Culminación* provides an opportunity for students to assess themselves on their own and to spend time on areas in which they are weak. You the teacher can pick and choose from these activities as you see fit. The first segment of *Culminación* consists of *Comunicación oral,* where students must use the Spanish they have learned to talk about various aspects of themselves: likes, dislikes, favorite activities, hobbies or areas of expertise, among others. This is followed by *Comunicación escrita,* which encourages students to apply their knowledge of Spanish in written form. The *Reintegración* segment recalls selected items of vocabulary and grammar from previous chapters. It is short and not meant as a comprehensive review, but rather as a quick reminder of important words, expressions and structures. Finally, the vocabulary words and expressions taught in the current chapter are listed categorically under the heading *Vocabulario,* serving as a handy reference resource for both the student and the teacher.

Nuestro Mundo This feature occurs after chapters 4, 8, 12 and 16 in the Student Textbook. *Nuestro Mundo* presents students with bits of "hands on" realia taken from Hispanic newspapers, magazines and documents. Each piece of realia is accompanied by a variety of activities designed so that students must use their Spanish skills in order to understand what they see. In the *Nuestro Mundo* feature after Level 1, Chapter 4 for example, students are presented with an actual report card from a school in Chile. The accompanying activities have students answer direct questions about it, use critical thinking skills to talk about how the school might be organized and use context clues to guess at the meaning of some of the Spanish the report card contains.

Repaso This review section, designed to coincide with the more comprehensive Unit Tests in the Testing Program, occurs after chapters 4, 8, 12, and 16 in the Student Textbook. In each Repaso, the main vocabulary and grammar points from the previous four chapters are recycled through a variety of new exercises, activities and dialogues. While in the individual chapters new grammar was divided into smaller, "bite-sized" portions to aid in the planning of daily lessons and help students assimilate it, now it is reviewed in a more consolidated format. This allows students to see different grammatical points side by side for the first time, to make new connections

between the different points, and to progress toward a generative, "whole grammar." For example, in the first Repaso following Level 2, Chapter 4, formation of the imperfecto for several verbs, as well as a review of the uses of the imperfecto versus the pretérito are reviewed together on three pages, accompanied by explanations and various exercises. Previously these concepts were distributed over Chapters 1 through 4 of Level 2. Of course every possible combination of vocabulary and grammar does not reappear in the *Repaso*. However, by carefully going through these exercises and activities and referring to the preceding chapters, students will be encouraged to make necessary connections and extrapolations themselves and therefore develop a true, working knowledge of the Spanish they have studied. The *Repaso* is designed to be used by students studying alone, in unguided study groups or as a whole class with teacher guidance.

Fondo Académico This is a unique, interdisciplinary feature of **Glencoe Spanish** which allows students to use and expand upon the Spanish language skills they have been studying, while at the same time applying them to useful topics in the areas of the natural sciences, social studies and the arts and humanities. This material is presented in the form of three readings, one from each of the above areas, accompanied by photos and illustrations. To stimulate discussion and aid in comprehension, there are pre-reading and post-reading activities. The reading selections are more vocabulary intensive than those in the regular chapters. A Spanish-English glossary is provided for each one. The focus here is on the interdisciplinary content rather than the language itself. By engaging your students in some or all of these readings, you will encourage them to stretch their Spanish reading skills in order to obtain useful, interesting information which will be of great service to them in their other academic courses. And you will be giving students the opportunity to judge for themselves the added insight that the study of Spanish offers to their overall education.

SUGGESTIONS FOR TEACHING THE LEVEL 2 STUDENT TEXTBOOK

Teaching the Initial Review Chapter in Level 2

The first day of class, teachers may wish to reiterate the importance of the Spanish language, and reasons for continuing the learning process in the second year. Some suggestions are:

- Show students a map (the maps located in the back of the Student Textbook can be used) to remind them of the extent of the Spanish-speaking world.
- Have students discuss the areas within North America in which there is a high percentage of Spanish speakers. Ask them to name local Spanish-speaking sources including any individuals or groups they may know in their community.
- Make a list of place names such as San Francisco, Los Angeles, El Paso, Las Vegas, or names in your locality that are of Spanish origin.
- Explain to students the possibility of using Spanish in numerous careers such as: government, teaching, business, (banking, import/export), tourism, translating.
- The first day teachers will also want to find out whether their students used a Hispanic name in last year's Spanish class. If not, this is a good time to give students a Hispanic first name, or to let them take a new one, if they wish.

The *Repaso* sections A through F in *A bordo* are designed to give students a concise review of all the essential material taught in *Bienvenidos* (Level 1) in a systematic fashion. Each section is designed to take two or three days of instruction. *Repaso* Sections A, B and C review material from Level 1, Chapters 1 through 8; sections D, E and F review the content of Chapters 9 through 18. Depending upon the amount of material covered in first year Spanish, student aptitude, and your own teaching preference, you may decide to review some or all of the *Repaso* sections at the beginning of the school year. Many teachers will use the *Repaso* sparingly, delving into these sections as required in order to ensure a smooth transition into new material beginning with Chapter 1 of *A bordo*. Above all, we would urge you not to spend more than a few weeks on the *Repaso* before moving along to Chapter 1. It is always possible to return to these review sections later if necessary.

Teaching Various Sections of the Chapter

One of the major objectives of the **Glencoe Spanish** series is to enable teachers to adapt the material to their own philosophy, teaching style, and students' needs. As a result, a variety of suggestions are offered here for teaching each section of the chapter.

Vocabulario

The *Vocabulario* section always contains some words in isolation, accompanied by an illustration that depicts the meaning of the new word. In addition, new words are used in contextualized sentences. These contextualized sentences appear in the following formats: 1) one to three sentences accompanying an illustration, 2) a short conversation, 3) a short narrative or paragraph. In addition to teaching the new vocabulary, these contextualized sentences introduce, but do not teach, the new structure point of the chapter.

A vocabulary list appears at the end of each chapter in the Student Textbook.

General Techniques

- The Vocabulary Transparencies contain all illustrations necessary to teach the new words and phrases. With an overhead projector, they can easily be projected as large visuals in the classroom for those teachers who prefer to introduce the vocabulary with books closed. The Vocabulary Transparencies contain no printed words.
- All the vocabulary in each chapter (*Palabras 1 and Palabras 2*) is recorded on the Audio Cassette Program. Students are asked to repeat the isolated words after the model.

Specific Techniques

Option 1 Option 1 for the presentation of vocabulary best meets the needs of those teachers who consider the development of oral skills a prime objective.

- While students have their books closed, project the Vocabulary Transparencies. Point to the item being taught and have students repeat the word after you or the audio cassette several times. After you have presented several words in this manner, project the transparencies again and ask questions such as:
  ¿Es un teléfono celular?
  ¿Qué es?
  ¿Es el interlocutor?
  ¿Quién es? (Level 2, Chapter 1)
- To teach the contextualized segments in the *Palabras*, project the Vocabulary Transparency in the same way. Point to the part of the illustration that depicts the meaning of any new word in the sentence, be it an isolated sentence or a sentence from a conversation or narrative. Immediately ask questions about the sentence. For example, the following sentence appears in Level 2, Chapter 2, page 33: [Pablo] **hizo sus compras en el supermercado.**

Questions to ask are:
¿Pablo hizo sus compras en la carnicería o en el supermercado?
¿Quién hizo sus compras en el supermercado?
¿Dónde hizo Pablo sus compras?
¿Qué hizo Pablo en el supermercado?

- Dramatizations by the teacher, in addition to the illustrations, can also help convey the meaning of many words such as *cantar, bailar,* etc.
- After this basic presentation of the *Palabras* vocabulary, have students open their books and read the *Palabras* section for additional reinforcement.
- Go over the exercises in the *Palabras* section orally.
- Assign the exercises in the *Palabras* section for homework. Also assign the corresponding vocabulary exercises in the Writing Activities Workbook. If the *Palabras* section should take more than one day, assign only those exercises that correspond to the material you have presented.
- The following day, go over the exercises that were assigned for homework.

Option 2 Option 2 will meet the needs of those teachers who wish to teach the oral skills but consider reading and writing equally important.

- Project the Vocabulary Transparencies and have students repeat each word once or twice after you or the audio cassette.
- Have students repeat the contextualized sentences after you or the audio cassette as they look at the illustration.
- Ask students to open their books. Have them read the *Palabras* section. Correct pronunciation errors as they are made.
- Go over the exercises in each *Palabras* section.
- Assign the exercises of the *Palabras* section for homework. Also assign the vocabulary exercises in the Writing Activities Workbook.
- The following day, go over the exercises that were assigned for homework.

Option 3 Option 3 will meet the needs of those teachers who consider the reading and writing skills of utmost importance.

- Have students open their books and read the *Palabras* items as they look at the illustrations.
- Give students several minutes to look at the *Palabras* words and vocabulary exercises. Then go over the exercises.
- Go over the exercises the following day.

Expansion activities

Teachers may use any one of the following activities from time to time. These can be done in conjunction with any of the options previously outlined.

- After the vocabulary has been presented, project the Vocabulary Transparencies or have students open their books and make up as many original sentences as they can, using the new words. This can be done orally or in writing.
- Have students work in pairs or small groups. As they look at the illustrations in the textbook, have them make up as many questions as they can. They can direct their questions to their peers. It is often fun to make this a competitive activity. Individuals or teams can compete to make up the most questions in three minutes. This activity provides the students with an excellent opportunity to use interrogative words.
- Call on one student to read to the class one of the vocabulary exercises that tells a story. Then call on a more able student to retell the story in his/her own words.
- With slower groups you can have one student go to the front of the room. Have him or her think of one of the new words. Let classmates give the student the new words from the *Palabras* until they guess the word the student in the front of the room has in mind. This is a very easy way to have the students recall the words they have just learned.

Estructura

The *Estructura* section of the chapter opens with a grammatical explanation in English. Each grammatical explanation is accompanied by many examples. Verbs are given with complete paradigms. In the case of other grammar concepts such as the *imperfecto* versus the *pretérito*, many examples are given in order to

contrast these two past tenses. Irregular patterns are grouped together to make them appear more regular. For example, the subjunctive of verbs like pedir and poder are taught together in Chapter 12. Whenever the contrast between English and Spanish poses problems for students in the learning process, a contrastive analysis between the two languages is made. Two examples of this are the reflexive construction in Level 1 and the subjunctive in Level 2. Certain structure points are taught more effectively in their entirety and others are more easily acquired if they are taught in segments. An example of the latter is the presentation of the direct and indirect object pronouns. In Level 1, Chapter 10, the object pronouns *me, te, nos* are presented immediately followed by *lo, la, los, las* in Chapter 11, and *le, les* in Chapter 12. Both direct and indirect objects are then consolidated in Level 2 in the *Repasos* section, and are later recycled in chapter 5, and 6.

Learning exercises

The exercises that follow the grammatical explanation are presented from simple to more complex. In the case of verbs with an irregular form, for example, emphasis is placed on the irregular form, since it is the one students will most often confuse or forget. In all cases, students are given one or more exercises that force them to use all forms at random. The first few exercises that follow the grammatical explanation are considered **learning exercises** because they assist the students in grasping and internalizing the new grammar concept. These learning exercises are immediately followed by test exercises—exercises that make students use all aspects of the grammatical point they have just learned. This format greatly assists teachers in meeting the needs of the various ability levels of students in their classes. Every effort has been made to make the grammatical explanations as succinct and as complete as possible. We have purposely avoided extremely technical grammatical or linguistic terminology that most students would not understand. Nevertheless, it is necessary to use certain basic grammatical terms.

Certain grammar exercises from the Student Textbook are recorded on the Audio Cassette Program. Whenever an exercise is recorded, it is noted with an appropriate icon in the Teacher's Wraparound Edition.

The exercises in the Writing Activities Workbook also parallel the order of presentation in the Student Textbook. The Resource boxes and the Independent Practice topics in the Teacher's Wraparound Edition indicate when certain exercises from the Writing Activities Workbook can be assigned.

Specific Techniques for Presenting Grammar

Option 1 Some teachers prefer the deductive approach to the teaching of grammar. When this is the preferred method, teachers can begin the *Estructura* section of the chapter by presenting the grammatical rule to students or by having them read the rule in their textbooks. After they have gone over the rule, have them read the examples in their textbooks or write the examples on the chalkboard. Then proceed with the exercises that follow the grammatical explanation.

Option 2 Other teachers prefer the inductive approach to the teaching of grammar. If this is the case, begin the *Estructura* section by writing the examples that accompany the rule on the chalkboard or by having students read them in their textbooks. Let us take, for example, the positioning of direct object and indirect object pronouns when they are used together in a sentence. The examples the students have in their textbooks (Level 2, page 126) are:

Elena me dio el regalo.	Elena me lo dio.
Carlos nos preparó la comida.	Carlos nos la preparó.
Papá me compró los tenis.	Papá me los compró.
El profesor nos explicó las reglas.	El profesor nos las explicó.

In order to teach this concept inductively, teachers can ask students to do or answer the following:

- Have students identify the subjects of all the sentences.
- Have students find a pronoun which refers to a person in all the sentences.
- Ask: What do we call these pronouns which refer to people, but which are not the subjects of the sentences?

- Have students identify the direct objects in the sentences in the left column.
- Have students identify the direct objects in the sentences in the right column.
- Ask: What do we call these pronouns which have replaced the direct objects?
- Ask: How many object pronouns are there in each of the sentences in the right column?
- Ask: When a sentence has two object pronouns, which comes first, the direct object pronoun or the indirect object pronoun?
- Ask: Where do both of these pronouns occur in relation to the verb?

By answering these questions, students have induced, on their own, the rule from the examples. To further reinforce the rule, have students read the grammatical explanation and then continue with the grammar exercises that follow. Further suggestions for the inductive presentation of the grammatical points are given in the Teacher's Wraparound Edition.

Specific techniques for Teaching Grammar Exercises

In the development of the **Glencoe Spanish** series, we have purposely provided a wide variety of exercises in the *Estructura* section so that students can proceed from one exercise to another without becoming bored. The types of exercises they will encounter are: short conversations, answering questions, conducting or taking part in an interview, making up questions, describing an illustration, filling in the blanks, multiple choice, completing a conversation, completing a narrative, etc. In going over the exercises with students, teachers may want to conduct the exercises themselves or they may want students to work in pairs. The *Estructura* exercises can be done in class before they are assigned for homework or they may be assigned before they are done over. Many teachers may want to vary their approach.

All the *Ejercicios* and *Comunicación* activities in the Student Textbook can be done with books open. Many of the exercises such as question-answer, interview, and transformation can also be done with books closed.

Types of exercises

Question exercises The answers to many question exercises build to tell a complete story. Once you have gone over the exercise by calling on several students (Student 1 answers items numbered 1,2,3; Student 2 answers items numbered 4,5,6 etc.), you can call on one student to give the answers to the entire exercise. Now the entire class has heard an uninterrupted story. Students can ask one another questions about the story, give an oral synopsis of the story in their own words, or write a short paragraph about the story.

Personal questions or interview exercises

Students can easily work in pairs or teachers can call a student moderator to the front of the room to ask questions of various class members. Two students can come to the front of the room and the exercise can be performed as follows—one student takes the role of the interviewer and the other takes the role of the interviewee.

Repetition of a conversation

See Level 2, Chapter 4, page 89 as an example. After students complete the exercise, they can be given time either in class or as an outside assignment to prepare a skit for the class based on the conversation.

Conversación

Specific Techniques Teachers may wish to vary the presentation of the *Conversación* from one chapter to another. In some chapters, the dialogue can be presented thoroughly and in others it may be presented quickly as a reading exercise. Some possible options are:

- Have the class repeat the dialogue after you twice. Then have students work in pairs and present the dialogue to the class. The dialogue does not have to be memorized. If students change it a bit, all the better.
- Have students read the dialogue several times on their own. Then have them work in pairs and read the dialogue as a skit. Try to encourage them to be animated and to use proper intonation. This is a very important aspect of the *Conversación* section of the chapter.
- Rather than read the dialogue, students can work in pairs, having one make up as many questions as possible related to the topic of the dialogue. The other students can answer his/her questions.

- Once students can complete the exercise(s) that accompany the dialogue with relative ease, they know the dialogue sufficiently well without having to memorize it.
- Students can tell or write a synopsis of the dialogue.

Comunicación

Specific Techniques The *Comunicación* section presents activities that assist students in working with the language on their own. All *Comunicación* sections are optional. In some cases, teachers may want the whole class to do all the activities. In other cases, teachers can decide which activities the whole class will do. Another possibility is to break the class into groups and have each one work on a different activity.

Lectura y Cultura

Specific Techniques: Option 1 Just as the presentation of the dialogue can vary from one chapter to the next, the same is true of *Lectura y Cultura*. In some chapters teachers may want students to go over the reading selection very thoroughly. In this case all or any combination of the following techniques can be used.

- Give students a brief synopsis of the reading selection in Spanish.
- Ask questions about the brief synopsis.
- Have students open their books and repeat several sentences after you or call on individuals to read.
- Ask questions about what was just read.
- Have students read the story at home and write the answers to the exercises that accompany *Lectura y Cultura*.
- Go over the *Estudio de palabras* and *Comprensión* in class the next day.
- Call on a student to give a review of the story in his/her own words. Guide them to make up an oral review. Ask five or six questions to review the salient points of the reading selection.
- After the oral review, the more able students can write a synopsis of *Lectura y Cultura* in their own words.

It should take less than one class period to present *Lectura y Cultura* in the early chapters. In later chapters, teachers may wish to spend two days on those reading selections they want students to know thoroughly.

Option 2 When teachers wish to present *Lectura y Cultura* less thoroughly, the following techniques may be used:

- Call on an individual to read a paragraph.
- Ask questions about the paragraph read.
- Assign *Lectura y Cultura* to be read at home. Have students write the exercises that accompany the *Lectura*.
- Go over the *Estudio de palabras* and the *Comprensión* the following day.

Option 3 With some reading selections, teachers may wish merely to assign them to be read at home and then go over the exercises the following day. This is possible since the only new material in *Lectura y Cultura* consists of a few new vocabulary items that are always footnoted.

Descubrimiento Cultural

The optional *Descubrimiento Cultural* is a reading selection designed to give students an in-depth knowledge of many areas of the Spanish-speaking world. You can omit any or all of this reading or you may choose certain selections that they would like the whole class to read.

The same suggestions given for the *Lectura y Cultura* section of each chapter can be followed. Teachers may also assign the reading selections to different groups. Students can read the selection outside of class and prepare a report for those students who did not read that particular selection. This activity is very beneficial for slower students. Although they may not read the selection, they learn the material by listening to what their peers say about it. The *Descubrimiento Cultural* can also be done by students on a voluntary basis for extra credit.

Realidades

Specific Techniques The purpose of the *Realidades* section is to permit students to look at highly appealing photographs from the Spanish-speaking world and to acquaint them with the many areas where Spanish is spoken. The *Realidades* section contains no exercises. The purpose is for students to enjoy the material as if they were browsing through pages of a magazine. Items the students can think about are embedded in the commentary that accompanies the photographs. Teachers can either have students read the captions in class or students can read the captions on their own.

ORGANIZATION OF THE TEACHER'S WRAPAROUND EDITION

One important component, which is definitive of **Glencoe Spanish** and adds to the series' flexible, "teacher-friendly" nature, is the Teacher's Wraparound Edition (TWE), of which this Teacher's Manual is a part. Each two-page spread of the TWE "wraps around" a slightly reduced reproduction of the corresponding pages of the Student Textbook and offers in the expanded margins a variety of specific, helpful suggestions for every phase in the learning process. A complete method for the presentation of all the material in the Student Textbook is provided—basically, a complete set of lesson plans—as well as techniques for background-building, additional reinforcement of new language skills, creative and communicative recycling of material from previous chapters and a host of other alternatives from which to choose. This banquet of ideas has been developed and conveniently laid out in order to save valuable teacher preparation time and to aid you in designing the richest, most varied language experience possible for you and your students. A closer look at the kinds of support in the TWE, and their locations, will help you decide which ones are right for your pace and style of teaching and the differing "chemistries" of your classes.

The notes in the Teacher's Wraparound Edition can be divided into two basic categories:

1. Core notes, appearing in the left- and right-hand margins, are those which most directly correspond to the material in the accompanying two-page spread of the Student Textbook.

2. Enrichment notes, in the bottom margin, are meant to be complimentary to the material in the Student Textbook. They offer a wide range of options aimed at getting students to practice and use the Spanish they are learning in diverse ways, individually and with their classmates, in the classroom and for homework. The enrichment notes also include tips to the teacher on clarifying and interconnecting elements in Spanish language, Hispanic culture, geography and history—ideas that have proved useful to other teachers and which are offered for your consideration.

Description of Core Notes in the Teacher's Wraparound Edition

Chapter Overview At the beginning of each chapter a brief description is given of the language functions which students will be able to perform by chapter's end. Mention is made of any closely associated functions presented in other chapters. This allows for effective articulation between chapters and serves as a guide for more successful teaching.

Chapter Objectives This guide immediately follows the Chapter Overview and is closely related to it. Here the emphasis is on the lexical and structural objectives of the chapter.

Chapter Resources The beginning of each chapter includes a reference list of all the ancillary components of the series that are applicable to what is being taught in the chapter, including the Writing Activities Workbook and

Student Tape Manual, Audio Cassette Program, Overhead Transparencies, Communication Activities Masters, Video Cassette Program, Computer Software: Practice and Test Generator, Situation Cards, Chapter Quizzes, and Test Booklets. A more precise version of this resource list will be repeated at the beginning of each section within the chapter, so that you always have a handy guide to the specific resources available to you for each and every point in the teaching process. Using these chapter and section resource references will make it easier for you to plan varied, stimulating lessons throughout the year.

Bell Ringer Reviews These short activities recycle vocabulary and grammar from previous chapters and sections. They serve as effective warm-ups, urging students to begin thinking in Spanish, and helping them make the transition from their previous class to Spanish. Minimal direction is required to get the Bell Ringer Review activity started, so students can begin meaningful, independent work in Spanish as soon as the class hour begins, rather than wait for the teacher to finish administrative tasks, such as attendance, etc. Bell Ringer Reviews occur consistently throughout each chapter of Levels 1, 2, and 3.

Presentation Step-by-step suggestions for the presentation of the material in all segments of the six main section headings in each chapter —*Vocabulario, Estructura, Conversación, Lectura y Cultura, Realidades,* and *Culminación* are presented in the left- and right-hand margins. They offer the teacher suggestions on what to say, whether to have books open or closed, whether to perform tasks individually, in pairs or in small groups, expand the material, reteach, and assign homework. These are indeed suggestions. You may wish to follow them as written or choose a more eclectic approach to suit time constraints, personal teaching style and class "chemistry." Please note however, that the central vocabulary and grammar included in each chapter's *Vocabulario* and *Estructura* sections is intended to be taught in their entirety, since this material is built into that which occurs in succeeding chapters. In addition, answers for all the *Ejercicios* in each segment are conveniently located near that exercise in the Student Textbook.

Because the answers will vary in *Comunicación* activities, they are usually not provided. However, the Presentation notes do suggest tips for modeling correctness in student responses to these activities. Besides this running presentation, the teacher notes offer other topics for enrichment, expansion and assessment. A brief discussion of these may help you incorporate them into your lesson plans.

About the Language Since Spanish is such a growing, living language, spoken in so many different places of the world by people of different cultures and classes, the usage and connotation of words can vary greatly. In this section, information is offered on their differences. The most important feature of this section is the presentation of regionalism. In the student text itself, we present those words that are most universally understood. The many regional variants are given in this About the Language section.

Vocabulary Expansion These notes provide the teacher handy access to vocabulary items which are thematically related to those presented within the Student Textbook. They are offered to enrich classroom conversations, allowing students more varied and meaningful responses when talking about themselves, their classmates or the topic in question. Note that none of these items, or for that matter any information in the Teacher's Wraparound Edition, is included in the Chapter Quizzes, or in the Testing Program accompanying **Glencoe Spanish**.

Cognate Recognition Since the lexical relationship between Spanish and English is so rich, these notes have been provided to help you take full advantage of the vocabulary-building strategy of isolating them. The suggestions occur in the *Vocabulario* section of each chapter and are particularly frequent in Level 1 in order to train students from the very beginning in the valuable strategy of recognizing cognates. Various methods of pointing out cognates are used, involving all four language skills, and the activities frequently encourage students to personalize the new words by using them to talk about things and people they know. Pronunciation differences are stressed between the two languages. The teacher notes also call attention to false cognates when they occur in other chapter sections.

Informal Assessment Ideas are offered for making quick checks on how well students are assimilating new material. These checks are done in a variety of ways and provide a means whereby both teacher and students can monitor daily progress. By using the Informal Assessment topic, you will be able to ascertain as you go along the areas in which students are having trouble, and adjust your pace accordingly or provide extra help for individuals, either by making use of other activities offered in the Teacher's Wraparound Edition or devising your own. The assessment strategies are simple and designed to help you elicit from students the vocabulary word, grammatical structure, or other information you wish to check. Because they occur on the same page as the material to which they correspond you may want to come back to them again when it is time to prepare students for tests or quizzes.

Reteaching These suggestions provide yet another approach to teaching a specific topic in the chapter. In the event some students were not successful in the initial presentation of the material a reteaching activity offers an alternate strategy. At the same time, it provides successful students another chance to further consolidate their learning.

History Connection Following these suggestions can be seen as a very effective springboard from the Spanish classroom into the history and social studies areas of the curriculum. Students are asked to focus their attention on the current world map, or historical ones, then they are invited to discuss the cultural, economic and political forces which shape the world with an eye on Hispanic influence. The notes will assist you in providing this type of information yourself or in creating projects in which students do their own research, perhaps with the aid of a history teacher. By making the history connection, students are encouraged to either import or export learning between the Spanish classroom and the history or social studies realms.

Geography Connection These suggestions encourage students to use the maps provided in the Student Textbook as well as refer them to outside sources in order to familiarize them with the geography of Hispanic America and Spain. These optional activities are another

way in which **Glencoe Spanish** crosses boundaries into other areas of the curriculum. Their use will instill in students the awareness that Spanish class is not just a study of language but an investigation into a powerful culture that has directly or indirectly affected the lives of millions of people all over the globe. By studying geography, students will be urged to trace the presence of Hispanic culture throughout Europe and the Americas. The notes also supply you the teacher with diverse bits of geographical and historical information which you may decide to pass on to your students.

Description of Enrichment Notes in the Teacher's Wraparound Edition

The notes in the bottom margin of the Teacher's Wraparound Edition enrich students' learning experiences by providing additional activities to those in the Student Textbook. These activities will be helpful in meeting each chapter's objectives, as well as in providing students with an atmosphere of variety, cooperation and enjoyment.

Chapter Projects Specific suggestions are given at the start of each chapter for launching individual students or groups into a research project related to the chapter theme. Students are encouraged to gather information by using resources in school and public libraries, visiting local Hispanic institutions or interviewing Spanish-speaking people or other persons knowledgeable in the area of Hispanic culture whom they may know. In Level 2, Chapter 2, for example, they are asked to keep track of new vocabulary for foods which they like. At chapter's end they make up a shopping list or a menu of things they would like to order in a restaurant. These projects may serve as another excellent means for students to make connections between their learning in the Spanish classroom and other areas of the curriculum.

Learning from Photos and Realia Each chapter of **Glencoe Spanish** contains, many colorful photographs and reproductions of authentic Spanish documents, filled with valuable cultural information. In order to help you take advantage of this rich source of learning, notes have been provided in the way of additional, interesting information to assist you in highlighting the special features of these up-to-date realia. The questions that appear under this topic have been designed to enhance learners' reading and critical thinking skills.

Total Physical Response (Level 1) At least one Total Physical Response (TPR) activity is provided with each *Palabras* segment that makes up the *Vocabulario* section of the chapter. Students must focus their attention on commands spoken by the teacher (or classmates) and demonstrate their comprehension by performing the task requested. This strategy has proven highly successful for concentrating on the listening skill and assimilating new vocabulary. Students are relieved momentarily of the need to speak—by which some may be intimidated—and yet challenged to show that they understand spoken Spanish. The physical nature of these activities is another of their benefits, providing a favorable change of pace for students, who must move about the room and perhaps handle some props in order to perform the tasks. In addition, Total Physical Response is in keeping with cooperative learning principles, since many of the commands require students to interact and assist each other in accomplishing them. In Level 2, Total Physical Response is replaced by a Role-play or Pantomime activity.

Cooperative Learning Several cooperative learning activities has been included in each chapter. These activities include guidelines both on the size of groups to be organized and on the tasks the groups will perform. They reflect two basic principles of cooperative learning: (a) that students work together, being responsible for their own learning, and (b) that they do so in an atmosphere of mutual respect and support, where the contributions of each peer are valued. For more information on this topic, please see the section in this Teacher's Manual entitled Cooperative Learning.

Additional Practice There are a variety of Additional Practice activities to complement and follow up the presentation of material in the Student Textbook. Frequently the additional practice focuses on personalization of the new material and employs more than one language skill. Examples of Additional Practice activities include having students give oral or written descriptions of themselves or their classmates; asking students to conduct interviews around a topic and then report their

findings to the class. The additional practice will equip you with an ample, organized repertoire from which to pick and choose should you need extra practice beyond that in the Student Textbook.

Independent Practice Many of the exercises in each chapter lend themselves well to assignment or reassignment as homework. In addition to providing extra practice, reassigning on paper exercises that were performed orally in class makes use of additional language skills and aids in informal assessment. The suggestions under the Independent Practice heading in the bottom margin of the Teacher's Wraparound Edition will call your attention to exercises that are particularly suited to this. In addition to reassigning exercises in the Student Textbook as independent practice, additional sources are suggested from the various ancillary components, specifically the Writing Activities Workbook and the Communication Activities Masters.

Critical Thinking Activities To broaden the scope of the foreign language classroom, suggestions are given that will encourage students to make inferences and organize their learning into a coherent "big picture" of today's world. These and other topics offered in the enrichment notes provide dynamic content areas to which students can apply their Spanish language skills and their growing knowledge of Hispanic culture. The guided discussions suggested derived from the chapter themes invite students to make connections between what they learn in the Spanish program and other areas of the curriculum.

Did You Know? This is a teacher resource topic where you will find additional details relevant to the chapter theme. You might wish to add the information given under this topic to your own knowledge and share it with your students to spur their interest in research projects, enliven class discussions and round out their awareness of Hispanic culture, history or geography.

For the Younger Student (Level 1 only) Because *Bienvenidos* is designed for use at the junior high and intermediate level as well as the high school level, this topic pays special attention to the needs of younger students. Each chapter contains suggestions for meaningful language activities and tips to the teacher that cater to the physical and emotional needs of these youngsters. There are ideas for hands-on student projects, such as creating booklets or bringing and using their own props, as well as suggestions for devising games based on speed, using pantomime, show and tell, performing skits and more.

For the Native Speaker This feature has been provided with the realization that the modern Spanish-as-a-second-language class in the U.S. often includes students whose first language is Spanish. These students can provide the class, including the teacher, with valuable information about Hispanic culture as well as the language they use in their everyday lives. For the Native Speaker invites them to share this information in an atmosphere of respect and trust. There are often lexical and structural variations in the parlance of native speakers from different areas of the Spanish-speaking world. For the Native Speaker points out, or asks the native speakers to point out, many of these variations. When such variations are caused by the interference of English—for example, the inclusion of the indefinite article with professions and nationalities (*Juan es un médico*)—the interference is pointed out, and native speakers are guided in practicing the corrected structure. Such correction is handled with sensitivity. The idea is more to inform native speakers that borrowed words and structures are not used in all situations, rather than to make value judgments as to which language is right and which is wrong.

ADDITIONAL ANCILLARY COMPONENTS

All ancillary components are supplementary to the Student Textbook. Any or all parts of the following ancillaries can be used at the discretion of the teacher.

The Writing Activities Workbook and Student Tape Manual

The Writing Activities Workbook and Student Tape Manual is divided into two parts: all chapters of the Writing Activities Workbook appear in the first half of this ancillary component, followed by all chapters of the Student Tape Manual.

Writing Activities Workbook The consumable workbook offers additional writing practice to reinforce the vocabulary and grammatical structures in each chapter of the Student Textbook. The workbook exercises are presented in the same order as the material in the Student Textbook. The exercises are contextualized, often centering around line art illustrations. Workbook activities employ a variety of elicitation techniques, ranging from short answers, matching columns and answering personalized questions, to writing paragraphs and brief compositions. To encourage personalized writing, there is a special section in each chapter entitled *Mi Autobiografía*. The workbook provides further reading skills development with the *Un Poco Más* section, where students are introduced to a number of reading strategies such as scanning for information, distinguishing fact from opinion, drawing inferences and reaching conclusions, for the purpose of improving their reading

comprehension and expanding their vocabulary. The *Un Poco Más* section also extends the cultural themes presented in the corresponding Student Textbook chapter. The Writing Activities Workbook includes a Self Test after Chapters 4, 8, 12 and 16. The Writing Activities Workbook, Teacher Annotated Edition provides the teacher with all the material in the student edition of the Writing Activities Workbook plus the answers—wherever possible—to the activities.

Student Tape Manual The Student Tape Manual contains the activity sheets which students will use when listening to the audio cassette recordings. The Teacher's Edition of the Student Tape Manual contains, in addition, the answers to the recorded activities, plus the complete tapescript of all recorded material.

The Audio Cassette Program

The recorded material for each chapter of *Glencoe Spanish*, Levels 1 and 2 is divided into two parts — *Primera parte* and *Segunda parte*. The *Primera parte* consists of additional listening and speaking practice for the *Vocabulario* (*Palabras 1 & 2*) and the *Estructura* sections of each chapter. There is also a dramatization of the *Conversación* dialogue from the Student Textbook, and a pronunciation section. The *Primera parte* concludes with a *dictado*.

The *Segunda parte* contains a series of activities designed to further stretch students' receptive listening skills in more open-ended, real-life situations. Students indicate their understanding of brief conversations, advertisements, announcements, et cetera, by making the appropriate response on their activity sheets located in the Student Tape Manual.

Overhead Transparencies

There are five categories in the package of Overhead Transparencies accompanying **Glencoe Spanish**, Level 1, and four for Level 2. Each category of transparencies has its special purpose. Following is a description:

Vocabulary Transparencies These are full-color transparencies reproduced from each of the *Palabras* presentations in the Student Textbook. In converting the *Palabras* vocabulary pages to transparency format, all accompanying words and phrases on the Palabras pages have been deleted to allow for greater flexibility in their use. The Vocabulary Transparencies can be used for the initial presentation of new words and phrases in each chapter. They can also be reprojected to review or reteach vocabulary during the course of teaching the chapter, or as a tool for giving quick vocabulary quizzes.

With more able groups, teachers can show the Vocabulary Transparencies from previous chapters and have students make up original sentences using a particular word. These sentences can be given orally or in writing.

Pronunciation Transparencies (Level 1 only) In the *Pronunciación* section of each chapter of *Bienvenidos*, an illustration has been included to visually cue the key word or phrase containing the sound(s) being taught, e.g., Chapter 3, page 79. Each of these illustrations has been converted to transparency format. These Pronunciation Transparencies may be used to present the key sound(s) for a given chapter, or for periodic pronunciation reviews where several transparencies can be shown to the class in rapid order. Some teachers may wish to convert these Pronunciation Transparencies to black and white paper visuals by making a photocopy of each one. There are no pronunciation transparencies for Level 2. However, the Level 2 teacher may wish to use the Level 1 transparencies from time to time to remind students of the importance of developing good pronunciation habits.

Communication Transparencies For each chapter in Levels 1 and 2 of the series there is one original composite illustration which visually summarizes and reviews the vocabulary and grammar presented in that chapter. These transparencies may be used as cues for additional communicative practice in both oral and written formats. There are 16 Communication Transparencies for Level 1, and 16 for Level 2.

Map Transparencies The full-color maps located at the back of the Student Textbook have been converted to transparency format for the teacher's convenience. These transparencies can be used when there is a reference to them in the Student Textbook, or when there is a history or geography map reference in the Teacher's Wraparound Edition. The Map Transparencies can also be used for quiz purposes, or they may be photocopied in order to provide individual students with a black and white version for use with special projects.

Fine Art Transparencies These are full-color reproductions of works by well known Spanish-speaking artists including Velázquez, Goya, and others. Teachers may use these transparencies to reinforce specific culture topics in both the *Realidades* sections, as well as the optional *Fondo Académico* sections of the Student Textbook.

The Video Cassette Program

The video component for each level of **Glencoe Spanish** consists of one hour-long video cassette and an accompanying Video Activities Booklet. Together, they are designed to reinforce the vocabulary, structures, and cultural themes presented in the corresponding Student Textbook. The **Glencoe Spanish** Video Cassette Program encourages students to be active listeners and viewers by asking them to respond to each video *Escena* through a variety of previewing, viewing and post-viewing activities. Students are asked to view the same video segment multiple times as they are led, via the activities in their Video Activities Booklet, to look and listen for more detailed information in the video segment they are viewing. The Video Cassette for each level of **Glencoe Spanish** begins with an Introduction explaining why listening to natural, spoken Spanish can be a difficult task and therefore why multiple viewings of each video *Escena* are required. The Introduction also points out the importance of using the print activities located in the Video Activities Booklet in order to use the Video Cassette Program successfully.

Video Activities Booklet

The Video Activities Booklet is the vital companion piece to the hour-long video cassette for each level of **Glencoe Spanish**. It consists of a series of pre-viewing, viewing, and post-viewing activities on Blackline Masters. These activities include specific instructions to students on what to watch and listen for as they view a given *Escena* in the Video Cassette. In addition to these student activities, the Video Activities Booklet contains a Teacher's Manual, Culture Notes, and a complete Transcript of the video soundtrack.

Computer Software: Practice and Test Generator

Available for Apple II, Macintosh and IBM-compatible machines, this software program provides materials for both students and teacher. The Practice Generator provides students with new, additional practice items for the vocabulary, grammar and culture topics in each chapter of the Student Textbook. All practice items are offered in a multiple choice format. The computer program includes a randomizer, so that each time a student calls up a set of exercises, the items are presented in a different order, thereby discouraging rote memorization of answers. Immediate feedback is given, along with the percent of correct answers, so that with repeated practice, students can track their performance. For vocabulary practice, illustrations from the *Vocabulario* section of the Student Textbook have been scanned into the software to make practice more interesting and versatile.

The Test Generator allows the teacher to print out ready-made chapter tests, or customize a ready-made test by adding or deleting test items. The computer software comes with a Teacher's Manual as well as a printed transcript of all practice and test items.

Communication Activities Masters with Answer Key

This is a series of Blackline Masters which provide further opportunities for students to practice their communication skills using the Spanish they have learned. The contextualized, open-ended situations are designed to encourage students to communicate on a given topic, using specific vocabulary and grammatical structures from the corresponding chapter of the Student Textbook. The use of visual cues and interesting contexts will encourage students to ask questions and experiment with personalized responses. In the case of the paired communication activities, students actively work together as they share information provided on each partner's activity sheet. Answers to all activities are given in an Answer Key at the back of the Communication Activities Masters booklet.

Situation Cards

This is another component of **Glencoe Spanish** aimed at developing listening and speaking skills through guided conversation. For each chapter of the Student Textbook, there is a corresponding set of guided conversational situations printed on hand-held cards. Working in pairs, students use appropriate vocabulary and grammar from the chapter to converse on the suggested topics. Although they are designed primarily for use in paired activities, the Situation Cards may also be used in preparation for the speaking portion of the Testing Program or for informal assessment. Additional uses for the Situation Cards are described in the Situation Cards package, along with specific instructions and tips for their duplication and incorporation into your teaching plans. The cards are in Blackline Master form for easy duplication.

Bell Ringer Reviews on Blackline Masters

These are identical to the Bell Ringer Reviews found in each chapter of the Teacher's Wraparound Edition. For the teacher's convenience, they have been converted to this (optional) Blackline Master format. They may be either photocopied for distribution to students, or the teacher may convert them to overhead transparencies. The latter is accomplished by placing a blank acetate in the paper tray of your photocopy machine, then proceeding to make a copy of your Blackline Master (as though you were making a paper copy).

Chapter Quizzes with Answer Key

This component consists of short (5 to 10 minute) quizzes, designed to help both students and teachers evaluate quickly how well a specific vocabulary section or grammar topic has been mastered. For both Levels 1 and 2, there is a quiz for each *Palabras* section (vocabulary) and one quiz for each grammar topic in the *Estructura* section. The quizzes are on Blackline Masters. All answers are provided in an Answer Key at the end of the Chapter Quizzes booklet.

Testing Program with Answer Key

The Testing Program consists of three different types of Chapter Tests, two of which are bound into a testing booklet on Blackline Masters. The third type of test is available as part of the computer software component for **Glencoe Spanish.**

1. The first type of test is discrete-point in nature, and uses evaluation techniques such as fill-in-the-blank, completion, short answers, true/false, matching, and multiple choice. Illustrations are frequently used as visual cues. The discrete-point tests measure vocabulary and grammar concepts via listening, speaking, reading, and writing formats. (As an option to the teacher, the listening section of each test has been recorded on cassette by native Spanish speakers.) For the teacher's convenience, the speaking portion of the tests has been physically separated from the listening, reading, and writing portions, and placed at the back of the testing booklet. These chapter tests can be administered upon the completion of each chapter. The Unit Tests can be administered upon the completion of each *Repaso* (after every four chapters).

2. The Blackline Master testing booklet also contains a second type of test, namely the Chapter proficiency tests. These measure students' mastery of each chapter's vocabulary and grammar on a more global, whole-language level. For both types of tests above, there is an Answer Key at the back of the testing booklet.

3. In addition to the two types of tests described above, there is a third type which is part of the Computer Software: Practice and Test Generator Program (Macintosh; IBM; Apple versions). With this software, teachers have the option of simply printing out ready-made chapter tests, or customizing a ready-made test by selecting certain items, and/or adding original test items.

COOPERATIVE LEARNING

Cooperative learning provides a structured, natural environment for student communication that is both motivating and meaningful. The affective filter that prevents many students from daring to risk a wrong answer when called upon to speak in front of a whole class can be minimized when students develop friendly relationships in their cooperative groups and when they become accustomed to multiple opportunities to hear and rehearse new communicative tasks. The goal of cooperative learning is not to abandon traditional methods of foreign language teaching, but rather to provide opportunities for learning in an environment where students contribute freely and responsibly to the success of the group. The key is to strike a balance between group goals and individual accountability. Group (team) members plan how to divide the activity among themselves, then each member of the group carries out his or her part of the assignment. Cooperative learning provides each student with a "safe," low-risk environment rather than a whole-class atmosphere. As you implement cooperative learning in your classroom, we urge you to take time to explain to students what will be expected of every group member—listening, participating, and respecting other opinions.

In the Teacher's Wraparound Edition, cooperative learning activities have been written to accompany each chapter of the Student Textbook. These activities have been created to assist both the teacher who wants to include cooperative learning for the first time, and for the experienced practitioner of cooperative learning as well.

Classroom Management: implementing cooperative learning activities

Many of the suggested cooperative learning activities are based on a four-member team structure in the classroom. Teams of four are recommended because there is a wide variety of possible interactions. At the same time the group is small enough that students can take turns quickly within the group. Pairs of students as teams may be too limited in terms of possible interactions, and trios frequently work out to be a pair with the third student left out. Teams of five may be unwieldy in that students begin to feel that no one will notice if they don't really participate.

If students sit in rows on a daily basis, desks can be pushed together to form teams of four. Teams of students who work together need to be balanced according to as many variables as possible: academic achievement in the course, personality, ethnicity, gender, attitude, etc. Teams that are as heterogeneous as possible will ensure that the class progresses quickly through the curriculum.

Following are descriptions of some of the most important cooperative learning structures, adapted from Spencer Kagan's Structural Approach to Cooperative Learning, as they apply to the content of *Bienvenidos* (Level 1).

Roundrobin Each member of the team answers in turn a question, or shares an idea with teammates. Responses should be brief so that students do not have to wait long for their turn.

Example from *Bienvenidos*, Preliminary

Lesson H, Days of the week:

Teams recite the days of the week in a roundrobin fashion. Different students begin additional rounds so that everyone ends up needing to know the names of all the days. Variations include starting the list with a different day or using a race format, i.e., teams recite the list three times in a row and raise their hands when they have finished.

Roundtable Each student in turn writes his or her contribution to the group activity on a piece of paper that is passed around the team. If the individual student responses are longer than one or two words, there can be four pieces of paper with each student contributing to each paper as it is passed around the team.

A to Z Roundtable

Using vocabulary from *Bienvenidos*, Chapters 8 and 14, students take turns adding one word at a time to a list of words associated with plane or train travel in A to Z order. Students may help each other with what to write, and correct spelling. Encourage creativity when it comes to the few letters of the alphabet that don't begin a specific travel word from their chapter lists. Teams can compete in several ways: first to finish all 28 letters; longest word; shortest word; most creative response.

Numbered Heads Together

Numbered Heads Together is a structure for review and practice of high consensus information. There are four steps:

Step 1: Students number off in their teams from 1 to 4.

Step 2: The teacher asks a question and gives the teams some time to make sure that everyone on the team knows the answer.

Step 3: The teacher calls a number.

Step 4: The appropriate student from each team is responsible to report the group response.

Answers can be reported simultaneously, i.e., all students with the appropriate number either stand by their seats and recite the answer together, or they go to the chalkboard and write the answer at the same time. Answers can also be reported sequentially. Call on the first student to raise his or her hand or have all the students with the appropriate number stand. Select one student to give the answer. If the other students agree, they sit down, if not they remain standing and offer a different response.

Example from *Bienvenidos*, Chapter 2, Telling time

Step 1: Using a blank clock face on the overhead transparency, or the chalkboard, the teacher adjusts the hand on the clock.

Step 2: Students put their heads together and answer the question: *¿Qué hora es?*

Step 3: The teacher calls a number

Step 4: The appropriate student from each team is responsible to report the group response.

Pantomimes

Give each team one card. Have each team decide together how to pantomime for the class the action identified on the card. Each team presents the pantomime for ten seconds while the rest of the teams watch without talking. Then each of the other teams tries to guess the phrase and writes down their choice on a piece of paper. (This is a good way to accommodate kinesthetic learning styles as well as vary classroom activities.)

Example from *Bienvenidos*, Chapter 4 vocabulary

The teacher writes the following sentences on slips of paper and places them in an envelope:

1. *Hablan.*
2. *Hablan por teléfono.*
3. *Estudian en la biblioteca.*
4. *Escuchan discos.*
5. *Miran la televisión.*
6. *Preparan una merienda.*
7. *Toman un refresco.*
8. *Bailan.*
9. *Cantan.*
10. *Llegan a una fiesta.*

Each team will draw one slip of paper from the envelope and decide together how to pantomime the action for the class. As one team pantomimes their action for 30 seconds, the other teams are silent. Then the students within each team discuss among themselves what sentence was acted out for them. When they have decided on the sentence, each team sends one person to write it on the chalkboard.

Inside/Outside Circle Students form two concentric circles of equal number by counting off 1-2, 1-2 in their teams. The "ones" form a circle shoulder to shoulder and facing out. The "twos" form a circle outside the "ones" to make pairs. With an odd number of students, there can be one threesome. Students take turns sharing information, quizzing each other, or taking parts of a dialogue. After students finish with their first partners, rotate the inside circle to the left so that the students repeat the process with new partners. For following rounds alternate rotating the inside and outside circles so that students get to repeat the identified tasks, but with new partners. This is an excellent way to structure 100% student participation combined with extensive practice of communication tasks.

Other suggested activities are similarly easy to follow and to implement in the classroom. Student enthusiasm for cooperative learning activities will reward the enterprising teacher. Teachers who are new to these concepts may want to refer to Dr. Spencer Kagan's book, *Cooperative Learning*, published by Resources for Teachers, Inc., Paseo Espada, Suite 622, San Juan Capistrano, CA 92675.

SUGGESTIONS FOR CORRECTING HOMEWORK

Correcting homework, or any tasks students have done on an independent basis, should be a positive learning experience rather than mechanical "busywork." Following are some suggestions for correcting homework. These ideas may be adapted as the teacher sees fit.

1. Put the answers on an overhead transparency. Have students correct their own answers.

2. Ask one or more of your better students to write their homework answers on the chalkboard at the beginning of the class hour. While the answers are being put on the chalkboard, the teacher involves the rest of the class in a non-related activity. At some point in the class hour, take a few minutes to go over the homework answers that have been written on the board, asking students to check their own work. You may then wish to have students hand in their homework so that they know this independent work is important to you the teacher.

3. Go over the homework assignment quickly in class. Write the key word(s) for each answer on the chalkboard so students can see the correct answer.

4. When there is no correct answer, i.e., "Answers Will Vary," give one or two of the most likely answers. Don't allow students to inquire about all other possibilities, however.

5. Have all students hand in their homework. After class, correct every other (every third, fourth, fifth, etc.) homework paper. Over several days, you will have checked every student's homework at least once.

6. Compile a list of the most common student errors. Then create a worksheet that explains the underlying problem areas providing additional practice in those areas.

STUDENT PORTFOLIOS

The use of student portfolios to represent long-term individual accomplishments in learning Spanish offers several benefits. With portfolios, students can keep a written record of their best work and thereby document their own progress as learners. For teachers, portfolios enable us to include our students in our evaluation and measurement process. For example, the content of any student's portfolio may offer an alternative to the standardized test as a way of measuring student writing achievement. Assessing the contents of a student's portfolio can be an option to testing the writing skill via the traditional writing section on the chapter or unit test.

There are as many kinds of portfolios as there are teachers working with them. Perhaps the most convenient as well as permanent portfolio consists of a three-ring binder which each student will add to over the school year and in which the student will place his or her best written work. In the **Glencoe Spanish** series, selections for the portfolio may come from the Writing Activities Workbook; Communication Activities Masters; the more open-ended activities in the Student Tape Manual and the Video Activities Booklet, as well as from written assignments in the Student Textbook, including the *Comunicación escrita* sections. The teacher is encouraged to refer actively to students' portfolios so that they are regarded as more than just a storage device. For example, over the course of the school year, the student may be asked to go back to earlier entries in his or her portfolio in order to revise certain assignments, or to develop an assignment further by writing in a new tense, e.g., the *pretérito*. In this way the student can appreciate the amount of learning that has occurred over several months time.

Portfolios offer students a multidimensional look at themselves. A "best" paper might be the one with the least errors or one in which the student reached and synthesized a new idea, or went beyond the teacher's assignment. The Student Portfolio topic is included in each chapter of the Teacher's Wraparound Edition as a reminder that this is yet another approach the teacher may wish to use in the Spanish classroom.

PACING

Sample Lesson Plans

Level 2 (*A bordo*) has been developed so that it may be completed in one school year. However, it is up to the individual teacher to decide how many chapters will be covered. Although completion of the textbook by the end of the year is recommended, it is not necessary. Most of the important structures of Level 2 are reviewed in a different context in Level 3 (*De viaje*). The establishment of lesson plans helps the teacher visualize how a chapter can be presented. However, by emphasizing certain aspects of the program and de-emphasizing others, the teacher can change the focus and the approach of a chapter to meet students' needs and to suit his or her own teaching style and techniques. Sample lesson plans are provided below. They include some of the suggestions and techniques that have been described earlier in this Teacher's Manual.

STANDARD PACING

	Days	Total Days
(Repaso A-F)	2 days per section	12
Capítulos 1-16	8 days per chapter	128
Testing	1 day per test	14
Repaso (4)	2 days each	8
Nuestro Mundo, Fondo Académico (3 [optional])	2 days each	8

	Class	Homework
Day 1	*Palabras 1* (with transparencies) exercises (Student Textbook)	*Palabras* Exercises (written) Writing Activities Workbook: *Palabras* 1
Day 2	*Palabras 2* (with transparencies) exercises (Student Textbook)	*Palabras* Exercises (written) exercises from Student Textbook (written) prepare *Comunicación* Writing Activities Workbook: *Palabras 2*

Day 3	present *Comunicación* one *Estructura* topic exercises (Student Textbook)	exercises from Student Textbook (written) Writing Activities Workbook (written)
Day 4	two *Estructura* topics exercises (Student Textbook)	exercises from Student Textbook (written) Student Tape Manual exercises
Day 5	one *Estructura* topic exercises (Student Textbook)	exercises from Student Textbook (written) Writing Activities Workbook (written)
Day 6	*Conversación* (pronunciation) *Comunicación* Audio Cassette Program	read *Lectura y Cultura* *Estudio de palabras*
Day 7	review *Lectura y Cultura* *Comprensión* questions Video Program	read *Descubrimiento Cultural* and *Realidades*
Day 8	review homework *Comunicación oral* Situation Cards	*Comunicación escrita*
Day 9	Communication Activities Masters Communication transparency	review for test
Day 10	Test	after Chapters 4, 8, 12: *Repaso* conversation

Repaso (review) and *Fondo Académico* (optional) sections

Day 1	grammar review	exercises in Student Textbook and Workbook
Day 2	correct homework *Comunicación*	review for Test
Day 3	Unit Test	pre-read *Fondo Académico*, first selection (optional)
Day 4	*Fondo Académico*, first selection (optional)	*Fondo Académico*, second selection (optional)
Day 5	*Fondo Académico*, third selection (optional)	*Fondo Académico*, second selection in-depth (optional)

ACCELERATED PACING

	Days	Total Days
(Repaso A-F)	1 day per section	6
Chapters 1-8	8 days per chapter	64*
Chapters 9-16	7 days per chapter	56
Test	1 day per test	16
Repaso (4)	2 days each	8
Nuestro Mundo, Fondo Académico (4 [optional])	2 days each	8

	Class	Homework
Day 1	*Palabras 1* (with transparencies) exercises (Student Textbook)	*Palabras* exercises (written) Writing Activities Workbook: *Palabras 1*
Day 2	*Palabras 2* (with transparencies) exercises (Student Textbook)	*Palabras* exercises (written) Exercises from Student Textbook (written) prepare *Comunicación* Writing Activities Workbook: *Palabras 2*
Day 3	present *Comunicación* two *Estructura* topics	exercises from Student Textbook (written) Writing Activities Workbook (written)
Day 4	two *Estructura* topics	exercises from Student Textbook (written) Writing Activities Workbook (written)
Day 5	*Conversación* present *Comunicación* Audio Cassette Program	read *Lectura y Cultura* *Estudio de palabras* and *Comprensión*
Day 6	*Descubrimiento cultural* (optional) *Realidades* (optional) Video Cassette Program Communication Activities Masters	*Culminación*
Day 7	review *Culminación* Situation Cards Communication transparency	review for test
Day 8	Test	After Chapters 4, 8, 12, 16: *Repaso*

*Note: After Chapter 8, the teacher may choose among the *Culminación* activities on days 6 and 7, thereby eliminating one day.

Repaso (review) and *Fondo Académico* (optional) sections

Day 1	*Repaso* exercises	review for Test
Day 2	Unit Test	
Day 3	*Fondo Académico*, first selection (optional)	*Fondo Académico*, second selection (optional)
Day 4	*Fondo Académico*, third selection (optional)	

USEFUL CLASSROOM WORDS AND EXPRESSIONS

Below is a list of the most frequently used words and expressions needed in conducting a Spanish class.

Words

el papel	paper
la hoja de papel	sheet of paper
el cuaderno	notebook
el cuaderno de ejercicios	workbook
la pluma	pen
el bolígrafo	ballpoint pen
el lápiz	pencil
la goma	(pencil) eraser
la tiza	chalk
la pizarra	chalkboard
el pizzarrón	chalkboard
el borrador	chalkboard eraser
el cesto de papeles	wastebasket
el pupitre	desk
la fila	row
la silla	chair
la pantalla	screen
el proyector	projector
la cinta	cassette
el libro	book
la regla	ruler

Commands

Both the singular (*tú*) and the plural (*ustedes*) command forms are provided.

Ven.	Vengan.	Come.
Ve.	Vayan.	Go.
Pasa. (Entra.)	Pasen. (Entren.)	Enter.
Espera.	Esperen.	Wait.
Pon.	Pongan.	Put.

Dame.	Denme.	Give me.
Dime.	Díganme.	Tell me.
Tráeme.	Tráiganme.	Bring me.
Repite.	Repitan.	Repeat.
Practica.	Pratiquen.	Practice.
Estudia.	Estudien.	Study.
Contesta.	Contesten.	Answer.
Aprende.	Aprendan.	Learn.
Escoge.	Escojan.	Choose.
Prepara.	Preparen.	Prepare.
Mira.	Miren.	Look at.
Describe.	Describan.	Describe.
Empieza.	Empiecen.	Begin.
Pronuncia.	Pronuncien.	Pronounce.
Escucha.	Escuchen.	Listen
Habla.	Hablen.	Speak.
Lee.	Lean.	Read.
Escribe.	Escriban.	Write.
Pregunta.	Pregunten.	Ask.
Sigue el modelo.	Sigan el modelo.	Follow the model.
Haz el papel de…	Hagan el papel de…	Take the part of…
Toma.	Tomen.	Take.
Abre.	Abran.	Open.
Cierra.	Cierren.	Close.
Da vuelta a la página…	Den vuelta a la página…	Turn the page.
Borra.	Borren.	Erase.
Continúa.	Continúen.	Continue.
Siéntate.	Siéntense.	Sit down.
Párate.	Párense.	Stand up.
Levanta la mano.	Levanten la mano.	Raise your hand.
Cállate.	Cállense.	Be quiet.
Presta atención.	Presten atención.	Pay attention.
Pon atención.	Pongan atención.	Pay attention.
Atención, por favor.		Your attention, please.
Silencio.		Silence.
Cuidado.		Careful.
Otra vez.		Again.
Uno por uno.		One at a time.
Todos juntos.		All together.
En voz alta.		Out loud.
Más fuerte, por favor.		Louder, please.
En español.		In Spanish.
En inglés.		In English.

ADDITIONAL SPANISH RESOURCES

For detailed information about a particular Spanish-speaking country, you should contact individual embassies.

Embassies

Argentine Republic
1600 New Hampshire Ave. NW
Washington, D.C. 20009
(202) 939-6400

Bolivia
3014 Massachussetts Ave. NW
Washington, D.C. 20008
(202) 483-4410

Chile
1732 Massachusetts Ave. NW
Washington, D.C. 20036
(202) 785-1746

Colombia
2118 Leroy Pl. NW
Washington, D.C. 20008
(202) 387-8338

Costa Rica
1825 Connecticut Ave. Suite 211 NW
Washington, D.C. 20009
(202) 234-2945

Cuban Interest Section
2630 and 2639 16th St. NW
Washington, D.C. 20009
(202) 797-8518

Dominican Republic
1715 22nd St. NW
Washington, D.C. 20008
(202) 332-6280

Ecuador
2535 15th St. NW
Washington, D.C. 20009
(202) 234-7200

El Salvador
2308 California St. NW
Washington, D.C. 20008
(202) 265-3480

Guatemala
2220 R St. NW
Washington, D.C. 20008
(202) 745-4952

Honduras
3007 Tilden St. NW
Washington, D.C. 20008
(202) 966-7702

Mexico
1911 Pennsylvania Ave. NW
Washington, D.C. 20006
(202) 728-1600

Nicaragua
1627 New Hampshire Ave. NW
Washington, D.C. 20006
(202) 939-6570

Panama
2862 McGill Terrace NW
Washington, D.C. 20008
(202) 483-1407

Paraguay
2400 Massachusetts Ave. NW
Washington, D.C. 20008
(202) 483-6960

Peru
1700 Massachusetts Ave. NW
Washington, D.C. 20036
(202) 833-9860

Spain
2700 15th St. NW
Washington, D.C. NW 20009
(202) 265-0190

Uruguay
1918 F St. NW
Washington, D.C. 20006
(202) 331-1313

Venezuela
1099 30th St. NW
Washington, D.C. 20007
(202) 342-2214

Tourist Offices

Mexican Government Tourism Office
405 Park Ave.
New York, New York 10022

Tourist Office of Spain
8363 Wilshire Blvd.
Beverly Hills, CA 90211

Mexican Government Tourism Office
10100 Santa Monica Blvd. Suite 224
Los Angeles, CA 90067

Spanish Embassy Education Offices

The Spanish embassy's education offices
offer materials and information free of charge
to teachers of Spanish.

Consejería de Educación
Embajada de España
1350 Connecticut Ave., NW #1050
Washington, D.C. 20036-1701

Oficina de Educación
Consulado General de España
150 Fifth Ave. # 918
New York, N.Y. 10011

Agregaduría de Educación
Consulado General de España
6300 Wilshire Blvd. # 1740
Los Angeles, CA 90048

Oficina de Educación
Consulado General de España
2655 Lejeune Road # 1008
Coral Gables, FL 33134

Oficina de Educación
Consulado General de España
1405 Sutter St.
San Francisco, CA 94109

Centro de Recursos de Español
University of Southern California
3424 S. Hoover Blvd. #B-29
Los Angeles, CA 90089-0031

Centro de Recursos de Español
University of New Mexico
4125 Carlisle Blvd., N.E.
Albuquerque, NM 87107-4806

Centro de Recursos de Español
Florida International University
University Park
Miami, FL 33199

Centro de Recursos de Español
University of Houston
416 Agnes Arnold Hall
Houston, TX 77204-3784

Books, Periodicals

Librería Hispánica
115 Fifth Ave.
New York, New York 10003

Ediciones Universal
Librería y Distribuidora
Universal
P.O. Box 450353 (Shenandoah Station)
Miami, Florida 33245-0353

Midwest European Publications
915 Foster St.
Evanston, Illinois 60201

The Spanish Bookstore
10977 Santa Monica Blvd.
West Los Angeles, CA 90025

Spanish-Language Newspapers Published in the U.S.

El Diario La Prensa
143 Varick St.
New York, New York 10013

Diario Las Américas
2900 NW 39th St.
Miami, Florida 33142

La Opinión
1436 South Main St.
Los Angeles, CA 90015

U.S. Distributor of Spanish-Langauge Magazines and Newspapers

Roig
29 West 19th St.
New York, NY 10011

Spanish Language Radio and Television Broadcasts in the U.S.

Local Spanish Radio Stations

City	Radio Station Call Letters
Boston	WUNR
Chicago	WCRW, WEDC
Denver	KBNO
Houston	KEYH, KLAT, KXYS
Los Angeles	KLVE, KALI, KSKQ, KTNG, KWKW
Miami	WCMG, WOCN, WQBA
New York	WADO, WBNX, WJIT
Philadelphia	WTEL
San Antonio	KCOR, KEDA, KFHM
San Francisco	KBRG

Local Spanish Television Stations

City	TV Station Call Letters
Chicago	WCIU/TV, WSNS/TV
Houston	KRIV/TV
Los Angeles	KMEX/TV, KVEA/TV
Miami	WLRN/TV, WLTV/TV
New York	WNJU/TV, WXTV/TV
Phoenix	KTVW/TV
Sacramento	KCSO/TV
San Antonio	KWEX/TV
San Francisco	KDTV/TV, KTZO/TV

Classroom Magazines

To obtain Spanish-language magazines designed for use in the classroom, write to:

¡OYE!
2931 East McCarty St.
Jefferson City, MO 65102-3710

LISTO
2931 East McCarty St.
Jefferson City, MO 65102-3710

Hispanic American Posters

To buy Hispanic American posters, contact:

Joanne Beardsley
Quarten Manufacturing
444 N. Michigan Ave.
Suite 1600
Chicago, Illinois 60611
(312) 644-8600

Teacher Resources

Network of Educators on Central America
1118 22nd St., NW
Washington, D.C. 20037

GLENCOE SPANISH 2

A bordo

Protase E. Woodford

Conrad J. Schmitt

GLENCOE

Macmillan/McGraw-Hill

New York, New York   Columbus, Ohio   Mission Hills, California   Peoria, Illinois

About the Cover

The fortress of El Morro was built by the Spaniards in the 16th Century. Located on a point of land overlooking the entrance to San Juan, Puerto Rico, its purpose was to protect the city from attacks by English and Dutch pirate ships. Today, El Morro is a symbol of Puerto Rico's rich Spanish heritage.

Printed in the United States of America.

Send all inquiries to:
Glencoe Division, Macmillan/McGraw-Hill
15319 Chatsworth Street
P.O. Box 9609
Mission Hills, CA 91346-9609

ISBN 0-02-646072-6 (Student Edition)
ISBN 0-02-646073-4 (Teacher's Wraparound Edition)

1 2 3 4 5 6 7 8 9   RRW   99 98 97 96 95 94

Acknowledgments

We wish to express our deep appreciation to the numerous individuals through-out the United States who have advised us in the development of these teaching materials. Special thanks are extended to the people whose names appear here.

Kristine Aarhus
Northshore School District
Bothell, Washington

Kathy Babula
Charlotte Country Day School
Charlotte, North Carolina

Veronica Dewey
Brother Rice High School
Birmingham, Michigan

Anneliese H. Foerster
Oak Hill Academy
Mouth of Wilson, Virginia

Sharon Gordon-Link
Antelope Valley Unified High School
Lancaster, California

Leslie Lumpkin
Prince George's County Public Schools
Prince George's County, Maryland

Loretta Mizeski
Columbia School
Berkeley Heights, New Jersey

Robert Robison
Columbus Public Schools
Columbus, Ohio

Rhona Zaid
Los Angeles, California

CONTENIDO

REPASO

A LOS AMIGOS Y
   LOS CURSOS
Los verbos en -ar   4
Los verbos ir, dar y estar   7

B LAS ACTIVIDADES
Los verbos en -er e -ir   14
Los artículos y los sustantivos   18
La concordancia de los adjetivos   20

C LOS VIAJES Y
   LOS DEPORTES
El presente de los verbos de cambio radical   28
Los verbos con g en la primera persona   30

D EL INVIERNO Y
   EL VERANO
El pretérito de los verbos regulares   38
Los complementos directos e indirectos   40

E LAS VACACIONES Y
   LAS ACTIVIDADES
   CULTURALES
El pretérito de los verbos irregulares   46
El verbo gustar   49
Los verbos reflexivos   54

F DE CAMPING
El presente de algunos verbos de cambio radical   56

CAPÍTULO 1

UNA LLAMADA TELEFÓNICA

VOCABULARIO
PALABRAS 1   El teléfono   2
PALABRAS 2   Cuando llamaba a mi abuelita   6

ESTRUCTURA
El imperfecto de los verbos en -ar   10
El imperfecto de los verbos en -er e -ir   11
El imperfecto de los verbos ir y ser   13
Los usos del imperfecto   14

CONVERSACIÓN
Una llamada telefónica   16

LECTURA Y CULTURA
El teléfono de ayer y de hoy   18

REALIDADES
Telecomunicaciones   22

CULMINACIÓN
Comunicación oral y escrita   24
Reintegración   25

CAPÍTULO 2

DE COMPRAS

VOCABULARIO   PALABRAS 1   De compras   28
                PALABRAS 2   En el supermercado   32

ESTRUCTURA   El imperfecto y el pretérito   36
                Dos acciones en la misma oración   39
                Los verbos como *querer* y *creer* en
                el pasado   41

CONVERSACIÓN   Fui de compras   42

LECTURA Y CULTURA   De compras   44

REALIDADES   Tiendas, mercados y supermercados   48

CULMINACIÓN   Comunicación oral y escrita   50
                Reintegración   51

CAPÍTULO 3

EL CORREO

VOCABULARIO   PALABRAS 1   La correspondencia   54
                PALABRAS 2   El correo   58

ESTRUCTURA   El futuro de los verbos regulares   62
                El comparativo y el superlativo. Formas regulares   64

CONVERSACIÓN   En el correo   66

LECTURA Y CULTURA   Escribiremos una carta   68

REALIDADES   El correo y la correspondencia   72

CULMINACIÓN   Comunicación oral y escrita   74
                Reintegración   75

CAPÍTULO 4

UN ACCIDENTE Y EL HOSPITAL

VOCABULARIO   PALABRAS 1   Los accidentes   78
                     PALABRAS 2   En el hospital   82

ESTRUCTURA   El futuro de los verbos irregulares   86
                     El futuro de otros verbos irregulares   87
                     El comparativo y el superlativo. Formas irregulares   89

CONVERSACIÓN   Una visita al hospital   90

LECTURA Y CULTURA   Hospital del Sagrado Corazón —¡Ya voy!   92

REALIDADES   La salud y la medicina   96

CULMINACIÓN   Comunicación oral y escrita   98
                     Reintegración   99

NUESTRO MUNDO   Noticias de Telecom y un anuncio de AT & T   100

REPASO   Capítulos 1-4   102

FONDO ACADÉMICO   Las ciencias naturales: El sonido   106
                     La sociología: Medicina y sociedad   108
                     La historia: Los alimentos en la historia   110

CAPÍTULO 5

EL COCHE Y LA GASOLINERA

VOCABULARIO   PALABRAS 1   El coche   114
                     PALABRAS 2   La estación de servicio   118

ESTRUCTURA   El potencial o condicional
                     Formas regulares   122
                     El potencial o condicional
                     Formas irregulares   124
                     Dos complementos en una
                     oración *me lo, te lo, nos lo*   126

CONVERSACIÓN   En la gasolinera   128

LECTURA Y CULTURA   Los carros en Latinoamérica   130

REALIDADES   La ciudad y el tráfico   134

CULMINACIÓN   Comunicación oral y escrita   136
                     Reintegración   137

CAPÍTULO 6

EL HOTEL

VOCABULARIO	PALABRAS 1	En la recepción 140
	PALABRAS 2	En la habitación 144
ESTRUCTURA	El presente perfecto	148
	Los participios irregulares	151
	Dos complementos con *se*	152
CONVERSACIÓN	En la recepción del hotel	154
LECTURA Y CULTURA	Los hoteles en España y en Latinoamérica	156
REALIDADES	¿Cómo es tu hotel favorito?	160
CULMINACIÓN	Comunicación oral y escrita	162
	Reintegración	163

CAPÍTULO 7

A BORDO DEL AVIÓN

VOCABULARIO	PALABRAS 1	Dentro del avión 166
	PALABRAS 2	En el aeropuerto 170
ESTRUCTURA	Los tiempos progresivos	174
	La comparación de igualdad con adjetivos y adverbios	176
	La comparación de igualdad con sustantivos	177
CONVERSACIÓN	A bordo del avión	178
LECTURA Y CULTURA	Un vuelo interesante	180
REALIDADES	El mundo de los transportes aéreos	184
CULMINACIÓN	Comunicación oral y escrita	186
	Reintegración	187

CAPÍTULO 8

LA PELUQUERÍA

VOCABULARIO	PALABRAS 1	¿Cómo te peinas? **190**
	PALABRAS 2	Necesito un corte de pelo **194**
ESTRUCTURA	La colocación de los pronombres de complemento **198**	
	Acabar de con el infinitivo **201**	
CONVERSACIÓN	En la peluquería **202**	
LECTURA Y CULTURA	Nuevos peinados en Latinoamérica **204**	
REALIDADES	El cabello y el cuidado personal **208**	
CULMINACIÓN	Comunicación oral y escrita **210**	
	Reintegración **211**	
NUESTRO MUNDO	Los hoteles y sus servicios **212**	
REPASO	Capítulos 5-8 **214**	
FONDO ACADÉMICO	Las ciencias: La meteorología **218**	
	Las ciencias sociales: La historia **220**	
	Humanidades: La mitología **222**	

CAPÍTULO 9

LA COCINA

VOCABULARIO	PALABRAS 1	¡A cocinar! **226**
	PALABRAS 2	En la cocina **230**
ESTRUCTURA	El imperativo formal. Formas regulares **234**	
	El imperativo formal. Formas irregulares **236**	
	La voz pasiva con *se* **238**	
CONVERSACIÓN	¿Yo? ¿En la cocina? **240**	
LECTURA Y CULTURA	Una receta **242**	
REALIDADES	La producción de los alimentos **246**	
CULMINACIÓN	Comunicación oral y escrita **248**	
	Reintegración **249**	

CAPÍTULO 10

LA CARRETERA Y LAS DIRECCIONES

VOCABULARIO	PALABRAS 1	Las direcciones 252
	PALABRAS 2	¡Maneja con cuidado! 256
ESTRUCTURA	El imperativo familiar. Formas regulares 260	
	El imperativo familiar. Formas irregulares 261	
	El imperativo negativo 263	
	Los pronombres con el imperativo 264	
CONVERSACIÓN	¿Dónde está? 266	
LECTURA Y CULTURA	Las direcciones a Maldonado 268	
REALIDADES	¿Me puedes decir cómo llegar? 272	
CULMINACIÓN	Comunicación oral y escrita 274	
	Reintegración 275	

CAPÍTULO 11

LOS BUENOS MODALES

VOCABULARIO	PALABRAS 1	¿Cómo te comportas? 278
	PALABRAS 2	Modales y costumbres 281
ESTRUCTURA	El subjuntivo 285	
	Formación del subjuntivo 286	
	El subjuntivo en cláusulas nominales 288	
	El subjuntivo con expresiones impersonales 290	
CONVERSACIÓN	¿Por qué no nos tuteamos? 292	
LECTURA Y CULTURA	Buenos modales y fórmulas de cortesía 294	
REALIDADES	La etiqueta y el buen comportamiento 298	
CULMINACIÓN	Comunicación oral y escrita 300	
	Reintegración 301	

CAPÍTULO 12

FIESTAS FAMILIARES

VOCABULARIO   PALABRAS 1   ¡Feliz cumpleaños!   304
                 PALABRAS 2   ¡Feliz Navidad y próspero Año Nuevo!   308

ESTRUCTURA   El subjuntivo de los verbos de cambio radical   312
                 El subjuntivo con verbos como *pedir* y *aconsejar*   313
                 El subjuntivo con expresiones de duda   315
                 El subjuntivo con expresiones de emoción   316

CONVERSACIÓN   El cumpleaños de Lupe   318

LECTURA Y CULTURA   Desde el nacimiento hasta la muerte   320

REALIDADES   Las celebraciones   324

CULMINACIÓN   Comunicación oral y escrita   326
                 Reintegración   327

NUESTRO MUNDO   Noticias y notas sociales   328

REPASO   Capítulos 9-12   330

FONDO ACADÉMICO Las ciencias naturales: La nutrición   334
                 Las ciencias sociales: España y las gentes del libro   336
                 Las humanidades: La quiebra   338

CAPÍTULO 13

LA NATURALEZA Y LA LIMPIEZA

VOCABULARIO   PALABRAS 1   Por el sendero   342
                 PALABRAS 2   Tengo que lavar mi ropa   346

ESTRUCTURA   El infinitivo o el subjuntivo   350
                 Repaso del pretérito de los verbos irregulares   352

CONVERSACIÓN   En la lavandería   354

LECTURA Y CULTURA   Isabel la naturalista   356

REALIDADES   Algunos lugares interesantes para
                 visitar   360

CULMINACIÓN   Comunicación oral y escrita   362
                 Reintegración   363

xiii

CAPÍTULO 14

EL DINERO Y EL BANCO

VOCABULARIO   PALABRAS 1   ¿Necesitas dinero?   366

PALABRAS 2   ¿Tiene Ud. una cuenta en este banco?   369

ESTRUCTURA   El imperfecto del subjuntivo   373

Usos del imperfecto del subjuntivo   374

Cláusulas con *si*   377

CONVERSACIÓN   En el banco   378

LECTURA Y CULTURA   El dinero es oro   380

REALIDADES   La industria bancaria en el mundo hispano   384

CULMINACIÓN   Comunicación oral y escrita   386

Reintegración   387

CAPÍTULO 15

AMIGOS, NOVIOS Y EL MATRIMONIO

VOCABULARIO   PALABRAS 1   El compromiso   390

PALABRAS 2   La ceremonia   394

ESTRUCTURA   El subjuntivo en cláusulas adverbiales   398

El subjuntivo con *aunque*   400

El subjuntivo con cláusulas adverbiales de tiempo   401

CONVERSACIÓN   ¿Te estás enamorando?   404

LECTURA Y CULTURA   El amor es una cosa divina   406

REALIDADES   La pareja y su día de bodas   410

CULMINACIÓN   Comunicación oral y escrita   412

Reintegración   413

LAS CARRERAS Y EL TRABAJO

VOCABULARIO   PALABRAS 1   El trabajo o el oficio   416
                     PALABRAS 2   En busca de empleo   420

ESTRUCTURA   El subjuntivo en cláusulas relativas   424
                     El subjuntivo con *ojalá, tal vez, quizá(s)*   425

CONVERSACIÓN   Me interesa el mercadeo   426

LECTURA Y CULTURA   El español y su carrera   428

REALIDADES   Profesiones y oficios   432

CULMINACIÓN   Comunicación oral y escrita   434
                     Reintegración   435

NUESTRO MUNDO   Los medicamentos   436

REPASO   Capítulos 13-16   438

FONDO ACADÉMICO   Las ciencias: El hombre, ¿enemigo de
                     la naturaleza?   442
                     Las ciencias sociales: La economía   444
                     Las humanidades: Las bellas artes   446

APÉNDICES

Mapas   451

Verbos   455

Vocabulario Español-Inglés   481

Vocabulario Inglés-Español   511

Índice gramatical   527

xv

OVERVIEW

There are six *Repasos (A-F)* at the beginning of *A bordo*. *Repasos A-C* cover the material in Chapters 1-8 in *Bienvenidos*, and *Repasos D-F* review the material in Chapters 9-16.

Repaso A reviews vocabulary needed to describe a school, as well as school and after-school activities. The regular *-ar* verbs and the verbs *ir, dar,* and *estar* are reviewed.

REVIEW RESOURCES

1. Workbook, *Repaso A*
2. Bell Ringer Review Blackline Masters
3. Testing Program

Pacing

Repaso A should take three to four days depending on the length of the class, the age of the students, and student aptitude.

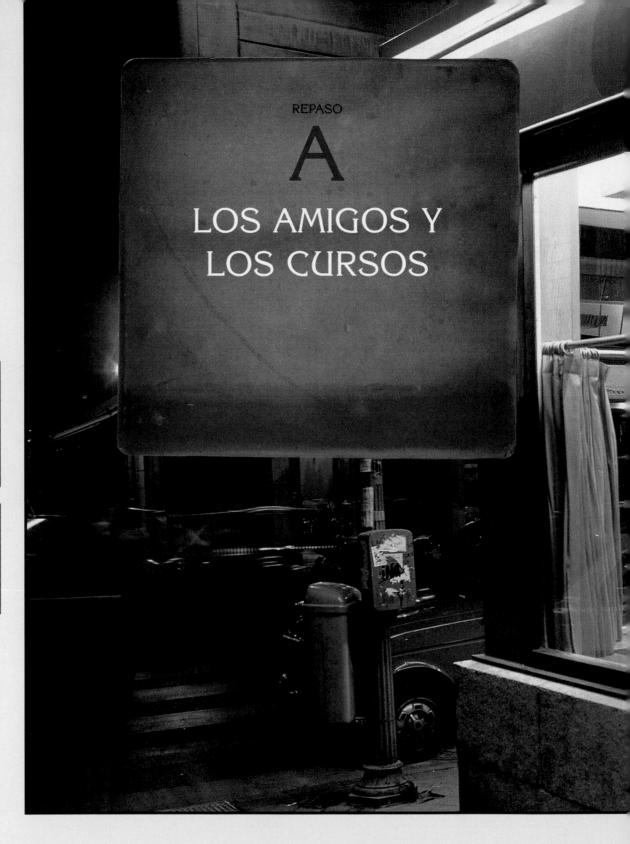

REPASO

A
LOS AMIGOS Y LOS CURSOS

R-1

1. Have students say as much as they can about the photo on page 1. You may wish to ask students the following questions: *¿Están en la escuela los amigos? ¿Dónde están? ¿Cuántos muchachos hay? ¿Cuántas muchachas hay? ¿Es moderno el café?*

2. Have students tell what they think each student ordered at the café.

VOCABULARIO

Bell Ringer Review

Write the following on the board or use BRR Blackline Master R-1: Make a list of expressions that you remember from last year that can be used to describe some school activities.

Los alumnos

PRESENTATION (page 2)

Have students repeat each line after you with books open.

Ejercicios

PRESENTATION

Ejercicio A

Before going over Exercise A, you may wish to ask more detailed questions about each sentence. For example: *¿Quiénes van a la escuela? ¿Adónde van? ¿Cómo van?*

ANSWERS

Ejercicio A

1. Los alumnos van en el bus escolar.
2. Ellos llegan a las ocho menos cinco de la mañana.
3. Hablan con su profesor.
4. El profesor enseña.
5. Están en la sala de clase en la escuela.
6. Los alumnos van al café.
7. Toman una merienda.

Vocabulary Expansion

Churros are a type of deep-fried Spanish doughnut. They are narrow and twirled. A *porra* is also a fried doughnut, but it is larger and thicker than a *churro*.

Los alumnos

Los alumnos van a la escuela en el bus escolar.
Ellos llegan a la escuela.
Un alumno habla con el profesor.
El profesor enseña.
Los alumnos estudian.
Están en la sala de clase.
Después de las clases, los alumnos van a un café.
Toman una merienda en el café.
Toman un refresco.

A En la escuela. Contesten.

1. ¿Cómo van los alumnos a la escuela? ¿Van a pie, en carro o en el bus escolar?
2. ¿A qué hora llegan a la escuela, a las ocho menos cinco de la mañana o a las ocho menos cinco de la tarde?
3. ¿Con quién hablan los alumnos en la escuela, con su profesor o con sus parientes?
4. ¿Quién enseña, el alumno o el profesor?
5. ¿Dónde están los alumnos ahora? ¿Están en la sala de clase en la escuela o están en casa?
6. ¿Adónde van los alumnos después de las clases? ¿Van a la escuela, a la tienda de discos o al café?
7. ¿Qué toman en el café? ¿Toman una merienda o un refresco?

Doñana
CAFETERÍAS G G PASTELERÍAS
ESPECIAL DESAYUNOS Y MERIENDAS
CHURROS, PORRAS, ELABOR. PROPIA
Pl. Jacinto Benavente, 2 .... 467 0834
Frente al teatro Calderón

LEARNING FROM PHOTOS/REALIA

1. You may wish to ask the following questions about the photograph on page 2: *¿Quién enseña? ¿Cuántos alumnos hay en el grupo? ¿Son alumnos serios? ¿Es interesante o aburrida la clase? ¿Qué opinas?*
2. With regard to the realia on page 2, ask students: *¿Cuál es el nombre de la cafetería? ¿En qué calle está? ¿Cuál es el número de teléfono? ¿Cuáles son las especialidades de esta cafetería?*
3. Note the abbreviation *Elabor.* for *Elaboración. Elaboración propia* means all products are produced, in this case fried on the premises.

B **¿Qué hacen?** Escojan.

1. ¿Cómo van los alumnos?
   a. a la escuela b. a las ocho c. a pie

2. ¿Quién enseña?
   a. el profesor b. en la escuela c. español

3. ¿Quiénes hablan?
   a. por teléfono b. los alumnos c. el profesor

4. ¿Cuándo llegan?
   a. en el bus b. con sus amigos c. a las ocho

5. ¿Qué estudian?
   a. en la escuela b. mucho c. álgebra

6. ¿Adónde van?
   a. en casa b. al café c. hoy

Un colegio en Puerto Rico

R–3

Ejercicios

PRESENTATION

Expansion of *Ejercicio B*

You may wish to have students make up questions about the answer choices. For example: *¿Adónde van los alumnos? ¿Cuándo van? ¿A qué hora van?*

ANSWERS

Ejercicio B

1. c
2. a
3. b
4. c
5. c
6. b

GEOGRAPHY CONNECTION

El Bosque de Chapultepec es un parque famoso en la Ciudad de México. Los domingos por la tarde los capitalinos van al parque donde dan un paseo o toman una merienda. En el parque hay un castillo famoso, el Castillo de Chapultepec. En el siglo XIX sirve de residencia para el emperador Maximiliano.

HISTORY CONNECTION

The grounds of Chapultepec Park were once (in the early 1500s) the favorite gardens of the Aztec emperor Montezuma.

LEARNING FROM PHOTOS/REALIA

1. You may wish to ask the following questions about the photograph on page 3: *¿Es grande la escuela? ¿Es bonita? ¿Llevan uniforme los alumnos? ¿Llevan sus libros en una mochila? ¿Es una escuela mixta? ¿Están llegando los alumnos a la escuela o están saliendo de la escuela?*

2. Regarding the ad on page 3, ask students: *¿Cuál es el nombre del café? ¿En qué ciudad está? ¿Cuántas líneas telefónicas tiene? ¿Es necesario tener una reservación para ir al Café Chapultepec?*

3. Central High School in San Juan, Puerto Rico, has quite an excellent reputation. For many years it was the most prestigious academic high school in the city. Many famous people graduated from there. Today it is a school for students specializing in music.

R 3

ESTRUCTURA

Structure Teaching Resources

1. Workbook, *Repaso A*
2. Bell Ringer Review Blackline Masters

Los verbos en -ar

PRESENTATION (*page 4*)

A. Write the three infinitives from page 4 on the board and underline the endings. Write the forms for just one verb (*hablar*) and have students provide the endings for the other verbs. Have the class repeat each form in unison.

B. Read each of the explanations in steps 2-5 and call on an individual to read the sentences that illustrate the point.

Los verbos en -*ar*

1. Review the forms of regular -*ar* verbs in Spanish.

INFINITIVE	HABLAR	TOMAR	CANTAR
ROOT	habl-	tom-	cant-
yo	hablo	tomo	canto
tú	hablas	tomas	cantas
él, ella, Ud.	habla	toma	canta
nosotros(as)	hablamos	tomamos	cantamos
vosotros(as)	*habláis*	*tomáis*	*cantáis*
ellos, ellas, Uds.	hablan	toman	cantan

2. Remember that the subject pronouns can be omitted in Spanish.

> (Yo) Hablo español.
> (Tú) Hablas inglés.
> (Nosotros) Estudiamos mucho.

3. To make a sentence negative, put *no* before the verb.

> El profesor enseña. Los alumnos no enseñan.
> Los alumnos toman exámenes. Los profesores no toman exámenes.

4. You use *tú* when speaking to a friend, a family member, or any person who is the same age as yourself.

> Antonio (tú) hablas español, ¿no?

5. You use *Ud.* when speaking to an older person, someone you do not know well or anyone to whom you wish to show respect.

> ¿Habla Ud. inglés, señor López?

R–4

LEARNING FROM REALIA

Have students tell what the advertisement on page 4 is for.

C En la escuela. Contesten.

1. ¿A qué hora llegan los alumnos a la escuela?
2. ¿Cuántas asignaturas toman?
3. ¿Sacan notas buenas o malas?
4. ¿Estudian mucho o poco?
5. Y tú, ¿a qué hora llegas a la escuela?
6. ¿En qué llevas tus libros?
7. ¿Qué asignaturas estudias?
8. ¿Qué notas sacas?

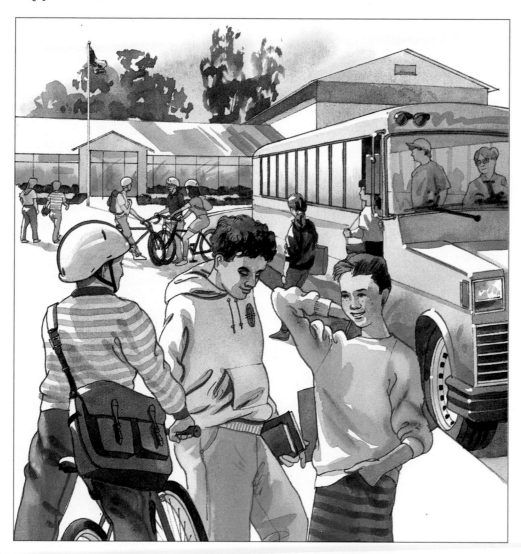

R–5

Ejercicios

PRESENTATION (*page 5*)

Ejercicio C

Do Exercise C first with books open. You may then wish to have students read it for additional reinforcement.

ANSWERS

Ejercicio C

Answers will vary.

1. **Los alumnos llegan a la escuela a las…**
2. **Los alumnos toman… asignaturas.**
3. **Ellos sacan notas…**
4. **Estudian mucho (poco).**
5. **Yo llego a la escuela a las…**
6. **Yo llevo mis libros en una mochila.**
7. **Estudio…**
8. **Saco… notas.**

COOPERATIVE LEARNING

1. Have students work in pairs. One makes up a question about the illustration on page 5 and the other one answers. They can then reverse roles.
2. Have students work in pairs to write a paragraph about the illustration. They can each volunteer some words and expressions. They will then put the words and expressions into sentences and then into a paragraph. As a final step, they will edit the paragraph to find any errors. You may wish to give students the word *casco* (helmet).

R 5

Ejercicio D

A. Do Exercise D with books open.
B. Call on individuals to supply the correct verb form.
C. Then have two students read the conversation aloud with as much expression as possible.

Ejercicio E

Note If students ask about *fotos instantáneas,* explain to them that *las fotos* is a shortened form of *las fotografías.*

Ejercicio F

After having individuals provide the correct verb forms, you may call on one or two students to read the entire exercise aloud.

Expansion of *Ejercicio F*

Call on one student to retell the information in Exercise F in his/her own words.

ANSWERS

Ejercicio D

1. hablas
2. hablo
3. hablas
4. estudio
5. hablamos
6. escuchamos

Ejercicio E

1. bailamos
2. toca
3. toca, cantan
4. Preparan
5. Tomas
6. miramos

Ejercicio F

1. estudia
2. trabaja
3. estudia
4. hablan
5. cantan
6. estudio
7. trabajo
8. saco
9. hablamos
10. cantamos
11. tocamos
12. toman
13. miramos
14. miramos
15. escuchamos
16. hablamos

D ¿Qué lenguas hablas? Completen.

—Oye, Paco. Tú ____ (hablar) español, ¿no?
1

—Sí, (yo) ____ (hablar) español. Y tú también ____ (hablar) español, ¿no?
2   3

—Sí, pero no muy bien. Yo ____ (estudiar) español en la escuela. En la clase de
4

español nosotros ____ (hablar) y ____ (escuchar) cintas.
5   6

E En la fiesta. Completen.

1. Durante la fiesta nosotros ____. (bailar)
2. José ____ el piano. (tocar)
3. Mientras él ____ el piano, Sandra y Manolo ____. (tocar, cantar)
4. ¿ ____ Uds. refrescos para la fiesta? (preparar)
5. ¿ ____ tú fotos instantáneas durante la fiesta? (tomar)
6. Sí, y todos nosotros ____ las fotografías. (mirar)

F Un muchacho en un colegio de Santiago. Completen.

Ricardo es un muchacho chileno. Él ____ (estudiar) en un colegio de Santiago,
1

la capital de Chile. Emilio es un muchacho listo. Él ____ (trabajar) mucho en la
2

escuela. Él ____ (estudiar) inglés. En la clase de inglés los alumnos ____ (hablar)
3   4

mucho. A veces ellos ____ (cantar) también.
5

Yo ____ (estudiar) español en una escuela secundaria en los Estados Unidos.
6

Yo también ____ (trabajar) mucho y ____ (sacar) muy buenas notas en la clase
7   8

de español. En la clase nosotros ____ (hablar)
9

mucho con el profesor. A veces, nosotros ____
10

(cantar) y ____ (tocar) la guitarra.
11

Después de las clases, los amigos ____ (tomar)
12

una merienda. A veces nosotros ____ (mirar) la
13

televisión. Cuando no ____ (mirar) la televisión,
14

nosotros ____ (escuchar) discos o ____ (hablar)
15   16

por teléfono.

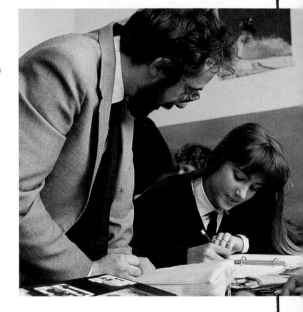

R–6

LEARNING FROM PHOTOS

Ask students to describe the people in the photo on page 6. You may wish to ask questions such as: *¿Es alumno el señor? ¿Qué es el señor? ¿Es alumna la muchacha? ¿Lleva uniforme la muchacha?*

INDEPENDENT PRACTICE

Assign any of the following:
1. Exercises and activities on student pages 2-6
2. Workbook, *Repaso A*

Los verbos *ir, dar* y *estar*

1. Review the forms of the irregular verbs *ir, dar,* and *estar*. Note that they are irregular in the *yo* form. All other forms conform to the pattern of a regular *-ar* verb.

INFINITIVE	IR	DAR	ESTAR
yo	voy	doy	estoy
tú	vas	das	estás
él, ella, Ud.	va	da	está
nosotros(as)	vamos	damos	estamos
vosotros(as)	*vais*	*dais*	*estáis*
ellos, ellas, Uds.	van	dan	están

2. Remember that *estar* is used to express location and how you feel.

> ¿Cómo estás? Estoy bien, gracias.
> ¿Dónde está Roberto? Está en casa.

3. The preposition *a* often follows the verb *ir*. Remember that *a* contracts with *el* to form one word *al*.

> Voy al café. No voy a la tienda.

R–7

When going over the explanation, emphasize the fact that the *yo* forms of these three verbs follow the same pattern. Have students repeat *voy, doy,* and *estoy.* Then point out that all other forms are the same as those of a regular *-ar* verb.

LEARNING FROM REALIA

Ask students what the ad on page 7 is for (crossword puzzle book). You may wish to give the word *crucigrama* for crossword puzzle. Ask them the price of the magazine and where it comes from (Spain, the price is 150 *pesetas*).

R 7

Ejercicios

Ejercicio F

It is recommended that you first do Exercise F as an oral activity with books closed. Call on individuals to respond.

PAIRED ACTIVITY

You may also do Exercise F as a paired activity. One student asks the questions and the other responds. After item 4, they can reverse roles.

ANSWERS

Ejercicio F

1. Voy a la escuela…
2. Sí, estoy en la escuela ahora.
3. Estoy en la clase de español.
4. Sí, voy a la escuela con mis amigos.
5. Vamos a la escuela a pie (en coche, en el bus escolar).
6. Sí, estoy con mis amigos ahora.
7. Sí, ellos están en la clase de español también.
8. Sí, (No,) el/la profesor(a) de español (no) da muchos exámenes.
9. Después de las clases vamos a…

G **Entrevista.** Contesten.

1. ¿A qué escuela vas?
2. ¿Estás en la escuela ahora?
3. ¿En qué clase estás?
4. ¿Vas a la escuela con tus amigos?
5. ¿Cómo van Uds. a la escuela?
6. ¿Estás con tus amigos ahora?
7. ¿Están ellos en la clase de español también?
8. ¿Da el/la profesor(a) de español muchos exámenes?
9. ¿Adónde van tú y tus amigos después de las clases?

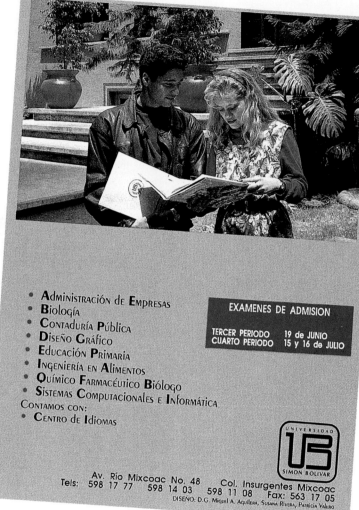

- **A**dministración de **E**mpresas
- **B**iología
- **C**ontaduría **P**ública
- **D**iseño **G**ráfico
- **E**ducación **P**rimaria
- **I**ngeniería en **A**limentos
- **Q**uímico **F**armacéutico **B**iólogo
- **S**istemas **C**omputacionales e **I**nformática

Contamos con:
- **C**entro de **I**diomas

EXAMENES DE ADMISION

TERCER PERIODO   19 de JUNIO
CUARTO PERIODO   15 y 16 de JULIO

UNIVERSIDAD
US
SIMON BOLIVAR

Av. Río Mixcoac No. 48   Col. Insurgentes Mixcoac
Tels: 598 17 77   598 14 03   598 11 08   Fax: 563 17 05
DISEÑO: D.G. Miguel A. Aguilera, Susana Rivera, Patricia Valero

R–8

Comunicación

A **Las actividades.** With a classmate prepare a list of activities you do. Separate the activities you have listed into two categories:

> EN LA ESCUELA   DESPUÉS DE LAS CLASES

Then write a paragraph telling what you do in school and what you do after school.

B **¿Adónde vas?** With a classmate make up a short conversation using each of the following verbs. Use the model as a guide.

> Estudiante 1: ¿Adónde vas?
> Estudiante 2: ¿Quién, yo? Yo voy a la biblioteca.
> Estudiante 1: ¿Sí? Tomás va a la biblioteca también.

1. ir
2. hablar
3. tocar
4. mirar
5. estar

C **¿Cómo soy…?** Describe yourself to your partner in terms of what you are not. Reverse roles.

> No soy alta; no soy rubia…

Un colegio en la Argentina

R–9

Comunicación
PRESENTATION (*page 9*)

Comunicación
PRESENTATION (*page 9*)

These activities encourage students to use the language on their own. You may let them choose the activities they would like to participate in.

ANSWERS

Actividad A
Answers will vary.

Actividad B
Answers will vary according to the model and cues provided.

Actividad C
Answers will vary.

HISTORY CONNECTION

The school *"Colegio Nacional Nicolás Avellaneda"* is named for the Argentine journalist and politician (1837-1885) who was president of Argentina from 1874-1880. During his presidency Argentina first exported grain and frozen beef to Europe.

LEARNING FROM PHOTOS

Ask students the following questions about the photo on page 9: *¿Qué estudian las muchachas? ¿Dónde están ellas?* All the equipment is known as *aparatos de laboratorio.*

INDEPENDENT PRACTICE

Assign any of the following:
1. Exercises and activities on student pages 7-9
2. Workbook, *Repaso A*

R 9

REPASO

B

OVERVIEW

Repaso B reviews greetings, salutations, and farewells. In addition, it recycles vocabulary related to activities that can take place at home, school, or during leisure time. The structures reviewed are the present tense of regular *-er* and *-ir* verbs, the irregular verb *ser,* and the agreement of articles and adjectives.

REVIEW RESOURCES

1. Workbook, *Repaso B*
2. Bell Ringer Review Blackline Masters
3. Testing Program

Pacing

Repaso B should take four or five days depending on the length of the class, the age of the students, and student aptitude.

REPASO

B

LAS ACTIVIDADES

LEARNING FROM PHOTOS

The cathedral and the fairground depict the festivities during the *fiestas patronales*. The *fiestas patronales* are traditional in towns and cities in Spain and Latin America. Virtually all towns and cities have a *santo patrón* (patron saint) whose day is celebrated with religious ceremonies and entertainment. In larger cities the *fiestas* may last a week or more with bullfights, dances, contests, sporting events, and concerts.

If you have native speakers in your class, ask them the patron saint of their family town or city, when the *fiestas* take place, and how they are celebrated.

The word for "ferris wheel" is *la noria gigante* or *la rueda mágica*; a "merry go round" is *el tíovivo* or el *carrusel*.

VOCABULARIO

Los amigos

Vocabulary Teaching Resources

1. Workbook, *Repaso B*
2. Bell Ringer Review Blackline Masters

Bell Ringer Review

Write the following on the board or use BRR Blackline Master R-3: Make a list of expressions used for greeting people and saying good-bye to them.

Los amigos

PRESENTATION *(page 12)*

A. Review the expressions used for greeting people and saying good-bye that students listed in the Bell Ringer Review above. Then have the class repeat the conversation on page 12 after you.
B. Call on two students to read the conversation to the class.

Expansion Call on pairs to improvise, changing the conversation in any way that makes sense.

Dos mexicanos

PRESENTATION *(page 12)*

A. Have students repeat each line after you with books open.
B. You may wish to point to the map of Mexico on page 454 as you review the pronunciation of *México, mexicano,* and *Guadalajara.*
C. Some simple gestures will help review the meaning of *leer, escribir, comer,* and *ver.*

ANSWERS

Ejercicio A
 Hola.

Ejercicio B
 ¿Qué tal?

Ejercicio C
 Chao. (Hasta luego. Adiós.)

Los amigos

¡Hola!
¡Hola! ¿Qué tal, Jesús?
Bien, ¿y tú?
Muy bien, gracias.
¡Chao! ¡Hasta luego!
¡Adiós! ¡Hasta luego!

A **Hola.** Say "hi" to a friend in class.

B **¿Cómo te va?** Ask a friend in class how things are going.

C **Adiós.** Say "so long" to a friend in class.

Dos mexicanos

Es Rafael Salas.
Él es de México.
Rafael es mexicano.

Es Carmen Grávalos.
Carmen es mexicana también.
Carmen y Rafael son de
    Guadalajara.
Viven en Guadalajara.
Ellos son alumnos en el colegio Hidalgo, en
    Guadalajara.

En el colegio Rafael y Carmen…
    leen libros y periódicos.
    escriben con lápiz y con bolígrafo.
    comen en la cafetería.
    ven un partido de fútbol.

R–12

ADDITIONAL PRACTICE

1. You may wish to ask the following questions concerning the statements after *Dos mexicanos: ¿Quién es de México? ¿De qué nacionalidad es Rafael? Y Carmen Grávalos, ¿de qué nacionalidad es ella? ¿De dónde son ellos? ¿Dónde viven? ¿Dónde estudian? ¿Qué leen? ¿Con qué escriben? ¿Dónde comen?*

2. Have students say as much about Rafael and Carmen as they can.
3. Have students change the names of Rafael and Carmen to names of students in the class and then change all the information as necessary.

D **Rafael y Carmen.** Contesten.

1. ¿De dónde es Rafael?
2. ¿De qué nacionalidad es?
3. Y Carmen, ¿de qué nacionalidad es ella?
4. ¿De dónde son Rafael y Carmen?
5. ¿Dónde viven ellos?
6. ¿Dónde son alumnos?

E **Expresiones.** Pareen.

1. leer   a. mucho en la escuela
2. escribir   b. al quinto piso
3. vivir   c. una novela
4. aprender   d. un alumno bueno y serio
5. vender   e. una carta con bolígrafo
6. comer   f. una limonada
7. ver   g. en una casa particular
8. ser   h. una emisión deportiva
9. subir   i. discos en una tienda en el centro comercial
10. beber   j. carne, ensalada y papas

F **La familia.** Completen.

1. La familia ___ en la cocina o en el comedor.
2. La familia ___ la televisión en la sala.
3. Después de la comida mamá ___ una carta a una amiga.
4. Papá ___ el periódico.
5. La familia ___ en una casa privada. La familia no ___ en un apartamento.

G **Sustantivos y verbos.** Pareen.

1. escribir   a. la venta
2. comer   b. el aprendizaje
3. vender   c. la escritura
4. beber   d. la lectura
5. aprender   e. la vivienda
6. vivir   f. la comida
7. leer   g. la bebida

R–13

INDEPENDENT PRACTICE

Assign any of the following:
1. Exercises on student page 13
2. Workbook, *Repaso B*

PRESENTATION (*page 13*)

It is suggested that you go over all the exercises once in class before assigning them as homework.

Ejercicio D

It is recommended that you do Exercise D as an oral activity with books closed.

Ejercicio E

You may wish to give students a few minutes to go over the exercise before calling on individuals to respond aloud. Exercise C determines if students understand the meaning of the verb.

Expansion of *Ejercicio F*

Upon completion of Exercise F, call on one individual to retell the story about the family in his/her own words.

Ejercicio G

The object of this exercise is to help students recognize new words based on the knowledge of another related word.

ANSWERS

Ejercicio D

1. Él es de México.
2. Él es mexicano.
3. Carmen es mexicana.
4. Rafael y Carmen son de México.
5. Ellos viven en Guadalajara.
6. Son alumnos en el colegio Hidalgo.

Ejercicio E

1. c   6. j
2. e   7. h
3. g   8. d
4. a   9. b
5. i   10. f

Ejercicio F

1. está
2. mira
3. escribe
4. lee
5. vive, vive

Ejercicio G

1. c   5. b
2. f   6. e
3. a   7. d
4. g

Structure Teaching Resources

1. Workbook, *Repaso B*
2. Bell Ringer Review Blackline Masters

Los verbos en -er, -ir

Bell Ringer Review

Write the following on the board or use BRR Blackline Master R-4: Answer the following questions in as many ways as you can.
¿Qué comes?
¿Qué aprendes?
¿Qué escribes?
¿Qué ves?

PRESENTATION *(page 14)*

1. Have students repeat the forms of *comer* and *vivir* after you.
2. Write the verbs *leer* and *subir* on the board and have students give you the endings.

Los verbos en *-er, -ir*

1. Review the forms of regular *-er* verbs, and *-ir* verbs.

INFINITIVE	COMER	VIVIR
STEM	com-	viv-
yo	como	vivo
tú	comes	vives
él, ella, Ud.	come	vive
nosotros(as)	comemos	vivimos
vosotros(as)	*coméis*	*vivís*
ellos, ellas, Uds.	comen	viven

2. Note that all forms of *-er* and *-ir* verbs are the same except *nosotros* and *vosotros*.

Nosotros comemos.	Nosotros subimos.
Bebemos.	Escribimos.

SE SIENTE...	CON GANAS DE COMER...	¡LO QUE DEBE COMER!
Triste	Alimentos reconfortantes	Sopa, avena, macarrones con queso
Enojada	Alimentos duros crujientes	Palomitas de maíz, apio, manzana
Segura	Comidas picantes	Jugo de tomate con especias, *crudités* con salsas
Avergonzada	Alimentos cremosos	Bananas, yogur descremado
Excitada	Algo dulce	Galletitas "María", caramelos, mazapanes
Tensa	Alimentos salados	Sopa de vegetales, galletitas saltinas
Nerviosa	Alimentos ricos en carbohidratos	Pastas, papas y pan integral
Cansada	Alimentos ricos en proteína	Queso, carne magra y maní

R–14

LEARNING FROM REALIA

1. Have students look at the realia on page 14 and tell what its message is. The article describes what people want to eat and what they should eat when they are feeling sad, angry, tired, etc.
2. You may wish to ask students how many "states" or feelings they recognize from the list. You may also ask them to identify as many foods as they can.

H Personalmente. Completen.

1. Yo ___ en ___. (vivir)
2. Yo no ___ en ___. ___ en ___. (vivir)
3. Yo ___ en la calle ___. (vivir)
4. En casa, yo ___ con mi familia. (comer)
5. Nosotros ___ en la cocina. (comer)
6. Después de la comida yo ___ el periódico. (leer)
7. A veces yo ___ una composición para la clase de inglés. (escribir)

I Pregunta. Make up a question for each sentence in Exercise H.

J Vivimos en los Estados Unidos. Contesten.

1. ¿Dónde viven Uds.?
2. ¿Viven Uds. en una casa particular?
3. ¿Viven Uds. en un apartamento?
4. ¿Escriben Uds. mucho en la clase de español?
5. Y en la clase de inglés, ¿escriben Uds. mucho?
6. ¿Comprenden Uds. cuando la profesora habla en español?
7. ¿Reciben Uds. buenas notas en español?
8. ¿Aprenden Uds. mucho en la escuela?
9. ¿Leen Uds. muchos libros?
10. ¿Comen Uds. en la cafetería de la escuela?

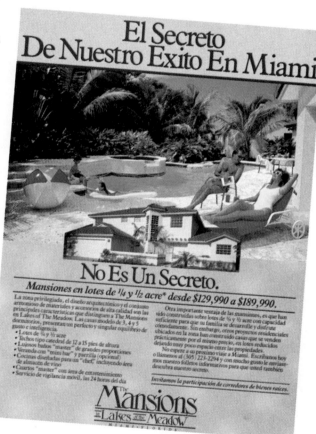

R–15

Ejercicios

PRESENTATION (*page 15*)

Ejercicio H

A. Call on each individual to complete two sentences.
B. After going over Exercise H once, call on one individual to read the entire exercise.

Ejercicio I

Students can make up more than one question about each statement.

ANSWERS

Ejercicio H

Answers will vary for items 1-3.

1. vivo
2. vivo, vivo
3. vivo
4. como
5. comemos
6. leo
7. escribo

Ejercicio I

1. ¿Dónde vives?
2. ¿No vives en…? ¿Vives en…?
3. ¿Vives en la calle…?
4. En casa, ¿comes con tu familia?
5. ¿Comen Uds. en la cocina?
6. Después de la comida, ¿lees el periódico?
7. ¿Escribes una composición para la clase de inglés?

Ejercicio J

Answers will vary.

1. Vivimos en…
2. Sí, (No, no) vivimos en una casa particular.
3. Sí, (No, no) vivimos en un apartamento.
4. Sí, (No, no) escribimos mucho en la clase de español.
5. Sí, (No, no) escribimos mucho en la clase de inglés.
6. Sí, (No, no) comprendemos cuando la profesora habla en español.
7. Sí, (No, no) recibimos buenas notas en español.
8. Sí, (No, no) aprendemos mucho en la escuela.
9. Sí, (No, no) leemos muchos libros.
10. Sí, (No, no) comemos en la cafetería de la escuela.

El verbo ser

PRESENTATION (page 16)

Have students open their books to page 16 and repeat the verb forms after you.

Ejercicios

PRESENTATION

Ejercicio K

Call on two students with good pronunciation to read the conversation to the class.

Expansion of Ejercicio K

Call on a student to retell the story of the conversation in his/her own words.

El verbo *ser*

Review the forms of the irregular verb *ser*.

SER	
yo	soy
tú	eres
él, ella, Ud.	es
nosotros(as)	somos
vosotros(as)	*sois*
ellos, ellas, Uds.	son

K **La nacionalidad.** Practiquen.

—Roberto, tú eres americano, ¿no?
—Sí, hombre. Soy americano.
—Y tu amiga, ¿es ella americana también?
—¿Quién, Alejandra?
—Sí, ella.
—No, ella es de España.
—Pero Uds. son alumnos en la misma escuela, ¿no?
—Sí, somos alumnos en la escuela Monroe.

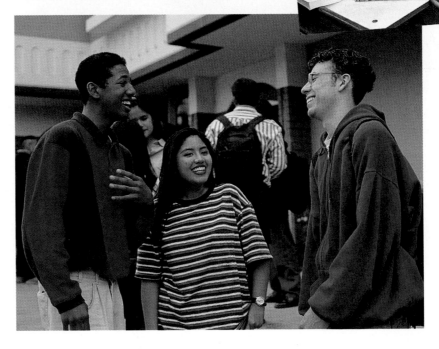

R–16

L Roberto y Alejandra. Contesten según la conversación.

1. ¿Quién es americano?
2. ¿Quién es de España?
3. ¿Son ellos alumnos en la misma escuela?
4. ¿En qué escuela son ellos alumnos?

M Personalmente. Contesten.

1. ¿Quién eres?
2. ¿De dónde eres?
3. ¿De qué nacionalidad eres?
4. ¿Cómo eres?
5. ¿Qué eres?
6. ¿Dónde eres alumno(a)?

N Dos ecuatorianos. Completen con *ser*.

Marisa Contreras ___ de Guayaquil. Y
         1
Felipe Gutiérrez ___ de Guayaquil. Los
         2
dos ___ ecuatorianos y los dos no ___
     3   4
de la capital.

¿De dónde ___ Uds.? ¿ ___ Uds. de
         5   6
la capital de su país?

Nosotros ___ de ___ .
         7

Ecuador

Catedral de Guayaquil

Guayaquil

R–17

COOPERATIVE LEARNING

Upon completion of Exercise N, have students work in groups of three or four. Each group makes up a story about Marisa and Felipe. Have them come up with as many statements as possible.

INDEPENDENT PRACTICE

Assign any of the following:
1. Exercises and activities on student pages 15-17
2. Workbook, *Repaso B*

PRESENTATION *(page 17)*

Ejercicios L and M

It is recommended that both these exercises be done orally with books closed.

Expansion of *Ejercicio M*

After completing Exercise M, call on an individual to tell all about himself/herself.

ANSWERS

Ejercicio L

1. Roberto es americano.
2. Alejandra es de España.
3. Sí, son alumnos en la misma escuela.
4. Ellos son alumnos en la escuela Monroe.

Ejercicio M

Answers will vary.
1. Yo soy…
2. Yo soy de…
3. Yo soy…
4. Yo soy…
5. Yo soy…
6. Soy alumno(a) en la escuela…

Ejercicio N

1. **es**
2. **es**
3. **son**
4. **son**
5. **son**
6. **Son**
7. **somos**

GEOGRAPHY CONNECTION

Have students locate Guayaquil, Ecuador on the map of South America, page 474. Guayaquil was founded in 1536. Simón Bolívar and José de San Martín met there in 1822 to complete plans for the liberation of South America from Spain. Guayaquil is Ecuador's major port. It has a population of over 1.5 million.

Los artículos y los sustantivos

PRESENTATION (*page 18*)

As you go over the explanation, have students repeat the words and example sentences after you. Point to a specific person or object as you use the definite article.

Los artículos y los sustantivos

1. Many Spanish nouns end in -*o* or -*a*. Most nouns that end in -*o* are masculine and most nouns that end in -*a* are feminine. The definite article *el* accompanies a masculine noun and the definite article *la* accompanies a feminine noun.

MASCULINO	FEMENINO
el muchacho	la muchacha
el colegio	la escuela

2. Many Spanish nouns end in -*e*. It is impossible to tell the gender, masculine or feminine, of nouns ending in -*e*.

MASCULINO	FEMENINO
el arte	la calle
el café	la clase
el deporte	la tarde
el padre	la madre

3. To form the plural of nouns ending in the vowels *o*, *a*, or *e*, you add an -*s*. To nouns ending in a consonant, you add -*es*. Note that *el* changes to *los* and *la* changes to *las*.

MASCULINO	FEMENINO
los muchachos	las muchachas
los deportes	las calles
los profesores	las ciudades

4. In Spanish, you use the indefinite articles *un* or *una* to express "a" or "an." Note that these articles change to *unos* and *unas* in the plural.

SINGULAR	PLURAL
un muchacho	unos muchachos
una muchacha	unas muchachas

R–18

O **El muchacho y la muchacha.** Completen con *el, la, los o las.*

___ muchacho es cubano y ___ muchacha es puertorriqueña. Sus padres son
   1   2

de Ponce en el sur de ___ isla. Ahora ___ dos muchachos viven en ___ ciudad
                          3   4   5

de Miami. Ellos viven en ___ misma calle y van a ___ misma escuela.
                            6   7

P **El plural.** Cambien cada oración a la forma plural.

1. El muchacho es moreno.
2. La muchacha es rubia.
3. El alumno es serio.
4. La escuela es buena.
5. La ciudad es grande.

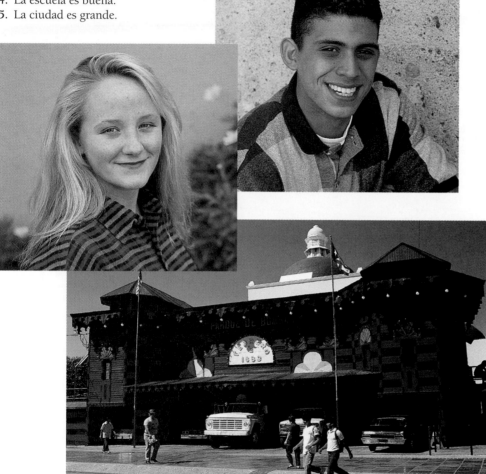

El parque de bombas, Ponce, Puerto Rico

R–19

Ejercicio O

After completing Exercise O,
have one student read the entire
exercise as a story.

Ejercicio P

Have students write the plural
sentences. Then have them close
their books, read the plural sentences, and put them back into the
singular.

ANSWERS

Ejercicio O

1. El
2. la
3. la
4. los
5. la
6. la
7. la

Ejercicio P

1. Los muchachos son morenos.
2. Las muchachas son rubias.
3. Los alumnos son serios.
4. Las escuelas son buenas.
5. Las ciudades son grandes

GEOGRAPHY CONNECTION

Have students locate
Ponce on the map of Puerto
Rico (page 475). The brightly
painted firehouse on page 19
is a very popular tourist
attraction.

LEARNING FROM PHOTOS

The *Parque de bombas* in the photo at
the bottom of page 16 is in the central
plaza of Ponce, Puerto Rico. It was built as
an exhibit hall for an exposition in 1882.

La concordancia de los adjetivos

PRESENTATION (*page 20*)

A. Draw a stick figure of a boy and a girl on the board. Each time you give a masculine form, point to the boy. Each time you give a feminine form, point to the girl.

B. Have students repeat all the example sentences aloud.

La concordancia de los adjetivos

1. Adjectives agree with the nouns they describe. If the noun is feminine, the adjective must be in the feminine form. If the noun is plural, the adjective must be in the plural form. Review the following.

	FEMENINO	MASCULINO
SINGULAR	la amiga rubia una muchacha seria	el amigo rubio un muchacho serio
PLURAL	las amigas rubias unas muchachas serias	los amigos rubios unos muchachos serios

2. Adjectives that end in *-e* have two forms. To form the plural you add an *-s*.

   el edificio grande
   los edificios grandes

3. Adjectives that end in a consonant also have two forms. You add *-es* to form the plural.

   el curso fácil   los cursos fáciles
   la lección fácil   las lecciones fáciles

Computación a tu medida
El curso que quieres

IMICE A.C.

IBM • PC - Macintosh

El único instituto que ofrece:

• Una computadora por alumno
• Un solo plantel para que nuestros directivos te atiendan personalmente
• Cursos adecuados a tus posibilidades económicas y disponibilidad de tiempo

INFÓRMATE

Pitágoras 931 Eugenia   536-8926, 543-4575, 682-7118, 682-6993 y 687-8293
FAX: 536-89-26

R–20

Q **Las dos muchachas.** Describan a las muchachas.

R **El amigo.** Describan a un(a) amigo(a).

El presente progresivo   *Describing an Action in Progress*

1. The present progressive is used in Spanish to express an action that is presently going on. It is formed by using the present tense of the verb *estar* and the present participle. To form the present participle of most verbs you drop the ending of the infinitive and add *-ando* to the stem of *-ar* verbs and *-iendo* to the stem of *-er* and *-ir* verbs. Study the following forms of the present participle.

INFINITIVE	HABLAR	LLEGAR	COMER	HACER	SALIR
STEM	habl-	lleg-	com-	hac-	sal-
PARTICIPLE	hablando	llegando	comiendo	haciendo	saliendo

2. Note that the verbs *leer* and *traer* have a *y* in the present participle.

   leyendo   trayendo

3. Study the following examples of the present progressive.

   ¿Qué está haciendo Elena?
   En este momento está esperando el avión.

Ejercicios
PRESENTATION (*page 21*)

Ejercicios Q and R
   After going over these exercises, you may have students describe the boy and the girl in the photos on page 19. They can also describe the group on page 16.

ANSWERS
Ejercicios Q and R
   Answers will vary.

El presente progresivo
PRESENTATION (*page 21*)

A. You may have students call out any verb they can think of. Write the present participle of that verb on the board and have students repeat it.
B. Call on students to read the example sentences on page 21 aloud.

Ejercicios

PRESENTATION *(page 22)*

Ejercicio S

RECYCLE

Exercise S reinforces vocabulary related to plane travel presented in *Bienvenidos*.

It is recommended that you do the exercise first orally with books closed. You may wish to do the exercise a second time without providing the cued response.

Ejercicios T and U

Encourage students to be as original as possible in making up their sentences.

ANSWERS

Ejercicio S

1. Los pasajeros están llegando al aeropuerto.
2. Están llegando en taxi.
3. Están viajando a Europa.
4. Están haciendo el viaje en avión.
5. Están facturando el equipaje en el mostrador de la línea aérea.
6. La agente está revisando los boletos y los pasaportes.
7. Los pasajeros están saliendo por la puerta número siete.
8. Están abordando el avión.

Ejercicio T

Answers will vary.

1. (No) Estoy comiendo…
2. (No) Estoy hablando con…
3. (No) Estoy estudiando…
4. (No) Estoy bailando…
5. (No) Estoy escribiendo…
6. (No) Estoy aprendiendo…
7. (No) Estoy trabajando…
8. (No) Estoy haciendo…
9. (No) Estoy leyendo…
10. (No) Estoy saliendo…

Ejercicio U

Answers will vary.

S ¿Qué están haciendo en el aeropuerto? Contesten según se indica.

1. ¿Adónde están llegando los pasajeros? (al aeropuerto)
2. ¿Cómo están llegando? (en taxi)
3. ¿Adónde están viajando? (a Europa)
4. ¿Cómo están haciendo el viaje? (en avión)
5. ¿Dónde están facturando el equipaje? (en el mostrador de la línea aérea)
6. ¿Qué está revisando la agente? (los boletos y los pasaportes)
7. ¿De qué puerta están saliendo los pasajeros para Madrid? (número siete)
8. ¿Qué están abordando? (el avión)

T Yo (no) estoy… Formen oraciones.

1. comer
2. hablar
3. estudiar
4. bailar
5. escribir
6. aprender
7. trabajar
8. hacer un viaje
9. leer
10. salir para España

U ¿Qué están haciendo ahora? Digan lo que están haciendo.

1. Mi madre
2. Mi padre
3. Mis primos
4. Mis hermanos
5. Yo
6. Mis amigos
7. Mi novio(a) y yo

R–22

LEARNING FROM PHOTOS

The taxi is at the airport in San Juan, Puerto Rico. The airport is named for Luis Muñoz Marín, the first elected governor of Puerto Rico. If you have any students from Puerto Rico, you may wish to ask them to give a brief report on Muñoz Marín to the class.

Comunicación

A **En la cafetería.** You have just met a new student in the school cafeteria. Tell him or her what your nationality is, what languages you speak, what classes you are taking, how many brothers and sisters you have and what their ages are. Reverse roles.

B **Las categorías.** With a classmate make up a list of words you know that describe a person. Then divide the words into the following categories.

> descripción física
> personalidad
> características positivas
> características negativas

Continue to work together. Then decide upon a person that fits into all categories and give a complete description of the person.

C **Soy…** Write a postcard to a pen pal in Puerto Rico. Tell him or her what you look like; where you are from; and where you go to school. Describe your school and after-school activities.

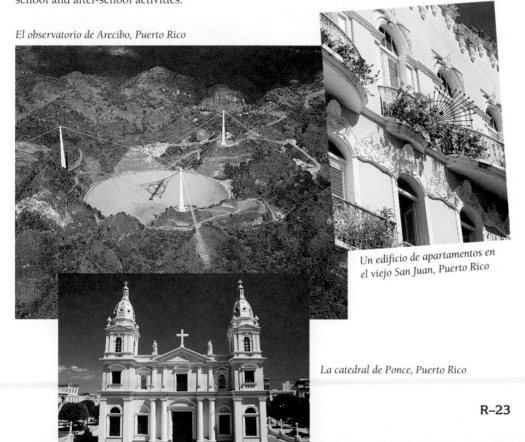

El observatorio de Arecibo, Puerto Rico

Un edificio de apartamentos en el viejo San Juan, Puerto Rico

La catedral de Ponce, Puerto Rico

R–23

OVERVIEW

Repaso C reviews vocabulary dealing with plane travel and organized team sports. It also reviews the following structure points: the present tense of stem-changing verbs, the verbs *hacer, poner, traer, salir, tener,* and *venir.*

REVIEW RESOURCES

1. Workbook, *Repaso C*
2. Bell Ringer Review Blackline Masters
3. Testing Program

Pacing

Repaso C should take three to four days depending on the length of the class, the age of the students, and student aptitude.

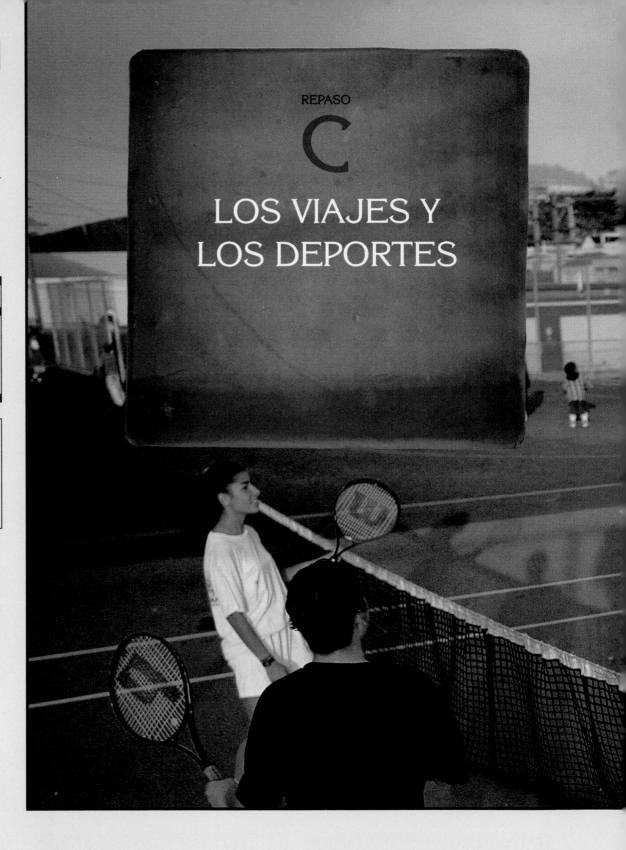

REPASO

C

LOS VIAJES Y LOS DEPORTES

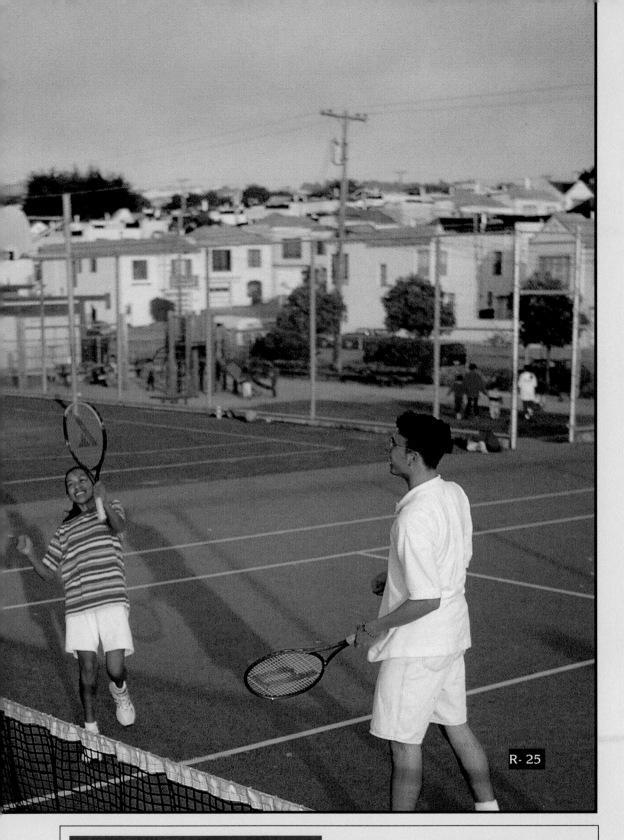

R-25

DID YOU KNOW?

Tennis has become very popular in Spanish speaking countries. The number of international champions from Latin America and Spain increases yearly. You may wish to ask students to identify as many world-class Hispanic tennis players as they can.

Vocabulary Teaching Resources

1. Workbook, *Repaso C*
2. Bell Ringer Review Blackline Masters

Bell Ringer Review

Write the following on the board or use BRR Blackline Master R-7: Write down as many words and expressions as you can think of that have to do with airports or air travel.

Un viaje a Lima

PRESENTATION *(page 26)*

A. Have students share the words they wrote down for the Bell Ringer Review above.
B. Now have students repeat each sentence of the conversation after you.
C. Call on pairs of students to read the conversation aloud with as much expression as possible.

ANSWERS

Ejercicio A

1. Jorge hace un viaje a Lima.
2. Sale mañana.
3. No, no tiene que ir a Lima.
4. Sí, quiere ir.
5. Jorge va a ver un partido de fútbol.

Un viaje a Lima

—Hola, Jorge. ¿Qué haces, hombre?
—Pues, voy a hacer un viaje a Lima.
—¿A Lima? ¿Cuándo sales?
—Salgo mañana.
—¿Por qué tienes que ir a Lima?
—No tengo que ir. Es que quiero ir.
—¿Qué vas a hacer en Lima?
—Pues, la Argentina juega contra el Perú.
—¡Verdad!

A **Un viaje a Lima.** Contesten según la conversación.

1. ¿Adónde va Jorge?
2. ¿Cuándo sale?
3. ¿Tiene que ir a Lima?
4. ¿Quiere ir?
5. ¿Qué va a hacer en Lima?

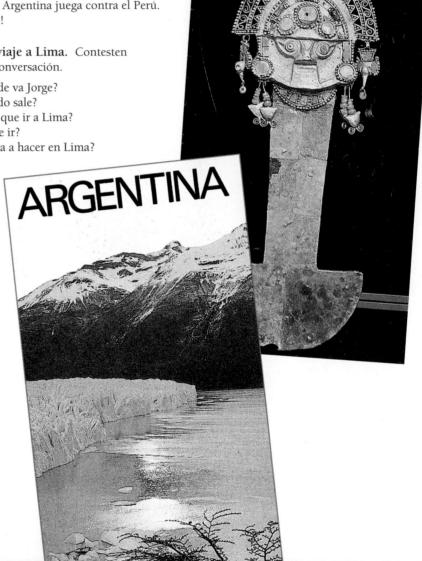

R-26

COOPERATIVE LEARNING

Have students work in pairs and prepare a conversation that takes place at an airport when checking in for a flight. One student is the airline agent and the other is the passenger.

LEARNING FROM REALIA

Have students locate Argentina and Peru on the map of South America on page 474. Ask them to tell, in Spanish, where they are located on the continent. Ask what is shown on the brochure for Argentina. It is a glacier-*un glaciar.* It is the *Glaciar Perito Moreno,* in *lago Argentino,* in the province of Santa Cruz.

B En el aeropuerto. Contesten según el dibujo.

1. Los pasajeros hacen un viaje a ___.
2. Los pasajeros están en ___.
3. Ellos llevan (tienen) ___.
4. El agente revisa sus ___ y sus ___.
5. Es el ___ número 110.
6. El vuelo sale para ___.
7. ___ a las 9:20.
8. Los ___ van a abordar el avión.

C Los deportes. ¿Qué deporte es?

1. hay cinco jugadores en el equipo
2. hay once jugadores en el equipo
3. el portero guarda la portería
4. los jugadores encestan el balón
5. los jugadores juegan en el campo de fútbol

R–27

Ejercicios

PRESENTATION (*page 27*)

Ejercicio B

1. Have students look at the illustration as they complete the sentences in Exercise B.
2. Go over the exercise once calling on individuals to do the items. Then have one student reread the entire exercise.

Expansion of *Ejercicio C*

You may wish to have students say as much as they can about each sport they identify.

ANSWERS

Ejercicio B
1. **Managua, Nicaragua**
2. **el aeropuerto**
3. **su equipaje (sus maletas)**
4. **boletos, pasaportes**
5. **vuelo**
6. **Managua**
7. **Sale**
8. **pasajeros**

Ejercicio C
1. **El baloncesto**
2. **El fútbol americano**
3. **El fútbol**
4. **El baloncesto**
5. **El fútbol**

COOPERATIVE LEARNING

Have students work in groups of three or four. Have each group make up and answer as many questions as they can about the illustration on page 27.

ESTRUCTURA

Structure Teaching Resources

1. Workbook, *Repaso C*
2. Bell Ringer Review Blackline Masters

Bell Ringer Review

Write the following on the board or use BRR Blackline Master R-8: Write down as many words or expressions as you can think of related to each of the following sports: el fútbol, el básquetbol, el béisbol.

El presente de los verbos de cambio radical

PRESENTATION (page 28)

A. Have students repeat all the verb forms after you.
B. Then have students repeat all the *nosotros* forms.
C. Now have them repeat all the *yo* forms to contrast the stem change.

El presente de los verbos de cambio radical

1. Review the forms of *e > ie* stem-changing verbs. Note that the stem changes in all forms except the *nosotros* and *vosotros*.

INFINITIVE	EMPEZAR	QUERER	PREFERIR
yo	empiezo	quiero	prefiero
tú	empiezas	quieres	prefieres
él, ella, Ud.	empieza	quiere	prefiere
nosotros(as)	empezamos	queremos	preferimos
vosotros(as)	*empezáis*	*queréis*	*preferís*
ellos, ellas, Uds.	empiezan	quieren	prefieren

2. Review the forms of *o > ue* stem-changing verbs. Note that the stem changes in all forms except the *nosotros* and *vosotros*.

INFINITIVE	VOLVER	PODER	DORMIR
yo	vuelvo	puedo	duermo
tú	vuelves	puedes	duermes
él, ella, Ud.	vuelve	puede	duerme
nosotros(as)	volvemos	podemos	dormimos
vosotros(as)	*volvéis*	*podéis*	*dormís*
ellos, ellas, Uds.	vuelven	pueden	duermen

3. Remember that the stem of the verb *jugar* also changes to *ue*.

JUGAR	
yo	juego
tú	juegas
él, ella, Ud.	juega
nosotros(as)	jugamos
vosotros(as)	*jugáis*
ellos, ellas, Uds.	juegan

R–28

D Un juego de fútbol. Lean.

El juego de fútbol empieza a las dos de la tarde. Hoy juegan los Osos contra los Tigres. Cuando empieza el segundo tiempo, el tanto queda empatado en cero. Los jugadores vuelven al campo. Todos quieren ganar, pero si el tanto no queda empatado, un equipo tiene que perder. ¿Quiénes pierden? Durante el último minuto del partido los Osos meten un gol. El portero de los Tigres no puede parar el balón y los Osos ganan.

Deporte TOTAL El Comercio

Lima, lunes 20 de enero de

Así celebraron los jugadores peruanos el cuarto gol. Nuestra selección deambula, a pesar de sus buenos jugadores.

Sub'23 no convence

Ganó a México 4 a 3
Otra vez bronca y expulsiones

(Págs. 2,3 y 4)   Salto de garrocha frente a la Catedral. (pág 5)

Jaime Yzaga y Julio Granda juntos (págs. 8 y 9)
Chemo, el líbero que vino del Sur (págs. 10 y 11)
Los 50 años de Cassius Clay (pág 12)
Cómo se prepara Ecuador para la Copa Davis (pág 16)

Ejercicios
PRESENTATION *(page 29)*
Ejercicio D
  Have students open their books to page 29. Call on individuals to read two or three sentences each.

LEARNING FROM REALIA

1. Have students say all they can about the sports page. You may wish to ask: ¿De dónde es el periódico? ¿De qué dos equipos habla? ¿Quién gana, México o Perú? ¿Cuántos goles marca Perú? ¿Y cuántos marca México?
2. Have them find the expression "pole vault" (*salto de garrocha*).

Ejercicios

PRESENTATION (page 30)

Ejercicios E-H

All of these exercises can be done orally with books closed.

Ejercicio E

You may wish to intersperse the questions while students read Exercise D on page 29.

Expansion of Ejercicio E

Call on one student to retell the entire story in his/her own words.

ANSWERS

Ejercicio E

1. Empieza a las dos de la tarde.
2. Los Osos juegan contra los Tigres.
3. El tanto queda empatado en cero.
4. Los jugadores vuelven al campo.
5. Todos quieren ganar.
6. Si el tanto no queda empatado, tiene que perder un equipo.
7. Los Tigres pierden.
8. El portero de los Tigres no puede parar el balón.
9. No, los espectadores no duermen durante un partido.

Ejercicios F–H

Answers will vary.

Ejercicio I

1. empezamos
2. queremos
3. perdemos, podemos

Ejercicio J

1. empiezo
2. quiero
3. pierdo, puedo

Bell Ringer Review

Write the following on the board or use BRR Blackline Master R-9: **1.** Write a list of names for all the members that can make up a family. **2.** Write a list of words you could use to describe a house or apartment.

E **Los Osos contra los Tigres.** Contesten según la lectura.

1. ¿A qué hora empieza el juego de fútbol?
2. ¿Quiénes juegan?
3. ¿Cómo queda el tanto cuando empieza el segundo tiempo?
4. ¿Quiénes vuelven al campo?
5. ¿Qué quieren todos?
6. ¿Tiene que perder un equipo?
7. ¿Quiénes pierden?
8. ¿Qué no puede parar el portero de los Tigres?
9. ¿Duermen los espectadores durante el partido?

F **Lo que quiero hacer.** Tell five things you want to do.

G **Lo que Pablo prefiere hacer.** Tell five things Pablo does not want to do. Tell what he prefers to do.

H **Lo que podemos hacer.** Tell five things you and your friends can do.

I **El partido de hoy.** Completen.

1. Hoy nosotros ___ a jugar a las dos. (empezar)
2. Nosotros no ___ perder. (querer)
3. Si nosotros ___ el juego de hoy, no ___ jugar mañana. (perder, poder)

J **El partido de hoy.** Cambien *nosotros* a *yo* en las oraciones del Ejercicio I.

Los verbos con *g* en la primera persona

1. Review the forms of the irregular verbs *hacer, poner, traer,* and *salir.* Note that they all have a *g* in the *yo* form.

INFINITIVE	HACER	PONER	TRAER	SALIR
yo	hago	pongo	traigo	salgo
tú	haces	pones	traes	sales
él, ella, Ud.	hace	pone	trae	sale
nosotros(as)	hacemos	ponemos	traemos	salimos
vosotros(as)	*hacéis*	*ponéis*	*traéis*	*salís*
ellos, ellas, Uds.	hacen	ponen	traen	salen

R–30

COOPERATIVE LEARNING ACTIVITY

Have pairs of students prepare short conversations for the following situations:

1. in the taxi (the passenger and the driver): The passenger should tell the driver where he/she wants to go; ask how long it will take; and ask how much it costs. The driver should answer the questions.

2. at the airline counter (the traveller and the airline agent): The agent should ask for the tickets; and whether the traveller has suitcases. The traveller should answer and ask what time the plane leaves and from what gate it leaves.

2. The verbs *tener* and *venir* also have a *g* in the *yo* form. In addition, the *e* of the infinitive stem changes to *ie* in all forms except the *nosotros* and *vosotros*.

INFINITIVE	TENER	VENIR
yo	tengo	vengo
tú	tienes	vienes
él, ella, Ud.	tiene	viene
nosotros(as)	tenemos	venimos
vosotros(as)	*tenéis*	*venís*
ellos, ellas, Uds.	tienen	vienen

3. The expression *tener que* followed by an infinitive means "to have to."

> Tenemos que estudiar.
> Tenemos que tomar un examen final.

K Un viaje imaginario. Contesten con *sí*.

1. ¿Haces un viaje a España?
2. ¿Haces el viaje en avión?
3. Antes, ¿haces la maleta?
4. ¿Qué pones en la maleta?
5. ¿Cuándo sales?
6. ¿Sales para el aeropuerto en taxi?
7. ¿A qué hora viene el taxi?
8. ¿A qué hora tienes que estar en el aeropuerto?
9. ¿Tienes mucho equipaje?
10. ¿A qué hora sale el vuelo para Madrid?

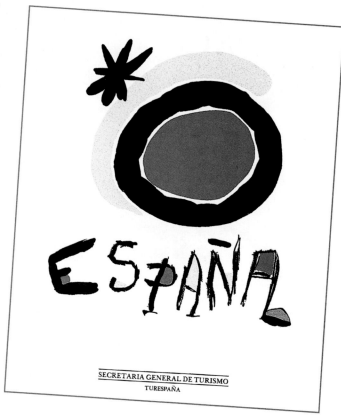

SECRETARIA GENERAL DE TURISMO
TURESPAÑA

R–31

INDEPENDENT PRACTICE

Assign any of the following:
1. Exercises and activities on student pages 27-31
2. Workbook, *Repaso C*

Los verbos con g en la primera persona

PRESENTATION (pages 30-31)

A. Have students repeat all the *yo* forms in the chart on page 30.
B. Then point out to students that all the other forms are the same as those of regular *-er* or *-ir* verb.
C. Have students repeat all the forms of *tener* and *venir* from the chart on page 31.
D. Have students repeat all the *yo* forms one more time: *hago, pongo, traigo, salgo, tengo,* and *vengo*.

Ejercicios

PRESENTATION (page 31)

Ejercicio K
1. It is suggested that you do Exercise K orally with books closed. Note that this exercise emphasizes the irregular *yo* form.
2. After going over the exercise once, calling on individuals, do the exercise again. Have one student do items 1-5 and another do items 6-10.

ANSWERS

Ejercicio K
1. Sí, hago un viaje a España.
2. Sí, hago el viaje en avión.
3. Sí, antes hago la maleta.
4. Pongo (mi ropa) en la maleta.
5. Salgo a las…
6. Sí, salgo para el aeropuerto en taxi.
7. El taxi viene a las…
8. Tengo que estar en el aeropuerto a las…
9. Sí, tengo mucho equipaje.
10. El vuelo para Madrid sale a…

PAIRED ACTIVITY

Exercise K can be done as a paired activity. One student asks a question and the other one answers. They then reverse roles.

R 31

PRESENTATION (*page 32*)

Ejercicio L

Have individual students complete each item.

Ejercicio M

After going over Exercise M, call on individuals to give as much information about their family or their home as they can.

ANSWERS

Ejercicio L

1. hace, pone, sale
2. hacemos, ponemos, salimos
3. haces, pones, haces, sales
4. hacen, ponen, hacen, salen
5. hago, pongo, hago, salgo

Ejercicio M

1. Tengo una familia grande (pequeña).
2. Tengo… hermanos y… hermanas.
3. Tenemos una casa particular (un apartamento).
4. La casa (el apartamento) tiene… cuartos.
5. Sí, tenemos un carro.
6. Sí, tenemos una mascota. Tenemos un perro (un gato).

Note For information concerning the terminology for step relatives, see *Bienvenidos*, Teacher's Wraparound Edition, Chapter 6, page 55.

L **La maleta.** *Completen con* hacer, poner *o* salir.

1. Juan ___ su maleta. Él ___ una camisa en la maleta. Él ___ para Málaga.
2. Nosotros ___ nuestra maleta. Nosotros ___ blue jeans en la maleta porque ___ para Cancún, en México.
3. ¿Tú ___ tu maleta? ¿Qué ___ en la maleta? ¿Por qué ___ la maleta? ¿Para dónde ___?
4. Mis padres ___ su maleta. Ellos ___ muchas cosas en la maleta. Ellos ___ su maleta porque ___ para Miami.
5. Yo ___ mi maleta. Yo ___ blue jeans y T shirts en mi maleta. Yo ___ mi maleta porque ___ para la Sierra de Guadarrama donde voy de camping.

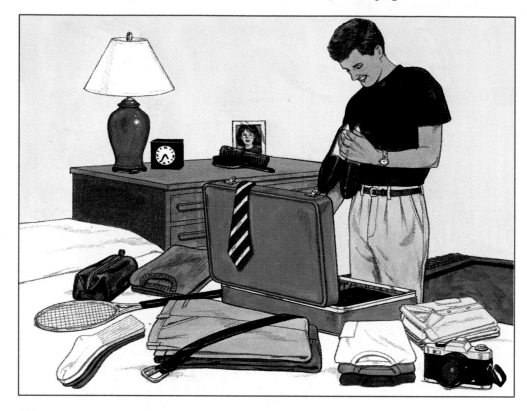

M **Mi familia y mi casa.** *Preguntas personales.*

1. ¿Tienes una familia grande o pequeña?
2. ¿Cuántos hermanos y cuántas hermanas tienes?
3. ¿Tienen Uds. una casa particular o un apartamento?
4. ¿Cuántos cuartos tiene la casa o el apartamento?
5. ¿Tienen Uds. un carro?
6. ¿Tienen Uds. una mascota? ¿Tienen un perro o un gato?

R-32

LEARNING FROM ILLUSTRATIONS

Have students say all they can about the illustration. Have them describe everything the young man is packing. You may wish to ask: *¿Cómo es el señor? ¿Dónde está? ¿Qué hace? ¿Por qué? ¿Qué deporte juega él? ¿De quién es la foto?*

Comunicación

A **¿Adónde vamos?** With a partner decide on a place each of you wants to go to. Tell how you're going to get there and what you're going to do there. Then ask each other questions about your trip. Write a paragraph about your partner's trip. Then compare what each of you has written.

B **Los deportes.** With your partner decide what sport you want to talk about. Make a list of words that describe this sport. Then put the words into sentences and write a paragraph about the sport. Read your paragraph to the class.

Partidos de clasificación - marzo

FECHA	EQUIPO DE CASA	EQUIPO VISITANTE	SEDE	GRUPO
		Turquía		Europa 2
miércoles 10	San Marino	Checoslovaquia	Limasol	Europa 4
miércoles 24	Chipre	Malta	Palermo	1
	Italia	San Marino		2
	Países Bajos			
sábado 27	Austria	Francia	Viena	Europa 6
miércoles 31	Gales	Bélgica		Europa 4
	Dinamarca	España		3
	Irlanda	Irlanda del Norte	Dublín	3
	Hungría	Grecia		5
	Suiza	Portugal	Berna	1
	Turquía	Inglaterra		2

C **Mi familia y mi casa.** You and your partner will take turns saying something about your family and your house or apartment. Write down what the other person says. Then compare your families and your house or apartment.

D **Quiero…** Work with a classmate. Each of you will make a list of things you want to do but can't do because you have to do something else. Then compare your lists and see how many things you have in common.

R-33

Comunicación (page 33)

These activities encourage students to use the language on their own. You may let them choose the activities in which they would like to participate.

ANSWERS

Actividades A-D

Answers will vary.

GEOGRAPHY CONNECTION

Some countries on the schedule, whose names the students may not recognize, are: *Chipre* (Cyprus); *Países Bajos* (Netherlands); *Gales* (Wales); *Suiza* (Switzerland); *Bélgica* (Belgium); *Irlanda del Norte* (Northern Ireland).

LEARNING FROM REALIA

Ask students the meaning of *Fecha, Equipo de casa* (home team), *Equipo visitante, sede* (site), *grupo.* Have students identify as many countries on the list as they can.

You may wish to ask questions such as: *¿Quiénes juegan el sábado, 27? ¿Dónde juegan ellos?*

INDEPENDENT PRACTICE

Assign any of the following:
1. Exercises and activities on student pages 32-33
2. Workbook, *Repaso C*

OVERVIEW

Repaso D reviews vocabulary related to the winter and summer seasons. The structure points reviewed are the regular preterite and direct and indirect object pronouns.

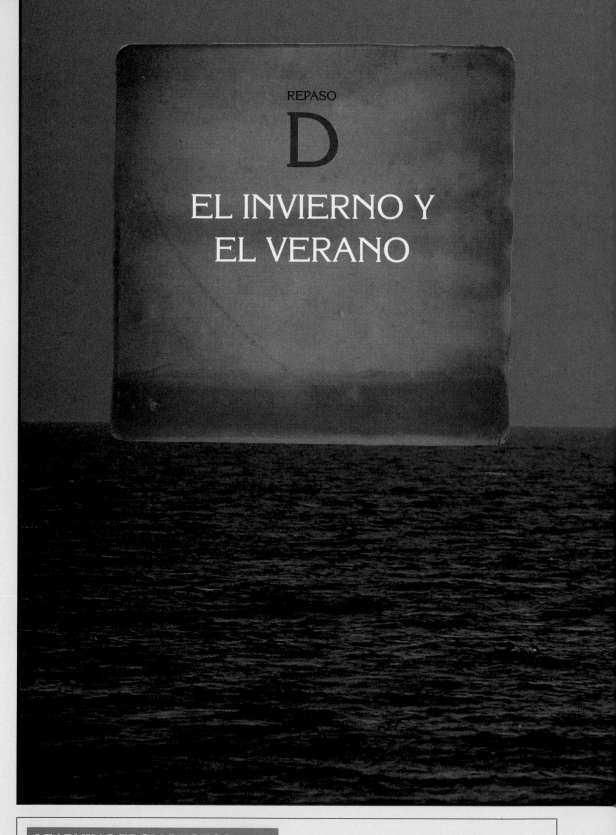

REPASO

D

EL INVIERNO Y EL VERANO

You may wish to ask the following questions about the photo on pages 34-35: *¿Es un barco de motor o un barco de vela? ¿Cuántas velas tiene? ¿Es grande o pequeño el barco? ¿Cuántas personas hay en el barco? ¿Qué llevan? ¿Qué tiene el joven a la izquierda? ¿Qué opinas, es un lago o el mar? ¿Cómo está el mar, revuelto, (turbulento, bravo) o calmo (manso)?*

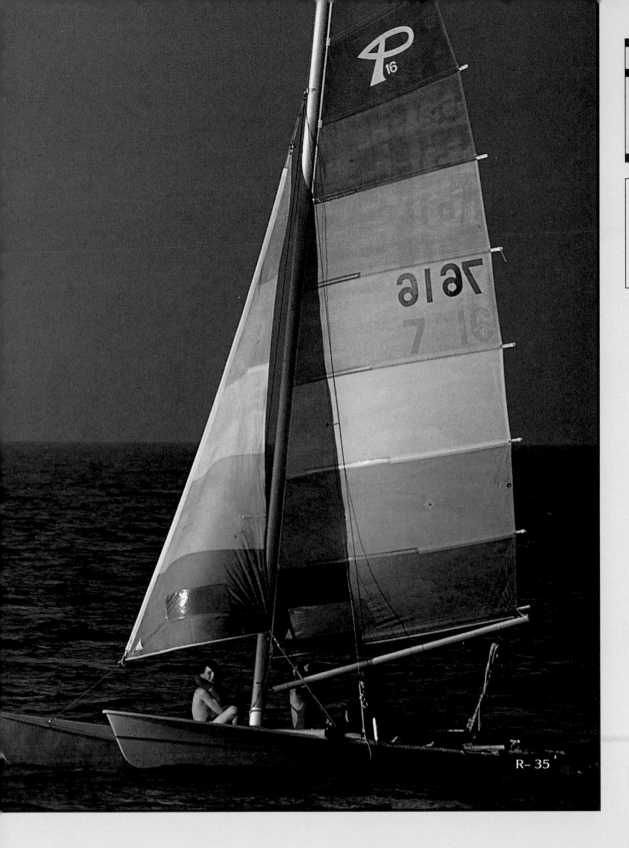

R–35

Pacing

Repaso D should take three to four days depending on the length of the class, the age of the students, and student aptitude.

VOCABULARIO

Vocabulary Teaching Resources

1. Workbook, *Repaso D*
2. Bell Ringer Review Blackline Masters

Bell Ringer Review

Write the following on the board or use BRR Blackline Master R-10: You are preparing the weather report for your Spanish class. Sketch the following conditions:
1. Hace calor.
2. Hace viento.
3. Hace mucho sol.
4. Llueve.
5. Está nublado.

En la estación de esquí

PRESENTATION (*page 36*)

Note The sentences in the first group recycle material from *Bienvenidos*, Chapter 11. The sentences in the second group recycle material from *Bienvenidos*, Chapter 9.

A. Use gestures and a few simple dramatizations to reinforce the meaning of the expressions *pasar el fin de semana, nadar en el mar, tomar el sol, alquilar un barquito, esquiar en el agua, subir la montaña, bajar una pista,* and *perder un bastón.*

B. Have students repeat the sample sentences after you.

¿Qué hicieron en el verano?

Los amigos pasaron el fin de semana en la playa.
Nadaron en el mar.
Tomaron el sol.
Alquilaron un barquito.
Esquiaron en el agua.

En la estación de esquí

El invierno pasado María del Carmen esquió.
Ella subió la montaña en el telesquí.
Bajó una pista para principiantes.
Desgraciadamente perdió un bastón.

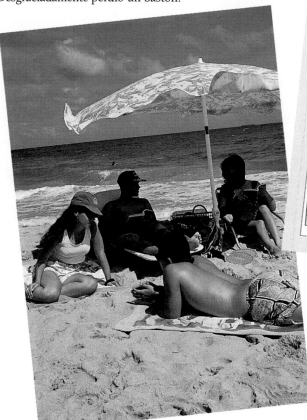

R–36

A El verano. Contesten.

1. ¿Qué tiempo hace casi siempre en el verano?
2. ¿Tienes vacaciones en el verano?
3. ¿Adónde vas?
4. ¿Te gusta nadar?
5. ¿Nadas mucho? ¿Dónde?
6. ¿Esquías en el agua?
7. ¿Qué usas como protección contra el sol?
8. ¿Qué llevas para protegerte los ojos?

El Grao Gandía

B El invierno. Contesten.

1. ¿Hace frío donde tú vives en el invierno?
2. ¿Vives cerca de las montañas?
3. ¿Esquías de vez en cuando?
4. ¿En qué suben los esquiadores la montaña?
5. ¿Qué tipo de pista bajan los buenos esquiadores?
6. ¿Qué necesitas para esquiar?

C Las vacaciones de Julia. Contesten.

1. ¿Julia pasó sus vacaciones en un balneario o en una estación de esquí?
2. ¿Ella nadó mucho?
3. ¿Nadó en el mar o en la piscina?
4. ¿Aprendió ella a hacer el esquí acuático?
5. ¿Ella tomó mucho sol?
6. ¿Volvió a casa muy bronceada?

D ¿En qué estación? Escojan y escriban en otro papel.

EN VERANO   EN INVIERNO   EN LAS DOS

1. Hace buen tiempo.
2. Hace frío.
3. Hace calor.
4. Nieva.
5. Llueve.
6. Hay mucho sol.
7. Hay mucho viento.
8. Está a dos grados bajo cero.

R–37

PRESENTATION (page 37)

Ejercicios A, B, and C

Exercises A, B, and C can be done with books open or closed.

Ejercicio D

Exercise D is to be done with books open.

ANSWERS

Ejercicio A

Answers will vary.

1. En el verano casi siempre hace calor.
2. Sí, tengo vacaciones en el verano.
3. Voy a…
4. Sí, (No, no) me gusta nadar.
5. Sí, (No, no) nado mucho. Nado (en la piscina, en el mar).
6. Sí, (No, no) esquío en el agua.
7. Uso crema protectora.
8. Llevo anteojos de sol.

Ejercicio B

1. Sí, (No, no) hace frío donde vivo en el invierno.
2. Sí, (No, no) vivo cerca de las montañas.
3. Sí, (No, no) esquío de vez en cuando (nunca).
4. Los esquiadores suben en el telesquí.
5. Los buenos esquiadores bajan una pista difícil.
6. Necesito esquís y bastones.

Ejercicio C

Answers will vary.

1. Julia pasó sus vacaciones en un balneario (en una estación de esquí).
2. Sí, (No) ella (no) nadó mucho.
3. Nadó en el mar (en la piscina).
4. Sí, (No, no) aprendió ella a hacer el esquí acuático.
5. Sí, ella tomó mucho sol.
6. Sí, volvió a casa muy bronceada.

Ejercicio D

1. en verano
2. en invierno
3. en verano
4. en invierno
5. en las dos
6. en verano
7. en las dos
8. en invierno

COOPERATIVE LEARNING

Have teams create dialogues based on the contexts presented in Exercises A, B and C on page 37. Teams may elect to work in pairs. Have each team present one of its dialogues to the class.

INDEPENDENT PRACTICE

Assign the following:
1. Exercises on student page 37

Bell Ringer Review

Write the following on the board or use BRR Blackline Master R-11: Make a list of as many items of clothing as you can think of.

Structure Teaching Resources

1. Workbook, *Repaso D*
2. Bell Ringer Review Blackline Masters

El pretérito de los verbos regulares

PRESENTATION *(page 38)*

A. Have students repeat the verbs in steps 1 and 2 after you.

B. Write one form of a verb on the board and challenge volunteers to fill in the rest of the paradigm.

GEOGRAPHY CONNECTION

Ixtapa is on the Pacific coast of Mexico, north of Acapulco. Because of the beautiful bay at Ixtapa, the Mexican government decided to develop the area for tourism. The area is referred to as Zihuatanejo-Ixtapa. Zihuatanejo is an old, picturesque town, Ixtapa is new and modern.

El pretérito de los verbos regulares

1. In Spanish you use the preterite to express an action that took place in the past. Note that the preterite endings are different from those used for the present tense. Review the forms of the preterite of regular verbs.

INFINITIVE	HABLAR	COMER	ESCRIBIR
yo	hablé	comí	escribí
tú	hablaste	comiste	escribiste
él, ella, Ud.	habló	comió	escribió
nosotros(as)	hablamos	comimos	escribimos
vosotros(as)	*hablasteis*	*comisteis*	*escribisteis*
ellos, ellas, Uds.	hablaron	comieron	escribieron

2. In the preterite the verb *dar* is conjugated the same way as an *-er* or *-ir* verb.

DAR
dí
diste
dio
dimos
disteis
dieron

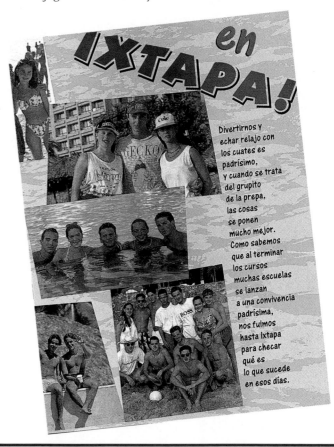

en IXTAPA!

Divertirnos y echar relajo con los cuates es padrísimo, y cuando se trata del grupito de la prepa, las cosas se ponen mucho mejor. Como sabemos que al terminar los cursos muchas escuelas se lanzan a una convivencia padrísima, nos fuimos hasta Ixtapa para checar qué es lo que sucede en esos días.

R–38

LEARNING FROM REALIA

Have students scan the realia on page 38. Point out that there are some colloquialisms in it: *los cuates (los amigos), padrísimo (muy bueno, simpático), checar (averiguar, chequear).*

Cuate literally means twin. In Mexico the expression is used to mean a close friend, a "buddy."

E **No contestó nadie.** Practiquen la conversación.

ENRIQUE: Felipe, te llamé anoche pero no contestaste.
FELIPE: Sí, es verdad que no contestó nadie. Anoche mis padres salieron y yo también salí.
ENRIQUE: ¿Salieron juntos?
FELIPE: No, no salimos juntos. Mis padres comieron en un restaurante con algunos amigos y yo vi una película fantástica en el cine Metropol.

Completen según la conversación.

Anoche Enrique ___ a Felipe pero nadie ___ el teléfono. No ___ nadie porque
                  1   2   3
los padres de Enrique ___ y Enrique ___ también. Pero ellos no ___ juntos.
                       4   5   6
Sus padres ___ en un restaurante con algunos amigos y Enrique ___ una
            7   8
película estupenda en el cine Metropol.

F **¿Qué hiciste anoche?** Preguntas personales.

1. ¿Saliste anoche?
2. ¿Comiste en casa o en un restaurante?
3. ¿Viste una película?
4. ¿Miraste una emisión deportiva en la televisión?
5. ¿Llamaste a un(a) amigo(a) por teléfono?
6. ¿Hablaron Uds. en inglés o en español?
7. Después de la conversación telefónica, ¿salieron juntos?
8. ¿Vieron una película en el cine?
9. ¿Estudiaron?
10. ¿Escribieron una composición para la clase de inglés?

R–39

INDEPENDENT PRACTICE

Assign the following:
1. Exercises on student page 39

Ejercicios

PRESENTATION (*page 39*)

Ejercicio A

A. Call on two students to read the conversation aloud using as much expression as possible.
B. Then have students complete the paragraph that follows.

Expansion of *Ejercicio A*

A. Have students make up questions about each sentence of the conversation.
B. Have one student retell all the information in his/her own words.

Ejercicio B

Exercise B should be done first as an oral exercise with books closed. Students can then read and write the exercise as additional reinforcement.

ANSWERS

Ejercicio A
1. llamó
2. contestó
3. contestó
4. salieron
5. salió
6. salieron
7. comieron
8. vio

Ejercicio B
Answers will vary.
1. Sí, (No, no) salí anoche.
2. Comí en casa (en un restaurante).
3. Sí, (No, no) vi una película.
4. Sí, (No, no) miré una emisión deportiva en la televisión.
5. Sí, (No, no) llamé a un(a) amigo(a) por teléfono.
6. Hablamos en inglés (en español).
7. Sí, (No, no) salimos juntos después de la conversación.
8. Sí, (No, no) vimos una película en el cine.
9. Sí, (No, no) estudiamos.
10. Sí, (No, no) escribimos una composición para la clase de inglés.

Los complementos directos e indirectos

PRESENTATION (page 40)

A. When presenting step 2, draw a box around the direct object in the sentences on the left.

B. Circle the direct object pronouns in the sentences on the right.

C. Draw a line from the noun to the pronoun to demonstrate that they represent the same person or thing.

D. Have volunteers read the sample sentences aloud.

Ejercicios

PRESENTATION (page 40)

Ejercicio C

Exercise C can be done with books open or closed.

ANSWERS

Ejercicio C

1.   ... lo tienes.
2.   ... lo tienes.
3.   ... lo tienes.
4.   ... la tienes.
5.   ... la tienes.
6.   ... los tienes.
7.   ... los tienes.
8.   ... los tienes.
9.   ... las tienes.
10. ... las tienes.

Los complementos directos e indirectos

1. The object pronouns *me, te, nos* function as both direct and indirect objects.

DIRECT OBJECT	INDIRECT OBJECT
Roberto me vio.	Y él me habló.
Él nos invitó.	Nos escribió una invitación.

2. The object pronouns *lo, la, los,* and *las* are always direct objects.

Compré el traje de baño.	Lo compré.
Compré la crema bronceadora.	La compré.
Compré los esquís acuáticos.	Los compré.
Compré las toallas playeras.	Las compré.

3. The object pronouns *le* and *les* are always indirect objects. Note that they are often clarified by a prepositional phrase.

María le dio un regalo
{
a él.
a ella.
a Ud.

María les dio un regalo
{
a ellos.
a ellas.
a Uds.

G **Aquí lo tienes.** Sigan el modelo.

    El bañador.
    Aquí lo tienes.

1. el bañador
2. el traje de baño
3. el tubo de crema
4. la toalla playera
5. la crema bronceadora
6. los anteojos de sol
7. los boletos para el telesquí
8. los esquís
9. las raquetas
10. las pelotas

R–40

LEARNING FROM PHOTOS

You may wish to ask questions about the photos on page 40. For example: *¿Para qué es la nivea? ¿Para qué son los anteojos de sol? ¿En qué estación del año usamos traje de baño?*

H **¿Qué quiere Carlos?** Completen con el pronombre.

JESÚS: Teresa, aquí tienes el teléfono. Carlos ___ llama.
TERESA: ¿Carlos ___ llama? ¿Qué quiere él?
JESÚS: No sé. Pero creo que ___ quiere decir algo.
TERESA: Carlos, ¿por qué ___ llamas?
CARLOS: ___ quiero hablar porque ___ voy a decir algo muy importante.
TERESA: ¡Qué va! No ___ tienes que decir nada importante. ¿Por qué
          ___ estás tomando el pelo?

I **En el aeropuerto.** Completen con *le* o *les*.

La señora López llegó al mostrador de la línea aérea en el aeropuerto. Ella ___
                                                                            1
habló al agente. ___ habló en español. No ___ habló en inglés. Ella ___ dio su
                2   3   4
boleto al agente y él lo miró. Ella ___ dio su pasaporte también. El agente ___
                                    5   6
dio a la señora su tarjeta de embarque.

A bordo del avión los asistentes de vuelo ___ hablaron a los pasajeros. ___
                                           7   8
dieron la bienvenida a bordo y ___ explicaron el uso del equipo de emergencia.
                               9

Comunicación

A **Las vacaciones.** Tell your partner about a winter vacation you would like to take. Reverse roles and then report to the class.

B **En el verano.** With a classmate make a list of words and phrases you know pertaining to summer weather and summer activities. Take turns making up questions using these words and answering each others' questions.

EL CIELO NUNCA SE HA VISTO MEJOR

En 45 ciudades de México y el extranjero

empieza la exposición de arte mexicano más grande del mundo

Mexicana cambia su imagen para brindarle una mejor atención, llevando orgullosamente el colorido y la riqueza del arte y la cultura de México a todas partes.

Ahora, en 45 ciudades de México y el extranjero,

el cielo comenzará a cubrirse con la sensibilidad y el sentimiento de nuestras tradiciones. Mire hacia arriba y descubra que el cielo nunca se ha visto mejor. En la orgullosa flota de Mexicana está el Arte Mexicano.

Con el orgullo de ser...
MEXICANA

R–41

Ejercicios D and E

PRESENTATION (*page 41*)
Exercises D and E are to be done with books open.

ANSWERS
Ejercicio D
1. te
2. me
3. te
4. me
5. Te, te
6. me, me

Ejercicio E
1. le
2. Le
3. le
4. le
5. le
6. le
7. les
8. Les
9. les

Comunicación

PRESENTATION (*page 41*)
These activities encourage students to use the language on their own. You may let them choose the activities in which they would like to participate.

ANSWERS
Actividades A and B
Answers will vary.

COOPERATIVE LEARNING

After completing Exercises D and E, have teams use them as models for their own conversations. You may wish to have half the class use Exercise D as a model, while the other half uses Exercise E.

INDEPENDENT PRACTICE

Assign the following:
1. Exercises and activities on student pages 40–41

OVERVIEW

Repaso E reviews vocabulary related to vacations and cultural activities, presented in *Bienvenidos,* Chapters 11 and 12, as well as vocabulary associated with rail travel. The structure reviewed is the preterite of irregular verbs.

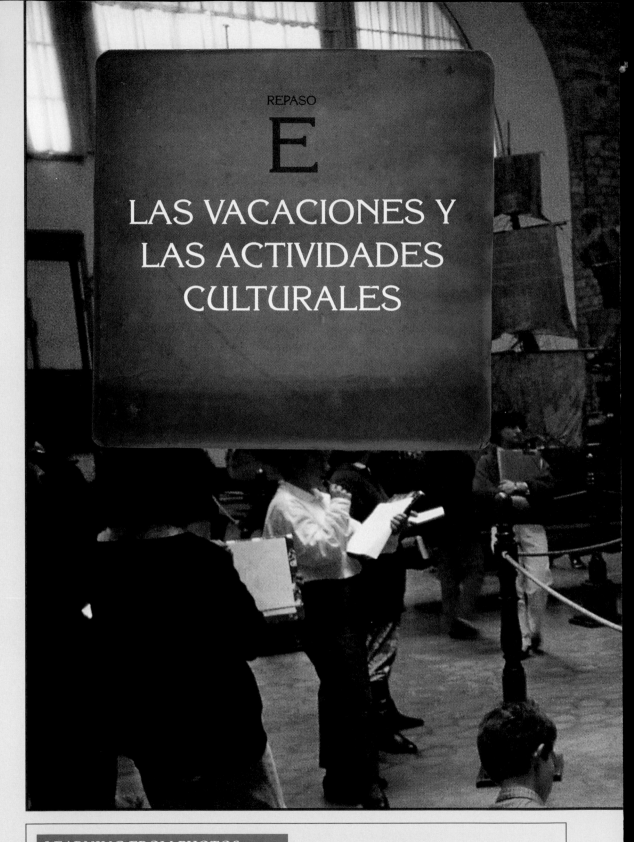

REPASO

E

LAS VACACIONES Y LAS ACTIVIDADES CULTURALES

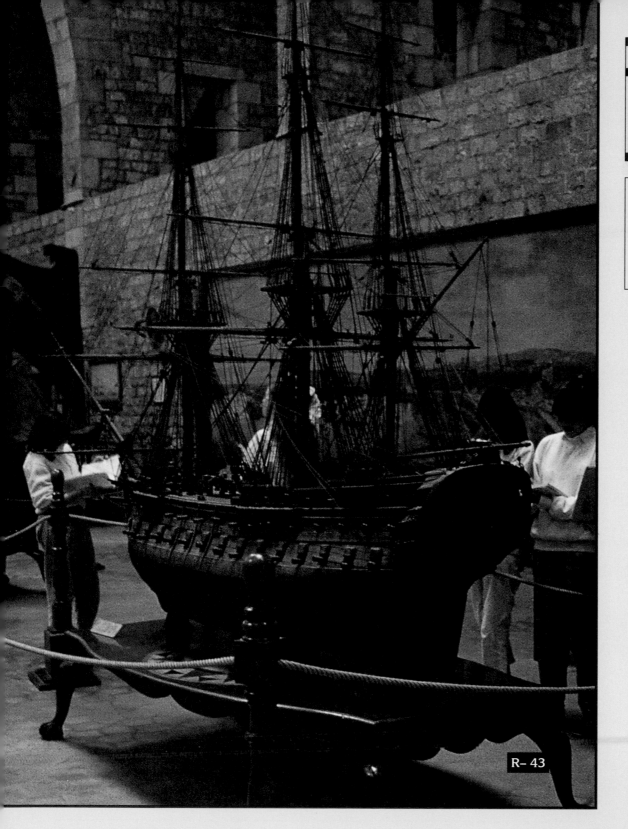

R–43

Pacing

Repaso E should take two or three days depending on the length of the class, the age of the students, and student aptitude.

ALFREDO: ¿Cómo fuiste a Sevilla?
FELIPE: Fuimos en tren.
ALFREDO: ¿Fuimos? ¿Quiénes te acompañaron?
FELIPE: Mis primos, Sandra y Rafael. ¡Qué viaje más bueno! En el coche-comedor nos sirvieron una comida excelente.
ALFREDO: ¿Una comida excelente a bordo de un tren?
FELIPE: Sí, pedí lomo (biftec) a término medio y el mesero lo trajo (sirvió) en seguida. ¡Exquisito!
ALFREDO: ¿Y qué hicieron en Sevilla?
FELIPE: Pues, fuimos al Alcázar, a la Torre del Oro y vimos una exposición de Murillo en el museo.

A En Sevilla. Contesten según la conversación.

1. ¿Quién fue a Sevilla?
2. ¿Quiénes lo acompañaron?
3. ¿Cómo fueron a Sevilla?
4. ¿Qué tal fue el viaje?
5. ¿Dónde le sirvieron un lomo exquisito?
6. ¿Cómo lo pidió Felipe?
7. ¿Qué hicieron Felipe y sus primos en Sevilla?

"El regreso del hijo pródigo" de Bartolomé Esteban Murillo

R–44

Vocabulary Teaching Resources

1. Workbook, *Repaso E*
2. Bell Ringer Review Blackline Masters

Bell Ringer Review

Write the following on the board or use BRR Blackline Master R-12: Divide the following list of words into three categories: **frutas/legumbres/carne.**
la banana
la naranja
el pollo
la cebolla
la patata, la papa
el tomate
la carne de res
las habichuelas
la manzana

PRESENTATION *(page 44)*

A. Call on two volunteers with good pronunciation to role-play the conversation for the class.
B. Have the class repeat in unison the conversation after you.

Ejercicios

PRESENTATION *(page 44)*

Ejercicio A

Exercise A can be done with books closed.

Extension of *Ejercicio A:* Speaking

After completing Exercise A, have an individual retell the story in his/her own words.

ANSWERS

Ejercicio A

1. Felipe fue a Sevilla.
2. Sus primos, Sandra y Rafael, lo acompañaron.
3. Fueron en tren.
4. Les fue bien.

PANTOMIME

Call on students to act out the following:
Espera el tren en la sala de espera.
Compra un periódico y una revista.
Compra un billete.
Consulta el tablero para verificar la hora de salida del tren.
Ve al andén.

LEARNING FROM PHOTOS

You may wish to tell students that the author of the painting on page 44, Bartolomé Esteban Murillo (1617-1682), is known for the biblical and religious themes in many of his works. Murillo was born in Sevilla, and was a contemporary of another famous Spanish painter from Sevilla, Diego de Velázquez.

B Mi restaurante favorito. Preguntas personales.

1. ¿Cuál es un restaurante que te gusta?
2. ¿Cuándo fuiste la última vez?
3. ¿Qué pediste?
4. ¿Te gustó?
5. ¿Te sirvió bien el mesero?
6. ¿Te trajo la cuenta?
7. ¿Le dejaste una propina?
8. ¿Cómo pagaste?

C En la estación de ferrocarril. Completen.

1. Los pasajeros esperan el tren en ____ .
2. Despachan los billetes en ____ .
3. Venden periódicos y revistas en ____ en la sala de espera.
4. Los pasajeros consultan ____ para verificar la hora de salida o llegada de su tren.
5. ____ ayudan a los pasajeros con su equipaje.
6. El tren sale del ____ número cinco.
7. El tren no salió ____ ; salió con retraso.

D ¿Qué es? Identifiquen.

1. lugar donde presentan obras teatrales
2. lugar donde ponen películas
3. lo que se levanta al empezar una representación teatral
4. donde se proyecta una película
5. donde hace la gente cola para comprar entradas
6. el que pinta cuadros
7. lugar donde hay exposiciones de arte

RESTAVRANTE BOTÍN

CASA FUNDADA EN 1.725
CALLE DE CUCHILLEROS, 17 - MADRID
TELEFONO 366 42 17

Sala del Mirador
Doctor Fourquet, 31
Metro Lavapiés. Telf. 539 57 67

TEATRO GUIRIGAI
del 9 de Mayo al 9 de Junio
(8 tarde)

PERDIDOS EN EL PARAISO
de Agustín Iglesias
(juego teatral sobre
«El Gran Teatro del Mundo»
de Calderón de la Barca).

COMPAÑIA CONCERTADA CON **INAEM** INSTITUTO NACIONAL DE LAS ARTES ESCENICAS Y DE LA MUSICA MINISTERIO DE CULTURA Y LA COMUNIDAD DE MADRID

R–45

INDEPENDENT PRACTICE

Assign the following:
Exercises on student pages 44-45

---

5. Le sirvieron un lomo exquisito en el cochecomedor del tren.
6. Lo pidió Felipe a término medio.
7. Fueron a la Torre del Oro y vieron una exposición de Murillo en el museo.

Ejercicios

PRESENTATION (*page 45*)

Ejercicios B and D
Exercises B and D can be done with books closed

Extension of *Ejercicio B*: Speaking/Listening
After completing Exercise B, invite students to talk about their favorite restaurants.

Ejercicio C
Exercise C is to be done with books open.

ANSWERS

Ejercicio B
Answers will vary.
1. El restaurante que me gusta es...
2. Fui...
3. Pedí...
4. Sí, me gustó.
5. Sí, el mesero me sirvió bien.
6. Sí, me trajo la cuenta.
7. Sí, le dejé una propina.
8. Pagué con dinero en efectivo (con tarjeta de crédito).

Ejercicio C
1. la sala de espera
2. la ventanilla
3. el quiosco
4. el tablero (de llegadas, de salidas)
5. Los mozos
6. andén
7. a tiempo

Ejercicio D
1. el teatro
2. el cine
3. el telón
4. la pantalla
5. la taquilla
6. el pintor
7. el museo

ESTRUCTURA

Bell Ringer Review

Write the following on the board or use BRR Blackline Master R-13: Make a list of routine activities that you did yesterday.

Structure Teaching Resources

1. Workbook, *Repaso E*
2. Bell Ringer Review Blackline Masters

El pretérito de los verbos irregulares

PRESENTATION *(pages 46-47)*

Note Although it is necessary to expose students to these verb forms, it is recommended that you do not emphasize them, since so many of them are not used frequently in the preterite.

A. Ask students to open their books to pages 46 and 47. Lead them through steps 1-3.
B. Have students repeat the verb forms after you.
C. In step 2, call on volunteers to read the sample sentences.

El pretérito de los verbos irregulares

1. Review the following forms of verbs that are irregular in the preterite.

INFINITIVE	ESTAR	TENER	ANDAR
yo	estuve	tuve	anduve
tú	estuviste	tuviste	anduviste
él, ella, Ud.	estuvo	tuvo	anduvo
nosotros(as)	estuvimos	tuvimos	anduvimos
vosotros(as)	*estuvisteis*	*tuvisteis*	*anduvisteis*
ellos, ellas, Uds.	estuvieron	tuvieron	anduvieron

INFINITIVE	PONER	PODER	SABER
yo	puse	pude	supe
tú	pusiste	pudiste	supiste
él, ella, Ud.	puso	pudo	supo
nosotros(as)	pusimos	pudimos	supimos
vosotros(as)	*pusisteis*	*pudisteis*	*supisteis*
ellos, ellas, Uds.	pusieron	pudieron	supieron

INFINITIVE	QUERER	HACER	VENIR
yo	quise	hice	vine
tú	quisiste	hiciste	viniste
él, ella, Ud.	quiso	hizo	vino
nosotros(as)	quisimos	hicimos	vinimos
vosotros(as)	*quisisteis*	*hicisteis*	*vinisteis*
ellos, ellas, Uds.	quisieron	hicieron	vinieron

INFINITIVE	DECIR
yo	dije
tú	dijiste
él, ella, Ud.	dijo
nosotros(as)	dijimos
vosotros(as)	*dijisteis*
ellos, ellas, Uds.	dijeron

2. *Saber, poder,* and *querer* have a meaning in the preterite that is different from the normal meaning of the infinitive.

Carlos lo supo ayer.	*Carlos found it out (learned about it) yesterday.*
Elena lo pudo hacer.	*(After much effort) Elena managed to do it.*
José no lo pudo hacer.	*(He tried but) José couldn't do it.*
Teresa no quiso ir.	*Teresa refused to go.*

3. The following verbs have a stem change in the preterite.

INFINITIVE	PEDIR	SERVIR	DORMIR
yo	pedí	serví	dormí
tú	pediste	serviste	dormiste
él, ella, Ud.	pidió	sirvió	durmió
nosotros(as)	pedimos	servimos	dormimos
vosotros(as)	*pedisteis*	*servisteis*	*dormisteis*
ellos, ellas, Uds.	pidieron	sirvieron	durmieron

E **No sé.** Sigan el modelo.

¿Quién lo hizo?
No sé quién lo hizo.

1. ¿Quién lo supo?
2. ¿Quién lo dijo?
3. ¿Quién lo trajo?
4. ¿Quién lo puso allí?
5. ¿Quién lo hizo?
6. ¿Quién vino?
7. ¿Quién lo pidió?
8. ¿Quién lo sirvió?
9. ¿Quién durmió?

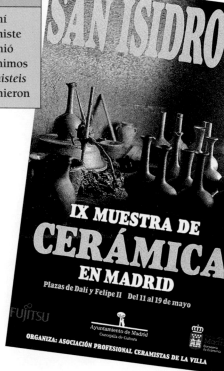

R–47

Ejercicio A
    Exercise A can be done with books open or closed.

ANSWERS
Ejercicio A
1. No sé quién lo supo.
2. ... lo dijo.
3. ... lo trajo.
4. ... lo puso allí.
5. ... lo hizo.
6. ... vino.
7. ... lo pidió.
8. ... lo sirvió.
9. ... durmió.

LEARNING FROM REALIA

    You may wish to ask students the following: *Adivina, ¿de qué ciudad es San Isidro el santo patrón?*

Ejercicios B and C

Exercises B and C can be done with books open or closed.

Extension of *Ejercicio C*

After completing Exercise C, call on a volunteer to recount the information in story form. Have him/her add as much information as possible to embellish the story.

ANSWERS

Ejercicio B

1. Roberto no vino porque no quiso venir.
2. No vine porque no quise venir.
3. Elena no vino porque no quiso venir.
4. Elena y sus amigos no vinieron porque no quisieron venir.
5. No vinimos porque no quisimos venir.

Ejercicio C

1. Fuimos al restaurante.
2. Yo pedí langosta.
3. Mi amigo pidió biftec.
4. El mesero nos trajo la comida.
5. Nos sirvió muy bien.
6. Yo le pedí la cuenta.
7. El nos trajo la cuenta.
8. El la puso en la mesa.

F **Nadie vino.** Contesten según el modelo.

¿Por qué no viniste?
Yo no vine porque no quise venir.

1. ¿Por qué no vino Roberto?
2. ¿Por qué no viniste tú?
3. ¿Por qué no vino Elena?
4. ¿Por qué no vinieron Elena y sus amigos?
5. ¿Por qué no vinieron Uds.?

G **En el restaurante.** Cambien las oraciones al pretérito.

1. Vamos al restaurante.
2. Yo pido langosta.
3. Mi amigo pide biftec.
4. El mesero nos trae la comida.
5. Nos sirve muy bien.
6. Yo le pido la cuenta.
7. Él nos trae la cuenta.
8. Él la pone en la mesa.

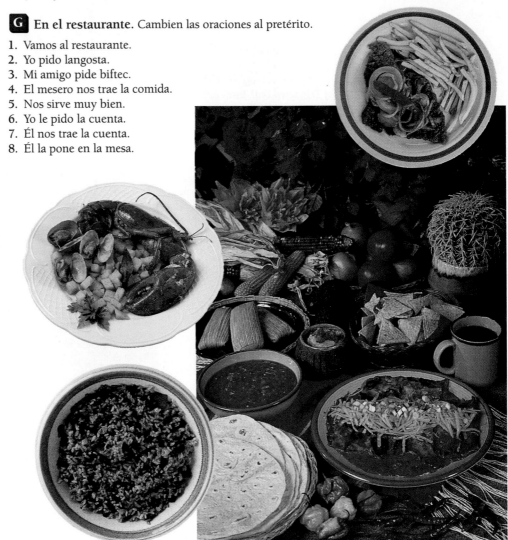

R–48

R 48

INDEPENDENT PRACTICE

Assign the following:
Exercises on student pages 47-48

LEARNING FROM PHOTOS

Have students name the foods and ingredients on page 48 in Spanish. Some of them are, *tortillas, tamales, chiles rellenos, salsa, guacamole, langosta, biftec con papas fritas, arroz con frijoles negros, chiles, aguacates, cebollas, tomates.*

El verbo gustar

The verb *gustar* is used to express "to like." It takes an indirect object the same as verbs such as *interesar* or *sorprender*.

> Me gusta mucho el arte.
> Me interesa el arte.
> ¿A Ud. le gustan los cuadros de Goya?
> Sí, me gustan mucho.
> A mis amigos les gusta la obra de Orozco.
> Les gustan los murales mexicanos.

"El Quitasol" de Francisco de Goya

H **Los gustos.** Contesten.

1. ¿Te gusta la literatura?
2. ¿Qué autores o escritores te gustan?
3. A tu mamá, ¿le gusta leer revistas?
4. ¿Qué revistas le gustan?
5. A tus amigos, ¿les gustan los deportes?
6. ¿Qué deportes les gustan?
7. ¿Te gustan los deportes también?
8. ¿Cuál es el deporte que te gusta más?

Comunicación

A **Un almuerzo.** You and two classmates are planning a lunch for your teacher. Decide the day and time to have lunch, what to serve, what you need to buy, and who will prepare the food. Then explain your plans to the class.

B **Somos cultos.** This semester you and two classmates are members of a committee that plans cultural activities for your school. Make a list of possible activities taking into consideration what students in your school like or don't like. Then explain your choices to the class.

R–49

El verbo gustar

PRESENTATION (*page 49*)

Lead students through the explanation on page 49 and have them repeat the sentences after you.

Ejercicio D

PRESENTATION (*page 49*)

First go through Exercise D calling on a different individual for each item. Then have one volunteer read the entire exercise to the class.

ANSWERS

Ejercicio D

Answers will vary.
1. Sí, me gusta la literatura.
2. Los autores que me gustan son:...
3. Sí, (No) a mi mamá (no) le gusta leer revistas.
4. Las revistas que le gustan son:...
5. Sí, a mis amigos les gustan los deportes.
6. Les gustan el...
7. Sí, (No) a mí (no) me gustan los deportes también (tampoco).
8. El deporte que me gusta más es el...

Comunicación

PRESENTATION (*page 49*)

These activities encourage students to use the language on their own. You may let them choose the activities in which they would like to participate.

ANSWERS

Actividades A and B

Answers will vary.

OVERVIEW

Repaso F reviews vocabulary related to camping. The structures reviewed include reflexive verbs and the present tense forms of radical-changing verbs.

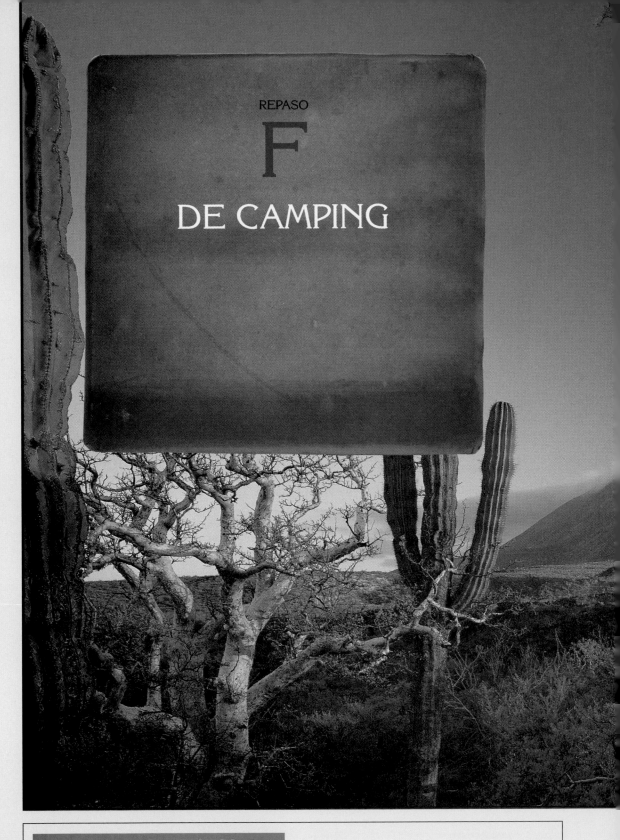

REPASO

F

DE CAMPING

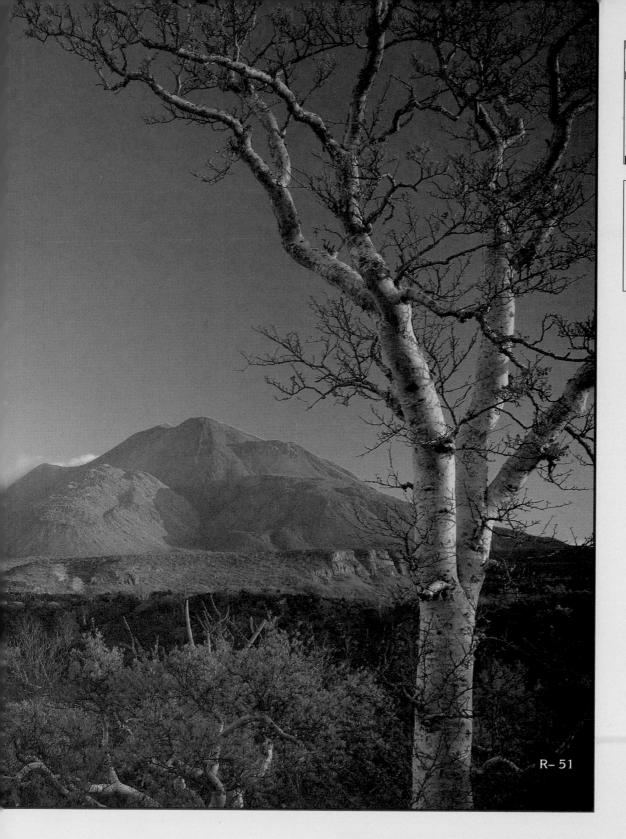

R– 51

REVIEW RESOURCES

1. Workbook, *Repaso F*
2. Bell Ringer Review Blackline Masters
3. Testing Program

Pacing

Repaso F should take two to three days depending on the length of the class, the age of the students, and student aptitude.

Bell Ringer Review

Write the following on the board or use BRR Blackline Master R-14: Write at least five things you do when you are on vacation.

De vacaciones

PRESENTATION *(page 52)*

Note The sentences in both groups recycle material from Chapter 16 of *Bienvenidos*.

A. Call on a different volunteer to read each sentence.

B. Ask questions about each sentence. For example: *¿Quiénes van de camping? ¿En qué duerme cada uno? ¿Dónde ponen los sacos de dormir? ¿Dónde preparan la comida? ¿Quién se levanta? ¿Qué hace José? ¿Dónde tiene la ropa José? ¿Qué saca? Luego, ¿qué hace?*

Ejercicios

PRESENTATION *(page 52)*

Ejercicio A

Exercise A deals with camping. It is to be done with books open.

ANSWERS

Ejercicio A

1. Sí
2. No
3. Sí
4. Sí
5. No
6. No
7. No

De vacaciones

Los Santana van de camping.
Cada uno duerme en un saco de dormir.
Ponen los sacos de dormir en la carpa.
Preparan la comida en el hornillo.

José se levanta.
Se lava y se cepilla los dientes.
José tiene la ropa en una mochila.
Saca un blue jean, un par de tenis y una camiseta.
Luego se viste y se desayuna.

A **De camping.** ¿Sí o no?

1. Los Santana van de camping.
2. Duermen en una hamaca.
3. Preparan la comida en el hornillo.
4. José se levanta por la mañana.
5. Tiene la ropa en una maleta.
6. Se viste de una manera elegante.
7. No se desayuna.

R–52

B ¿Qué hace el muchacho? Contesten según el dibujo.

1.

2.

3.

4.

5.

6.

C La muchacha. Escojan.

1. La muchacha se mira en ____ .
   a. el espejo   b. la pensión   c. el hornillo

2. Los jóvenes dan una caminata por ____ .
   a. el camping   b. las sendas del bosque   c. el camión

3. Ella se baña y ____ .
   a. se cepilla   b. se lava el pelo   c. toma una ducha

4. En ____ hay muchos árboles.
   a. la orilla   b. el bosque   c. el saco

R–53

Ejercicios

PRESENTATION (*page 53*)

Ejercicio B

Exercise B deals with daily routines and reflexive verbs. It is to be done with books open.

Expansion of *Ejercicio B*: Speaking

After completing Exercise B, call on individuals to tell about their morning routines before coming to school.

Ejercicio C

Exercise C deals with camping. It is to be done with books open.

ANSWERS

Ejercicio B

1. El muchacho se acuesta.
2. El muchacho se levanta.
3. El muchacho se peina.
4. El muchacho se viste.
5. El muchacho se desayuna.
6. El muchacho se pone el abrigo.

Ejercicio C

1. a
2. b
3. b
4. b

ESTRUCTURA

Bell Ringer Review

Write the following on the board or use BRR Blackline Master R-15:

Match the following words:

1. cepillar   a. la cena
2. lavar   b. el almuerzo
3. peinar   c. el desayuno
4. vestir   d. el lavado
5. desayunar   e. el vestido
6. almorzar   f. el cepillo
7. cenar   g. el peine

Structure Teaching Resources

1. Workbook, *Repaso F*
2. Bell Ringer Review Blackline Masters

Los verbos reflexivos

PRESENTATION (*page 54*)

A. Copy some of the samples from the table on the board or on an overhead transparency.
B. Circle the reflexive pronoun in each sentence, underline the subject pronoun and draw a line from the reflexive pronoun to the subject pronoun to stress that they refer to the same person.
C. Explain to students that *no* comes right before the reflexive pronoun.

Los verbos reflexivos

A reflexive verb is one in which the action reflects back to the subject. The subject does the action of the verb to itself. The verb is always accompanied by a reflexive pronoun. Review the following.

INFINITIVE	LAVARSE	LEVANTARSE
yo	me lavo	me levanto
tú	te lavas	te levantas
él, ella, Ud.	se lava	se levanta
nosotros(as)	nos lavamos	nos levantamos
vosotros(as)	*os laváis*	*os levantáis*
ellos, ellas, Uds.	se lavan	se levantan

INFINITIVE	ACOSTARSE
yo	me acuesto
tú	te acuestas
él, ella, Ud.	se acuesta
nosotros(as)	nos acostamos
vosotros(as)	*os acostáis*
ellos, ellas, Uds.	se acuestan

D Yo. Preguntas personales.

1. ¿A qué hora te despiertas?
2. ¿A qué hora te levantas?
3. ¿Te desayunas en casa?
4. ¿Te cepillas los dientes antes o después del desayuno?
5. ¿Te peinas o te cepillas el pelo?
6. ¿Te afeitas?
7. ¿Te miras en el espejo cuando te afeitas o cuando te peinas?
8. ¿A qué hora te acuestas?

E Por la mañana. Completen según la foto.

1. Yo ____ .
   Él ____ .
   Tú ____ .
   Ud. ____ .

2. Nosotros ____ .
   Ellas ____ .
   Uds. ____ .
   Ella y yo ____ .

1.

2.

R–55

Ejercicios

PRESENTATION (*page 55*)

Ejercicio D

Exercise D can be done in pairs, with partners changing roles so that each partner gets a chance to ask and answer the questions.

Ejercicio E

Exercise E is to be done with books open.

ANSWERS

Ejercicio D

Answers will vary.

1. Me despierto a las...
2. Me levanto a las...
3. Sí, me desayuno en casa.
4. Me cepillo los dientes antes (después) del desayuno.
5. Me peino (me cepillo) el pelo.
6. Sí, (No, no) me afeito.
7. Sí, me miro en el espejo cuando me afeito (me peino).
8. Me acuesto a las...

Ejercicio E

1. me visto
   se viste
   te vistes
   se viste
2. nos lavamos
   se lavan
   se lavan
   nos lavamos

INDEPENDENT PRACTICE

Assign the following:
Exercises on student page 55

R 55

El presente de algunos verbos de cambio radical

PRESENTATION *(page 56)*

A. Have students open their books to page 56. Lead students through steps 1 and 2.
B. Have them repeat the verb forms aloud.
C. Insist that students pronounce the verb forms correctly. If they do, they will be able to spell them correctly.

Ejercicios

PRESENTATION

Ejercicio F

Exercise F emphasizes that the spelling changes occur in all forms except *nosotros* and *vosotros*.

ANSWERS

Ejercicio F

1. Me visto y salgo para el restaurante.
2. Prefiero ir a un restaurante económico.
3. Pido un biftec.
4. Lo pido casi crudo.
5. El camarero me sirve.
6. ¿Repite Ud. el postre?

El presente de algunos verbos de cambio radical

1. Verbs such as *pedir, servir,* and *repetir* change the *-e* of the infinitive stem to *-i* in all forms of the present tense, except *nosotros(as)* and *(vosotros[as])*.

INFINITIVE	PEDIR	SERVIR	REPETIR
yo	pido	sirvo	repito
tú	pides	sirves	repites
él, ella, Ud.	pide	sirve	repite
nosotros(as)	pedimos	servimos	repetimos
vosotros(as)	*pedís*	*servís*	*repetís*
ellos, ellas, Uds.	piden	sirven	repiten

2. *Preferir* changes *-e* to *-ie* and *dormir* changes *-o* to *-ue* in all forms except *nosotros(as)* and *(vosotros[as])*.

INFINITIVE	PREFERIR	DORMIR
yo	prefiero	duermo
tú	prefieres	duermes
él, ella, Ud.	prefiere	duerme
nosotros(as)	preferimos	dormimos
vosotros(as)	*preferís*	*dormís*
ellos, ellas, Uds.	prefieren	duermen

F ¡Todos no! ¡Solamente uno(a)! Den la forma singular.

1. Nos vestimos y salimos para el restaurante.
2. Preferimos ir a un restaurante económico.
3. Pedimos un biftec.
4. Lo pedimos casi crudo.
5. Los camareros nos sirven.
6. ¿Repiten Uds. el postre?

COCINA ESPAÑOLA
DE TEMPORADA
Salón independiente para g

DOMINE CABRA

RESTAURANTE
HUERTAS, 54 ●
RESERVAS: 429 43 65
OFICINA: 429 91 40

BAR DEL TEATRO
RESTAURANTE
Tel. 531 17 97
C/PRIM.5
COCINA CASERA VASCA

HACIENDA
EL TAPATIO
COCINA MEXICANA
TELS (809) 781-2006
781-3128
AVE. J. T. PIÑERO 1025, PUERTO NUEVO, P.R. 00921

R–56

Comunicación

A **Lleva una blusa roja y…** Describe to your partner what outfit someone in class is wearing but don't tell him or her the name of the person. Your partner has to guess the name of the person. Take turns describing several people.

B **¿A qué hora te…?** In groups of three take turns telling each other at what time you do the following activities on weekends.

1. levantarse
2. desayunarse
3. cepillarse los dientes
4. lavarse
5. vestirse

20.- Bolso bandolera (9.975). Jersey viscosa (5.975). Blusa seda (5.475). Collar piedras alambre (1.375). Collar terracota (975). Cartera (4.375). Monedero (975). Americana lino-seda (13.975). Blusa seda natural (8.975). Falda viscosa delavada (4.975). Capazo paja (1.875). Gorro paja (1.275). Jersey algodón (6.475). Botines ante (3.975). Cinturón piel (2.975). Cinturón piel (3.575). Cinturón piel (2.875). Cinturón piel (2.975).

R–57

Comunicación

PRESENTATION (*page 41*)

These activities encourage students to use the language on their own. You may let them choose the activities in which they would like to participate.

ANSWERS

Actividades A and B

Answers will vary.

INDEPENDENT PRACTICE

Assign the following:
Exercises and activities on student pages 56-57

LEARNING FROM REALIA

Have students scan the description of each item. This is a beneficial activity as students can pick up a few new words very easily.

CHAPTER OVERVIEW

In this chapter students will learn how to make a telephone call in a Spanish-speaking country and to communicate with an operator when necessary. They will also learn the proper expressions for beginning and ending a telephone conversation. The formation and basic uses of the imperfect tense are presented in this chapter. The cultural focus of Chapter 1 is on Spanish telephone etiquette and a comparison of telephone service of yesterday and today in Spanish-speaking countries.

CHAPTER OBJECTIVES

By the end of this chapter, students will know:

1. vocabulary associated with making and receiving telephone calls
2. vocabulary associated with various types of phones, both older and more modern
3. the formation of the imperfect
4. the uses of the imperfect

CHAPTER 1 RESOURCES

1. Workbook
2. Student Tape Manual
3. Audio Cassette 2A
4. Vocabulary Transparencies
5. Bell Ringer Review Blackline Masters
6. Communication Activities Masters
7. Computer Software: Practice and Test Generator
8. Video Cassette, Unit 1
9. Video Activities Booklet, Unit 1
10. Situation Cards
11. Chapter Quizzes
12. Testing Program

CAPÍTULO

1

UNA LLAMADA TELEFÓNICA

OBJETIVOS

In this chapter you will learn to do the following:

1. make phone calls from Spanish-speaking countries
2. use proper phone etiquette
3. describe people, things, and events in the past
4. relate habitual, routine actions in the past
5. talk about phone service in some Spanish-speaking countries

CHAPTER PROJECTS

(optional)

1. Have students prepare advertisements for *las páginas amarillas* of a Spanish phone book using the ads on page 5, 8, and 21 as a model.

2. Have students prepare a pamphlet for Spanish-speaking visitors to the U.S. which explains how to make calls from a public telephone.

Teléfonica de Argentina

1

Pacing
    Chapter 1 will take eight to
ten class sessions. Pacing will
depend on the length of the
class period, the age of the students and student aptitude.
(See the Teacher's Manual for
additional suggestions on
pacing.)

Note on Interrogatives
    The most common interroga-
tive wording throughout *A bordo*
is inverted word order: *¿Es Juan
americano? ¿De dónde es el muchacho?* However, students will
sometimes encounter the upward
intonation pattern, *¿Juan es americano? ¿Él es de qué nacionalidad?*,
since it is so frequently used in
many areas of the Spanish-speaking world, particularly in the spoken language.

LEARNING FROM PHOTOS

1. After presenting the new vocabulary for
   Chapter 1, you may wish to ask the
   following questions about the photo: *¿En
   qué país está la gente? ¿Quieren hacer una
   llamada telefónica? ¿Hacen cola (fila)
   delante del teléfono? ¿Están llamando de un
   teléfono privado o público? ¿Está en una
   cabina el teléfono?*

CRITICAL THINKING ACTIVITY

(Thinking skills: drawing conclusions)
    *Vamos a mirar la fotografía en la página 1.
¿Qué opinas? ¿Qué tipo de clima tiene la
Argentina? ¿Qué tiempo hace?* Students
learned about the reverse seasons in *Bienvenidos.* See if they remember.

1

Vocabulary Teaching Resources

1. Vocabulary Transparencies, 1.1 *(A & B)*
2. Audio Cassette 2A
3. Student Tape Manual, *Palabras 1*
4. Workbook, *Palabras 1*
5. Communication Activities Masters, *A & B*
6. Chapter Quizzes, *Palabras 1*

Bell Ringer Review

Write the following on the board or use BRR Blackline Master 1-1: Answer the following:
1. ¿Hablas inglés y español?
2. ¿Hablas otro idioma?
3. ¿Cuántos idiomas hablas en total?
4. ¿Te gusta hablar por teléfono?
5. Cuando hablas por teléfono, ¿en qué lengua hablas generalmente?

Note All the TPR activities in *Bienvenidos* were presented in the *tú* form. The role-playing activities in *A bordo* will vary. Some will use *tú*, others will use *usted*. This gives students the opportunity to hear the *usted* command form which they will be learning in this textbook.

PRESENTATION *(pages 2-3)*

A. Have students close their books. Introduce the *Palabras 1* vocabulary using Vocabulary Transparencies 1.1 *(A & B)*. Have students repeat the words after you or Cassette 2A as you point to the appropriate illustration on the transparency.
B. If possible, use props such as a telephone, telephone book, coins, a telephone card, etc., to help teach the new vocabulary.

2

VOCABULARIO

PALABRAS 1

EL TELÉFONO

el teléfono público

la clave de área (el prefijo telefónico)
el prefijo del país (031) 701 228 6534
el número de teléfono

la guía telefónica

(714) 925 2345
el número equivocado

la ranura
el disco
el auricular,
la bocina

la cabina telefónica

el teléfono de (a) botones
el teclado
la tecla
el contestador automático

el teléfono celular
el teléfono inalámbrico

2 CAPÍTULO 1

PANTOMIME

(following the Vocabulary presentation)
___, Levántese Ud.
Venga acá, por favor.
Tome la guía telefónica.
Abra la guía telefónica.
Mire adentro.
Busque un número.
Vaya al teléfono.
Abra la puerta de una cabina telefónica.

Entre.
Introduzca la moneda.
Descuelgue.
Espere el tono.
Hable.
Cuelgue.
Gracias, ___. Vuelva a su asiento y siéntese.

hacer una llamada telefónica

descolgar el auricular

esperar el tono (la señal)

llamar por teléfono

telefonear

introducir la moneda

marcar el número

El teléfono suena.

El teléfono suena ocupado.
La línea está ocupada.

Están hablando.

el interlocutor

¡Hola! ¿Está el señor Salas, por favor?

¿De parte de quién?

Un momento, por favor.

De parte de la señorita Romero.

CAPÍTULO 1   **3**

C. Ask yes/no or either/or questions to elicit the new vocabulary. For example: *¿Cuelgo o descuelgo? ¿Es una guía telefónica o una operadora? ¿Es un teléfono de botones o un teléfono con teclado?*

ABOUT THE LANGUAGE

1. The greeting used when answering a telephone varies from region to region. You will hear *Buenos días, hola, aló, diga, dígame, bueno.*
2. Another term for area code is *el código de área.*

Vocabulary Expansion

You may wish to give students additional vocabulary for different types of telephone calls.
una llamada local (urbana) local call
una llamada interurbana toll call
una llamada de larga distancia long distance call
una llamada internacional international call
una llamada de cargo revertido collect call

CROSS-CULTURAL COMPARISON

In certain areas of countries like Spain, Mexico, and Argentina, public coin phones are being replaced with phones that take a *telecarta. Telecartas* contain various amounts of time units and are priced accordingly. The more time units on a card, the more it costs. The *telecarta* can be used for local, long distance, and international calls. An international call takes many more time units per second than a local call. The number of units used for each call is automatically calculated and deducted from the *telecarta.*

ADDITIONAL PRACTICE

Have students look at Vocabulary Transparencies *A & B* again. As they look at them, have them make up questions about the illustrations. They can call on classmates to answer their questions.

Ejercicios

1.

2.

3.

4.

741-5928

5.

6.

A ¿Qué es? Identifiquen.

1. ¿Es un teléfono público o privado?
2. ¿Es un teléfono con disco o un teléfono de (a) botones?
3. ¿Es la guía telefónica o la cabina telefónica?
4. ¿Es el número de teléfono o la clave de área?
5. ¿Es el auricular o la ranura?
6. ¿Es el disco o el teclado?

B Una llamada telefónica. Preguntas personales.

1. ¿Haces muchas llamadas telefónicas?
2. ¿A quién llamas?
3. ¿Cuál es tu número de teléfono?
4. ¿Cuál es tu prefijo telefónico?
5. ¿Tienes un teléfono inalámbrico?
6. Tu teléfono, ¿tiene disco o botones?
7. ¿Tienes un contestador automático?
8. ¿Dejan tus amigos mensajes cuando no puedes contestar el teléfono?

4 CAPÍTULO 1

COOPERATIVE LEARNING

Have students work in groups and discuss what they think the conversation is about in Photo 1 of Exercise A.

C Haciendo una llamada telefónica. Pongan las oraciones en orden.

> Hago una llamada telefónica.
> Mi interlocutor contesta.
> Espero el tono (la señal).
> Descuelgo.
> Espero la contestación.
> Tenemos una conversación.
> Marco el número.
> Cuelgo.

D Va a llamar por teléfono. Escojan la respuesta apropiada.

1. Está sonando ocupado.
   a. ¿No hay tono?
   b. Están hablando (comunicando) entonces.
   c. ¿No contesta nadie?

2. ¡Hola!
   a. ¿De parte de quién?
   b. ¡Hola!
   c. Lo siento. No está.

3. El señor Salas, por favor.
   a. Sí, está sonando.
   b. ¿De parte de quién, por favor?
   c. Favor de colgar.

4. ¿Está el señor Salas, por favor?
   a. Lo siento, no está.
   b. No, favor de colgar.
   c. Sí, lo siento.

Marcamos una nueva línea

FIBRA OPTICA

Adelantarnos al futuro de las telecomunicaciones es ganarle tiempo al tiempo. En Telmex hemos iniciado la instalación de la nueva red de cableado de fibra óptica para enviar voz, datos e imágenes. Esta moderna tecnología le ofrece una alta velocidad, calidad de transmisión y mayor capacidad de instalación de líneas. Un par de fibras pueden transmitir hasta 30 000 llamadas simultáneas y la información contenida en un directorio telefónico en 1/4 de segundo. Además, el cable resiste golpes, humedad y el ataque de roedores. Al introducir 13 500 kms. de cable de fibra óptica, se enlazarán las 56 ciudades más importantes de la República Mexicana y modernizaremos a la vez, el actual sistema y servicio de Larga Distancia Nacional e Internacional. Es por esto que Telmex y las empresas AT&T y Alcatel Indetel, firmaron sendos convenios para concluir los trabajos en un lapso no mayor a 24 meses, adelantándonos un año al programa original. Esta es la línea que Telmex marca con hechos.

TELMEX
Comunicar es nuestra empresa

INDEPENDENT PRACTICE

Assign any of the following:
1. Workbook, *Palabras 1*
2. Communication Activities Masters, *A & B*
3. Exercises on student pages 4-5
   (See suggestions for homework correction in the Teacher's Manual.)

Vocabulary Teaching Resources

1. Vocabulary Transparencies 1.2 (A & B)
2. Audio Cassette 2A
3. Student Tape Manual, *Palabras 2*
4. Workbook, *Palabras 2*
5. Communication Activities Masters, C & D
6. Chapter Quizzes, *Palabras 2*
7. Computer Software, *Vocabulario*

Bell Ringer Review

Write the following on the board or use BRR Blackline Master 1-2: Answer personally:
1. ¿Tienes abuelos?
2. ¿Dónde viven tus abuelos?
3. ¿Los visitas con frecuencia?
4. ¿Les hablan por teléfono de vez en cuando?
5. ¿Cuándo telefoneas a tus abuelos?

PRESENTATION (*pages 6-7*)

A. Read the sentences aloud about *abuelita* as students follow along with their books open. Explain to them that the little boy is talking to them.
B. Show the Vocabulary Transparencies *A & B*. Give a sentence and have students identify the illustration the sentence is about.
C. Call on several individuals to read the sentences aloud.
D. Call on several students to summarize the story about *abuelita* in their own words.

VOCABULARIO

PALABRAS 2

CUANDO LLAMABA A MI ABUELITA

Cuando yo era niño, telefoneaba a abuelita.

Yo adoraba a mi abuelita.
Y abuelita me adoraba.
Nos queríamos mucho.

Cuando yo llamaba, abuelita contestaba en seguida.
Ella contestaba en cuanto sonaba el teléfono.
Yo tenía conversaciones alegres con abuelita.

6 CAPÍTULO 1

Cuando era niño, yo vivía en Madrid.

Y abuelita vivía en Mérida, en Extremadura.

GEOGRAPHY CONNECTION

Mérida está en la provincia de Badajoz, en Extremadura. Es en esta región de España donde se ven las mejores ruinas romanas de todo el país. El teatro romano de Mérida es famoso. Aún hoy se presentan obras clásicas en este teatro.

ADDITIONAL PRACTICE

You may wish to ask the following questions as you present the vocabulary.
¿A quién telefoneaba el niño?
¿A quién adoraba? ¿Se querían mucho el niño y su abuela?
¿Estaba contenta la abuelita cuando el niño la llamaba? ¿Dónde vivía ella? Y el niño, ¿dónde vivía?

Ejercicios

PRESENTATION (page 8)

Ejercicio A

Exercise A can be done with books open or closed.

Ejercicio B

You may wish to have students close their books first. Read each cue to them followed by the three choices. Call on volunteers to give the correct answer.

Ejercicio B: Paired Activity

You may also do Exercise B as a paired activity. One student reads the cue and the other supplies the correct answer.

Ejercicio C

Exercise C can be done with books open.

ANSWERS

Ejercicio A
1. Sí, José adoraba a su abuelita.
2. Sí, llamaba a su abuelita por teléfono.
3. Sí, quería mucho a su abuelita.
4. Sí, su abuelita contestaba el teléfono.
5. Sí, ella contestaba en seguida.
6. Sí, contestaba cuando sonaba el teléfono.
7. Sí, José tenía muchas conversaciones con su abuelita.
8. Sí, ella estaba contenta cuando su nieto la llamaba.

Ejercicio B
1. a
2. c
3. b
4. c

Ejercicio C
1. c
2. e
3. f
4. g
5. b
6. a
7. d

Ejercicios

A Cuando José era niño. Contesten.

1. Cuando José era niño, ¿adoraba a su abuelita?
2. ¿Llamaba a su abuelita por teléfono?
3. ¿Quería mucho a su abuelita?
4. ¿Contestaba abuelita el teléfono?
5. ¿Ella contestaba en seguida?
6. ¿Contestaba en cuanto sonaba el teléfono?
7. ¿Tenía José muchas conversaciones con su abuelita?
8. ¿Ella estaba contenta cuando su nieto la llamaba?

B José y su abuelita. Escojan.

1. Cuando José era niño, él —— mucho a su abuelita.
   a. telefoneaba b. visitaba c. escribía
2. Él quería mucho a su abuelita. Él la —— .
   a. detestaba b. contestaba c. adoraba
3. Cuando José llamaba a su abuelita, ella —— en seguida.
   a. llamaba b. contestaba c. hablaba
4. Él tenía muchas conversaciones —— con su abuelita.
   a. tristes b. aburridas c. alegres

C Un pequeño diccionario. Pareen.

1. llamar por teléfono   a. el código de área
2. querer mucho   b. discar
3. en seguida   c. telefonear
4. una conversación   d. la señal
5. marcar   e. adorar
6. el prefijo telefónico   f. inmediatamente
7. el tono   g. una charla, una plática

8   CAPÍTULO 1

COOPERATIVE LEARNING

Have teams of four make up as many short telephone conversations as they can based on various situations. Following are some suggestions:
1. ordering a pizza
2. calling several wrong numbers in a row
3. getting a homework assignment from a friend.
4. ordering something from a catalog

INDEPENDENT PRACTICE

Assign any of the following:
1. Workbook, *Palabras 1*
2. Communication Activities Masters, *C & D*
3. Exercises on student page 8

Comunicación
Palabras 1 y 2

En la Ciudad de México

A **Una llamada.** You are in Mexico City making a phone call.

1. Someone responds. Say "hello."
2. You are calling Guadalupe Ortiz. Ask if she is there.
3. The person asks who is calling. Respond.

B **Un número equivocado.** You call a friend, but a stranger (your partner) answers and tells you that there is no one there by that name. You tell the stranger what number you dialed, and he or she tells you that the phone number isn't wrong but the area code is, and gives you the area code you dialed. Apologize. Then reverse roles.

1. (615) 988-6454 María / (715)
2. (917) 356-3303 Tomás / (817)
3. (402) 248-5417 Eduardo / (202)
4. (513) 751-2083 Camila / (313)

C **Para llamar por teléfono...** Ud. está en una calle de una ciudad de los Estados Unidos y ve a un turista latinoamericano que está tratando de hacer una llamada desde un teléfono público. Explíquele al turista cómo utilizar el teléfono público.

D **Una llamada internacional.** Ud. quiere hacer una llamada internacional. Llame a la operadora (un[a] compañero[a]) para averiguar cómo marcar directamente. La operadora le pregunta a qué ciudad va a llamar y le da las instrucciones. Luego cambie de papel con su compañero(a).

PAÍS	PREFIJO DEL PAÍS	CIUDAD	CLAVE DEL ÁREA
Argentina	54	Córdoba	51
Bolivia	591	La Paz	2
España	34	Barcelona	3
Nicaragua	505	Managua	2
Perú	51	Lima	14
Venezuela	58	Maracaibo	61

Comunicación
(Palabras 1 and 2)

PRESENTATION *(page 9)*
These activities allow students to use the chapter vocabulary in open-ended situations. Select those you consider most appropriate.

ANSWERS
Actividades A-D
Answers will vary.

INFORMAL ASSESSMENT
Give students a minute to tell what they would say in the following situations:
1. answering a phone
2. forgetting a number
3. getting a wrong number
4. leaving a message

LEARNING FROM PHOTOS

Have students describe the photo at the top of page 9 in their own words. What do they think the girls are doing?

Structure Teaching Resources

1. Workbook, *Estructura*
2. Student Tape Manual, *Estructura*
3. Audio Cassette 2A
4. Communication Activities Masters, E-H
5. Chapter Quizzes, *Estructura*
6. Computer Software, *Estructura*

El imperfecto de los verbos en -ar

PRESENTATION *(page 10)*

A. Have students open their books to page 10. Read step 1 to them.
B. Write one of the *-ar* infinitives given in step 1 on the board. Then cross out the infinitive ending leaving just the stem.
C. Write the verb forms on the board in paradigm order.
D. Alongside the paradigms, write the endings. (See chart page 10.)
E. Have students repeat the verb forms aloud.
F. Now read step 2 to the class.

Teaching Tip It is strongly recommended that you do not give students the English equivalents for the imperfect tense. Students must grasp the concept that the imperfect is used to express an ongoing, continuing action. Its beginning and end points are unimportant. When students hear that "used to" is an English equivalent of the imperfect, it confuses them and interferes with the concept because "used to" implies "but no longer," suggesting an end at a given point in time.

Ejercicios

ANSWERS

Ejercicio A

    Answers use the same verb form as the question.

10

El imperfecto de los verbos en -ar

Talking About Habitual Past Actions

1. Spanish has two simple past tenses. One tense is the preterite which you have already learned. The preterite is used to express actions that started and ended at a definite time in the past. The other tense is the imperfect. Study the forms of regular *-ar* verbs in the imperfect.

INFINITIVE	HABLAR	LLAMAR	ENDINGS
STEM	habl-	llam-	
yo	hablaba	llamaba	-aba
tú	hablabas	llamabas	-abas
él, ella, Ud.	hablaba	llamaba	-aba
nosotros(as)	hablábamos	llamábamos	-ábamos
vosotros(as)	*hablabais*	*llamabais*	-abais
ellos, ellas, Uds.	hablaban	llamaban	-aban

2. The imperfect tense is used in Spanish to express a habitual or repeated action in the past. When the action or event began or ended is not important.

    La familia Duarte siempre tomaba sus vacaciones en julio.
    A veces pasaban una semana en la playa.
    De vez en cuando alquilaban una casa en las montañas.
    A ellos les gustaban mucho sus vacaciones.

Ejercicios

A **Cuando yo estaba en la escuela primaria.** Preguntas personales.

1. ¿Cómo se llamaba tu escuela primaria?
2. ¿Dónde estaba?
3. ¿Caminabas a la escuela o tomabas el bus escolar?
4. ¿A qué hora llegabas a la escuela?
5. ¿Qué materias estudiabas?
6. ¿Sacabas buenas notas?
7. ¿A qué hora empezaban las clases?
8. ¿Y a qué hora terminaban?

10   CAPÍTULO 1

FOR THE NATIVE SPEAKER

   The imperfect tense form of *-er* verb is not a problem. Sometimes, however, you may hear native speakers use the archaic form of certain *-er* verbs. They will say *traiba* for *traía*, for example. Have students practice the imperfect tense of these verbs by doing the following exercise.

1. ¿Qué (atraer) ____ a los jóvenes a este lugar?
2. Pues, ellos (creer) ____ que había mucho que hacer.
3. Y tú, ¿lo (creer) ____ también?
4. Sí, porque (leer) ____ mucho acerca de este lugar.
5. ¿Quién te (traer) ____ los periódicos?
6. Nadie. Yo los (leer) ____ en la biblioteca.

B **Mi abuelita.** Preguntas personales.

1. ¿Adorabas a tu abuelita?
2. ¿La llamabas a veces por teléfono?
3. ¿Tú marcabas el número o mamá lo marcaba?
4. ¿Hablabas mucho con tu abuelita?
5. ¿La visitabas de vez en cuando?
6. ¿Estaba contenta tu abuelita cuando Uds. la visitaban?
7. ¿Uds. compraban regalitos para su abuelita?
8. ¿Tú le dabas los regalitos?

El imperfecto de los verbos en *-er* e *-ir*

Talking About Habitual Past Actions

1. Regular *-er* and *-ir* verbs have identical forms in the imperfect tense.

INFINITIVE	COMER	LEER	VIVIR	ASISTIR	ENDINGS
STEM	com-	le-	viv-	asist-	
yo	comía	leía	vivía	asistía	-ía
tú	comías	leías	vivías	asistías	-ías
él, ella, Ud.	comía	leía	vivía	asistía	-ía
nosotros(as)	comíamos	leíamos	vivíamos	asistíamos	-íamos
vosotros(as)	*comíais*	*leíais*	*vivíais*	*asistíais*	-íais
ellos, ellas, Uds.	comían	leían	vivían	asistían	-ían

2. The *-er* and *-ir* verbs that have a stem change in the present tense do not have a stem change in the imperfect.

querer	quería, querías, quería, queríamos, *queríais,* querían
poder	podía, podías, podía, podíamos, *podíais,* podían
decir	decía, decías, decía, decíamos, *decíais,* decían

3. The imperfect of *hay* is *había.*

   Había tres teléfonos en la casa.

FOR THE NATIVE SPEAKER

When changing *hay* to the imperfect, many students want to use *habían* when followed by a plural noun. Emphasize to them that this is incorrect. It is always *había. Hay* has only one form in every tense, i.e. preterite *hubo,* future—*habrá,* etc.

LEARNING FROM PHOTOS

You may wish to ask the following questions about the photograph on page 11: *¿A quién visitaba el niño? ¿Qué le traía? ¿Cómo estaba su abuela? ¿Quién le daba el regalo?*

Ejercicios

PRESENTATION (*page 12*)

Ejercicio A

Exercise A can be done with books closed or open.

Extension of *Ejercicio B*

After completing Exercise B, call on one student to do the entire exercise and retell the story in his/her own words.

Ejercicio C

Exercise C gives students practice using questions with the *Ud.* form.

ANSWERS

Ejercicio A

Answers will vary but should include the imperfect form of the verb.

Ejercicio B

1. vivía
2. vivía
3. prefería
4. tenía
5. quería
6. hacía
7. visitábamos
8. visitaba
9. venía
10. traía
11. abría

Ejercicio C

1. …, ¿dónde asistía Ud. a la escuela superior?
2. ¿Qué clases prefería Ud. cuando era joven?
3. ¿Escribía Ud. mucho en la escuela?
4. ¿Leía Ud. mucho?
5. ¿Qué tipo de libros prefería Ud. (leer)?
6. ¿Recibía Ud. buenas notas?
7. ¿Tenía Ud. novio(a)?
8. ¿Sabía Ud. que quería ser profesor(a)?

GEOGRAPHY CONNECTION

Adjuntas está en el centro mismo de Puerto Rico. Está en las montañas y casi siempre hace fresco. Adjuntas es un pueblo muy pintoresco. Alrededor del pueblo hay cafetales. Esta región es conocida por la producción de café.

Ejercicios

A Cuando yo era niño(a). Preguntas personales.

1. Cuando tú eras niño(a), ¿dónde vivías?
2. ¿Cuántos cuartos tenía la casa de tu familia?
3. ¿Uds. tenían un coche (un carro)?
4. ¿A qué escuela asistías?
5. ¿A qué hora salías para la escuela?
6. ¿Y a qué hora salías de la escuela?
7. ¿A qué hora volvías a casa?

B Sandra quería mucho a su abuelito. Completen.

Cuando Sandra era niña, ella ___ (vivir) en San Juan, Puerto Rico. Su abuelo ___ (vivir) en Adjuntas. Él ___ (preferir) vivir en el campo, en las montañas. Él ___ (tener) una casa bonita en Adjuntas. Sandra nos habla.

—Yo ___ (querer) mucho a abuelito. Yo le ___ (hacer) muchas llamadas telefónicas. Nosotros ___ (visitar) a abuelito con frecuencia. Y él nos ___ (visitar) en San Juan. Cada vez que él ___ (venir), me ___ (traer) un regalito. Yo ___ (abrir) sus regalitos en seguida.

Adjuntas, Puerto Rico

C Nuestro(a) profesor(a) de español. Pregúntenle a su profesor(a).

1. dónde asistía a la escuela superior
2. qué clase o clases prefería cuando era joven
3. si escribía mucho en la escuela
4. si leía mucho también
5. qué tipo de libros prefería
6. si recibía buenas notas
7. si tenía novio(a)
8. si sabía que quería ser profesor(a)

DID YOU KNOW?

Adjuntas is one of the world's major producers of citron which is used in making fruit cakes.

INDEPENDENT PRACTICE

Assign any of the following:
1. Workbook, *Estructura*
2. Communication Activities Masters, *E & F*
3. Exercises on student pages 10–12

El imperfecto de los verbos ir y ser

Talking About Habitual Past Actions

The verbs *ir* and *ser* are irregular in the imperfect.

INFINITIVE	IR	SER
yo	iba	era
tú	ibas	eras
él, ella, Ud.	iba	era
nosotros(as)	íbamos	éramos
vosotros(as)	*ibais*	*erais*
ellos, ellas, Uds.	iban	eran

Ejercicios

A **En el quinto grado.** Preguntas personales.

1. Cuando tú estabas en el quinto grado, ¿a qué escuela ibas?
2. ¿Quién era tu maestro(a)?
3. ¿Era simpático(a)?
4. ¿Y cómo eras tú en el quinto grado?
5. ¿Ibas a la escuela con tus amigos?
6. ¿Cómo iban Uds. a la escuela?
7. ¿Quiénes eran tus amigos en el quinto grado?

B **Mis vacaciones.** Preguntas personales.

1. Cuando tú eras muy joven, ¿ibas a la playa o a las montañas?
2. ¿Ibas con la familia?
3. ¿Esquiaban Uds. o nadaban?
4. ¿Iban Uds. en carro o en tren?
5. ¿Era largo el viaje?

Una clase de quinto grado en Venezuela

Bell Ringer Review
Write the following on the board or use BRR Blackline Master 1-5: Write a description about any person you know. Write as much as you can about him/her in a couple of minutes.

Los usos del imperfecto

PRESENTATION (*page 14*)

A. Emphasize the fact that the imperfect is used for description in the past.

B. Ask students to open their books to page 14. Read the sentences in step 2 as if they were part of an ongoing story in the past.

Ejercicios

PRESENTATION (*page 15*)

Ejercicios A, B, and C

Exercises A, B and C can be done with books closed or open.

Extension of *Ejercicios A* and *C*: Speaking

After completing Exercises A and C, call on individual students to do the entire exercise, retelling the story in their own words.

Extension of *Ejercicio B*

After completing Exercise B, call on individual students to describe *Don Quixote* and *Sancho Panza*.

1. The imperfect tense is used to express continuous, repeated, or habitual actions in the past.

> Cuando yo era niño, me acostaba temprano.
> Tomaba mucha leche.
> Todos los días yo aprendía algo nuevo.
> Yo iba a la escuela con mis amigos.
> Nosotros nos divertíamos.

2. The imperfect is also used to describe persons, places, events, things, weather, and time in the past.

Location	El joven Felipe estaba en la capital.
Age	Tenía sólo dieciocho años.
Appearance	Era grande y tenía los ojos azules.
Physical condition	El pobre muchacho estaba cansado.
Emotional state	Estaba triste.
Attitudes and desires	Quería volver a casa. Tenía ganas de ver a su familia.
Date	Era el veinte de diciembre.
Time	Eran las diez de la noche.
Weather	Hacía frío y nevaba.

> ¿Y por qué no podía volver a casa si quería?
> Porque era soldado. Estaba en el ejército.

Have students describe the young man in the photo on page 14.

History and grammar can be combined. Ask students to write a physical description of the following historical figures using the imperfect tense. Porfirio Díaz, el Emperador Maximiliano de Austria, Benito Juárez, Emiliano Zapata, Francisco Villa, el padre Hidalgo.

Ejercicios

A El joven soldado Felipe. Contesten.

1. ¿Cómo se llamaba el joven?
2. ¿Cuántos años tenía?
3. ¿Cómo era?
4. ¿Tenía los ojos castaños?
5. ¿Dónde estaba?
6. ¿Y cómo estaba?
7. ¿Adónde quería ir?
8. ¿A quiénes tenía ganas de ver?
9. ¿Cuál era la fecha?
10. ¿Qué hora era?
11. ¿Qué tiempo hacía?
12. ¿Por qué no podía volver a casa?

B Don Quijote y Sancho Panza. Contesten.

1. ¿Quién era alto? (Don Quijote)
2. ¿Quién era bajo? (Sancho Panza)
3. ¿Quién tenía un asno? (Sancho Panza)
4. ¿Quién tenía un caballo? (Don Quijote)
5. ¿Quién era idealista? (Don Quijote)
6. ¿Quién era realista? (Sancho Panza)
7. ¿Quién quería viajar? (Don Quijote)
8. ¿Quién quería volver a casa? (Sancho Panza)
9. ¿Quién quería conquistar los males del mundo? (Don Quijote)
10. ¿Quién estaba loco? (Don Quijote)

C ¿Cómo estabas? Preguntas personales.

1. Nadie contestó al teléfono. ¿Cómo estabas? ¿Estabas contento(a) o triste?
2. La señora no estaba. ¿Cómo estabas, contento(a) o triste?
3. No saliste bien en el examen. ¿Cómo estabas, contento(a) o triste?
4. Tenías cuatro años. ¿Cómo eras, viejo(a) o joven?
5. Querías dormir. ¿Cómo estabas, cansado(a) o contento(a)?
6. Querías beber algo. ¿Tenías sed o hambre?
7. Querías comer algo. ¿Tenías sed o hambre?
8. Tenías fiebre. ¿Estabas bien o enfermo(a)?

"Don Quijote" de Pablo Picasso

CAPÍTULO 1   **15**

CONVERSACIÓN

Escenas de la vida *Una llamada telefónica*

SRTA. SOLÍS: ¡Hola!
EMPLEADA: ¡Hola!
SRTA. SOLÍS: ¿Está la señorita Irizarry, por favor?
EMPLEADA: ¿De parte de quién?
SRTA. SOLÍS: De parte de Elena Solís.
EMPLEADA: Un momentito, por favor.
(*Vuelve*)
EMPLEADA: Lo siento, pero la señorita Irizarry no está. ¿Quiere Ud. dejar un mensaje?
SRTA. SOLÍS: Sí, me puede llamar mañana por la mañana. Ella tiene mi número.
EMPLEADA: De acuerdo, señorita.

Una llamada para la señorita. Contesten según la conversación.

1. ¿Quién hace la llamada, la señorita Irizarry o la señorita Solís?
2. ¿Está ocupada la línea?
3. ¿Contesta alguien?
4. ¿Es la señorita Irizarry quien contesta?
5. ¿Está la señorita Irizarry?
6. ¿Deja un mensaje la señorita Solís?
7. ¿Cuándo la puede llamar la señorita Irizarry?
8. ¿Tiene ella su número de teléfono?

*Srta Irizarry,
La llamó la
Srta. Solís. Dice
que la puede
llamar mañana.
Teresa*

16   CAPÍTULO 1

Bell Ringer Review

Write the following on the board or use BRR Blackline Master 1-7: You want to tell a friend something but he/she isn't home. Write a message for your friend.

PRESENTATION (*page 16*)

A. Have students close their books. Present the conversation by reading it aloud or playing Cassette 2A.
B. Now have students open their books and read along as you model the conversation a second time.
C. Allow time for pairs to practice the conversation. Then call on volunteers to present it to the class in as realistic a manner as possible. You may wish to use toy telephones as props.
D. After several pairs have presented the conversation, ask the comprehension questions on page 16.
E. Call on a volunteer to retell the story in his/her own words.

Ejercicio

ANSWERS

1. La señorita Solís hace la llamada.
2. No, la línea no está ocupada.
3. Sí, alguien contesta.
4. No, la Srta. Irizarry no contesta.
5. No, no está.
6. Sí, la señorita Solís deja un mensaje.
7. La puede llamar mañana por la mañana.
8. Sí, ella lo tiene.

CRITICAL THINKING ACTIVITY

(*Thinking skills: problem solving*)
Read the following to the class or write it on the board or on a transparency:
La Srta. Solís cree que la Srta. Irizarry tiene su número de teléfono. Si la Srta. Irizarry no tiene el número de la Srta. Solís, ¿qué puede hacer la Srta. Irizarry para poder llamar a la Srta. Solís?

Comunicación

A **En México.** Ud. está haciendo una llamada telefónica en la ciudad de México. Quiere hablar con la Sra. Carmen Casals.

1. Someone else (a classmate) answers the phone. Find out if Mrs. Casals is there.
2. The person asks, *¿De parte de quién?*
3. The situation is reversed. You are answering the phone. Say something.
4. The call is not for you. Find out who is calling.
5. Tell the person to hold a moment.

B **En Buenos Aires.** Ud. está hablando con Carlos Benedetti. Él es de Buenos Aires, Argentina. Carlos quiere saber lo que Ud. hacía en la escuela primaria. Hable con Carlos.

> Estudiante 1: Yo jugaba con mi perro en el patio de mi casa.
> Estudiante 2: Yo también jugaba con mi perro.
> (Yo no. Yo no tenía perro.)

C **No estoy.** Trabaje con un(a) compañero(a) de clase. Ud. quiere invitar a un(a) amigo(a) a su casa. Ud. llama, pero su amigo(a) no contesta. El contestador automático interviene. Deje un mensaje a su amigo(a). Su compañero(a) escribe el mensaje y luego lo lee a la clase.

D **Cuando era muy joven.** Prepare una lista de las actividades que a Ud. le gustaba hacer cuando era muy joven. Luego indique si lo hacía por lo general en el verano, en el invierno, en casa o fuera de casa. Luego compare su lista de actividades con la lista de otro compañero de clase. ¿Qué cosas hacían los dos?

Comunicación

PRESENTATION (*page 17*)

These activities enable students to use the vocabulary and structures learned in the chapter in open-ended exchanges. You may wish to assign different ones to different groups or allow students to choose for themselves which ones they wish to do.

ANSWERS

Actividades A, B, C, and D

Answers will vary.

GEOGRAPHY CONNECTION

Cuernavaca es un pueblo muy bonito al sur de la Ciudad de México. Muchos capitalinos ricos tienen casas lujosas en las colinas de Cuernavaca donde pasan los fines de semana. Hay también una colonia de jubilados norteamericanos que tienen su residencia en Cuernavaca. Cerca de la plaza central hay un museo que tiene una colección de algunos de los murales más famosos del famoso artista Diego de Rivera. A unas tres cuadras de la plaza está el Jardín Borda. Los jardines datan del siglo 18. Los Borda eran mineros ricos de origen francés.

ADDITIONAL PRACTICE

Have students make up messages they would leave for someone who is not home. Have them read their messages to the class. The class can decide which one is the most original.

INDEPENDENT PRACTICE

You may wish to assign the exercise about the *Conversación* on student page 16, and the *Comunicación* activities on student page 17.

LECTURA Y CULTURA

READING STRATEGIES
(page 18)

Pre-Reading

Give students a brief oral summary (in Spanish) of the reading.

Reading

A. Call on an individual to read two or three sentences.
B. Ask questions about the sentences just read and call on volunteers to answer them.
C. Continue in this way until the entire selection has been read and discussed.

Post-reading

Assign the reading selection and the exercises for homework. Go over the exercises the following day.

Teaching Tip Call on students other than the reader to answer your comprehension questions. Most students have difficulty comprehending what they are reading when reading aloud, since they tend to concentrate on pronunciation.

Expansion: Speaking After going through the reading selection, have pairs role-play the situation. One student plays the part of the small child. The other the grandparent.

EL TELÉFONO DE AYER Y DE HOY

*J*osé Luis Carrera nos habla.

Cuando yo era niño, me encantaba usar el teléfono. Este aparato me fascinaba. Mamá me dejaba (permitía) telefonear de vez en cuando a abuelita. Yo mismo marcaba el número. Mamá me ayudaba un poco porque a veces yo marcaba un número equivocado. Nuestro teléfono tenía disco y a veces mi dedo pequeño resbalaba[1] y no marcaba el número correcto.

Algunas veces yo llamaba a abuelita desde un teléfono público; cuando nosotros íbamos de compras, por ejemplo. Recuerdo bien que mamá iba a un café o a un estanco de tabaco donde compraba una ficha[2]. Papá me tomaba en sus brazos y me levantaba porque yo no podía alcanzar[3] la ranura del teléfono y yo quería introducir la ficha. Luego papá descolgaba y me daba el auricular (la bocina). Papá marcaba el número y yo esperaba la contestación. Cuando abuelita contestaba, yo oprimía[4] el botón. Si no oprimía el botón, yo podía oír a abuelita pero ella no podía oír lo que yo decía. La ficha caía cuando yo oprimía el botón y si no oprimía el botón, no había conexión.

Pero hoy, todo es diferente. Y yo, no soy viejo. Soy estudiante en un colegio mayor. Cuando hablo de las llamadas que yo hacía a abuelita, es cuestión de hace unos diez años. Y hoy, ¿comprar una ficha para hacer una llamada? ¿Oprimir un botón para hacer conexión? ¡De ninguna manera! Se puede hacer una llamada desde un teléfono público con una moneda o tarjeta de crédito. Ya no hay más fichas. Y nuestro teléfono privado en casa, no tiene disco. Es un teléfono de (a) botones. Tiene un teclado, no un disco. Y tiene una carta de memoria para los números que usamos con frecuencia. ¿Me quiere mandar un fax? No hay problema. Y yo tengo también un teléfono inalámbrico que tiene una distancia de emisión y recepción de 40 kilómetros. Aquí estoy en el jardín de nuestra casa. Creo que voy a hacer una llamada. ¿A quién? A abuelita. Adoraba a mi abuelita y la sigo adorando.

—Aló, abuelita. Te habla tu José Luis.

—José Luis, mi vida. ¿Cómo estás?

[1] resbalaba *slipped*
[2] ficha *token*
[3] alcanzar *reach*
[4] oprimía *pushed*

ADDITIONAL PRACTICE

After reading and discussing the *Lectura* and completing the exercises, have students summarize in their own words the steps José Luis took to place a phone call.

Estudio de palabras

 Una llamada. ¿Cuál es la definición?

1. dejar
2. telefonear
3. equivocado
4. el auricular
5. adorar

a. no correcto
b. la bocina
c. permitir
d. querer mucho
e. hacer una llamada telefónica

Comprensión

 A **Una llamada a abuelita.** Contesten.

1. ¿Quién nos habla?
2. ¿Qué le fascinaba cuando era joven?
3. ¿A quién llamaba frecuentemente?
4. ¿Quién le ayudaba a marcar el número?
5. ¿De dónde llamaba José Luis con más frecuencia, de su teléfono privado o de un teléfono público?
6. Cuando hacía la llamada de un teléfono público, ¿qué compraba su mamá?
7. ¿Quién lo tomaba en sus brazos?
8. ¿Por qué?
9. ¿Qué quería hacer José Luis?
10. ¿Cuándo oprimía el botón José Luis?
11. Si no oprimía el botón, ¿quién no podía oír la conversación?

 B **Por teléfono.** ¿Sí o no?

1. Aún hoy es necesario comprar una ficha para hacer una llamada telefónica en muchos países hispanos.
2. Es posible usar una tarjeta de crédito para pagar una llamada.
3. Los nuevos teléfonos, los aparatos más modernos, tienen disco.
4. Un teléfono de (a) botones tiene un teclado.
5. José Luis tiene un teléfono inalámbrico que es móvil (o portátil).

LEARNING FROM PHOTOS

You may wish to ask the following questions about the photo on page 19: *¿Quién está haciendo una llamada telefónica? ¿Quién la está ayudando? ¿Dónde la tiene su papá? ¿Qué está haciendo en este momento la niña?*

INDEPENDENT PRACTICE

Assign any of the following:
1. Workbook, *Un poco más*
2. Exercises on student page 19
   (See suggestions for homework correction in the Teacher's Manual.)

Descrubimiento Cultural

(*The* Descubrimiento *section is optional.*)

Bell Ringer Review

Write the following on the board or use BRR Blackline Master 1-6: ¿Sí o no?
1. Los teléfonos celulares son relativamente recientes.
2. Hoy día es posible discar muchos números directamente (en automático).
3. Los teléfonos nuevos tienen disco.
4. Los teléfonos nuevos tienen teclado.

PRESENTATION (*page 20*)

You may present the *Descubrimiento Cultural* as you would any other reading selection, or you may wish to use it as a silent reading exercise.

DESCUBRIMIENTO CULTURAL

*H*ace poco en España y muchos países de Latinoamérica, uno tenía que comprar una ficha para hacer una llamada de un teléfono público. Como hacía la mamá de José Luis, la persona que quería hacer la llamada tenía que ir a un café o a un estanco (donde vendían tabaco) para comprar la ficha. Y para hacer una llamada interurbana (de una ciudad a otra) o una llamada de larga distancia, era necesario comunicarse con el operador o la operadora. Hoy día es posible marcar o discar directamente, aun para hacer una llamada internacional. Sólo hay que marcar el prefijo del país, la clave de área (el prefijo telefónico) de la ciudad y el número deseado.

Hablando de operadores o telefonistas, es interesante notar que hasta recientemente en los Estados Unidos casi siempre eran mujeres que trabajaban de operadoras. En los países hispanos siempre había operadores varones[1]. Ahora hay mujeres y hombres que son operadores en los Estados Unidos y en los países hispanos.

Muchos aparatos telefónicos permiten discar o marcar sin tener que levantar el auricular. Y no es necesario marcar de nuevo el último número marcado porque el teléfono tiene memoria para llamar automáticamente el último número marcado.

Hoy en día muchos comercios[2] españoles y latinoamericanos, y también muchas familias, tienen teléfonos celulares con cartas de memoria para los números llamados con frecuencia. Muchos de esos aparatos son conectables a telecopiadoras y computadoras (ordenadores).

En muchos países, incluso algunos países hispanos, los teléfonos son un monopolio del Estado. Generalmente el servicio telefónico es parte del "Ministerio de Comunicaciones" que también controla los telégrafos, el correo y, a veces, la radio y la televisión.

En algunos países hispanos es muy difícil ser "abonado" de la compañía de teléfonos, es decir, obtener un teléfono privado. Por eso los teléfonos públicos son muy importantes y muy usados. Con frecuencia se puede ver a unas cuantas personas haciendo cola[3] para usar un teléfono público.

[1] varones   *males*
[2] comercios   *businesses*
[3] haciendo cola   *lining up*

ANTENAS

tecno

LA REVOLUCION AUDIOVISUAL

Ver la cara del otro lado del hilo telefónico: televisión y teléfono, unidos en un invento que sólo podía ser japonés... dado su tamaño.

(The Realidades section is optional.)

Bell Ringer Review

Write the following on the board or use BRR Blackline Master 1-7: Use the following words in a short sentence.
hacer una llamada telefónica
descolgar
discar
hablar
colgar

Note The purpose of this section is to have students look at and enjoy the beautiful photographs that bring to life the content of the chapter. You may wish to have students read the information that accompanies each photo aloud or silently.

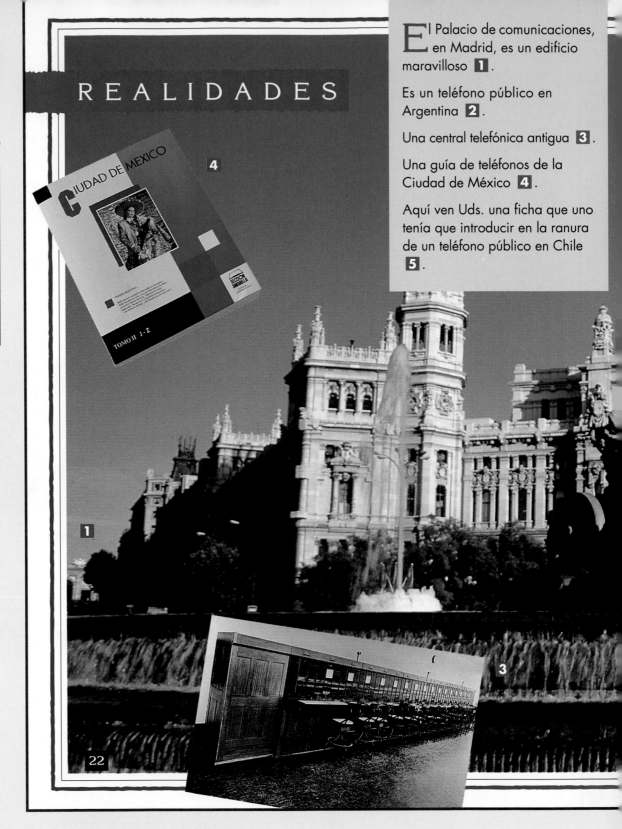

REALIDADES

El Palacio de comunicaciones, en Madrid, es un edificio maravilloso **1**.

Es un teléfono público en Argentina **2**.

Una central telefónica antigua **3**.

Una guía de teléfonos de la Ciudad de México **4**.

Aquí ven Uds. una ficha que uno tenía que introducir en la ranura de un teléfono público en Chile **5**.

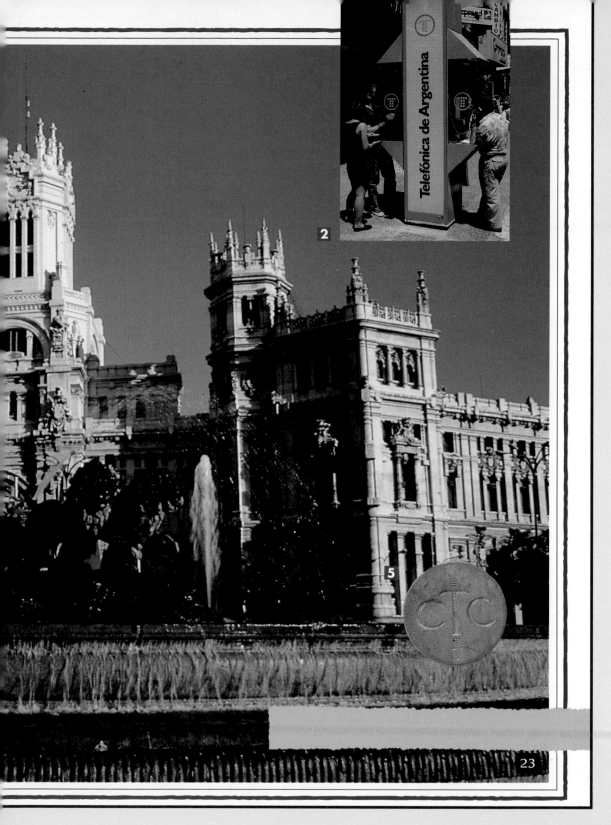

2

5

A. Allow students to enjoy the photos and talk about them.

B. Call on volunteers to read the captions aloud. Then have the class discuss the information.

C. You may want to share the following information regarding **Photo 1**: *El Palacio de Telecomunicaciones es un edificio bellísimo en el centro de Madrid. Está en la Plaza de Cibeles, llamada sólo "Cibeles" por los madrileños. La plaza toma su nombre de la diosa griega, Cibeles, a quien vemos aquí en su carroza en el centro de una fuente fabulosa.*

RECYCLING

The *Comunicación oral* and *Comunicación escrita* activities allow students to use the vocabulary and grammar from this chapter in open-ended settings. They also provide an opportunity to recycle vocabulary and structures from *Bienvenidos*. Have students do as many of the actividades as you wish.

Comunicación oral

ANSWERS

Actividades A, B, and C

Answers will vary.

INFORMAL ASSESSMENT

These activities lend themselves to assessing speaking and listening abilities. Following are some grading suggestions:

5: Complete message conveyed, precise control of structure and vocabulary.

4-3: Complete message conveyed, some structural or vocabulary control errors.

2-1: Message partially conveyed, frequent errors.

0: No message conveyed.

GEOGRAPHY CONNECTION

Have students look at the map of Spain on page 452 and locate the cities mentioned on this page: Salamanca, Málaga, Alicante. Ask students the following: *¿Cuáles de estas tres ciudades están en la costa? ¿Están en la costa de qué mar? ¿Qué ciudad está en el sur? ¿Qué ciudad está en el este?*

Comunicación escrita

ANSWERS

Actividades A, B, and C

Answers will vary.

Comunicación oral

A **Llamo a mi amiga.** You are spending the summer studying Spanish in Salamanca, Spain. You call a friend whom you met in school.

1. You know it is not your friend who answered. Find out if he or she is there.
2. The person who answered wants to know who is calling.
3. He or she tells you that your friend is not in. Find out if you can leave a message.
4. Give him or her your message.

B **La clave de área.** Ud. está haciendo una llamada telefónica de Málaga a Alicante, en España, pero no tiene la clave de área para Alicante y tampoco tiene una guía telefónica. Llame a un(a) operador(a), (un[a] compañero[a] de clase). Explíquele su problema y su compañero(a) le va a ayudar.

C **Los veranos de mi juventud.** Pregúntele a un(a) compañero(a) de clase lo que él o ella hacía con frecuencia durante sus vacaciones de verano. Pregúntele adónde iba, con quiénes, lo que hacía, etc. Luego cambien de papel (de rol) y comparen sus vacaciones.

Comunicación escrita

A **Me llamo…** Escriba los siguientes datos personales para un amigo o una amiga venezolano(a) que Ud. conoció recientemente.

1. su nombre (de Ud.)
2. su dirección
3. su código postal
4. su número de teléfono
5. su clave de área

B **Un trabajo colectivo.** Divide into groups to create a story sentence by sentence in the past. The first person will write a sentence for Category 1 on a piece of paper and pass it to the next person. The second person will read the sentence and continue the story by writing a sentence for Category 2, and so on. When the story is completed, choose a student to read it to the class.

1. fecha
2. las condiciones del tiempo
3. los personajes y el lugar
4. descripción física o emocional de los personajes
5. sus actitudes
6. sus deseos
7. sus acciones habituales

Esudiante 1: Era el tres de enero.
Esudiante 2: Hacía mucho frío.
Esudiante 3: Yo estaba en San Francisco con mis amigos.

24   CAPÍTULO 1

DID YOU KNOW?

La historia de Salamanca comienza en la época del general cartaginés, Aníbal (247-183 a. de C.). Todavía hoy cruza el río Tormes un puente construído por los romanos. La Universidad de Salamanca fue fundada en 1223 por Alfonso XI de León. Es la universidad más antigua de España.

INDEPENDENT PRACTICE

Assign any of the following:
1. Exercise on student page 25
2. Workbook, *Mi autobiografía*
3. Chapter 1, Situation Cards

C Me gustaba... Escriba dos párrafos sobre todo lo que a Ud. le gustaba hacer cuando era muy joven. Si es posible, escriba un párrafo sobre lo que Ud. hacía aún antes de asistir a la escuela primaria. Luego, describa lo que hacía en la escuela primaria.

Reintegración

A A la playa. Contesten.

1. ¿Fuiste a la playa durante el verano?
2. ¿Cuánto tiempo pasaste allí?
3. ¿Nadaste mucho?
4. ¿Con quién fuiste a la playa?
5. ¿Tomaron Uds. el sol?
6. ¿Te pusiste crema protectora?
7. Y tu amigo, ¿se puso crema protectora también?
8. ¿Se divirtieron Uds. en la playa?

B La escuela. Completen con *el, la, los* o *las*.

Fairfax High School es una escuela secundaria. Es una escuela mixta porque
____ muchachos y ____ muchachas van a ____ misma escuela. Está en ____
  1   2   3   4
ciudad de Los Ángeles. ____ alumnos son muy buenos y muy inteligentes. ____
                         5   6
profesores también son muy buenos. ____ profesora de español enseña muy
                                     7
bien. ____ alumnos aprenden mucho en ____ clase de español.
       8   9

Vocabulario

SUSTANTIVOS

el teléfono
la llamada
el/la interlocutor(a)
la guía telefónica
el número (de teléfono)
el prefijo
la clave de área
el código de área
el prefijo del país
la cabina telefónica
la ranura
la moneda
el auricular
la bocina
el disco

la tecla
el teclado
la señal
el tono
el tono de ocupado
la línea
el contestador

ADJETIVOS

público(a)
privado(a)
celular
inalámbrico(a)
automático(a)
equivocado(a)
ocupado(a)

VERBOS

hacer una llamada
llamar por teléfono
telefonear
descolgar (ue)
esperar
introducir
marcar
discar
sonar (ue)
colgar (ue)
adorar

OTRAS PALABRAS Y
EXPRESIONES

¿Está (el nombre de una
  persona)?
¿De parte de quién?
Un momento, por favor.
Están hablando.
Suena ocupado.
La línea está ocupada.
en seguida
en cuanto
de (a) botones
siempre
de vez en cuando
con frecuencia
a menudo

CAPÍTULO 1   **25**

CHAPTER OVERVIEW

In this chapter students will learn vocabulary and structures associated with food and grocery shopping, including expressions useful in searching for items, specifying quantities, and talking about prices. They will learn the difference between the imperfect and the preterite. The cultural focus of Chapter 2 is a comparison of Hispanic and American food-shopping customs.

CHAPTER OBJECTIVES

By the end of this chapter, students will know:

1. basic food vocabulary and the names of some important food items
2. vocabulary associated with various types of shops common in the Spanish-speaking world
3. vocabulary needed to order specific quantities
4. the contrasting uses of the preterite and the imperfect
5. how to use the preterite and the imperfect in the same sentence

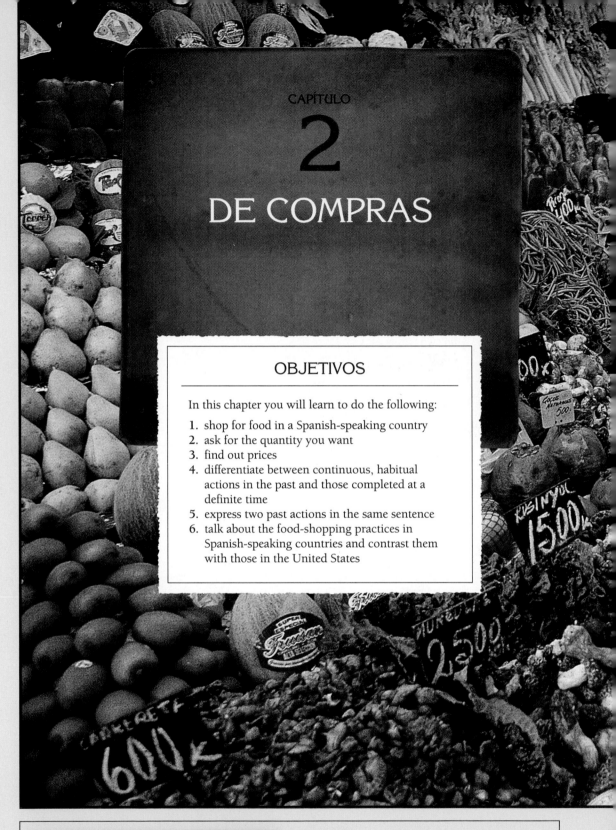

CAPÍTULO

2

DE COMPRAS

OBJETIVOS

In this chapter you will learn to do the following:

1. shop for food in a Spanish-speaking country
2. ask for the quantity you want
3. find out prices
4. differentiate between continuous, habitual actions in the past and those completed at a definite time
5. express two past actions in the same sentence
6. talk about the food-shopping practices in Spanish-speaking countries and contrast them with those in the United States

CHAPTER PROJECTS

(optional)

Tell students that as they progress through the chapter, they are to keep track of the names of their favorite foods as they learn them. This vocabulary is important, since these are the words students will probably use most when ordering in restaurants or shopping. At the end of the chapter, have students make up personal shopping lists and "dream" restaurant menus.

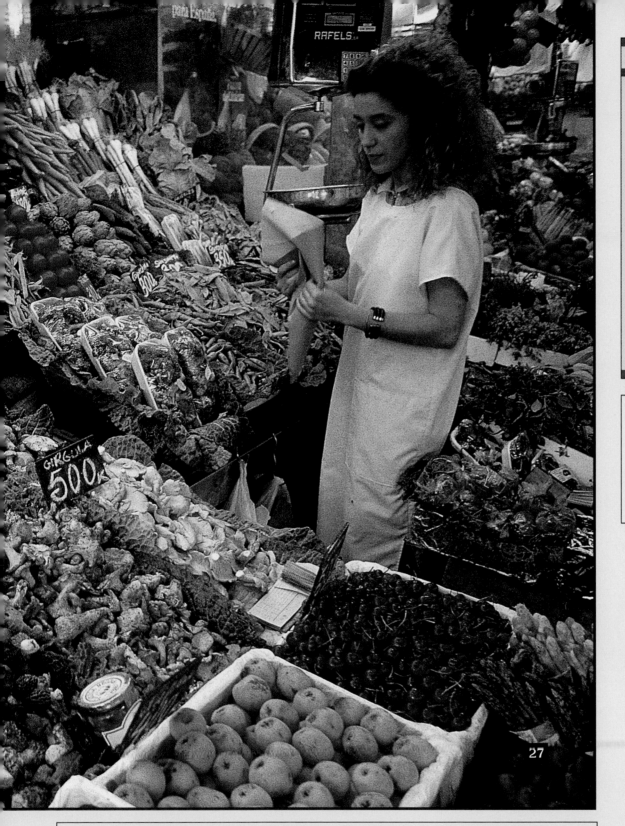

27

CHAPTER 2 RESOURCES

1. Workbook
2. Student Tape Manual
3. Audio Cassette 2B
4. Vocabulary Transparencies
5. Bell Ringer Review Blackline Masters
6. Communication Activities Masters
7. Computer Software: Practice and Test Generator
8. Video Cassette, Unit 1
9. Video Activities Booklet, Unit 1
10. Situation Cards
11. Chapter Quizzes
12. Testing Program

Pacing

Chapter 2 will take eight to ten class sessions. Pacing, however, will vary according to the length of the class period, the age of the students, and student aptitude.

LEARNING FROM PHOTOS

You may wish to give students the following additional vocabulary to identify the beautiful produce at this market: *las setas, los champiñones* (mushrooms), *los kiwis* (kiwi), *el melón* (melon), *las peras* (pears), *las naranjas* (oranges), *las manzanas* (apples), *las cerezas* (cherries), *la col roja* (red cabbage), *los pimientos* (peppers), *la berenjena* (eggplant), *las zanahorias* (carrots), *las judías verdes* (string beans), *las habas limas* (lima beans), *las alcachofas* (artichokes), *la lechuga* (lettuce), *el perejil* (parsley), *el berro* (watercress), *los espárragos* (asparagus), *las remolachas* (beets).

27

VOCABULARIO

PALABRAS 1

DE COMPRAS

la panadería

el pan

la pastelería

el pastel

la carnicería

la carne

la pescadería

el pescado

la langosta

los mariscos

los camarones

la verdulería

las frutas

las legumbres

el supermercado

el pasillo

28 CAPÍTULO 2

VOCABULARIO
PALABRAS 1

Vocabulary Teaching Resources

1. Vocabulary Transparencies, 2.1 (*A & B*)
2. Audio Cassette 2B
3. Student Tape Manual, *Palabras 1*
4. Workbook, *Palabras 1*
5. Communication Activities Masters, *A & B*
6. Chapter Quizzes, *Palabras 1*

Bell Ringer Review

Write the following on the board or use BRR Blackline Master 2-1:

Write a list of all the foods you already know in Spanish. Keep your list because you will use it again soon.

PRESENTATION (*pages 28-29*)

A. Tell students they are about to learn some new food items. Review the food vocabulary from Chapter 15 of *Bienvenidos*, using the Vocabulary Transparencies from that chapter. You may wish to have students use the words in a sentence.

B. Now model the new words on pages 28 and 29 using Vocabulary Transparencies 2.1 (*A & B*), plastic replicas of food, or large pictures. Have students repeat the words and phrases in unison. Review by pointing to the items as you ask *¿Qué es?*

C. Once the new words have been presented orally, have students open their books to pages 28-29 and read them.

28

ROLE-PLAY

Getting Ready

Using posters or pictures of stores, set up areas of the classroom as *la panadería, la pastelería, la pescadería, la carnicería,* and *la verdulería.* Dramatize the meaning of *muéstreme.*

(student), **Levántese.**
Vaya a la panadería.
Tome pan.

Dé el pan a ___.
Vaya a la carnicería.
Compre un pollo.
Vaya a la verdulería.
Compre legumbres.
Vaya a la pastelería.
Indíqueme una tarta.
Vaya a la pescadería.
Compre mariscos.
Vaya a la caja.
Pague.

el puesto

el carrito

el hipermercado

el mercado

La señora empujó el carrito.
Empujó el carrito por los pasillos.

ALGUNOS COMESTIBLES

las papas,
las patatas

la lechuga

las habichuelas,
los frijoles

las judías verdes

el arroz

las manzanas

las naranjas

las uvas

las fresas

la piña

la chuleta

la carne de res

la ternera

el cerdo

el jamón

el lechón

los huevos

el queso

la leche

la mantequilla

CAPÍTULO 2   **29**

COOPERATIVE LEARNING

Teams of four sit in a circle. One member names a food item, simultaneously tossing a sponge ball to a teammate. The teammate must name the place where that item can be purchased, quickly name a new food item and toss the ball to another.

DID YOU KNOW?

El hipermercado is a large store that sells food as in the supermarket. However, unlike the supermarket, other types of merchandise are also sold in a *hipermercado*.

D. Ask either/or questions during your presentation. For example: *¿Es una pescadería o una carnicería? ¿Es un carrito o un puesto?*

E. Now ask other questions. For example: *¿Va la señora de compras? ¿Va ella al supermercado? ¿Qué empuja por los pasillos?*

RETEACHING (Palabras 1)

Have students tell whether they like or don't like each of the following items: *el pan, la leche, los huevos, la carne de res, el queso.*

COGNATE RECOGNITION

Point out the cognates that appear in *Palabras 1: el pastel, las frutas, el supermercado, el mercado, las patatas.*

ABOUT THE LANGUAGE

Names for food items vary from region to region.

1. *Las papas* is used in all of Latin America, *las patatas* in Spain.
2. Beans vary quite a bit: *frijoles, habas, habichuelas.*
3. *Las naranjas* are *las chinas* in Puerto Rico.
4. *Las fresas silvestres* (wild strawberries) are very popular in some areas when in season.
5. *La carne de res* is *el bife* in Argentina.
6. *El cerdo* can also be *el puerco* or *el chancho.*
7. Fresh ham in some areas is *el pernil.*
8. *El lechón* is used in most of Latin America for suckling pig, *el cochinillo* in Spain.
9. Other words for *el pastel* are *la torta, la tarta,* and *el queque.*
10. In Spain, small *camarones* are called *gambas.*
11. Vegetables are either *las legumbres, las verduras,* or *los vegetales.*

Ejercicios

PRESENTATION (*pages 30-31*)

Ejercicios A **and** *D*
Exercise A and D can be done with books open.

Ejercicio B: **Listening**
Focus on the listening skill by doing Exercise B with books closed. Then do the exercise again with books open.

Ejercicio C
Exercise C can be done with books either open or closed.

Extension of *Ejercicio C*
After completing Exercise C, call on volunteers to talk about their likes and dislikes. Elicit as much of the new food vocabulary as possible.

ANSWERS

Ejercicio A
1. Es el pastel.
2. Es el pescado.
3. Son frutas.
4. Son mariscos.

Ejercicio B
1. Fue a la panadería.
2. Fue a la frutería y a la verdulería.
3. Fue a la pescadería.
4. Fue a la carnicería.

Ejercicio C
Answers will vary, but will contain *me gustan* or *me gusta*.

Ejercicios

A **¿Qué es?** Identifiquen.

1. ¿Es el pan o el pastel?

2. ¿Es la carne o el pescado?

3. ¿Son legumbres o frutas?

4. ¿Son mariscos o frutas?

B **¿Qué compró y dónde lo compró?** Contesten.

1. María quería comprar pan, ¿adónde fue?
2. Carlos quería comprar frutas y legumbres frescas, ¿adónde fue?
3. Teresa quería comprar mariscos, ¿adónde fue?
4. Francisco quería comprar carne, ¿adónde fue?

C **Mis preferencias.** Preguntas personales.

1. ¿Te gustan las papas?
2. ¿Te gusta una ensalada de tomates y lechuga?
3. ¿Te gusta más la carne de res o la ternera?
4. ¿Te gusta el cerdo?
5. ¿Te gustan las fresas?
6. ¿Te gusta el queso?

30 CAPÍTULO 2

LEARNING FROM PHOTOS

You may wish to ask the following questions about the photos on page 31.
1. (top) *¿Dónde está la gente? ¿Qué están comprando? ¿Están frescas las legumbres? ¿Cuáles son algunas legumbres que ves en el mercado?*
2. (bottom) The painting is *La vendimia* (the grape harvest). Goya (1746-1828) is considered to be one of Spain's greatest artists. He painted *La vendimia* between 1786-1787. It now hangs in the Prado museum. Ask students to describe the painting in as much detail as possible. You may wish to ask questions such as: *¿Quiénes son las personas en el cuadro? ¿Quiénes están vestidos elegantemente? ¿Qué lleva la joven en la canasta?*

D ¿A qué grupo pertenecen? Clasifiquen los comestibles.

legumbres
frutas
carne
mariscos

1. los camarones
2. las manzanas
3. la ternera
4. el lechón
5. las uvas
6. las habichuelas
7. el jamón
8. las naranjas
9. la piña
10. las judías verdes

E Un supermercado o un mercado. ¿Sí o no?

1. Un supermercado tiene puestos.
2. Hay muchos pasillos en un supermercado grande.
3. Los clientes empujan carritos por
   los puestos del mercado.
4. Los clientes empujan carritos por
   los pasillos del supermercado.
5. En el hipermercado venden comestibles, ropa y otras mercancías.

"La vendimia" de Francisco de Goya

PRESENTATION *(pages 30-31)*

Ejercicio D
Exercise D can be done with
books open.

Ejercicio E
Exercise E can be done with
books either open or closed.

ANSWERS
Ejercicio D
1. mariscos
2. frutas
3. carne
4. carne
5. frutas
6. legumbres
7. carne
8. frutas
9. frutas
10. legumbres

Ejercicio E
1. no
2. sí
3. no
4. sí
5. sí

INFORMAL ASSESSMENT
(Palabras 1)
Check for understanding by
naming a store and having students name as many items as possible that might be purchased
there.

RETEACHING
Have students open their books
to pages 28-29. Ask them to name
any stores on these pages that are
found in their own local shopping
area. Ask them to use *hay* and any
location information they can give
in Spanish. For example: *Hay una
pastelería en la avenida Wyckoff.*

INDEPENDENT PRACTICE

Assign any of the following:
1. Workbook, *Palabras 1*
2. Communication Activities Masters, *A & B*
3. Exercises on student pages 30-31
   (See suggestions for correcting homework in the Teacher's Manual.)

Bell Ringer Review

Write the following on the board or use BRR Blackline Master 2-2:
Take the list of foods you wrote for Bell Ringer Review 2-1 and divide them into the following categories: **carnes, pescados y mariscos, legumbres, frutas, pasteles, otro.**

PRESENTATION (*pages 32-33*)

A. Model the new words using Vocabulary Transparencies 2.2 (*A & B*), plastic replicas, food containers, or pictures of food. Follow the procedures outlined in *Palabras 1*, pages 28-29.
B. Have students repeat the words and phrases after you or Cassette 2B.

Vocabulary Expansion

When teaching *agua mineral*, you may wish to add the expressions *con gas* and *sin gas*, since they are so frequently needed when ordering water.

VOCABULARIO

PALABRAS 2

EN EL SUPERMERCADO

un paquete de zanahorias congeladas

una lata (un bote) de atún

un envase de crema

una botella de agua mineral

un frasco de mayonesa

una tajada (lonja) de jamón

un envase de detergente líquido

una caja de jabón en polvo

un rollo de papel higiénico

la canasta

la bolsa de plástico

Nota: To ask the cost of a food item whose price fluctuates frequently, Spanish speakers will ask, *¿A cuánto está(n)* _____ *?*. *¿Cuánto es?*, and *¿Cuánto cuesta?* are used more often for merchandise. To find out the total cost of several food items you would ask, *¿Cuánto es?* or *¿Cuánto le debo?* When shopping, a clerk will often ask if you want something else, *¿Algo más?* If you want something else, you will tell the clerk what you want. If you don't want anything else, you will respond, *No, nada más, gracias, ¿Cuánto es?* or *¿Cuánto le debo, por favor?*

ADDITIONAL PRACTICE

Give students the name of an item.
Then have them ask the price:
los zapatos
el periódico
los huevos
los huevos, la mayonesa y el agua

Point out the following cognates which appear in this section: *plástico detergente, líquido, rollo, papel higiénico, mayonesa, botella, mineral, crema, paquete.*

ABOUT THE LANGUAGE

1. When ordering *medio kilo* or *quinientos gramos* of something, people will often say *una libra*, even though it is not exactly a pound.
2. The word for slice varies from region to region. Very common are *una tajada*, and *una rebanada*. Other terms are *la lonja, una rueda,* and *una rodaja.*

PAIRED ACTIVITY

One partner gives a quantity. The other gives an item one can buy in that quantity. For example: Student 1: *Una botella.* Student 2: *Una botella de agua.*

María estaba en la carnicería.
Compró un kilo de carne de res.

Pablo fue al supermercado.
Él hizo sus compras en el supermercado.
Él pagó en la caja.
Mientras él pagaba, el joven ponía sus compras
   en bolsas de plástico.

CAPÍTULO 2   **33**

ADDITIONAL PRACTICE

You may wish to ask the following questions as you present the sentences on page 33. *¿Dónde estaba María? ¿Qué compró en la carnicería? ¿Cuánto compró? ¿Adónde fue Pablo? ¿Qué hizo en el supermercado? ¿Dónde pagó? ¿Qué hacía el joven mientras Pablo pagaba? ¿De qué eran las bolsas?*

PRESENTATION (page 34)

Ejercicios A, C, and D

Exercises A, C, and D can be done with books open.

Ejercicio B: Listening

Focus on the listening skill by doing Exercise B with books closed. Then repeat the exercise with books open.

ANSWERS

Ejercicio A
1. una lata
2. un paquete
3. un rollo
4. un envase
5. una botella
6. un rollo
7. un paquete (una bolsa)
8. una tajada
9. un paquete
10. un paquete, una lata (un bote)
11. una bolsa, una caja
12. una caja, una botella

Ejercicio B
Some answers will vary.
1. Sí, Pablo fue de compras ayer.
2. Fue al supermercado.
3. Hizo sus compras en el supermercado.
4. Siempre hacía sus compras en el supermercado.
5. Sí, pagó en la caja.
6. Él puso las compras en bolsas de plástico.
7. Sí, ponía las compras en las bolsas mientras Pablo pagaba.

Ejercicio C
1. Los huevos están a 90 pesos la docena.
2. Las chuletas de cerdo están a 700 pesetas el kilo.
3. La lechuga está a 130 pesetas cada una.
4. Las fresas están a 2.000 pesos la caja de medio kilo.

Ejercicio D
Answers will vary.

RETEACHING
(*Palabras 2*)

Have students turn to page 32. Ask them to tell whether they like each item shown or not.

Ejercicios

A ¿Qué es? Identifiquen.

1. ____ de sardinas
2. ____ de servilletas de papel
3. ____ de toallas de papel
4. ____ de yogur
5. ____ de leche
6. ____ de papel higiénico
7. ____ de fresas congeladas
8. ____ de jamón
9. ____ de tacos
10. ____ de habichuelas negras
11. ____ de arroz
12. ____ de detergente

B De compras. Contesten.

1. ¿Pablo fue de compras ayer?
2. ¿Adónde fue?
3. ¿Dónde hizo sus compras?
4. ¿Siempre hacía sus compras en el mismo supermercado?
5. Ayer, ¿pagó Pablo en la caja?
6. ¿En qué puso el joven las compras?
7. ¿Ponía las compras en las bolsas mientras Pablo pagaba?

C En el mercado. Contesten según se indica.

1. ¿A cuánto están los huevos? (90 pesos la docena)
2. ¿A cuánto están las chuletas de cerdo? (700 pesetas el kilo)
3. ¿A cuánto está la lechuga? (130 pesetas cada una)
4. ¿A cuánto están las fresas? (2.000 pesos la caja de medio kilo)

D En el mercado. Completen la conversación.

—Sí, señor, ¿qué desea Ud. hoy?
— ____ , por favor.
—¿Y?
—Quisiera ____ .
—¿Algo más?
—No, ____ , gracias. ¿Cuánto ____ ?
—1.200 pesos.

LEARNING FROM REALIA	INDEPENDENT PRACTICE
Have students peruse the ad on page 34. Have them check how many words they already know. Tell them to try to learn some new words that they don't know.	Assign any of the following: 1. Workbook, *Palabras 2* 2. Communication Activities Masters, *C & D* 3. Exercises on student page 34 4. Computer Software, *Vocabulario*

Comunicación

Palabras 1 y 2

A **En una pastelería.** You are in a pastry shop. You are admiring some chocolate cookies (*galletas de chocolate*). A classmate will be the sales clerk.

1. Point to the cookies and tell the clerk you would like some.
2. He or she wants to know how many.
3. He or she asks if you would like something else. Tell him/her no.
4. Ask him/her how much the cookies are.
5. You're not sure if you have to pay at the cashier's. Ask.

B **En la carnicería.** You are in a butcher shop in Monterrey, Mexico. You want some pork chops. A classmate will be the butcher.

1. Ask the butcher the price.
2. Try to find out how many chops there are in a kilo.
3. Tell the butcher you want four chops.
4. The butcher asks if you want something else.
5. Ask him how much you owe.

C **Mis favoritos.** Con un(a) compañero(a) de clase, preparen cada uno una lista de los comestibles que le gustan y que no le gustan. Luego compartan los resultados. ¿Cuántos comestibles les gustan o no les gustan a los/las dos?

D **Voy de compras.** Ud. está viviendo con una familia española en Salamanca. Ud. va a ir de compras. Mire la siguiente lista de compras y pregúntele a un miembro de su familia (un[a] compañero[a] de clase) a qué tienda debe ir.

1. camarones 4. judías verdes
2. pollo 5. papas
3. queso 6. torta

E **En el mercado.** Ud. está en una tienda de abarrotes. Pídale al empleado (su pareja) los siguientes productos. Indique la cantidad que Ud. quiere. Luego cambien de papel.

> papas
> Estudiante 1: Quisiera un kilo de papas.
> Estudiante 2: Sí, señor(ita). Un kilo de papas.

1. agua mineral 5. mantequilla 9. leche
2. huevos 6. Coca-Cola 10. jabón
3. jamón 7. crema
4. mayonesa 8. detergente

LEARNING FROM PHOTOS

You may wish to ask the following questions about the photo on page 35. *¿Qué clase de tienda es? ¿Qué venden aquí? ¿Es bonita la carnicería? ¿Qué está comprando la señora? ¿Cuántas personas están trabajando en la carnicería?*

Structure Teaching Resources

1. Workbook, *Estructura*
2. Student Tape Manual, *Estructura*
3. Audio Cassette 2B
5. Communication Activities Masters, *E-G*
6. Chapter Quizzes, *Estructura*
7. Computer Software, *Estructura*

Bell Ringer Review

Write the following on the board or use BRR Blackline Master 2-3: Write the following:
1. cuatro cosas que hiciste ayer en la escuela
2. cuatro cosas que hiciste ayer después de las clases

El imperfecto y el pretérito

PRESENTATION *(page 36)*

A. Lead students through steps 1-3.
B. For step 2 draw a time line on the board. Each time you give a verb in the preterite, write an abrupt slash through the time line to indicate completion or termination in the past.
C. As you go over the sentences in step 2, put another time line on the board. Each time you give a verb in the imperfect, draw a long shaded box along it to indicate duration.

ABOUT THE LANGUAGE

La bolsa (grocery bag) is used in most countries. In the Dominican Republic, however, *la funda* is used.

RECYCLING

Other items students learned for carrying groceries are *la canasta* and *el capacho*.

El imperfecto y el pretérito — *Talking About Past Events*

1. The choice of the preterite or the imperfect depends upon whether the speaker is describing a completed action in the past or a continuous, recurring action in the past.

   The preterite is used to express actions or events that began and ended at a definite time in the past.

   > Ayer yo fui al mercado.
   > Compré cuatro chuletas de cerdo.
   > El carnicero me dio las chuletas en una bolsa.

2. The imperfect, in contrast to the preterite, is used to express a habitual, repeated, or continuous action in the past. The moment when the action began or ended is not important.

   > Yo iba al mercado todos los días.
   > Cada día yo compraba las cosas que necesitaba.
   > Siempre volvía a casa con varios paquetes o bolsas.

3. Contrast the following sentences.

Repeated, habitual action	Completed action
Él iba de compras todos los días.	Y él fue al mercado ayer.
Ellos me hablaban cada noche.	Y me hablaron anoche.
Yo lo veía todos los días.	Y lo vi ayer.

36 CAPÍTULO 2

LEARNING FROM PHOTOS

You may wish to ask the following questions about the photo on page 36: *¿Es un mercado moderno o no? ¿Es un mercado al aire libre? El mercado está en México. ¿De qué nacionalidad son las señoras? ¿En qué pone la vendedora las legumbres? ¿Ella le da la bolsa a la señora o tiene la señora su propia bolsa?*

Ejercicios

A ¿Una vez o frecuentemente? Contesten.

1. ¿Fue la señora al mercado ayer por la mañana?
   ¿Cuándo fue la señora al mercado?
   ¿Iba la señora al mercado cada mañana?
   ¿Cuándo iba la señora al mercado?
2. El otro día, ¿fue la señora al supermercado en carro?
   ¿Cuándo fue la señora al supermercado en carro?
   ¿Iba en carro todos los días? ¿Lo dejaba en el estacionamiento?
   ¿Cuándo iba la señora en carro? ¿Cuándo lo dejaba en el estacionamiento?
3. ¿Hiciste un viaje el año pasado?
   ¿Cuándo hiciste un viaje?
   ¿Hacías un viaje cada año?
   ¿Cuándo hacías un viaje?
4. ¿Jugaron las muchachas al básquetbol (baloncesto) ayer por la tarde?
   ¿Cuándo jugaron las muchachas al básquetbol?
   ¿Jugaban las muchachas al básquetbol cada tarde?
   ¿Cuándo jugaban ellas al básquetbol?
5. ¿Viste una película anoche?
   ¿Cuándo viste la película?
   ¿Veías una película cada noche?
   ¿Cuándo veías una película?

B Viajes estupendos. Completen.

1. El año pasado mis amigos y yo —— (hacer) un viaje estupendo.
2. Nosotros —— (ir) a Guatemala.
3. Yo —— (tomar) un curso de español en Antigua.
4. Mis amigos —— (estudiar) el español también pero no —— (tomar) el curso en la misma escuela que yo.
5. El martes pasado, nosotros —— (levantarse) temprano.
6. Nosotros —— (ir) a Chichicastenango.
7. Nosotros —— (andar) por el mercado de "Chichi".
8. Nosotros —— (ver) a los indios.
9. Ellos —— (vender) los productos que —— (cultivar) o —— (hacer) y con el dinero que —— (recibir) por las cosas que —— (vender), —— (comprar) las provisiones que —— (necesitar).

El convento de Santa Clara y la iglesia de San Francisco, Antigua, Guatemala

---

COOPERATIVE LEARNING

Have students work in groups of four to prepare a paragraph about the photo at the top of page 37. The first student asks questions about what she did, where she went, etc. The second student answers the questions. The third student writes down the answers, and the fourth student puts items in logical order. Then all students work together to polish their paragraph.

DID YOU KNOW?

The city of Antigua in Guatemala is full of ruins of beautiful convents and churches. Many were destroyed in the earthquake (*terremoto*) of 1773 and again in 1976. Antigua had served as the capital of Guatemala from 1543 to 1773, when the government was moved to Guatemala City.

Ejercicios
PRESENTATION

Ejercicios A and B
Exercises A and B can be done with books closed or open. Exercise A uses *cuándo* to force students to focus their attention on the specific time involved.

Teaching Tip While doing these exercises, gesture with a slash of the hand to indicate completion with the preterite. Wave your hand back and forth to indicate duration with the imperfect.

ANSWERS
Ejercicio A
Answers will vary.
1. Sí, fue al mercado.
   Fue al mercado ayer por la mañana.
   Sí, iba al mercado cada mañana.
   Iba todas las mañanas.
2. Sí, fue en carro.
   Fue el otro día.
   Sí, iba en carro todos los días.
   Sí, lo dejaba en el estacionamiento todos los días.
   Iba en carro todos los días.
3. Sí, hice un viaje.
   Hice un viaje el año pasado.
   Sí, hacía un viaje cada año.
   Hacía un viaje cada año.
4. Sí, las muchachas jugaron al baloncesto.
   Ellas jugaron ayer por la tarde.
   Sí, jugaban al baloncesto cada tarde.
   Ellas jugaban cada tarde.
5. Sí, vi una película.
   Vi la película anoche.
   Sí, veía una película cada noche.
   Veía una película cada noche.

Ejercicio B
1. hicimos
2. fuimos
3. tomé
4. estudiaron, tomaron
5. nos levantamos
6. fuimos
7. anduvimos
8. vimos
9. vendían, cultivaban, hacían, recibían, vendían, compraban, necesitaban

Ejercicio D

Before doing Exercise D, ask students if they remember the terms they used for grocery store. Exercise D can be done with books open.

ABOUT THE LANGUAGE

Remind students that *la tienda de abarrotes* is used in Mexico, Central America, and in some areas of South America. *La bodega* and *el colmado* are used in the Caribbean. *La pulpería* is used in certain areas of South America. In Spain, *la tienda de ultramarinos* is used since most canned and packaged items sold there are imported.

ANSWERS

Ejercicio C

Answers will vary.
1. Sí (No), (no) iba a la playa.
2. Sí (No), (no) nadaba mucho.
3. Sí (No), (no) esquiaba en el agua.
4. Sí (No), (no) tomaba el sol.
5. Sí (No), (no) comía muchos mariscos.
6. Sí (No), (no) leía en la playa.
7. Sí (No), (no) salía de noche con mis amigos.
8. Sí (No), (no) íbamos a una discoteca.
9. Sí (No), (no) bailábamos.
10. Sí (No), (no) lo pasábamos bien.
11. Sí (No), (no) fui a la playa el verano pasado.
12. Sí (No), (no) nadé mucho.
13. Sí (No), (no) esquié en el agua.
14. Sí (No), (no) tomé el sol.
15. Sí (No), (no) comí muchos mariscos.
16. Sí (No), (no) leí mucho en la playa.
17. Sí (No), (no) salí con mis amigos.
18. Sí (No), (no) fuimos a una discoteca.
19. Sí (No), (no) bailamos.
20. Sí (No), (no) lo pasamos bien.

Ejercicio D

Answers will vary according to model and cues provided.

38

C El veraneo. Preguntas personales.
1. Durante los veranos, ¿ibas a la playa?
2. ¿Nadabas mucho?
3. ¿Esquiabas en el agua?
4. ¿Tomabas el sol?
5. ¿Comías muchos mariscos?
6. ¿Leías en la playa?
7. ¿Salías de noche con tus amigos?
8. ¿Iban a una discoteca?
9. ¿Bailaban Uds.?
10. ¿Lo pasaban bien?
11. Y el verano pasado, ¿fuiste a la playa?
12. ¿Nadaste mucho?
13. ¿Esquiaste en el agua?
14. ¿Tomaste el sol?
15. ¿Comiste mariscos?
16. ¿Leíste mucho en la playa?
17. ¿Saliste de noche con tus amigos?
18. ¿Fueron Uds. a una discoteca?
19. ¿Bailaron Uds.?
20. ¿Lo pasaron bien?

Los jóvenes comen pescado en Salinas, Puerto Rico.

D De compras. Contesten según el modelo.

Raúl / pasteles
Raúl estaba en la pastelería donde compró pasteles.

1. Los señores Colón / una botella de agua mineral
2. Adela / arroz
3. Yo / camarones
4. Los niños / pan
5. Nosotros / un envase de crema
6. Teresa / manzanas y naranjas
7. Mis tías / lechón
8. Don Álvaro / papas y una tajada de jamón
9. Marisela / huevos y queso
10. Rosa María / una caja de jabón en polvo
11. Paco / una lata de atún

FOR THE NATIVE SPEAKER

An occasional spelling problem may exist with the imperfect tense form of -*ar* verbs. Namely the confusion of *b* and *v*. Students may spell *iva* for *iba*, *estudiava* for *estudiaba*, etc. Have them write this exercise.
Ellos (estar) ____ en casa cuando yo llamé.
Yo los (llamar) ____ para invitarlos a un baile.

Yo no (esperar) ____ que ellos estuvieran allí.
Nosotros (ir) ____ a bailar todos los sábados.
Siempre que yo (llamar) ____, Tere (contestar) ____.
The confusion occurs because *b* an *v* are pronounced the same in most Spanish-speaking countries. In some areas the *b* is pronounced like an English *v*.

Dos acciones en la misma oración   *Narrating a Sequence of Events*

1. Many sentences in the past have two verbs which can either be in the same tense or a different tense. Note the following sentences.

   Juan salió y Elena entró.

   In the sentence above, both verbs are in the preterite because they express simple and specific actions or events that had a definite beginning and end in the past.

2. In the sentence below, the two verbs are in the imperfect because they both express continuous actions with no indication of beginning or end.

   Durante las vacaciones Carlos iba a la playa pero yo trabajaba.

3. In the sentence below, the verb in the imperfect *hablaba* describes what was going on. The verb in the preterite *tocó* expresses the action or event that intervened and interrupted the first action.

   Mi mamá hablaba por teléfono cuando Nando tocó a la puerta.

Dos acciones en la misma oración

PRESENTATION *(page 39)*

A. When explaining the difference between the preterite and the imperfect, you may wish to have students think of a play. Explain that all the stage background, the description, and the scenery are in the imperfect. What the actors and actresses actually do on stage is in the preterite.

B. Give some examples and show the difference between background information and acting. Background: *Él era muy guapo. Había una fiesta. Todo el mundo se divertía. José y Elena bailaban.* Acting: *En ese momento Carlos entró. Dijo "Buenos días" a todo el mundo. Saludó a todos.*

C. Now use two verbs in one sentence to contrast the background information with the actions on stage. For example: *Marisela y Paco bailaban cuando Carlos entró.*

PRESENTATION (*page 40*)

Ejercicio A

Have students refer to the illustrations on page 40 as they make up their statements.

Ejercicio B

Exercise B can be done first orally with books closed. It can then be written and read in class for additional reinforcement.

ANSWERS

Ejercicio A

1. **Ayer Rosaura escribió una carta y Ángel vio una película.**
Mientras Rosaura escribía una carta, Ángel veía la película.
2. **Ayer Rosaura hizo unas compras y Ángel preparó la comida.**
Mientras Rosaura hacía unas compras, Ángel preparaba la comida.
3. **Ayer Rosaura tomó el metro y Ángel tomó el bus.**
Mientras Rosaura tomaba el metro, Ángel tomaba el bus.
4. **Ayer Rosaura jugó al básquetbol y Ángel jugó al vólibol.**
Mientras Rosaura jugaba al básquetbol, Ángel jugaba al vólibol.

Ejercicio B

Answers will vary as shown below.

1. **Sí (No), (no) estaba en casa cuando sonó el teléfono.**
2. **Sí (No), (no) tocaba el piano cuando sonó el teléfono.**
3. **Sí (No), (no) contesté al teléfono en cuanto sonó.**
4. **Sí (No), (no) hablaba por teléfono cuando mi mamá volvió a casa.**
5. **Sí (No), (no) me preguntó mi mamá con quién hablaba.**
6. **Hablaba con… cuando mi mamá entró.**

Ejercicios

A Ellos lo hicieron y lo hacían. Formen oraciones según el dibujo.

Ayer Rosaura _____ y Ángel _____ .
Mientras Rosaura _____ Ángel _____ .

1.   2.

3.   4.

B ¿Qué hacías cuándo...? Contesten.

1. ¿Estabas en casa cuando sonó el teléfono?
2. ¿Tocabas el piano cuando sonó?
3. ¿Contestaste al teléfono en cuanto sonó?
4. ¿Hablabas por teléfono cuando tu mamá volvió a casa?
5. ¿Preguntó tu mamá con quién hablabas?
6. ¿Con quién hablabas cuando tu mamá entró?

ADDITIONAL PRACTICE

Have students say anything they can about the illustrations on page 40.

Los verbos como *querer* y *creer* en el pasado — *Expressing Ideas in the Past*

Since most mental processes involve duration or continuance, verbs that deal with mental activities or conditions are most often expressed in the imperfect tense in the past. The most common of these verbs that you have already learned are:

creer	pensar
desear	preferir
querer	poder
tener ganas	saber

Él sabía lo que preferíamos.
Yo tenía ganas de salir.
Él creía que yo estaba enfermo.

Ejercicios

A Yo quería. Preparen una lista de las cosas que *querían* hacer.

Yo...

B Yo sabía. Preparen una lista de las cosas que *sabían* hacer cuando eran niños(as).

Yo... cuando...

C Y yo no podía. Preparen una lista de las cosas que no *podían* hacer cuando eran niños(as).

Yo no... cuando...

D Sabía y podía. Preparen una lista de las cosas que *sabían* hacer y que *podían* hacer.

Yo... y...

CONVERSACIÓN

Bell Ringer Review

Write the following on the board or use BRR Blackline Master 2-6: Answer the following questions.

1. ¿Qué hiciste esta mañana?
2. ¿A qué hora saliste de casa?
3. ¿Adónde fuiste?
4. ¿Con quién fuiste?

PRESENTATION *(page 42)*

A. Tell students they will hear a conversation between Carlos and Elena. Have them close their books and listen to the conversation on Cassette 2B.
B. Have students repeat the conversation aloud after you or Cassette 2B.
C. Now have volunteers read the conversation aloud.
D. Allow pairs time to practice.

Ejercicio

ANSWERS

1. Carlos llamó a Elena.
2. La llamó a eso de las nueve.
3. No, ella no estaba en casa.
4. Estaba en el mercado.
5. Fue de compras a las ocho y media.
6. Fue al mercado Santa Mercedes.
7. Ella compró una cajita de fresas.
8. Estaban a ochocientos el kilo.
9. Había una oferta especial.

CONVERSACIÓN

Escenas de la vida *Fui de compras*

CARLOS: Te llamé esta mañana y no estabas.
ELENA: ¿A qué hora me llamaste?
CARLOS: Pues, te llamé a eso de las nueve.
ELENA: Salí a las ocho y media para hacer las compras.
CARLOS: ¿Fuiste al mercado de Santa Mercedes?
ELENA: Sí, como siempre. Y me compré una cajita de fresas frescas.
CARLOS: ¿A cuánto estaban las fresas?
ELENA: Había una oferta especial— a ochocientos el medio kilo.

■ **¿Dónde estabas?** Contesten según la conversación.

1. ¿A quién llamó Carlos?
2. ¿A qué hora la llamó?
3. ¿Estaba en casa?
4. ¿Dónde estaba?
5. ¿A qué hora fue de compras?
6. ¿A qué mercado fue?
7. ¿Qué compró?
8. ¿A cuánto estaban las fresas?
9. ¿Qué había?

42 CAPÍTULO 2

COOPERATIVE LEARNING

Have students make up their own conversations based on the one on page 42. They can change *fresas* to anything else they would like to buy.

DID YOU KNOW?

Many markets in Spanish-speaking cities and towns have names of saints.

42

Comunicación

A **¿En qué puedo servirle?** Trabaje con un(a) compañero(a) de clase. Preparen una lista de comestibles que quieren comprar. Luego decidan quién va a ser el/la comerciante y quién va a ser el/la cliente. Preparen la conversación que van a tener en el mercado o en la tienda de abarrotes.

B **Mi juventud.** Pregúntele a un(a) compañero(a) de clase si él o ella hacía las siguientes cosas cuando era muy joven. Tome apuntes y prepare un informe para la clase.

1. ir muy a menudo al cine
2. tomar una siesta
3. jugar con sus amigos después de las clases
4. pasar la noche con sus abuelos de vez en cuando
5. mirar películas en la televisión
6. ayudar a sus padres con las tareas domésticas

C **Lo que hacía cuando...** Trabaje con un(a) compañero(a) de clase. Uno(a) de Uds. va a decir lo que hacía ayer. El/la otro(a) va a decir algo que ocurrió y que interrumpió lo que Ud. hacía. Luego incluyan las dos acciones en una sola oración.

Comunicación

PRESENTATION (*page 43*)

These activities enable students to use the vocabulary and structures learned in the chapter in open-ended exchanges. You may wish to assign different ones to different groups or allow students to choose for themselves which ones they wish to do.

ANSWERS

Actividades A-C

Answers will vary.

LEARNING FROM PHOTOS

Have students tell what items are found in a *tienda de abarrotes* like the one on page 43.

INDEPENDENT PRACTICE

Assign any of the following:
1. Workbook, *Un poco más*
2. Exercises and activities on student pages 42-43

LECTURA Y CULTURA

Bell Ringer Review

Write the following on the board or use BRR Blackline Master 2-7: You are planning lunch for a friend. Make a shopping list and note where you are going to buy each item.

READING STRATEGIES
(page 44)

Pre-Reading

Ask students about their families' food-shopping habits. Who does the family shopping? How many times a week? Where do they prefer to shop for groceries? Do they always go to the same store? Why? Do they chat with people who work in the stores?

Reading

A. With books closed, read the selection on page 44 to the class, using as much expression as possible.

B. Now have students open their books. Call on volunteers to read the selection aloud, two or three sentences at a time. After each volunteer reads, ask the class content questions. Here are some possible questions for the first three sentences: *¿Adónde fue la señora Santana a eso de las ocho? En años pasados, ¿quiénes iban a este mismo mercado?*

Post-reading

Assign a silent reading of the selection for independent work.

DE COMPRAS

Esta mañana a eso de las ocho, la señora Santana salió de su casa en la Ciudad de México y fue de compras. ¿Adónde fue? Pues, fue al mercado de Santa Mercedes. En años pasados su mamá y su abuelita iban a este mismo mercado. ¿Y cuándo iban? ¡Todos los días! Y la señora Santana sigue haciendo sus compras diariamente también. Compra comida muy fresca. Esta mañana, fue de un puesto a otro en el mercado. En cada puesto compró los comestibles que necesitaba. En el puesto de verduras, compró unas legumbres y en el puesto del carnicero compró carne mechada para preparar unos tacos. Puso las compras en la misma canasta que lleva al mercado todos los días. Y hoy, como siempre, ella buscaba las ofertas especiales. ¿Quién no quiere una ganga?

La señora Bravo, igual que la señora Santana, fue de compras esta mañana. Pero ella no fue al mercado de Santa Mercedes en México. Ella fue al mercado de San Miguel en Madrid. Ella también fue de un puesto a otro buscando todo lo que necesitaba y como siempre ponía sus compras en su capacho[1].

A veces la señora Bravo decide no ir al mercado a hacer sus compras. De vez en cuando va a las pequeñas tiendas en su barrio. Por ejemplo, compra la carne en la carnicería, las legumbres en la verdulería, y el pan "de cada día" en la panadería. Y la señora conoce al carnicero, a la verdulera y al panadero. Ellos charlan[2] un poquito antes de hacer los negocios[3].

¿Hay supermercados en España y en Latinoamérica? Sí que hay y se están poniendo más y más populares. Pero mucha gente sigue haciendo sus compras en el mercado o en las pequeñas tiendas especializadas—sobre todo en las grandes ciudades y en los pueblos. Pero en las afueras de las ciudades; en los grandes centros comerciales de los suburbios, hay supermercados modernos con un gran "parking". Los clientes entran en el supermercado, toman un carrito y lo empujan de un departamento a otro. En los supermercados venden productos frescos pero hay también muchos productos congelados o enlatados—en lata o bote.

Y en la caja, un joven o una joven pone todas las compras en bolsas de plástico. En San Juan, por ejemplo, si el cliente quiere, el joven lleva las bolsas al carro y los clientes generosos le dan una propina por el servicio.

[1] capacho   *basket*
[2] charlan   *chat*
[3] hacer los negocios   *get down to business*

CRITICAL THINKING ACTIVITY

(Thinking skills: drawing conclusions)
    Explique por qué son más populares los supermercados que las tiendas especializadas en los Estados Unidos.

Estudio de palabras

¿Cuál es otra palabra? Pareen.

1. todos los días
2. mismo
3. las legumbres
4. un kilo
5. una ganga
6. charlar
7. el parking
8. enlatado
9. la lata
10. los comestibles

a. mil gramos
b. en lata
c. diariamente, cada día
d. el estacionamiento
e. igual
f. las verduras
g. cosas para comer
h. un precio reducido
i. conversar, hablar un poco
j. el bote

Comprensión

A   Es cosa de todos los días. Contesten según la lectura.

1. ¿De qué nacionalidad es la señora Santana?
2. ¿Dónde hizo sus compras?
3. ¿Cuándo hace o hacía sus compras?
4. En el mercado, ¿qué compró en cada puesto?
5. ¿Qué llevaba la señora al mercado todos los días?
6. Y hoy, ¿lleva una canasta también?
7. ¿Qué pone en la canasta?
8. ¿Que busca o qué quiere la señora?

B   Es igual en Madrid. ¿Sí o no?

1. La señora Bravo es mexicana también.
2. En Madrid no hay mercados como en México.
3. A la señora Bravo, como a todas las madrileñas, le gusta hacer sus compras en el supermercado.
4. Las españolas tienen la costumbre de hacer sus compras en muchas pequeñas tiendas especializadas.
5. La señora Bravo lleva un capacho al mercado.

BOCADILLOS

FRÍOS
Jamón Serrano
Jamón Jabugo
Jamón York
Chorizo
Salchichón
Butifarra
Pavo
Vegetal
Atún
Queso

CALIENTES
Jamón York y Queso
Sobrasada y Queso
Bacon y Queso
Frankfurt
Tortilla de Patatas

Zumo de Naranja natural

ENTRANTES
Ensalada Vegetal
Ensalada Vegetal con Atún

Estudio de palabras
ANSWERS

1. c
2. e
3. f
4. a
5. h
6. i
7. d
8. b
9. j
10. g

Comprensión
ANSWERS

Comprensión A

1. Ella es mexicana.
2. Hizo sus compras en el mercado de Santa Mercedes.
3. Hace (hacía) sus compras todos los días.
4. Compró comestibles en cada puesto.
5. Llevaba una canasta (un capacho).
6. Sí, hoy también lleva (llevó) una canasta (un capacho).
7. Pone las compras (los comestibles) en la canasta (el capacho).
8. Ella busca ofertas especiales.

Comprensión B

1. no
2. no
3. no
4. sí
5. sí

LEARNING FROM REALIA

1. Have students look at the ad on page 45 and tell what country it is from. They should be able to guess Spain because it says *tortillas de patatas*.
2. Tell students to guess the meaning of *atún* (tuna).
3. Have students notice how they refer to orange juice. It is *zumo de naranja* in Spain, not *jugo de naranja*. En Puerto Rico it is *jugo de china*.

PRESENTATION *(page 46-47)*

A. Before reading the selection, have students discuss the following questions in groups:
1. Bargaining in the markets is a way of life in the Spanish-speaking world. What are the advantages of such a way of doing things? Is shopping in a flea market similar? Support your answer.
2. What are the advantages and disadvantages of shopping once a week as compared with daily?

B. Hold a question and answer session on the selection in Spanish. If necessary, students can read answers directly from the book.

DESCUBRIMIENTO CULTURAL

En España y en Latinoamérica la gente suele hacer sus compras todos los días. En los Estados Unidos la gente tiende a ir al supermercado una o dos veces a la semana. Compran todo lo que necesitan para una semana entera. Por eso la gente tiende a comprar productos congelados o enlatados. En España y en Latinoamérica la gente suele hacer sus compras en un mercado o en tiendas especializadas pero es algo que poco a poco está cambiando. Los supermercados se están poniendo más y más populares.

En muchos mercados de la América Central y de la América del Sur, venden comestibles en algunos puestos, ropa en otros y electrodomésticos o artesanías en otros. Estos mercados existen sobre todo en México, Guatemala, Ecuador, el Perú y Bolivia, en los países donde hay una gran población indígena—gente de ascendencia india. En las áreas más remotas hay días de mercado, por lo general, uno o dos días por semana. Por ejemplo, el famoso mercado de Chichicastenango en Guatemala es el jueves y el domingo.

En los mercados, la gente regatea. ¿Qué significa "regatea"? Pues, el vendedor le da un precio al cliente y el cliente le dice que "no". Le ofrece un precio más bajo. Luego el vendedor le da o le pone otro precio.

El regateo existe en los mercados—pero en los supermercados, en las tiendas de (por) departamentos y en las tiendas elegantes, no. En estas tiendas hay a veces ofertas especiales—saldos, rebajas, gangas o liquidaciones—pero no hay regateo.

¿Qué es un hipermercado? Pues, es un concepto relativamente nuevo. Un hipermercado es como un gran supermercado, pero no venden solamente comestibles. Venden todo tipo de mercancías: ropa, electrodomésticos, muebles, etc.

LEARNING FROM PHOTOS

Ésta es la famosa Iglesia de Santo Tomás en Chichicastenango. Es un centro religioso de los mayas, y en esta iglesia tienen lugar muchas ceremonias que mezclan las creencias católicas y mayas. Mucha gente acude a la iglesia los jueves y los domingos—los días de mercado.

COOPERATIVE LEARNING

Have students work in pairs in order to prepare a conversation about bargaining at an outdoor market. Ask them to use humor and to be as original as possible.

Y AQUÍ EN LOS ESTADOS UNIDOS

En los EE.UU. la gente come comidas típicas de todas partes del mundo. Comemos comida china, japonesa, mexicana, italiana. En las áreas donde vive mucha gente hispana los supermercados tienen secciones dedicadas a comida hispana y llevan productos típicos. Por ejemplo, donde hay mucha gente del Caribe los

supermercados venden arroz en grandes sacos de 20 libras o más. Allí se ven frutas y vegetales como los plátanos verdes, guanábanas, yautías y mamey. Y para freír, muchas familias tradicionales todavía usan manteca[1] de cerdo. En el suroeste y otras áreas con grandes poblaciones méxico-americanas los supermercados venden masa harina[2] (de maíz) para hacer tortillas y tamales; tomatillos y una variedad de chiles (pimientos). Y casi todos los hispanos usan el cilantro.

[1]manteca   *lard*
[2]masa harina   *flour*

REALIDADES

(The Realidades *section is optional.)*

PRESENTATION *(pages 48-49)*

A. Allow students to peruse the photos and enjoy them.

B. You may wish to have students read the captions aloud or silently.

C. You may wish to answer the questions in the captions.

D. Have some of your stronger students write a short dialog that might take place in a traditional market between a customer and a merchant.

E. You may wish to ask the following questions about the check out slip from Mercadona (**Realia 5**). *La leche desnatada, ¿tiene crema o no? ¿Tiene cafeína la cola que compró el cliente? ¿Cuál es el monto (total) de la factura? ¿Cuánto dio el cliente? ¿Cuánto le devolvió la empleada? ¿Cómo se llama la empleada?*

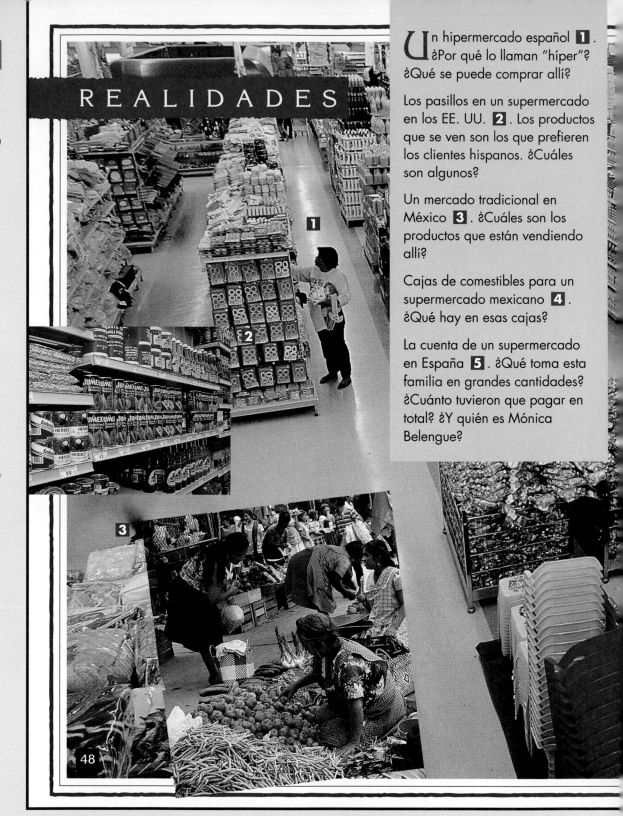

REALIDADES

Un hipermercado español **1**. ¿Por qué lo llaman "híper"? ¿Qué se puede comprar allí?

Los pasillos en un supermercado en los EE. UU. **2**. Los productos que se ven son los que prefieren los clientes hispanos. ¿Cuáles son algunos?

Un mercado tradicional en México **3**. ¿Cuáles son los productos que están vendiendo allí?

Cajas de comestibles para un supermercado mexicano **4**. ¿Qué hay en esas cajas?

La cuenta de un supermercado en España **5**. ¿Qué toma esta familia en grandes cantidades? ¿Cuánto tuvieron que pagar en total? ¿Y quién es Mónica Belengue?

48

INDEPENDENT PRACTICE

Workbook, *Mi autobiografía*

DID YOU KNOW?

En España se vende la leche en cartones que no necesitan refrigeración porque emplean un proceso de "ultrapasteurización" que permite mantener la leche por mucho tiempo sin refrigeración.

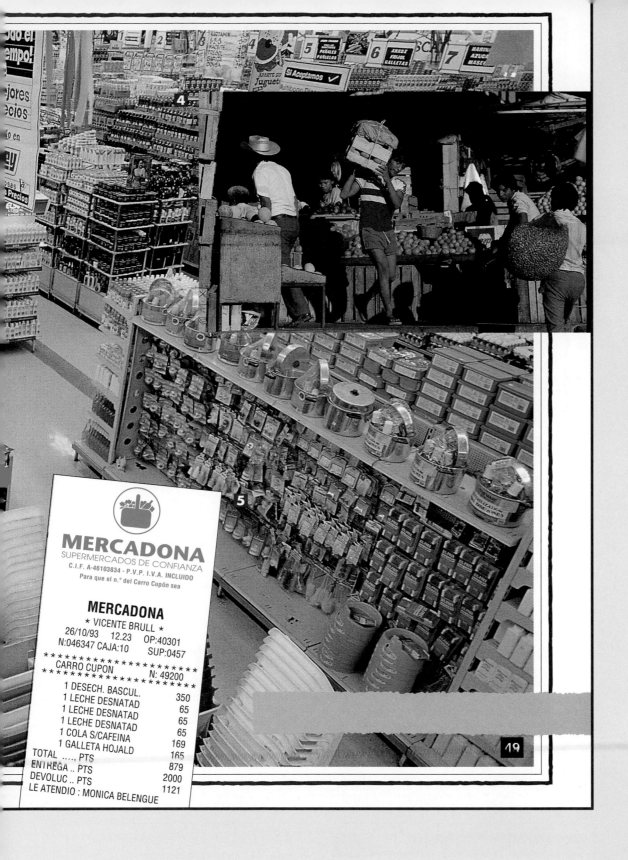

MERCADONA
SUPERMERCADOS DE CONFIANZA
C.I.F. A-46103834 - P.V.P. I.V.A. INCLUIDO
Para que el n.º del Carro Cupón sea

MERCADONA
* VICENTE BRULL *
26/10/93   12.23   OP:40301
N:046347 CAJA:10   SUP:0457
* * * * * * * * * * * * * * * * *
CARRO CUPON
* * * * * * * * * * * * * N: 49200
* * * * * * * * * * * * * * * *
1 DESECH. BASCUL.   350
1 LECHE DESNATAD   65
1 LECHE DESNATAD   65
1 LECHE DESNATAD   65
1 COLA S/CAFEINA   169
1 GALLETA HOJALD   165
TOTAL .... PTS
ENTREGA .. PTS   879
DEVOLUC .. PTS   2000
LE ATENDIO : MONICA BELENGUE   1121

CULMINACIÓN

RECYCLING

The *Comunicación oral* and *Comunicación escrita* activities allow students to use the vocabulary and grammar from this chapter in open-ended settings. They also provide an opportunity to recycle vocabulary and structures from Chapter 1, and from *Bienvenidos*. Have students do as many of the *actividades* as you wish.

Comunicación oral

PRESENTATION
Actividad D
This may be done as a whole-class activity with some students taking the roles of the merchants while others move around visiting the "stands."

ANSWERS
Actividades A-D
Answers will vary.

INFORMAL ASSESSMENT
Activity A may be used to evaluate speaking skills. Use the evaluation criteria given on page 24 of this Teacher's Wraparound Edition.

Comunicación escrita

ANSWERS
Actividades A-C
Answers will vary.

CULMINACIÓN

Comunicación oral

A ¿Dónde compra...? Entreviste a las siguientes personas (tres compañeros[as] de clase) una señora de 32 años, un muchacho de 17 años y un señor de 65 años que ya no trabaja. Pregúnteles dónde compran lo siguiente. Luego déjele saber a la clase el resultado de su encuesta (*survey*).

1. comida para una semana
2. manzanas importadas
3. una bolsa de patatas fritas
4. verduras muy frescas
5. mucha carne
6. pan
7. leche
8. comida preparada
9. cereales

**LOTE COCINA:
1 KG. AZUCAR
+
1 LT. VINAGRE
+
1 KG. SAL =
LOTE 247**

B El regateo. Trabaje con un(a) compañero(a) de clase. Uds. están en un mercado al aire libre donde venden todo tipo de mercancías, artesanías y comestibles. Uno de Uds. va a ser el/la cliente y el/la otro(a) va a ser el/la comerciante. Preparen la conversación que Uds. dos tienen en el mercado. El/la cliente quiere regatear—no quiere pagar el precio que quiere el/la comerciante.

C Ayer. Trabaje con un(a) compañero(a) de clase. Ayer Uds. trataron de hacer muchas cosas. Pero siempre había interrupciones. Preparen una lista de todo lo que hacían y todo lo que intervino e interrumpió lo que hacían.

D En un mercado en México. Ud. va de compras a un mercado en México pero no tiene mucho dinero. Haga una lista de alimentos para preparar tres comidas balanceadas. Luego vaya a tres o cuatro puestos diferentes, regatee con los vendedores (sus compañeros de clase) y compre lo que necesita.

Comunicación escrita

A Fui de compras. Ud. viajaba por México y fue a un mercado interesante. Escríbale una tarjeta postal a un(a) amigo(a). Descríbale el mercado y todo lo que pasó (ocurrió) en el mercado.

B Contrastes culturales. En unos párrafos, contraste cómo se hacen las compras en la mayoría de los países hispanos y cómo se hacen en los EE.UU.

C ¡Gran apertura! Un supermercado americano quiere abrir sucursales (*branches*) en Europa. Ud. y tres compañeros van a preparar un anuncio para el nuevo supermercado. Incluyan en el anuncio lo que pueden comprar, los precios, las ventas especiales, etc.

FOR THE NATIVE SPEAKER

Ask students to write a brief essay on the following topic:

En muchos pueblos de España e Hispanoamérica el mercado sirve una función social. Hay quienes dicen que los centros comerciales o los malls sirven una función similar, especialmente para los jóvenes. Escribe un breve ensayo comparando el mercado tradicional con el centro comercial y explica "la función social" de los dos.

Reintegración

A Cuando era niño(a). Preguntas personales.

1. ¿Dónde vivías cuando eras pequeño(a)?
2. ¿Quiénes vivían en tu casa?
3. ¿Quién preparaba la comida?
4. ¿Quién era tu maestro(a) favorita?
5. ¿Tenías buenos amigos?
6. ¿Cómo se llamaban tus amigos?
7. ¿Qué programas mirabas en la televisión?
8. ¿Qué te gustaba más que cualquier otra cosa?

B Ya no, pero antes sí. Sigan el modelo.

Ya no miro la televisión, *pero antes siempre la miraba.*

1. Ya no juego al fútbol,...
2. Ellos ya no hablan por teléfono,...
3. Papá ya no sube las montañas,...
4. Tú ya no tocas el violín,...
5. Uds. ya no comen carne,...
6. Nosotros ya no vamos a la capital,...
7. Ud. ya no hace la plancha de vela,...

Vocabulario

SUSTANTIVOS

la panadería	el atún	el lechón	el rollo
la pastelería	las legumbres	el jamón	la tajada
la carnicería	las papas	la chuleta	la lonja
la pescadería	las patatas	el queso	
la verdulería	la lechuga	los huevos	ADJETIVOS
la tienda de	el arroz	la leche	congelado(a)
abarrotes	las habichuelas	la crema	líquido(a)
el supermercado	los frijoles	la mantequilla	mineral
el hipermercado	las judías verdes	la mayonesa	higiénico(a)
el pasillo	las zanahorias	el detergente	
el carrito	las frutas	el jabón	OTRAS PALABRAS Y
la caja	las manzanas	el papel higiénico	EXPRESIONES
el mercado	las naranjas	el paquete	en polvo
el puesto	las uvas	la lata	de plástico
la canasta	las fresas	el bote	¿A cuánto está(n)?
la bolsa de plástico	la piña	la bolsa	¿Cuánto es?
el pan	la carne	la botella	¿Cuánto cuesta?
el pastel	la carne de res	el frasco	¿Cuánto le debo?
el pescado	la ternera	el envase	¿Algo más?
el marisco	el cerdo	la caja	Nada más.

PRESENTATION (*page 51*)

Exercises A and B focus on the uses of the imperfect tense.

ANSWERS

Ejercicio A

1. Vivía en…
2. … vivían en mi casa.
3. … preparaba la comida.
4. Mi maestra(o) favorita(o) era…
5. Sí, tenía buenos amigos.
6. Mis amigos (amiguitos) se llamaban…
7. Miraba… en la televisión.
8. Me gustaba más…

Ejercicio B

1. Ya no juego al fútbol, pero antes siempre lo jugaba.
2. Ellos ya no hablan por teléfono, pero antes siempre hablaban.
3. Papá ya no sube las montañas, pero antes siempre las subía.
4. Tú ya no tocas el violín, pero antes siempre lo tocabas.
5. Uds. ya no comen carne, pero antes siempre la comían.
6. Nosotros ya no vamos a la capital, pero antes siempre íbamos.
7. Ud. ya no hace la plancha de vela, pero antes siempre la hacía.

Vocabulario

There are approximately 18 cognates in this *Vocabulario* list.

STUDENT PORTFOLIO

Written assignments that may be included in students' portfolios are the *Actividades escritas* from page 50 of the student text and the *Mi autobiografía* section from the Workbook, Chapter 2.

INDEPENDENT PRACTICE

Assign any of the following:
1. Exercise on student page 51
2. Workbook, *Mi autobiografía*
3. Chapter 2, Situation Cards

CHAPTER OVERVIEW

In this chapter students will learn to communicate with postal employees when sending letters or parcels. They will learn to write social and business letters and address an envelope properly in Spanish. They will also learn to make observations and express opinions using comparative and superlative statements about people and things. The formation and basic uses of the future tense are presented. The cultural focus of Chapter 3 is on the postal systems in some Spanish-speaking countries, the various services they offer and etiquette involved in letter writing.

CHAPTER OBJECTIVES

By the end of this chapter, students will know:

1. vocabulary associated with the postal service and letter writing
2. the formation and use of the comparative
3. the formation and use of the superlative
4. the formation of the future tense of regular verbs

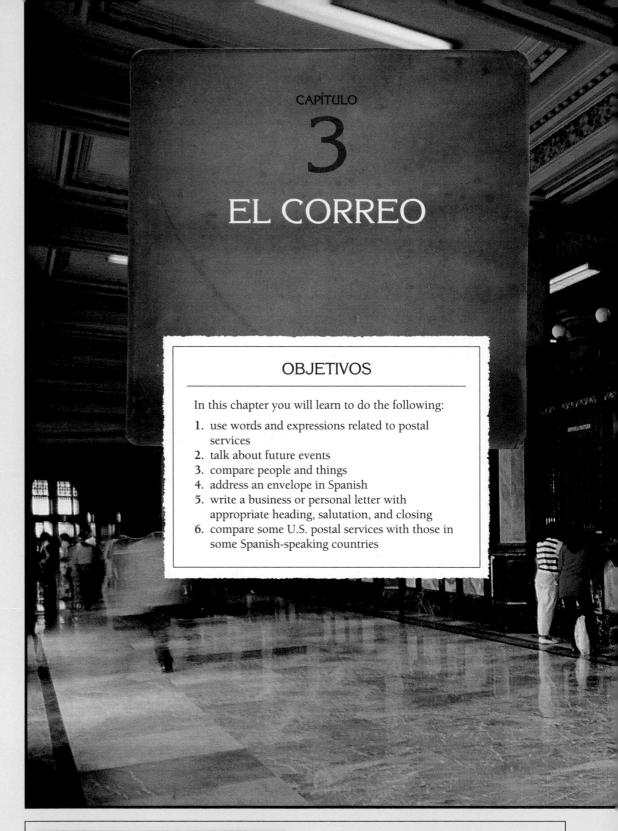

CAPÍTULO

3

EL CORREO

OBJETIVOS

In this chapter you will learn to do the following:

1. use words and expressions related to postal services
2. talk about future events
3. compare people and things
4. address an envelope in Spanish
5. write a business or personal letter with appropriate heading, salutation, and closing
6. compare some U.S. postal services with those in some Spanish-speaking countries

CHAPTER PROJECTS

(optional)

1. Have students make a list of services offered by the U.S. Postal Service and explain these services in Spanish.
2. If you live in an area where foreign language materials are available, have students look for Spanish greeting cards. Prepare a bulletin board using these cards.

53

CHAPTER 3 RESOURCES

1. Workbook
2. Student Tape Manual
3. Audio Cassette 3A
4. Vocabulary Transparencies
5. Bell Ringer Review
   Blackline Masters
6. Communication Activities
   Masters
7. Computer Software:
   Practice and Test Generator
8. Video Cassette, Unit 1
9. Video Activities Booklet,
   Unit 1
10. Situation Cards
11. Chapter Quizzes
12. Testing Program

Pacing

Chapter 3 will take eight to ten days. Pacing will depend on the length of the class period, the age of the students, and student aptitude. (See the Teacher's Manual for additional suggestions on pacing.)

LEARNING FROM PHOTOS

After presenting the *Palabras 2* vocabulary in this chapter, provide the class with the following information and ask the questions.
Es el correo en la ciudad de México. Es un edificio muy bonito, ¿no? ¿Qué opina Ud.? ¿Es nuevo o viejo el correo? ¿Cuántas ventanillas ve Ud.? ¿Hay mucha gente esperando o haciendo cola? ¿Cuáles son algunas diferencias entre este correo y el correo de su ciudad o pueblo?

Vocabulary Teaching Resources

1. Vocabulary Transparencies, 3.1 (*A & B*)
2. Audio Cassette 3A
3. Student Tape Manual, *Palabras 1*
4. Workbook pages, *Palabras 1*
5. Communication Activities Masters, *A & B*
6. Chapter Quizzes, *Palabras 1*

Bell Ringer Review

Write the following on the board or use BRR Blackline Master 3-1: Write a short note to a friend. Tell him/her what you did last summer.

PRESENTATION (pages 54-55)

A. Have students close their books. Present the new words and phrases using Vocabulary Transparencies 3.1 (*A & B*).
B. Present one word or phrase at a time. Then build to complete sentences.

Teaching Tip When interspersing questions while introducing material, proceed from the easiest to the most difficult type of question. Begin with yes/no or either/or questions. For example: *¿Es un sobre? ¿Es un sobre o un aerograma?* Save open-ended questions (*¿Qué es esto?*) until students have had a chance to produce or at least hear the new vocabulary several times.

PALABRAS 1

LA CORRESPONDENCIA

la carta

la tarjeta postal

el aerograma

la estampilla, el sello

la dirección
el nombre
la calle
la ciudad

el número

la zona postal, el código postal

el sobre

el remitente

el destinatario

el buzón

54   CAPÍTULO 3

ROLE-PLAY

(Student 1 and Student 2), **levántense, por favor.**
Vengan Uds.
(Student 1) **Ud. es un(a) empleado(a) de correo.**
(Student 2) **Ud. tiene algo que enviar. Vaya Ud. al correo. Diga "buenos días" al (a la) empleado(a).**
(Student 1) **Conteste Ud. Pregúntele al (a la) cliente qué quiere enviar.**
(Student 2) **Dígale lo que quiere enviar. Dígale adónde quiere enviarlo.**
(Student 1) **Dígale cuánto va a costar.**
(Student 2) **Páguele al (a la) empleado(a). Déle el dinero.**
(Student 1) **Déle unos sellos.**
(Student 2) **Mire bien los sellos. Hay un problema. El/la empleado(a) no le dio bastantes sellos. Explíquele el problema al (a la) empleado(a).**

Teresa le escribirá una carta a su amigo.
¿Cuándo la escribirá? Mañana.

Ella enviará la carta mañana también.
Ella echará la carta al buzón.

Su amigo recibirá la carta en unos dos o tres días.

COGNATE RECOGNITION

Note the following cognates in *Palabras 1: postal, certificado, aerograma, ordinario, zona.*

Vocabulary Expansion

Here are some additional words you may give students:
un telegrama
por avión

ABOUT THE LANGUAGE

1. In addition to *enviar la carta*, *mandar la carta* is often used.
2. *C/* is the abbreviation for *Calle*. *Apto.* and *Dpto.* are abbreviations for *apartamento* and *departamento*, respectively.

ADDITIONAL PRACTICE

¿Cuál es la palabra?
1. lo que se pone en el sobre de una carta
   (la estampilla, el sello)
2. Calle San Bernardo 125 (*la dirección*)
3. el que recibe una carta (*el destinatario*)
4. el que envía una carta (*el remitente*)
5. donde se pone una carta para enviarla
   (*el buzón*)

PRESENTATION (*pages 56-57*)

Ejercicios A and B

A. Exercises A and B can be done with books open.

B. Have students refer to the realia on page 56 as they respond.

ANSWERS

Ejercicio A

1. Es un sello.
2. Es una tarjeta postal.
3. Es el código postal.
4. Es la dirección del destinatario.

Ejercicio B

1. Hay un sello en el sobre.
2. El nombre del remitente es Fernando Rosales Bravo.
3. La dirección del destinatario es Avda. San Juan de Ulúa 32, Veracruz, 15714.
4. La zona postal es 15714.

Ejercicios

A ¿Qué es? Identifiquen.

1. ¿Es el sobre o el sello?

2. ¿Es una carta o una tarjeta postal?

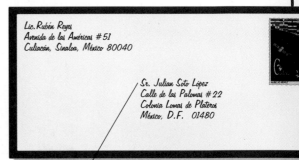

3. ¿Es el código postal o la clave de área?

4. ¿Es la dirección del remitente o la dirección del destinatario?

B Información en el sobre. Contesten.

1. ¿Cuántos sellos hay en el sobre?
2. ¿Cuál es el nombre del remitente?
3. ¿Cuál es la dirección del destinatario?
4. ¿Cuál es la zona postal?

Fernando Rosales Bravo
Pino Suárez, 24, Piso 2
México, D.F. 06028

Eugenia Martínez Carderas
Avda. San Juan de Ulúa 32
Veracruz, 15714

C **Mi dirección.** Preguntas personales.

1. ¿Cuál es el número de tu casa?
2. ¿En qué calle está?
3. ¿Cómo se llama la ciudad o pueblo donde vives?
4. ¿Cuál es tu zona postal?
5. ¿Cuánto cuesta enviar una carta?
6. Y, ¿cuánto cuesta mandar una tarjeta postal?

D **Una carta para su novia.** Contesten según se indica.

1. ¿Escribirá Carlos una carta o una tarjeta postal? (una carta)
2. ¿A quién le escribirá la carta? (a su novia)
3. ¿Cuándo la enviará? (mañana)
4. ¿Dónde la echará? (en el buzón)
5. ¿Cuándo recibirá su novia la carta? (la semana que viene)

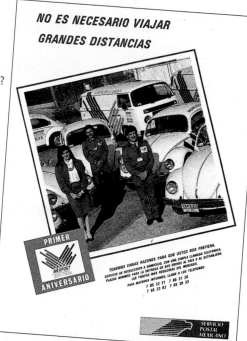

NO ES NECESARIO VIAJAR GRANDES DISTANCIAS

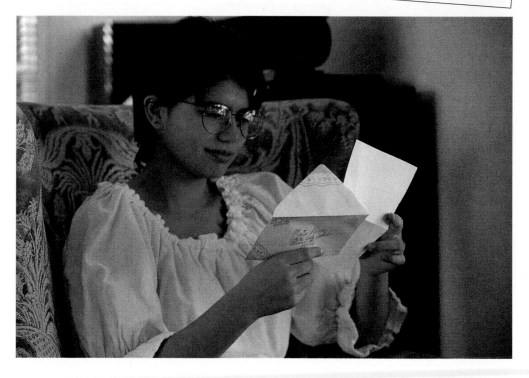

VOCABULARIO
PALABRAS 2

Vocabulary Teaching Resources

1. Vocabulary Transparencies 3.2 (*A & B*)
2. Audio Cassette 3A
3. Student Tape Manual, *Palabras 2*
4. Workbook, *Palabras 2*
5. Communication Activities Masters, *C & D*
6. Chapter Quizzes, *Palabras 2*
7. Computer Software, *Vocabulario*

Bell Ringer Review

Write the following on the board or use BRR Blackline Master 3-2: Answer the following.
1. ¿Te gusta escribir?
2. ¿En qué clase escribes mucho?
3. ¿Qué escribes?
4. Y, ¿qué lees?
5. ¿Les escribes cartas a los amigos(as)?
6. ¿A quiénes escribes?
7. ¿Cuándo les escribes?

PRESENTATION (*pages 58-59*)

A. Have students close their books. Use Vocabulary Transparencies 3.2 (*A & B*) to introduce the new words and expressions.
B. Model each new word or phrase and have students repeat after you or Cassette 3A.
C. After many yes/no and either/or questions, ask open-ended questions. For example: *¿Quién pesará el paquete? ¿Cómo enviará el señor el paquete? ¿Quién reparte (entrega) el correo? ¿Por qué no repartirá (entregará) el correo mañana?*

PALABRAS 2

EL CORREO

la ventanilla
el paquete
la báscula

la oficina de correos

por correo ordinario

por correo aéreo

por correo certificado, recomendado

el apartado postal

la casilla

el cartero

58   CAPÍTULO 3

ADDITIONAL PRACTICE

¿Cuál es la palabra?
1. *el aparato que se usa para pesar paquetes, bultos y cartas*
2. *el que entrega o reparte el correo*
3. *la manera en que se envía una carta que tiene que llegar rápido*
4. *el reparto o la distribución del correo*

La empleada del correo pesará el paquete.

El señor enviará el paquete por correo ordinario.
Él lo asegurará.
Lo asegurará por 100.000 pesos.

El cartero reparte (entrega) el correo.
Mañana no repartirá (entregará) el correo.
Mañana no hay entrega (reparto).
Mañana es domingo.
Los domingos no hay reparto.

1. The first student plays the role of a person waiting excitedly for the letter carrier to arrive. The second student wants to find out what the other is waiting for. Allow pairs time to prepare their skits. Then have them present their skits to the class.
2. Assign the illustrations on page 58 to one student and those on page 59 to the other. Each student asks the other as many questions as possible about the illustrations on the page assigned to him or her.

INFORMAL ASSESSMENT

Refer to Vocabulary Transparencies 3.2 again. Have individuals make up any statements they can about the illustrations.

ABOUT THE LANGUAGE

1. Explain to students that a female letter carrier is *la cartero*. The *-o* does not change to *-a* because of the confusion with *la cartera* which means "wallet."
2. The word for postmark is *matasellos*. Ask students what they think the literal meaning of *matasellos* is (stamp-killer). Then ask what *papel matamoscas* (fly paper), *matahambre* (a kind of candy—hungry killer), and *matasanos* (old term for a physician—literally killer of well people) might be.

Ejercicios

PRESENTATION (*page 60*)

Ejercicio A

Exercise A can be done with books open or closed.

Ejercicios B and C

The purpose of Exercises B and C is to increase and reinforce the student's "word power" as much and as easily as possible. These exercises can be done with books open.

Variation of Ejercicio C

After going over the exercise with books open, have students close their books. Cue words from the second column and have them supply the related verbs. For example: *el recibo-recibir.* Then reverse the process, cueing verbs to elicit noun phrases. This provides practice in developing vocabulary-building techniques.

ANSWERS

Ejercicio A

Answers will vary.

Ejercicio B

1. la oficina de correos
2. entregar
3. el apartado postal
4. por correo recomendado
5. la estampilla
6. despachar

Ejercicio C

1. d
2. f
3. h
4. g
5. a
6. e
7. c
8. b

RETEACHING (*Palabras 2*)

Ask students to describe as completely as possible the man in the illustration on the bottom of page 58.

INFORMAL ASSESSMENT
(*Palabras 2*)

Refer students to the illustrations on pages 58-59. Ask them to make up as many questions as they can. Questions may be directed to the teacher or to classmates.

Ejercicios

A El correo. Preguntas personales.

1. ¿Hay un correo cerca de tu casa?
2. Delante del correo, ¿hay buzones?
3. ¿Los buzones están a la izquierda o a la derecha de la entrada?
4. ¿Hay un buzón especial para el correo local y otro para el correo aéreo?
5. ¿Es posible comprar sellos en la ventanilla del correo? ¿Despachan (venden) sellos o estampillas en el correo?
6. ¿Hay también una distribuidora automática de sellos en el correo?
7. Para usar la distribuidora, ¿es necesario introducir monedas en la ranura?
8. ¿Tienes un apartado postal?
9. ¿Qué días de la semana reparte el cartero el correo?
10. ¿Cuánto es el franqueo para enviar una carta dentro de los Estado Unidos?

B ¿Cuál es otra palabra? Expresen las siguientes palabras de otra manera.

1. la casa de correos
2. repartir
3. la casilla
4. por correo certificado
5. el sello
6. vender

C Una palabra relacionada. Pareen.

1. entregar	a. el seguro
2. repartir	b. el remitente
3. enviar	c. el recibo
4. pesar	d. la entrega
5. asegurar	e. la correspondencia
6. corresponder	f. el reparto
7. recibir	g. el peso
8. remitir	h. el envío

60 CAPÍTULO 3

LEARNING FROM PHOTOS

Refer students to the photo at the top of page 60 and say: *La señora está en Madrid. ¿Qué esta entregando la señora? ¿Qué es ella? ¿Lleva la cartero el correo en un carrito? ¿Empuja el carrito o tira del carrito? ¿Qué tiene en la mano? ¿Qué lleva la cartero? Describa su uniforme. ¿Qué opina? ¿Es atractivo, el uniforme?*

INDEPENDENT PRACTICE

Assign any of the following:

1. Workbook, *Palabras 2*
2. Communication Activities Masters, *C & D*
3. Exercises on student pages 60-61
4. Computer Software, *Vocabulario*
(See suggestions for homework correction in the Teacher's Manual.)

60

Comunicación
Palabras 1 y 2

Plaza San Martín,
Lima, Perú

A **Necesito enviar estas postales.** Ud. está en el correo en Chosica, cerca de Lima. Quiere enviar algunas (tarjetas) postales a casa.

1. Find out how much the postage is.
2. The clerk (your partner) wants to know if you are going to send letters or postcards.
3. Tell him how many stamps you need.

B **Una carta muy importante.** Ud. está en el correo central de Caracas, Venezuela y tiene una carta importante que quiere enviar a los EE. UU.

1. Explain to the clerk (your partner) that you want to send the letter by registered mail.
2. Find out the cost of the postage.
3. Ask when the letter will arrive.

C **El servicio postal.** Una persona define palabras que tienen que ver con el correo y la otra adivina qué palabras son. Cambien de rol.

D **En el correo.** Ud. y un(a) compañero(a) están de vacaciones en Ecuador. Ud. quiere enviar seis tarjetas postales a los EE. UU. Su compañero(a) tiene que enviar un paquete y tres cartas. Pregúntenle al/a la empleado(a) de correo (otro[a] compañero[a] de clase) qué tienen que hacer.

Caracas, Venezuela

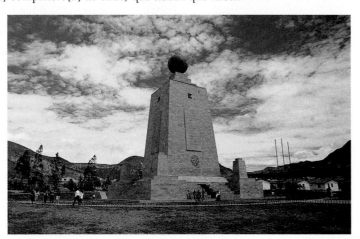

Monumento que marca por donde pasa el ecuador

Comunicación
(Palabras 1 and 2)

PRESENTATION *(page 61)*
These activities allow students to use the chapter vocabulary in open-ended situations. It is not necessary to do all of them. Select those you consider most appropriate.

ANSWERS
Actividades A–D
Answers will vary.

INFORMAL ASSESSMENT
(Palabras 1 and 2)
Have students say anything they can about mailing a letter or parcel.

DID YOU KNOW?

1. *Caracas es una ciudad grandísima y cosmopolita que está creciendo más y más cada día. Se encuentra en un valle largo y estrecho de unos 16 kilómetros. Más de cuatro millones de caraqueños viven aquí— algunos en estos condominios en rascacielos elegantes. Los recién llegados viven en los ranchos en las colinas que rodean la ciudad.*

2. The Equator Monument is just outside Quito, Ecuador, on the way to the lovely market town of Otavalo. The Indians of Otavalo—*los otavaleños*— are world-famous weavers.

ESTRUCTURA

Structure Teaching Resources

1. Workbook, *Estructura*
2. Student Tape Manual, *Estructura*
3. Audio Cassette 3A
5. Communication Activities Masters, *E & F*
6. Chapter Quizzes, *Estructura*
7. Computer Software, *Estructura*

Bell Ringer Review

Write the following on the board or use BRR Blackline Master 3-3: Complete the following.
1. **Mañana yo voy a ___.**
2. **El sábado que viene mis amigos y yo ___.**
3. **El verano que viene yo ___.**
4. **La semana que viene uno(a) de mis amigos ___.**

El futuro de los verbos regulares

PRESENTATION (*page 62*)

A. Ask students to open their books to page 62. Read steps 1 and 2 to them.
B. Have students repeat the verb forms after you.
C. Have students repeat the example sentences in step 2 after you.

Ejercicios

PRESENTATION (*pages 62-63*)

Ejercicio A
Exercise A can be done with books closed or open.

ANSWERS

Ejercicio A
Answers will vary.

ESTRUCTURA

El futuro de los verbos regulares   *Expressing Future Events*

1. The future tense is used to tell what will take place in the future. To form the future tense of regular verbs, you add the future endings to the infinitive. Study the following forms.

INFINITIVE	HABLAR	VER	VIVIR	ENDINGS
yo	hablaré	veré	viviré	-é
tú	hablarás	verás	vivirás	-ás
él, ella, Ud.	hablará	verá	vivirá	-á
nosotros(as)	hablaremos	veremos	viviremos	-emos
vosotros(as)	*hablaréis*	*veréis*	*viviréis*	*-éis*
ellos, ellas, Uds.	hablarán	verán	vivirán	-án

2. You have already learned the construction *ir a* + infinitive to express events that will take place in the near future. In everyday conversation, this construction is actually used more frequently than the future tense.

El verano que viene, yo voy a viajar con mi hermano por España.
El verano que viene, viajaré con mi hermano por España.

Vamos a comer en algunos restaurantes típicos.
Comeremos en algunos restaurantes típicos.

Vamos a vivir con una familia española.
Viviremos con una familia española.

Ejercicios

A Él le escribirá. Contesten.

1. ¿Le escribirá Ángel a su novia?
2. ¿Le escribirá en español o en inglés?
3. ¿Cuándo le escribirá?
4. ¿Comprará sellos en el correo?
5. ¿Enviará la carta en el correo?
6. ¿Echará la carta al buzón?
7. ¿Recibirá su novia la carta en algunos días?
8. ¿Ella abrirá la carta en seguida?
9. ¿La leerá?
10. ¿Estará contenta su novia?

62   CAPÍTULO 3

LEARNING FROM PHOTOS

Refer students to the photo at the bottom of page 62. Ask them what *Buzón Expresso* means? How would they spell *expreso*?

FOR THE NATIVE SPEAKER

You might wish to challenge students with the following exercise. *Contesta por escrito, con el tiempo futuro:*
¿Cuándo vas a hablar con el presidente? ¿Sobre qué le vas a informar? ¿Cuándo va a estar él en la Casa Blanca? ¿El presidente y su señora te van a invitar a Wáshington? ¿Sobre qué vas a conversar con el presidente? ¿Qué vas a aconsejar al presidente?

B **El verano que viene.** Preguntas personales.

1. El verano que viene, ¿pasarás algunos días en la playa?
2. ¿Nadarás en el mar, en un lago o en una piscina?
3. ¿Tomarás el sol?
4. ¿Esquiarás en el agua?
5. ¿Comerás pescado y mariscos?
6. ¿Irás a una discoteca con tus amigos?
7. ¿Charlarán Uds.?
8. ¿Bailarán Uds.?
9. ¿Tomarán un refresco?
10. ¿Se divertirán?

C **Haré una llamada telefónica.**
Cambien en el futuro.

1. La voy a llamar por teléfono.
2. Ella va a estar en casa.
3. Ella va a contestar.
4. Nosotros vamos a hablar.
5. Vamos a hablar de la fiesta que vamos a dar.
6. Ella me va a dar una lista de las personas que vamos a invitar.
7. Yo voy a escribir las invitaciones.
8. Yo le voy a leer a Sandra lo que voy a escribir en las invitaciones.
9. Nuestros amigos van a recibir sus invitaciones.
10. Ellos van a estar contentos.
11. ¿Tú vas a recibir una invitación también?
12. ¿Tú vas a ir a la fiesta?

D **Ayer, no, pero mañana, sí.** Contesten según el modelo.

> ¿Viste la película ayer?
> *Ayer no. Pero la veré mañana.*

1. ¿Fuiste al cine ayer?
2. ¿Viste la película ayer?
3. ¿Compraste las entradas ayer?
4. ¿Te llamó Teresa ayer?
5. ¿La invitaste al cine?
6. ¿Ella fue?

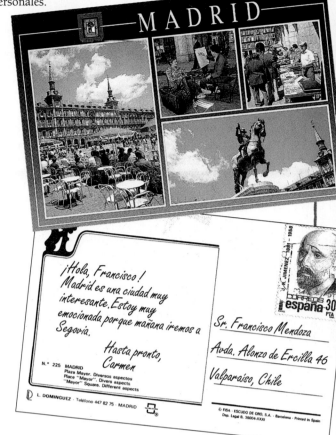

¡Hola, Francisco!
Madrid es una ciudad muy interesante. Estoy muy emocionada porque mañana iremos a Segovia.

Hasta pronto,
Carmen

Sr. Francisco Mendoza
Avda. Alonzo de Ercilla 46
Valparaíso, Chile

CAPÍTULO 3   **63**

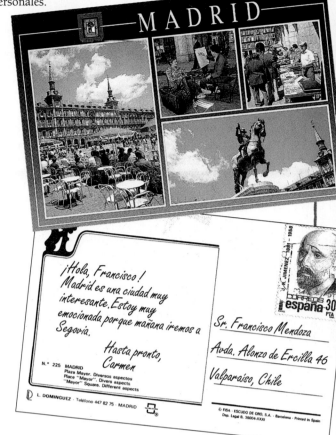

Ejercicio B
Exercise B can be done with books closed or open.

Ejercicio C
Exercise C can be done with books open.

Ejercicio D
Exercise D can be done with books either closed or open.

ANSWERS
Ejercicio B
Answers can be affirmative or negative.

1. Sí, pasaré algunos días en la playa.
2. Nadaré en…
3. Sí, tomaré el sol.
4. Esquiaré en el agua.
5. Sí, comeré pescado y mariscos.
6. Iré a una discoteca con mis amigos.
7. Charlaremos.
8. Bailaremos.
9. Tomaremos un refresco.
10. Nos divertiremos.

Ejercicio C
1. La llamaré por teléfono.
2. Ella estará en casa.
3. Ella contestará.
4. Nosotros hablaremos.
5. Hablaremos de la fiesta que daremos.
6. Ella me dará una lista de las personas que invitaremos.
7. Escribiré las invitaciones.
8. Yo le leeré a Sandra lo que escribiré en las invitaciones.
9. Nuestros amigos recibirán las invitaciones.
10. Ellos estarán contentos.
11. ¿Recibirás una invitación también?
12. ¿Irás a la fiesta?

Ejercicio D
1. Ayer no. Pero mañana iré al cine.
2. Ayer no. Pero la veré mañana.
3. Ayer no. Pero las compraré mañana.
4. Ayer no. Pero la invitaré mañana.
5. Ayer no. Pero irá mañana.

COOPERATIVE LEARNING

Have students work in pairs. One makes a statement in the future, the other asks a question with *ir a*. For example:
E1: *Iré a España.*
E2: *Ah, sí, ¿cuándo vas a ir?*

INDEPENDENT PRACTICE

Assign any of the following:
1. Workbook, *Estructura*
2. Communication Activities Masters, *E*
3. Exercises on student pages 62-63
   (See suggestions for homework correction in the Teacher's Manual.)

Bell Ringer Review

Write the following on the board or use BRR Blackline Master 3-4:

1. ¿Cuál es una pintura que Ud. considera muy bonita?
2. ¿Cuál es su libro favorito?
3. ¿Cuál es una emisión de televisión que Ud. considera muy interesante?
4. ¿Cuál es a lo menos una cosa que Ud. considera aburrida?

El comparativo y el superlativo
Formas regulares

PRESENTATION *(page 64)*

A. Have students open their books to page 64. Lead them through steps 1-4 and the examples.

B. Have students make lists of words they know which can be used to describe people.

C. Draw two stick figures on the board and name them. Using their list of adjectives, have students make up sentences comparing the two stick figures.

D. Provide additional examples by comparing objects or students in the room. For example: *Miren. ¿Es Fernando más alto que Alberto? (Sí, es más alto que Alberto.)*

E. Tell students that the superlative is followed by *de* in Spanish. Do not compare it to the "in" in English. When the comparison is made, students tend to get more confused.

El comparativo y el superlativo   *Comparing People and Things*
Formas regulares

1. When we speak or write, we often wish to compare one item or person with another. In order to do so in English, we add *-er* to short adjectives and we use "more" before long adjectives.

   He is nicer than his brother.
   I think he is more intelligent than his brother.

2. This construction is called the comparative. To form the comparative in Spanish, *más* is placed before the adjective or adverb. The word *que* follows.

   Esta carta es más interesante que la otra carta.
   El correo aéreo es (resulta) más caro que el correo ordinario.
   Pero el correo aéreo es más rápido.

3. The superlative is used to express that which is the most. In English *-est* is added to short adjectives and "most" is placed before longer ones.

   He is the nicest person I know.
   I believe she is one of the most intelligent people in the world.

4. In Spanish the superlative is formed by using the appropriate definite article (*el, la, los, las*) plus *más* with the adjective or *el más* with the adverb. The preposition *de* is used with the superlative.

   Este cartero es el (cartero) más simpático de todos (los carteros).
   Esta oficina de correos es la (oficina de correos) más grande de la ciudad.
   Es el correo central.

LEARNING FROM REALIA

Have students identify the three stamps on page 64.

FOR THE NATIVE SPEAKER

Have students prepare original sentences using the following adjectives: *antipático(a) duro(a), bueno(a), grave, feo(a), hermoso(a), joven, entretenido(a), inteligente, loco(a), exigente, estúpido(a), moderno(a), elegante, fácil, rico(a).*
For example: *Carlos es alto. María es más alta que Carlos. Fernando es el más alto de la clase.*

Ejercicios

A **Más, más y más.** Formen oraciones según el modelo.

rápido   **El tren / el bus**
       El tren es más rápido que el bus.

1. rápido   El tren / el bus
2. rápido   El avión / el tren
3. rápido   El correo aéreo / el correo ordinario
4. caro   El correo aéreo / el correo ordinario
5. alto   Las tarifas aéreas / las tarifas para el bus
6. grande   La Ciudad de México / Nueva York
7. industrial   Barcelona / Madrid

El puerto de Barcelona, España

B **Cositas minuciosas.** Contesten según se indica.

1. ¿Cuál es el edificio más alto de los Estados Unidos? (la torre Sears en Chicago)
2. ¿Cuál es el río más largo del mundo? (el Nilo)
3. ¿Cuál es la ciudad más grande del mundo? (México)
4. ¿Cuál es el continente más grande de los siete? (Asia)
5. ¿Cuál es el país más pobre del hemisferio occidental? (Haití)
6. ¿Cuál es el estado más grande de los Estados Unidos? (Alaska)
7. ¿Cuáles son las montañas más altas del mundo? (la cordillera Himalaya)
8. ¿Cuál es el avión comercial más rápido de todos? (el Concorde supersónico)

CAPÍTULO 3   **65**

INDEPENDENT PRACTICE

Assign any of the following:
1. Workbook, Estructura
2. Communication Activities Masters, *Estructura*
3. Exercises on student page 65
4. Computer Software, *Estructura*

PRESENTATION

Ejercicio A

Have students read the information in their books as they make up the sentences. You may wish to have them prepare this exercise ahead of time before going over it in class.

Ejercicio B

You may wish to have one student read the question. Have another give the cue and then have a third student respond.

ANSWERS

Ejercicio A
1. **El tren es más rápido que el bus.**
2. **El avión es más rápido que el tren.**
3. **El correo aéreo es más rápido que el correo ordinario.**
4. **El correo aéreo es más caro que el correo ordinario.**
5. **Las tarifas aéreas son más altas que las tarifas para el bus.**
6. **La ciudad de México es más grande que Nueva York.**
7. **Barcelona es más industrial que Madrid.**

Ejercicio B
1. **La torre Sears es el edificio más alto de los Estados Unidos.**
2. **El río Nilo es el río más largo del mundo.**
3. **México es la ciudad más grande del mundo.**
4. **Asia es el continente más grande de los siete.**
5. **Haití es el país más pobre del hemisferio occidental.**
6. **Alaska es el estado más grande de los Estados Unidos.**
7. **La cordillera Himalaya tiene las montañas más altas del mundo.**
8. **El Concorde supersónico es el avión comercial más rápido de todos.**

CONVERSACIÓN

Bell Ringer Review

Write the following on the board or use BRR Blackline Master 3-5: Make a list of all those things you could send in the mail.

PRESENTATION (*page 66*)

A. Have students open their books to page 66 and cover the text with one hand, looking only at the photo. Call on volunteers to tell what they think the conversation is about, based only on what they can see in the photo.

B. Have students listen to the conversation and follow along in their books as you play Cassette 3A.

C. Have the class repeat the conversation after you.

D. Call on two individuals to read the conversation with as much expression as possible.

E. Do the comprehension exercise on this page.

Ejercicio

ANSWERS

1. Elena está en el correo.
2. Ella va a enviar una tarjeta postal.
3. Le costará 125 pesos.
4. No llegarán mañana.
5. La empleada no sabe.
6. Sus amigos recibirán las tarjetas dentro de una semana.
7. Ella quiere diez estampillas.
8. Sí, ella escribirá más tarjetas.
9. Ella verá los buzones a mano derecha al salir del correo.

Escenas de la vida   *En el correo*

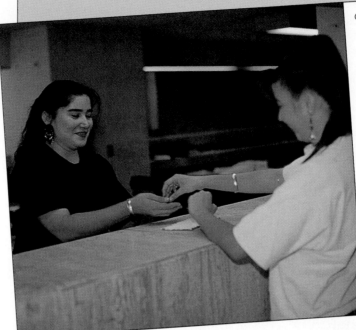

CLIENTE: ¿Cuánto me costará enviar esta tarjeta postal a los Estados Unidos?

EMPLEADA: Por correo aéreo el franqueo es 125 pesos.

CLIENTE: ¿Y cuándo llegará la tarjeta?

EMPLEADA: No sé exactamente. Dentro de una semana, probablemente.

CLIENTE: De acuerdo. Quisiera diez estampillas de 125 pesos, por favor. Estoy segura que escribiré más tarjetas.

EMPLEADA: Aquí tiene Ud. las diez estampillas.

CLIENTE: Gracias. ¿Dónde puedo echar las tarjetas?

EMPLEADA: Al salir del correo, Ud. verá los buzones a mano derecha.

CLIENTE: Gracias, señora.

EMPLEADA: De nada.

¿Llegarán a tiempo? Contesten según la conversación.

1. ¿Dónde está Elena?
2. ¿Qué va a enviar?
3. ¿Cuánto le costará enviar cada tarjeta?
4. ¿Llegarán mañana las tarjetas?
5. ¿Cuándo llegarán?
6. ¿Cuándo recibirán sus amigos las tarjetas?
7. ¿Cuántas estampillas quiere Elena?
8. ¿Ella escribirá más tarjetas?
9. ¿Dónde verá los buzones?

66   CAPÍTULO 3

COOPERATIVE LEARNING

Have each team prepare a skit based on a situation in a post office.

Comunicación

A **¿Adónde te puedo escribir?** Ud. está hablando con un amigo que conoció hace poco en la Ciudad de Panamá. Ud. volverá a casa pronto y su nuevo amigo le quiere escribir. Déle la siguiente información.

1. el nombre de su calle o avenida
2. el número de su casa
3. su ciudad o pueblo
4. el código o la zona postal
5. el estado donde Ud. vive

La Ciudad de Panamá, Panamá

B **El verano que viene.** Trabaje con un(a) compañero(a) de clase. Cada uno(a) de Uds. preparará una lista de las cosas que harán el verano que viene. Luego comparen sus listas. Determinen las actividades que harán en común.

C **Año nuevo, vida nueva.** Prepare sus resoluciones para el Nuevo Año. Explique lo que no hace ahora pero que hará el año que viene.

D **En busca de superlativos.** Trabaje con un(a) compañero(a) de clase. Prepare preguntas según el modelo. Su compañero(a) las contestará. Luego cambien de papel.

> **ciudad / bonita / Estados Unidos**
> Estudiante 1: ¿Cuál es la ciudad más bonita de los Estados Unidos?
> Estudiante 2: En mi opinión, San Antonio es la ciudad más bonita de los Estados Unidos.

1. ciudad / bonita / Estados Unidos
2. parque nacional / popular / Estados Unidos
3. deporte / divertido / todos
4. clase / interesante / escuela

Comunicación

PRESENTATION (*page 67*)

These activities allow students to use the chapter vocabulary and grammar in open-ended situations. It is not necessary to do all of them. Select those you consider most appropriate.

ANSWERS
Actividades A–D
Answers will vary.

LEARNING FROM PHOTOS

Panama City is a very interesting city where great affluence and great poverty live side by side. Because of the Panama Canal, there has always been a strong U.S. influence in Panama. The national currency is the dollar, (called Balboa). Just alongside Panama City is the area in which the *zoneños* have always lived very much in North American style. The relationship between the *panameños* and the *zoneños* has not always been good.

Panama now has sovereign rights to the Canal. All vessels have the right of passage between the Atlantic and the Pacific.

LECTURA Y CULTURA

Bell Ringer Review

Write the following on the board or use BRR Blackline Master 3-6: Write the following information.

1. el nombre de la calle donde vives
2. el número de la casa
3. el nombre de tu pueblo o ciudad
4. tu zona (código) postal

READING STRATEGIES
(page 68)

Pre-Reading

This reading selection differs from others in *A bordo*. It teaches how to address an envelope as well as how to write standard salutations and closings for letters in Spanish.

Reading

A. Have the class follow along as you read the selection aloud, or call on a volunteer with good pronunciation to read it.

B. As each piece of information is given, write an example of it on the board. For example:
el nombre del destinario:
Mario Benavides
la calle y el número de la casa:
Avenida San Juan 33.

Post-reading

After completing the reading, have students tell what salutations and closings they would use for letters to the following people: *tu mejor amigo(a), tu profesor(a) de español, el director o la directora del colegio, tu tía.*

ESCRIBIREMOS UNA CARTA

EL SOBRE

—¿Escribiremos una carta en español?
—Sí, mañana en clase. En el sobre indicaremos:

el nombre y la dirección del remitente o de la remitente—Es Ud.

el nombre y la dirección del destinatario o de la destinataria—Es la persona a quien Ud. escribirá y enviará la carta.

Para escribir bien la dirección incluiremos:

el nombre del destinatario
la calle y el número de la casa
el nombre de la ciudad o del pueblo
la zona postal
el nombre del país (Sólo si enviamos la carta de un país a otro.)

LA CARTA MISMA

Hay dos tipos de cartas. Hay cartas comerciales y hay cartas personales. Una carta comercial emplea fórmulas más formales que una carta personal. Sin embargo, en la parte superior de la hoja escribiremos el lugar y la fecha en una carta comercial y también en una carta personal.

Madrid, 25 de mayo de 19xx

Empezaremos una carta comercial con:

Muy señor mío   Muy distinguido señor
Muy señora mía   Muy distinguida señora

La primera frase será: Acuso recibo de su atenta del 5 del actual.

Su atenta se refiere a la carta y el actual se refiere a este mes.

Terminaremos una carta comercial con: Queda suyo afmo. o S.S.S. (Su seguro servidor).

Empezaremos una carta personal con varias expresiones o fórmulas de saludo. El encabezamiento que usamos dependerá del grado de confianza o intimidad entre nosotros y el/la destinatario(a). Algunas fórmulas son:

Querido amigo   Querida amiga
Querido José   Mi querido José
Querida Teresa   Mi querida Teresa

Y terminaremos la carta con:

Recibe un afectuoso saludo
Con afecto   Un fuerte abrazo

68 CAPÍTULO 3

COOPERATIVE LEARNING

Each team member writes letter salutations or closings on cards (or slips of paper), one item per card. Each member should complete about three such cards. Teams of four mix their cards together in a pile. They take turns drawing one card at a time and saying whether the card item is for a personal or more formal letter. For example: Team member draws *Muy distinguido señor* and says: *Es para una carta a alguien que no conozco muy bien.*

Estudio de palabras

 A ¿Qué significa esto? Aquí ven abreviaturas que encontrarán frecuentemente en correspondencia. Pareen.

1. Avda.
2. C/
3. Dpto.
4. Apto.
5. Prov.
6. Sr.
7. Sra.
8. Srta.
9. D.
10. Da.
11. Suyo afmo.
12. S.S.S
13. S.A.

a. Señor
b. Sociedad Anónima (Corporación)
c. Señora
d. Suyo afectísimo
e. Doña
f. Avenida
g. Don
h. Su seguro servidor
i. Departamento
j. Provincia
k. Apartamento
l. Señorita
m. Calle

B La carta comercial. En una carta comercial Ud. verá las palabras *su atenta* o *su grata*. Estas dos palabras significan carta. *El actual* significa de este mes.

Escriba en español: I acknowledge receipt of your letter of the fifteenth of this month.

Comprensión

Una carta. Escriban lo siguiente:

1. la dirección en un sobre como la escriben en muchos países hispanos
2. una fórmula de saludo para un(a) amigo(a)
3. el encabezamiento de una carta comercial
4. una fórmula de conclusión para una carta personal
5. una fórmula de conclusión para una carta comercial

PRESENTATION (*page 69*)

Go over the exercises quickly in class with books open.

ANSWERS

Ejercicio A

1. f	8. l
2. m	9. g
3. i	10. e
4. k	11. d
5. j	12. h
6. a	13. b
7. c	

Ejercicio B

Acuso recibo de su atenta (grata) del 15 del actual.

Comprensión

PRESENTATION (*page 69*)

You may have students write the information asked for in this exercise at home first and then share it with the class the following day.

ANSWERS

Answers will vary.

1. **Srta. Rosalinda Sánchez, c/ Velázquez, 12, 28009 Madrid, España**
2. **Querido _____**
3. **Muy señor mío**
4. **Recibe un afectuoso saludo**
5. **Quedo suyo afmo.**

RECYCLING

Ask students to look at the postcard on page 63 and tell where Carmen is visiting. Have students write and tell as much as they can about Madrid.

GEOGRAPHY CONNECTION

Have students find *Santiago de Compostela* on the map of Spain on page 452. Tell them that over the centuries, *Santiago de Compostela* has been a famous pilgrimage destination (*peregrinaje*). Some students may want to find out why.

FOR THE NATIVE SPEAKER

Have students write a friendly letter. Remind them that it should contain six parts: *lugar, fecha, saludo, cuerpo de la carta, cierre, y firma.* Give them these instructions. *Eres un famoso explorador. Estás en el Amazonas. Le escribes una carta a doña Josefa Garza Restrepo, presidenta del Club de Exploradores. Dile cuándo comenzaste la expedición, quiénes te acompañan, cuál es el propósito de la expedición, cómo son los habitantes, una cosa interesante (peligrosa) que pasó, cuándo regresarás.*

PRESENTATION (*pages 70-71*)

A. You may have students read the selection, or parts of it, aloud in class. Ask questions about content.

B. As an alternative, have students read the entire selection silently. Call on a volunteer or volunteers to summarize in their own words.

ABOUT THE LANGUAGE

Have students look at the photo of the computerized mail distribution system on page 71. Explain that the word "computer" in Latin America is la *computadora*. In Spain, however, it is *el ordenador*. Explain to students that they will hear both *el* and *la* used for machines. Some examples are: *el lavador/la lavadora; el copiador/la copiadora*. The reason for this is that some think in terms of *el aparato* (*el aparato lavador*) and others think in terms of *la máquina* (*la máquina lavadora*).

DESCUBRIMIENTO CULTURAL

Un cartero en México, D.F.

*E*n los Estados Unidos es necesario incluir en la dirección el estado en que vive (reside) el destinatario de la carta. En la mayoría de los países hispanos, no es necesario indicar la región o la provincia.

En España y en varios países latino-americanos el correo tiene bajo su responsabilidad, los telégrafos y los teléfonos. A este servicio gubernamental se refiere con el nombre de Correos y Telecomunicaciones.

70 CAPÍTULO 3

CRITICAL THINKING ACTIVITY

(*Thinking skills: making inferences; drawing conclusions*)

1. Read the following to the class or write it on the board or on a transparency: *Generalmente, la gente de los países industriales escribe menos y menos cartas. ¿Por qué? Dé Ud. varias razones.*

2. *¿Es fácil vivir cuando uno no puede depender del correo? Explique.*

LEARNING FROM PHOTOS

Refer students to the photos on student page 70 and ask: *Este cartero mexicano, ¿lleva uniforme o no? ¿Cómo reparte el correo? ¿Dónde lo pone? Esta señora, ¿está en casa o en una oficina? ¿Está haciendo una copia de un documento? ¿Está usando la copiadora?*

En algunos países el departmento o ministerio de Correos y Telecomunicaciones ofrece toda una gama de servicios financieros. El servicio de giros postales[1], por ejemplo, es muy popular en algunos países. Mucha gente paga sus facturas[2] con giros postales.

En algunos países de Latinoamérica, la gente no tiene mucha confianza en el correo. La verdad es que mucha correspondencia se desvía[3] y no llega al destinatario. Por consiguiente, muchas personas se presentan personalmente a la oficina de una compañía para pagar sus facturas. No envían sus pagos por el correo. El uso del fax (facsímil) para mandar mensajes o recados se está poniendo muy popular.

[1] giros postales *money orders*
[2] facturas *bills*
[3] se desvía *gets lost, goes astray*

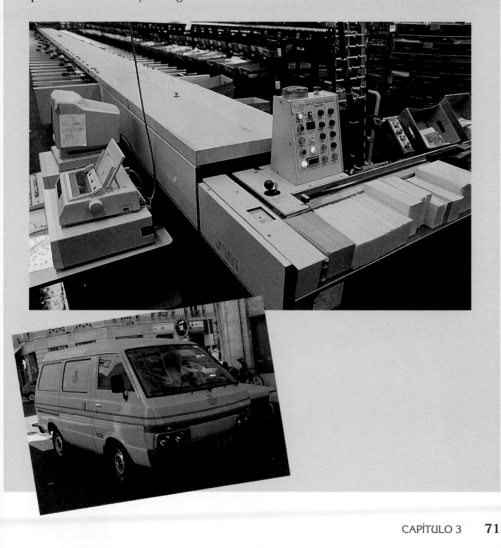

DID YOU KNOW?

At a post office in Madrid the *buzón* will have three slots labeled *Madrid*, *Provincias*, and *Extranjero*. How many slots does your post office have for mail?

REALIDADES

(The Realidades *section is optional.)*

PRESENTATION *(pages 72-73)*

The purpose of this section is to allow students to enjoy the photographs that bring to life the content of the chapter. You may have students read the captions aloud or silently.

PAIRED ACTIVITY

Have pairs work together to create questions about the photographs. Then combine pairs into groups of four to exchange questions and answers.

REALIDADES

El correo central en la Ciudad de México **1**. No parece ser una casa de correo, ¿verdad? ¿Está en un área especial de la ciudad? ¿Qué tipo de área es?

Otro correo elegante **2**. Este está en Valencia, España. ¿Es de estilo moderno?

En algunos países los telégrafos son del gobierno **3**. ¿A qué ciudad y país enviaron este telegrama? ¿Cómo se llama la administración responsable de los telégrafos allí?

Buzones del mundo hispano **4**. Puedes echar una carta o tarjeta postal. ¿Qué les dirá a tu familia y a tus amigos?

También en España hay máquinas que venden sellos o estampillas **5**. Hay muchas opciones, ¿no?

Sellos de Hispanoamérica **6**. ¿De qué países son, y cuánto cuestan?

TELEGRAMA
TELEGRAFOS NACIO

ERNESTO GONZÁLEZ SALAZAR
CALLE PUESTA DEL SOL, 27
PUERTO VALLARTA, JALISCO

LLEGAREMOS SÁBADO TARDE. LIMPIAR Y PREPARAR
CASA PARA CUATRO INVITADOS.

RAFAEL SÁNCHEZ SOLÍS

ADMON. DE TELEGRAFOS NACIO
TELEGRAMAS
2 1993
PUERTO VALLARTA, JALISCO

CENTRO HISTORICO

LEARNING FROM REALIA

Refer students to the telegram at the bottom of page 72. Ask who they think the telegram is for. *(la persona que cuida la casa)*

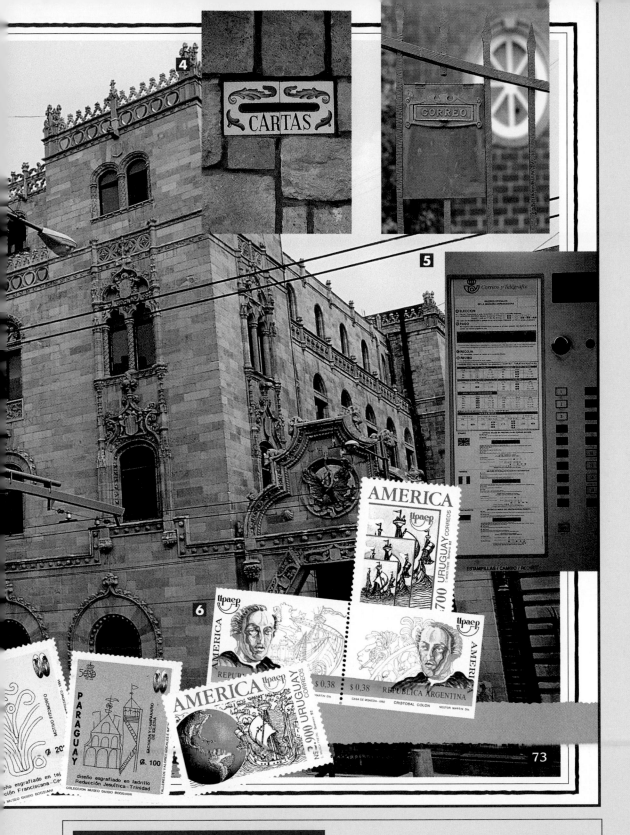

FOR THE NATIVE SPEAKER

Ask students to respond in writing to the following? *El Servicio Postal de los EE.UU. denunció a unas compañías por haber usado un servicio privado como Federal Express para la entrega de correo que no era sumamente urgente. ¿Por qué crees que llevaron a las compañías a la corte? ¿Crees que es justo o no? Defiende tu opinión.*

RECYCLING

Have students do as many of the *Actividades* as you wish.

Comunicación oral

ANSWERS

Actividades A and B
Answers will vary.

INFORMAL ASSESSMENT

Activities A and B can be used to assess speaking skills. Use the evaluation criteria given on page 24 of this Teacher's Wraparound Edition.

Comunicación escrita

PRESENTATION (*page 74*)

You may use these written activities to sum up skills learned.

Extension of *Actividades A and B*

Ask if students are interested in signing up for Spanish pen pals. Help them through the initial steps and have them write their first letters.

ANSWERS

Actividades A, B, and C
Answers will vary.

Comunicación oral

A **¿Qué sabes del correo?** Ud. está hablando con un amigo o una amiga en Quito, Ecuador. Él o ella quiere saber algo sobre el sistema de correos en los Estados Unidos. Quiere saber si el correo tiene responsabilidad también por las telecomunicaciones. Dígale lo que Ud. sabe del sistema de correos en nuestro país.

B **¿Tienes planes para mañana?** Mire los siguientes verbos. Usando estos verbos dígale a su compañero(a) lo que Ud. hará mañana en la escuela y lo que hará después de las clases. Diga con quién(es) lo hará. Si Ud. no lo va a hacer, diga quién(es) en toda probabilidad lo hará(n). Cambien de papel.

Quito, Ecua[...]

estudiar	ir a un café
tomar un examen	pedir algo
recibir una nota buena	trabajar
recibir una nota mala	tomar un refresco
leer una novela	charlar
escribir una composición o una carta	volver a casa
resolver algunos problemas	comer
ir al correo	mirar la televisión
jugar	ver una película
hablar	llamar por teléfono

Comunicación escrita

A **Las direcciones.** Prepare los sobres para cartas que Ud. quiere escribir a las siguientes personas.

1. La señora (Sra.) Doña (Da) Clara Álvarez de Toral. Ella vive en el número cuatro de la Costanilla de San Andrés en Madrid, España. La zona postal es la 13.
2. La Srta. Marisol Príncipe. Ella vive en el Condominio Los Flamboyanes en la Avenida Hostos en Ponce, Puerto Rico. El código postal es el 00731.
3. El Sr. D. Rafael Pérez Sanromán. Él vive en el número 426 de Entre Ríos en Buenos Aires.

B **La carta.** Escríbale una carta a un(a) "pen pal" en España. No olvide el encabezamiento, el saludo y la despedida.

C **Una invitación.** Ud. dará una fiesta. Escriba la invitación que les enviará a sus amigos.

DID YOU KNOW?

The city of Quito has so much beautiful colonial architecture and superb religious art that it is listed by UNESCO as a "World Cultural Heritage Site."

Reintegración

A **En la escuela.** Completen con el presente.

1. Yo ___ mucho en la escuela. (aprender)
2. Nosotros ___ todo lo que nos ___ nuestros profesores. (comprender, decir)
3. En la clase de inglés nosotros ___ que escribir muchas composiciones. (tener)
4. Nosotros ___ con bolígrafo. (escribir)
5. Yo ___ muchos apuntes. (tomar)
6. Yo los ___ en mi bloc. (escribir)
7. En la clase de inglés nosotros ___ mucho. (leer)
8. Yo ___ muchas poesías, y mi amigo ___ muchas novelas. (leer, leer)

B **Mi familia.** Preguntas personales.

1. ¿Tienes una familia grande o pequeña?
2. ¿Cuántos hermanos tienes?
3. ¿Tienen Uds. una casa o un apartamento?
4. ¿Cuántos cuartos tiene tu casa o apartamento?
5. ¿Sales mucho con tus amigos?
6. ¿Adónde van Uds.?
7. De vez en cuando, ¿haces un viaje con tu familia?
8. ¿Adónde vas?

Vocabulario

SUSTANTIVOS

la correspondencia
el correo
la oficina de correos
el empleado de correos
la ventanilla
el buzón
el apartado postal
la casilla
el sello
la estampilla
el franqueo
la tarjeta postal
el aerograma

la carta
el sobre
la dirección
el número
la calle
la zona postal
el código postal
el/la remitente
el/la destinatario(a)
el/la cartero(a)
la entrega
el reparto

VERBOS

corresponder
pesar
asegurar
enviar
echar
repartir

OTRAS PALABRAS Y EXPRESIONES

por correo aéreo
por correo ordinario
por correo certificado
por correo recomendado

PRESENTATION (*page 75*)

A. These exercises review and recombine material learned earlier with vocabulary and structures from this chapter.
B. Exercises A and B review the present tense of regular verbs.
C. After doing Exercises A and B, you may call on one student to go through the entire exercise. Then have another volunteer summarize the story in his/her own words.

ANSWERS

Ejercicio A

1. **Yo aprendo mucho en la escuela.**
2. **Nosotros comprendemos todo lo que nos dicen nuestros profesores.**
3. **En la clase de inglés nosotros tenemos que escribir muchas composiciones.**
4. **Nosotros escribimos con bolígrafo.**
5. **Yo tomo muchos apuntes.**
6. **Yo los escribo en mi bloc.**
7. **En la clase de inglés nosotros leemos mucho.**
8. **Yo leo muchas poesías, y mi amigo lee muchas novelas.**

Ejercicio B

Answers will vary.

1. **Tengo una familia grande (pequeña).**
2. **Tengo… hermanos.**
3. **Tenemos una casa (un apartamento).**
4. **La casa (el apartamento) tiene… cuartos.**
5. **Sí, (No, no) salgo mucho con mis amigos.**
6. **Vamos…**
7. **Sí, de vez en cuando hago un viaje con mi familia.**
8. **Voy…**

Vocabulario

The words and phrases in the *Vocabulario* have been taught for productive use in this chapter. There are approximately 10 cognates in this list.

CHAPTER OVERVIEW

In this chapter students will learn to describe and report certain accidents and minor injuries and to talk about emergency hospital treatment. They will learn to talk about these and other matters in the future tense. They will expand their knowledge of comparative and superlative constructions in order to make observations and express opinions about people and things. The cultural focus of Chapter 4 is on health services in various Spanish-speaking countries.

CHAPTER OBJECTIVES

By the end of this chapter, students will know:

1. vocabulary associated with minor accidents, injuries, and visits to the doctor
2. vocabulary associated with more serious accidents, illnesses, and emergency hospital care
3. the future tense of irregular verbs
4. the irregular comparatives and superlatives *mejor*, *peor*, *mayor*, and *menor*

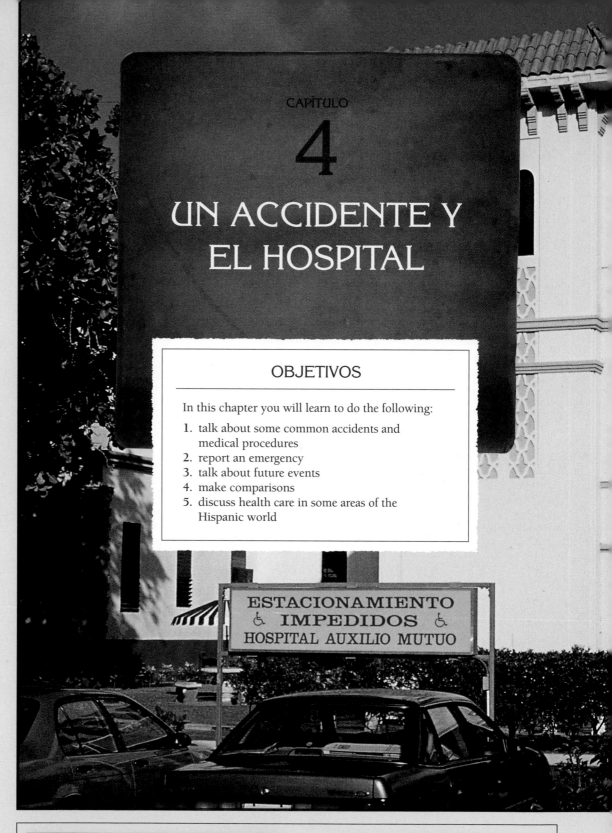

CAPÍTULO

4

UN ACCIDENTE Y EL HOSPITAL

OBJETIVOS

In this chapter you will learn to do the following:

1. talk about some common accidents and medical procedures
2. report an emergency
3. talk about future events
4. make comparisons
5. discuss health care in some areas of the Hispanic world

ESTACIONAMIENTO
  IMPEDIDOS
HOSPITAL AUXILIO MUTUO

CHAPTER PROJECTS

(optional)

1. Have students select one of the health problems or injuries they will learn about in this chapter and write a paragraph about it.
2. In *Bienvenidos* some students read about the contributions of Hispanics to the world of medicine. Have those students interested in medicine do a report on one of the following: Miguel Servet, Carlos Juan Finlay y Barres, or Santiago Ramón y Cajal.

1. Workbook
2. Student Tape Manual
3. Audio Cassette 3B
4. Vocabulary Transparencies
5. Bell Ringer Review
   Blackline Masters
6. Communication Activities
   Masters
7. Computer Software:
   Practice and Test Generator
8. Video Cassette, Unit 1
9. Video Activities Booklet,
   Unit 1
10. Situation Cards
11. Chapter Quizzes
12. Testing Program

Pacing

Chapter 4 will require eight to ten class sessions. Pacing will depend on the length of the class period, the age of the students, and student aptitude. (See the Teacher's Manual for additional suggestions on pacing.)

LEARNING FROM PHOTOS

Refer students to the photo on pages 76-77 and ask: *¿Cómo se llama el hospital? ¿Quiénes pueden estacionar aquí? ¿Qué opina Ud.? ¿Tiene este hospital una afiliación religiosa? ¿Cómo lo sabe? ¿Es bonito el hospital? ¿En qué país cree Ud. que está?* (Puerto Rico)

Bell Ringer Review

Write the following on the board or use BRR Blackline Master 4-1: Write as many words and expressions as you remember related to health or health care.

PRESENTATION (*pages 78-79*)

A. In addition to Vocabulary Transparencies 4.1 (*A & B*), you may use gestures or dramatizations to introduce many of these terms. Those which lend themselves to easy dramatization are: *caerse, resbalarse, hacerse daño (lastimarse), torcerse el tobillo,* and *cortarse el dedo.*

B. Refer to yourself or a student model to demonstrate *el hombro, el brazo, el codo, el dedo, la pierna, el tobillo, la muñeca, la rodilla, la frente, la cara, la mejilla,* and *el labio.*

C. Have students repeat the vocabulary after you or Cassette 3B.

D. Call on volunteers to read the sentences from *Palabras 1* with as much natural expression as possible.

E. Refer to the Vocabulary Transparencies and ask questions to elicit the vocabulary. For example: *¿Es la rodilla o la pierna? ¿A Manolo se le rompió el brazo? ¿Tiene una fractura? ¿Tendrá que ir al hospital?*

VOCABULARIO

PALABRAS 1

LOS ACCIDENTES

resbalarse
caerse

hacerse daño
lastimarse

las muletas

la silla de ruedas

la sala de urgencias, la sala de emergencia

el hombro

el brazo

el codo

el dedo

la pierna

la ambulancia

los socorristas

la camilla

el servicio de primeros auxilios
el servicio de primer socorro

Manolo se cayó.
Se le rompió el brazo.
Tenía una fractura.

78 CAPÍTULO 4

PANTOMIME 1

_____, Levántese.
Venga Ud. aquí, por favor.
Muéstreme el brazo.
Muéstreme el dedo.
Muéstreme el hombro.
Muéstreme el tobillo.
Muéstreme la rodilla.
Muéstreme la muñeca.
Gracias, _____. Siéntese

PANTOMIME 2

_____, Levántese.
Venga Ud. acá, por favor.
Vaya Ud. al teléfono.
Descuelgue.
Marque el número.
Hable. Diga lo que pasó.
Gracias, _____. Siéntese.

Elena se resbaló.
Se le torció el tobillo.
Le duele mucho.

la muñeca

la rodilla

el tobillo hinchado

la frente

la cara

la mejilla

el labio

Teresa se lastimó.
Se cortó el dedo.
Tenía una cicatriz.

Joselito tuvo un accidente.
Tendrá que ir al hospital.
La ambulancia vendrá.
Lo pondrán en una camilla.

AMBULANCIA

Nota: With expressions such as *to break* or *to sprain*, the pronoun *se* is often used along with another pronoun. Rather than try to analyze this construction, just memorize the following expressions.

Se me rompió el brazo.	¿Se te rompió la pierna?	A José se le rompió el dedo.
Se me torció la muñeca.	¿Se te torció el tobillo?	A José se le torció la rodilla.

CAPÍTULO 4   **79**

PANTOMIME 3

Y ahora _____, venga Ud. aquí, por favor.
Indique lo que le pasó.
Se le rompió el brazo.
Se le torció el tobillo.
Se resbaló.
Se hizo daño.
Gracias, _____.

Note You may interrupt the pantomime to direct additional questions to the class, referring to the student who is miming. For example: *¿Qué le pasó? ¿Qué le duele? ¿Dónde le duele? Muéstreme.*

Ejercicios

PRESENTATION *(pages 80-81)*

Ejercicio A

Exercise A can be done with books open as students refer to the illustrations.

Ejercicio B

Exercise B can be done with books open or closed.

Extension of *Ejercicio B*: Speaking

After completing Exercise B, call on a student to retell the story in his/her own words.

ANSWERS

Ejercicio A
1. Es una silla de ruedas.
2. Es la sala de urgencias.
3. Son los socorristas.
4. Son muletas.
5. Se resbaló el joven.
6. Se cayó la joven.

Ejercicio B
1. Sí, José tuvo un accidente.
2. Sí, se cayó.
3. Sí, se lastimó.
4. Sí, tendrá que ir al hospital.
5. Sí, será necesario llamar a los socorristas.
6. Sí, vendrá la ambulancia.
7. Sí, vendrán los socorristas.
8. Sí, examinarán a José.
9. Sí, lo pondrán en una camilla.
10. Sí, lo llevarán al hospital en la ambulancia.

Ejercicios

A ¿Qué es? Identifiquen.

1. ¿Es una silla de ruedas o una camilla?
2. ¿Es la sala de urgencias o el servicio de primeros auxilios?
3. ¿Son los médicos o los socorristas?

4. ¿Son muletas o camillas?
5. ¿Se resbaló el joven o se cayó?
6. ¿Se resbaló la joven o se cayó?

B El accidente de José. Contesten.

1. ¿Tuvo José un accidente?
2. ¿Se cayó?
3. ¿Se lastimó?
4. ¿Tendrá que ir al hospital?
5. ¿Será necesario llamar a los socorristas?
6. ¿Vendrá la ambulancia?
7. ¿Vendrán los socorristas?
8. ¿Examinarán a José?
9. ¿Lo pondrán en una camilla?
10. ¿Lo llevarán al hospital en la ambulancia?

INDEPENDENT PRACTICE

Assign any of the following:
1. Workbook, *Palabras 1*
2. Communication Activities Masters, *A & B*
3. Exercises on student pages 80-81

C Una serie de accidentes. Describan el dibujo.

D ¿Cuál es otra palabra? Pareen.

1. Se lastimó.
2. Le duele.
3. el servicio de primeros auxilios
4. la sala de urgencias

a. la sala de emergencia
b. el servicio de primer socorro
c. Le hace mal.
d. Se hizo daño.

Ejercicios

PRESENTATION

Ejercicios C **and** *D*

Exercises C and D should be done with books open.

Extension of *Ejercicio C*

After completing Exercise C, call on a student to retell the story in his/her own words. You may want to ask additional questions to elicit the number of patients, doctors, hospital equipment, time of day, etc. shown in the illustration on page 81.

Ejercicio C

1. **Alguien se cae.**
2. **Alguien se rompió el brazo.**
3. **Alguien tiene el tobillo vendado y camina con muletas.**
4. **Alguien está en una silla de ruedas.**
5. **La enfermera pone una venda en un dedo cortado.**
6. **Se le torció la rodilla.**
7. **Alguien se resbala.**
8. **Los socorristas llevan (en camilla) a alguien que tuvo un accidente.**
9. **Alguien tiene el codo hinchado.**

Ejercicio D

1. **d**
2. **c**
3. **b**
4. **a**

INFORMAL ASSESSMENT
(Palabras 1)

Check for understanding by referring to the Vocabulary Transparencies and having students say as much as they can about the illustrations.

LEARNING FROM PHOTOS

Refer students to the photo at the bottom of page 81 and ask: *¿Qué estaba jugando el muchacho? ¿Se lastimó? ¿Dónde? ¿Le duele? ¿Cómo lo sabe Ud.? ¿Quién le está dando ayuda? ¿Es el árbitro o el entrenador?*

VOCABULARIO

PALABRAS 2

VOCABULARIO

PALABRAS 2

PALABRAS 2

EN EL HOSPITAL

la sala de recepción

el cirujano

el enfermero

la anestesista

el quirófano
la sala de operaciones
la mesa de operaciones

la sala de recuperación
la sala de restablecimiento

la unidad de cuidado intensivo

los rayos equis
la radiografía

la venda

el vendaje

el vendaje elástico

82 CAPÍTULO 4

Vocabulary Teaching Resources

1. Vocabulary Transparencies 4.2 *(A & B)*
2. Audio Cassette 3B
3. Student Tape Manual, *Palabras 2*
4. Workbook, *Palabras 2*
5. Communication Activities Masters, *C & D*
6. Chapter Quizzes, *Palabras 2*
7. Computer Software, *Vocabulario*

Bell Ringer Review

Write the following on the board or use BRR Blackline Master 4-2: Choose the correct completion.

1. José abre la boca porque el médico le examina ___.
   a. la cabeza
   b. la cara
   c. la garganta
2. ___ le toma la tensión arterial.
   a. El farmacéutico
   b. La enfermera
   c. La farmacéutica
3. La farmacéutica despacha ___.
   a. medicamentos
   b. recetas
   c. alergias
4. Los medicamentos vienen en forma de ___.
   a. comprimidos
   b. ejercicios
   c. carbohidratos
5. El médico examina a la mayor parte (el número más grande) de sus pacientes en ___.
   a. la sala de urgencias
   b. la farmacia
   c. su consultorio

LEARNING FROM PHOTOS

After presenting the vocabulary in *Palabras 2*, refer students to the photo of the man and the boy at the bottom of page 81. Ask: *¿Qué le pasará al joven? ¿Adónde lo llevarán? ¿Qué le harán?*

El enfermero le tomará
el pulso.

En la oficina de recepción,
el enfermo tendrá que
llenar un formulario.

La enfermera le tomará
la tensión (presión)
arterial.

El técnico sacará (tomará) una
radiografía (unos rayos equis).

El cirujano ortopédico reducirá la fractura.
Le pondrá la pierna en un yeso.
Le enyesará la pierna.

José no podrá caminar en seguida.
Tendrá que andar con muletas.

La médica le pondrá unos
puntos (unas suturas).

CAPÍTULO 4   **83**

PRESENTATION (*pages 82-83*)

A. Refer to Vocabulary Transparencies 4.2 (*A & B*). Have students repeat the words, phrases, and sentences after you or Cassette 3B.

B. Practice some of the expressions by putting them into short sentences. For example: (*sacar una radiografía*) *El técnico sacará una radiografía.* (*tomar la tensión arterial*) *La enfermera le tomará la tensión (presión) arterial.*

C. Ask questions such as the following during your presentation: *¿Quién tendrá que llenar un formulario? ¿Quién sacará una radiografía? ¿Qué le pasó? ¿Qué hará el cirujano?*

ABOUT THE LANGUAGE

In a hospital you will see two terms for a ward or unit. For example, you might see *el departamento de radiografía* or *el servicio de radiografía.* You will hear the verb *operar* as well as *hacer una intervención quirúrgica.*

RECYCLING

You may wish to ask students to remember some of the words related to health which they already know: *la fiebre, la gripe, los escalofríos, el catarro, tener dolor de garganta, el estómago, la cabeza.*

COOPERATIVE LEARNING

All members of the team will work together to create as many questions as possible that might appear on a hospital admittance form. They should write one question per card or piece of paper. The teams will exchange their questions. Members will then take turns drawing from the new pile of questions and answering them. Follow up with a class composite hospital admittance form on the board.

Ejercicios

Ejercicios A and B

Exercises A and B can be done with books open.

ANSWERS

Ejercicio A
1. Es la sala de restablecimiento.
2. Son vendas.
3. Es un formulario.
4. Es un yeso.

Ejercicio B
1. Sí
2. Sí
3. No
4. No
5. Sí
6. Sí
7. Sí
8. Sí
9. No
10. Sí
11. No
12. No

Ejercicios

A ¿Qué es? Identifiquen.

1. ¿Es el quirófano o la sala de restablecimiento?

2. ¿Son vendas o radiografías?

3. ¿Es un formulario o una sutura?

4. ¿Es un yeso o un punto?

B El hospital. ¿Sí o no?
1. Cuando el enfermo o el paciente va al hospital, llega a la oficina de recepción.
2. Antes de entrar en el hospital, el enfermo o el paciente tiene que llenar o completar un formulario.
3. La enfermera toma la tensión arterial en la cabeza.
4. La enfermera toma la tensión arterial en la muñeca.
5. La enfermera toma el pulso en la muñeca.
6. Los rayos equis son fotografías.
7. El médico especialista en los huesos es el ortopedista.
8. El cirujano opera (hace intervenciones quirúrgicas).
9. El joven tendrá que andar con muletas porque se cortó el dedo.
10. Se cortó la mejilla. Si el médico no le pone suturas, tendrá una cicatriz.
11. Los enfermos que están en una condición seria o grave van a la sala de recuperación.
12. Después de una operación menor, trasladan a los enfermos a la unidad de cuidado intensivo.

INDEPENDENT PRACTICE

Assign any of the following:
1. Workbook, *Palabras 2*
2. Communication Activities Masters, *C & D*
3. Exercises on student pages 84-85

C ¿Cuál es otra palabra? Pareen

1. la sala de operaciones
2. la sala de urgencias
3. los rayos equis
4. la sala de recuperación
5. la tensión arterial
6. las suturas
7. lastimarse
8. doler
9. el servicio de primer socorro

a. el servicio de primeros auxilios
b. la presión arterial (sanguínea)
c. los puntos
d. la sala de emergencia
e. hacerse daño
f. la radiografía
g. hacerle mal
h. la sala de restablecimiento
i. el quirófano

Comunicación
Palabras 1 y 2

A **Me lastimé y...** Ud. tuvo varios accidentes. Dígale a un(a) compañero(a) de clase lo que le pasó. Use las expresiones siguientes en su explicación.

1. anteayer / el coche / lastimarse la cara
2. la semana pasada / la discoteca / torcerse el tobillo
3. anoche / la cocina / cortarse el dedo
4. el domingo pasado / la cancha de tenis / resbalarse y torcerse la rodilla
5. durante las vacaciones / la montaña / caerse y romperse la pierna

B **¡Socorro!** Ud. está en la calle Echegaray en Madrid. Ocurre un accidente. No es nada serio pero los accidentados necesitan ayuda. Vaya a un teléfono y llame para pedir ayuda. Explíquele al/a la operador(a) todo lo que pasó y todo lo que Ud. vio.

C **Nos lastimamos.** Ud. y tres compañeros(as) decidieron ir a jugar fútbol. Los cuatro se lastimaron. Uno(a) se resbaló y se le torció el tobillo, otro(a) se cortó el dedo, a otro(a) se le rompió el brazo y Ud. se cayó y se lastimó la muñeca. Uds. van al hospital. Explíquenle al/a la doctor(a) lo que les pasó. El/la doctor(a) les dirá a cada uno de Uds. lo que les tendrá que hacer .

La calle Echegaray, Madrid

Ejercicios
PRESENTATION

Ejercicio C
   Exercise C can be done with books open or closed.

ANSWERS

Ejercicio C
1. i
2. d
3. f
4. h
5. b
6. c
7. e
8. g
9. a

Comunicación
(*Palabras 1* and *2*)

PRESENTATION (*page 85*)
   The *Comunicación* activities allow students to use the chapter vocabulary in open-ended situations. It is not necessary that you do all of them. You may select those you consider most appropriate. You may also allow students to select the activity or activities in which they take part.

ANSWERS

Actividades A, B and C
   Answers will vary.

RETEACHING (*Palabras 1* and *2*)
   Quickly review the vocabulary from *Bienvenidos* Chapter 10 (*La salud y el médico*). Its context is similar to that of this chapter.

LEARNING FROM PHOTOS

   Refer students to the photo at the bottom of page 85 and say: *La calle Echegaray es una calle interesante en el barrio viejo de Madrid. Es conocida por sus restaurantes y tabernas donde sirven tapas.*

DID YOU KNOW?

   Tapas are Spanish tidbits that line the counters of many cafés. They include olives, tortillas, squid, eggs, sardines, etc. *Tapas* are becoming quite popular in many areas of the United States.

ESTRUCTURA

Structure Teaching Resources

1. Workbook, *Estructura*
2. Student Tape Manual, *Estructura*
3. Audio Cassette 3B
4. Communication Activities Masters, *E-G*
5. Chapter Quizzes, *Estructura*
6. Computer Software, *Estructura*

Bell Ringer Review

Write the following on the board or use BRR Blackline Master 4-3: Rewrite the following in the future.
1. El médico ve a sus pacientes.
2. Él los examina.
3. Sus pacientes le explican sus síntomas.
4. El médico les da una receta.
5. Yo voy a la farmacia con la receta.
6. La farmacéutica me vende los medicamentos.

El futuro de los verbos irregulares

PRESENTATION (page 86)

A. Ask students to open their books to page 86. Guide them through the explanation and have them repeat the verb forms after you.
B. You may wish to write some of the verbs on the board and underline the endings.

86

ESTRUCTURA

El futuro de los verbos irregulares *Expressing More Future Actions*

Study the following forms of verbs that have an irregular stem in the future tense. Note that the endings are the same as those for the regular verbs.

INFINITIVE	TENER	SALIR	VENIR	ENDINGS
STEM	tendr-	saldr-	vendr-	
yo	tendré	saldré	vendré	-é
tú	tendrás	saldrás	vendrás	-ás
él, ella, Ud.	tendrá	saldrá	vendrá	-á
nosotros(as)	tendremos	saldremos	vendremos	-emos
vosotros(as)	tendréis	saldréis	vendréis	-éis
ellos, ellas, Uds.	tendrán	saldrán	vendrán	-án

INFINITIVE	PONER	SABER	PODER	ENDINGS
STEM	pondr-	sabr-	podr	
yo	pondré	sabré	podré	-é
tú	pondrás	sabrás	podrás	-ás
él, ella, Ud.	pondrá	sabrá	podrá	-á
nosotros(as)	pondremos	sabremos	podremos	-emos
vosotros(as)	pondréis	sabréis	podréis	-éis
ellos, ellas, Uds.	pondrán	sabrán	podrán	-án

86   CAPÍTULO 4

INDEPENDENT PRACTICE

Assign any of the following:
1. Workbook, *Estructura*
2. Communication Activities Masters, *E*
3. Exercises on student page 87

LEARNING FROM REALIA

Have students scan the ad on page 86 and answer the following questions: *¿Ofrece Médica Sur muchos servicios médicos o tiene una sola especialización? ¿Qué significa "Atención médica de Vanguardia"? ¿Dónde está Médica Sur?*

Ejercicios

A **María está enferma.** Contesten según se indica.

1. María está enferma. ¿A quién tendrá que llamar? (al médico)
2. ¿Vendrá el médico a la casa? (no)
3. ¿Adónde tendrá que ir María? (a la consulta del médico)
4. ¿Podrá ir? (sí)
5. ¿Sabrá el médico lo que tiene? (sin duda)

B **Unas vacaciones.** Preguntas personales.

1. ¿Tendrás unas vacaciones este verano?
2. ¿Tendrás que trabajar o podrás ir de vacaciones?
3. ¿Saldrás para la playa o para las montañas?
4. ¿Irás de vacaciones con tus amigos?
5. ¿Saldrán juntos?
6. ¿En qué mes tendrán sus vacaciones?
7. ¿Cuántas semanas podrán Uds. estar fuera de casa?
8. ¿Cuándo sabrás la fecha en que podrás salir?

Que Tu Recuperación sea Rápida y Total

El futuro de otros verbos irregulares

Expressing More Future Actions

1. Study the future forms of the verbs *decir*, *hacer*, and *querer* that also have an irregular stem.

INFINITIVE	DECIR	HACER	QUERER	ENDINGS
STEM	dir-	har-	querr-	
yo	diré	haré	querré	-é
tú	dirás	harás	querrás	-ás
él, ella, Ud.	dirá	hará	querrá	-á
nosotros(as)	diremos	haremos	querremos	-emos
vosotros(as)	diréis	haréis	querréis	-éis
ellos, ellas, Uds.	dirán	harán	querrán	-án

2. The verb *querer* is very seldom used in the future.

FOR THE NATIVE SPEAKER

Students have to recognize the irregular future forms. In addition to those verbs presented on page 86, you may wish to present the following verbs derived from them: *mantener, contener, sostener, retener, detener, componer, reponer, convenir, devenir.* Give students the following exercise.

1. The bad weather will detain them.
2. I will sustain the motion.
3. They will maintain the vehicles in good condition.
4. The bottle will contain one liter.
5. They will replace the machinery.
6. You two will assemble the bicycle.

Ejercicios
PRESENTATION (*page 87*)

A. Exercises A and B can both be done orally first, with books closed.
B. You can assign the exercises to be written for additional reinforcement.
C. Go over the exercises again the next day.

ANSWERS

Ejercicio A
1. María tendrá que llamar al médico.
2. No, el médico no vendrá a casa.
3. María tendrá que ir a la consulta del médico.
4. Sí, podrá ir.
5. Sin duda el médico sabrá lo que tiene.

Ejercicio B
Answers will vary.
1. Sí, tendré vacaciones este verano.
2. Podré ir de vacaciones (tendré que trabajar).
3. Saldré para la playa (para las montañas).
4. Iré con mis amigos (con mi familia).
5. Saldremos juntos.
6. Tendremos las vacaciones en…
7. Podremos estar fuera de casa… semanas.
8. Sabré la fecha en que podré salir en…

El futuro de otros verbos irregulares

PRESENTATION (*page 87*)

Note You may wish to present all the irregular verbs on these pages at the same time. This is not a very difficult point. Have students repeat the verb forms aloud in unison.

Ejercicios

PRESENTATION (*page 88*)

Ejercicios A and B

You may wish to assign these exercises as homework first, or you may go over them orally with books open, but without prior preparation.

Ejercicio C

Exercise C can be done orally with books closed.

ANSWERS

Ejercicio A

1. diré, hará
2. dirás, hará, querrá
3. hará
4. haremos
5. tendremos
6. haremos

Ejercicio B

P: dirás, harás
S: podré
P: tendrás, harás
S: tendrás, sabré, haré, podré
P: diré, haré
P: iré
S: harás

Ejercicio C

1. Sí, te diré lo que haré.
2. Sí, te diré lo que haré si me dices lo que harás.
3. Sí, lo haremos juntos.
4. Sí, mis hermanos me dirán si lo haremos juntos.
5. Sí, mis hermanos me dirán si ellos lo harán con nosotros.

Ejercicios

A **¿Quieres saber?** Completen con el futuro.

1. Yo te ___ lo que él ___ . (decir, hacer)
2. Tú me ___ lo que él ___ o lo que él ___ hacer. (decir, hacer, querer)
3. Tú lo conoces. Si él lo quiere hacer, lo ___ . (hacer)
4. ¿Y qué ___ (nosotros)? (hacer)
5. No sabemos lo que ___ que hacer. (tener)
6. Pero, nosotros ___ lo necesario. (hacer)

B **Las vacaciones.** Completen con el futuro.

PEPITA: Suso, ¿me ___ (decir) lo que ___ (hacer) durante tus vacaciones?
SUSO: No te ___ (poder) decir nada hasta la semana que viene.
PEPITA: ¿Por qué ___ (tener) que esperar tanto para saber lo que tú ___ (hacer)?
SUSO: Pues, (tú) ___ (tener) que esperar porque yo no ___ (saber) lo que ___ (hacer) ni lo que ___ (poder) hacer hasta entonces.
PEPITA: Pues, yo te ___ (decir) lo que yo ___ (hacer).
SUSO: ¿Qué?
PEPITA: Pues, yo ___ (ir) a España.
SUSO: Tú ___ (hacer) un viaje a España. ¡Qué suerte!

C **Entre amigos no hay secretos.** Contesten.

1. ¿Me dirás lo que harás?
2. ¿Me dirás lo que harás si te digo lo que yo haré?
3. ¿Lo haremos juntos o no?
4. ¿Tus hermanos te dirán si lo haremos juntos?
5. ¿Y tus hermanos te dirán si ellos lo harán con nosotros?

COOPERATIVE LEARNING

Have students work in groups of three. One tells something that he/she will do tomorrow. The second student says that he/she won't do it tomorrow because he/she did it yesterday. The third student says he/she will do it tomorrow because he/she does it everyday.

LEARNING FROM REALIA

Refer students to the advertisement at the bottom of page 88 and ask: *¿Qué tratan los médicos del Instituto de Acupuntura China? Según ellos, ¿qué obtienen? Al entrar en el edificio, ¿es necesario tomar cuál escalera? ¿En qué piso está el consultorio? ¿A qué lado?*

El comparativo y el superlativo   *Comparing People and Things*
Formas irregulares

1. The adjectives *bueno* and *malo* have irregular comparative and superlative forms.

ADJETIVO	COMPARATIVO	SUPERLATIVO
bueno	mejor(es)... que	el, la, los, las mejor(es)
malo	peor(es)... que	el, la, los, las peor(es)

Este año, ¿vas a recibir las mejores o las peores notas?
José es el mejor alumno de la clase.
Una fiesta es mejor que un examen.

2. Two other adjectives with irregular forms are *mayor* and *menor*. Although they are not actually the comparative and superlative forms of *joven* and *viejo*, they often refer to age.

Mi hermano es mayor (menor) que Paco.
Teresa es la menor (la mayor) de la clase.

Ejercicio

¿No eres el mayor? Practiquen la conversación.

ROSAURA: Te vi con una muchacha ayer. ¿Quién era?
MARCELO: Era mi hermana mayor, Catalina.
ROSAURA: Yo creía que tú eras el mayor de tus hermanos.
MARCELO: No, no. Todo lo contrario. Yo soy el menor.
Mi hermano Santiago es el mayor. Pero no hay duda, yo soy el mejor estudiante de todos.

Contesten según la conversación.

1. ¿Quién es menor, Marcelo o Catalina?
2. ¿Quién es la hermana mayor de Marcelo?
3. ¿Quién es el mayor de los hermanos?
4. ¿Y quién es el menor?
5. ¿Quién es el mejor estudiante de los tres?

En Segovia, España

CAPÍTULO 4   **89**

CONVERSACIÓN

Escenas de la vida *Una visita al hospital*

JOSÉ: Catalina, ¿cómo estás?

CATALINA: Ay, ¡qué accidente más tonto tuve yo!

JOSÉ: ¿Tienes los resultados de los rayos equis?

CATALINA: No, la médica los tendrá dentro de poco y me dirá lo que ella tendrá que hacer o lo que yo tendré que hacer. Ah, aquí viene ahora.

CATALINA: ¿Sí, doctora?

DOCTORA: Hola, Catalina. Aquí tengo los resultados de la radiografía. Tú tienes una fractura.

CATALINA: ¿Se me rompió el tobillo?

DOCTORA: Sí, pero no es cosa muy seria. Lo pondré en un yeso y tú podrás salir del hospital en seguida. Te sentirás mejor en casa que aquí, ¿no?

CATALINA: Sí, sí. ¿Tendré que andar con muletas?

DOCTORA: Sí, unos dos o tres días, nada más.

No es nada serio. Contesten según la conversación.

1. ¿Quién está en el hospital?
2. ¿Está enferma o es que tuvo un accidente?
3. ¿Le tomaron (hicieron) una radiografía?
4. ¿Cuándo tendrá los resultados?
5. ¿Quién le dirá lo que tendrá que hacer?
6. ¿Lo hará en el hospital?
7. ¿Qué tiene Catalina?
8. ¿Qué se le rompió a Catalina?
9. ¿Qué hará la médica?
10. ¿Cuándo podrá Catalina salir del hospital?
11. ¿Se sentirá mejor en casa?

Teacher's Edition Sidebar

PRESENTATION (*page 90*)

A. With books closed, have students listen and repeat as you read the conversation aloud or play Cassette 3B.

B. Open books and call on volunteers to read the conversation in parts with as much expression as possible.

C. Call on indiviual students to answer the questions that follow the conversation.

D. Call on a student to retell the information in the conversation in his/her own words. This activity gives students important practice in going from dialogue to narrative form.

Ejercicio

ANSWERS

1. Catalina está en el hospital.
2. Ella tuvo un accidente.
3. Sí, le tomaron una radiografía.
4. Dentro de poco tendrá los resultados.
5. La médica le dirá lo que tiene que hacer.
6. Sí, la médica lo hará en el hospital.
7. Catalina tiene una fractura.
8. Catalina se rompió el tobillo.
9. La médica le pondrá el tobillo en un yeso.
10. Ella podrá salir en seguida.
11. Sí, ella se sentirá mejor en casa.

COOPERATIVE LEARNING

Have team members take turns being "ill." The other members will ask questions to determine the symptoms and to figure out what the "ill" student needs.

Comunicación

A **La pobre Catalina tuvo un accidente.** Llame a un(a) amigo(a) de Catalina por teléfono (un[a] compañero[a] de clase). Dígale que Catalina está en el hospital. El/la amigo(a) quiere saber: qué le pasó; en qué hospital está; cuánto tiempo estará; qué le hará la médica; si puede visitar a Catalina; cuándo saldrá ella del hospital; cuándo estará mejor.

B **Lo que queremos…** Ud. y un(a) compañero(a) de clase prepararán una lista de cosas que harán de adultos. Luego comparen sus listas individuales y determinen los intereses que comparten (tienen en común). Presenten los resultados a la clase.

C **De viaje en Puerto Rico.** Ud. viajaba en Puerto Rico y desgraciadamente tuvo un pequeño accidente, nada serio. Ud. está en la sala de urgencias del Centro Médico en Río Piedras y tiene que dar la siguiente información al/a la recepcionista (su compañero[a] de clase).

1. su nombre
2. su domicilio
3. nombre de sus padres
4. su edad
5. su compañía de seguros
6. un poco sobre su historial médico

D **La buenaventura.** Ud. le dice la buenaventura (fortuna) a un(a) compañero(a) de clase. Su compañero(a) quiere saber todo lo que le pasará en el futuro. Él/ella le hará muchas preguntas. Conteste a todas sus preguntas. Use su imaginación.

E **Este fin de semana.** Con un(a) compañero(a), haga planes para el fin de semana. Discutan sus obligaciones, fiestas, trabajo, estudios, etc.

F **El verano próximo.** Entreviste a un(a) compañero(a) de clase para saber si hará algunas de las cosas siguientes (u otras originales) el verano próximo.

trabajar mucho	visitar otro país
vivir en otra ciudad	hacer algo diferente que el verano pasado
ir a la playa	poder ir a fiestas
leer novelas interesantes	salir con los amigos
ver películas	

Comunicación

PRESENTATION (*page 91*)

The *Comunicación* activities allow students to use the chapter vocabulary and grammar in open-ended situations. You may select those you consider most appropriate. You may also allow students to select the activity or activities in which they will take part.

ANSWERS

Actividad A
Answers will vary.

Actividad B
Answers may include the following:
tener una carrera muy importante, viajar alrededor del mundo, conocer a personas famosas, ser un(a) deportista profesional.

Actividad C–F
Answers will vary.

LEARNING FROM REALIA

Tell students to look at the ad on page 91. It makes two particular claims. What are they?

INDEPENDENT PRACTICE

You may wish to assign the exercises and activities on student pages 90-91.

LECTURA Y CULTURA

READING STRATEGIES
(page 92)

Note This *Lectura* provides many examples of the preterite and future forms of irregular verbs.

Pre-Reading

Ask if any of your students have ever broken a bone or received some other serious injury. How were they treated?

Reading

A. You may divide the Lectura into two segments.
B. Call on volunteers to read aloud about three sentences at a time.
C. Follow each reading with a few questions on content to check comprehension. You may use the questions from *Comprensión*, Exercise A.

Post-reading

Have students scan the selection and make a list of things that were done to Marcos before his leg was set.

HOSPITAL DEL SAGRADO CORAZÓN—¡YA VOY!

—Marcos, ¡cuidado! Están haciendo obras[1] allí en la acera[2]. Si no tienes cuidado, te vas a caer. —Él no se caerá. —Ya se cayó.

—¡Ay, qué dolor!

—¿Dónde te duele?

—Aquí. Creo que se me rompió la pierna.

—Te pondré en el sillín[3] de mi moto y te llevaré al hospital del Sagrado Corazón.

—¿Estás loco? No me pondrás en tu moto. No me puedo levantar. El dolor me está matando[4]. ¡Cuánto me duele!

—Pues tendré que llamar al servicio de primeros auxilios.

—¡Ay, bendito! Luego vendrán en la ambulancia con las sirenas y me pondrán en una camilla. ¡Qué escena!

—Pero te darán una inyección para aliviar el dolor. Te sentirás mejor pronto.

—Me estoy poniendo nervioso. ¿Qué me harán en el hospital?

—No tengo idea. Los socorristas te dirán lo que te harán. Llamaré al hospital y luego llamaré a tus padres.

Al entrar en el hospital, ¿qué le hicieron a Marcos? Su amigo, Tadeo, quien lo acompañó al hospital, le ayudó a llenar algunos formularios en la sala de urgencias. En seguida le hicieron unas radiografías y determinaron que tenía una fractura complicada. Lo llevaron a la sala de operaciones donde los anestesistas le dieron una anestesia local. El cirujano ortopedista le redujo la fractura y puso la pierna en un yeso. Trasladaron a Marcos a la sala de restablecimiento. Le dieron un calmante y dos horas más tarde estaba en la puerta principal del hospital sentado en una silla de ruedas con un par de muletas en las manos.

Le dijo su mamá—Volveré en seguida. Voy por el carro.

[1] haciendo obras   *doing repair work*
[2] acera   *side walk*
[3] sillín   *seat*
[4] matando   *killing*

FOR THE NATIVE SPEAKER

In many Hispanic countries medical services are paid by the government. Yet many people who can afford it prefer to get private medical care. Ask students to write a short paper addressing the following issue: *¿Cuáles son algunas ventajas y desventajas del servicio médico totalmente pagado por el gobierno? ¿Para quiénes es un beneficio? ¿Para quiénes no lo es?*

LEARNING FROM PHOTOS

Refer students to the photo on page 92 and ask: *¿Es una bicicleta o una moto? ¿La persona lleva un casco? ¿Es obligatorio llevar un casco cuando uno anda en moto? ¿Tiene un cinturón de seguridad?*

Estudio de palabras

■ **Definiciones.** Escojan la definición.

1. operar
2. aliviar
3. la camilla
4. un calmante
5. nervioso
6. completar
7. en seguida
8. la sala de operaciones
9. el cirujano

a. preocupado, agitado
b. el médico que opera
c. el quirófano
d. un analgésico
e. disminuir el dolor
f. hacer una intervención quirúrgica
g. llenar
h. cama para transportar enfermos y heridos
i. inmediatamente

Comprensión

A **¡Pobre Marcos!** Contesten según la lectura.

1. ¿Quién se cayó?
2. ¿Por qué se cayó?
3. ¿Dónde le duele?
4. ¿Por qué no puede ir al hospital en la moto de su amigo?
5. ¿A quién llamará su amigo?
6. ¿Por qué habrá una escena?
7. ¿En que vendrán o llegarán los socorristas?
8. ¿Dónde pondrán a Marcos?
9. ¿Qué le darán?
10. ¿Qué aliviará la inyección?
11. Al llegar al hospital, ¿qué llenaron los amigos?
12. ¿Qué le hicieron a Marcos?
13. ¿Qué tenía Marcos?
14. ¿Adónde lo llevaron?

B **En la sala de operaciones.** Completen.

1. Llevaron a Marcos a la ____ .
2. Lo llevaron a la sala de ____ en una ____ .
3. ____ redujo la fractura.
4. Luego el cirujano ortopedista le puso un ____ .
5. Después trasladaron a Marcos a ____ .
6. En la sala de restablecimiento le dieron ____ .
7. Marcos salió del hospital en ____ .
8. ____ lo llevó a casa.

CAPÍTULO 4   **93**

Estudio de palabras
ANSWERS
1. f
2. e
3. h
4. d
5. a
6. g
7. i
8. c
9. b

Comprensión
ANSWERS
Comprensión A
1. Marcos se cayó.
2. Porque estaban haciendo obras en la acera.
3. Le duele la pierna.
4. No se puede levantar.
5. Su amigo llamará al servicio de primeros auxilios.
6. Porque vendrán en la ambulancia con las sirenas.
7. Ellos vendrán en ambulancia.
8. Pondrán a Marcos en una camilla.
9. Le darán una inyección.
10. Le aliviará el dolor.
11. Los amigos llenaron los formularios.
12. Le hicieron radiografías.
13. Tenía una fractura complicada.
14. Lo llevaron a la sala de operaciones.

Comprensión B
1. sala de urgencias
2. operaciones, camilla
3. El cirujano ortopedista
4. yeso
5. la sala de restablecimiento
6. un calmante
7. una silla de ruedas
8. Su mamá

LEARNING FROM PHOTOS

Refer students to the photo at the bottom of page 93 and ask: *¿Qué opinas? ¿Este muchacho está entrando en el hospital o está saliendo del hospital? ¿Está contento el muchacho? ¿En qué está? ¿Por qué? ¿Qué se lastimó? ¿Quién está empujando la silla de ruedas? ¿Qué tiene en la mano su amiga?*

INDEPENDENT PRACTICE

You may wish to assign the exercises on student page 93.

A. It is up to the teacher to decide how to present this section of the chapter. You may have the entire class read it, you may have individuals read it on their own as silent reading, or you may wish to omit it entirely.

B. It is recommended that you let students read this material for the main idea only. It is not necessary that they recall the details.

C. You may wish to compare such things as health services and payment practices in Spanish-speaking countries with those in the U.S.

DESCUBRIMIENTO CULTURAL

*E*n muchos países hispanos los hospitales están bajo la dirección de un ministerio o departamento del gobierno, el Ministerio de Salud Pública o la Dirección de Sanidad[1], por ejemplo. En general, el cuidado médico en los hospitales es gratis. El seguro social cubre todos los gastos[2] médicos.

La calidad del servicio médico varía de país en país y de región en región. En la mayoría de las grandes ciudades hay hospitales buenos con equipo[3] avanzado y unas instalaciones muy modernas. En las zonas más remotas el equipo es menos avanzado. En las regiones extremadamente remotas, en las montañas y en las selvas tropicales, por ejemplo, hay muy pocos médicos y tampoco hay suficientes hospitales. Es un problema serio porque hay mucha gente que tiene necesidad de mejor asistencia y de mejor cuidado médico.

En todas las ciudades hay grandes hospitales públicos. También existen clínicas privadas. Hay una diferencia entre el significado de la palabra "clínica" en inglés y en español. Una clínica es un hospital privado, a veces el propietario es un médico o grupo de médicos. Las clínicas son para las personas que pueden pagar y que prefieren no ir a un hospital público.

Hay también dispensarios donde tratan a los pacientes que sufren de una herida o de una enfermedad no muy seria. Hoy hay centros médicos dedicados específicamente al tratamiento del SIDA, del alcoholismo y de la adicción a las drogas.

Todos los años, miles de jóvenes de los Estados Unidos van a las universidades de España y de Latinoamérica para estudiar medicina.

Un profesional en el campo de la medicina que existe en los países hispanos pero no en los EE.UU. es el "practicante". El practicante es un diplomado en enfermería. Al practicante se le permite poner inyecciones y practicar curas simples y rutinarias. En caso de heridas o enfermedades graves o complicadas, el practicante manda al paciente a un médico.

En muchas áreas rurales de las Américas las madres todavía dan a luz[4] a sus hijos en casa y no en un hospital. Tradicionalmente las comadronas, unas señoras con mucha experiencia en ayudar a nacer a los niños, cuidaban a las madres. Hoy muchas comadronas son enfermeras especialistas en obstetricia.

Un practicante

Y AQUÍ EN LOS ESTADOS UNIDOS

En los barrios hispanos de los Estados Unidos mucha gente visita a los herbolarios. Los herbolarios son personas que hacen preparaciones de hierbas para curar una variedad de males o enfermedades. Para cada enfermedad preparan una hierba específica. La gente generalmente hace un tipo de té con las hierbas y lo toma. La palabra "herbolario" se refiere a la persona y a la tienda. Los herbolarios también se llaman botánicas.

[1] sanidad   *health*
[2] gastos   *expenses*
[3] equipo   *equipment*
[4] dan a luz   *deliver, give birth*

CAPÍTULO 4   **95**

95

(The Realidades section is optional.)

Bell Ringer Review

Write the following on the board or use BRR Blackline Master 4-8: In your answers, use the following words: proteínas, fibra, vitaminas, mucha grasa, mucho azúcar

1. **¿Cuáles son los mejores alimentos para la salud?**
2. **¿Cuáles son los peores alimentos para la salud?**

PRESENTATION *(pages 96-97)*

A. The purpose of this section is to have students enjoy the photographs in a relaxed manner in order to gain an appreciation of Hispanic cultures. However, if you would like to do more with the section, have students read the captions and respond to any of the questions embedded in them. You may also wish to have students read and discuss the captions in groups or as a whole-class activity.

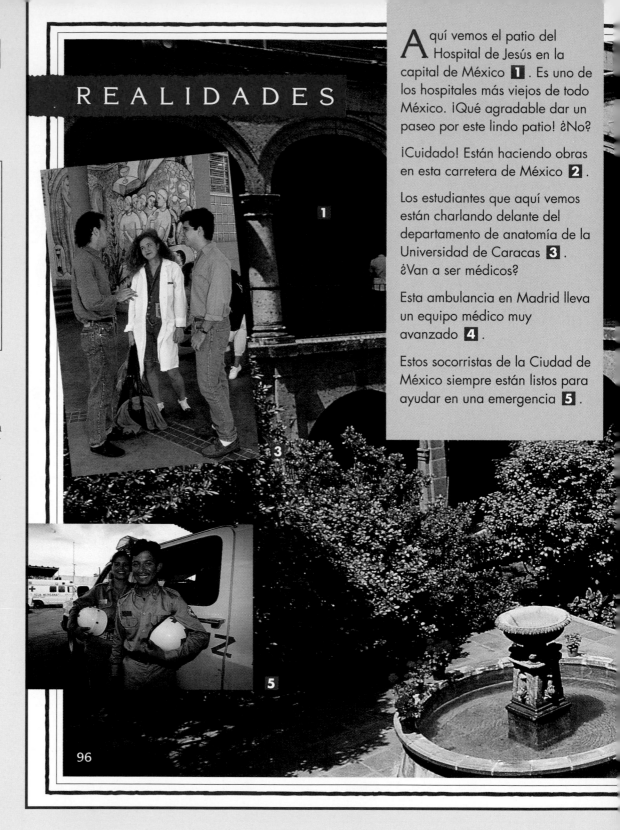

REALIDADES

Aquí vemos el patio del Hospital de Jesús en la capital de México **1**. Es uno de los hospitales más viejos de todo México. ¡Qué agradable dar un paseo por este lindo patio! ¿No?

¡Cuidado! Están haciendo obras en esta carretera de México **2**.

Los estudiantes que aquí vemos están charlando delante del departamento de anatomía de la Universidad de Caracas **3**. ¿Van a ser médicos?

Esta ambulancia en Madrid lleva un equipo médico muy avanzado **4**.

Estos socorristas de la Ciudad de México siempre están listos para ayudar en una emergencia **5**.

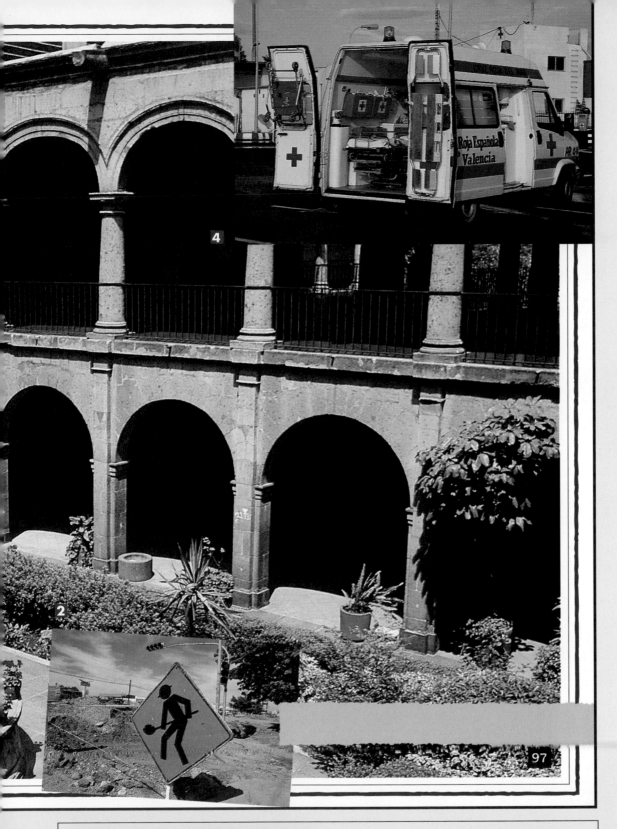

B. You may wish to ask the following questions regarding the photos and the realia:

Photo 1: *¿Hay hospitales como el Hospital de Jesús en los Estados Unidos? ¿Puedes explicar algunas diferencias?*

Photo 2: Refer students to the sign at the bottom of page 97. Explain that this emblem means *Obras, Están haciendo obras* or *Gente trabajando.*

Photo 3: *Describe a los estudiantes de anatomía. ¿Cómo se visten? ¿De qué están hablando?*

Photo 5: *Describe a los socorristas. ¿Qué tipo de trabajo hacen ellos?*

DID YOU KNOW?

En la ambulancia hay una cruz roja. La Cruz Roja es una organización que se fundó en 1864 para ayudar a las víctimas de las guerras, y más tarde, para dar socorro a las víctimas de accidentes. En los países musulmanes, el emblema es una media luna roja, y en el Japón, es un sol rojo.

97

RECYCLING

The *Comunicación oral* and *Comunicación escrita* activities allow students to use the vocabulary and grammar from this chapter in open-ended settings. They also provide an opportunity to recycle vocabulary and structures from earlier chapters, and from *Bienvenidos*. Have students do as many of the Actividades as you wish.

Comunicación oral

ANSWERS

Actividades A, B, and C
Answers will vary.

INFORMAL ASSESSMENT

The *Comunicación* activities can be used to evaluate the speaking skills informally. You may assign a grade based on students' ability to communicate in Spanish. Following are some grading suggestions:
5: Complete message conveyed, precise control of structure and vocabulary.
4-3: Complete message conveyed, some structural errors or errors in vocabulary.
2-1: Message partially conveyed, frequent errors.
0: No message conveyed.

Comunicación escrita

ANSWERS

Actividades A, B, C, and D
Answers will vary.

CULMINACIÓN

Comunicación oral

A **¿Qué le pasó?** Ud. toma el papel de un(a) médico(a). Un(a) compañero(a) de clase es su paciente. El/la paciente tuvo un accidente. Hágale preguntas sobre el accidente para poder hacerle una diagnosis. Luego descríbale el tratamiento.

B **Hubo un accidente.** Ud. es un(a) agente de policía y está hablando por teléfono con alguien (un[a] compañero[a] de clase) que le está informando sobre un accidente. Ud. quiere saber lo que pasó, cómo y cuándo ocurrió. Explíquele a su compañero(a) lo que debe hacer y lo que Ud. hará.

C **Lo mejor.** Trabaje con un(a) compañero(a) de clase. Hablen de otros compañeros. Según Uds., ¿quién o quiénes son los más guapos, serios, inteligentes, divertidos, etc?

Más vale perder un minuto en la vida, que la vida en un minuto. Maneja con cuidado.

Comunicación escrita

A **Cuando era niño(a).** Escriba una composición de dos o tres párrafos sobre un accidente que tuvo cuando Ud. era niño(a).

B **La salud.** Ud. ya tiene un vocabulario bastante extenso sobre la salud y los servicios de salud. Prepare un informe escrito sobre los servicios de salud.

1. Prepare una lista de palabras o expresiones relacionadas a este tema.
2. Ponga las palabras y expresiones en oraciones.
3. Luego organice sus oraciones en párrafos.

C **Una visita horrible al hospital.** Imagínese que Ud. tuvo un pequeño accidente que se convirtió en una experiencia horrible. Desde el momento que llamó a los socorristas hasta el momento que salió del hospital todo anduvo mal. En una carta, descríbale su experiencia a un(a) amigo(a).

> La semana pasada se me torció (rompió)… Caminaba por una acera donde… Cuando llamé a los socorristas, sonaba ocupado…

D **¡Lea las noticias!** Imagínese que Ud. es reportero(a) del periódico de su escuela. Ud. vio un accidente que ocurrió en el estacionamiento de los estudiantes. Escriba un artículo para el periódico en el que describe lo que pasó. No se olvide de incluir: qué, quién, cuándo, dónde y cómo.

98 CAPÍTULO 4

CRITICAL THINKING ACTIVITY

(Thinking skills: making inferences; drawing conclusions)

Have students read the information on page 98, taken from *las páginas amarillas*, and explain in Spanish what it means.

STUDENT PORTFOLIO

Have students keep a Spanish notebook with their best written work from *A bordo* in it. Written assignments that may be included in students' portfolios are the *Actividades escritas* on page 98 and the *Mi autobiografía* section in the Workbook.

Reintegración

A ¿Está enfermo o no? Completen con *ser* o *estar*.

1. Juan ____ de Puerto Rico.
2. Él ____ muy simpático.
3. Él siempre ____ contento.
4. Él ____ muy inteligente y también muy divertido.
5. Hoy el pobre Juan no ____ muy bien.
6. Él ____ un poco enfermo. No se siente bien y tiene fiebre.
7. En este momento él ____ en el consultorio médico.
8. El consultorio ____ en la calle Mendoza.

B En el consultorio. Completen.

1. —¿Te habla el médico?
   —Sí, él ____ habla.
2. —¿Les habla el médico a todos los pacientes?
   —Sí, él ____ habla a todos.
3. —¿Te examina el médico?
   —Sí, él ____ examina.
4. —¿Le explicas tus síntomas al médico?
   —Sí, ____ explico mis síntomas.
5. —¿Te hace una diagnosis el médico?
   —Sí, ____ hace una diagnosis.

Vocabulario

SUSTANTIVOS

el hospital
la sala de recuperación
la sala de operaciones
el quirófano
la mesa de operaciones
la sala de
  restablecimiento
la unidad de cuidado
  intensivo
el/la médico(a)
el/la cirujano(a)
el/la ortopedista
el/la enfermero(a)
el/la técnico(a)
el/la anestesista
el/la enfermo(a)
el accidente

la fractura
la cicatriz
la ambulancia
el servicio de primeros
  auxilios
el servicio de primer
  socorro
el/la socorrista
la camilla
la silla de ruedas
la muleta
la venda
el vendaje
los rayos equis
la radiografía
la tensión arterial
la presión arterial

el pulso
los puntos
las suturas
el hombro
el brazo
el codo
la muñeca
el dedo
la pierna
el tobillo
la rodilla
la cara
la frente
la mejilla
el labio

ADJETIVOS

ortopédico
hinchado(a)
complicado(a)
elástico(a)
arterial

VERBOS

resbalarse
caerse
lastimarse
hacerse daño
doler(ue)
romperse
torcer(ue)
cortar
enyesar
llenar
caminar

PRESENTATION (*page 99*)

These exercises recycle health vocabulary from *Bienvenidos*, Chapter 10.

Ejercicio A

Exercise A recycles contrasting uses of *ser* and *estar*.

Ejercicio B

Exercise B recycles indirect object pronouns.

ANSWERS

Ejercicio A

1. es
2. es
3. está
4. es
5. está
6. está
7. está
8. está

Ejercicio B

1. Sí, él me habla.
2. Sí, él les habla a todos.
3. Sí, él me examina.
4. Sí, le explico mis síntomas.
5. Sí, me hace una diagnosis.

Vocabulario

The words and phrases in the *Vocabulario* have been taught for productive use in this chapter. They are summarized here as a resource for both students and teacher. The *Vocabulario* also serves as a convenient resource for the *Culminación* activities. There are approximately 18 cognates in this list.

INFORMAL ASSESSMENT

Have students create original sentences using words from the vocabulary list.

LEARNING FROM PHOTOS

Have students say all they can about the photo on page 99. You may cue them with questions such as: *¿Dónde están las personas? ¿Qué esperan ellos? ¿Quién será la señora vestida de blanco? ¿Qué le da ella a la señora?*

INDEPENDENT PRACTICE

You may wish to assign any of the following:

1. Exercises on student pages 99
2. Workbook, *Mi autobiografía*
3. Chapter 4, Situation Cards

(optional material)

OVERVIEW

All the readings presented in the *Nuestro Mundo* section are authentic, uncut texts from publications of the Hispanic world. Students should be encouraged to read the text for overall meaning, but not intensively, word for word. Students should find satisfaction in their ability to derive meaning from "real" texts.

PRESENTATION *(page 100)*

A. Have students open their books to page 100 and ask them to study the title. Ask them how many words they know or can figure out. Ask them what the word *Telecom* probably refers to (a company). Someone is against something. Against what? Against *la venta de Telecom* (the sale of Telecom). What kind of business is Telecom probably in? (telecommunications)

B. Have students read the article silently.

C. Ask comprehension questions such as *¿Cuál es el nombre completo de Telecom? ¿Quién es el contralor?* etc.

D. Have students answer the questions orally in class or assign them for independent practice.

ANSWERS

1. Colombian national telecommunications
2. Privatize the telecommunications network
3. He opposes the government's idea of privatization.
4. Joint and private ownership under governmental control
5. A work stoppage
6. It needs to be made into an active and vital enterprise in order to avoid its dissolution within a few years.
7. The government monopoly on telecommunications

100

NUESTRO MUNDO

The following excerpt is from an article that appeared in EL TIEMPO, Santafé de Bogotá, Colombia. After reading the article, answer the questions that follow.

CONTRALORÍA CONTRA LA VENTA DE TELECOM

La Contraloría General de la República se opone a la privatización de la Empresa Nacional de Telecomunicaciones (Telecom) y propone la creación de una entidad de economía mixta controlada por el Estado. Sin embargo, no comparte el paro realizado por los trabajadores. Según el contralor, Manuel Francisco Becerra Barney, es necesario modificar la estructura de Telecom para hacerla una empresa ágil y evitar que dentro de unos años se derrumbe, pero la solución no es privatizar como propone el gobierno. Dijo que es inconveniente entregar el monopolio estatal de las telecomunicaciones al sector privado.

1. What is Telecom?
2. What is the government attempting to do with Telecom?
3. What does Sr. Becerra oppose?
4. How would you describe *una entidad de economía mixta controlada por el Estado*?
5. What does the phrase *el paro realizado por los trabajadores* probably refer to?
6. Why does Sr. Becerra feel that the structure of Telecom needs to be modified?
7. According to Sr. Becerra, what should not be handed over to the private sector?

DID YOU KNOW?

In most Spanish-speaking countries, the telephone and telegraph system has traditionally been a government monopoly. Recently, however, more and more countries are "privatizing" their systems; selling these utilities to private companies but maintaining control over their operations.

Here is an advertisement that appeared in MÁS, a magazine published in the United States for the Hispanic market.

Como decía mi Papá... el que a buen árbol se arrima, buena sombra le cobija.

Es más que conexiones claras y rápidas...
Es darle prioridad al cliente.
Escucharlo en su idioma.
Tratarlo con respeto.
Es anticipar sus necesidades y ayudarlo a obtener el mayor provecho de nuestra experiencia en larga distancia.

Servicio AT&T.
Otro beneficio a su favor.
1 800 235-0900.

AT&T
La mejor decisión.

1. The ad opens with an old Spanish proverb. What does the proverb mean?
2. When the ad says "it's more than…" it assumes that two things are taken for granted. What are they?
3. To what is "priority" given?
4. How is the client treated?
5. *Escucharlo en su idioma.* What does that mean, and why might it be important?
6. In what does the company claim to have experience?
7. What does the company anticipate?
8. In the English ads, the company used the phrase "The Right Choice." How have they said that in Spanish?
9. Do you think the appeal of this ad is technical or emotional? Why?

A. Have students open their books to page 101 and ask them to read the advertisement silently, or call on an individual to read aloud each of the features highlighted in the ad.
B. Have students answer the questions orally in class or assign them for independent practice.

ANSWERS

1. He who leans against a good tree finds ample shade.
2. Clear and speedy connections (communications)
3. the client
4. as a number one priority
5. "Listening to one in his/her language"; catering to clients' special wants, understanding clients' needs
6. long distance communication
7. the client's needs
8. *La mejor decisión*
9. Answers will vary.
   Technical: Spanish-speaking operators, experience in long distance communications; emotional: catering to needs of client, respecting him/her, proverb which appeals to the emotions

OVERVIEW

This section reviews key grammatical structures and vocabulary from Chapters 1-4. The topics were first presented on the following pages: the imperfect, pages 10-14; the future, pages 62 and 86-87; and the comparative and superlative, pages 64 and 89.

REVIEW RESOURCES

1. Workbook, Self-Test 1
2. Video Cassette, Unit 1
3. Video Activities Booklet, Unit 1
4. Computer Software
5. Testing Program, Unit 1

Conversación

PRESENTATION (page 102)

A. Have students close their books and listen as you read the conversation.
B. Have students open their books to page 102 and call on two volunteers to read the conversation to the class with as much expression as possible.
C. Have an individual summarize the conversation in his/her own words.

ANSWERS

Ejercicio A

1. En el correo
2. No quedaban sellos.
3. Estaba en el mercado.
4. Hacía las compras.
5. Era sirena de ambulancia.
6. En la carnicería
7. Sufrió un ataque cardíaco.
8. Los socorristas
9. Al hospital
10. Todo el mundo estaba muy triste.
11. Mandarán unas flores.
12. Hoy mismo
13. Nadie; es la persona más simpática de todo el mercado.
14. La Sra. Juana

102

Conversación   *Estaba en el mercado*

GABRIEL: Teresa, ¿dónde estabas? Llamé hace poco pero nadie contestó.

TERESA: Fui al correo porque tenía que comprar unos sellos. No quedaban sellos para correo aéreo. Volveré mañana. ¿Qué pasa, Gabriel? ¿Dónde estás?

GABRIEL: Pues, te diré. Yo estaba en el mercado y hacía las compras cuando sonó una sirena. Era una ambulancia. Parece que la Sra. Juana, la señora de la carnicería, sufrió un ataque cardíaco. Los socorristas le dieron primeros auxilios y la llevaron al hospital. Todo el mundo estaba muy triste. Le mandaremos unas flores al hospital mañana.

TERESA: ¡Qué lástima! No hay nadie más amable que la Sra. Juana. Ella es la persona más simpática de todo el mercado. Yo iré a visitarla esta semana. Y le enviaré una postal hoy mismo.

GABRIEL: Se cayó la moneda. Tendré que colgar. Hasta luego.

A **La llamada.** Contesten.

1. ¿Dónde estaba Teresa cuando Gabriel llamó la primera vez?
2. ¿Por qué tendrá Teresa que volver al correo mañana?
3. ¿Dónde estaba Gabriel cuando oyó la sirena?
4. ¿Qué hacía Gabriel?
5. ¿Qué tipo de sirena era?
6. ¿Dónde trabajaba la señora Juana?
7. ¿Qué le pasó a la señora Juana?
8. ¿Quiénes vinieron en la ambulancia?
9. ¿Adónde la llevaron?
10. ¿Cómo se sentía todo el mundo?
11. ¿Qué mandarán al hospital mañana?
12. ¿Cuándo enviará Teresa una postal?
13. ¿Quién es más simpática que la Sra. Juana?
14. ¿Quién es la persona más amable de todo el mercado?

LEARNING FROM PHOTOS

Have students say as much as they can about the photo on page 102. You may wish to ask questions such as: *¿Dónde está la joven? ¿Qué está comprando? ¿Paga con tarjeta de crédito? ¿Cómo paga?*

B El correo. Completen.

Voy al ___ para comprar sellos y echar unas cartas al ___ . Tengo que poner la
        1   2
zona ___ en los sobres. Luego, buscaré una cabina telefónica para hacer una
     3
___ . Necesito unas ___ de 25 pesetas porque es un teléfono ___ , no privado.
 4   5   6

Estructura

El imperfecto

1. Review the imperfect tense forms of regular verbs and the verbs
   ir and *ser*, the only irregular verbs in the imperfect tense. Remember
   that the imperfect tense forms of *-er* and *-ir* verbs are identical.

tomar	tomaba, tomabas, tomaba, tomábamos, *tomabais*, tomaban
comer	comía, comías, comía, comíamos, *comíais*, comían
vivir	vivía, vivías, vivía, vivíamos, *vivíais*, vivían

ir	iba, ibas, iba, íbamos, *ibais*, iban
ser	era, eras, era, éramos, *erais*, eran

2. The imperfect tense is used to express an action in the past that is continuous
   or repeated. The time when the action was completed is unimportant. The
   preterite tense is used to express an action completed at a definite time in the
   past. Often a sentence will contain two types of past action. The action that
   was going on is expressed by the imperfect tense, and the action that
   intervened or interrupted that action is expressed by the preterite tense.

   Compraba sellos en el correo cuando vi a Manolo.

A Cuando éramos niños. Completen.

Cuando nosotros ___ (vivir) en la ciudad mi padre ___ (trabajar) en el correo.
                  1   2
Mamá ___ (tener) un puesto en el mercado. Ella ___ (vender) legumbres. Mis
      3   4
hermanos y yo ___ (ir) a la escuela por la mañana. Nosotros ___ (volver) a casa
               5   6
al mediodía. Yo ___ (preparar) el almuerzo. Mis hermanos ___ (tomar) leche,
                 7   8
pero yo ___ (beber) gaseosa con el almuerzo. Por la tarde mi hermano
         9
Abel ___ (ir) al mercado y le ___ (ayudar) a mamá. Por la noche todos ___
      10   11   12
(estar) juntos en casa. En aquellos tiempos todos nosotros ___ (ser) muy felices.
                                                            13

ANSWERS
Ejercicio B
1. correo
2. buzón
3. postal
4. llamada
5. monedas
6. público

Estructura
El imperfecto
PRESENTATION (*page 103*)

A. Have students open their books
   to page 103. As you lead them
   through steps 1 and 2, remind
   them to think of a play or
   movie. The verbs used to
   describe the scene or background are in the imperfect.
B. In step 2, use a sweeping hori-
   zontal motion of the hand to
   indicate the imperfect.

ANSWERS
Ejercicio A
1. vivíamos
2. trabajaba
3. tenía
4. vendía
5. íbamos
6. volvíamos
7. preparaba
8. tomaban
9. bebía
10. iba
11. ayudaba
12. estábamos
13. éramos

Ejercicio B

In Exercise B, have students give reasons why verbs are in the imperfect or in the preterite. One way to demonstrate the difference is to ask students which actions began first and continued for some time (the imperfect). Another way is to ask which actions were more sudden, with a clear starting and ending point (the preterite).

ANSWERS

Ejercicio B

1. iba, vio
2. miraba, llamó
3. buscó, hacían
4. estaba, volvió
5. daba, llegó

El *futuro*

PRESENTATION (*page 104*)

A. Have students open their books to page 102. Lead them through steps 1 and 2. In step 1, stress that the endings are the same for all verbs, but are attached to the entire infinitive.

B. Have students repeat the verb forms after you.

PRESENTATION

Ejercicio C

Exercise C can be done with books open or closed.

ANSWERS

Ejercicio C

1. querrá
2. tendrá
3. podrá
4. haré
5. diré
6. saldrán
7. vendrán
8. sabremos

B **Un accidente.** Completen.

1. Laura ____ al correo cuando ____ el accidente. (ir, ver)
2. Todo el mundo ____ a la víctima pero nadie ____ a la policía. (mirar, llamar)
3. Laura en seguida ____ un teléfono mientras los otros no ____ nada. (buscar, hacer)
4. La víctima todavía ____ en la acera cuando Laura ____ . (estar, volver)
5. Laura le ____ los primeros auxilios a la víctima cuando ____ la ambulancia. (dar, llegar)

El futuro

1. Future time may be expressed in Spanish in various ways. The use of *ir a* + the infinitive is one way, *Voy a estudiar mañana*. Or the true future tense may be used. Review the future tense forms of regular and irregular verbs. Remember, for regular verbs, the future endings are added to the infinitive.

tomar	tomaré, tomarás, tomará, tomaremos, *tomaréis*, tomarán
volver	volveré, volverás, volverá, volveremos, *volveréis*, volverán
vivir	viviré, vivirás, vivirá, viviremos, *viviréis*, vivirán

2. For irregular verbs the regular future tense endings are added to an irregular stem. Review the future stems of irregular verbs.

INFINITIVE	STEM	FUTURE
tener	tendr-	tendré
salir	saldr-	saldré
venir	vendr-	vendré
poner	pondr-	pondré
saber	sabr-	sabré
poder	podr-	podré
decir	dir-	diré
hacer	har-	haré
querer	querr-	querré

C **Tendrá que…** Cambien en el futuro.

1. Paco va a querer ser médico como su madre.
2. Él va a tener que estudiar más.
3. La universidad no va a poder aceptarlo con malas notas.
4. Yo voy a hacer todo lo posible para ayudar a Paco.
5. Yo le voy a decir lo que tiene que hacer.
6. Primero, Paco y los amigos no van a salir todas las noches.
7. Y los amigos no van a venir a casa a mirar la televisión.
8. Ana y yo vamos a saber cómo hacerle estudiar más.

104 CAPÍTULOS 1–4 REPASO

COOPERATIVE LEARNING

Each team member writes five sentences beginning with *Cuando era niño(a)…* plus an imperfect tense verb phrase. Then each member writes five sentences beginning with *Ayer…* plus a preterite tense verb phrase. Members take turns reading their sentences to each other.

El comparativo y el superlativo

1. To form the comparative the construction *más… que* can be used with an adjective, noun, or adverb.

> **Ella es más alta que yo.**
> **Ella tiene más trabajo que yo.**
> **Ella camina más rápido que yo.**

2. The superlative is formed by using *más* with the appropriate definite article. The superlative is followed by the preposition *de*.

> **La Ciudad de México es la ciudad más grande de las Américas.**

3. Review the following irregular comparative and superlative forms: the comparative of *bueno(a)* is *mejor*; the superlative is *el* or *la mejor*.

D **Es más… que…** Contesten según su opinión.

1. ¿Qué enfermedad es más grave que la diabetes?
2. ¿Quiénes estudian más que los socorristas?
3. ¿Cuál es el mejor hospital de esta área?
4. ¿Quién es el médico o la médica más famosa del país?
5. ¿Es más cara la penicilina o la aspirina?
6. ¿Quiénes reciben más dinero, los médicos o los socorristas?
7. En el hospital, ¿quiénes tienen el trabajo más difícil?

Comunicación

A **Un accidente.** Ud. está caminando por una calle de Santiago de Chile. Alguien se cae en la calle. Llame al servicio de primeros auxilios y explique lo que pasó. Un(a) compañero(a) de clase será el/la operador(a).

B **Quiero enviar…** Ud. está viajando por México. En Taxco Ud. compró un objeto de plata (*silver*) y quiere mandar el paquete a casa por correo. Prepare una conversación con el/la empleado(a) del correo (un[a] compañero[a] de clase).

Glu-Color

En sistemas para el Autocontrol del diabético
EL NUEVO CONCEPTO

O ¡ Económico !
O ¡ De fácil manejo !

¡¡ Solicítelo Ya !!

FARMACIA FARIS
FARMACIA DE DIOS
FARMACIA NOSARCO
EL FENIX (HEGEL Y NEWTON)
FARMACIA HOSPITAL ABC
FARMACIA DETODO

◊ Repuesto para Glu-Color®
◊ Repuesto para Estuche del Diabético®
◊ Keto-Diabur-Test® 5000
◊ Autoclix®

El comparativo y el superlativo

PRESENTATION (*page 105*)

Have students open their books to page 103 and lead them through steps 1-3. Call on volunteers to supply additional examples.

PRESENTATION

Ejercicio D

Exercise D can be done with books open or closed.

ANSWERS

Ejercicio D

Answers will vary.

1. … es una enfermedad más grave que la diabetes.
2. … estudian más que los socorristas.
3. El mejor hospital de esta área es…
4. El/La Doctor(a)… es el médico(a) más famoso(a) del país.
5. La penicilina es más cara que la aspirina.
6. Los médicos reciben más dinero que los socorristas.
7. … tienen el trabajo más difícil del hospital.

Comunicación

ANSWERS

Actividades A & B

Answers will vary.

LAS CIENCIAS NATURALES

LAS CIENCIAS NATURALES
(optional material)

OVERVIEW

The three readings in this *Fondo Académico* are related topically to material in Chapters 1, 2 and 4 of *A bordo*. You may have all students read a particular section, or all three sections. Or you may allow students to choose one of the three sections according to their own interests.

These readings may be presented in one of the following ways:

1. As independent reading. Students read the selections and do the post-reading exercises as homework. Homework is handed in. This option is least intrusive on class time and requires a minimum of teacher involvement.
2. As homework with in-class follow-up. The readings and post-reading exercises are assigned as homework. The exercises are reviewed and discussed in class the next day.
3. As an intensive, in-class activity, including pre-reading presentation and exercises, in-class reading and discussion, assignment of the exercises for homework, and a discussion of the assignment in class the following day.

Lectura

PRESENTATION *(pages 106-107)*

Antes de leer

A. Ask students to list some of the natural sciences. Most of the terms are cognates. For example: *la biología, la patología, la química, la bacteriología,* etc.
B. Have students open their books to page 106 and allow them several minutes to read the *antes de leer* section in their books.

Antes de leer

We speak to each other face to face. We talk on the phone. We listen to compact discs and cassettes, radio, and TV. We take sound for granted. Yet sound is one of our foremost means of communication. How does it work? In preparation for reading the following selection, please review how sound is produced, the speed of sound and how the human ear perceives sound.

Lectura

EL SONIDO

Cuando un objeto vibra rápidamente mueve el aire alrededor. Cuando va en una dirección saca (desplaza) el aire del lugar. Cuando se mueve en la otra dirección, el aire vuelve rápidamente para llenar el espacio[1]. El aire que está al lado del objeto pasa la vibración al aire que está cerca, y este aire sigue pasando la vibración hasta llegar más lejos. Cuando las vibraciones llegan a nuestro oído[2], se llaman ondas sonoras[3], o sonido[4]. Las vibraciones pueden mover las moléculas en el aire o en otro material, sólido o líquido, como el agua o el metal. Pero no hay sonido si no hay un material por donde transmitir las vibraciones.

El sonido se transmite en el aire a unos 330 metros por segundo, pero por un alambre[5] de metal a unos 5,000 metros por segundo. (Esto parece rápido, pero es mucho más lento que la velocidad de la luz. La luz viaja por el aire a 299.700.000 metros por segundo.) Las ondas sonoras

(diagram labels): la oreja · el yunque · el estribo · el tímpano · el nervio auditivo · el caracol · el martillo · la trompa de Eustaquio · el lóbulo

viajan más rápidamente por materiales sólidos que por los líquidos o los gases. Mientras más densas las moléculas del material, más rápidamente viaja el sonido.

Los sonidos tienen tres cualidades que nos permiten conocerlos: el tono[6], el timbre[7], y el volumen o la intensidad.

Algunos sonidos son fuertes, y otros son débiles; una sirena y un canario, por ejemplo. Llamamos a esta característica "intensidad". La intensidad depende de la distancia y del material por el que pasa el sonido. El tono se relaciona con la frecuencia de las vibraciones. Un gran número de vibraciones por segundo produce un tono alto o agudo. Un número menor de vibraciones produce un tono bajo o grave.

El timbre es la característica individual de cada sonido independiente del tono o de la intensidad. El saxofón y el clarinete tienen diferentes timbres.

DEVELOPING READING SKILLS

Remind students of the reading tactic of deriving the meaning of unknown words from context.
Tell them not to worry if they encounter a word they do not know, to keep reading and to try to guess at the unknown word's meaning from the context surrounding it.

¿Y cómo oímos los sonidos? El oído humano se divide en tres partes; la oreja u oído externo, el oído medio y el oído interno. Las vibraciones entran por la oreja. Pasan por un canal que las lleva al tímpano[8], una membrana muy sensible[9]. El tímpano transmite las vibraciones a tres huesos muy pequeños que están conectados al tímpano. Desde los huesos las vibraciones llegan al caracol que está lleno de un líquido. Las vibraciones mueven el líquido. Este movimiento activa el nervio auditivo que entonces transmite un mensaje al cerebro.

[1] el espacio   *space*
[2] oído   *ear*
[3] ondas sonoras   *sound waves*
[4] sonido   *sound*
[5] alambre   *wire*
[6] el tono   *pitch*
[7] el timbre   *tone*
[8] tímpano   *ear drum*
[9] sensible   *sensitive*

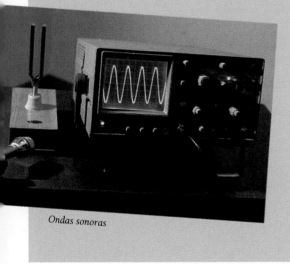

Ondas sonoras

Después de leer

A El sonido. Completen.

1. Cuando un objeto vibra, el aire se ____ .
2. Las vibraciones que oímos se llaman ____ sonoras.
3. Los sonidos se transmiten por un ____ de metal a unos 5.000 metros por segundo.
4. La ____ viaja por el aire mucho más rápidamente que el sonido.
5. La velocidad de los sonidos es mayor por ____ que por gases o líquidos.
6. Las tres cualidades de los sonidos son la ____ , el ____ y el ____ .
7. Un tono bajo se produce con menos ____ que un tono alto.

B El oído. Contesten.

1. ¿En cuántas partes se divide el oído humano?
2. ¿Qué es la oreja?
3. ¿Adónde llegan primero las ondas sonoras?
4. ¿Qué es el tímpano?
5. ¿Qué parte del oído contiene un líquido?
6. ¿Qué lleva los mensajes al cerebro?

C Seguimiento. Contesten.

1. ¿Cómo se llaman en inglés el martillo, el yunque, y el estribo?
2. Si la velocidad de los sonidos es mayor cuando la densidad de las moléculas es mayor, ¿viajan más rápidamente o más lentamente los sonidos encima de una montaña o al nivel del mar?
3. Describa la ruta de los sonidos desde la oreja hasta el cerebro.
4. Explique lo que son "ultrasonidos".

C. You may ask students to list the cognates they find in the reading.

Después de leer

PRESENTATION (*page 107*)

Ask some simple questions in Spanish about the natural sciences.

ANSWERS

Ejercicio A
1. mueve
2. ondas
3. alambre
4. luz
5. materiales sólidos
6. el tono, el timbre, el volumen (la intensidad)
7. vibraciones por segundo

Ejercicio B
1. tres partes
2. el oído externo
3. por la oreja
4. una membrana sensible
5. el caracol
6. el nervio auditivo

Ejercicio C
1. hammer, anvil and stirrup
2. encima de una montaña
3. Las vibraciones llegan al caracol, mueven el líquido del caracol que activa el nervio auditivo que transmite un mensaje al cerebro.
4. sonidos de alta frecuencia

ABOUT THE LANGUAGE

1. You may want to remind students that the English word for "ear" is represented by two words in Spanish. *La oreja* is only the outer ear. The middle and inner ears, the actual hearing organ is *el oído*. An "earache" is *un dolor de oídos*.
2. Some words having to do with hearing are:
   la sordera (deafness)
   el aparato acústico (hearing aid)
   duro de oído (hard of hearing)
   el lenguaje por señas (sign language)

LA SOCIOLOGÍA

Antes de leer

PRESENTATION *(page 108)*

A. Have students open their books to page 108 and ask them to look up the words as suggested.

B. Have pairs scan the reading for cognates. There are approximately 55.

Lectura

PRESENTATION *(pages 108-109)*

A. Have students read the selection aloud or silently.

B. Explain to students that they must use different techniques to guess the meaning of words they are not familiar with. Explain that they should guess the meaning based on the message in the rest of the sentence.

LA SOCIOLOGÍA

Antes de leer

There is a sociology of medicine. Attitudes toward health and customs regarding health vary among cultures, as do the frequency of different illnesses and the ways in which health care is delivered. In preparation for the following selection please look up and review the following: shamans, *curanderos*, acupuncture.

Lectura

Santiago Ramón y Cajal, médico español

MEDICINA Y SOCIEDAD

La importancia de la salud se nota hasta en los saludos: "¿Cómo estás?" es un saludo en casi todo el Occidente[1]. Ya sabemos que los microbios y los virus causan muchas enfermedades, pero los factores culturales y sociales también influyen mucho en la salud. La incidencia de ciertas enfermedades varía mucho entre diferentes grupos étnicos[2]. No son necesariamente responsables los genes sino también factores tales como la dieta y las costumbres. El cáncer del colon es muy frecuente en los países donde se consume mucha grasa y poca fibra. La incidencia de

cáncer del estómago es alta en el Japón, pero baja entre norteamericanos de ascendencia japonesa. Obviamente, la dieta es muy importante. En los EE.UU. se calcula que unos 350.000 personas mueren[3] cada año a causa de enfermedades relacionadas con el tabaco. El cáncer de la piel[4] es más común entre personas de piel muy blanca, las personas que más quieren broncearse en la playa.

El status social influye mucho en la salud. La esperanza de vida[5] para las personas ricas entre los 65 y 69 años de edad es de 2 a 4 años más que la de los pobres. Muy notable también es la diferencia entre hombres y mujeres. Los hombres, por lo general, gozan de[6] 6 años menos de vida que las mujeres.

La vida moderna impone[7] presiones psicológicas en la gente, el estrés, por ejemplo. El apoyo o el sostén[8] social que proveen la familia, los amigos y las otras personas con quienes interactuamos ayuda mucho en mantener la buena salud física y,

108 FONDO ACADÉMICO

FONDO ACADÉMICO

sobre todo, mental. Todas las sociedades tienen sus "especialistas" para tratar a los enfermos. En las sociedades indígenas había chamanes que curaban a los enfermos por medio de ritos y ceremonias. Hoy todavía existen curanderos en muchos lugares remotos de las Américas. Los curanderos, sin instrucción formal, "curan" con hierbas, pociones y oraciones[9]. En China hay especialistas que se dedican a la acupuntura. La acupuntura se está popularizando en el mundo occidental.

[1] el Occidente *the West*
[2] étnico *ethnic*
[3] mueren *die*
[4] piel *skin*
[5] esperanza de vida *life expectancy*
[6] gozan de *enjoy*
[7] impone *imposes*
[8] el apoyo/el sostén *support*
[9] oraciones *prayers*

Después de leer

A **La salud.** Contesten.

1. ¿Por qué se menciona el saludo "cómo estás"?
2. ¿Cuáles son las causas de muchas enfermedades?
3. ¿Qué clases de factores influyen en la salud?
4. ¿Entre quiénes varía la incidencia de algunas enfermedades?
5. ¿En qué país es frecuente el cáncer del estómago?

B **Seguimiento.** Contesten.

1. El artículo dice que "el apoyo o el sostén social que proveen la familia y los amigos ayuda mucho en mantener la buena salud física y, sobre todo, mental". Comente.
2. ¿Cómo influyen la dieta y las costumbres en la salud? Explique.
3. Prepare un informe breve sobre uno de los siguientes temas:
   a. la acupuntura
   b. los chamanes
   c. los curanderos
   d. los efectos del tabaco
   e. la salud y la clase social

Un curandero

FONDO ACADÉMICO **109**

LA HISTORIA

Antes de leer

PRESENTATION *(page 110)*

Note This reading selection will interest students who enjoy history as well as those who have a natural curiosity about the origin of things.

A. Ask students to tell anything they know about Christopher Columbus from their history courses.

B. Write the following on the board and have students look for the information as they read:

1. The difference between the *tortilla mexicana* and the *tortilla española*

2. the history of the potato

3. what the Spaniards brought to the Americas and vice versa

4. what part spices played in the voyages of Columbus

Lectura

PRESENTATION *(pages 110-111)*

Have students open their books to pages 110-111 and ask them to read the selection aloud or silently.

LA HISTORIA

Antes de leer

The voyage of Columbus resulted in an encounter between the cultures of Europe and those of the indigenous peoples of the Americas. Our very diet is a result of this meeting. Make a list of at least a half dozen foods you think are of American origin and half a dozen brought to the Americas by the Europeans.

Lectura

LOS ALIMENTOS EN LA HISTORIA

Hay tortillas en México y en España, pero lo único que tienen en común es su forma. La tradicional tortilla mexicana es de maíz, la española es de huevo, y en México se llama "omelet". La clásica tortilla a la española es de huevo con patatas, realmente un plato "bicultural" ya que las patatas son de América.

"Bicultural" también es el taco de carne. La carne de res, introducida en México por los españoles, se combina con una tortilla de maíz, invento de los aztecas. El maíz era la comida básica de muchos grupos indígenas antes de la llegada de Colón.

Cristóbal Colón

La patata o papa se cultivaba primero en la región andina. Los conquistadores la introdujeron en Europa. Hoy se conoce en todo el mundo. En Irlanda durante los siglos XVIII y XIX la papa llegó a ser casi un monocultivo. Todos dependían de la papa para comer. El hambre causada por las malas cosechas[1] de papas alrededor de 1850 mató[2] a muchos y causó una tremenda emigración del país. Muchos irlandeses emigraron entonces a los EE.UU., la Argentina, Chile y otros países de las Américas.

Hoy los mexicanos también hacen tortillas de harina[3] de trigo[4]. Los españoles trajeron el trigo de Europa. En las Américas no había trigo. En las Américas tampoco había ganado[5]; ni vacas[6], ni ovejas[7], ni caballos[8]. Los españoles trajeron la uva[9], el azúcar y el café. Y de las Américas llevaron a Europa el chocolate, el tabaco, el tomate, el cacahuete[10] y el pavo[11].

El mismo descubrimiento de América se debe a la comida. Cristóbal Colón buscaba una nueva ruta a Asia. En Asia estaban las especias[12]. Las especias eran necesarias para conservar la comida. En Europa pagaban mucho por las especias que venían por tierra en caravanas en viajes que duraban años. Colón pensaba

---

CRITICAL THINKING ACTIVITY

(Thinking skills: making inferences; drawing conclusions)

En los tiempos de los incas hubo cientos de variedades de la papa. Hoy solamente se cultivan muy pocas variedades en la mayoría de los países. Algunos científicos creen que esto es peligroso. ¿Por qué? Si no tienes idea, habla con tu profesor(a) de biología.

FONDO ACADÉMICO

llegar a Asia por mar. Como sabemos, Colón nunca llegó a Asia sino a las Américas.

Parte del mural "La almendra del cacao" de Diego Rivera

Muchos siglos antes de Colón los romanos usaban la sal para conservar y dar sabor a la comida. La sal tenía tanta importancia que les pagaban a los legionarios romanos con sal. De allí viene la palabra "salario", o en inglés *salary*.

¹ cosechas *crop*
² mató *killed*
³ harina *flour*
⁴ trigo *wheat*
⁵ ganado *cattle*
⁶ vacas *cows*
⁷ ovejas *sheep*
⁸ caballos *horses*
⁹ uva *grape*
¹⁰ cacahuete *peanut*
¹¹ pavo *turkey*
¹² especias *spices*

Después de leer

A Escojan.

1. Los europeos comían trigo. ¿Que comían los aztecas?
   a. arroz   b. maíz   c. uvas
2. ¿Qué forma tiene una tortilla?
   a. la de un cuadro
   b. la de un triángulo
   c. la de un círculo
3. ¿Cuál de los ingredientes del taco tiene su origen en Europa?
   a. la salsa   b. la tortilla   c. la carne
4. ¿Donde se origina la papa?
   a. En los Andes.
   b. En España.
   c. En Irlanda.
5. ¿Cuál fue la causa de la gran emigración de Irlanda?
   a. el hambre
   b. la guerra
   c. las exploraciones
6. ¿Qué buscaba Colón?
   a. Un mercado para el ganado europeo.
   b. Una ruta por mar a Asia.
   c. Más comercio con las Américas.
7. ¿A quiénes les pagaban con sal?
   a. A los conquistadores españoles.
   b. A los soldados indios.
   c. A los legionarios romanos.

B Seguimiento. Contesten.

1. Muchos indios en Norteamérica cazaban bisontes (*bisons*) para su carne. Con la llegada de los españoles, la caza del bizonte se facilitó. Explique por qué.
2. Explique la derivación de la palabra "salario".
3. Dé algunos ejemplos de platos "biculturales".

FONDO ACADÉMICO **111**

DID YOU KNOW?

Cristóbal Colón hizo cuatro viajes a las Américas (1492-93; 1493-96; 1498-1500; 1502-04). Busca en la biblioteca una descripción de los cuatro viajes y traza la ruta de cada uno en el mapa.

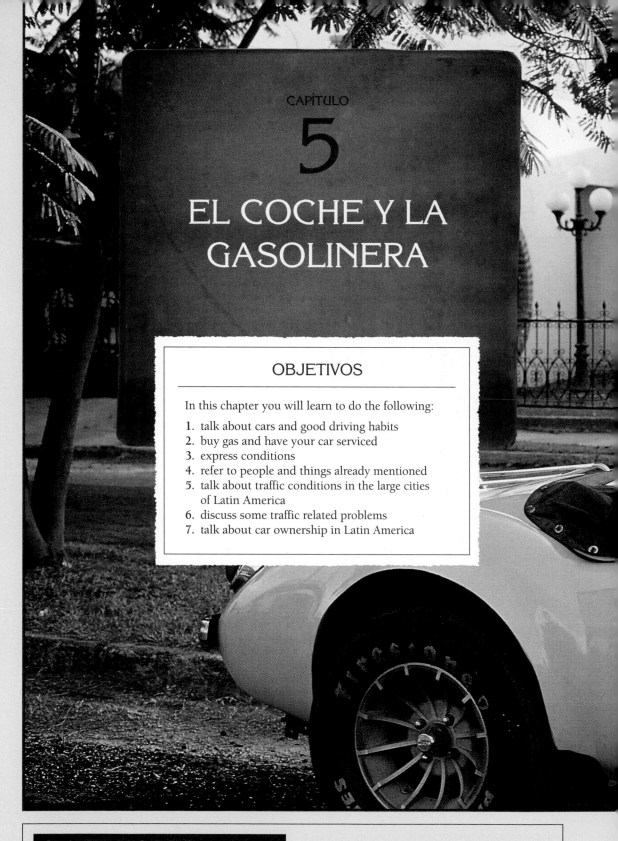

CHAPTER OVERVIEW

In this chapter students will learn to talk about cars, good driving habits, rules of the road, and the essentials for communicating at a service station. They will learn the conditional in order to talk about things they would do but for some reason cannot. They will expand their ability to talk about people and things already mentioned through the use of pronouns.

The cultural focus of Chapter 5 is on driving customs in some Spanish-speaking countries, traffic conditions in large cities, and the relationship of the automobile to the problem of air pollution.

CHAPTER OBJECTIVES

By the end of this chapter, students will know:

1. vocabulary associated with automobile types, features, and basic servicing
2. vocabulary associated with driving
3. forms of the conditional with regular verbs
4. forms of the conditional with irregular verbs
5. uses of the conditional and positioning of indirect and direct object pronouns when used together in a single sentence

CAPÍTULO 5

CAPÍTULO 5

EL COCHE Y LA GASOLINERA

OBJETIVOS

In this chapter you will learn to do the following:

1. talk about cars and good driving habits
2. buy gas and have your car serviced
3. express conditions
4. refer to people and things already mentioned
5. talk about traffic conditions in the large cities of Latin America
6. discuss some traffic related problems
7. talk about car ownership in Latin America

CHAPTER PROJECTS

(optional)

1. Borrow a Driver's Education video. View it with students and discuss it with them in Spanish.
2. If road maps of Spanish-speaking countries are available, have groups plan car trips between two points and report on their plans, mentioning stops at gas stations and restaurants along the way.

113

CHAPTER 5 RESOURCES

1. Workbook
2. Student Tape Manual
3. Audio Cassette 4A
4. Vocabulary Transparencies
5. Bell Ringer Review Blackline Masters
6. Communication Activities Masters
7. Computer Software: Practice and Test Generator
8. Video Cassette, Unit 2
9. Video Activities Booklet, Unit 2
10. Situation Cards
11. Chapter Quizzes
12. Testing Program

Pacing

Chapter 5 will require eight to ten class sessions. Pacing will depend on the length of the class period, the age of the students, and student aptitude.

LEARNING FROM PHOTOS

After presenting the *Palabras 1* vocabulary, refer to the photo on pages 112-113. Tell students: *Es una fotografía de jóvenes en Puerto Rico. ¿Qué puedes decir de Puerto Rico? ¿De qué color es el carro? ¿Es un carro deportivo? ¿Es descapotable? ¿Cuántas personas caben en el carro, dos o cuatro? ¿Quién está conduciendo?*

Vocabulary Teaching Resources

1. Vocabulary Transparencies, 5.1 (*A & B*)
2. Audio Cassette 4A
3. Student Tape Manual, *Palabras 1*
4. Workbook pages *Palabras 1*
5. Communication Activities Masters, *A & B*
6. Chapter Quizzes, *Palabras 1*

Bell Ringer Review

Write the following on the board or use BRR Blackline Master 5-1: Write eight words associated with train travel.

PRESENTATION (*pages 114-115*)

Note More than the usual number of alternate words are offered in this section. All the variants presented in *Palabras 1* are commonly used.

A. Using Vocabulary Transparencies 5.1 (*A & B*), point to each illustration and have students repeat the corresponding word or phrase two or three times. Dramatize *frenar* and *parar* to clarify meaning.

B. Point to items at random and ask yes/no or either/or questions. After some practice, progress to more open-ended questions, such as *¿Qué es esto?*

VOCABULARIO

PALABRAS 1

EL COCHE

el sedán — el cupé
el descapotable — el coche (carro) deportivo

el capó — la llanta de repuesto (de recambio)
el intermitente, la direccional
la puerta — la bocina, el claxon — la maletera, el maletero
la goma, la llanta, el neumático
el permiso de conducir, la licencia
el conductor
el cinturón de seguridad
conducir con cuidado

114 CAPÍTULO 5

PANTOMIME

(*following the Vocabulary presentation*)

Getting Ready

Set up a chair in the classroom as a driver's seat. Pieces of paper on the floor can serve as accelerator and brake pedals. Demonstrate the term *el pie*.

_____, levántate, por favor. Ven acá. Es tu coche.
Abre la puerta de tu coche.

Sube.
Siéntate.
Cierra la puerta.
Pon el cinturón de seguridad.
Arranca (prende) el motor.
Pon el pie en el acelerador. Acelera.
Dobla a la derecha.
Párate.
Gracias, _____. Muy bien. Vuelve a tu asiento, por favor.

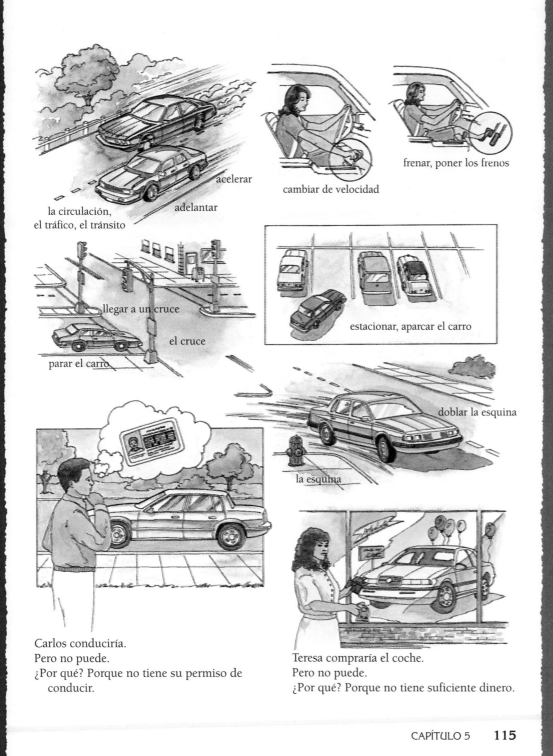

la circulación,
el tráfico, el tránsito

adelantar

acelerar

cambiar de velocidad

frenar, poner los frenos

llegar a un cruce

el cruce

parar el carro

estacionar, aparcar el carro

doblar la esquina

la esquina

Carlos conduciría.
Pero no puede.
¿Por qué? Porque no tiene su permiso de
conducir.

Teresa compraría el coche.
Pero no puede.
¿Por qué? Porque no tiene suficiente dinero.

CAPÍTULO 5   **115**

Ejercicios

Ejercicios A and B

Since Exercises A and B involve items pictured on the Vocabulary Transparencies, you may continue to use them as you do these exercises.

ANSWERS

Ejercicio A
1. Es un sedán.
2. Son los frenos.
3. Es el maletero.
4. Es la esquina.
5. Es la goma.

Ejercicio B
1. Sí
2. Sí
3. No
4. No
5. Sí
6. Sí
7. Sí

Ejercicios

A ¿Qué es? Identifiquen.

1. ¿Es un sedán o un cupé?

2. ¿Son los frenos o el acelerador?

3. ¿Es el maletero o el capó?

4. ¿Es el cruce o la esquina?

5. ¿Es el intermitente o la goma?

B El coche. ¿Sí o no?

1. Un cupé tiene dos puertas.
2. El motor del coche está debajo del capó.
3. La llanta de recambio está en el capó.
4. El conductor pone los intermitentes cuando va a parar el carro.
5. El conductor pone los intermitentes o las direccionales cuando va a doblar.
6. Para parar el carro, es necesario poner los frenos.
7. No es necesario cambiar de velocidad si el carro tiene transmisión automática (cambio automático).

116 CAPÍTULO 5

COOPERATIVE LEARNING

Each member of the team will write down four or five characteristics of their car, or their family car, such as make, model, color, year, or whether old or new. Members will use these lists to describe their cars in Spanish to the rest of the team. Provide a model description first.

Students can ask their teammates Spanish words they can't remember.

C Nuestro coche. Preguntas personales.

1. ¿Tienes un coche o tiene tu famila un coche?
2. ¿De qué marca es?
3. ¿Qué modelo es?
4. ¿Es descapotable?
5. ¿Cuántas puertas tiene?
6. ¿Hay una goma de repuesto (recambio) en el maletero?

D Teresa lo haría, pero no puede. Contesten según se indica.

1. ¿Compraría Teresa el coche? (sí)
2. ¿Puede comprar el coche? (no)
3. ¿Por qué no puede? (no tiene bastante dinero)
4. ¿Cambiaría Teresa la llanta? (sí)
5. ¿Puede? (no)
6. ¿Por qué no puede? (no tiene llanta de repuesto)
7. ¿Conduciría Lupe? (sí)
8. ¿Puede? (no)
9. ¿Por qué no puede? (dejó su permiso de conducir en casa)
10. ¿Estacionaría Lupe aquí? (no)
11. ¿Por qué no? (está prohibido)

Ejercicios
PRESENTATION
Extension of *Ejercicio C*: Listening

After completing Exercise C as a whole-class activity, have students work in pairs. One partner reads the questions in random order. The other listens and responds with book closed. Then partners reverse roles.

Ejercicio D
A. Exercise D introduces the concept that the conditional is used to express what one would do but couldn't because of other circumstances.
B. Exercise D can be done with books open or closed.

ANSWERS
Ejercicio C
Answers will vary.
1. Sí, mi familia tiene un coche. (Yo tengo un coche).
2. El coche es un...
3. Es un...
4. Sí, (No), (no) es decapotable.
5. Tiene... puertas.
6. Sí, tiene una goma de repuesto en el maletero.

Ejercicio D
1. Sí, Teresa compraría el coche.
2. No, no puede comprar el coche.
3. No, no puede porque no tiene bastante dinero.
4. Sí, Teresa cambiaría la llanta.
5. No, no puede.
6. No puede porque no tiene llanta de repuesto.
7. Sí, Lupe conduciría.
8. No, no puede.
9. Porque dejó su permiso de conducir en casa.
10. No, Lupe no estacionaría aquí.
11. Está prohibido estacionar aquí.

INFORMAL ASSESSMENT
(Palabras 1)

Check for understanding by having one student read vocabulary items at random from *Palabras 1* while another points to the appropriate illustration on the Vocabulary Transparencies.

VOCABULARIO

PALABRAS 2

LA ESTACIÓN DE SERVICIO

la gasolinera

súper normal con plomo sin plomo

revisar el aceite

poner agua en el radiador

118 CAPÍTULO 5

Vocabulary Teaching Resources

1. Vocabulary Transparencies 5.2 (*A & B*)
2. Audio Cassette 4A
3. Student Tape Manual, *Palabras 2*
4. Workbook, *Palabras 2*
5. Communication Activities Masters, *C & D*
6. Chapter Quizzes, *Palabras 2*
7. Computer Software, *Vocabulario*

Bell Ringer Review

Write the following on the board or use BRR Blackline Master 5-2: Your are at the train station. Complete the following statements and questions.
1. Un boleto para ___, ___.
2. ¿Cuánto cuesta ___?
3. ¿De qué ___ sale el tren?
4. ¿A qué ___ sale?
5. Si sale de aquí a las trece cinco, ¿a qué hora ___ a Córdoba?

PRESENTATION (pages 118-119)

Have students close their books. Show Vocabulary Transparencies 5.2 (*A & B*). Have students repeat each word or phrase several times after you or Cassette 4A.

ABOUT THE LANGUAGE

Another word for "gasoline" is *bencina* the usual word in Chile, and *combustible* which is occasionally used in Spain.

ADDITIONAL PRACTICE

Ask the following questions using the new vocabulary:

¿Dónde están trabajando los jóvenes?
¿Trabajan a tiempo parcial o a tiempo completo?
¿Qué está revisando el muchacho?
¿Qué está poniendo la muchacha en el radiador?
¿Qué está verificando el muchacho?
¿Qué está limpiando la muchacha?
¿En qué está poniendo aire el muchacho?

revisar el agua de la batería

limpiar el parabrisas

el parabrisas

verificar la presión de los neumáticos

poner aire

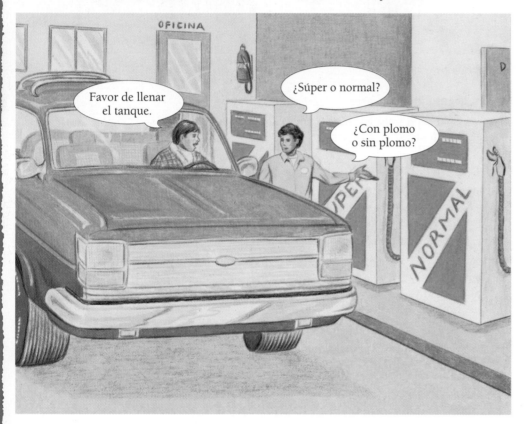

Favor de llenar el tanque.

¿Súper o normal?

¿Con plomo o sin plomo?

INFORMAL ASSESMENT

Show Vocabulary Transparencies 5.2 (*A & B*) again. Have students say anything they can about the illustrations.

DID YOU KNOW?

En las gasolineras españolas es necesario pedir especificamente cualquier servicio como revisar el agua, limpiar el parabrisas, etc. Lo único que hacen normalmente es poner gasolina.

Ejercicios

PRESENTATION (page 120)

Ejercicio A
Exercise A can be done with books open.

Extension of Ejercicio B: Speaking
After completing Exercise B, call on an individual to summarize the information in his/her own words.

Extension of Ejercicio C: Speaking/Listening
After completing Exercise C as a whole-class activity, focus on the listening skill by having students do it again in pairs. One partner reads the questions in random order while the other listens and responds with book closed. Partners can then reverse roles.

ANSWERS

Ejercicio A
1. el motor
2. la batería
3. la gasolina
4. el parabrisas

Ejercicio B
1. c
2. c
3. c
4. a
5. c

Ejercicio C
Answers will vary slightly.
1. ... lleva el coche de mi familia a la gasolinera.
2. Mi carro necesita gasolina normal (súper).
3. Sí, es necesario usar gasolina sin plomo.
4. Sí, a veces es necesario revisar el aceite.
5. Sí, a veces es necesario revisar el agua del radiador.

INFORMAL ASSESSMENT
(Palabras 2)
Have students close their books. Check for understanding by referring to Vocabulary Transparencies 5.2 (A & B) and allowing students two minutes to note down everything they can remember about them. Call on individuals to report orally on their notes.

120

Ejercicios

A ¿Qué es? Identifiquen.

1. ¿Es el motor o el tanque de gasolina?

2. ¿Es la batería o el radiador?

3. ¿Es la gasolina o el aceite?

4. ¿Es el parabrisas o el intermitente?

B En la gasolinera. Escojan.

1. En la gasolinera el empleado llena el tanque de ___ .
   a. agua   b. aceite   c. gasolina

2. El empleado revisa ___ .
   a. el agua en los neumáticos   b. el tanque   c. el nivel del aceite

3. El empleado nunca pondría agua en ___ .
   a. la batería   b. el radiador   c. el tanque

4. El empleado podría verificar ___ .
   a. la presión de los neumáticos   b. el aire del radiador   c. el parabrisas

5. El parabrisas está sucio. No puedo ver nada. ¿Me lo ___ Ud., por favor?
   a. llenaría   b. revisaría   c. limpiaría

C Nuestro coche. Preguntas personales.

1. ¿Quién lleva el carro de su familia a la gasolinera?
2. ¿Su carro necesita gasolina normal o súper?
3. ¿Es necesario usar gasolina sin plomo?
4. A veces, ¿es necesario revisar el aceite?
5. A veces, ¿es necesario revisar el agua del radiador?

120   CAPÍTULO 5

ADDITIONAL PRACTICE

(Palabras 2)
Have students make up original sentences using these words:
la gasolina
el tanque
el parabrisas
el radiador

Comunicación
Palabras 1 y 2

A **En la gasolinera.** Ud. está en una gasolinera en San José, Costa Rica.

1. Tell the attendant (your partner) you need gas.
2. He asks what kind of gas you want.
3. He wants to know how much gas you want.
4. You want the oil and water checked.

B **En Puerto Rico.** Ud. está hablando con un(a) amigo(a) puertorriqueño(a) (un[a] compañero[a] de clase). El/ella le pide los siguientes informes. Conteste a sus preguntas.

1. if you have a driver's license
2. what state you live in
3. at what age you can get a driver's license
4. if you have to take a test

C **Nuestro auto.** Descríbale a un(a) compañero(a) de clase el coche que tiene la familia de Ud. Luego su compañero(a) le describirá su coche (de él o de ella).

D **Un coche de alquiler.** Ud. está en Cancún, México, y quiere alquilar un coche en una agencia de alquiler. Hágale preguntas al/a la empleado(a) de la agencia (un[a] compañero[a] de clase). Use las siguientes expresiones.

    marcas y modelos de coches
    gasolina
    precio
    transmisión automática
    tarjeta de crédito
    seguro contra accidente

AUTOS PECOS RENT A CAR
ALQUILER DE COCHES

OFICINAS
Tels. 273 30 90 y 274 67 32
C/. Alcalde Sainz de Baranda, 50

C/. Vizcaya, 8 (garage) Tel. 239 71 59

SERVICIO URGENTE: De 22 h. a 7 h.
227 37 42 - 777 55 62

Servicio permanente domingos y festivos incluidos a cualquier hora

---

Bell Ringer Review
Write the following on the board or use BRR Blackline Master 5-3: Make a list of things which must be checked regularly on your car.

PRESENTATION (*page 121*)
You may have students do any number of these activities. You may also allow students to select the activity or activities in which they take part.

ANSWERS
Actividades A, B, C, and D
Answers will vary.

LEARNING FROM REALIA

Refer to the brochure on page 121. Note the spelling of *garage*. It is very often spelled with a *g* in Spain. Ask students: *¿Cómo se llama la agencia? ¿Qué alquilan? ¿Dónde están sus oficinas? ¿Cuándo tienen servicio permanente?*

INDEPENDENT PRACTICE

Assign any of the following:
1. Workbook, *Palabras 2*
2. Communication Activities Masters, *C & D*
3. Exercises on student pages 120-121

Bell Ringer Review

Write the following on the board or use BRR Blackline Master 5-4: Rewrite the following sentences in the future.
1. Yo voy en tren.
2. Nosotros no conducimos.
3. Felisa compra los boletos.
4. Yo espero aquí con las maletas.
5. El tren llega a las dieciséis.
6. ¿Comen Uds. en el tren?
7. Sí, tomamos el almuerzo en el tren.

El modo potencial o condicional
Formas regulares

PRESENTATION *(page 122)*

A. Have students open their books to page 122. Guide them through steps 1-4.
B. Have them repeat the verb forms after you.
C. Call on individuals to read the example sentences or have the class read them in unison.

Note This grammar concept should not prove difficult for students. They are already familiar with the verb stems from the future tense, and with the endings from the imperfect. The uses of the conditional are the same in Spanish and English.

El potencial o condicional   *Expressing Conditions*
Formas regulares

1. Study the following forms of regular verbs in the conditional.

INFINITIVE	COMPRAR	VENDER	CONDUCIR	ENDINGS
STEM	comprar-	vender-	conducir-	
yo	compraría	vendería	conduciría	-ía
tú	comprarías	venderías	conducirías	-ías
él, ella, Ud.	compraría	vendería	conduciría	-ía
nosotros(as)	compraríamos	venderíamos	conduciríamos	-íamos
vosotros(as)	*comprariais*	*venderíais*	*conduciríais*	-íais
ellos, ellas, Uds.	comprarían	venderían	conducirían	-ían

2. Note that as with the future, the conditional is formed by adding the appropriate endings to the infinitive. The endings for the conditional are the same as those for the imperfect of *-er* and *-ir* verbs.

3. The uses of the conditional are the same in Spanish and English. The conditional is used to express what would take place under certain circumstances.

> Yo conduciría pero desgraciadamente no tengo mi permiso de conducir.
> Yo compraría el coche pero no tengo suficiente dinero.

4. The conditional is also used to soften requests.

> ¿Me limpiaría Ud. el parabrisas, por favor?
> ¿Me revisaría el aceite, por favor?

Ejercicios

A **Lo que haría yo.** Preguntas personales.

1. ¿Te gustaría comprar un coche?
2. ¿Qué modelo comprarías?
3. ¿Qué color preferirías?
4. ¿Comprarías un coche americano o extranjero?
5. ¿Cuánto pagarías?
6. ¿Preferirías una transmisión automática o manual?

B **Un viaje.** Contesten según se indica.

1. ¿Irían ellos a las montañas o a la playa? (a las montañas)
2. ¿Irían en tren o en coche? (en coche)
3. ¿Quién conduciría? (Teresa)
4. ¿Alquilarían una cabaña o irían a un hotel? (una cabaña)
5. ¿Cuánto tiempo pasarían en las montañas? (unos quince días)
6. ¿Tú irías también? (no)

C **No, no.** Contesten según el modelo.

Ellos piensan ir. ¿Y tú?
No, yo no iría.

1. Ellos piensan llamar. ¿Y tú?
2. Yo pienso escribir. ¿Y Uds.?
3. Carolina piensa visitar a sus primos. ¿Y su hermano?
4. Nosotros pensamos ir. ¿Y Uds.?
5. Ellos piensan viajar en carro. ¿Y Uds.?
6. Teresa piensa conducir. ¿Y tú?

D **Imaginándome millonario(a).** Contesten.

1. ¿Vivirías en la ciudad, en los suburbios o en el campo?
2. ¿Viajarías mucho?
3. ¿Adónde irías?
4. ¿Cómo irías?
5. ¿Con quién irías?
6. ¿Comprarías un coche?
7. ¿Qué tipo de coche comprarías?
8. ¿Trabajarías?

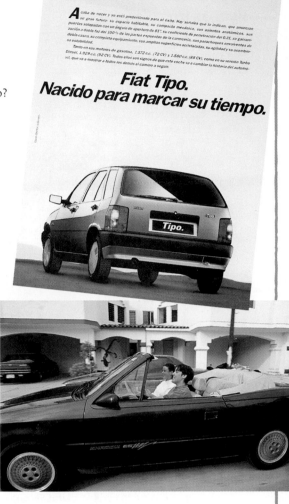

Fiat Tipo.
Nacido para marcar su tiempo.

CAPÍTULO 5 **123**

El modo potencial o condicional
Formas irregulares

PRESENTATION (*page 124*)

Have students open their books to page 124. Lead them through the explanation and have them repeat the verb forms after you.

Ejercicios

PRESENTATION (*pages 124-125*)

Ejercicio A

Exercise A can be done with books open or closed.

ANSWERS

Ejercicio A

1. **Dijo que vendría.**
2. **Dijo que haría el viaje.**
3. **Dijo que podría pagar el viaje.**
4. **Dijo que saldría el viernes.**
5. **Dijo que tendría bastante tiempo.**

124

El potencial o condicional
Formas irregulares — *Expressing More Conditions*

The same verbs that are irregular in the future tense are irregular in the conditional. Study the following.

INFINITIVE	FUTURE	CONDITIONAL
tener	tendré	tendría
poner	pondré	pondría
salir	saldré	saldría
poder	podré	podría
saber	sabré	sabría
hacer	haré	haría
decir	diré	diría
querer	querré	querría

Ejercicios

A **¿Él vendrá o no?** Contesten según el modelo.

> **¿Estará Guillermo?**
> *Dijo que estaría.*

1. ¿Vendrá Guillermo?
2. ¿Hará el viaje?
3. ¿Podrá pagar el viaje?
4. ¿Saldrá el viernes?
5. ¿Tendrá bastante tiempo?

124   CAPÍTULO 5

B **Uno sí y el otro no.** Completen con el condicional.

1. Él sabría la dirección pero su hermano no la ____ .
2. Yo te lo diría pero ellos nunca te lo ____ .
3. Nosotros lo haríamos pero ellos no lo ____ nunca.
4. Yo podría ir pero mis amigos no ____ .
5. Uds. lo pondrían en orden pero él no lo ____ .
6. Yo tendría que volver pero tú no ____ .

C **Ahora lo hará pero antes no lo haría.**
Completen con el condicional.

1. Carlos podrá pero antes ____ .
2. Los muchachos vendrán pero antes ____ .
3. Tú lo harás pero antes ____ .
4. Uds. saldrán pero antes ____ .
5. Ud. me lo dirá pero antes ____ .

Una gasolinera en España

PRESENTATION

Ejercicios B and C

Exercises B and C can be done with books open.

ANSWERS

Ejercicio B

1. sabría
2. dirían
3. harían
4. podrían
5. pondría
6. tendrías

Ejercicio C

1. no podría
2. no vendrían
3. no lo harías
4. no saldrían
5. no lo diría

LEARNING FROM PHOTOS

Refer students to the photo on page 125 and ask: What is the sign *Autolavado* for?

INDEPENDENT PRACTICE

Assign any of the following:
1. Workbook, *Estructura*
2. Communication Activities Masters, *F*
3. Exercises on student pages 124-125

Dos complementos en una oración: me lo, te lo, nos lo

PRESENTATION (*page 126*)

A. With books open, guide students through steps 1 and 2 on page 126.

B. Call on volunteers to read the example sentences aloud.

C. You may wish to write the example sentences on the board. Circle and box in the objects as is done on page 126. Draw an arrow from the pronoun to the noun it replaces. Have students note that the second pronoun comes after the one that was already there.

Ejercicios

PRESENTATION (*page 126*)

Ejercicios A and B

Exercises A and B can be done with books open or closed.

ANSWERS

Ejercicio A

1. Mamá me lo compró.
2. Mamá me los compró.
3. Mamá me la compró.
4. Mamá me los compró.
5. Mamá me la compró.
6. Mamá me los compró.
7. Mamá me las compró.

Ejercicio B

1. Sí, me la sirvió.
2. Sí, me lo trajo.
3. Sí, me la recomendó.
4. Sí, me las sirvió aparte.
5. Sí, me la dio.

Dos complementos en una oración *me lo, te lo, nos lo*

Referring to People and Things Already Mentioned

1. Sentences can have both a direct and indirect object pronoun. When they do, the indirect object pronoun always precedes the direct object pronoun in Spanish. Both pronouns precede the conjugated form of the verb.

Elena me dio el regalo.	Elena me lo dio.
Carlos nos preparó la comida.	Carlos nos la preparó.
Papá me compró los tenis.	Papa me los compró.
El profesor nos explicó las reglas.	El profesor nos las explicó.

2. Note that the indirect object *me, te,* or *nos* comes before the direct object *lo, la, los, las.*

Ejercicios

A **Mamá me lo compró.** Contesten según se indica.

> ¿Quién te compró los jeans?
> *Mamá me los compró.*

1. ¿Quién te compró el suéter?
2. ¿Quién te compró los tenis?
3. ¿Quién te compró la chaqueta?
4. ¿Quién te compró los zapatos?
5. ¿Quién te compró la raqueta?
6. ¿Quién te compró los anteojos para el sol?
7. ¿Quién te compró las camisas?

B **En el restaurante.** Contesten con pronombres.

1. ¿Te sirvió la comida el mesero?
2. ¿Te trajo el menú?
3. ¿Te recomendó la especialidad de la casa?
4. ¿Te sirvió las legumbres aparte?
5. ¿Te dio la cuenta?

C ¿Quién te compró todo lo que tienes? Contesten según el modelo.

Tengo una calculadora.
¿Quién te la compró?

1. Tengo discos.
2. Tengo una raqueta de tenis.
3. Tengo un teléfono inalámbrico.
4. Tengo una plancha de vela.
5. Tengo un descapotable.
6. Tengo esquís acuáticos.

D Él te la escribió. Empleen dos pronombres en cada oración.

1. Carlos me escribió la carta.
2. Perdón, ¿quién te escribió la carta?
3. Él me envió la carta el otro día.
4. ¿Cuándo te envió la carta?
5. Él me dio las direcciones.
6. ¿Él te dio las direcciones?

E El profesor nos enseñó mucho. Empleen dos pronombres en cada oración.

1. El profesor nos enseñó la gramática.
2. Él nos enseñó el vocabulario.
3. Él nos enseñó las palabras.
4. Él nos enseñó los poemas.
5. Él nos explicó la diferencia.
6. Él nos explicó la teoría.
7. Él nos explicó el sistema.
8. Él nos dio la interpretación.

Ejercicios
PRESENTATION
Ejercicios C, D, and E
Exercises C, D, and E can be done with books open or closed.

PAIRED ACTIVITY
Have two students do Exercise D as a conversation. Student 2 finally becomes annoyed that he/she always has to repeat. Have them make up an original exchange to complete the conversation that ends up as a little "spat."

ANSWERS
Ejercicio C
1. ¿Quién te los compró?
2. ¿Quién te la compró?
3. ¿Quién te lo compró?
4. ¿Quién te la compró?
5. ¿Quién te lo compró?
6. ¿Quién te los compró?

Ejercicio D
1. Carlos me la escribió.
2. Perdón, ¿quién te la escribió?
3. Él me la envió el otro día.
4. ¿Cuándo te la envió?
5. Él me las dio.
6. ¿Él te las dio?

Ejercicio E
1. El profesor nos la enseñó.
2. Él nos lo enseñó.
3. Él nos las enseñó.
4. Él nos los enseñó.
5. Él nos la explicó.
6. Él nos la explicó.
7. Él nos lo explicó.
8. Él nos la dio.

DID YOU KNOW?

Gabriela Mistral es una poetisa chilena. Nació en 1889. Fue maestra en varias escuelas primarias y sirvió también de directora de varias escuelas. Ganó el Premio Nóbel de literatura en 1945.

Rubén Darío es un famoso poeta y crítico nicaragüense. Nació en Metapa, Nicaragua en 1867. Se le llama a Darío el padre del modernismo. Él ejerció una influencia enorme en la literatura contemporánea.

Antonio Machado nació en Sevilla en 1875. Él y su hermano, Manuel, llegaron a ser poetas célebres. Antonio pasó la mayor parte de su vida en ciudades pequeñas de España enseñando francés en institutos de segunda enseñanza. Fue un hombre bastante retirado y modesto.

CONVERSACIÓN

Bell Ringer Review

Write the following on the board or use BRR Blackline Master 5-7: Complete with the verb trabajar.

1. Yo ___ tres días a la semana en una gasolinera.
2. Yo no ___ ayer. Mi amiga Teresa ___.
3. Pero yo ___ mañana y ella no ___.
4. Mi padre dice que él ___ siempre cuando era joven.

PRESENTATION *(page 128)*

A. Tell students they are going to hear a conversation between a young woman and a service station attendant.
B. Have students listen with books closed as you read the conversation or play Cassette 4A.
C. Have pairs of students assume the two roles. Allow pairs time to practice the conversation.
D. Call on volunteers to act out the conversation for the class without their books. It is not necessary that the students know the conversation by heart. Allow them to ad lib.

Ejercicio

ANSWERS

1. La señorita está en la gasolinera.
2. Quiere súper, sin plomo.
3. Sí, él revisa el aceite.
4. Sí, lo cambiaría.
5. Porque está un poco sucio.
6. Sí, lo podría cambiar.
7. Tardaría una hora más o menos.
8. No, no puede esperar.
9. Volverá mañana.

CONVERSACIÓN

Escenas de la vida *En la gasolinera*

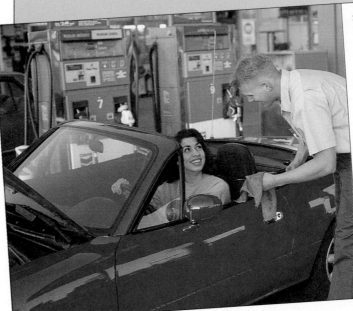

SEÑORITA: Favor de llenar el tanque.
EMPLEADO: Como no, señorita. ¿Con normal o súper?
SEÑORITA: Súper, sin plomo. ¿Y me revisaría el aceite, por favor?
EMPLEADO: Sí. Está un poco sucio. Yo lo cambiaría.
SEÑORITA: ¿Me lo podría cambiar ahora?
EMPLEADO: Sí, pero tardaría una hora más o menos.
SEÑORITA: Entonces no puedo ahora. Tengo prisa. Volveré mañana.
EMPLEADO: De acuerdo.

En la gasolinera. Contesten según la conversación.

1. ¿Dónde está la señorita?
2. ¿Qué tipo de gasolina quiere?
3. ¿Revisa el aceite el empleado?
4. ¿Lo cambiaría él?
5. ¿Por qué lo cambiaría?
6. ¿Lo podría cambiar?
7. ¿Cuánto tiempo tardaría?
8. ¿Puede esperar la señorita?
9. ¿Cuándo volverá?

Un carro de energía solar

CRITICAL THINKING ACTIVITY

(Thinking skills: drawing conclusions; problem solving)

1. Read the following to the class or put it on the board or on a transparency: *Roberto quiere ir a alguna parte. Quiere tomar el coche, pero tiene poca gasolina en el tanque. El tanque está vacío. Roberto cuenta su dinero. No tiene bastante dinero para llenar el tanque. ¿Qué puede hacer?*

2. *¿Cuáles son algunas ventajas de un carro de energía solar?*

Comunicación

A **Vamos a comprar un carro.** Trabaje con un(a) compañero(a) de clase. Descríbale el carro que le gustaría comprar. Luego él o ella le describirá el carro que a él o a ella le gustaría comprar. Decidan si Uds. comprarían el mismo carro o no.

B **La herencia.** Vamos a imaginar un poquito. Ud. recibió o heredó mucho dinero. Prepare una lista de las cosas que haría con el dinero. Luego, lea su lista y determine las categorías o los tipos de cosas o actividades que a Ud. le interesaría hacer.

C **Hay un problema.** Ud. va a una estación de servicio porque tiene un problema con su carro. Dígale al/a la empleado(a) (un[a] compañero[a] de clase) lo que pasa. El/la empleado(a) le dirá cómo arreglar el carro.

D **¿Harías eso?** Pregúntele a un(a) compañero(a) de clase si él o ella haría las siguientes cosas y cuándo las haría. Luego cambien de papel.

1. comprar un coche de cambio automático
2. estacionar en una zona prohibida
3. conducir sin el permiso de conducir
4. usar el claxon
5. comprar gasolina "súper"
6. comprar un coche viejo

Comunicación

PRESENTATION *(page 129)*

The *Comunicación* activities allow students to use the chapter vocabulary and grammar in open-ended situations. You may select those you consider most appropriate. You may also allow students to select the activity or activities in which they will take part.

ANSWERS

Actividades A, B, and C
Answers will vary.

Actividad D
Answers to the following questions will vary.

1. **¿Comprarías un coche de cambio automático?**
2. **¿Estacionarías en una zona prohibida?**
3. **¿Conducirías sin tu permiso de conducir?**
4. **¿Usarías el claxon?**
5. **¿Comprarías gasolina "súper"?**
6. **¿Comprarías un coche viejo?**

LECTURA Y CULTURA

Bell Ringer Review
Write the following on the board or use BRR Blackline Master 5-9: Write a list of all the means of transportation you have learned thus far.

READING STRATEGIES
(page 130)

Pre-Reading
Tell students they are going to read about cars and traffic conditions in many Latin American cities.

Reading
A. Read the selection to students one paragraph at a time as they follow along in their textbooks.
B. Now call on volunteers to read several sentences at a time. After each student reads, ask the class questions about content.
C. Allow the class five minutes to re-read the selection.

Post-reading
Have students mention some things they think are different about driving in Latin American countries.

LOS CARROS EN LATINOAMÉRICA

El año pasado yo estuve en varias ciudades de Latinoamérica. Me gustaría compartir[1] con Uds. algunas cosas que me sorprendieron. Uds. no se pueden imaginar el tráfico que hay en las grandes ciudades.

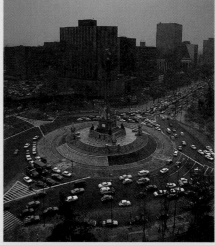

Yo diría que hay más tráfico en Caracas, Buenos Aires o México que en Chicago o Dallas. Me sorprendió también el estado en que están los carros. Muchos carros que ví en las calles eran viejos, muy viejos. ¿Saben por qué? Pues por varias razones, sobre todo los precios. En la mayoría de los países latinoamericanos los coches son muy caros. El automóvil se considera un lujo. El automóvil en Latinoamérica, es para personas con dinero, no es un modo de transporte para el público en general. El pueblo viaja en autobús. Por eso, los gobiernos les imponen impuestos[2] muy altos a los automóviles, especialmente a los carros importados. Un carro de ocasión, es decir, un carro usado de los años 70 costaría unos 10.000 dólares. ¿Cuánto costaría un coche nuevo? Depende, pero por lo general, el comprador de un carro nuevo en Latinoamérica tendría que pagar el doble, o más, de lo que pagaríamos en los Estados Unidos. Por eso, los dueños[3] de los coches los cuidan[4] bien y los reparan frecuentemente. Los mantienen en excelentes condiciones.

Pero no hay duda que estos vehículos viejos causan un problema serio. ¿Cuál es este problema? Es la contaminación del aire. En los Estados Unidos, por ejemplo, existen leyes[5] para la protección del ambiente[6]. Se controlan las emisiones de los carros. Se prohíbe la gasolina con plomo. Pocos países latinoamericanos tienen leyes como éstas. Las emisiones de los buses y camiones[7] con motores diesel y la gasolina con plomo, contaminan el aire de bellas ciudades como Santiago de Chile y México. Tan grave es el problema en estas ciudades, que el gobierno no permite circular todos los vehículos todos los días. Algunos vehículos circulan los días pares[8], y los otros los días impares.

[1]compartir *share*	[5]leyes *laws*
[2]impuestos *taxes*	[6]ambiente *environment*
[3]dueños *owners*	[7]camiones *trucks*
[4]cuidan *take care of*	[8]pares *even*

CRITICAL THINKING ACTIVITY

(Thinking skills: making inferences; drawing conclusions)
¿Por qué es tan importante el transporte público en las grandes ciudades?

FOR THE NATIVE SPEAKER

Have students prepare an oral report about the traffic in their town or city. They should develop the report as if it were being done by a reporter from a helicopter.

Estudio de palabras

A ¿Cuál es la definición? Pareen.

1. la mayoría
2. viejo
3. usado
4. el tráfico
5. de los automóviles
6. el automóvil
7. el carro, el camión
8. el doble
9. reparar
10. causar

a. crear
b. los vehículos
c. dos veces
d. el número más grande
e. el tránsito, la circulación
f. hacer reparaciones
g. antiguo
h. el coche, el carro
i. de ocasión
j. automovilístico

B El verbo y el nombre. Pareen.

1. contaminar
2. costar
3. mantener
4. reparar
6. comprar
7. importar
8. sorprender

a. la reparación
b. el mantenimiento
c. el costo
d. la contaminación
e. la importación
f. la sorpresa
g. la compra, el/la comprador(a)

Comprensión

A ¿Sí o no? Contesten.

1. Hay poco tráfico en las ciudades latinoamericanas porque no hay muchos coches.
2. La mayoría de los coches son nuevos.
3. Los coches cuestan menos en Latinoamérica que en los Estados Unidos.
4. Los vehículos en Latinoamérica causan mucha contaminación del aire en las ciudades.

B Explicación. ¿Por qué mantienen los dueños sus carros en buenas condiciones en Latinoamérica?

C Datos o informes. Indique tres cosas que aprendió sobre las ciudades latinoamericanas en esta lectura.

Versátiles 93. Con ellas, versatilidad es ir rumbo a la diversión y compartir diseño, confort y espacio con quien tú más quieres. Porque Chevrolet Blazer y Suburban tienen el tamaño y el equipamiento que se ajusta a tus deseos y necesidades. Ambas tienen línea de vanguardia, amplia comodidad interior y todo lo que buscas para disfrutar lo mejor con todas las ventajas. Cada una tiene su propia personalidad y además, algo muy familiar. La tecnología en movimiento General Motors. Visita a tu Concesionario.

Versatilidad en dos palabras.
Blazer y Suburban.

Blazer

Suburban

GENERAL MOTORS GM **MEXICO**
Tecnología en Movimiento.

Una autopista en Caracas, Venezuela

Estudio de palabras
ANSWERS

Ejercicio A
1. d
2. g
3. i
4. e
5. j
6. h
7. b
8. c
9. f
10. a

Ejercicio B
1. d
2. c
3. b
4. a
5. g
6. e
7. f

Comprensión
ANSWERS

Comprensión A
1. No
2. No
3. No
4. Sí

Comprensión B
Porque los coches cuestan mucho.

Comprensión C
Answers may include the following.
1. Hay mucha contaminación en las ciudades latinoamericanas.
2. Se prohíbe la gasolina con plomo.
3. El gobierno no permite circular los vehículos todos los días.

GEOGRAPHY CONNECTION

The entire city of Caracas is crisscrossed by highways. It is difficult to get around if one does not know the roads. The new Caracas–La Guaira autopista (a long tunnel) enables one to get to the beaches on the coast in half an hour if there is no traffic.

LEARNING FROM REALIA

Refer students to the automobile advertisement at the top of page 131 and ask: *¿Por qué son tan versátiles estos dos modelos?*

FOR THE NATIVE SPEAKER

Ask students to write a short paper on the following topic. *En algunas ciudades grandes se ha propuesto prohibir el uso de automóviles privados. ¿Qué crees tú? ¿Es buena o mala idea? ¿Por qué? ¿Qué ventajas y desventajas ves con prohibir el uso de automóviles privados?*

Descubrimiento Cultural

(*The* Descubrimiento *section is optional.*)

PRESENTATION (*pages 132-133*)

A. Have students read the selection silently.

B. Discuss with students the pollution problem in the U.S. and in Hispanic countries.

DESCUBRIMIENTO CULTURAL

Los autobuses son la forma de transporte más popular para el pueblo en los países hispanos. Viajar en bus, bus municipal o privado, resulta muy barato. Pero hay un costo oculto, la contaminación. Para mantener el bajo costo se permite el uso de buses antiguos, mayormente diesel, que emiten enormes cantidades de contaminantes. Los gobiernos necesitan un servicio de transporte barato y por eso no imponen muchas restricciones en los buses.

Muchos gobiernos federales y municipales están tratando de aliviar el problema de la contaminación. Por ejemplo, en la Ciudad de México, los carros con placas o matrículas que tienen un número impar pueden circular en la ciudad ciertos días y los carros que tienen matrícula con número par, los otros días. Es una medida para reducir el tráfico y bajar la cantidad de emisiones de gases tóxicos en el aire.

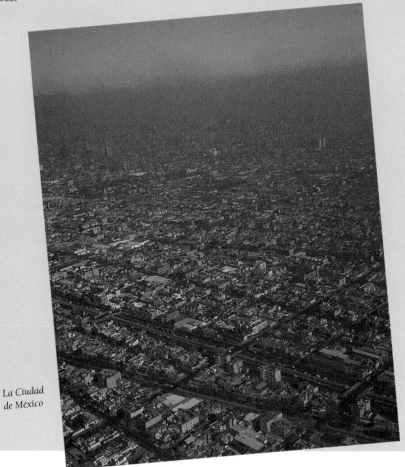

La Ciudad de México

Una manera de reducir el tráfico es con construir una red de metro. Hoy la Ciudad de México, Caracas y Santiago de Chile tienen nuevas redes excelentes y modernas.

Y AQUÍ EN LOS ESTADOS UNIDOS

Las compañías automovilísticas norteamericanas tienen fábricas en España y en Latinoamérica. La General Motors, la Chrysler y la Ford, todas montan y fabrican vehículos en los países hispanos. Hoy la Ford, por ejemplo, fabrica un modelo, el Festiva, en México para vender en los Estados Unidos. Algunos modelos se introducen en el extranjero y, si tienen buen resultado, después en los EE. UU.

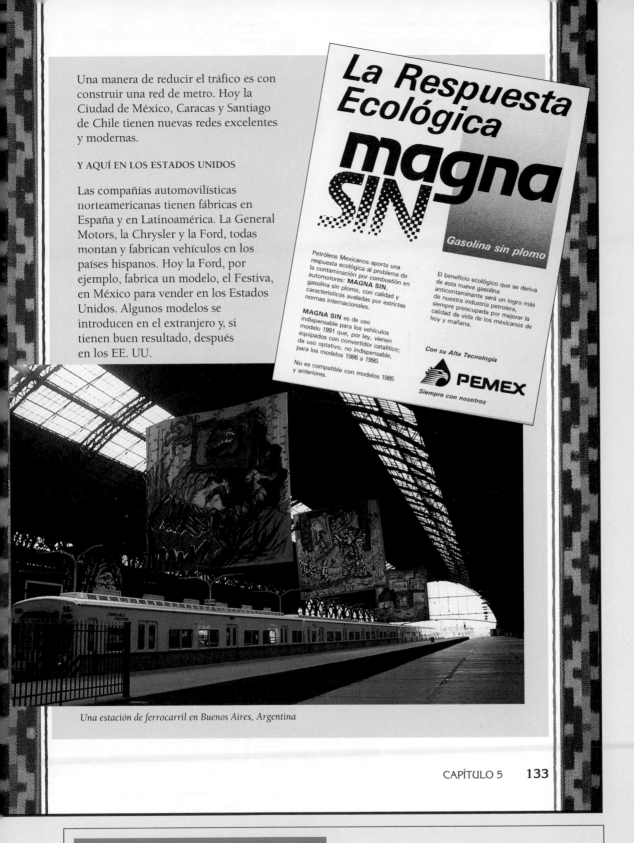

La Respuesta Ecológica magna SIN

Gasolina sin plomo

Petróleos Mexicanos aporta una respuesta ecológica al problema de la contaminación por combustión en automotores: **MAGNA SIN**, gasolina sin plomo, con calidad y características avaladas por estrictas normas internacionales.

MAGNA SIN es de uso indispensable para los vehículos modelo 1991 que, por ley, vienen equipados con convertidor catalítico; de uso optativo, no indispensable, para los modelos 1986 a 1990.

No es compatible con modelos 1985 y anteriores.

El beneficio ecológico que se deriva de esta nueva gasolina anticontaminante será un logro más de nuestra industria petrolera, siempre preocupada por mejorar la calidad de vida de los mexicanos de hoy y mañana.

Con su Alta Tecnología

PEMEX

Siempre con nosotros

Una estación de ferrocarril en Buenos Aires, Argentina

CAPÍTULO 5 **133**

(The Realidades *section is optional.)*

Bell Ringer Review

Write the following on the board or use BRR Blackline Master 5-11: Write sentences using each of the following words: *el tren, el carro, el metro, el autobús, el taxi.*

PRESENTATION *(pages 134-135)*

The main objective of this section is for students to enjoy the photographs. Here are some additional suggestions for using the *Realidades.*

Pre-reading

Before reading the captions, have students cover them and look only at the photos. Ask them to describe in as much detail as possible what they see. Cue with questions if necessary.

Reading

Have students read the captions on page 134 silently and be prepared to answer the question in caption 3.

Post-reading

Discuss the captions as a class. Ask students (drivers, if possible) what problems they might encounter when driving a car in Latin America for the first time.

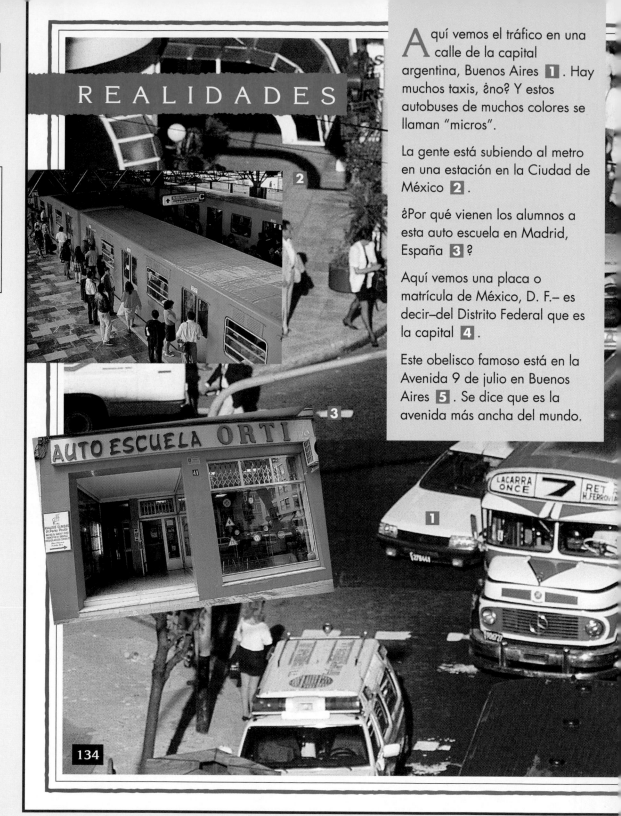

R E A L I D A D E S

Aquí vemos el tráfico en una calle de la capital argentina, Buenos Aires **1**. Hay muchos taxis, ¿no? Y estos autobuses de muchos colores se llaman "micros".

La gente está subiendo al metro en una estación en la Ciudad de México **2**.

¿Por qué vienen los alumnos a esta auto escuela en Madrid, España **3**?

Aquí vemos una placa o matrícula de México, D. F.– es decir–del Distrito Federal que es la capital **4**.

Este obelisco famoso está en la Avenida 9 de julio en Buenos Aires **5**. Se dice que es la avenida más ancha del mundo.

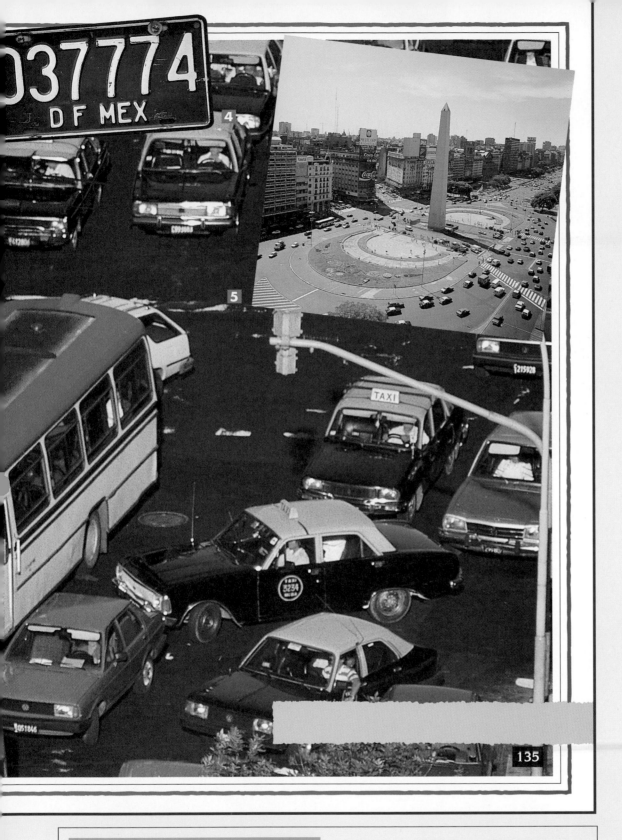

4

5

135

LEARNING FROM PHOTOS

Refer students to Photo 1 on page 134 and ask: *¿De qué color son los taxis en Buenos Aires?*

135

The *Comunicación oral* and
Comunicación escrita activities
provide a forum in which students
create and answer their own questions and come up with dialogs on
their own.

Comunicación oral

ANSWERS

Actividades A, B, and C
Answers will vary.

INFORMAL ASSESSMENT

Activities A and B can be used
to evaluate the speaking skills
informally. You may assign a grade
based on students' ability to communicate in Spanish. Use the evaluation criteria given on page 24
of this Teacher's Wraparound
Edition.

Comunicación escrita

ANSWERS

Actividades A and B
Answers will vary.

Comunicación oral

A **¿Conduces bien o mal?** Dígale a un(a) compañero(a) si Ud. hace
lo siguiente cuando conduce. Él o ella le dirá si Ud. es buen(a)
conductor(a) o no, y por qué o por qué no. Luego cambien de papel.

1. Cuando veo una luz amarilla, acelero.
2. Cuando voy a doblar una esquina, pongo las direccionales.
3. Cuando llego a un cruce, toco la bocina y continúo.
4. Cuando tengo que parar, pongo el pie en el acelerador.
5. Cuando veo a alguien en la calle, pongo los frenos y toco la bocina.

B **¡Qué mala suerte!** Ud. no salió bien en el examen que tomó para conseguir
su permiso de conducir. Llame a un(a) amigo(a) y explíquele lo que pasó.
Dígale por qué Ud. no salió bien. Él o ella le dirá lo que tiene que hacer antes de
tomar el examen de nuevo.

C **El transporte público.** Con un(a) compañero(a) de
clase hable de las ventajas *(advantages)* de usar el transporte
público para ir al colegio, en vez de usar el coche.

Comunicación escrita

A **Por favor...** Su coche tiene problemas. Ud. tiene que dejarlo en la
estación de servicio pero la estación no está abierta. Escríbale una nota
al mecánico explicándole lo que le pasa al coche.

B **Un coche nuevo.** Imagínese que Ud. tiene un coche nuevo. Escríbale una
carta a un(a) amigo(a) describiéndole el viaje que Ud. hará en su coche nuevo.

136 CAPÍTULO 5

LEARNING FROM REALIA

Refer students to the signs on page 136
and ask: ¿Cuál es otra expresión que significa «Gente trabajando»?
¿Cuál es el rótulo que indica:
a. *Zona escolar*
b. *Vía para doblar a la derecha*
c. *No estacionar*
d. *Tráfico en dos sentidos*

STUDENT PORTFOLIO

Have students keep a Spanish notebook
with their best written work from *A bordo*
in it. Written assignments that may be
included in students' portfolios are the
Actividades escritas on page 136 and the
Mi autobiografía section in the Workbook.

136

Reintegración

A Un viaje. Contesten.

1. ¿Hiciste un viaje?
2. ¿Hizo el mismo viaje tu amigo(a)?
3. ¿Lo hicieron en carro?
4. ¿Adónde fueron?
5. ¿Quién condujo?
6. ¿Pusiste tus maletas en la maletera del carro?
7. Y tu amigo, ¿puso sus maletas en la maletera?
8. Antes de salir, ¿llenaste el tanque de gasolina?
9. ¿A qué gasolinera fuiste?

B Mañana. Contesten.

1. ¿Qué harás mañana?
2. ¿Qué harás durante el verano?
3. ¿Qué harás el año que viene?
4. ¿Qué harás durante el fin de semana?
5. ¿Qué harás durante tus vacaciones?

Vocabulario

SUSTANTIVOS

el coche
el carro
el sedán
el cupé
el descapotable
el coche deportivo
la puerta
el capó
la maletera
el maletero
el neumático
la goma
la llanta
la bocina
el claxon
el intermitente
el radiador
la direccional

la batería
el tanque
el parabrisas
el cinturón de seguridad
el freno
el conductor
la licencia
el permiso de conducir
la circulación
el tráfico
el tránsito
el cruce
la gasolinera
la gasolina
el/la empleado(a)
el aceite
la presión
el aire

ADJETIVOS

súper
normal

VERBOS

conducir
acelerar
adelantar
doblar
frenar
parar
estacionar
aparcar
llenar
revisar
verificar
limpiar

OTRAS PALABRAS Y
EXPRESIONES

cambiar de velocidad
con cuidado
con plomo
sin plomo
de repuesto
de recambio

Reintegración

RECYCLING

Exercise A recycles the preterite of irregular verbs.

PRESENTATION (*page 137*)

These exercises can be done with books closed or open. You may also want to have students write the answers to the exercises.

ANSWERS
Ejercicio A
1. Sí (No), (no) hice un viaje.
2. Sí, (No) mi amigo (no) hizo el mismo viaje.
3. Sí (No), (no) lo hicimos en carro.
4. Fuimos a…
5. Yo conduje (mi amigo condujo).
6. Sí, puse mis maletas en la maletera del carro.
7. Sí, (No,) él (no) puso sus maletas en la maletera del carro.
8. Sí, antes de salir llené el tanque de gasolina.
9. Fui a la gasolinera…

Ejercicio B
Answers will vary, but they should be in the future.

Vocabulario

The words and phrases in the *Vocabulario* have been taught for productive use in this chapter. They are summarized here as a resource for both students and teacher. The *Vocabulario* also serves as a convenient resource for the *Culminación* activities. There are approximately 24 cognates in this list.

LEARNING FROM PHOTOS

Refer students to the photo on page 137. Have them describe it in their own words.

INDEPENDENT PRACTICE

Assign any of the following:
1. Exercises on student page 137
2. Workbook, *Mi autobiografía*
3. Chapter 5, Situation Cards

CHAPTER OVERVIEW

In this chapter students will learn to communicate in various situations at hotels, such as making a reservation, checking in, requesting various hotel services, and checking out. They will expand their ability to talk about time relationships by learning formation and basic uses of the present perfect tense. They will also learn the use of *se* when combining direct and indirect object pronouns. The cultural focus of Chapter 6 is on the many types of hotel accommodations available in Spanish-speaking countries.

CHAPTER OBJECTIVES

By the end of this chapter, students will know:
1. vocabulary associated with checking into and out of a hotel
2. vocabulary associated with requesting various hotel services
3. vocabulary associated with basic hotel features and facilities
4. the formation and some basic uses of the present perfect tense
5. the use of the indirect object pronoun *se* in sentences with two object pronouns

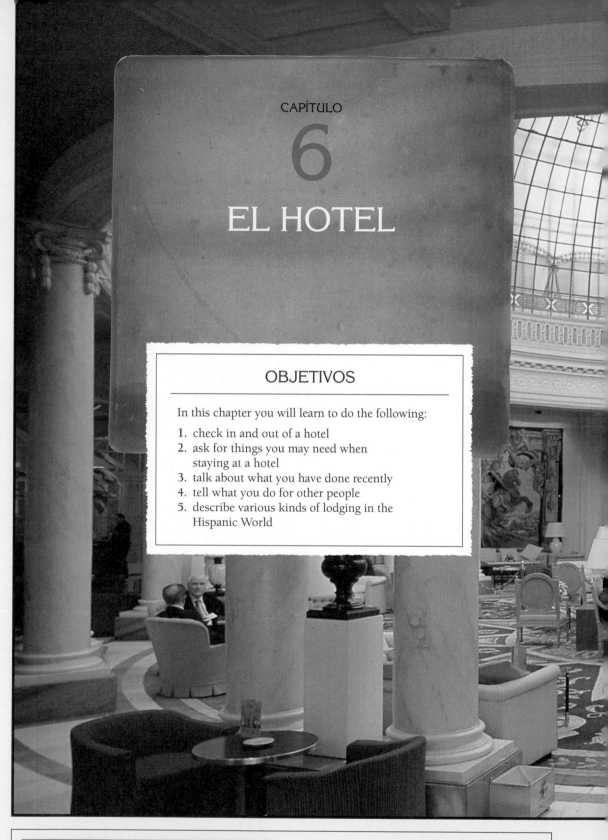

CAPÍTULO

6

EL HOTEL

OBJETIVOS

In this chapter you will learn to do the following:

1. check in and out of a hotel
2. ask for things you may need when staying at a hotel
3. talk about what you have done recently
4. tell what you do for other people
5. describe various kinds of lodging in the Hispanic World

CHAPTER PROJECTS

(optional)

1. Have students plan hotel stays in different Hispanic cities. If possible have them collect, or provide them with, pictures and travel brochures of these places.
2. Have groups create their own imaginary hotel and describe it to the class. The class can rate each different hotel as to quality, value-for-price, and cuisine.
3. Invite a native Spanish-speaker or a North American who has travelled in Hispanic countries to share hotel experiences with the class.

139

Pacing

Chapter 6 will require eight to ten class sessions. Pacing will depend on the length of the class period, the age of the students, and student aptitude.

LEARNING FROM PHOTOS

Refer to the photos on pages 138–139. Tell students: *Éste es el hall del Hotel Palace en la ciudad de Madrid. ¿Qué opinas? ¿Es un hotel lujoso? ¿Tiene cinco estrellas?*

VOCABULARIO

PALABRAS 1

EN LA RECEPCIÓN

el recepcionista   la recepcionista   la llegada al hotel

la recepción

el ascensor

el botones, el mozo

el equipaje

la llave

la ficha, la tarjeta   el cliente, el huésped

un cuarto, una habitación

un cuarto sencillo

un cuarto doble

140 CAPÍTULO 6

Bell Ringer Review

Write the following on the board or use BRR Blackline Master 6-1: Write a list of things you have to pack when you go on a trip.

PRESENTATION (pages 140-141)

Note In the vocabulary section, all the present perfect verb forms are in the third person so that students can concentrate on assimilating the vocabulary without worrying about inflections. Students will learn how to manipulate the other forms of the present perfect in the *Estructura* section of this chapter.

A. Have students close their books. Present *Palabras 1* by referring to Vocabulary Transparencies 6.1 (*A & B*). Lead students through the new vocabulary by asking *¿Qué es esto?* or *¿Quién es?* Model the response and have students repeat after you. For example: *¿Qué es? Es un hotel.*

B. Now have students open their books and repeat in unison as you model the entire *Palabras 1* vocabulary, or play Cassette 4B.

PANTOMIME 1

(following the Vocabulary presentation)

Getting Ready

Set up places in the classroom in order to create a hotel. As props you might use a room key and a small suitcase.

(Student 1) y (Student 2), **vengan Uds., por favor.**

(Student 1), **llegas al hotel.**

(Student 2), **eres el/la recepcionista.**

(Student 1), **ve a la recepción. Pide una habitación.**

(Student 2), **dále la ficha.**

(Student 1), **llena la ficha. Fírmala. (Escribe tu nombre). Dále la ficha al/a la recepcionista.**

(Student 2), **dale la llave al/a la cliente.**

(Student 1), **toma tu equipaje. Sube la escalera.**

Gracias, (Student 1) y (Student 2).

La señorita ha llegado al hotel.
Ella ya ha reservado un cuarto.
Ella ha subido a su cuarto.
Ella ha abierto la puerta.
El botones ha subido el equipaje.

la salida del hotel

el cajero

la cuenta, la nota

los gastos

el total, el monto

la caja

El señor ha pedido su nota.
El cajero se la ha dado.

El señor ha abandonado su cuarto.

C. Refer to the Vocabulary Transparencies again. Call on volunteers to read the new words or phrases from their books in random order. Other volunteers will go to the screen and point out the corresponding images.
D. Make true/false statements about the material and have students respond. For example: *La recepción está en el jardín del hotel. (falso) La recepción está en el pasillo. (falso) El cliente llena la ficha. (verdad)*

Teaching Tip For additional practice in true/false activities, have students correct false statements.

Vocabulary Expansion

You may give students the following expressions that are useful at a hotel:
¿Hay cartas para mí?
¿Hay mensajes para mí?

PANTOMIME 2

____, ven acá, por favor.
Tú eres un/una turista. Estás en un hotel, delante de la puerta de tu habitación.
Toma tu llave.
Abre la puerta con la llave.
Toma tu equipaje.
Entra en la habitación.
Pon tu equipaje sobre la cama.
Cierra la puerta.

Mira bien la habitación.
Ve al baño.
Abre la ventana. Mira afuera.
Indica que estás contento(a) con la habitación.
Gracias, _____. Bien hecho.

Ejercicios

PRESENTATION (pages 142-143)

Extension of *Ejercicio A*:
Speaking

After completing Exercise A, call on individuals to describe the illustrations to the class.

Ejercicio B

Exercise B prepares students for the present perfect tense, presented in the *Estructura* section that follows. Note that in this exercise only the third person form is used, in order to avoid verb manipulation. Students will learn the other verb forms in the *Estructura* section.

Extension of *Ejercicio B*:
Listening

After completing Exercise B as a whole-class activity, focus on the listening skill by having students work in pairs. One partner reads the questions in random order while the other listens and answers, with book closed. Then the partners can switch roles.

ANSWERS

Ejercicio A

1. Es la recepción.
2. Es el recepcionista.
3. Es la ficha.
4. Es la llave.
5. La señorita ha llegado al hotel.
6. El mozo ha subido el equipaje.

Ejercicio B

1. Sí, la señorita ha llegado al hotel.
2. Sí, ella tiene una reservación.
3. Ella quiere una habitación sencilla.
4. Sí, la señorita se ha presentado en la recepción.
5. Sí, ha pedido su habitación.
6. Sí, ha llenado la ficha de llegada.
7. Sí, ha ido a su cuarto.
8. Sí, el botones ha subido el equipaje.
9. Sí, la señorita le ha dado una propina.
10. Se la dio al botones.

Ejercicios

A ¿Qué es? Identifiquen.

1. ¿Es la recepción o la caja?

2. ¿Es el recepcionista o el botones?

3. ¿Es la ficha o la nota?

4. ¿Es la llave o la tarjeta de crédito?

5. ¿La señorita ha llegado al hotel o ha salido del hotel?

6. ¿El mozo ha subido o ha bajado el equipaje?

B En la recepción. Contesten.

1. ¿Ha llegado al hotel la señorita?
2. ¿Tiene ella una reservación?
3. Ella viaja sola. ¿Quiere una habitación doble o sencilla?
4. ¿La señorita se ha presentado en la recepción?
5. ¿Ha pedido su habitación?
6. ¿Ha llenado la ficha de llegada?
7. ¿Ha ido a su cuarto?
8. ¿El botones ha subido el equipaje?
9. ¿La señorita le ha dado una propina?
10. ¿A quién se la ha dado?

142 CAPÍTULO 6

COOPERATIVE LEARNING

Each team assembles a list of hotel events which they can mime. Teams then present their mimes to the class, one event at a time. The class asks questions to determine what they are doing. Chosen team members respond.

C ¿Qué es o quién es? Den la palabra.

1. adonde van los clientes al llegar al hotel
2. adonde van los clientes para pagar su cuenta antes de salir del hotel
3. el que lleva o sube el equipaje a los cuartos de los clientes
4. el que trabaja en la recepción
5. el que trabaja en la caja
6. un cuarto para una sola persona
7. un cuarto para dos personas
8. lo que usa mucha gente para pagar la cuenta o la nota en un hotel
9. lo que abre la puerta

D Una palabra relacionada. Pareen.

1. llegar   a. el pago
2. salir   b. el gasto
3. pagar   c. la reservación
4. gastar   d. la salida
5. recibir   e. la llegada
6. reservar   f. la recepción

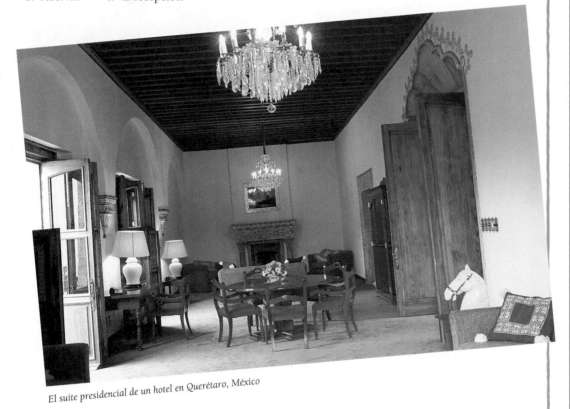

El suite presidencial de un hotel en Querétaro, México

CAPÍTULO 6   **143**

INDEPENDENT PRACTICE

Assign any of the following:
1. Workbook, *Palabras 1*
2. Communication Activities Masters, *A & B*
3. Exercises on student pages 142-143

INFORMAL ASSESSMENT

(Palabras 1)

Show Vocabulary Transparencies 6.1 (*A & B*) again and have students make up as many questions as they can about the illustrations. This is an important activity because it gives students practice using the interrogative words.

GEOGRAPHY CONNECTION

Querétaro es una ciudad de unas 800,000 habitantes. Es la capital del estado de Querétaro y es un centro industrial importante.

HISTORY CONNECTION

Querétaro ha jugado un papel importantísimo en la historia de México. En esta ciudad nació en 1810 Josefa Ortiz de Domínguez, una gran heroína de la independencia mexicana. Se le llamaba la Corregidora. En 1848 terminó la guerra con los Estados Unidos con la firma del Tratado de Guadalupe Hidalgo en Querétaro y en Querétaro fue firmada la Constitución mexicana en 1917, la misma constitución que rige el Estado hoy.

Vocabulary Teaching Resources

1. Vocabulary Transparencies 6.2 (*A & B*)
2. Audio Cassette 4B
3. Student Tape Manual, *Palabras 2*
4. Workbook, *Palabras 2*
5. Communication Activities Masters, *C & D*
6. Chapter Quizzes, *Palabras 2*
7. Computer Software, *Vocabulario*

Bell Ringer Review

Write the following on the board or use BRR Blackline Master 6-2: Write a list of all the rooms in a typical house.

PRESENTATION (pages 144-145)

A. Have students close their books. Model the *Palabras 2* vocabulary using Vocabulary Transparencies 6.2 (*A & B*). Have students repeat the new material after you or Cassette 4B. Have them repeat each word or expression twice.
B. Point to the appropriate illustration and ask questions, beginning with yes/no and either/or and then progressing to more open ended ones, such as: *¿Qué ha hecho la camarera? ¿Quién ha cambiado las toallas?*
C. Use props such as a pillow, soap, a towel, etc. as cues. Ask students what one needs in order to do various things. For example: *Va a tomar una ducha. Se va a bañar. Se lava el cuerpo. Se seca. Va a dormir. Pone la ropa en el armario.*

VOCABULARIO

PALABRAS 2

EN LA HABITACIÓN

144 CAPÍTULO 6

PANTOMIME

_____, ven acá, por favor.
Estás en un hotel.
Estás en tu cuarto.
Abre la puerta del armario.
Toma una percha.
Cuelga tu abrigo.
Ponlo en el armario.
Cierra la puerta del armario.
Ve al baño.

Mírate en el espejo.
Toma la barra de jabón. Lávate el cuerpo.
Toma una toalla.
Sécate el cuerpo con la toalla.
Gracias, _____. Bien hecho.
Ahora, vuelve a tu asiento, por favor.

el armario

la percha,
el colgador,
el gancho

la camarera

La camarera ha limpiado el cuarto.
Ha hecho (tendido) la cama.

Ha cambiado las toallas.

CAPÍTULO 6   **145**

D. When presenting the sentences on page 145, ask questions in order to elicit the desired vocabulary. For example:
¿Quién ha limpiado el cuarto?
¿Qué ha limpiado la camarera?
¿Qué ha tendido la camarera?
¿Quién ha hecho la cama? ¿Qué ha hecho la camarera en el baño?

Teaching Tip When asking questions like the ones above, direct easier questions to the less able students and save difficult ones for more able students.

Vocabulary Expansion

You may wish to give students the following useful expressions:
Quisiera más toallas, por favor.
Otra almohada, por favor.
Necesito otra manta.
No hay jabón.
Necesito un rollo de papel higiénico.

CRITICAL THINKING ACTIVITY

(Thinking skills: making inferences; drawing conclusions)

Los hoteles tienen una hora fija en que sus clientes o huéspedes tienen que abandonar sus cuartos. En algunos hoteles es el mediodía. En otros es a las dos de la tarde—nunca más tarde. ¿Por qué tienen que abandonar los huéspedes sus cuartos para esta hora?

145

Ejercicios

PRESENTATION (page 146)

Ejercicio A

A. Have students refer to the illustration as they answer.

B. Call on individuals to describe the illustrations in their own words.

Ejercicio B

Exercise B can be done with books open.

Extension of *Ejercicio C*

After students give you another word, you may have them use each word in a sentence.

ANSWERS

Ejercicio A

1. Hay una cama.
2. Sí, el cuarto tiene balcón.
3. Sí, tiene baño.
4. Sí, hay una ducha.
6. Hay dos toallas.
7. Hay toallas grandes.
8. La camarera limpia los cuartos.

Ejercicio B

1. La camarera
2. la cama
3. cambiado, baño
4. jabón
5. (perchas, colgadores)
6. el aire acondicionado

Ejercicio C

1. la habitación
2. la barra
3. el gancho, el colgador
4. el monto
5. la cuenta
6. el mozo

INFORMAL ASSESSMENT

(*Palabras 2*)

Check for understanding by having students correct the following statements:

El aire acondicionado está en el baño.

Hay una toalla en la cama.

Hay perchas en la silla.

Hay un inodoro en la habitación.

La camarera ha cambiado el televisor.

146

Ejercicios

A El cuarto de un hotel. Contesten según el dibujo.

1. ¿Cuántas camas hay en el cuarto?
2. ¿Tiene balcón el cuarto?
3. ¿Tiene baño el cuarto?
4. ¿Hay una ducha en el cuarto de baño?
5. ¿Cuántas toallas hay?
6. ¿Hay toallas grandes y pequeñas?
7. ¿Quién limpia el cuarto?

B En el cuarto del hotel. Completen.

1. ____ ha limpiado el cuarto.
2. Ella ha hecho la ____ .
3. Ella ha ____ las toallas en el ____ .
4. Ella ha traído más barras de ____ .
5. Hay ____ para colgar la ropa en el armario.
6. Hace calor en el cuarto. La señorita ha puesto el ____ ____ .

C Los sinónimos. ¿Cuál es otra palabra?

1. el cuarto
2. la pastilla
3. la percha
4. el total
5. la nota
6. el botones

COOPERATIVE LEARNING

Allow time to prepare. Two team members are having a great time in an expensive hotel. The other two are having a terrible time in a cheap hotel. The four meet at a café and take turns describing their experiences. For example: *¡Nuestra habitación es enorme! ¡Nuestra habitación es como un armario! ¡Las camas son muy cómodas! ¡Nuestras camas son horribles!*, etc.

INDEPENDENT PRACTICE

Assign any of the following:

1. Workbook, *Palabras 2*
2. Communication Activities Masters, *C & D*
3. Exercises on student pages 146-147

Comunicación
Palabras 1 y 2

A **En la pensión.** Ud. ha llegado a la Pensión Costa Azul en Barcelona. Ud. se presenta a la recepción. Hable con el/la recepcionista.

1. Find out if they have a single room.
2. The receptionist wants to know if you have a reservation. You don't.
3. A single room is available. Ask what floor it is on, and how much it is.
4. The receptionist asks you if you have luggage.
5. At the end of your stay, ask for your bill and if you can pay with a credit card.

B **Lo que voy a hacer.** Durante su estadía en el hotel, Ud. piensa hacer lo siguiente. Explíquele al/a la recepcionista lo que tiene que tener en el cuarto.

1. Me quiero lavar.
2. Quiero tomar una ducha.
3. Quiero colgar mi ropa en el armario.
4. Está haciendo mucho calor y no me gusta mucho el calor.
5. Quiero tomar un poco de aire fresco sin salir a la calle.
6. Me gustaría ver una película o un partido de fútbol.
7. Quisiera hacer algunas llamadas.
8. Somos cuatro personas.

El parque Güell, Barcelona, España

C **¡Qué hotel!** Ud. ha pasado sus vacaciones en un hotel en San Juan, Puerto Rico. Su compañero(a) de clase quiere saber si le gustó el hotel. Dígale lo que Ud. opina sobre…

1. el servicio de los botones
2. la piscina
3. el baño
4. la cama
5. el restaurante del hotel
6. el desayuno
7. la habitación
8. la vista desde su ventana

RADISSON ES UNICO

HOTELES PARAISO RADISSON:
los únicos siempre orientados hacia el servicio.

Paraíso Radisson HOTELES

SERVICIO

En los hoteles Paraíso Radisson conocemos realmente lo que significa un buen servicio, y lo puede comprobar con cada una de nuestras atenciones, porque en Paraíso Radisson complacerlo va por nuestra cuenta.

De la colección de más de 250 hoteles Radisson y afiliados en el mundo.

Consulte a su agente de viajes o llame a. 91 (800) 90 0 90 México 533-11-95.

Nuestro servicio vale más de lo que cuesta

MEXICO
ACAPULCO
CANCUN
MEXICO, D.F.
TIJUANA
ZACATECAS
MERIDA
NUEVO
VALLARTA
ESTADOS
UNIDOS
EUROPA
ASIA
APERTURAS 1993

CAPÍTULO 6 **147**

DID YOU KNOW?

Gaudí es el famoso arquitecto, escultor, y herrador catalán. Fue uno de los más importantes exponentes del modernismo. Nació en 1852 y dedicó su vida a la construcción del Templo de la Sagrada Familia en Barcelona, que todavía no ha sido terminado. La vida de Gaudí es triste. Vivió como un recluso. En 1926 fue atropellado (run over) por un tranvía y murió dos días después en el hospital.

Nadie sabía quién era. Nadie lo había reconocido. Está enterrado en la cripta de la Sagrada Familia.

Comunicación
(Palabras 1 and 2)

Bell Ringer Review
Write the following on the board or use BRR Blackline Master 6-3: Write who or what can be seen in each of the following places:
la recepción de un hotel
la habitación de un hotel
el baño de un hotel

PRESENTATION *(page 147)*
You may have students do any number of these activities. You may also allow students to select the activities in which they take part.

ANSWERS
Actividad A
Answers will vary.

Actividad B
Answers may include the following.
1. **Necesito una barra de jabón.**
2. **Necesito toallas y jabón.**
3. **Necesito perchas.**
4. **Necesito el aire acondicionado.**
5. **Necesito un balcón.**
6. **Necesito un televisor.**
7. **Necesito un teléfono.**
8. **Necesitamos dos habitaciones dobles.**

Actividad C
Answers will vary.

GEOGRAPHY CONNECTION
El Parque Güell was the idea of the famous architect Antonio Gaudí. In the park there are wonderful mosaics, some of which are seen in this photo. From this park there are beautiful views over the city of Barcelona and the Mediterranean. The Gaudí Museum is housed in the park. Gaudí was also responsible for some of the planning of the spacious central part of Barcelona known as el Ensanche. (See *la Sagrada Familia* on the cover of *Bienvenidos*).

ESTRUCTURA

Structure Teaching Resources

1. Workbook, *Estructura*
2. Student Tape Manual, *Estructura*
3. Audio Cassette 4B
4. Communication Activities Masters, *E-G*
5. Chapter Quizzes, *Estructura*
6. Computer Software, *Estructura*

Bell Ringer Review

Write the following on the board or use BRR Blackline Master 6-4: Complete in the present.

1. Nosotros ___ al hotel. (llegar)
2. Nosotros ___ a la recepción. (ir)
3. El recepcionista nos ___ y nos ___ la llave. (hablar, dar)
4. El botones nos ___ con las maletas. (ayudar)
5. Él nos ___ las maletas. (subir)
6. Nosotros ___ en el ascensor. (subir)
7. Yo ___ la puerta con la llave. (abrir)
8. Yo ___ en el hotel pero mis amigos ___ a comer en un restaurante. (comer, salir)

El presente perfecto

PRESENTATION (*pages 148-149*)

A. Have students open their books to page 148. Lead them through steps 1-5.
B. Model the examples and have students repeat them in unison.
C. Write the forms of the verb *haber* on the board.
D. Have students repeat the past participles in step 2 after you.

El presente perfecto

Talking About What You and Others Have Done Recently

1. The present perfect tense in Spanish is formed by using the present tense of the verb *haber* and the past participle. Note the present tense forms of the verb *haber*.

INFINITIVE	HABER
yo	he
tú	has
él, ella, Ud.	ha
nosotros(as)	hemos
vosotros(as)	*habéis*
ellos, ellas, Uds.	han

2. The past participle of regular verbs is formed by adding *-ado* to the infinitive stem of *-ar* verbs, and *-ido* to the infinitive stem of *-er* and *-ir* verbs.

hablar	hablado	comer	comido	subir	subido
reservar	reservado	poder	podido	pedir	pedido

3. The present perfect is called a compound tense because it consists of two verb forms: the present tense of the verb *haber,* and the past participle of the verb being used.

INFINITIVE	LLEGAR	COMER	SUBIR
yo	he llegado	he comido	he subido
tú	has llegado	has comido	has subido
él, ella, Ud.	ha llegado	ha comido	ha subido
nosotros(as)	hemos llegado	hemos comido	hemos subido
vosotros(as)	*habéis llegado*	*habéis comido*	*habéis subido*
ellos, ellas, Uds.	han llegado	han comido	han subido

4. The present perfect tense is used to describe a recently completed action. Some time expressions that are used frequently with the present perfect are:

ya	*already, yet*
todavía no	*not yet*
jamás	*ever, never*
nunca	*never*

Ya has visitado México, ¿verdad?
Sí, he estado dos veces.
Pero todavía no he estado en Taxco.
No he ido nunca a Taxco.

5. In compound tenses the verb *haber* and the participle are never separated.

María ha llegado pero sus amigos no han llegado.
Él ha leído la carta pero su amigo no la ha leído.
Ella se ha levantado pero sus amigos no se han levantado.

Ejercicios

A **En el hotel.** Contesten.

1. ¿Ha llegado Carmen al hotel?
2. ¿Ha ido a la recepción?
3. ¿Se ha presentado en la recepción?
4. ¿Ha llenado la ficha o la tarjeta de recepción?
5. ¿Han llegado sus amigos también?
6. ¿Han subido ellos a su cuarto?
7. Y tú, ¿has estado alguna vez en un hotel?
8. ¿En qué hotel has estado?

La iglesia de Santa Prisca, Taxco, México

E. Put the past participles on the board with *haber* and have students repeat aloud the forms of the present perfect.
F. Have students read the adverbs and the example sentences in step 4 aloud.
G. You may wish to ask questions about the example sentences in step 5. *¿Quién ha llegado? ¿Quiénes no han llegado? ¿Quién ha leído la carta? ¿Quién no la ha leído? ¿Quién se ha levantado? ¿Quiénes no se han levantado?*

Ejercicios

PRESENTATION (pages 149-150)

Ejercicio A
Do Exercise A orally first. Then have students write the answers.

ANSWERS

Ejercicio A
Answers will vary.
1. Sí, Carmen ha llegado al hotel.
2. Sí, ha ido a la recepción.
3. Sí, se ha presentado en la recepción.
4. Sí, ha llenado la ficha de recepción.
5. Sí, sus amigos han llegado también.
6. Sí, han subido a su cuarto.
7. Sí (No), yo (no) he estado en un hotel.
8. Yo he estado en el Hotel...

GEOGRAPHY CONNECTION

Taxco siempre ha sido famoso por sus minas de plata. Es un pueblo bello con casas blancas de estilo colonial y callejuelas empedradas. Está situado en las colinas de la Sierra Madre en el estado de Guerrero. El gobierno mexicano declaró a Taxco un monumento nacional en 1928.

LEARNING FROM PHOTOS

Refer students to the photos at the bottom of page 149 and ask: *¿Adónde están llegando los jóvenes? ¿Qué están llevando? ¿Qué están subiendo?*

Ejercicios B and D

Exercises B and D can be done with books closed.

Extension of *Ejercicio B*

Exercise B contains a very natural exchange. You may wish to do this with many more verbs. For example: *¿Vas a llamar a José? ¿Vas a telefonear? ¿Vas a dejar un mensaje? ¿Vas a ir a su casa? ¿Vas a hablar con él?*

Ejercicio C

Exercise C can be done with books open.

ANSWERS

Ejercicio B

1. No, porque ya he llamado a María.
2. No, porque ya he ido a la gasolinera.
3. No, porque ya he llenado el tanque.
4. No, porque ya he revisado el aceite.
5. No, porque ya he cambiado la llanta.

Ejercicio C

1. ha llegado
2. se ha presentado
3. ha ido
4. ha subido
5. ha llegado
6. ha tenido
7. ha habido

Ejercicio D

Answers will vary.

1. Sí (No), (no) he estado alguna vez (nunca) en un país extranjero.
2. Sí (No), (no) he estado en otro estado de los Estados Unidos.
3. Yo he visitado…
4. Sí (No), (no) me han gustado.
5. Sí (No), (no) he viajado en avión.
6. He ido a…
7. He viajado… veces en avión.

B **No, ya lo he hecho.** Contesten según el modelo.

¿Vas a comer?
No, porque ya he comido.

1. ¿Vas a llamar a María?
2. ¿Vas a ir a la gasolinera?
3. ¿Vas a llenar el tanque?
4. ¿Vas a revisar el aceite?
5. ¿Vas a cambiar la llanta?

C **Ya ha llegado.** Completen con el presente perfecto.

Rosaura ya ___ (llegar) al hotel. ___ (presentarse) en la recepción y ___ (ir) a
su cuarto. El mozo le ___ (subir) las maletas.
Nosotros no ___ (llegar) todavía. ___ (tener) un problema. ___ (haber)
mucho tráfico.

D **Mis viajes.** Preguntas personales.

1. ¿Has estado alguna vez en un país extranjero?
2. Si todavía no has estado en un país extranjero, ¿has estado en otro estado de los Estados Unidos?
3. ¿Qué estados o países has visitado?
4. ¿Te han gustado?
5. ¿Ya has viajado en avión?
6. ¿Adónde has ido en avión?
7. Hasta ahora, ¿cuántas veces has viajado en avión?

150 CAPÍTULO 6

FOR THE NATIVE SPEAKER

Students will often try to make "regular" past participles of irregular ones. For example, you may hear *"rompido," "ponido,"* and *"cubrido."* Provide students the following exercise using the past perfect.

1. No European had seen the New World before Columbus.
2. At least no one had returned to Europe or had written about the Americas.

INDEPENDENT PRACTICE

Assign any of the following:

1. Workbook, *Estructura*
2. Communication Activities Masters, *E*
3. Exercises on student pages 149-150

Los participios irregulares

Talking About What You and Others Have Done

The following verbs have irregular past participles.

decir	dicho
hacer	hecho
ver	visto
escribir	escrito
abrir	abierto
cubrir	cubierto
morir	muerto
poner	puesto
volver	vuelto
devolver	devuelto

Ejercicios

A **Ella ha hecho una reservación.** Contesten.

1. ¿María ha escrito al hotel?
2. ¿Ella ha hecho una reservación?
3. ¿Ella ha puesto un sello en el sobre?
4. ¿Ella ha vuelto al mismo hotel?
5. ¿Ella ha visto el cuarto?
6. ¿Ella ha abierto la puerta con la llave?
7. ¿Ella ha sacado la ropa de sus maletas?
8. ¿Ella ha puesto su ropa en el armario?
9. ¿Ella ha devuelto la llave a la recepción?

B **Ya lo han hecho.** Contesten según el modelo.

> ¿Escribirlo?
> *Pero ya lo han escrito.*

1. ¿Escribirlo?
2. ¿Devolverlo?
3. ¿Verlo?
4. ¿Abrirlo?
5. ¿Ponerlo?
6. ¿Decirlo?
7. ¿Hacerlo?

Stgo - Chile

HOTEL APOQUINDO

Bienvenidos

Las Condes - Santiago

LEARNING FROM PHOTOS/REALIA

1. Refer students to the photo on the right on page 150. Have them tell as much as they can about it in their own words.
2. Refer students to the brochure on page 151 and ask: *¿Cómo se llama el hotel? ¿Dónde está?*

Bell Ringer Review
Write the following on the board or use BRR Blackline Master 6-5: Rewrite in the preterite.
1. El hace un viaje.
2. Ellos van a México.
3. Yo los veo.
4. Ellos salen el día 20.
5. Y vuelven el día 28.

Los participios irregulares

PRESENTATION *(page 151)*

A. Have students read the past participles aloud.
B. Call on volunteers to write on the board the present perfect tense of two of the verbs.
C. Now have the class repeat these paradigms.

Ejercicios

PRESENTATION *(page 151)*

Ejercicios A and B

A. Go over Exercises A and B by having volunteers do two items each.
B. These exercises can be done orally with books closed.

ANSWERS

Ejercicio A

1. Sí, María ha escrito al hotel.
2. Sí, ella ha hecho una reservación.
3. Sí, ella ha puesto un sello en el sobre.
4. Sí, ella ha vuelto al mismo hotel.
5. Sí, ella ha visto el cuarto.
6. Sí, ella ha abierto la puerta con la llave.
7. Sí, ella ha sacado la ropa de sus maletas.
8. Sí, ella ha puesto su ropa en el armario.
9. Sí, ella ha devuelto la llave a la recepción.

Ejercicio B

1. Pero ya lo han escrito.
2. Pero ya lo han devuelto.
3. Pero ya lo han visto.
4. Pero ya lo han abierto.
5. Pero ya lo han puesto.
6. Pero ya lo han dicho.
7. Pero ya lo han hecho.

Bell Ringer Review

Write the following on the board or use BRR Blackline Master 6-6: Match the following.

1. el disco   a. el esquí
2. las botas   b. la natación
3. la raqueta   c. el golf
4. la bola   d. el patinaje
5. los patines   e. la música
6. el traje de   f. el tenis
    baño

Dos complementos con se

PRESENTATION *(page 152)*

A. With books opened to page 152, guide students through steps 1-3.

B. You may want to write the sample sentences on the board to reinforce this concept. Draw an arrow from the pronoun to the noun it replaces.

Note Do not wait until all students have mastered this point before going on to new material. Students will need constant practice and reinforcement of the use of *se* throughout their study of Spanish. This is a point that students learn through repeated usage and examples, rather than through explanation.

Dos complementos con *se*

Referring to People and Things Already Mentioned

1. You have already learned that when there are two object pronouns in the same sentence, the indirect object always precedes the direct object.

   Ella me ha devuelto el dinero.   Ella me lo ha devuelto.
   Él nos sirvió la comida.   Él nos la sirvió.

2. When the direct object pronouns *lo, la, los,* or *las* are used with *le* or *les,* both *le* and *les* change to *se.*

   El mesero les dio el menú.   El mesero se lo dio.
   La señora le dejó la propina.   La señora se la dejó.

3. Since *se* can refer to different people, it is frequently clarified by adding a prepositional phrase.

   La señora le dio el regalo a él.   La señora se lo dio a él.
   La señora le dio el regalo a ella.   La señora se lo dio a ella.
   La señora le dio el regalo a Ud.   La señora se lo dio a Ud.
   La señora les dio el regalo a ellos.   La señora se lo dio a ellos.
   La señora les dio el regalo a ellas.   La señora se lo dio a ellas.
   La señora les dio el regalo a Uds.   La señora se lo dio a Uds.

152   CAPÍTULO 6

FOR THE NATIVE SPEAKER

You may wish to give students this more challenging exercise on double object pronouns. Change the underlined nouns to pronouns.

1. *Vamos a entregar <u>los informes a don Anastasio</u>.*
2. *El cartero trajo <u>los informes para don Anastasio</u>.*
3. *Felipe está llamando a <u>don Anastasio</u> ahora.*
4. *Felipe nos dio las <u>postales</u> también.*
5. *Va a dar<u>nos las</u> otras <u>postales</u> mañana.*
6. *Clara <u>le</u> está pidiendo <u>los paquetes</u> a Felipe.*
7. *Él dice que no tiene <u>los paquetes</u>.*

Ejercicios

A **¿Quién se lo dio? Su tía se lo dio.** Contesten con pronombres.

1. ¿Quién le dio *el disco* a Teresa?
2. ¿Quién le dio *la raqueta* a Juan?
3. ¿Quién le dio *los esquís* a Teresa?
4. ¿Quién le dio *las botas* a Juan?
5. ¿Quién les dio *los boletos* a Juan y a Teresa?
6. ¿Quién les dio *las entradas*?

B **Su abuelita se lo compró.** Contesten según el modelo.

   ¿Quién le compró el regalito al niño?
   Su abuelita se lo compró.

1. ¿Quién le compró la bicicleta?
2. ¿Quién le compró el pijama?
3. ¿Quién le compró el suéter?
4. ¿Quién le compró los patines?

C **Tomás se la ha escrito, sin duda.**
Expresen con pronombres.

1. Tomás le ha escrito la carta a Lupe.
2. Tomás le ha pedido los sellos a su mamá.
3. Su madre le dio las estampillas.
4. Lupe no le ha contestado la carta.
5. Tomás le ha devuelto los sellos a su mamá.
6. Su amigo le vendió los sellos porque Tomás no pudo ir al correo.

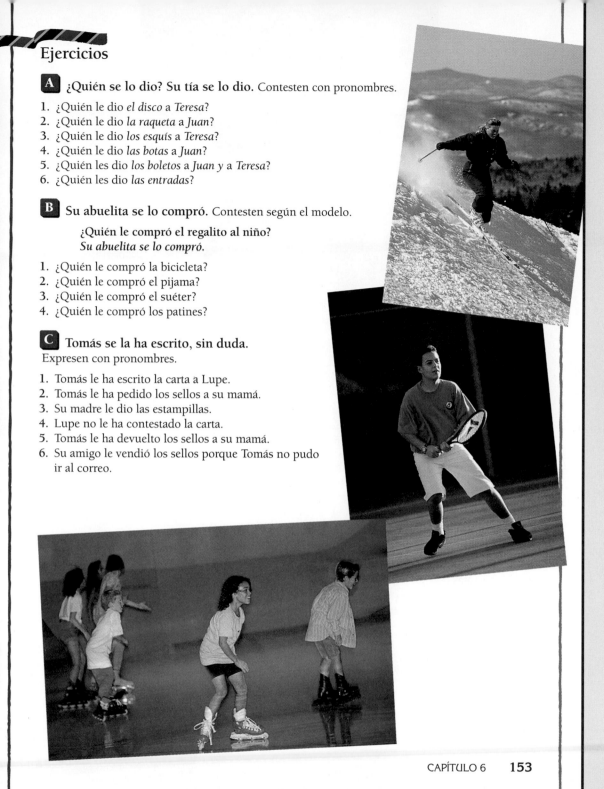

Ejercicios

PRESENTATION (*page 153*)
Ejercicios A, B, and C
  Exercises A, B, and C can be done with books open or closed.

ANSWERS
Ejercicio A
  Answers will vary.
1. ... se lo dio.
2. ... se la dio.
3. ... se los dio.
4. ... se las dio.
5. ... se los dio.
6. ... se las dio.

Ejercicio B
1. Su abuelita se la compró.
2. Su abuelita se lo compró.
3. Su abuelita se lo compró.
4. Su abuelita se los compró.

Ejercicio C
1. Tomás se la ha escrito.
2. Tomás se los ha pedidio.
3. Su madre se las dio.
4. Lupe no se la ha contestado.
5. Tomás se los ha devuelto.
6. Su amigo se los vendió porque Tomás no pudo ir al correo.

LEARNING FROM PHOTOS

   Refer students to the three photos on page 153. Have students say as much as they can about each one.

INDEPENDENT PRACTICE

   Assign any of the following:
1. Workbook, *Estructura*
2. Communication Activities Masters, *G*
3. Exercises on student page 153

Escenas de la vida   *En la recepción del hotel*

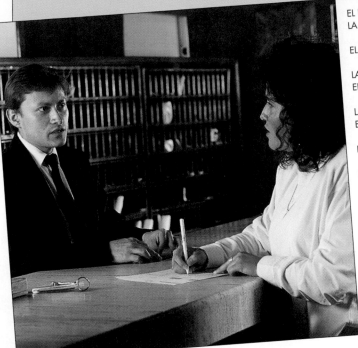

EL RECEPCIONISTA: ¿Sí, señorita?
LA CLIENTE: Un cuarto sencillo, por favor.
EL RECEPCIONISTA: Sí, señorita. ¿Con baño o sin baño?
LA CLIENTE: Con baño.
EL RECEPCIONISTA: ¿Por cuántas noches?
LA CLIENTE: Tres.
EL RECEPCIONISTA: ¿Ud. ha hecho una reservación?
LA CLIENTE: Sí y he recibido una confirmación.
EL RECEPCIONISTA: No hay problema. ¿A nombre de quién ha hecho Ud. la reservación?
LA CLIENTE: A nombre de Castelar.
EL RECEPCIONISTA: Aquí tiene Ud. la llave para el 503. ¿Tiene Ud. maletas?
LA CLIENTE: Sí.
EL RECEPCIONISTA: El mozo se las subirá en seguida.

 En el hotel. Contesten según la conversación.

1. ¿Quiere la señorita un cuarto sencillo o doble?
2. ¿Por cuántas noches lo quiere?
3. ¿Ella ha hecho una reservación?
4. ¿Ha recibido ella una confirmación?
5. ¿A nombre de quién ha hecho ella la reservación?
6. ¿Qué cuarto le han dado a la señorita?
7. ¿Quién le subirá las maletas?

Hotel Emperador
MADRID

SERVICIOS DEL HOTEL

ALQUILER DE COCHES
Nuestro Conserje le atenderá gustosamente 442

APARCAMIENTO
Muy cerca del Hotel, a 25 mts.

BAR-PIANO
En Planta Noble. Abierto de 11.00 a 24.00 horas. Podrá elegir su música preferida ... 103

BAR TERRAZA
En planta 10.ª Abierto de Junio a Septiembre de 11.00 a 19.30 horas 403

BOUTIQUE
En el Hall principal del Hotel 803

154 CAPÍTULO 6

PRESENTATION *(page 154)*

A. Tell students they are going to hear a conversation between a hotel receptionist and a guest.
B. Have students open their books to page 154 and follow along as you play Cassette 4B.

PAIRED ACTIVITY

Have pairs of students create hotel-centered skits based on the conversation. Then have them present their skits to the class. They can make any changes they wish.

Ejercicio

ANSWERS

1. La señorita quiere un cuarto sencillo.
2. Ella lo quiere por tres noches.
3. Sí, ella ha hecho una reservación.
4. Sí, ella ha recibido una confirmación.
5. Ella ha hecho la reservación a nombre de Castelar.
6. Le han dado el cuarto 503.
7. El mozo subirá las maletas.

LEARNING FROM REALIA

Refer students to the hotel information card at the bottom of page 154 and ask them: *¿Cómo se llama el hotel? ¿Dónde está? ¿Ofrece muchos servicios a sus clientes? Si uno quiere alquilar un coche, ¿con quién debe hablar? ¿Hay aparcamiento en el hotel? ¿Dónde está? ¿Cuántos bares hay? ¿En qué piso está el Bar Terraza? ¿Durante qué meses está abierto? ¿Qué opina Ud.? ¿Es un bar al aire libre? ¿Hay además una piscina? ¿Dónde está la boutique? ¿Qué es una boutique?*

Comunicación

A **Una habitación, por favor.** Ud. es el/la cliente que llega a un hotel. Su compañero(a) de clase tomará el papel del/de la recepcionista. Preparen la conversación que Uds. tienen en la recepción.

B **Al salir.** Ud. tomará el papel de un(a) cajero(a) en un hotel. Su compañero(a) de clase es un(a) cliente que está saliendo del hotel. Preparen la conversación que Uds. tienen en la caja del hotel.

C **¿Has…?** Ud. y un compañero de clase van a preparar una lista de las cosas que ya han hecho hoy. Luego comparen sus listas y determinen cuáles son las cosas que Uds. han hecho. Luego decidan quién ha hecho más.

D **Lo que no he hecho nunca.** Prepare una lista de cosas que Ud. no ha hecho nunca pero que quiere hacer.

E **Queremos una habitación.** Con un(a) compañero(a) de clase prepare la siguiente situación. Otro(a) compañero(a) toma apuntes sobre lo que Uds. dicen y luego informa a la clase.

Ud. y dos amigos han llegado al aeropuerto en Tegucigalpa, Honduras. Son las tres de la mañana y Uds. están muy cansados. No tienen una reservación en un hotel. Llame a un hotel. Ud. quiere saber si tienen cuartos disponibles; los precios; dónde está el hotel; qué transporte hay para ir al hotel; y cualquier otra cosa importante.

F **¿Qué prefieres?** Hágale preguntas a un(a) compañero(a) de clase sobre lo que le importa cuando se queda en un hotel. Luego cambien de papel. Use las siguientes expresiones para formar las preguntas.

> clase de hotel
> tipo de habitación
> aire acondicionado
> baño
> balcón
> cerca del centro, la playa
> cómo puede pagar la cuenta

Comunicación

PRESENTATION (*page 155*)

The *Comunicación* activities allow students to use the chapter vocabulary and grammar in open-ended situations. You may select those you consider most appropriate. You may also allow students to select the activity or activities in which they will take part.

ANSWERS

Actividades A, B, C, D, E, and F
Answers will vary.

CRITICAL THINKING ACTIVITY

(Thinking skills: evaluating consequences)
Put the following on the board or on a transparency:
1. *Viajar con mucho dinero en efectivo no es una buena idea. ¿Por qué?*
2. *¿Es una ventaja pagar con una tarjeta de crédito? ¿Por qué?*

LECTURA Y CULTURA

READING STRATEGIES
(page 156)

Pre-Reading

Show the class several ads and brochures for hotels, preferably from Spanish-speaking countries. Discuss hotel ratings, accommodations, and prices.

Reading

Have students open their books to page 156. Call on volunteers to read a few sentences of the selection at a time. After each reader, ask other students questions on content.

Post-reading

Have students read the *Lectura* at home and complete the *Estudio de palabras* and *Comprensión* exercises that follow.

LOS HOTELES EN ESPAÑA Y EN LATINOAMÉRICA

*L*a señora Thompson es profesora de español en los Estados Unidos. A ella le encantan la lengua española y las culturas hispanas. Por consiguiente, ella ha viajado mucho a España y a Latinoamérica. Ella se ha alojado[1] o se ha hospedado en muchos tipos de hoteles.

Algunos alumnos de la señora Thompson tienen mucho interés en hacer un viaje a España o a Latinoamérica. Le han preguntado a la Sra. Thompson sobre los hoteles. Ella les ha explicado que hay sin duda hoteles de todas las categorías. Hay hoteles de gran lujo[2] que cuestan mucho y hay también hoteles más modestos que siempre están muy limpios y que resultan más baratos o más económicos. Hay

Una casa de huéspedes en México

también pensiones. Una pensión es un hotel pequeño o puede ser una casa privada (particular) que por pago aloja a turistas. Una pensión es un tipo de casa de huéspedes[3]. Algunas pensiones son muy buenas y por lo general no son muy caras.

En España y en Puerto Rico hay paradores. Los paradores españoles son del gobierno. En Puerto Rico el gobierno los supervisa. Tienen habitaciones cómodas y ofrecen muchos servicios para los turistas. Tienen restaurantes que suelen servir[4] comidas típicas de la región.

[1]alojado *stay, lodged*
[2]de gran lujo *deluxe*
[3]casa de huéspedes *guest house, boarding house*
[4]suelen servir *customarily serve*

156   CAPÍTULO 6

Estudio de palabras

 Definiciones. Pareen.

1. se ha alojado	a. hacer un viaje
2. tiene interés	b. privado
3. viajar	c. lujoso, elegante
4. de todas las clases	d. confortable
5. de gran lujo	e. se ha hospedado
6. económico	f. le interesa
7. particular	g. razonable, no caro, de precio módico
8. cómodo	h. de todas las categorías

Comprensión

A **De viaje.** Pareen.

1. ¿Qué es la Sra. Thompson?
2. ¿Qué le gusta mucho a la señora Thompson?
3. ¿Adónde ha viajado ella?
4. ¿Qué tipos de hoteles hay en España y en Latinoamérica?
5. ¿Qué tipo de comida suelen servir en los comedores o restaurantes de los paradores?

B **El hospedaje.** Describan.

1. un hotel de lujo
2. una pensión
3. una casa de huéspedes
4. un parador

El Real Monasterio de San Lorenzo de El Escorial, España

CAPÍTULO 6 **157**

Estudio de palabras
ANSWERS
1. e
2. f
3. a
4. h
5. c
6. g
7. b
8. d

Comprensión
ANSWERS

Comprensión A

1. La señora Thompson es profesora de español.
2. A ella le encantan la lengua española y las culturas hispanas.
3. Ella ha viajado a España y a Latinoamérica.
4. Hay hoteles lujosos, modestos y económicos.
5. Sirven comidas típicas de la región.

Comprensión B

1. Un hotel de lujo es muy elegante y cuesta mucho.
2. Una pensión es un hotel pequeño o una casa privada que aloja a turistas.
3. Una casa de huéspedes también aloja a turistas.
4. Un parador es un tipo de alojamiento que existe en España y Puerto Rico. Un parador tiene habitaciones cómodas y otros servicios.

HISTORY CONNECTION

El monasterio de El Escorial está a 50 kilómetros de Madrid. En este monasterio están sepultados muchos reyes y reinas de España. Felipe II lo hizo construir para conmemorar la muerte de su padre Carlos V y la victoria española en la batalla de San Quintín en 1557.

COOPERATIVE LEARNING

Tell teams the following: *Cada uno de Uds. tiene $1,500 y un mes de vacaciones. Vas a pasar el mes en España. Prepara tu viaje. Después, van a comparar sus itinerarios y decidir quién ha preparado el viaje más interesante y por qué.*

CRITICAL THINKING ACTIVITY

(Thinking skills: making inferences; drawing conclusions)

¿Preferiría Ud. quedarse en un albergue juvenil o en un hotel? ¿Por qué? Discuta las ventajas y las desventajas de cada uno.

DESCUBRIMIENTO CULTURAL

*E*n los Estados Unidos hay muchos moteles. Hay moteles muy grandes que parecen hoteles. Ofrecen casi todos los servicios que ofrece un hotel. En Latinoamérica y en España hay muy pocos moteles.

En España y en otros países europeos, hay albergues para jóvenes[1]. Estos albergues o residencias juveniles ofrecen cuartos limpios y económicos para estudiantes.

Los hoteles en España se clasifican de acuerdo con los servicios que ofrecen, su lugar y categoría, etc. Si un hotel no ofrece comidas, no puede llamarse "hotel". Es una "residencia", aunque puede ofrecer desayunos y servicios de cafetería. El turismo en España siempre ha sido una industria muy importante. Por eso, el Ministerio de Transporte, Turismo y Comunicaciones publica, cada año, una "Guía de Hoteles". Estas son las categorías:

H = Hotel
HR = Hotel Residencia
HA = Hotel Apartamentos
RA = Residencia Apartamentos
M = Motel
Hs = Hostal
P = Pensión
HsR = Hostal Residencia

En España, las pensiones, como los hoteles, tienen diferentes categorías. Los hoteles pueden llevar de una a cinco estrellas; las pensiones de una a cuatro.

En el pasado, el cliente llegaba a un hotel y se quedaba una semana o más. Pero las cosas han cambiado. El avión ha introducido el turismo rápido. Ahora los clientes pasan una o dos noches en un lugar y salen para otro. Los hoteles han tenido que adaptarse a la vida moderna.

[1] albergues para jóvenes   *youth hostels*

LOPE DE VEGA
HOSTAL R.
GRAN VIA, 59
28013 **MADRID**
☎ **247 70 00**

158   CAPÍTULO 6

158

Y AQUÍ EN LOS ESTADOS UNIDOS

Las grandes cadenas[2] norteamericanas como Hyatt, Marriott, Sheraton y Hilton han comprado o construido hoteles en las capitales y en los lugares de turismo en Latinoamérica y en España. Uno de los primeros hoteles modernos en Madrid, el Hotel Castellana, era norteamericano. Pero también hay cadenas españolas que se han establecido en las dos Américas, incluso en los EE.UU. y en Puerto Rico. Hoteles IIUSA (Hoteles Unidos S.A.) y Meliá son algunos. Como la industria hotelera es tan internacional, los empleados tienen que hablar varios idiomas para poder atender a sus clientes. En la recepción de los grandes hoteles en Miami, Houston, Los Ángeles, Nueva York y otras ciudades, siempre hay alguien que puede hablar español.

[2]cadenas   *chains*

Un hotel Meliá en Puerto Rico

Un albergue juvenil en España

FOR THE NATIVE SPEAKER

Writing Ask students to do one of the following tasks:

1. *Tú eres el/la gerente del hotel y necesitas: mozos, maleteros, recepcionistas, camareras, mucamas. Prepara un anuncio clasificado de periódico para cada puesto. Incluye las horas y días de trabajo, experiencia necesaria, beneficios laborales, vacaciones.*

2. *Tú eres la persona en el periódico que escribe sobre viajes y turismo. Prepara un artículo sobre un hotel que visitaste que no te gustó. Explica el porqué. Debes mencionar: el nombre y sitio del hotel, el tamaño, los precios, una descripción de tu cuarto, el servicio que has recibido, la limpieza o su falta, cualquier otra cosa que no te gustó.*

(The Realidades *section is optional.)*

Bell Ringer Review

Write the following on the board or use BRR Blackline Master 6-10: Match the word in the first column with a related word in the second column.

1. viajar	a.	el costo
2. preguntar	b.	el resultado
3. dudar	c.	el viaje
4. costar	d.	el servicio
5. limpiar	e.	la pregunta
6. resultar	f.	la limpieza
7. alojar	g.	la duda
8. servir	h.	el alojamiento

PRESENTATION *(pages 160-161)*

A. Call on volunteers to read the captions. Answer any questions students may have about them or the photos.

B. Share with students any photos or memorabilia you may have from your own travels in Hispanic countries. Or show a video from your local travel agency or library. You may also want to show photos from resource books.

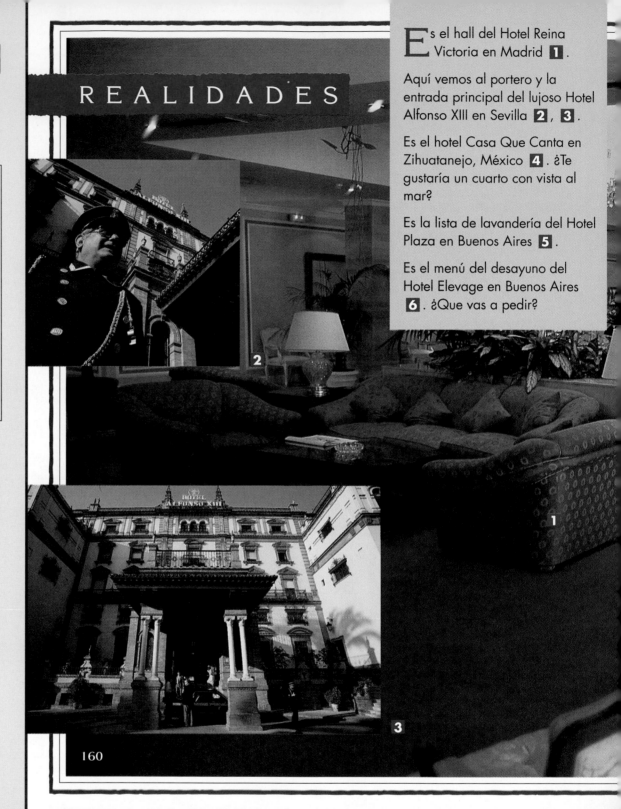

REALIDADES

Es el hall del Hotel Reina Victoria en Madrid **1**.

Aquí vemos al portero y la entrada principal del lujoso Hotel Alfonso XIII en Sevilla **2**, **3**.

Es el hotel Casa Que Canta en Zihuatanejo, México **4**. ¿Te gustaría un cuarto con vista al mar?

Es la lista de lavandería del Hotel Plaza en Buenos Aires **5**.

Es el menú del desayuno del Hotel Elevage en Buenos Aires **6**. ¿Que vas a pedir?

160

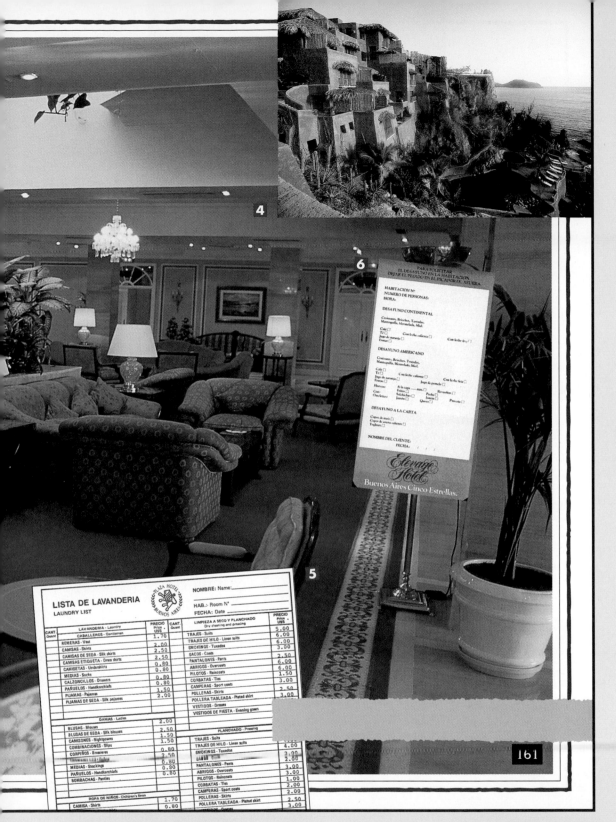

ABOUT THE LANGUAGE

Have students scan the *lavandería* list from the Plaza hotel in Buenas Aires. Have them look for some words thay do not recognize that refer to certain articles of clothing. This list does include some interesting Argentinian regionalisms.

remera—man's vest
deshabillé—woman's robe
bombachas—panties
piloto—raincoat
campera—sports coat
pollera—skirt

LISTA DE LAVANDERIA
LAUNDRY LIST

NOMBRE: Name:
HAB.: Room N°
FECHA: Date

CANT. Quant	LAVANDERIA - Laundry	PRECIO Price US$
	CABALLEROS - Gentlemen	
	REMERAS - Vest	1.70
	CAMISAS - Shirts	2.00
	CAMISAS DE SEDA - Silk shirts	2.50
	CAMISAS ETIQUETA - Dress shirts	2.50
	CAMISETAS - Undershirts	0.80
	MEDIAS - Socks	0.80
	CALZONCILLOS - Drawers	0.80
	PAÑUELOS - Handkerchiefs	0.80
	PIJAMAS - Pajamas	1.50
	PIJAMAS DE SEDA - Silk pajamas	2.00
	DAMAS - Ladies	
	BLUSAS - Blouses	2.00
	BLUSAS DE SEDA - Silk blouses	2.50
	CAMISONES - Nightgowns	1.50
	COMBINACIONES - Slips	1.50
	CORPIÑOS - Brassieres	0.80
		2.50
		0.80
	MEDIAS - Stockings	0.80
	PAÑUELOS - Handkerchiefs	0.80
	BOMBACHAS - Panties	
	ROPA DE NIÑOS - Children's linen	
	CAMISA - Shirts	1.70
		0.80

CANT. Quant	LIMPIEZA A SECO Y PLANCHADO Dry cleaning and pressing	PRECIO Price US$
	TRAJES - Suits	5.00
	TRAJES DE HILO - Linen suits	6.00
	SMOKINGS - Tuxedos	6.00
	SACOS - Coats	3.00
	PANTALONES - Pants	2.50
	ABRIGOS - Overcoats	6.00
	PILOTOS - Raincoats	6.00
	CORBATAS - Ties	1.50
	CAMPERAS - Sport coats	3.00
	POLLERAS - Skirts	2.50
	POLLERA TABLEADA - Pleated skirt	3.00
	VESTIDOS - Dresses	
	VESTIDOS DE FIESTA - Evening gown	
	PLANCHADO - Pressing	
	TRAJES - Suits	
	TRAJES DE HILO - Linen suits	4.00
	SMOKINGS - Tuxedos	3.00
		2.50
	PANTALONES - Pants	3.00
	ABRIGOS - Overcoats	3.00
	PILOTOS - Raincoats	1.00
	CORBATAS - Ties	2.00
	CAMPERAS - Sport coats	2.00
	POLLERAS - Skirts	2.50
	POLLERA TABLEADA - Pleated skirt	3.00

161

DID YOU KNOW?

The Hotel Victoria is an old hotel in Plaza Santa Ara. It has some extremely interesting stained-glass windows. It was a long-time favorite of bullfighters and their aficionados.

LEARNING FROM REALIA

Have students say all they can about the two pieces of realia on page 161. You may wish to ask questions such as: *En la lista de la lavandería, ¿qué es lo más caro? ¿Qué ofrecen para el desayuno americano? ¿Cuál es más grande, el desayano continental o el americano?*

CULMINACIÓN

RECYCLING

The *Comunicación oral* and *Comunicación escrita* activities provide opportunities to further practice the present perfect tense and vocabulary within the context of hotels and travel. Material from earlier chapters is recycled.

Comunicación oral

ANSWERS

Actividades A, B, and C
Answers will vary.

INFORMAL ASSESSMENT

Activity A can be used to evaluate the speaking skill informally. You may assign a grade based on the student's ability to communicate in Spanish. Use the evaluation criteria given on page 24 of this Teacher's Wraparound Edition.

Comunicación escrita

ANSWERS

Actividades A, B, and C
Answers will vary.

Comunicación oral

A **El hotel.** ¿Se ha alojado o pasado unas vacaciones en un hotel? ¿En qué hotel ha estado? Descríbale el hotel a un(a) compañero(a) de clase. Luego cambien de papel.

B **He hecho…** Prepare Ud. una lista de cosas interesantes que Ud. ha hecho. Compare su lista con la de un(a) compañero(a). Luego prepare una lista de las cosas que los dos han hecho. Determinen si las van a hacer de nuevo.

C **Algo extraordinario.** Trabajen en grupos de cuatro. Cada uno de Uds. escribirá algo excepcional que ha hecho. Los otros miembros del grupo le harán preguntas sobre su actividad extraordinaria. Ud. contestará con sí o no. Los otros tendrán que descubrir lo que Ud. ha hecho.

Comunicación escrita

A **La reservación.** Escríbale una carta a un hotel para hacer una reservación. Incluya todos los detalles e informes necesarios.

B **Una confirmación.** Escríbale un fax a un hotel confirmando una reservación. Incluya sólo la información más importante.

C **La publicidad.** Trabajen en grupos de cuatro. Preparen anuncios de publicidad (*advertising*) para un hotel.

DISTINTOS POR PRE

Desde su creación CIGA
está a la cabeza en l
y distinción... más de 80

HOTEL ALFONSO XIII — HOTEL
Sevilla — *Jerez de la*
HOTEL SANTA MARÍA — HOTEL
DE EL PAULAR — DE LA
Rascafría (Madrid) — *Oviedo*
HOTEL — HOTEL
MARÍA CRISTINA — *Santa Cru*
San Sebastián

Central de Reservas: Velázquez, 47 6.° - 28001
Tel: 91 435 58 91. Télex: 23679. Fax: 91 27

CIGA HOTELS
Austria · España · Estados Unidos · Francia · Ita

UN OASIS EN EL NORTE

Si Usted quiere disfrutar de un verdadero placer... sol, playas de arena blanca y una hospitalidad excepcional, entonces piense en el Norte y por supuesto en

HOTELES CRISTOBAL INN. Porque se encuentran en las principales ciudades con un concepto diferente de atención a sus huéspedes. Déjese llevar por la

comodidad, el agrado y el confort, rodeado de la magia y el encanto del norte.
No lo olvide, en el Norte
HOTELES CRISTOBAL INN.

HOTELES Cristóbal Inn
LA CADENA HOTELERA DEL NORTE DE CHILE

INFORMACIONES Y RESERVAS: TOBALABA 819 - FONOS: 2324200 - 2324201 - 2324209 - SANTIAGO

162 CAPÍTULO 6

LEARNING FROM REALIA

Have students scan the realia on page 162, looking for expressions they already know, and isolating new ones.

STUDENT PORTFOLIO

Written assignments that may be included in students' portfolios are the *Actividades escritas* on page 162 and the *Mi autobiografía* section in the Workbook.

Reintegración

A **¡Qué divertido!** Completen.

1. ¿Cuándo? En el ____ esquiamos y en el ____ nadamos.
2. ¿Dónde? Esquiamos en ____ y nadamos en ____ .
3. Esquiamos cuando hace ____ y nadamos cuando hace ____ .
4. Cuando esquiamos nos ponemos ____ y cuando nadamos nos ponemos ____ .
5. Cuando esquiamos o nadamos, para protegernos del sol nos ponemos ____ .

B **Los deportes.** Identifiquen el deporte.

1. la raqueta, la red, la pelota, la cancha
2. el jardinero, la base, el pícher, el campo
3. el hoyo, la bola, la bolsa
4. el balón, el portero, el gol, el campo
5. el balón, la cesta, driblar

Vocabulario

SUSTANTIVOS

el hotel	la cuenta	el colgador
la llegada	la nota	el gancho
la salida	el total	el baño
la recepción	el monto	la bañera
el/la recepcionista	el gasto	la ducha
la reservación	la tarjeta de crédito	el inodoro
el/la huésped	el cuarto	el váter
el/la cliente	la habitación	la barra
la tarjeta	el balcón	la pastilla
la ficha	el aire acondicionado	el jabón
el botones	el televisor	la toalla
el mozo	la cama	la camarera
el equipaje	la almohada	
el ascensor	la sábana	
la caja	el armario	
el/la cajero(a)	la percha	

ADJETIVOS

sencillo(a)
doble

VERBOS

reservar
abrir
limpiar
cambiar

OTRAS PALABRAS Y EXPRESIONES

hacer (tender) la cama
abandonar el cuarto
ya
todavía no
jamás
nunca

Reintegración
RECYCLING

Exercises A and B recycle much of the vocabulary having to do with sports and seasonal activities introduced in *Bienvenidos*.

ANSWERS
Ejercicio A
1. invierno, verano
2. la nieve, (el agua), el agua
3. frío, calor
4. los esquís, el traje de baño
5. crema protectora

Ejercicio B
1. el tenis
2. el béisbol
3. el golf
4. el fútbol
5. el baloncesto

Vocabulario

The words and phrases in the *Vocabulario* have been taught for productive use in this chapter. They are summarized here as a resource for both students and teacher. The *Vocabulario* also serves as a convenient resource for the *Culminación* activities. There are approximately 18 cognates in this list.

LEARNING FROM PHOTOS

Refer students to the photo on page 163. Have them say as much about the soccer game as they can.

INDEPENDENT PRACTICE

Assign any of the following:
1. Exercises on student page 163
2. Workbook, *Mi autobiografía*
3. Chapter 6, Situation Cards

CHAPTER OVERVIEW

In this chapter students will expand their ability to talk about air travel, including boarding, in-flight services, and arrival. They will learn to talk about past events using the past progressive tense, and to make plans for the future using the future progressive tense. They will also learn to make comparisons of equality between people and things. The cultural focus of Chapter 7 is on a typical flight on a Bolivian airline to the Bolivian capital of La Paz. Also discussed is the influence of Latin American geography —especially the Andes Mountains—on air travel there.

CHAPTER OBJECTIVES

By the end of this chapter, students will know:
1. vocabulary associated with the equipment, services, personnel, and procedures a traveler typically encounters when flying with a modern commercial airline
2. vocabulary associated with departure and arrival procedures, the airport itself, and a geographical description of one area in the Andes
3. the past progressive tense
4. the future progressive tense
5. comparisons of equality using nouns, adverbs, and adjectives

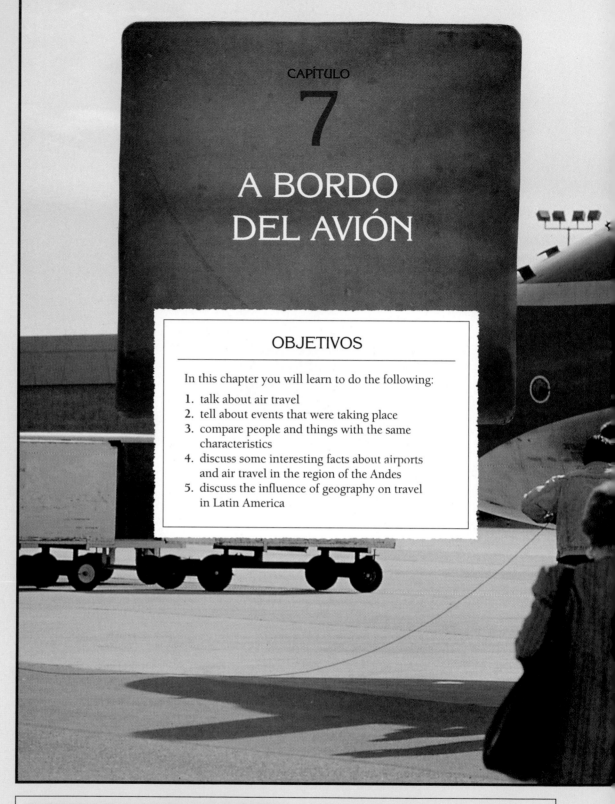

CAPÍTULO

7

A BORDO DEL AVIÓN

OBJETIVOS

In this chapter you will learn to do the following:

1. talk about air travel
2. tell about events that were taking place
3. compare people and things with the same characteristics
4. discuss some interesting facts about airports and air travel in the region of the Andes
5. discuss the influence of geography on travel in Latin America

CHAPTER PROJECTS

(optional)
1. Have students visit a travel agency and obtain brochures on Bolivia and other countries in the Andes region of South America. Have them write captions for the brochures in Spanish and design a bulletin board display.

2. Have groups prepare reports on lake Titicaca, and the Aymará and Quechua peoples.
3. Have individuals or groups prepare reports on different aspects of the history of Andean countries, such as Bolivia, Perú, Chile, or Ecuador.
4. Have groups research modern day Bolivia, compiling their findings for a class bulletin board display on that country.

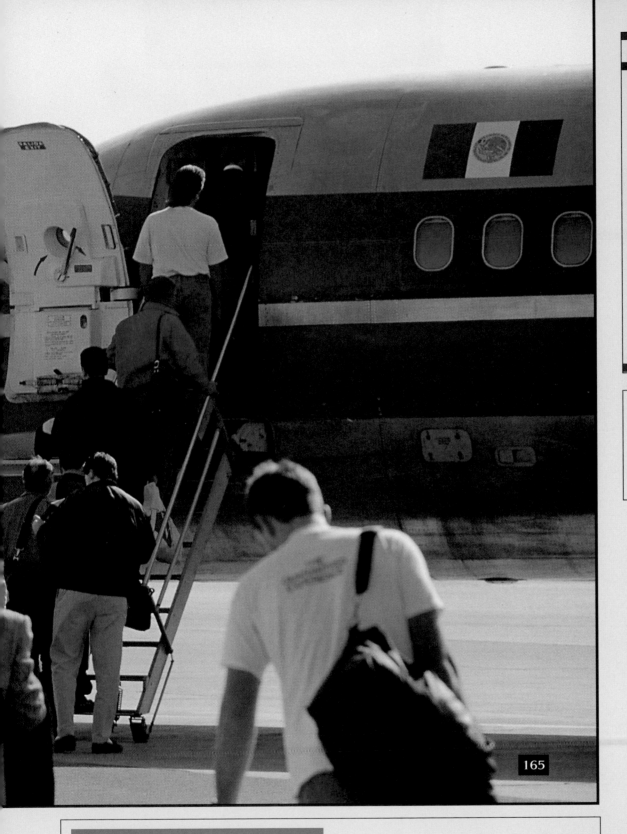

165

CHAPTER 7 RESOURCES

1. Workbook
2. Student Tape Manual
3. Audio Cassette 5A
4. Vocabulary Transparencies
5. Bell Ringer Review
   Blackline Masters
6. Communication Activities
   Masters
7. Computer Software:
   Practice and Test Generator
8. Video Cassette, Unit 2
9. Video Activities Booklet,
   Unit 2
10. Situation Cards
11. Chapter Quizzes
12. Testing Program

Pacing

Chapter 7 will require eight to ten class sessions. Pacing will depend on the length of the class period, the age of the students, and student aptitude.

LEARNING FROM PHOTOS

Refer students to the photo on pages 164-165 and ask: *¿De qué país es este avión? ¿Cómo lo sabes?* (México)

Vocabulary Teaching Resources

1. Vocabulary Transparencies, 7.1 (*A & B*)
2. Audio Cassette 5A
3. Student Tape Manual, *Palabras 1*
4. Workbook pages *Palabras 1*
5. Communication Activities Masters, *A & B*
6. Chapter Quizzes, *Palabras 1*

Bell Ringer Review

Write the following on the board or use BRR Blackline Master 7-1: List all the words and expressions you can remember that have to do with air travel.

PRESENTATION
(pages 166–167)

A. Refer to Vocabulary Transparencies 7.1 (*A & B*) and have students repeat the new words, phrases, and sentences after you or Cassette 5A.

B. Model the new vocabulary again, moving through the Vocabulary Transparencies at random and calling on volunteers to point to the appropriate image on the screen.

C. Use questioning techniques to present the material on page 167. Begin with simple yes/no and either/or questions.

D. When students have produced the new vocabulary several times, progress to open-ended questions such as: *¿Qué estaba haciendo el asistente de vuelo? ¿Qué les estaba dando a los pasajeros? ¿Qué estaba distribuyendo la asistenta de vuelo? ¿Qué estaban sirviendo los asistentes de vuelo?*

VOCABULARIO

PALABRAS 1

DENTRO DEL AVIÓN

la tripulación
la co-piloto
la asistenta de vuelo
el piloto, el comandante
el asistente de vuelo, el sobrecargo

la cabina de vuelo (de mando)

la señal de no fumar NO FUMAR
el compartimiento sobre el asiento
la ventanilla
la salida de emergencia
SALIDA DE EMERGENCIA
el respaldo
la mesita
el asiento
el pasillo
debajo del asiento

abrocharse el cinturón de seguridad

el chaleco salvavidas

la máscara de oxígeno

el aseo, el lavabo

ABOUT THE LANGUAGE

1. There are several terms for "flight attendant." *El asistente (la asistenta) de vuelo* is becoming more and more common. Other terms are *el/la aeromozo(a)*, and in Spain *la azafata* for a female flight attendant.

2. *El retrete* used to be said in some areas of the world, as well as *el aseo* or *el lavabo*. *El retrete* is becoming less common, however.

presentar una película

los audífonos

los canales de música estereofónica

El asistente de vuelo les estaba dando la bienvenida.
Les estaba dando la bienvenida a bordo.
Les estaba dando la bienvenida a los pasajeros.
Él estaba haciendo algunos anuncios.

La asistenta de vuelo estaba distribuyendo los audífonos.

la comida

las bebidas

el carrito

Los asistentes de vuelo estaban sirviendo la comida.

FOR THE NATIVE SPEAKER

Hace 40 años los vuelos intercontinentales eran muy raros y sólo para ricos. Hoy hay vuelos baratos entre todos los continentes. ¿Qué influencia ha tenido esto en la manera en que la gente piensa? ¿Nos ha cambiado, o no? ¿Qué opinas?

Ejercicios

 A ¿Qué es o quién es? Identifiquen.

1. ¿Es el asistente de vuelo o el comandante?

2. ¿Es el chaleco salvavidas o el cinturón de seguridad?

3. ¿Es el asiento o la mesita?

4. ¿Es la máscara de oxígeno o la señal de no fumar?

5. ¿Es el aseo o la cabina de mando?

6. ¿Son los audífonos o los canales de música estereofónica?

B **A bordo del avión.** Contesten según se indica.

1. ¿Quién dirige el avión? (el piloto)
2. ¿De dónde lo dirige? (de la cabina de vuelo o de la cabina de mando)
3. ¿Quiénes componen la tripulación? (el piloto o el comandante, el co-piloto y los asistentes de vuelo)
4. ¿Quiénes sirven a los pasajeros durante el vuelo? (los asistentes de vuelo)
5. ¿De qué se responsabilizan los asistentes de vuelo? (de la seguridad de los pasajeros)
6. En el caso de una emergencia, ¿de dónde salen los pasajeros? (de las salidas de emergencia)

168 CAPÍTULO 7

C Algunas reglas a bordo del avión. Escojan.

1. ¿Qué tienen que abrocharse los pasajeros durante el despegue y el aterrizaje?
   a. el cinturón de seguridad
   b. el respaldo de su asiento
   c. la máscara de oxígeno

2. Si la presión del aire cambia en la cabina durante el vuelo, ¿de qué deben servirse los pasajeros?
   a. del cinturón de seguridad
   b. del chaleco salvavidas
   c. de la máscara de oxígeno

3. Durante el despegue y el aterrizaje, ¿cómo tienen que poner los pasajeros el respaldo de su asiento?
   a. debajo de su asiento
   b. en posición vertical
   c. en el pasillo

4. ¿Dónde tienen que poner los pasajeros su equipaje de mano durante el despegue y el aterrizaje?
   a. en la mesita
   b. en el pasillo
   c. debajo de su asiento o en el compartimiento de equipaje

5. En el caso imprevisto de un aterrizaje de emergencia en el mar, ¿qué tienen que ponerse los pasajeros?
   a. el cinturón de seguridad
   b. el chaleco salvavidas
   c. la salida de emergencia

D ¿Qué va a pasar? Contesten con *Por supuesto* o *Espero que no*.

1. Los pasajeros desembarcarán por la salida de emergencia.
2. Presentarán una película durante el vuelo.
3. Los pasajeros se pondrán el chaleco salvavidas durante el vuelo.
4. Se caerán las máscaras de oxígeno.
5. Los asistentes de vuelo distribuirán los audífonos.
6. El comandante buscará un asiento en la cabina económica.

PRESENTATION (*page 168*)

Extension of *Ejercicio C*: Speaking

After completing Exercise C, call on volunteers to give sentences from the unused multiple choice answers.

Ejercicio D

A. Exercise D can be done with books open or closed.

B. When doing the exercise, you may have students read the sentences as questions and then give the appropriate reaction. For example: *¿Los pasajeros desembarcarán por la salida de emergencia? Espero que no.*

ANSWERS

Ejercicio C

1. a
2. c
3. b
4. c
5. b

Ejercicio D

1. **Espero que no.**
2. **Por supuesto.**
3. **Espero que no.**
4. **Espero que no.**
5. **Por supuesto.**
6. **Espero que no.**

INDEPENDENT PRACTICE

Assign any of the following:
1. Workbook, *Palabras 1*
2. Communication Activities Masters, *A & B*
3. Exercises on student pages 168-169

Vocabulary Teaching Resources

1. Vocabulary Transparencies 7.2 (*A & B*)
2. Audio Cassette 5A
3. Student Tape Manual, *Palabras 2*
4. Workbook, *Palabras 2*
5. Communication Activities Masters, *C & D*
6. Chapter Quizzes, *Palabras 2*
7. Computer Software, *Vocabulario*

Bell Ringer Review

Write the following on the board or use BRR Blackline Master 7-2: Match the word in the first column with a related word in the second column.

1. controlar   a. el asiento
2. aterrizar   b. el despegue
3. despegar   c. el aterrizaje
4. asistir   d. la comida
5. beber   e. la bebida
6. comer   f. el control
7. salir   g. el vuelo
8. sentar   h. la salida
9. volar   i. el asistente

PRESENTATION (*pages 170-171*)

A. Have students close their books. Model the *Palabras 2* vocabulary using Vocabulary Transparencies 7.2 (*A & B*). Have students repeat the new material after you or Cassette 5A.

VOCABULARIO

PALABRAS 2

EN EL AEROPUERTO

el aeropuerto
la torre de control
la pista
el ala (las alas)
las hélices
el motor
el jet
el avión reactor
el helicóptero
el aterrizaje
el despegue

PANTOMIME

Have students act out the following:
___ , busca tu asiento.
Pon el equipaje de mano debajo de tu asiento.
Abre el compartimiento de equipaje.
Pon tu equipaje en el compartimiento de equipaje.
Cierra el compartimiento de equipaje.
Siéntate.

Abróchate el cinturón de seguridad.
Pon el respaldo de tu asiento en posición vertical.
El asistente de vuelo llega. Va a darte unos audífonos. Tómalos.
Ponte los audífonos.
Escoge un canal de música.

UN POCO DE GEOGRAFÍA

la altura , la altitud

el pico

la montaña

el altiplano

la cordillera

el valle

la meseta

la llanura

el lago

el nivel del mar

El avión estaba despegando.
No estaba aterrizando.
El avión estaba despegando de la pista.
La pista estaba en la llanura del altiplano.

El avión estaba sobrevolando las montañas.
Los pasajeros estaban viendo los picos y
     los valles.

Ejercicios

PRESENTATION (*page 172*)

It is recommended that you go over the exercises on page 172 orally in class before assigning them for independent practice.

Ejercicio A

Exercise A can be done with books open or closed.

Ejercicios B and C

Exercises B and C can be done with books open.

ANSWERS

Ejercicio A

1. Sí
2. No
3. No
4. Sí
5. Sí

Ejercicio B

1. a
2. c
3. a
4. c
5. b
6. c

Ejercicio C

1. Sí, el avión estaba sobrevolando las montañas.
2. Sí, los pasajeros estaban mirando por las ventanillas.
3. Sí, los asistentes de vuelo estaban sirviendo la comida.
4. Sí, una asistenta de vuelo estaba distribuyendo los audífonos.
5. Sí, los asistentes de vuelo estaban empujando el carrito por el pasillo.

Ejercicios

A **El aeropuerto.** ¿Sí o no?

1. Los aviones despegan de la pista.
2. Los controladores del tráfico aéreo trabajan en la cabina de mando.
3. Un avión reactor tiene hélices.
4. Un avión tiene alas.
5. La torre de control está cerca de la pista.

B **¿Qué es?** Escojan.

1. una extensión de tierra que no tiene altos ni bajos
   a. la llanura   b. el pico   c. el valle

2. una gran extensión de terreno elevado (alto) y llano
   a. el pico   b. la montaña   c. la meseta

3. una meseta de mucha extensión y a gran altura
   a. el altiplano   b. el pico   c. el valle

4. espacio de tierra entre montañas
   a. el pico   b. la meseta   c. el valle

5. la parte superior de una montaña o un monte
   a. la llanura   b. el pico   c. el valle

6. grado de elevación donde el mar toca la tierra
   a. la altura   b. la tierra   c. el nivel del mar

C **Un vuelo interesante.** Contesten según el dibujo.

1. ¿Estaba sobrevolando las montañas el avión?
2. ¿Estaban mirando por las ventanillas los pasajeros?
3. ¿Estaban sirviendo la comida los asistentes de vuelo?
4. ¿Estaba distribuyendo audífonos una asistenta de vuelo?
5. ¿Estaban empujando el carrito por el pasillo los asistentes de vuelo?

INDEPENDENT PRACTICE

Assign any of the following:
1. Workbook, *Palabras 2*
2. Communication Activities Masters, *C & D*
3. Exercises on student pages 172-173

Comunicación
Palabras 1 y 2

A **El billete.** Mire el billete de
avión y dé la siguiente información.

1. el nombre del pasajero
2. el número de vuelos que va a tomar
3. el número del primer vuelo
4. el origen del primer vuelo
5. el destino del primer vuelo
6. la clase en que va a viajar
7. la hora de salida del segundo vuelo
8. el precio total del pasaje

B **En el aeropuerto.** Trabaje con un(a) compañero(a) de clase. Dígale todo
lo que tienen que hacer los pasajeros en el aeropuerto antes de abordar el avión.
Utilice las siguientes expresiones. Luego, cambien de papel.

> facturar el equipaje
> ir (presentarse) al mostrador de la línea aérea
> recibir (conseguir) una tarjeta de embarque
> pasar por el control de seguridad
> ir a la puerta de salida

C **Voy a viajar a…** Trabaje con un(a) compañero(a) de clase. Imagínese que
Ud. va a hacer un viaje fantástico. Dígale a su compañero(a) adónde irá, cómo
será su viaje, todo lo que Ud. verá, cómo irá, lo que comprará, etc. Su
compañero(a) tomará apuntes y luego le hará preguntas sobre su viaje.

D **Tengo que regresar (volver) a casa.** Ud. está de vacaciones en
Tegucigalpa, Honduras y tiene que regresar a casa debido a una emergencia.
Un(a) compañero(a) de clase será el/la agente de la línea aérea en el aeropuerto.
Preparen la conversación que Uds. tienen para cambiar su boleto.

Comunicación
(Palabras 1 and 2)

PRESENTATION *(page 173)*

A. It is not necessary to have students complete all the activities. Select those which you consider most appropriate. You may wish to have different groups complete different activities.
B. After students have completed Activity B, have them say as much about the trip in their own words as they can.

ANSWERS
Actividades A, B, C, and D
Answers will vary.

CRITICAL THINKING ACTIVITY	DID YOU KNOW?
(Thinking skills: identifying causes) Read the following to the class or write it on the board or on a transparency: *¿Por qué razones se cancela (se anula) un vuelo?*	Iberia is the name of the national airline of Spain. It comes from the name of the peninsula Spain occupies, *la Península ibérica. Los iberos* were among the first inhabitants of the peninsula that is today Spain and Portugal.

ESTRUCTURA

Los tiempos progresivos   *Describing People's Activities*

1. You have already learned the present progressive tense which is used to express an action that is actually in progress. The present progressive is formed by using the present participle and the present tense of the verb *estar*. Review the following forms of the present participle of regular verbs.

hablar	hablando	comer	comiendo	recibir	recibiendo
esperar	esperando	hacer	haciendo	salir	saliendo

Los pasajeros están abordando el avión.
El asistente de vuelo les está dando la bienvenida a bordo.

2. In addition to the present there are other progressive tenses. The imperfect progressive is used to describe what was going on in the past, and the future progressive is used to express what will be going on in the future. The appropriate tense of the verb *estar* is used along with the present participle.

Los asistentes de vuelo estaban anunciando
   el aterrizaje.
Los pasajeros estaban poniendo el respaldo
   de sus asientos en posición vertical.
El avión estará aterrizando dentro de poco.
Los pasajeros estarán saliendo por (desembarcando de)
   la puerta delantera.

174   CAPÍTULO 7

Structure Teaching Resources

1. Workbook, *Estructura*
2. Student Tape Manual, *Estructura*
3. Audio Cassette 5A
4. Communication Activities Masters, *E-G*
5. Chapter Quizzes, *Estructura*
6. Computer Software, *Estructura*

Bell Ringer Review

Write the following on the board or use BRR Blackline Master 7-4: Rewrite the following in the present perfect.
1. Los pasajeros abordaron el avión.
2. El asistente les dio la bienvenida a bordo.
3. El avión salió a tiempo de la puerta de salida.
4. El avión despegó a tiempo.
5. Roberto puso su equipaje de mano debajo del asiento.

Los tiempos progresivos

PRESENTATION *(pages 174-175)*

A. Have students open their books to pages 174-175. Lead them through steps 1-4. Model the examples and have students repeat in unison.
B. Write the forms of the verb *estar* on the board in the present, imperfect, and future tenses, or show a transparency.
C. Add the present participles to the forms of *estar* and have students repeat the now completed forms of the progressive tenses.

ADDITIONAL PRACTICE

Have students answer the following questions about the sentences in step 2 on page 174:
¿Quién está hablando?
¿Qué está anunciando?
¿A quiénes está haciendo anuncios?
¿Qué les está diciendo?

LEARNING FROM PHOTOS

Refer students to the photo at the bottom of page 174 and say: *Hay dos líneas aéreas mexicanas que enlazan México con los Estados Unidos. Son Aeroméxico y Mexicana de aviación. La línea nacional del gobierno es Aeroméxico. Mexicana de aviación es una compañía (empresa) privada.*

3. The verbs that have a stem change in the preterite, have the same stem change in the present participle.

E > I		O > U	
pedir	pidiendo	dormir	durmiendo
servir	sirviendo	morir	muriendo
repetir	repitiendo		
sentir	sintiendo		
decir	diciendo		

4. The following verbs have a *y* in the present participle.

caer	cayendo
leer	leyendo
traer	trayendo
oír	oyendo
distribuir	distribuyendo
construir	construyendo
contribuir	contribuyendo

Ejercicios

A **En el aeropuerto.** Contesten.

1. ¿Estaba haciendo un viaje Clarita?
2. ¿Estaba hablando con la agente en el mostrador de la línea aérea?
3. ¿Estaba facturando su equipaje?
4. ¿Estaba revisando la agente su boleto y su pasaporte?
5. ¿Estaban pasando los otros pasajeros por el control de seguridad?
6. ¿Estaban esperando otros en la puerta de salida?
7. ¿Estaba saliendo el vuelo para Caracas?

B **La llegada.** Contesten según se indica.

1. ¿Estarán llegando pronto los pasajeros? (sí)
2. ¿Estará aterrizando a tiempo el avión? (no, con una demora de veinte minutos)
3. ¿En qué puerta estarán desembarcando los pasajeros? (la puerta 40)
4. ¿Dónde estarán reclamando su equipaje? (en el carrusel B)

CAPÍTULO 7   **175**

Ejercicios

PRESENTATION (*pages 175-176*)

Ejercicios A **and** *B*
Exercises A and B can be done with books open or closed.

ANSWERS
Ejercicio A
1. Sí, estaba haciendo un viaje.
2. Sí, estaba hablando con la agente.
3. Sí, estaba facturando su equipaje.
4. Sí, la agente estaba revisando su boleto y su pasaporte.
5. Sí, los otros pasajeros estaban pasando por el control de seguridad.
6. Sí, otros estaban esperando en la puerta de la salida.
7. Sí, el vuelo estaba saliendo para Caracas.

Ejercicio B
1. Sí, estarán llegando los pasajeros.
2. No, estará aterrizando con una demora de veinte minutos.
3. Los pasajeros estarán desembarcando en la puerta 40.
4. Estarán reclamando su equipaje en el carrusel B.

FOR THE NATIVE SPEAKER

Have students do the following writing exercise to practice the past progressive with verbs that have a *y* in the present participle: *leer, constituir, huir, influir, distribuir, atraer.*

1. *Los asistentes de vuelo ___ unos panfletos al público.*
2. *Todo el mundo ___ los panfletos.*
3. *Parece que los artículos ___ a los lectores y cambiando sus opiniones.*
4. *Los directores se quejaban. Decían que la distribución de panfletos ___ una práctica injusta.*
5. *Y que ___ a mucha gente indeseable.*
6. *Decían que los clientes ___ del local por miedo a un disturbio.*

Ejercicios

PRESENTATION

Ejercicios C and D

Exercises C and D can be done with books open.

Ejercicio E

You may have students do Exercise E in pairs. After some practice, call on volunteers to present their sentences to the class.

ANSWERS

Ejercicio C

1. **Los asistentes de vuelo estarán dando anuncios.**
2. **... estarán pasando por la cabina.**
3. **... estarán distribuyendo audífonos.**
4. **... estarán dando instrucciones de seguridad.**
5. **... estarán sirviendo bebidas.**
6. **... estarán sirviendo una comida.**

Ejercicio D

1. **Los pasajeros estarán viendo una película.**
2. **... estarán escuchando música estereofónica.**
3. **... estarán comiendo.**
4. **... estarán leyendo la revista de la línea aérea.**
5. **... estarán durmiendo un poco.**

Ejercicio E

Answers will vary.

La comparación de igualdad con adjetivos y adverbios

PRESENTATION *(page 176)*

Guide students through the topic and have them repeat the sentences in step 2 after you.

C **Durante el vuelo.** Formen oraciones según el modelo.

> **los asistentes de vuelo / trabajar**
> *Los asistentes de vuelo estarán trabajando.*

1. dar anuncios
2. pasar por la cabina
3. distribuir audífonos
4. dar instrucciones de seguridad
5. servir bebidas
6. servir una comida

D **Durante el vuelo.** Formen oraciones según el modelo.

> **los pasajeros / charlar**
> *Los pasajeros estarán charlando.*

1. ver una película
2. escuchar música estereofónica
3. comer
4. leer la revista de la línea aérea
5. dormir un poco

E **¿Qué estaban haciendo esta mañana?** Expliquen lo que estaban haciendo los miembros de su familia esta mañana.

1. Mi madre
2. Mi padre
3. Mis hermanos
4. Yo
5. Mis hermanos y yo
6. Y tú

La comparación de igualdad con adjetivos y adverbios   *Comparing People and Things*

---

1. In English, to compare things that are the same or equal you use "as… as."

   > *I am as smart as my brother.*

2. In Spanish *tan… como* is used with either an adjective or an adverb.

   > **Yo soy tan inteligente como mi hermano.**
   > **El tren no viaja tan rápido como el avión.**

Ejercicio

 Dos aeropuertos semejantes. Completen.

1. El aeropuerto de Jorge Chávez en Lima es —— grande —— el aeropuerto de Ezeiza en Buenos Aires.
2. La terminal del aeropuerto de Jorge Chávez es —— grande —— la de Ezeiza.
3. Pero el aeropuerto de Jorge Chávez no está —— lejos del centro de la ciudad —— el aeropuerto de Ezeiza.
4. En Buenos Aires hay dos aeropuertos. Uno se llama el aeroparque. El aeroparque no es —— grande —— el aeropuerto internacional de Ezeiza.
5. El aeroparque no está —— lejos de la cuidad —— Ezeiza.

La comparación de igualdad con sustantivos

Comparing People and Things

1. In English to compare quantities you use "as much… as" or "as many… as."

   He has as much money as I.

2. In Spanish, you use *tanto* before the noun and *como* after the noun. *Tanto* is an adjective, therefore, it must agree in gender and number with the noun it modifies.

   Ella tiene tanto dinero como yo.
   Y ella lleva tantas maletas como tú.
   Él tiene tantos blue jeans como Luis.
   Este año hay tanta nieve como el año pasado.

3. Note that *tanto… como* can also be used alone.

   Él viaja tanto como Uds.

Ejercicio

 Dos aeropuertos. Contesten.

1. ¿Tiene este aeropuerto tantos vuelos como el otro?
2. ¿Sirve este aeropuerto a tantos pasajeros como el otro?
3. ¿Tiene este aeropuerto tantas pistas como el otro?
4. ¿Tiene este aeropuerto tanto tráfico como el otro?
5. ¿Tiene este avión tantos asientos como el otro?
6. ¿Es este avión tan grande como el otro?
7. ¿Tiene este avión tantas salidas de emergencia como el otro?
8. ¿Es el servicio de esta línea aérea tan bueno como el de la otra línea?

El aeropuerto de Ezeiza, Buenos Aires, Argentina

INDEPENDENT PRACTICE

Assign any of the following:
1. Workbook, *Estructura*
2. Communication Activities Masters, *E-G*
3. Exercises on student pages 175-177

ADDITIONAL PRACTICE

Have students make comparisons by combining each pair of sentences in the Bell Ringer Review into one.

Ejercicio

PRESENTATION (*page 177*)

The Exercise can be done with books open.

ANSWERS
Ejercicio A

1. … tan… como
2. … tan… como
3. … tan… como
4. … tan… como
5. … tan… como

Bell Ringer Review

Write the following on the board or use BRR Blackline Master 7-5: Answer the following questions. Keep your answers to use later.
1. ¿Eres inteligente?
2. ¿Es inteligente tu amigo(a)?
3. ¿Es interesante la historia?
4. ¿Tiene tu amigo(a) dinero?

La comparación de igualdad con sustantivos

PRESENTATION (*page 177*)

With books open, guide students through steps 1-3 on page 177. Have them repeat the examples after you.

Ejercicio

PRESENTATION (*page 177*)

The Exercise can be done with books open or closed.

ANSWERS

1. Sí, este aeropuerto tiene tantos vuelos como el otro.
2. Sí, este aeropuerto sirve a tantos pasajeros como el otro.
3. Sí, este aeropuerto tiene tantas pistas como el otro.
4. Sí, este aeropuerto tiene tanto tráfico como el otro.
5. Sí, este avión tiene tantos asientos como el otro.
6. Sí, este avión es tan grande como el otro.
7. Sí, este avión tiene tantas salidas de emergencia como el otro.
8. Sí, el servicio de esta línea aérea es tan bueno como el de la otra línea.

PRESENTATION *(page 178)*

A. Tell students they will hear a conversation between Raúl and Marisa, two passengers on a commercial airliner.
B. Have students close their books and listen as you read the conversation or play Cassette 5A.
C. Now have students open their books. Allow pairs a few minutes to practice reading the conversation.
D. Call on one or two pairs of volunteers to read the conversation to the class with as much expression as possible.

Ejercicio

ANSWERS

1. Estaba anunciando el aterrizaje.
2. Estarán aterrizando en algunos momentos.
3. Tienen que poner el respaldo de su asiento en posición vertical.
4. Tienen que abrochar el cinturón de seguridad.
5. Están llegando a La Paz.
6. El paisaje es maravilloso.

Escenas de la vida   *A bordo del avión*

RAÚL: ¿Qué estaba diciendo el asistente de vuelo?
MARISA: Estaba anunciando el aterrizaje.
RAÚL: ¿El aterrizaje? ¿Ya estamos llegando?
MARISA: Sí, estaremos aterrizando en algunos momentos. Tienes que poner el respaldo de tu asiento en posición vertical.
RAÚL: Sí, lo sé. ¿Tienes tu cinturón abrochado?
MARISA: Sí. No puedo creer que ya estamos aterrizando en La Paz. ¡Qué paisaje más maravilloso!

El aterrizaje. Contesten según la conversación.

1. ¿Qué estaba anunciando el asistente de vuelo?
2. ¿Cuándo estarán aterrizando?
3. ¿Como tienen que poner el respaldo de sus asientos?
4. ¿Qué tienen que abrochar los pasajeros?
5. ¿Adónde están llegando?
6. ¿Cuándo estarán aterrizando?
7. ¿Cómo es el paisaje?

La Paz, Bolivia

178   CAPÍTULO 7

LEARNING FROM PHOTOS

Refer students to the photo at the bottom of page 178. Have students say as much as they can about La Paz.

DID YOU KNOW?

When traveling through Latin America and some other areas of the world, it is necessary to pay an exit airport tax. The amount varies from country to country, but some are as much as $20 to $25 per person.

Comunicación

A **Esta mañana y esta noche.** Trabaje con un(a) compañero(a) de clase. Cada uno(a) preparará una lista de todo lo que estaba haciendo a las ocho esta mañana, y todo lo que estará haciendo a las ocho de la noche. Luego comparen sus listas y determinen si Uds. hacen lo mismo por la mañana o por la noche.

B **Son muy parecidos.** Trabaje con un(a) compañero(a) de clase. Piensen en algunas personas que Uds. conocen que, en su opinión, tienen las mismas características. Comparen a estas dos personas.

C **¿Quién es tan… como…?** Trabaje con un(a) compañero(a) de clase. Pregúntele sus opiniones sobre quiénes o qué tienen las siguientes características. Luego cambien de papel.

> tan rico como
> Estudiante 1: ¿Quién es tan rica
>   como Barbra Streisand?
> Estudiante 2: Elizabeth Taylor es tan
>   rica como Barbra Streisand.

1. tan grande como
2. tan rápido como
3. tan inteligente como
4. tan alto como
5. tan guapo como
6. tan difícil como
7. tan lejos como
8. tan simpático como
9. tan importante como
10. tan interesante como

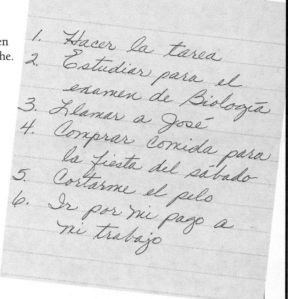

1. Hacer la tarea
2. Estudiar para el examen de Biología
3. Llamar a José
4. Comprar comida para la fiesta del sábado
5. Cortarme el pelo
6. Ir por mi pago a mi trabajo

AeroPerú
EL IMPERIO DEL SOL

Descubra Sudamérica

Viajes Fama s.a. de c.v.

Comunicación
PRESENTATION (*page 179*)

The *Comunicación* activities allow students to use the chapter vocabulary and grammar in open-ended situations. You may select those you consider most appropriate. You may also allow students to select the activity or activities in which they wish to take part.

ANSWERS
Actividad A
Answers may include the following.
A las ocho de la mañana estaba:
haciendo la tarea.
terminando el desayuno.
tomando el autobús.
llegando a la escuela.

A las ocho de la noche estaré:
preparando la comida.
saliendo con mis amigos.
estudiando.
viendo la televisión.
Actividades B and C
Answers will vary.

LEARNING FROM REALIA

Refer students to the advertisement at the bottom of page 179. Ask them: *Según esta publicidad, ¿por dónde vuela AeroPerú?*

LECTURA Y CULTURA

Bell Ringer Review

Write the following on the board or use BRR Blackline Master 7-7: Make up questions about an airplane flight using the following expressions: ¿cuándo? ¿cuánto tiempo? ¿de dónde? ¿a qué hora?

READING STRATEGIES

(page 180)

Pre-Reading

Tell students they are going to learn about an interesting flight taken by Alvaro and a friend to the city of La Paz, Bolivia.

Reading

A. You may break the reading into several parts. Present one paragraph thoroughly, reading it to students as they follow along in their books.

B. Intersperse your reading with your own questions on content. (You may use the questions on page 181.)

C. Have students read every other paragraph silently and follow with more questions.

Post-reading

Call on volunteers to recount the flight in their own words.

UN VUELO INTERESANTE

*H*ace poco mi amigo Álvaro y yo estábamos a bordo de un vuelo de la Lloyd Boliviana. Estábamos volando a La Paz, la capital de este país tan interesante y de tanta influencia cultural india. Fue nuestro primer viaje a Bolivia y por eso los anuncios que hizo el comandante nos interesaron mucho.

Vamos a escuchar uno de sus anuncios.

"Señores y señoras. Dentro de poco estaremos aterrizando en el aeropuerto El Alto, el aeropuerto internacional que sirve a La Paz. Se llama El Alto porque es el aeropuerto comercial más alto del mundo—a 13.450 pies (4.100 metros) sobre el nivel del mar. Por consiguiente ningún otro aeropuerto del mundo tiene una pista tan larga como la pista de El Alto. La pista mide[1] 4 kilómetros. ¿Por qué es tan larga? Porque a esta altura el aire está muy enrarecido[2] y contiene muy poco oxígeno. Tiene muy poca densidad y no puede sostener el peso del avión para darle fuerza ascensional[3]. Por esta razón el avión tiene que alcanzar una gran velocidad antes de poder despegar. Para alcanzar esta velocidad es necesario tener una pista muy larga".

Durante el vuelo el piloto nos estaba diciendo otras cosas interesantes. Nosotros estábamos a bordo de un jet.

Una vista de La Paz, Bolivia

Pero el piloto nos dijo que los aviones de hélices tenían o tienen que descender después de despegar de El Alto. ¿Tienen que bajar o descender? Sí, porque los aviones de hélices vuelan a una altura de unos 12.000 pies y el aeropuerto está a 13.450 pies. ¿Hay muchos aviones de hélices hoy? Sí, hay, porque en muchas zonas muy remotas los aeropuertos no pueden acomodar los jets.

[1] mide   *measures*
[2] enrarecido   *thin*
[3] fuerza ascensional   *lift*

CRITICAL THINKING ACTIVITY

(Thinking skills: drawing conclusions based on facts)
¿Por qué es tan apropriado darle el nombre "el Alto" al aeropuerto de La Paz?

Estudio de palabras

A Verbo y sustantivo. Escojan.

1. anunciar
2. medir
3. pesar
4. despegar
5. aterrizar
6. volar

a. el peso
b. la medida
c. el aterrizaje
d. el anuncio
e. el vuelo
f. el despegue

B ¿Cuál es la definición? Escojan.

1. dentro de poco
2. la altura
3. 1.200 metros de largo
4. 1.000 kilos
5. la gran velocidad
6. descender

a. la medida
b. la rapidez
c. en poco tiempo, pronto
d. el peso
e. la altitud
f. bajar

Comprensión

A Un vuelo interesante. Contesten según la lectura.

1. ¿Adónde iban Álvaro y su amigo?
2. ¿Qué les interesaba mucho?
3. ¿Por qué es famoso el aeropuerto El Alto?
4. ¿Qué no contiene el aire a esta altura?
5. ¿Qué tienen que hacer los aviones de hélices después de despegar?

B Informes y datos. Contesten.

1. el nombre del aeropuerto de La Paz
2. la altura del aeropuerto
3. el largo de la pista

C Explicaciones. Contesten.

1. Explique por qué el aeropuerto de La Paz tiene que tener una pista tan larga.
2. Explique por qué los aviones de hélices tienen que bajar o perder altitud después de despegar de La Paz.

Una vendedora en La Paz, Bolivia

CAPÍTULO 7   **181**

Estudio de palabras
ANSWERS
Ejercicio A
1. d
2. b
3. a
4. f
5. c
6. e

Ejercicio B
1. c
2. e
3. a
4. d
5. b
6. f

Comprensión
PRESENTATION *(page 181)*

Comprensión A and B
   Exercises A and B deal with factual recall. Exercise B develops the skill of scanning for information as well.

Comprensión C
   Exercise C challenges students' critical thinking skills.

ANSWERS
Comprensión A
1. Iban a La Paz.
2. Les interesaban los anuncios que hizo el comandante.
3. Es el aeropuerto comercial más alto del mundo.
4. No contiene mucho oxígeno.
5. Porque en muchas zonas remotas los aeropuertos no pueden acomodar los jets.

Comprensión B
1. El Alto
2. 13.450 pies (4.100 metros)
3. 4 kilómetros

Comprensión C
1. Porque a esta altura el aire está muy enrarecido. Tiene poca densidad y no puede sostener el peso del avión para darle fuerza ascensional.
2. Tienen que bajar porque los aviones de hélices vuelan a una altura de unos 12.000 pies y el aeropuerto está a 13.450 pies.

LEARNING FROM PHOTOS

   Refer students to the lower photo on page 181. Ask them: *¿Qué está vendiendo la señora?*

INDEPENDENT PRACTICE

   Assign any the following:
1. Workbook, *Un poco más*
2. Exercises on student pages 178, 179, 181

181

A. Before going through the selection with the class, prepare some true/false statements about it and write them on the board.

B. After reading the selection, have students go through your statements. Have them correct the false ones. For example: *El lago Titicaca es el lago navegable más bajo del mundo. (falso) El lago Titicaca es el lago navegable más alto del mundo.*

DESCUBRIMIENTO CULTURAL

En el lago Titicaca

El aeropuerto El Alto en La Paz está situado en una llanura del altiplano andino. Aquí siempre hace mucho viento. Antiguamente la ciudad de La Paz estaba situada donde está hoy el aeropuerto. Pero a los conquistadores españoles no les gustaba el viento y por este motivo trasladaron la ciudad a un valle más abajo de la meseta. Hoy en día hay una carretera moderna del aeropuerto a la ciudad. Para llegar a la ciudad del aeropuerto el viajero tiene que bajar unos 1.600 pies (485 metros).

Cuando uno desembarca de un avión en La Paz, se siente un poco mareado[1], y a veces tiene dificultad en respirar[2]. Estos son síntomas típicos del soroche. El soroche es un mal de montaña causado por el enrarecimiento del aire y la falta de oxígeno. En las alturas del altiplano boliviano no hay tanto oxígeno como lo hay al nivel del mar.

La llegada a La Paz es una experiencia maravillosa. La ciudad parece estar en un cráter, en un valle abajo del altiplano. Encima de la ciudad el cielo es claro, limpio y muy azul. Los paceños, los habitantes de La Paz, llaman cariñosamente a su ciudad "El Hueco"[3].

En la carretera del aeropuerto a La Paz uno verá anuncios para los aerodeslizadores o hidrofoils que cruzan el lago Titicaca. Si El Alto es el aeropuerto más alto del mundo, el lago Titicaca es el lago navegable más alto del mundo. El lago Titicaca está entre Bolivia y el Perú. Si a Ud. le interesan los animales, le encantará esta región donde hay ovejas[4], llamas, alpacas, vicuñas y chinchillas. En esta región viven los indios Aymarás y Quechuas.

Y AQUÍ EN LOS ESTADOS UNIDOS

Todo el mundo conoce el nombre de Charles Lindbergh, "El Águila[5] Solitaria", la primera persona que sobrevoló el Atlántico sólo. Pero pocos conocen el nombre del Capitán Emilio Carranza. Lindbergh voló de Wáshington a la Ciudad de México en el mismo avión con el que cruzó el Atlántico. El Presidente de México, Elías Calles, lo invitó. Los mexicanos querían corresponder a este fino gesto.

El 11 de junio de 1928, Emilio Carranza de 22 años de edad, capitán de las

DID YOU KNOW?

En el aeropuerto El Alto siempre hay socorristas y médicos presentes para ayudar a los pasajeros que sufren de la altura. Tienen tanques de oxígeno listos para darles oxígeno a los pasajeros que lo necesitan.

Fuerzas Aéreas Mexicanas y sobrino del ex-presidente Venustiano Carranza, salió de México en su avión Excélsior para los Estados Unidos y llegó a Wáshington como héroe. Después de un mes en Norteamérica, era hora de volver a México. El joven aviador despegó del aeropuerto Roosevelt en Nueva York a las 7:05 de la noche, el 12 de julio de 1928. Nunca llegó a México. Una familia que daba un paseo en el campo cerca de Chatsworth, Nueva Jersey, encontró los restos del Excélsior y el cuerpo sin vida del valiente capitán.

Diez mil soldados y marinos norte-americanos marcharon con los restos del héroe mexicano al tren que lo llevaría de la Pennsylvania Station hasta México.

En las escuelas de México hicieron una colecta. Los niños mexicanos dieron sus contribuciones para un monumento en el lugar de la tragedia. Allí está todavía, y cada año, en el aniversario de su muerte, militares y representantes de las dos repúblicas dejan flores en honor de Emilio Carranza.

[1] mareado *dizzy*
[2] respirar *breath*
[3] hueco *hole*
[4] oveja *sheep*
[5] águila *eagle*

Monumento a Emilio Carranza, Nueva Jersey

Unas mujeres bolivianas

HISTORY CONNECTION

The period from 1911 through the 1920's was one of the most turbulent periods in Mexican history. Francisco I. Madero, Emiliano Zapata, Francisco (Pancho) Villa, and Venustiano Carranza were major players in the Mexican Revolution that began with the overthrow of Porfirio Díaz in 1911. You may wish to assign short biographies of these figures to students as special projects.

FOR THE NATIVE SPEAKER

Have pairs of students compose a letter to a Latin American airline inquiring about possible positions. The letters should request the following information:

1. what positions are available
2. the training needed and where it can be obtained
3. the salary and benefits
4. what jobs require knowledge of English and Spanish

REALIDADES

(The Realidades *section is optional.)*

PRESENTATION (*pages 184-185*)

Have students read the captions silently and enjoy the photographs. Encourage them to ask questions and express opinions.

REALIDADES

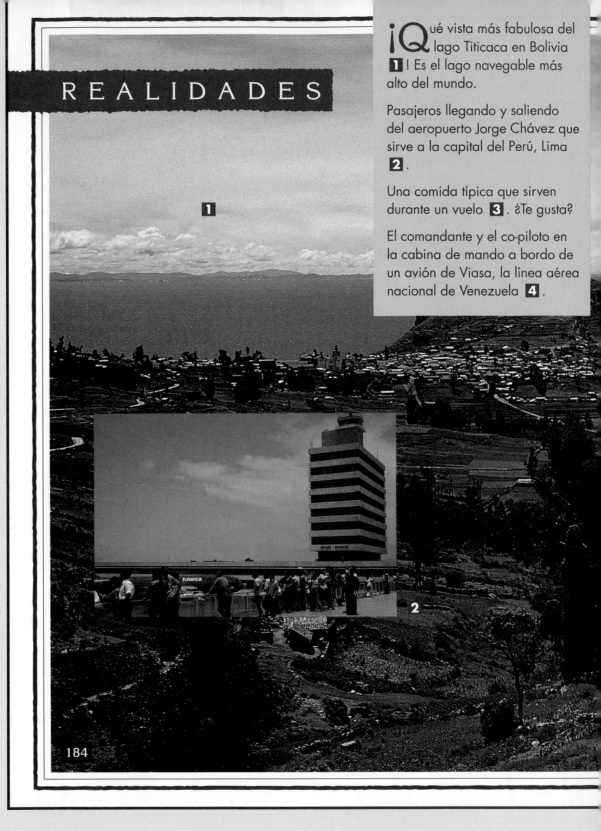

¡Qué vista más fabulosa del lago Titicaca en Bolivia 1! Es el lago navegable más alto del mundo.

Pasajeros llegando y saliendo del aeropuerto Jorge Chávez que sirve a la capital del Perú, Lima 2.

Una comida típica que sirven durante un vuelo 3. ¿Te gusta?

El comandante y el co-piloto en la cabina de mando a bordo de un avión de Viasa, la línea aérea nacional de Venezuela 4.

184

RECYCLING

The *Comunicación oral* and *Comunicación escrita* activities encourage students to use all the language they have learned in the chapter and to recombine it with material from previous chapters. It is not necessary to do all the activities with all students. Select the ones you consider most appropriate or allow students to choose the ones they wish to do.

Comunicación oral
ANSWERS

Actividades A, B, and C
Answers will vary

INFORMAL ASSESSMENT

The *Comunicación oral* activities can be used to assess speaking skills. Use the evaluation criteria given on page 24 of this Teacher's Wraparound Edition.

Comunicación escrita
ANSWERS

Actividades A and B
Answers will vary.

Comunicación oral

A **De Dallas a México.** Trabajen en pequeños grupos. Imagínense que un(a) alumno(a) de su grupo estará haciendo su primer viaje en avión. Explíquenle todo lo que tendrá que hacer desde el momento que llega al aeropuerto de Dallas hasta salir del aeropuerto de México.

B **Un viaje en avión.** Mire el horario. Escoja un destino. Luego, hágale preguntas sobre el vuelo a un(a) agente de la compañía aérea (un[a] compañero[a] de clase).

1. Quito / 11:15 / puerta # 14 / 10:45
2. Buenos Aires / 8:00 / puerta # 9 / 7:30
3. Caracas / 12:20 / puerta # 19 / 11:50
4. Madrid / 19:30 / puerta # 38 / 19:00
5. Londres / 18:00 puerta # 35 / 17:00
6. Acapulco / 7:10 / puerta # 3 / 6:40

C **Nuestro estado.** Trabajen en grupos de tres. Tengan una conversación para comparar su estado con algún estado cercano.

Comunicación escrita

A **Un viaje fantástico.** Ud. acaba de volver de un viaje educacional a dos ciudades de Latinoamérica. Escríbale una carta a un(a) amigo(a) comparando las dos ciudades. Puede comparar el tamaño, el tráfico, los precios, los hoteles, los restaurantes y la comida, los museos, los parques, las tiendas, etc.

B **El servicio a bordo.** Imagínese que Ud. ha tomado un vuelo de Nueva York a Madrid. Escríbale una carta a la compañía aérea. En su carta indique si Ud. consideró el servicio bueno o malo. Dé todos los detalles posibles.

186 CAPÍTULO 7

Reintegración

A **En el aeropuerto.** Empleen cada palabra en una oración.

1. el mostrador de la línea aérea
2. la tarjeta de embarque
3. el control de seguridad
4. la pantalla de salidas
5. el equipaje de mano
6. facturar el equipaje
7. reclamar el equipaje
8. pasar por la aduana

B **Un viaje en tren.** Completen con el pretérito.

1. La señora ____ un viaje en tren. (hacer)
2. Ella ____ un boleto de ida y vuelta en la ventanilla. (comprar)
3. Los pasajeros ____ al andén. (ir)
4. El mozo ____ y les ____ con su equipaje. (venir, ayudar)
5. El mozo ____ el equipaje en el tren. (poner)

Vocabulario

SUSTANTIVOS

el avión
la tripulación
el asistente de vuelo
la asistenta de vuelo
el sobrecargo
el/la piloto
el/la comandante
la cabina de vuelo (la cabina de mando)
la puerta de salida
la salida de emergencia
el respaldo del asiento
la mesita
la ventanilla
el pasillo
el compartimiento
el cinturón de seguridad

la máscara de oxígeno
el chaleco salvavidas
la señal de no fumar
la bienvenida
el anuncio
el aseo
el lavabo
la bebida
la comida
el carrito
los audífonos
el canal
el aeropuerto
la pista
la torre de control
el avión reactor
el jet

el motor
las hélices
el ala (las alas)
el despegue
el aterrizaje
la geografía
la altura
la altitud
el altiplano
la montaña
la cordillera
el pico
la llanura
la meseta
el valle
el lago
el nivel del mar

ADJETIVOS

estereofónico

VERBOS

distribuir
abrocharse
despegar
aterrizar
sobrevolar

OTRAS PALABRAS Y EXPRESIONES

debajo de
sobre
a bordo
dar la bienvenida

Reintegración

PRESENTATION (*page 187*)

Ejercicio A
Exercise A recycles airline vocabulary presented in *Bienvenidos*, Chapter 8.

Ejercicio B
Exercise B recycles the preterite.

ANSWERS

Ejercicio A
Answers will vary.

Ejercicio B
1. hizo
2. compró
3. fueron
4. vino, ayudó
5. puso

Vocabulario

The words and phrases in the *Vocabulario* have been taught for productive use in this chapter. They are summarized here as a resource for both students and teacher. The *Vocabulario* also serves as a convenient resource for *Culminación* activities. There are approximately 24 cognates in this list.

STUDENT PORTFOLIO

Written assignments that may be included in students' portfolios are the *Actividades escritas* on page 186 and the *Mi autobiografía* section in the Workbook.

INDEPENDENT PRACTICE

Assign any of the following:
1. Exercises on student pages 186-187
2. Workbook, *Mi autobiografía*
3. Chapter 7, Situation Cards

CHAPTER OVERVIEW

In this chapter students will learn the vocabulary associated with various hairstyles and words or expressions they would need at a barber shop or hair styling salon. They will expand their ability to talk about people and places already mentioned by learning to position pronouns in progressive tenses and in relation to infinitives. They will also learn to talk about completed actions using *acabar de* with an infinitive.

The cultural focus of Chapter 8 is on modern hair styling, including contrasting hairstyles in the U.S. with those in parts of the Hispanic world.

CHAPTER OBJECTIVES

By the end of this chapter, students will know:

1. vocabulary associated with features of the head and face
2. vocabulary associated with hairstyles for both sexes
3. the position of object pronouns when used with infinitives and progressive tenses
4. the expression *acabar de* with the infinitive

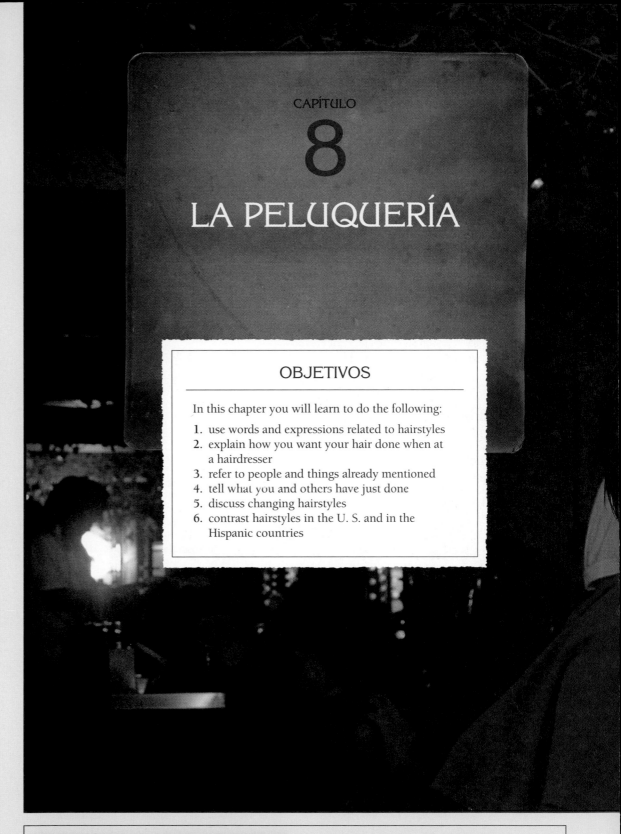

CAPÍTULO

8

LA PELUQUERÍA

OBJETIVOS

In this chapter you will learn to do the following:

1. use words and expressions related to hairstyles
2. explain how you want your hair done when at a hairdresser
3. refer to people and things already mentioned
4. tell what you and others have just done
5. discuss changing hairstyles
6. contrast hairstyles in the U. S. and in the Hispanic countries

CHAPTER PROJECTS

(optional)

1. Have students look in North American magazines and newspapers for ads concerning hairstyles and hair products. Discuss trends in this area.
2. Have students bring photos of their favorite celebrities and give oral or written presentations on the celebrities' hairstyles.
3. Have students write letters to their Spanish pen pals, real or imaginary, describing hairstyles which are currently in fashion.

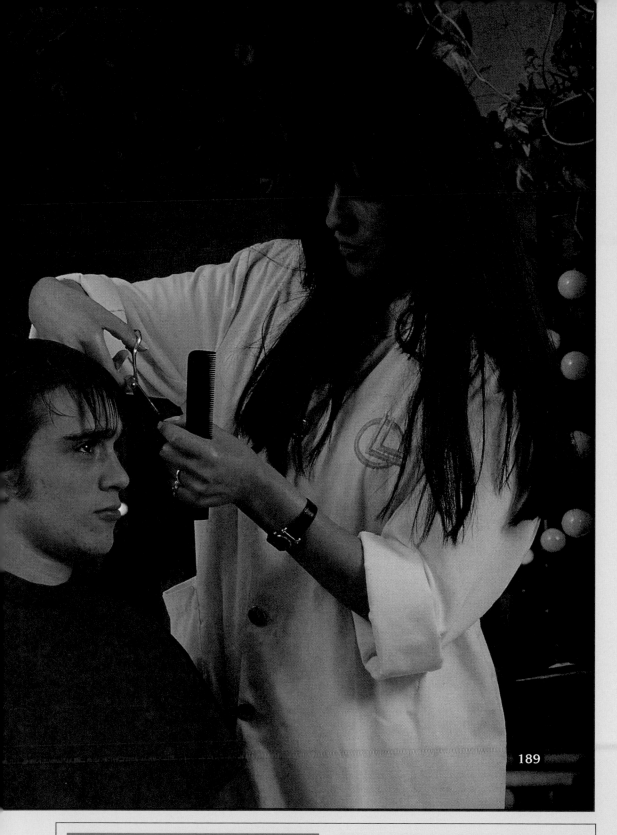

189

CHAPTER 8 RESOURCES

1. Workbook
2. Student Tape Manual
3. Audio Cassette 5B
4. Vocabulary Transparencies
5. Bell Ringer Review Blackline Masters
6. Communication Activities Masters
7. Computer Software: Practice and Test Generator
8. Video Cassette, Unit 2
9. Video Activities Booklet, Unit 2
10. Situation Cards
11. Chapter Quizzes
12. Testing Program

Pacing

Chapter 8 will require eight to ten class sessions. Pacing will depend on the length of the class period, the age of the students, and student aptitude.

LEARNING FROM PHOTOS

After presenting the *Palabras 1* and *Palabras 2* vocabulary, refer students to the photo on pages 188-189. Have students describe in as much detail as possible the hair styles of both people.

At the end of the chapter, you may return to this photo again and have students prepare a conversation that might take place between the two people.

Vocabulary Teaching Resources

1. Vocabulary Transparencies, 8.1 (*A & B*)
2. Audio Cassette 5B
3. Student Tape Manual, *Palabras 1*
4. Workbook pages *Palabras 1*
5. Communication Activities Masters, *A & B*
6. Chapter Quizzes, *Palabras 1*

Bell Ringer Review

Write the following on the board or use BRR Blackline Master 8-1: Make up sentences using the following descriptive words:
alto, bajo, rubio, moreno, guapo, bonito

PRESENTATION (*pages 190-191*)

A. With books closed, refer to Vocabulary Transparencies 8.1 (*A & B*) and have students repeat the new words, phrases, and sentences after you or Cassette 5B.
B. You may want to use students as models of some of the different hair textures, colors, and styles mentioned.
C. Mention various hair features and have students raise their hands if they have that feature. For example: *Levanta la mano si tienes un flequillo, e una cola de caballo. Etc.*

PAIRED ACTIVITY

Each partner draws a person with an unusual hairdo. Partners exchange drawings and describe what they see.

VOCABULARIO

PALABRAS 1

¿CÓMO TE PEINAS?

el pelo, el cabello

el pelo liso, lacio

el pelo rizado

el pelo crespo

el pelo largo

el pelo corto

el pelo rubio

el pelo castaño

la raya

la patilla

el bigote

el pelo negro

el pelo rojo

190 CAPÍTULO 8

ADDITIONAL PRACTICE

(*Palabras 1*)
After presenting the vocabulary on pages 190-191, refer to the Vocabulary Transparencies again. Point to the various hair styles, textures, and colors at random and have students identify them.

el moño

la cola de caballo

los rizos

el peinado afro

la trenza

el flequillo

la onda

el bucle

El señor está peinándose.

La señorita está cepillándose el pelo.

El joven está lavándose el pelo.

Ejercicios

PRESENTATION (*pages 192-193*)

Ejercicio A

Exercise A is to be done with books open.

Ejercicio B

Exercise B can be done with books open or closed.

ANSWERS

Ejercicio A

1. Tiene el pelo largo y lacio.
2. Tiene el pelo corto.
3. Tiene el pelo rizado.
4. Tiene el pelo liso (lacio).
5. Tiene el pelo rojo.
6. Tiene el pelo en una cola de caballo.

Ejercicio B

1. femenino
2. femenino
3. unisex
4. femenino
5. unisex
6. masculino
7. unisex
8. masculino

Ejercicios

A ¿Cómo tienen el pelo? Describan los peinados.

1.

2.

3.

4.

5.

6.

B Un peinado masculino o femenino. Escojan.

masculino   femenino   unisex

1. el moño
2. las trenzas
3. la cola de caballo
4. el bucle
5. la raya
6. el bigote
7. los flequillos
8. las patillas

FOR THE NATIVE SPEAKER

Discussion *La gente mayor muchas veces se queja de los estilos de pelo de los jóvenes, especialmente de los varones. ¿Qué es lo que les molesta de los estilos de pelo de los jóvenes? ¿Qué preferirían los mayores? ¿Hay algo más en esto que el mero estilo?*

INDEPENDENT PRACTICE

Assign any of the following:
1. Workbook, *Palabras 1*
2. Communication Activities Masters, *A & B*
3. Exercises on student pages 192-193

C El pelo. Preguntas personales.

1. ¿Tienes el pelo liso o rizado?
2. ¿Tienes el pelo rizado o crespo?
3. ¿De qué color es tu pelo?
4. ¿Llevas raya o no?
5. Si llevas raya, ¿la llevas a la derecha, a la izquierda o en el medio?
6. ¿Tienes el pelo largo o corto?

D Mi peinado. Preguntas personales.

1. ¿Te peinas frecuentemente?
2. ¿Estás peinándote ahora?
3. ¿Te cepillas el pelo con frecuencia?
4. ¿Te estás cepillando el pelo ahora?
5. ¿Te peinas o te cepillas con más frecuencia?
6. ¿Te lavas el pelo todos los días?
7. ¿Te lavas el pelo mientras estás tomando una ducha?

NUEVO
ELSÈVE YOYOBA

BRILLO Y VITALIDAD PARA TUS CABELLOS.

L'ORÉAL

CAPÍTULO 8   **193**

PRESENTATION

Ejercicios C and D

Exercises C and D can be done with books open or closed.

ANSWERS

Ejercicio C

Answers will vary.

1. Tengo el pelo liso (rizado).
2. Tengo el pelo rizado (crespo).
3. Tengo el pelo rubio (negro, castaño).
4. Sí, (No, no) llevo raya.
5. Llevo la raya a la derecha (a la izquierda, en el medio).
6. Tengo el pelo largo (corto).

Ejercicio D

Answers will vary.

1. Sí (No), (no) me peino frecuentemente.
2. Sí (No), (no) me estoy peinando ahora.
3. Sí (No), (no) me cepillo el pelo con frecuencia.
4. Sí (No), (no) me estoy cepillando el pelo ahora.
5. Me peino (Me cepillo) con más frecuencia.
6. Sí (No), (no) me lavo el pelo todos los días.
7. Sí (No), (no) me lavo el pelo mientras estoy tomando una ducha.

INFORMAL ASSESSMENT
(Palabras 1)

Have individuals describe their own texture, length, and color of hair.

LEARNING FROM PHOTOS/REALIA

1. Refer students to the photo on page 193. Ask them: *¿Dónde está la muchacha? ¿Cómo tiene el pelo? ¿Se está lavando el pelo? ¿Dónde tiene la toalla?*
2. Refer students to the advertisement on page 193. Ask them: *¿Para qué tipo de producto es la publicidad? Según la publicidad, ¿qué hace Elsève? Elsève es un producto de la compañía L'Oreal. ¿Qué opina Ud.? ¿Es una compañía española, francesa, estadounidense o latinoamericana?*

Vocabulary Teaching Resources

1. Vocabulary Transparencies 8.2 (*A & B*)
2. Audio Cassette 5B
3. Student Tape Manual, *Palabras 2*
4. Workbook, *Palabras 2*
5. Communication Activities Masters, *C & D*
6. Chapter Quizzes, *Palabras 2*
7. Computer Software, *Vocabulario*

Bell Ringer Review

Write the following on the board or use BRR Blackline Master 8-2: Make a list of all the parts of the body you know in Spanish.

PRESENTATION (*pages 194-195*)

A. Have students close their books. Model the *Palabras 2* vocabulary using Vocabulary Transparencies 8.2 (*A & B*). Have students repeat the new material after you or Cassette 5B.

B. Ask questions about the new material. Begin with either/or and yes/no questions, and then progress to open-ended ones. For example: *¿Es el secador o la maquinilla? ¿Es la pinza o la horquilla? ¿Qué es esto?*

C. Have students open their books and read the new words, phrases, and sentences.

194

VOCABULARIO

PALABRAS 2

NECESITO UN CORTE DE PELO

la peluquería unisex · la peluquera · el peluquero · el peine · el cepillo

el secador · el rizador · las tijeras · la navaja · la maquinilla · la horquilla · la laca · el champú · el rulo · la pinza para el cabello

PANTOMIME

cepillarle el pelo a alguien
cortarse el pelo
peinarse

Getting Ready

Write individual actions like the ones below on index cards. Give one card apiece to individuals to mime the action. As each student mimes, ask another to say in Spanish what his/her classmate is doing.

dar un champú a alguien
secar el pelo con un secador

You may give students the following names for products:
el rímel (mascara)
el lápiz para los labios
la espuma
el talco
el perfume
el agua de colonia
la crema facial
Then call on individual girls in the class to tell which of these cosmetics they do or don't use.

arriba

al lado

enfrente

atrás

el cuello

el corte de pelo

el peluquero, el barbero

El peluquero está cortándole el pelo.

La peluquera acaba de darle un champú.
Acaba de lavarle el pelo (darle un lavado).

Ahora va a recortarle el pelo.
Va a darle un recorte.

ADDITIONAL PRACTICE

Ask students the following questions:
¿Cuándo necesitas champú? ¿Cuándo pones laca en los cabellos? ¿Cuándo usas tijeras? ¿Cuándo usas una navaja? ¿Cuándo usas un secador? ¿Cuándo necesitas rulos o un rizador?

COOPERATIVE LEARNING

1. Have teams of boys discuss and report on their preferred hairstyles for girls. Have teams of girls discuss and report on their preferred hairstyles for boys.
2. Have teams of girls discuss whether they like to do their own hair or go to a salon and why.

Ejercicios

Ejercicios

PRESENTATION (*page 196*)

Ejercicios A and B

·Exercises A and B can be done with books open.

Ejercicio C

Exercise C can be done with books open or closed.

ANSWERS

Ejercicio A

1. Es el peine.
2. Es el rizador.
3. Es un rulo.
4. Son tijeras.

Ejercicio B

1. Tiene el pelo corto.
2. No tiene bucles.
3. No tiene patillas.
4. Tiene el pelo corto a los lados.

Ejercicio C

Answers will vary.

1. Voy a la peluquería…
2. Sí (No), (no) voy con frecuencia.
3. Prefiero el pelo largo (corto).
4. Sí (No), el peluquero (no) me lava el pelo antes de cortarme el pelo.
5. Cuando me da un corte, usa tijeras (navaja).
6. Me gusta el pelo largo (corto) atrás, en el cuello.

INFORMAL ASSESSMENT
(*Palabras 2*)

Have individuals describe each illustration on page 195 as completely as possible.

A **¿Qué es?** Identifiquen según la foto.

1. ¿Es el peine o el cepillo?

2. ¿Es el secador para el pelo o el rizador?

3. ¿Es una horquilla o un rulo?

4. ¿Son tijeras o es una navaja?

B **El peinado.** Contesten según la foto.

1. Este muchacho, ¿tiene el pelo largo o corto?
2. ¿Tiene bucles enfrente o no?
3. ¿Tiene patillas?
4. ¿Tiene el pelo largo o corto a los lados?

C **Mi peinado.** Preguntas personales.

1. ¿A qué peluquería vas?
2. ¿Vas con frecuencia (a menudo)?
3. ¿Prefieres el pelo largo o el pelo corto?
4. ¿Te lava el pelo el peluquero antes de cortarte el pelo?
5. Cuando te da un corte, ¿usa tijeras o navaja?
6. ¿Te gusta el pelo largo o corto atrás, en el cuello?

196 CAPÍTULO 8

INDEPENDENT PRACTICE

Assign any of the following:

1. Workbook, *Palabras 2*
2. Communication Activities Masters, *C & D*
3. Exercises on student pages 196-197

Comunicación

Palabras 1 y 2

A **El pelo.** Un(a) compañero(a) de clase quiere saber qué peinado prefiere Ud. Déle una descripción completa. Luego cambien de papel.

B **¿Está de moda?** Pregúntele a un(a) compañero(a) de clase si los estilos siguientes están de moda o no.

1. El pelo largo para muchachos
2. El pelo corto para muchachas
3. La onda para muchachas
4. El moño para muchachas
5. La cola de caballo para muchachos
6. El "look" mojado (*wet*) para muchachos
7. El "look" mojado para muchachas
8. Las trenzas para muchachas
9. El afro para gente con pelo crespo
10. El bigote para muchachos

C **¡El pelo de mis sueños!** Escriba un párrafo corto describiendo cómo le gustaría tener el pelo: el color, el largo, el estilo, etc.

¡TU CABELLO PIDE SWING!

Aquí tienes la gama más completa para dar ritmo a tu cabello. Poly Swing.

¡Mójate! Con el **Gel Fijador Extrahúmedo**, tu cabello tendrá ese excitante aspecto mojado. Y con el **Gel Fijador Extrafuerte**, ¡qué fuerte! ¡A todo volumen! La **Espuma Moldeadora Normal** te da fijación y volumen para moldear tu cabello. Y para tope volumen, la **Espuma Moldeadora Extrafuerte**. ¡Muévete! Si tienes **Laca Normal**, incluso el oculto en **Spray**. Y para más marcha **Laca Extrafuerte**, tu cabello resistirá "acid house". ¡Transfórmate! El **Spray de Modelaje**, cualquier bolsillo, te permite cambiar en segundos. Y el **de Modelaje Extrafuerte**, te fija más, y más, y más... ¡Sube al firmamento! Con el **Gel Fluido** tus peinados serán brillantes como las estrellas. ¡Suave, suave! La **Crema de Modelaje** te da volumen y mima tu cabello. Si quieres Swing, dále a tu cabello

POLY SWING

Y PEINATE COMO QUIERAS

CAPÍTULO 8   **197**

Comunicación
(*Palabras 1 and 2*)

Bell Ringer Review

Write the following on the board or use BRR Blackline Master 8-3: Draw a smiling male face and highlight the following:
el bigote
las patillas
el pelo liso

PRESENTATION (*page 197*)

It is not necessary that you do all of the *Comunicación* activities. You may select those you consider most appropriate. You may also allow students to select the activities in which they take part.

ANSWERS

Actividades A, B, and C
Answers will vary.

ESTRUCTURA

Structure Teaching Resources

1. Workbook, *Estructura*
2. Student Tape Manual, *Estructura*
3. Audio Cassette 5B
4. Communication Activities Masters, *E & F*
5. Chapter Quizzes, *Estructura*
6. Computer Software, *Estructura*

Bell Ringer Review

Write the following on the board or use BRR Blackline Master 8-4: Write the answers to the following questions.
1. ¿Te lava el pelo el/la peluquero(a)?
2. ¿Te lo lava con agua caliente?
3. ¿Le das una propina al/a la peluquero(a)?
4. ¿Se la das cuando termina con el recorte o antes?

La colocación de los pronombres de complemento

PRESENTATION *(page 198)*

A. Ask students to open their books to page 198. Lead them through steps 1-3.
B. Choose several examples from step 2 BEFORE and ATTACHED, and write them on the board. Have students repeat the sentences in step 2.

Note Students should realize that the pronouns are often attached. For productive purposes, however, they need only place them before the auxiliary.

La colocación de los pronombres de complemento

Referring to People or Things Already Mentioned

1. You have already learned that the direct and indirect object pronouns precede the conjugated form of a verb.

> Él me envió la carta.
> ¿Cuándo te la mandó?
> Me la envió el otro día.

Srta. Norma Marta Ruiz
Avda. General San Martín, 28
Montevideo, Uruguay

2. The object pronouns may be attached to either the present participle, *enviando, leyendo, escribiendo,* or the infinitive *enviar, leer, escribir.* They may also precede the helping verb used with the participle or the infinitive.

BEFORE	ATTACHED
Me está escribiendo la carta.	Está escribiéndome la carta.
¿Cuándo te la va a enviar?	¿Cuándo va a enviártela?
Me la estará enviando hoy.	Estará enviándomela hoy.
Él me va a escribir la carta.	Él va a escribirme la carta.
¿Cuándo te la va a enviar?	¿Cuándo va a enviártela?
Me la quiere mandar hoy.	Quiere mandármela hoy.

3. Note that in order to maintain the same stress, a present participle carries a written accent mark when either one or two pronouns are added to it. An infinitive carries a written accent mark only when two pronouns are attached to it.

diciéndome	decirme
diciéndomelo	decírmelo

198 CAPÍTULO 8

DID YOU KNOW?

The avenue on the address is *Avda. General San Martín* named for José de San Martín (1778-1850) the hero of Argentine (and Uruguay, since Uruguay was a part of Argentina at the time) independence. Ask students what local streets and avenues are named after historical figures.

Ejercicios

A **¿Qué está haciendo el peluquero?** Contesten según el modelo.

> ¿Está recortándote las patillas?
> *Sí, me las está recortando.*
> *Sí, está recortándomelas.*

1. ¿Está enrollándote el pelo?
2. ¿Está cortándote la cola de caballo?
3. ¿Está lavándote el pelo?
4. ¿Está recortándote el bigote?

B **En la peluquería.** Contesten según el modelo.

> ¿Va a darle el champú?
> *Sí, se lo va a dar.*
> *Sí va a dárselo.*

1. ¿Va a lavarle el pelo?
2. ¿Va a mojarle el pelo?
3. ¿Va a cortarle el pelo?
4. ¿Va a secarle el pelo?

C **¡Yo!** Preguntas personales.

1. ¿Estás lavándote el pelo?
2. ¿Vas a lavarte el pelo esta noche?
3. ¿Vas a comprarte el champú?
4. ¿Está cortándote el pelo el peluquero?
5. ¿Va a cortártelo mañana?

D **En el cine.** Contesten con pronombres.

1. ¿Quiere ver la película Marisol?
2. ¿Va a ver la película?
3. ¿Está comprando las entradas ahora?
4. ¿Está comprando las entradas en la taquilla del cine?
5. ¿Quiere Marisol sentarse en la primera fila?
6. ¿Quiere ver la película de la primera fila?
7. Desde la primera fila, ¿puede ver la película bien?

LEARNING FROM REALIA

Refer students to the items depicted on page 199. Have students identify each one.

PRESENTATION *(pages 199-200)*

Ejercicios A and B
Exercises A and B can be done with books open.

Ejercicios C and D
Exercises C and D can be done with books open or closed.

Extension of *Ejercicio D*
Have students respond to each item twice, putting the pronoun before, and then attached.

ANSWERS

Ejercicio A
1. Sí, me lo está enrollando.
   Sí, está enrollándomelo.
2. Sí, me la está cortando.
   Sí, está cortándomela.
3. Sí, me lo está lavando.
   Sí, está lavándomelo.
4. Sí, me lo está recortando.
   Sí, está recortándomelo.

Ejercicio B
1. Sí, se lo va a lavar.
   Sí, va a lavárselo.
2. Sí, se lo va a mojar.
   Sí, va a mojárselo.
3. Sí, se lo va a cortar.
   Sí, va a cortárselo.
4. Sí, se lo va a secar.
   Sí, va a secárselo.

Ejercicio C
Answers will vary.
1. Sí (No), (no) estoy lavándome el pelo.
2. Sí (No), (no) voy a lavarme el pelo esta noche.
3. Sí (No), (no) voy a comprarme el champú.
4. Sí (No), el peluquero (no) está cortándome el pelo.
5. Sí (No), (no) va a cortármelo mañana.

Ejercicio D
1. Sí, la quiere ver (quiere verla).
2. Sí, la va a ver (va a verla).
3. Sí, las está comprando ahora (está comprándolas ahora).
4. Sí, las está comprando (está comprándolas).
5. Sí, quiere sentarse en la primera fila.
6. Sí, la quiere ver (quiere verla).
7. Sí, la puede ver bien (puede verla bien).

Ejercicio E

Exercise E can be done with books open or closed.

Ejercicio F

Exercise F can be done with books open.

ANSWERS

Ejercicio E

Answers will vary.

1. Yo se las estoy comprando.
   (Yo estoy comprándoselas.)
2. El me las va a dar.
   (Él va a dármelas.)
3. Yo se las voy a pagar.
   (Voy a pagárselas.)
4. El agente me lo está diciendo.
   (El agente está diciéndomelo.)
5. Yo se las voy a regalar.
   (Yo voy a regalárselas.)
6. Yo sé que Guillermo la va a invitar al teatro.
   (Yo sé que Guillermo va a invitarla al teatro.)

Ejercicio F

1. No, Susana no está escribiendo una carta.
   (No, Susana no está escribiéndola.)
2. Mañana va a escribírmela.
   (Mañana me la va a escribir.)
3. Sí, está comprándolos ahora.
   (Sí, los está comprando.)
4. No, no está comprándolo.
   (No, no lo está comprando.)
5. Sí, ya lo ha comprado.
6. Mañana va a enviármela.
   (Mañana me la va a enviar.)
7. El cartero va a entregármela.
   (El cartero me la va a entregar.)
8. Sí, la voy a abrir en seguida.
   (Sí, voy a abrirla en seguida.)
9. Voy a leerla con mucho interés.
   (La voy a leer con mucho interés.)
10. Sí, la voy a contestar en seguida.
    (Sí, voy a contestarla en seguida.)
11. Voy a enviársela por correo aéreo.
    (Se la voy a enviar por correo aéreo.)
12. Sí, voy a enviársela en seguida.
    (Sí, se la voy a enviar en seguida.)

200

E **Unas entradas como regalito.** Usen pronombres en la oración.

1. Yo estoy comprando las entradas para Guillermo.
2. El taquillero va a darme las entradas.
3. Yo le voy a pagar las entradas.
4. El taquillero me está diciendo el precio.
5. Yo le voy a regalar las entradas a Guillermo.
6. Yo sé que Guillermo va a invitar a su novia al teatro.

F **Una carta.** Contesten según se indica.

1. ¿Está escribiendo la carta Susana? (no)
2. ¿Cuándo va a escribírtela? (mañana)
3. ¿Está comprando los sellos ahora? (sí)
4. ¿Y está comprando el sobre? (no)
5. ¿Ya lo ha comprado? (sí)
6. ¿Cuándo va a enviarte la carta? (mañana)
7. ¿Quién va a entregarte la carta? (el cartero)
8. ¿La vas a abrir en seguida? (sí)
9. ¿Cómo vas a leer la carta? (con mucho interés)
10. ¿La vas a contestar en seguida? (sí)
11. ¿Cómo vas a enviarle tu carta? (por correo aéreo)
12. ¿Vas a enviársela en seguida? (sí)

200   CAPÍTULO 8

Acabar de con el infinitivo

Describing Events That Have Just Taken Place

Acabar de + an infinitive, means "to have just."

> Mi amiga acaba de llegar.
> Y nosotros acabamos de comer.
> Los otros acaban de salir.

Ejercicios

A **¿Acabas de hacerlo o vas a hacerlo?**
Preguntas personales. Usen pronombres.

1. ¿Acabas de leer el periódico o vas a leer el periódico?
2. ¿Acabas de escribir la composición o vas a escribir la composición?
3. ¿Acabas de tomar el examen o vas a tomar el examen?
4. ¿Acabas de hacer tus tareas o vas a hacer tus tareas?
5. ¿Acabas de llamar a tu amigo o vas a llamar a tu amigo?

B **Hablando personalmente.**
Contesten según el modelo.

> ¿Vas a levantarte?
> *No, porque acabo de levantarme.*

1. ¿Vas a lavarte las manos?
2. ¿Vas a cepillarte los dientes?
3. ¿Vas a bañarte?
4. ¿Vas a tomar el desayuno?
5. ¿Vas a salir para la escuela?

C **¿Quién acaba de hacerlo?** Contesten según se indica.

1. ¿Quién acaba de salir? (Casandra)
2. ¿Quién acaba de llamar? (el amigo de Casandra)
3. ¿Quién acaba de contestar al teléfono? (Yo)
4. ¿Quiénes acaban de hablar? (el amigo de Casandra y yo)

INDEPENDENT PRACTICE

Assign any of the following:
1. Workbook, *Estructura*
2. Communication Activities Masters, F
3. Exercises on student page 201

Note After completing the *Estructura* exercises, have students redo this Bell Ringer Review using *acabar de.*

Acabar de *con el infinitivo*

PRESENTATION *(page 201)*

Ask students to open their books to page 201. Guide them through the topic as they follow along in their books. Provide additional examples on the board.

Ejercicios A, B, and C

Exercises A, B, and C can be done with books open.

ANSWERS

Ejercicio A

Answers will vary.
1. Acabo de (voy a) leerlo.
2. Acabo de (voy a) escribirla.
3. Acabo de (voy a) tomarlo.
4. Acabo de (voy a) hacerlas.
5. Acabo de (voy a) llamarlo.

Ejercicio B
1. No, porque acabo de lavarme las manos.
2. No, porque acabo de cepillarme los dientes.
3. No, porque acabo de bañarme.
4. No, porque acabo de tomar el desayuno.
5. No, porque acabo de salir para la escuela.

Ejercicio C
1. Casandra acaba de salir.
2. El amigo de Casandra acaba de llamar.
3. Yo acabo de contestar el teléfono.
4. El amigo de Casandra y yo acabamos de hablar.

CONVERSACIÓN

Bell Ringer Review

Write the following on the board or use BRR Blackline Master 8-6: Write four things you always did when you were a child. Remember to use the imperfect.

PRESENTATION (*page 202*)

A. Tell students they will hear a conversation between a customer and a hairdresser.

B. Have students close their books and listen as you read the conversation or play Cassette 5B.

C. Now have students open their books. Allow pairs time to practice the conversation a few times. Move around the classroom and model correct pronunciation as necessary.

D. Call on a volunteer to summarize the conversation in his/her own words.

Ejercicio

ANSWERS

1. Está en la peluquería.
2. Está hablando con el peluquero.
3. No, no quiere un champú.
4. Porque acaba de lavarse el pelo.
5. El se lo va a cortar (va a cortárselo).
6. No lo quiere muy corto.
7. Quiere un recorte.
8. No, no quiere laca.
9. Prefiere el "look" natural.

Escenas de la vida   *En la peluquería*

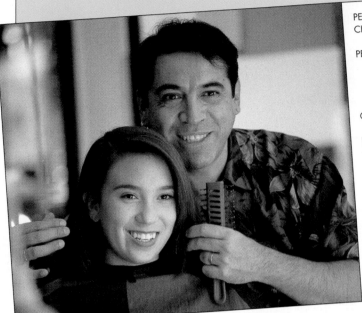

PELUQUERO: ¿Un champú?
CLIENTE: No, gracias. Acabo de lavarme el pelo.
PELUQUERO: De acuerdo, pero quiero mojarle el pelo antes de cortárselo.
¿Prefiere Ud. el pelo largo o corto?
CLIENTE: Pues, no muy corto. Sólo quiero un recorte.
PELUQUERO: De acuerdo. Voy a quitarle un poco aquí a los lados y enfrente.
¿Quiere Ud. laca?
CLIENTE: No. Me gusta más el "look" natural.

La peluquería. Contesten según la conversación.

1. ¿Dónde está la joven?
2. ¿Con quién está hablando?
3. ¿Quiere un champú?
4. ¿Por qué no?
5. Después de mojarle el pelo, ¿qué hará el peluquero?
6. ¿Cómo quiere el pelo?
7. ¿Qué quiere, un corte o un recorte?
8. ¿Quiere laca?
9. ¿Qué "look" prefiere?

202   CAPÍTULO 8

COOPERATIVE LEARNING

Have teams assume the following roles—two hair stylists, and two clients who are in the stylists' chairs. The two clients are friends. The hair stylists offer suggestions for the clients' hair. The two clients disagree on how each other's hair should be styled. Have each group present its skit to the class.

INDEPENDENT PRACTICE

Assign any of the following:
1. Workbook, *Un poco más*
2. Exercise on student page 202

Comunicación

A **Voy a la peluquería.** Ud. tiene el pelo muy largo y decide visitar la peluquería. Hable con el/la peluquero(a) (un[a] compañero[a] de clase).

1. Dígale al/a la peluquero(a) que Ud. quiere un corte de pelo.
2. Él o ella le preguntará qué clase de corte quiere.
3. Él o ella le preguntará si quiere una raya o no, y dónde.
4. Él o ella le preguntará si quiere un corte con tijeras o con maquinilla.

B **Acabamos de…** Trabaje con un(a) compañero(a) de clase. Cada uno(a) preparará una lista de lo que acaba de hacer. Luego comparen sus listas y determinen cuáles de las cosas que los dos acaban de hacer son las mismas.

> Yo acabo de ___ y ___ no acabu de ___ .
> Yo acabo de ___ y ___ acaba de ___ también.
> Nosotros dos acabamos de ___ .

C **Pues acabo de…** Trabaje con un(a) compañero(a) de clase. Dígale algunas cosas que Ud. no va a hacer dentro de poco porque las acaba de hacer.

D **Tiene el pelo corto.** Trabaje con un(a) compañero(a) de clase. Descríbale el pelo y el peinado de otro(a) compañero(a) de clase. Él/ella adivinará a quién está Ud. describiendo. Luego, cambien de papel.

Comunicación
PRESENTATION (*page 203*)

The *Comunicación* activities allow students to use the chapter vocabulary and grammar in open-ended situations. You may select those you consider most appropriate. You may also allow students to select the activity or activities in which they wish to take part.

ANSWERS
Actividades A, B, C, and D
Answers will vary.

FOR THE NATIVE SPEAKER

Give students the following topic for a short report.

El poste con las barras alternantes rojas y blancas indentifica la barbería en todos los países europeos y americanos. ¿Cuál es el origen de este símbolo? ¿Qué más hacían los antiguos barberos además de cortar el pelo? Prepare un breve informe que conteste a estas preguntas.

LEARNING FROM REALIA

Refer students to the advertisement at the bottom of page 203. Ask what they think *cabello reseco* means. (dry hair)

LECTURA Y CULTURA

Bell Ringer Review

Write the following on the board or use BRR Blackline Master 8-8: Match the word in Column 1 with a related word in Column 2.

1. cortar	a. el lavado
2. lavar	b. el rizo
3. peinar	c. el corte
4. cepillar	d. el recorte
5. recortar	e. el peinado
6. secar	f. el secador
7. rizar	g. el cepillo

READING STRATEGIES
(page 204)

Pre-Reading

A. You may have two students present the reading as a TV interview. Select students who have good pronunciation and have them practice the conversation together a day prior to their classroom presentation.

B. Ask all students to bring in photos of themselves with different hairstyles.

Reading

A. Have the selected pair present their TV interview. Ask comprehension questions of the rest of the class.

B. Open a discussion of changing hairstyles to the whole class, who have now brought their photographs.

Post-reading

Ask students to describe the hairstyles that were "in" last year at your school and elsewhere in the U.S. What styles do they think will be "in" next year?

NUEVOS PEINADOS EN LATINOAMÉRICA

—Raúl, en este momento, ¿cuál es el último grito de la moda en peinados?

—Francamente no sé cómo responderte. Es díficil, ¿sabes? Los estilos cambian muy de prisa. Este año domina el estilo corto. El "look" es natural, muy informal.

—¡Increíble! El año pasado yo estuve en Chile y todo el mundo tenía el pelo largo.

—Precisamente, como acabo de decirte—la moda cambia rápido. El estilo del momento es el peinado corto o el corte en capas[1], un poco de "gel" o gelatina, quizá—pero laca, no. ¿Y mañana? ¿Quién sabe? Yo tengo una amiga que es peluquera y hace poco estaba diciéndome que cree que dentro de poco el pelo largo va a estar de moda una vez más. ¿Es igual o parecido en los Estados Unidos?

— Ah, sí. El estilo de peinados cambia siempre.

— ¿Y cuál es el "look" "in" en este momento?

— Francamente no sé qué decirte.

—¿Ves?

[1] en capas *layered*

204 CAPÍTULO 8

LEARNING FROM PHOTOS

Refer to the photos on pages 204-205. Have students describe in as much detail as possible the people in the photos including their hair styles.

Estudio de palabras

Estudio de palabras

 A ¿Cuál es la palabra en español? Escojan.

1. in	**a.** la gelatina
2. el gel	**b.** la laca
3. el look	**c.** de moda, en onda
4. el spray	**d.** la apariencia

B ¿Cuál es la definición? Escojan.

1. muy de prisa	**a.** en poco tiempo, pronto
2. una vez más	**b.** ahora
3. dentro de poco	**c.** semejante
4. parecido	**d.** rápido
5. en este momento	**e.** responder
6. contestar	**f.** otra vez

Comprensión

Los peinados. ¿Sí o no?

1. En Latinoamérica los estilos de peinados no cambian casi nunca.
2. El pelo corto domina siempre.
3. El "look" informal es muy sofisticado, muy elegante.
4. El "look" informal es más bien natural.
5. En este momento la gente lleva mucha laca.
6. Los peluqueros están diciendo que no volverá de moda el pelo largo.

Estudio de palabras
ANSWERS
Ejercicio A
1. c
2. a
3. d
4. b

Ejercicio B
1. d
2. f
3. a
4. c
5. b
6. e

Comprensión
ANSWERS
1. No
2. No
3. No
4. Sí
5. No
6. No

INDEPENDENT PRACTICE

Assign *Estudio de palabras* and *Comprensión* exercises on student page 205.

Descubrimiento Cultural

(*The* Descubrimiento *section is optional.*)

PRESENTATION (*pages 206-207*)

A. Before going through the selection with the class, take a survey. How many students go to a unisex hair stylist? How many go to a barber? How many go to a hairdresser for women?

B. Have students read the selection silently.

C. Have students tell you what they have learned from the selection.

DESCUBRIMIENTO CULTURAL

En Londres

En Guatemala

Indios otavaleños en el Ecuador

*E*l pelo y los peinados han tenido siempre gran significado en todas las culturas. En Gran Bretaña los jueces[1] todavía llevan peluca[2]. Algunos militares y religiosos se cortan el pelo *al rape*, dejándose casi nada de pelo en la cabeza. En los países católicos muchos monjes llevan tonsura, una pequeña porción circular de la cabeza afeitada.

En las Américas, entre los indígenas, el peinado, igual que el vestido, frecuentemente identifica al grupo o a la tribu. Y el largo del pelo no tiene nada que ver con el sexo de la persona. En algunos grupos, los hombres llevan el pelo largo, a veces en trenza. En otros grupos, las mujeres se adornan las trenzas con cintas de colores vivos (brillantes). También hay peinados especiales para diferentes ocasiones. Hay peinados para el trabajo, para ir a misa, y para ir de paseo[3]. Los adornos en la cabeza son importantes. Por ejemplo, los *caciques*[4] llevan un tipo de adorno y los *curanderos* otro. El arte que nos ha venido de los antiguos incas, aztecas y mayas nos muestra una variedad de peinados y adornos muy elaborados en las cabezas de los dioses. Todavía no sabemos el significado de cada uno.

Y, ¿quién se encarga del cuidado del pelo y la barba? Los peluqueros o barberos, por supuesto. El barbero es un personaje especial en la literatura hispana. El barbero ha tenido fama de independiente y hasta de anarquista. Trabaja por sí solo. No tiene jefes. Conoce todos los secretos del pueblo. Y el hombre que pone el cuello bajo la navaja del barbero pone allí su vida.

[1] jueces   *judges*
[2] peluca   *wig*
[3] ir de paseo   *to go for a walk*
[4] cacique   *chief*

206   CAPÍTULO 8

Éste ha sido el tema de varios cuentos españoles y latinoamericanos. El barbero español ha sido figura importante en otras literaturas. "Fígaro", el barbero de Sevilla, aparece en la obra del francés Beaumarchais, y en la ópera del mismo nombre del italiano Rossini.

Hablando de los peinados y sus significados, una nota curiosa. Los toreros siempre han llevado coleta. Hoy la coleta es postiza[5], pero antiguamente era de verdad. Todo el mundo sabía quién era torero por la coleta. Cuando un torero se retira de su profesión hay una ceremonia. Al torero se le "corta la coleta". Esta ceremonia también existe al otro lado del mundo, también en conexión con un espectáculo tradicional, como es la corrida de toros. Se trata del Japón, y del "sumo". Los gigantescos atletas del "sumo", que pesan hasta 200 kilos, llevan el pelo en un moño encima de la cabeza. Cuando un "sumo" se retira de su profesión, él también se "corta la coleta".

[5] postiza *false*

Gioachino Rossini

El Barbero de Sevilla

OPERA MADRID

11 y 13 de febrero – 7:30 p.m.

Una coleta

GEOGRAPHY CONNECTION

El mercado que tiene lugar los sábados por la mañana en Otavalo es popularísimo. Los otavaleños son tejedores (weavers) famosos en el mundo entero. Noten que son los otavaleños que llevan el pelo largo en una trenza.

LEARNING FOR PHOTOS

El traje que lleva el torero se llama "traje de luces". El sombrero es una "montera". Los trajes de luces son carísimos porque llevan muchos adornos y todo el trabajo se hace a mano.

LEARNING FROM REALIA

Ask students the following questions: *¿Cómo se llama la ópera? ¿Dónde se está presentando? ¿Cuál es la fecha de la función? ¿A qué hora empieza?*

(The Realidades *section is optional.)*

Bell Ringer Review

Write the following on the board or use BRR Blackline Master 8-9: Make a list of the events for which you like to look really good.

PRESENTATION *(pages 208-209)*

A. Have students read the captions silently and enjoy the photographs. Encourage them to ask questions, express opinions, and discuss the information.

B. In regard to the photos and realia in the *Realidades* section, you may wish to give students the following information:
Realia 3: Spanish soaps are famous for their softness. All soaps are made with fat. Fine soaps from Spain are made with olive oil. These soaps are known internationally as "Castile Soap." *Magno* soap which is black, is made with a special water and comes from an island off the coast of Galicia.
Photo 4: The Mayas of Guatemala are extraordinary weavers. Each group has its own intricate pattern that distinguishes its parchments from those of other groups.
Photo 6: The word *guagua* is a very interesting word. In the Caribbean Spanish-speaking countries it means "bus." It is also used for "bus" in the *Islas Canarias*. In some Andean countries, namely Perú and Bolivia, *guagua* is the word for "child," almost in the sense of "kid." In the Quechua language a *guagua* is a type of papoose that Indian women use to carry their babies.

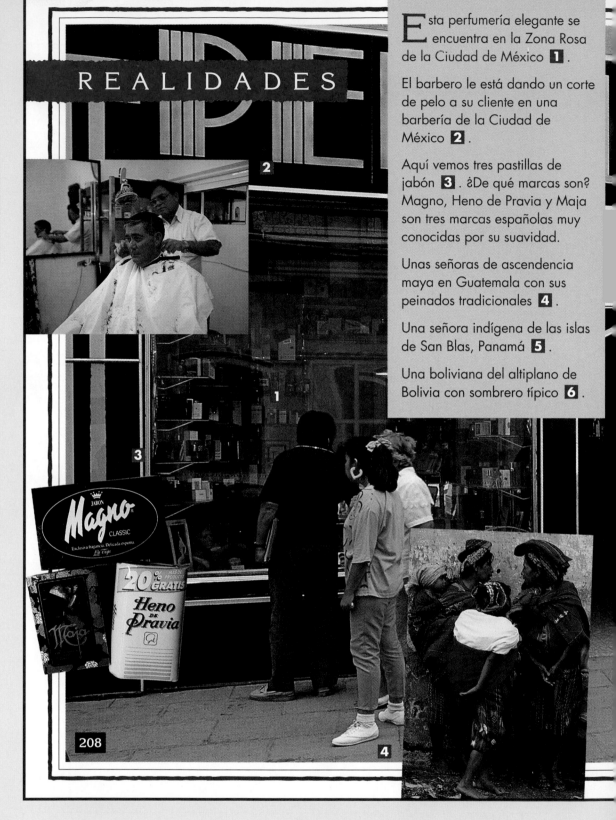

REALIDADES

Esta perfumería elegante se encuentra en la Zona Rosa de la Ciudad de México **1**.

El barbero le está dando un corte de pelo a su cliente en una barbería de la Ciudad de México **2**.

Aquí vemos tres pastillas de jabón **3**. ¿De qué marcas son? Magno, Heno de Pravia y Maja son tres marcas españolas muy conocidas por su suavidad.

Unas señoras de ascendencia maya en Guatemala con sus peinados tradicionales **4**.

Una señora indígena de las islas de San Blas, Panamá **5**.

Una boliviana del altiplano de Bolivia con sombrero típico **6**.

5

6

209

RECYCLING

The *Comunicación oral* and *Comunicación escrita* activities encourage students to use all the language they have learned in the chapter, and to recombine it with material from previous chapters. It is not necessary to do all the activities with all students. Select the ones you consider most appropriate or allow students to choose the ones they wish to do.

Comunicación oral

ANSWERS

Actividades A and B
Answers will vary.

INFORMAL ASSESSMENT

Activity A can be used to evaluate the speaking skills informally. You may assign a grade based on the student's ability to communicate in Spanish. Use the evaluation criteria given on page 24 of this Teacher's Wraparound Edition.

Comunicación escrita

ANSWERS

Actividad
Answers will vary.

Comunicación oral

A **Quiero…** Ud. está en una peluquería en un país hispanohablante. Hable con el/la peluquero(a) (su compañero[a]) y dígale cómo Ud. quiere o no quiere el pelo.

B **Los peinados.** En sus propias palabras, describa a un(a) compañero(a) el "look" en peinados que está en onda en este momento en los Estados Unidos. Si hay una gran diferencia entre los peinados masculinos y femeninos, describa estas diferencias.

Comunicación escrita

■ **¡Qué peinados!** En un párrafo describa cada uno de los siguientes peinados.

1.

2.

3.

4.

210 CAPÍTULO 8

INDEPENDENT PRACTICE

Assign any of the following:
1. Exercises on student pages 210-211
2. Workbook, *Mi autobiografía*
3. Chapter 8, Situation Cards

Reintegración

 A Un día típico. Preguntas personales.

1. ¿A qué hora te levantas por la mañana?
2. ¿Se levanta tu hermano(a) a la misma hora?
3. ¿Te lavas la cara y las manos?
4. ¿Te lavas el pelo todos los días?
5. ¿Cuántas veces al día te cepillas los dientes?
6. ¿Qué marca de pasta dentífrica empleas?

B La escuela primaria. Preguntas personales.

1. ¿A qué escuela primaria asistías?
2. ¿Quién era tu maestro(a) favorito(a)?
3. ¿Ibas a la escuela a pie o tomabas el autobús?
4. ¿Almorzabas en la cafetería de la escuela o volvías a casa?

Vocabulario

SUSTANTIVOS

el pelo	el corte de pelo
el cabello	el recorte
la raya	el lavado
el moño	el rizado
la cola de caballo	el peine
los rizos	el cepillo
el flequillo	el secador
el peinado afro	el rizador
la onda	las tijeras
el bucle	la navaja
la patilla	la maquinilla
el bigote	la horquilla
la peluquería	el rulo
el/la peluquero(a)	la pinza para el cabello
el/la barbero(a)	el champú
	la laca

ADJETIVOS

liso(a)
lacio
rizado(a)
crespo(a)
largo(a)
corto(a)
rubio(a)
castaño(a)
negro(a)
rojo(a)

VERBOS

cortar
recortar
rizar
peinar(se)
cepillar(se)
acabar de

OTRAS PALABRAS Y EXPRESIONES

arriba
en frente
atrás
al lado
en el cuello

Reintegración

PRESENTATION *(page 211)*

Ejercicio A
Exercise A recycles the present tense of reflexive verbs taught in *Bienvenidos*.

Ejercicio B
Exercise B recycles the imperfect.

ANSWERS

Ejercicio A
Answers will vary.
1. Me levanto a las... de la mañana.
2. No (Sí), mi hermano (no) se levanta a la misma hora.
3. Sí, me lavo la cara y las manos.
4. Sí (No), (no) me lavo el pelo todos los días.
5. Me cepillo los dientes... veces al día.
6. Empleo la pasta dentífrica...

Ejercicio B
Answers will vary.
1. Asistía a la escuela primaria...
2. Mi maestro(a) favorito(a) era...
3. Iba a la escuela a pie (tomaba el autobús).
4. Almorzaba en la cafetería de la escuela (volvía a casa).

Vocabulario

The words and phrases in the *Vocabulario* have been taught for productive use in this chapter. They are summarized here as a resource for both students and teachers. The *Vocabulario* also serves as a convenient resource for *Culminación* activities. There are approximately 7 cognates in this list.

STUDENT PORTFOLIO

Written assignments that may be included in students' portfolios are the *Actividad escrita* on page 210 and the *Mi autobiografía* section in the Workbook.

(optional material)

OVERVIEW

All the readings presented in the *Nuestro Mundo* section are authentic, uncut texts from publications of the Hispanic world. Students should be encouraged to read the text for overall meaning, but not intensively, word for word. Students should find satisfaction in their ability to derive meaning from "real" texts. Each reading is related to a theme or themes covered in the previous four chapters.

PRESENTATION *(page 212)*

A. Have students open their books to page 212 and ask them to read the three notices silently.

B. Allow students to answer the questions orally.

Note You may prefer to assign the readings and questions for independent practice.

ANSWERS

1. a
2. c

It pays to read the fine print. Here are a number of hotel forms from Spain and Latin America.

> ## HOTEL-RESIDENCIA COVADONGA
>
> No olvide entregar su llave y retirar su documentación.

1. What are they telling you?
   a. Remember to hand in your key and pick up your passport or I.D.
   b. Leave your valuables in the safe before retiring.
   c. Hand in your laundry and laundry list before going to bed.

> ## REGENTE HOTEL
>
> La Administración se hace solamente responsable de los valores depositados en la Caja del Hotel contra recibo.

2. The hotel is responsible only for valuables
   a. held in the cash register
   b. deposited in the bank by hotel staff
   c. left in the hotel safe with a receipt

DID YOU KNOW?

In traditional hotels in Spain and Latin America, the room key is attached to a large, heavy, disk or block made of metal, plastic, or wood. The purpose is to discourage guests from taking the key with them when they go out. The key should be left with the concierge (*el conserje*), who puts it in the *casillero del correo* or "pigeon holes" along with the guests' mail or messages.

In Spanish hotels, guests are required to leave their passports or national I.D. cards when checking in. This information is made available to the police. Guests can usually retrieve their passports within an hour.

The following note was left for a hotel guest in Santafé de Bogotá, Colombia.

DE: ANA MARÍA BELLO
FECHA: 28 Abril
PARA: D. Manuel Madero Príncipe, hab. 306

Su reserva ha sido confirmada para el 1º de Mayo.
Bogotá – Miami
Vuelo 916 Saliendo 11:30 am.
Favor presentarse al aeropuerto a las 8:30 a.m.
Su récord localizador es R/RCEYJE
¡Feliz viaje!
A-A American Airlines

1. The note tells the guest that his flight has been ____ .
   a. booked   b. cancelled   c. confirmed

2. The passenger's name is ____ .
   a. Madero   b. Bello   c. Receyje

3. Flight departure time is ____ .
   a. 8:30   b. 9:16   c. 11:30

4. The passenger should get to the airport by ____ .
   a. 8:30   b. 9:16   c. 11:30

5. A "récord localizador" is probably ____ .
   a. an alarm clock/radio   b. a computer file locater code   c. an aircraft flight recorder

6. The person getting the note is wished a ____ .
   a. happy birthday   b. pleasant journey   c. prosperous New Year

1. The abbreviation for ordinal numbers is the cardinal number with a superscript "o" or "a." Thus, *la Quinta Avenida* could be written as *la 5ª Avenida*.
2. In the note on page 213, the months *Abril* and *Mayo* have been capitalized. The names of months can be written with or without an initial capital letter. Lower case is more common.

ANSWERS
1. c
2. b
3. c
4. a
5. b
6. b

OVERVIEW

This section reviews key grammatical structures and vocabulary from Chapters 5-8. The topics were first presented on the following pages: the conditional, pages 122-124; two object pronouns in the same sentence, page 126; the present perfect, page 148; comparisons of equality, page 177.

Conversación

PRESENTATION *(page 214)*

A. Have students close their books and listen as you read the conversation.
B. Have students open their books to page 214 and call on two volunteers to read the conversation to the class with as much expression as possible.
C. Have an individual summarize the conversation in his/her own words.

ABOUT THE LANGUAGE

The bellboy has traditionally been called *el botones* because of the shiny brass buttons on his uniform.

ANSWERS

1. **Están en un hotel.**
2. **Las propinas pasan directamente a la cuenta de la compañía. La tripulación no paga.**
3. **No tiene vuelo mañana.**
4. **Este hotel cuesta menos.**
5. **No se paga por estacionar.**
6. **Iban al Excélsior.**

214

CAPÍTULOS 5–8

Conversación

MUJER: Yo estaba pensando en hacer un poco de turismo. Como no tenemos vuelo mañana, me gustaría ir al campo. Por eso alquilé el coche. También me gusta conducir y en el hotel no se paga por estacionar.

HOMBRE: Nos han cambiado de hotel otra vez. Me han dicho que este hotel es tan bueno como el Excélsior y no cuesta tanto como los otros hoteles. Oye, cuando suben el equipaje, ¿tenemos que darle una propina al botones?

MUJER: No. Pasan las propinas directamente a la cuenta de la compañía. La tripulación no paga. He estado en este hotel antes. Los cuartos son grandes y tienen aire acondicionado y televisor. Acabo de ver una gasolinera en la esquina. Vamos a parar. Quiero revisar todo, los frenos, el aceite y las gomas, antes de salir al campo. ¿Quieres ir con nosotros mañana? Hay sitio, este sedán es grande. Estaríamos muy contentos de tenerte con nosotros.

HOMBRE: Con mucho gusto. Pero necesito un recorte. Me queda largo el pelo. Mira, mientras te revisan el coche yo me recortaré en esa peluquería.

MUJER: Uds. los asistentes de vuelo tienen que tratar con el público. En la cabina de mando no tenemos que preocuparnos tanto. Estaré en la gasolinera. Y como hemos aterrizado temprano, en la recepción no nos esperan hasta más tarde.

■ **En el hotel.** Contesten.

1. ¿Dónde están el hombre y la mujer?
2. ¿Por qué no tiene que darle una propina al botones?
3. ¿Por qué alquiló un coche la mujer?
4. ¿Cuál es la razón por el cambio de hoteles?
5. ¿Qué le gusta a la mujer del nuevo hotel?
6. ¿A qué hotel iban antes?
7. ¿Por qué quiere parar la mujer?
8. ¿Qué tipo de coche alquiló la mujer?
9. ¿Qué tiene que hacer el hombre? ¿Por qué?
10. ¿Cuál será la profesión del hombre?
11. ¿Qué será la mujer?
12. ¿Por qué no les esperan hasta más tarde en la recepción del hotel?

Hotel Principado M.R.

Un pequeño lujo

214 CAPÍTULOS 5–8 REPASO

Estructura

El potencial o condicional

The conditional is used in Spanish as in English to express what would take place under certain circumstances. It is formed by adding *-ía, -ías, -ía, -íamos, (-íais)*, or *-ían* to the appropriate stem. The stem for the conditional is the same as for the future. In regular verbs, it is the entire infinitive.

dar	daría, darías, daría, daríamos, *daríais*, darían
ver	vería, verías, vería, veríamos, *veríais*, verían
oír	oiría, oirías, oiría, oiríamos, *oiríais*, oirían

Remember that the same verbs irregular in the future tense are irregular in the conditional.

INFINITIVE	STEM	CONDITIONAL
tener	tendr-	tendría
salir	saldr-	saldría
venir	vendr-	vendría
poner	pondr-	pondría
saber	sabr-	sabría
poder	podr-	podría
decir	dir-	diría
hacer	har-	haría
querer	querr-	querría

A **¿Qué haríamos?** Contesten con el condicional.

> Ellos van a jugar.
> *Pues, nosotros no jugaríamos.*

1. Ellos van a poder comprar el coche.
2. Ellos van a tener bastante dinero.
3. Ella va a conducir.
4. Ella va a estacionar el coche en la calle.
5. Ellos van a frenar.
6. Ellos van a saber qué hacer.
7. Ella va a poner los intermitentes.
8. Ellos van a revisar el motor cada semana.
9. Ellos van a venir por el camino viejo.

7. Quiere revisar el coche.
8. Alquiló un sedán.
9. Necesita un recorte. Le queda largo el pelo.
10. El es asistente de vuelo.
11. Ella es piloto o copiloto.
12. Porque aterrizaron temprano.

Estructura
El modo potencial o condicional

PRESENTATION (*page 215*)

Have students open their books to page 215 and lead them through the explanation. Call on volunteers to read the verb forms aloud.

ABOUT THE LANGUAGE

Although the conditional or *potencial* was considered a mood, modern Spanish grammarians are beginning to call it a tense, *un tiempo del indicativo.*

ANSWERS
Ejercicio A
1. Pues, nosotros no podríamos comprar el coche.
2. ... tendríamos bastante dinero.
3. ... conduciríamos.
4. ... estacionaríamos el coche en la calle.
5. ... frenaríamos.
6. ... sabríamos qué hacer.
7. ... pondríamos los intermitentes.
8. ... revisaríamos el motor cada semana.
9. ... vendríamos por el camino viejo.

Los complementos

1. When both a direct and an indirect object pronoun are used in the same sentence, the indirect object pronoun always precedes the direct object pronoun.

> **La Sra. Ruiz me vendió el coche.**
> **La Sra. Ruiz me lo vendió.**

2. The indirect object pronouns *le* and *les* change to *se* when used with the direct object pronouns *lo, los, la, las*. Because *se* can mean *a él, a ella, a Ud., a ellos, a ellas,* or *a Uds.* a prepositional phrase is often added for clarity.

> **¿A quién le regalaste los esquís?**
> **Yo se los regalé *a ella*.**

B **¿Qué hicieron?** Contesten que *sí* y usen pronombres.

1. ¿Braulio te lavó el pelo?
2. ¿Y le diste la propina?
3. ¿Y Josefina le cortó el pelo a tu hermana?
4. ¿Y tu hermana también le dio la propina?
5. ¿Y les dieron las gracias a Uds.?
6. ¿Recomendaron Uds. la peluquería a los amigos?

El presente perfecto de verbos regulares

1. Remember, the present perfect tense is used to express an action completed recently. It is formed by combining the present tense of the verb *haber* with the past participle. The past participle is formed by dropping the infinitive ending and adding *-ado* to *-ar* verbs and *-ido* to *-er* and *-ir* verbs.

limpiar	he limpiado, has limpiado, ha limpiado, hemos limpiado, *habéis limpiado*, han limpiado
comer	he comido, has comido, ha comido, hemos comido, *habéis comido*, han comido
subir	he subido, has subido, ha subido, hemos subido, *habéis subido*, han subido

2. These verbs have irregular past participles.

decir	dicho	devolver	devuelto
hacer	hecho	morir	muerto
ver	visto	volver	vuelto
escribir	escrito	cubrir	cubierto
poner	puesto	abrir	abierto

C **Llegaron al hotel.** Contesten con *no* y el presente perfecto.

1. ¿Ya llegaron los Fernández?
2. ¿Ya fueron a recepción?
3. ¿Llenaron la ficha?
4. ¿El mozo les subió el equipaje?
5. ¿El Sr. Fernández ya estacionó el coche?
6. ¿Paco encontró la reservación?

D **En la gasolinera.** Completen con el presente perfecto.

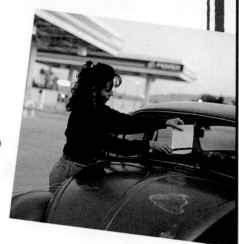

Marisa ___ (volver) a la gasolinera. Pero ellos no ___ (abrir)
todavía. Nadie le ___ (decir) a Marisa que los sábados
abren tarde. Y, ¿qué ___ (hacer) ella? Pues ___ (escribir)
una nota y la ___ (poner) en el parabrisas. Y ___ (irse)
a tomar un café.

Comparativos de igualdad

1. When two things that are equal are compared, the expression "as… as" is used in English. The Spanish equivalent is *tan… como. Tan* is always followed by an adjective or adverb.

> **José es tan bajo como Roberto.**

2. The Spanish equivalent of "as many as" or "as much as" is *tanto… como.* Because *tanto* will usually modify a noun, it must agree with the noun in number and gender.

> **Tenemos tantos sellos como ellos.**

E **Tengo tantos.** Combinen las frases usando *tan… como* or *tanto… como.*

1. El tren es conveniente. El avión es conveniente.
2. El tren cuesta $200. El avión cuesta $200.
3. El tren tiene 250 asientos. El avión tiene 250 asientos.
4. Las comidas en el tren son buenas. Las comidas en el avión son buenas.
5. Los asientos en el tren son cómodos. Los asientos en el avión son cómodos.

Comunicación

Una reservación. Ud. quiere reservar un cuarto en el Hotel Nacional. Escríbale una carta al hotel. Incluya todos los detalles necesarios.

CRITICAL THINKING ACTIVITY

(Thinking skills: presenting your side; supporting statements with reasons)
   Ask students to tell what they think the woman in the photo on page 217 is doing. (She is putting a flier under the windshield wiper.) Ask students what they think about this kind of advertising. Ask: *¿Se debe permitir esta actividad? ¿Por qué o por qué no?*

FOR THE NATIVE SPEAKER

   Ask students what kind of car is in the photo on page 217. Ask if they have a nickname for the car. Ask them to explain why the *Volky* or *Escarabajo* continues to be so popular in Latin America. Ask where it is still built (Brazil/Mexico).

PRESENTATION (*page 217*)
Ejercicio C
   Go over Exercise C the first time calling on individuals to do two items each. The second time have two students go through the entire exercise.

ANSWERS
Ejercicio C
1. No, los Fernández no han llegado.
2. No, no han ido a la recepción.
3. No, no han llenado la ficha.
4. No, el mozo no les ha subido el equipaje.
5. No, el Sr. Fernández no ha estacionado el coche.
6. No, Paco no ha encontrado la reservación.

Ejercicio D
1. ha vuelto
2. han abierto
3. ha dicho
4. ha hecho
5. ha escrito
6. ha puesto
7. se ha ido

Comparativos de igualdad
PRESENTATION (*page 217*)
   Have students open their books to page 217. Then lead them through steps 1 and 2. Elicit further examples.

ANSWERS
Ejercicio E
1. El tren es tan conveniente como el avión.
2. El tren cuesta tanto como el avión.
3. El tren tiene tantos asientos como el avión.
4. Las comidas en el tren son tan buenas como las comidas en el avión.
5. Los asientos en el tren son tan cómodos como los asientos en el avión.

Comunicación
ANSWERS
Actividad
   Answers will vary.

FONDO ACADÉMICO

CIENCIAS:
LA METEOROLOGÍA
(optional material)

Antes de leer

PRESENTATION (page 218)

A. Have students open their books to page 218 and give a brief definition of the terms put forth in the *Antes de leer* section.

B. Refer students to the illustration in order to provide more technical terms they will need for the reading.

C. Have students scan the selection for cognates.

Lectura

PRESENTATION (pages 218-219)

A. Explain to students that they should try to get the general idea of the selection, but that it is not necessary that they understand every word.

B. Have students read the selection silently.

C. Have pairs prepare lists of all the weather terms they can find in the selection.

CIENCIAS: LA METEOROLOGÍA

Antes de leer

*I*n the following selection you will review the difference between weather and climate, what causes the seasons, and how climates can change. Please review the following terms in preparation: atmosphere, climate, latitude, altitude, axis, and rotation.

Lectura

EL TIEMPO Y EL CLIMA

El tiempo es la condición diaria de la atmósfera en un lugar específico. El clima es la combinación de condiciones típicas de la atmósfera en una región durante un período de tiempo muy largo. Los vientos, la altura, la latitud y la proximidad de los mares y lagos[1] grandes afectan el clima.

Ya sabemos que la Tierra gira alrededor del Sol en una órbita. La Tierra también da vueltas sobre su eje[2]. La rotación de la Tierra alrededor de su eje causa el día y la noche. El eje de la Tierra está inclinado, y por eso tenemos estaciones del año. Sin esa inclinación y la órbita de la Tierra alrededor del Sol, los días y las noches serían de 12 horas durante todo el año, y no tendríamos estaciones diferentes. Durante el verano los rayos del Sol son más directos que en el invierno. Por eso

hace más calor en el verano. Cerca del ecuador[3] (las latitudes entre los grados 23 1/2 norte y 23 1/2 sur) los rayos del Sol llegan en un ángulo[4] de 90 grados durante todo el año. Las latitudes medias se extienden de los 23 1/2 grados a los 66 1/2 grados a los dos lados del ecuador. Como los rayos del Sol son más oblicuos[5], las temperaturas son más moderadas[6]. De las latitudes norte y sur de 66 1/2 grados hasta los polos norte y sur están las zonas más frías del planeta. Esas regiones casi no reciben rayos directos del Sol.

El aire caliente se expande y sube. Tiene baja presión. El aire frío se contrae[7] y baja. Tiene alta presión. Cerca del ecuador el aire se calienta y sube moviendo las capas[8] altas de aire hacia los polos. En los polos el aire se enfría y baja. El aire frío se mueve en dirección de los polos al ecuador, y el aire caliente va

CRITICAL THINKING ACTIVITY

(*Thinking skills: seeing consequences; problem-solving*)

Write the following on the board or on an overhead transparency:

En la Lectura dice que la Tierra da vueltas sobre su eje, y que el eje de la Tierra está inclinado. Vamos a decir que algo cambia el grado de inclinación del eje. ¿Qué pasaría?

LEARNING FROM REALIA

Refer students to the map of the world on page 218. Have them locate and name in Spanish the continents and oceans. Have them also describe where each of the following is located: *el ecuador, el polo norte, el continente de África, el Trópico de Capricornio, la Antártida, el océano Pacífico.*

del ecuador a los polos. La rotación de la Tierra hace mover los vientos en el hemisferio norte hacia la derecha. En el hemisferio sur se mueven hacia la izquierda. En los dos hemisferios los vientos que van hacia el ecuador soplan[9] de este a oeste. Los vientos que van hacia los polos soplan de oeste a este. Estos vientos traen temperaturas altas a las latitudes medias.

La altura es la elevación sobre el nivel del mar[10]. La altura de una región afecta su temperatura. Mientras más alta la región, más fría. La altura también afecta la precipitación. Cuando un viento caliente pasa por encima de una montaña se enfría, se condensa, forma nubes, y llueve antes de llegar al otro lado. Por eso un lado de la montaña es más verde y húmedo que el otro.

Debido a que el agua absorbe el calor más lentamente que la tierra y lo mantiene por más tiempo, los vientos que pasan sobre el mar traen aire templado a las regiones costeras. En el invierno los continentes se enfrían y en el verano se calientan[11] más rápidamente que los océanos. Por eso las regiones costeras tienen climas más templados.

Los climas cambian a través de largos períodos de tiempo. La destrucción de la vegetación y la contaminación atmosférica pueden causar cambios más rápidos en el clima.

[1] lagos   *lakes*
[2] eje   *axis*
[3] ecuador   *equator*
[4] ángulo   *angle*
[5] oblicuos
   angled, oblique
[6] moderadas   *moderate*
[7] se contrae   *contracts*
[8] capas   *layers*
[9] soplan   *blow*
[10] nivel del mar
   sea level
[11] se calientan
   become warm

Después de leer

A **El tiempo.** Contesten.

1. ¿Cuál es la diferencia entre el tiempo y el clima?
2. ¿Cuáles son algunos factores que afectan el clima?
3. ¿Cómo se llama la ruta de la Tierra alrededor del Sol?
4. ¿Sobre qué da vueltas el planeta Tierra?
5. ¿Qué es lo que causa el día y la noche?
6. ¿Durante qué estación del año son más directos los rayos del Sol?
7. ¿Entre qué latitudes hace calor durante todo el año?
8. ¿Cuáles son las latitudes de las zonas templadas?
9. ¿Cuál es el clima entre las latitudes 66 1/2° y los polos?
10. ¿Qué tipo de presión tiene el aire caliente?
11. ¿Qué es lo que causa el movimiento de los vientos a la derecha y a la izquierda?
12. ¿Cuál es la relación entre altura y temperatura?
13. ¿Qué puede acelerar los cambios en el clima?

B **Seguimiento.** Contesten.

1. Explique cómo los vientos afectan el clima.
2. Describa lo que pasa cuando los vientos pasan por las montañas.
3. Prepare un dibujo que enseña la rotación de la Tierra sobre su eje y la órbita de la Tierra alrededor del Sol.
4. Sobre un mapa de las Américas describa el movimiento de los vientos.
5. Explique por qué la gente va a la costa durante el verano.

CRITICAL THINKING ACTIVITY

(Thinking skills: evaluating information)
Write the following on the board or on an overhead transparency:
Los pronósticos del tiempo preparados por los expertos frecuentemente no son precisos y contienen errores. ¿Por qué?

Después de leer
PRESENTATION *(page 219)*
Ask students these questions: *¿Qué tiempo hace hoy? Descríbelo con todos los detalles posibles.*

ANSWERS
Ejercicio A
1. El tiempo es la condición diaria de la atmósfera en un lugar específico. El clima es la combinación de condiciones típicas de la atmósfera en una región durante un período de tiempo muy largo.
2. los vientos, la altura, la latitud y la proximidad de los mares y lagos grandes
3. La ruta se llama una órbita.
4. Da vueltas sobre su eje.
5. la rotación de la tierra
6. Los rayos son más directos en verano.
7. las latitudes entre los grados 23 1/2 norte y 23 1/2 sur
8. las latitudes entre los 23 1/2 grados a los 66 1/2 grados
9. el clima más frío del planeta
10. Tiene baja presión.
11. la rotación de la tierra
12. Mientras más alta la región, más fría.
13. La destrucción de la vegetación y la contaminación atmosférica pueden causar cambios más rápidos en el clima.

Ejercicio B
1. Los vientos que van hacia los polos soplan de oeste a este. Traen temperaturas altas a las latitudes medias.
2. Cuando un viento caliente pasa por encima de una montaña se enfría, se condensa, forma nubes, y llueve antes de llegar al otro lado.
3. Answers will vary.
4. Answers will vary.
5. Los vientos que pasan sobre el mar traen aire templado a las regiones costeras. Hay un clima más templado en la costa hasta en verano.

LAS CIENCIAS SOCIALES: LA HISTORIA

Antes de leer

PRESENTATION (*page 220*)

A. Have students open their books to page 220. Ask them to read the *Antes de leer* information.

B. Have students discuss what they already know from their study of American history.

C. Refer students to the map on page 221.

Lectura

PRESENTATION (*pages 220-221*)

A. Have students read the selection silently.

B. Ask comprehension questions such as: ¿*Cuándo nació la idea de una carretera panamericana?* ¿*Cuándo empezó la contrucción?*, etc.

CIENCIAS SOCIALES: LA HISTORIA

Antes de leer

*T*he jungles and mountains of Latin America have made travel there extremely difficult. In many areas travel by air was far more feasible than overland travel. The idea of a highway from the United States to the end of South America was a dream that took over half a century to become reality. In preparation for the selection, please study the map provided and review the history of the Pan American Highway.

Lectura

LA CARRETERA PANAMERICANA

La idea de una carretera para unir[1] las repúblicas americanas nació en 1923 durante la Conferencia Internacional de los Estados Americanos. En 1929 adoptaron un plan general para la carretera. La construcción empezó en 1930 y tomó más de 30 años para completar.

La carretera cubre unos 27.000 kilómetros. Comienza en Alaska, atraviesa[2] el Canadá y los EE.UU. Pasa por México y Centroamérica hasta llegar a Chile. Otras carreteras que conectan con la Panamericana llegan a Paraguay, la Argentina y Brasil. Algunos países construyeron carreteras secundarias para conectar la Panamericana con áreas antes inaccesibles. Sin contar las carreteras de los EE.UU. que forman, oficialmente, parte de la Carretera Panamericana, la extensión total del sistema es de unos 72.000 kilómetros. La carretera conecta todas las capitales de Centroamérica. La Carretera Simón Bolívar es parte de la Panamericana. Va desde Caracas, Venezuela, por Bogotá, Colombia, a Quito, Ecuador. Desde Quito la Panamericana continúa hacia el sur. Continúa por la costa oeste pasando por Lima y Arequipa, Perú y Antofagasta, Chile, antes de llegar a Santiago. Después de Santiago la carretera vira[3] al este y se extiende unos 1.450 kilómetros hasta Buenos Aires. Hay una ruta alternativa de la Panamericana que comienza en Arequipa, Perú y pasa por La Paz, Bolivia, para llegar a Buenos Aires (unos 3.815 kilómetros). Desde Buenos Aires hay tres rutas que van al este y al norte. Una va a Asunción, Paraguay; otra pasa por Montevideo hasta Porto Alegre, Brasil; la tercera pasa por Curitiba, Brasil, a Río de Janeiro.

CRITICAL THINKING ACTIVITY

(*Thinking skills: making inferences*)
Write the following on the board or on an overhead transparency.

La Carretera Panamericana conecta, físicamente, las repúblicas del gran continente americano. ¿En qué otras maneras une las Américas?

LEARNING FROM PHOTOS

Refer students to the photo on page 220 and ask them to describe the area shown.

FONDO ACADÉMICO

En la Carretera Panamericana, cerca de todas las grandes ciudades se encuentran gasolineras, hoteles y restaurantes. La carretera pasa por selvas tropicales y montañas altas, hasta de una altura de 4.570 metros. La Carretera Panamericana conecta, físicamente, las repúblicas del gran continente americano.

1 unir   to unite
2 atraviesa   it goes through, it passes through
3 vira   it turns

Después de leer

A La Carretera Panamericana.
Completen.

1. Se presentó la idea de una carretera en el año ____ .
2. En 1929 se adoptó un ____ general para la carretera.
3. En el norte, la carretera comienza en ____ .
4. El largo de la carretera es de unos ____ kilómetros.
5. 72.000 kilómetros es la ____ de la carretera.
6. La sección entre Caracas y Quito se llama Carretera ____ .
7. La carretera va por la costa hasta llegar a ____ .
8. La ruta alternativa va de ____ a Buenos Aires.
9. Las carreteras que van a Montevideo y Asunción comienzan en ____ .
10. El lugar más alto en la carretera es de ____ metros.

B Seguimiento. Contesten.

1. Indique las capitales por las que pasa la Panamericana.
2. Explique por qué tomó tanto tiempo construir la carretera.
3. Explique la razón por el nombre de la sección de la Panamericana entre Caracas y Quito.

HUMANIDADES: LA MITOLOGÍA

HUMANIDADES:
LA MITOLOGÍA

Antes de leer

PRESENTATION (*page 222*)

Note Since this selection deals with a famous myth, have all students read it, at least quickly.

A. Have students open their books to page 222 and ask them to read the information in the *Antes de leer* section.

B. Have students scan the selection for cognates.

Lectura

PRESENTATION (*pages 222-223*)

A. Have students read the selection silently.

B. Students may have read about this myth before in their literature classes. Call on volunteers to contribute any details they might have regarding these mythological figures.

Antes de leer

The dream of flight dates back to earliest time. Leonardo Da Vinci conceived a kind of flying machine that appeared among his sketches. The following selection is about a myth concerning flight. It is the myth of Daedalus. It comes to us from ancient Greece. Most myths present a moral or lesson. The myth of Daedalus is no exception. As you read consider what the lesson or lessons might be. In preparation, please familiarize yourself with the following figures and terms in Greek mythology:

KING MINOS: A king and lawgiver of ancient Crete. He was the son of Zeus, the chief god of the ancient Greeks.

THE MINOTAUR: A fabulous monster, half bull and half man, he was confined in the Cretan labyrinth and fed with human flesh.

LABYRINTH: An intricate combination of passages in which it is difficult or impossible to reach the exit.

MINERVA: Goddess of wisdom, patroness of the arts and trades.

"El Minotauro" de Pablo Picasso

Lectura

DÉDALO

Dédalo era un arquitecto de Atenas, Grecia. El rey Minos le mandó hacer un laberinto. Minos quería meter al Minotauro, un monstruo con cabeza de toro[1] y cuerpo de hombre, en el laberinto. Dédalo perdió el favor de Minos, y el rey lo hizo prisionero y lo metió en una torre[2]. Dédalo pudo escapar de la torre con su hijo, Ícaro. Como la torre estaba en una isla, aunque Dédalo podía salir de la torre, todavía era prisionero. Minos vigilaba[3] e inspeccionaba cuidadosamente todos los barcos que pasaban por la isla. Dijo Dédalo: "Aunque Minos manda[4] en tierra y mar, no puede en el aire. Por allí iré". Así

es que Dédalo comenzó a hacerse unas alas para él y para su hijo, Ícaro. Juntó plumas[5], de pequeñas a grandes. Juntó las plumas pequeñas con cera[6], hasta formar unas alas curvas como las de un ave. Por fin Dédalo pudo probar sus alas. Las alas lo levantaron de la tierra. Dédalo le puso las alas a su hijo, Ícaro, y le enseñó a volar. Dédalo le dijo a Ícaro: "Hijo mío, nunca debes volar ni muy alto ni muy bajo. Si vuelas muy bajo la humedad[7] del agua entrará en las plumas y tus alas pesarán[8] demasiado. Si vuelas muy alto el calor del sol afectará la cera y perderás tus alas. Quédate cerca de mí y estarás seguro". Dédalo le dio un beso a su hijo, Ícaro. El último beso que le daría. Dédalo comenzó a volar e Ícaro también. Pasaron las islas

LEARNING FROM PHOTOS

1. Refer students to the portion of Picasso's *El Minotauro* on page 222. Ask them to describe the minotaur in detail and to comment on it. Ask if students have seen imagery of the bull in any other work by Picasso (*Guernica*) on page 223.

2. In regard to the painting of Icarus, ask students to describe it, and compare and contrast it with the minotaur.

ADDITIONAL PRACTICE

Have students prepare and present brief oral reports on any myths they know or have researched.

FONDO ACADÉMICO

de Samos y Delos a la izquierda y Lebintos a la derecha. El jóven Ícaro, decidió volar más alto.

—Puedo hacer lo que quiero, puedo volar como los dioses, puedo subir hasta el cielo.

Se separó de su padre y subió hacia el sol. El sol derritió[9] la cera de las plumas. Las plumas se separaron de las alas. Las alas de Ícaro, sin plumas, ya no podían funcionar. El pobre Ícaro se perdió y se murió en las aguas del mar. Dédalo llegó a Sicilia lejos del rey Minos. Pero llegó solo.

Dédalo tenía un sobrino, Perdiz. Dédalo envidiaba[10] a Perdiz porque era muy talentoso. Trató de matarlo. Lo tiró[11] de una torre alta. Pero antes de llegar Perdiz al suelo, la diosa Minerva lo salvó. Ella le cambió en un ave[12]. El ave no vuela lejos y vive en la tierra, porque nunca se olvida de lo que pasó. El ave se llama perdiz[13].

[1] toro	*bull*	[8] pesarán	*will weigh*
[2] torre	*tower*	[9] derritió	*melted*
[3] vigilaba	*guarded*	[10] envidiaba	*envied*
[4] manda	*rules*	[11] tiró	*threw*
[5] plumas	*feathers*	[12] ave	*bird*
[6] cera	*wax*	[13] perdiz	*partridge*
[7] la humedad			
dampness, humidity			

Después de leer

A **Dédalo.** Contesten.

1. ¿Cuál era la profesión de Dédalo?
2. ¿Quién le mandó hacer un laberinto?
3. ¿Dónde metieron al Minotauro?
4. ¿A quiénes hizo prisioneros en una torre el rey Minos?
5. ¿Por qué no pudo Dédalo salir de la isla?
6. ¿De qué hizo Dédalo las alas?
7. ¿A qué altura le recomendó volar Dédalo a su hijo Ícaro?
8. ¿Adónde llegó Dédalo cuando se escapó de la isla?
9. ¿Qué le pasó a Ícaro?
10. ¿Quién era Perdiz?
11. ¿Por qué quiso Dédalo matar a Perdiz?

B **Seguimiento.** Contesten.

1. Explique la moral o la lección que ofrece el mito.
2. Describa el carácter de Dédalo.
3. Cuente en sus propias palabras la historia de Perdiz.
4. ¿Qué es perdiz en inglés?

FONDO ACADÉMICO **223**

Después de leer
ANSWERS
Ejercicio A
1. Dédalo era arquitecto.
2. El rey Minos le mandó hacer un laberinto.
3. Minos quería meterlo en el laberinto.
4. A Dédalo y a Ícaro.
5. Minos vigilaba todos los barcos que pasaban por la isla.
6. Juntó plumas para hacer las alas.
7. Le recomendó no volar ni muy alto ni muy bajo.
8. Llegó a Sicilia.
9. El sol derritió la cera de las plumas y él se perdió.
10. Perdiz era el sobrino de Dédalo.
11. Le envidiaba.

Ejercicio B
1. El hijo debe prestarle atención al padre y no debe compararse con los dioses.
2. Dédalo era un hombre de carácter fuerte e independiente. Como era un hombre muy inteligente, no quería ser prisionero del rey.
3. Perdiz era el sobrino de Dédalo y él quería ayudar a su tío cuando Dédalo llegó a Sicilia. Pero Dédalo le envidiaba tanto a Perdiz que él trató de matar a su sobrino. La diosa Minerva lo salvó cuando lo cambió en ave.
4. partridge

LEARNING FROM REALIA

Refer students to the map on page 223 and have them trace the route taken by Daedalus on his escape from Minos.

CRITICAL THINKING ACTIVITY

(Thinking skills: identifying causes)
Write the following on the board or on an overhead transparency.
The myth of Daedalus and Icarus is one of the most well known and remembered. Why is this so? What makes the myth so enduring?

CAPÍTULO 9

CHAPTER OVERVIEW

In this chapter, students will expand their abilities to talk about food and its preparation. They will learn vocabulary associated with the kitchen, specifically household appliances, cooking equipment, recipe terms, and the names of foods themselves. Students will also increase their communication skills by learning the formal imperative forms and the construction of the passive voice.

The cultural focus of Chapter 9 is on the variety of foods and recipes available in Spanish-speaking countries, and the important role that cuisine plays there.

CHAPTER OBJECTIVES

By the end of this chapter, students will know:
1. vocabulary associated with food and its preparation
2. vocabulary associated with kitchen appliances and cooking equipment
3. the formal imperative forms, regular and irregular
4. the formation and basic use of the passive voice

ABOUT THE LANGUAGE

La cocina has two meanings. The most common is the literal meaning of "kitchen," the place where food is prepared. The second meaning is "cooking" or "cuisine" as in the expression *la cocina española.*

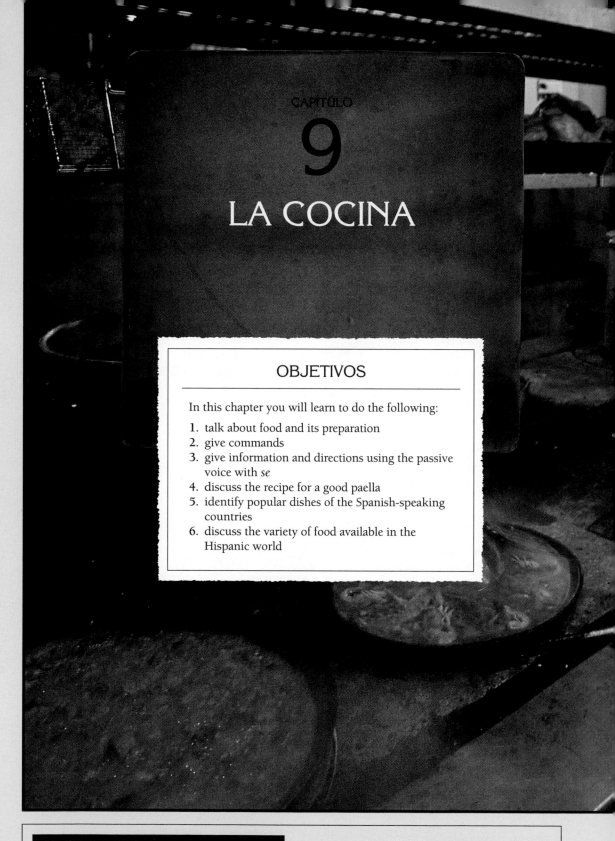

CAPÍTULO

9

LA COCINA

OBJETIVOS

In this chapter you will learn to do the following:

1. talk about food and its preparation
2. give commands
3. give information and directions using the passive voice with *se*
4. discuss the recipe for a good paella
5. identify popular dishes of the Spanish-speaking countries
6. discuss the variety of food available in the Hispanic world

CHAPTER PROJECTS

(optional)
1. Have students make a list of their favorite foods. As they proceed through the chapter, have them observe and jot down differences between Hispanic and North American eating habits.
2. Make a *paella* with the class, using the recipe on page 242.

224

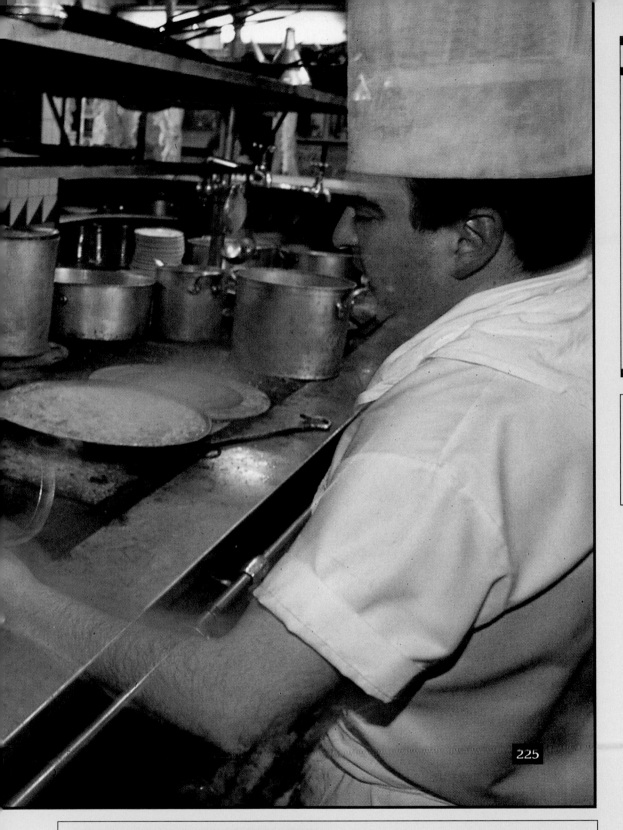
225

CHAPTER 9 RESOURCES

1. Workbook
2. Student Tape Manual
3. Audio Cassette 6A
4. Vocabulary Transparencies
5. Bell Ringer Review Blackline Masters
6. Communication Activities Masters
7. Computer Software: Practice and Test Generator
8. Video Cassette, Unit 3
9. Video Activities Booklet, Unit 3
10. Situation Cards
11. Chapter Quizzes
12. Testing Program

Pacing

Chapter 9 will require eight to ten class sessions. Pacing will depend on the length of the class period, the age of the students, and student aptitude.

LEARNING FROM PHOTOS

Refer students to the photo spread on pages 224-225 and say: The two large, flat pans in the photo are used for preparing the traditional Spanish *paella*. The pans are usually called *paelleras*. The original name was *paella*, and the recipe actually derived its name from the pan. The man in the photo is the *cocinero* or *jefe de cocina* (chef).

225

Bell Ringer Review

Write the following on the board or use BRR Blackline Master 9-1: Think of the last phone call you made. Tell where you were, whom you called, and what you talked about.

PRESENTATION (*pages 226-227*)

A. With books closed, refer sudents to Vocabulary Transparencies 9.1 (*A & B*) and have them repeat the new words, phrases, and sentences after you or Cassette 6A. You may wish to use your own props, such as photos of kitchens or props from your own kitchen.

B. Intersperse the presentation with questions which elicit the new vocabulary.

C. After students have produced the new vocabulary several times, have them open their books to pages 226-227 and call on volunteers to read the new words, phrases, and sentences.

ABOUT THE LANGUAGE

1. Foods are known by a variety of regional names. The names in *Palabras 1* are probably the most common. Here are some alternatives.
   los guisantes: los petit pois
   la toronja: el pomelo

226

¡A COCINAR!

la cocina
el horno de microondas
el congelador
la hornilla
la estufa
el hornillo
la nevera
el horno
el refrigerador

cocinar
revolver
la cazuela

el/la sartén
freír
la olla
hervir

la parrilla
asar

ALGUNOS COMESTIBLES

los guisantes
la coliflor

el pepino
las cebollas
la lima
el limón

las zanahorias
la lechuga
las papas
la toronja
el melocotón

226 CAPÍTULO 9

COOPERATIVE LEARNING

Have half the teams in the class make lists of food items. Have the other half make lists of kitchen items. Teams exchange papers and write sentences using the items on their new lists. When finished, they can check and correct their sentences with the team that drew up the original list.

la chuleta de cordero

el cordero

la carne de res

la salchicha

el pollo

la ternera

la costilla

la pimienta

la sal

el azúcar

Señora, ase Ud. la carne en el horno.
Pues, la estoy asando.

Señor, fría Ud. los huevos.
Pues, los estoy friendo.

Señorita, coma Ud. más.
Pues, estoy comiendo más.

las papas: las patatas
la carne de res: el bife, la vaca
2. *Salchicha* is the generic term for sausage. There are many varieties of sausage, the most common being the *chorizo*.

PAIRED ACTIVITY

Each partner makes a list of all the appliances, kitchen items, and food items taught in *Palabras 1*. Reading from his/her list, each partner then asks the other if he/she has the same item. They can also say how they use some of the items. For example: *¿Tienes una olla? Sí. La uso para cocinar las papas.*

CROSS-CULTURAL COMPARISON

Although the pepper shaker is illustrated on student page 227, pepper rarely appears in Hispanic homes or neighborhood restaurants. It will be found in international restaurants, and so we have included it here.

Vocabulary Expansion

You may give students the following additional vocabulary in order to enable them to talk about a typical North American breakfast. Our breakfast habits in the U.S. differ from those of many other countries. It is important that students learn the vocabulary associated with North American customs, since those customs are what people in Hispanic countries would be interested in talking about.
el jugo de naranja
la leche
el chocolate
el cereal
los huevos fritos
los huevos revueltos
un huevo escalfado (poached egg)
un huevo pasado por agua (soft-boiled egg)
el pan tostado
la mermelada
el tocino

Ejercicios

Ejercicios A and B

Exercises A and B are to be done with books open.

Ejercicio C

Exercise C can be done with books open or closed.

ANSWERS

Ejercicio A

1. Es una cocina moderna.
2. La estufa tiene cuatro hornillas.
3. Es una estufa de gas.
4. El refrigerador tiene dos puertas.
5. Sí, la puerta de la izquierda es para el congelador (la congeladora).
6. Sí, un horno de microondas cocina (cuece) rápido.

Ejercicio B

1. sartén
2. asar
3. olla
4. hervir
5. freír
6. cocinar

Ejercicio C

Answers will vary.

1. Sí (No), (no) me gustan los guisantes.
2. Sí (No), (no) me gusta una ensalada de lechuga y tomates.
3. Sí (No), (no) me gustan las papas fritas.
4. Sí (No), (no) me gustan las toronjas (las naranjas).
5. Me gustan más las legumbres (las frutas).
6. Sí (No), (no) me gusta el pollo.
7. Me gusta más el pollo frito (el pollo asado).
8. Me gusta más la carne (el pescado).

ABOUT THE LANGUAGE

The refrigerator is known by different names. It is *el refrigerador, la refrigeradora, la nevera,* and *el frigorífico*. Ask students what the word *nevera* might be related to. In Latin America it is not uncommon to hear *el frízer* for the freezer.

Ejercicios

A La cocina. Contesten según la foto.

1. ¿Es una cocina moderna o anticuada?
2. ¿Cuántas hornillas tiene la estufa?
3. ¿Es una estufa eléctrica o de gas?
4. ¿Cuántas puertas tiene el refrigerador?
5. ¿Es para el congelador (la congeladora) la puerta de la izquierda?
6. ¿Cocina o cuece rápido un horno de microondas?

B ¿Qué necesita el cocinero? Completen.

1. El cocinero necesita una ____ porque va a freír algo.
2. El cocinero necesita una parrilla porque va a ____ algo.
3. El cocinero necesita una ____ porque va a hervir algo.
4. El cocinero va a ____ el agua.
5. El cocinero va a ____ las chuletas de cerdo.
6. El cocinero va a ____ los huevos.

C Lo que me gusta y lo que no me gusta. Preguntas personales.

1. ¿Te gustan los guisantes?
2. ¿Te gusta una ensalada de lechuga y tomates?
3. ¿Te gustan las papas fritas?
4. ¿Te gustan más las toronjas o las naranjas?
5. ¿Te gustan más las legumbres o las frutas?
6. ¿Te gusta el pollo?
7. ¿Te gusta más el pollo frito o el pollo asado?
8. ¿Te gusta más la carne o el pescado?

228 CAPÍTULO 9

D ¿A qué grupo pertenece? Hagan categorías. Escriban en otro papel.

legumbre   fruta   carne   especia

1. la cebolla
2. la toronja
3. la zanahoria
4. el cerdo
5. la papa
6. el cordero
7. el melocotón
8. los guisantes
9. la pimienta

E La cocina. ¿Sí o no?

1. Se puede hervir zanahorias.
2. Se puede asar guisantes.
3. Se puede asar el pollo.
4. Se puede revolver los huevos.
5. Se puede freír la lechuga.
6. Se puede freír la salchicha.
7. Se puede hervir, freír o asar las papas.

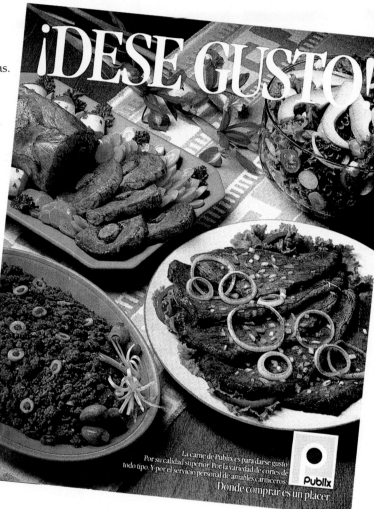

¡DESE GUSTO!

La carne de Publix es para darse gusto! Por su calidad superior. Por la variedad de cortes de todo tipo. Y por el servicio personal de amables carniceros.
Donde comprar es un placer.
Publix

PRESENTATION
Extension of *Ejercicio D*: Writing
   After completing Exercise D, call on volunteers to go to the board and write the items in the exercise with the chosen category beside them. You may also add any additional foods you have taught to the list.

ANSWERS
Ejercicio D
Legumbre
1. la cebolla
3. la zanahoria
5. la papa
8. los guisantes

Fruta
2. la toronja
7. el melcotón

Carne
4. el cerdo
6. el cordero

Especia
9. la pimienta

Ejercicio E
1. Sí
2. No
3. Sí
4. Sí
5. No
6. Sí
7. Sí

LEARNING FROM REALIA

   Refer students to the advertisement on page 229. Have them say all they can about it. You might cue them with questions such as: *¿Qué será Publix? ¿Qué producto vende Publix? ¿Quiénes trabajan en Publix?*

INDEPENDENT PRACTICE

   Assign any of the following:
1. Workbook, *Palabras 1*
2. Communication Activities Masters, *A & B*
3. Exercises on student pages 228-229

Bell Ringer Review

Write the following on the board or use BRR Blackline Master 9-2: Write the names of the equipment or cookware needed to do each of the following in a kitchen:
1. freír
2. hervir
3. asar
4. congelar

PRESENTATION (*pages 230-231*)

A. Have students close their books. Model the *Palabras 2* vocabulary using Vocabulary Transparencies 9.2 (*A & B*). Have students repeat the new material after you or Cassette 6A.
B. Dramatize the meaning of these words: *picar, pelar, limpiar, agregar, retirar, tapar, rebanar, rallar.*
C. When students have produced the new vocabulary several times, have them open their books to pages 230-231 and call on volunteers to read the words, phrases, and sentences. Model pronunciation as necessary.

VOCABULARIO

PALABRAS 2

EN LA COCINA

limpiar

picar

rallar

los pedacitos, los trocitos

pelar

rebanar

cortar

las rebanadas

tapar

agregar

Se quita (retira) del fuego.
Se apaga.

Se pone al fuego.

230 CAPÍTULO 9

PANTOMIME

Use as many props or pictures as possible.

_____, venga Ud. por aquí, por favor.
Vaya Ud. a la cocina.
Saque la carne del refrigerador.
Ase Ud. la carne en el horno.
Pele Ud. las papas.
Ponga Ud. el aceite en la sartén.
Pique Ud. el ajo.

Agregue Ud. las papas y el ajo al aceite.
Fría Ud. las papas y el ajo.
Limpie Ud. la lechuga.
Prepare Ud. la ensalada.
Ponga Ud. la olla al fuego.
Pele las zanahorias y córtelas en rebanadas.
Agregue Ud. las zanahorias.
Gracias. Vuelva Ud. a su asiento.

MÁS COMESTIBLES

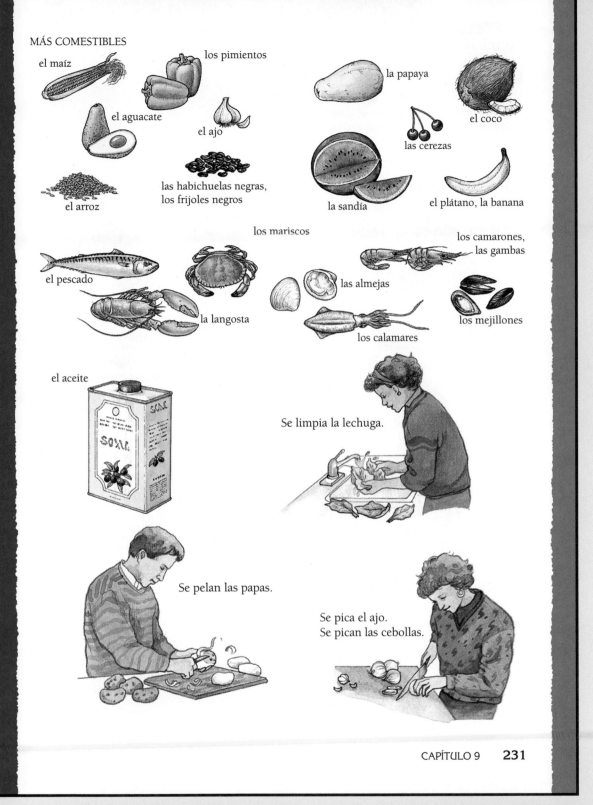

el maíz

los pimientos

la papaya

el coco

el aguacate

el ajo

las cerezas

las habichuelas negras,
los frijoles negros

el arroz

la sandía

el plátano, la banana

los mariscos

el pescado

los camarones,
las gambas

las almejas

la langosta

los mejillones

los calamares

el aceite

SOXA

Se limpia la lechuga.

Se pelan las papas.

Se pica el ajo.
Se pican las cebollas.

ABOUT THE LANGUAGE

1. Here are more alternate names for food items:
   el plátano: *la banana, el guineo, el cambur*
   los pimientos: *los chiles*
   la papaya: *la fruta bomba*
   las habichuelas: *los frijoles, los fréjoles*
   el aguacate: *la palta*
   el maíz: *el choclo*

2. *La langosta* is the spiny lobster with no claws. It is found in the Mediterranean and other warm waters. The "lobster" in the illustration is actually *un bogavante*, called so because it swims in a forward motion, unlike the spiny lobster that, like the crab, moves backward.

3. *Los mariscos* are "seafood." The crab in the illustration is *un cangrejo*. Large sea crabs are *centollos* or *centollas*.

COOPERATIVE LEARNING

Have students work in groups of four. Teams work in round-robin fashion. **E1** gives the name of an appliance or other kitchen item. **E2** asks **E1** if he/she would like to buy it. **E3** asks **E1** what he/she needs it for. **E4** names a new item and the process begins again, this time with **E1** asking the first questions.

DID YOU KNOW?

The squid, *el calamar*, was formerly used solely as bait in the U.S. In Spain and other Mediterranean countries it has long been a favorite food, especially when cut into rings and fried (*calamares fritos*). Ask students: *¿Cuáles son algunas diferencias entre el pulpo y el calamar?* The octopus (*el pulpo*) is also a popular food.

Ejercicios

PRESENTATION (*page 232*)

Ejercicios A and C

Exercises A and C can be done with books open or closed.

Ejercicio B

Exercise B can be done with books open.

Variation of *Ejercicio D*: Speaking

When students supply the word, have them use it in an original sentence.

ANSWERS

Ejercicio A

1. Sí
2. No
3. No
4. Sí
5. Sí

Ejercicio B

1. La señora está picando el ajo.
2. La señora está rebanando el pan.
3. La señora está cortando la cebolla.
4. La señora está pelando una papa (patata).
5. La señora está limpiando los camarones (las gambas).

Ejercicio C

1. Sí, se puede hervir o freír el arroz.
2. Sí, se puede rallar la lechuga.
3. Sí, se puede rallar el queso y el coco.
4. Sí, se puede rebanar la sandía.
5. Sí, se puede picar la carne de res.
6. Sí, se puede freír la chuleta.
7. No, no se puede asar el arroz.
8. Sí, se puede tapar la olla.

Ejercicio D

1. los mariscos
2. tapar
3. picar
4. rebanar
5. limpiar
6. tapar
7. quitar

INFORMAL ASSESSMENT

(*Palabras 1* and *2*)

Check for understanding by having individuals say as much as they can about the illustrations in Vocabulary Transparencies *A & B*.

232

Ejercicios

A En la cocina. ¿Sí o no?

1. Antes de cocinar, se pone la sartén o la olla al fuego.
2. Antes de empezar a cocinar se apaga el fuego.
3. Después de cocinar, se limpian y se cortan las legumbres.
4. Es necesario limpiar bien las conchas de las almejas antes de cocinarlas.
5. Antes de hacer la ensalada, se lava la lechuga.

B Preparando la comida. Contesten según el dibujo.

1. ¿Qué está picando la señora?

2. ¿Qué está rebanando la señora?

3. ¿Qué está cortando la señora?

4. ¿Qué está pelando la señora?

5. ¿Qué está limpiando la señora?

C ¿Qué opinas? ¿Se puede o no?

1. ¿Se puede hervir o freír el arroz?
2. ¿Se puede rallar la lechuga?
3. ¿Se puede rallar el queso o el coco?
4. ¿Se puede rebanar la sandía?
5. ¿Se puede picar la carne de res?
6. ¿Se puede freír la chuleta?
7. ¿Se puede asar el arroz?
8. ¿Se puede tapar la olla?

D Definiciones. ¿Cuál es la palabra?

1. las almejas, los mejillones, la langosta, etc.
2. poner una tapa en una olla
3. cortar en pedacitos muy pequeños
4. cortar en rebanadas
5. lavar
6. lo contrario de destapar
7. retirar

232 CAPÍTULO 9

INDEPENDENT PRACTICE

Assign any of the following:

1. Workbook, *Palabras 2*
2. Communication Activities Masters, *C & D*
3. Exercises on student page 232

Comunicación
Palabras 1 y 2

A **Lo que me gusta comer.** Haga Ud. una lista de los comestibles que a Ud. le gustan mucho. Luego enséñele la lista a un(a) compañero(a) y pregúntele si a él/ella le gustan las mismas cosas que a Ud.

B **Nuestras comidas favoritas.** Con un(a) compañero(a) hagan una lista de sus comestibles favoritos. Luego decidan a cuál de los dos le gustan más las comidas que son buenas para la salud.

C **Una visita.** Ud. está de visita con la familia Castro. Ellos viven en Medellín, Colombia. Esta noche Ud. les va a preparar una comida típica americana. Los Castro (tres compañeros de clase) quieren saber lo que Ud. piensa cocinar. Explíqueles cómo se prepara cada plato.

D **Una lección gastronómica.** Trabaje con un(a) compañero(a) de clase. Ud. está aprendiendo a cocinar. Su compañero(a) es un(a) cocinero(a) experto(a). Ud. quiere saber cómo se preparan los siguientes comestibles. Pregúntele a su compañero(a). Él/ella le contestará.

tomate	carne	guisantes
arroz	maíz	gambas

E **Casa en venta.** Su familia está vendiendo su casa. Ud. recibe una llamada telefónica de una persona a quien le interesa comprar la casa. Déle una descripción de la casa especialmente de la cocina.

Recogiendo café en Colombia

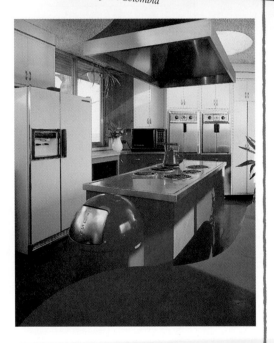

Bell Ringer Review
Write the following on the board or use BRR Blackline Master 9-3: Write five things that might be said between a waiter/waitress and a customer in a café.

PRESENTATION *(page 233)*
You may have students do any number of these activities. You may also allow students to select the activity or activities in which they would like to take part.

ANSWERS
Actividades A, B, C, D, and *E*
Answers will vary.

ABOUT THE LANGUAGE
The various kitchen appliances are known as *electrodomésticos.*

CROSS-CULTURAL COMPARISON
Although coffee is associated with Latin America, especially Colombia and Brazil, the world's two largest producers, it is not native to the Americas. Coffee probably originated in Ethiopia where it has been consumed for over a thousand years.

CRITICAL THINKING ACTIVITY

(Thinking skills: making inferences)
En Norteamérica casi nadie tomaba café hasta después del "Boston Tea Party" de 1773, cuando el café sustituyó al té como la bebida de preferencia. ¿Por qué?

LEARNING FROM PHOTOS

Refer students to the two photos on page 233. Have them answer the following questions about the top photo: ¿Dónde está la señora? ¿Qué lleva en la cabeza? ¿Por qué? ¿Qué plantas son? ¿De qué color son las semillas del café? ¿Por qué cambian de color? Bottom photo: ¿Qué cuarto es? ¿Es moderna la cocina? ¿Qué colores predominan? ¿Qué hay en la cocina?

ESTRUCTURA

Structure Teaching Resources

1. Workbook, *Estructura*
2. Student Tape Manual, *Estructura*
3. Audio Cassette 6A
4. Communication Activities Masters, *E-G*
5. Chapter Quizzes, *Estructura*
6. Computer Software, *Estructura*

Bell Ringer Review

Write the following on the board or use BRR Blackline Master 9-4: Make a list of foods you might eat for dinner tonight.

El imperativo formal Formas regulares

PRESENTATION (pages 234-235)

A. Have students open their books to pages 234-235 and lead them through steps 1-4.
B. Illustrate the difference between singular and plural imperatives by giving a command to an individual and then the same command to a group of students. For example: *María, tome Ud. su libro de español. María y José, tomen Uds. su libro de español.*
C. Practice negative forms by calling out commands and having students change them to the negative. Then reverse the procedure.
D. In step 4, you may wish to explain the reasons for the spelling changes.

Teaching Tip In order to reinforce the uses of formal address, you may wish to assign students temporary names and titles which would require it, such as *Señor Pascal* or *Doña Florencia Matamoros.*

El imperativo formal Formas regulares   *Telling Other People What to Do*

1. You use the command form of the verb, the imperative, to tell someone what to do. To form the *Ud.* and *Uds.* commands, you drop the *-o* from the present tense *yo* form and add the following endings:

INFINITIVE	YO, PRESENT	UD. COMMAND	UDS. COMMAND
hablar	hablø	hable Ud.	hablen Uds.
preparar	preparø	prepare Ud.	preparen Uds.
comer	comø	coma Ud.	coman Uds.
leer	leø	lea Ud.	lean Uds.
abrir	abrø	abra Ud.	abran Uds.

STEM CHANGING VERBS

INFINITIVE	YO, PRESENT	UD. COMMAND	UDS. COMMAND
pensar	piensø	piense Ud.	piensen Uds.
contar	cuentø	cuente Ud.	cuenten Uds.
volver	vuelvø	vuelva Ud.	vuelvan Uds.
hervir	hiervø	hierva Ud.	hiervan Uds.
pedir	pidø	pida Ud.	pidan Uds.

2. Note that the endings used for the formal commands have the vowel opposite to the vowel usually associated with the conjugation. The *-ar* verbs have *-e* and the *-er* and *-ir* verbs have *-a.*

3. You just add *no* before these commands to make them negative.

prepare Ud.	no prepare Ud.
pida Ud.	no pida Ud.
vuelva Ud.	no vuelva Ud.

preparen Uds.	no preparen Uds.
pidan Uds.	no pidan Uds.
vuelvan Uds.	no vuelvan Uds.

234   CAPÍTULO 9

Refer students to the photo on page 234. The objects shown are: *la licuadora* (mixer), *el colador* (colander), and *el rodillo* (roller).

4. Note that the following verbs are regular, but they have a spelling change in the command form.

tocar	toque Ud.	toquen Uds.
picar	pique Ud.	piquen Uds.
jugar	juegue Ud.	jueguen Uds.
pagar	pague Ud.	paguen Uds.
agregar	agregue Ud.	agreguen Uds.
empezar	empiece Ud.	empiecen Uds.

Ejercicios

A **¿Preparo la comida?** Contesten según el modelo.

> ¿Preparo la comida?
> *Sí, prepare Ud. la comida.*

1. ¿Preparo la comida?
2. ¿Limpio la lechuga?
3. ¿Pelo los tomates?
4. ¿Pico el ajo?
5. ¿Hiervo el agua?
6. ¿Frío el pollo?
7. ¿Tapo la sartén?
8. ¿Retiro la sartén del fuego?

B **¿Preparamos la comida?** Contesten según el modelo.

> ¿Preparamos la comida?
> *No, no preparen Uds. la comida.*
> *Yo la voy a preparar.*

1. ¿Preparamos la comida?
2. ¿Limpiamos la lechuga?
3. ¿Pelamos los tomates?
4. ¿Picamos el ajo?
5. ¿Hervimos el agua?
6. ¿Freímos el pollo?
7. ¿Tapamos la sartén?
8. ¿Retiramos la sartén del fuego?

POLLITO
RICO S.A. DE C.V.
POLLO FRESCO
TIPO
MERCADO Y ROSTICERÍA

BRASIL 106-M
CENTRO
529 6120 9865

MERC. MIXCOAC
LOCALES 107 Y 115
563 8245

DOLORES GUERRERO 204-B
CULHUACAN
608 0836

CASTAÑEDA 12-4
MIXCOAC
598 0607
FAX **563 1955**

Ejercicios
PRESENTATION *(pages 235-236)*
Ejercicios A, B, C, and D
Exercises A, B, C, and D can be done with books open.

ANSWERS
Ejercicio A
1. Sí, prepare Ud. la comida.
2. Sí, limpie Ud. la lechuga.
3. Sí, pele Ud. los tomates.
4. Sí, pique Ud. el ajo.
5. Sí, hierva Ud. el agua.
6. Sí, fría Ud. el pollo.
7. Sí, tape Ud. la sartén.
8. Sí, retire Ud. la sartén del fuego.

Ejercicio B
1. No, no preparen Uds. la comida.
   Yo la voy a preparar.
2. No, no limpien Uds. la lechuga.
   Yo la voy a limpiar.
3. No, no pelen Uds. los tomates.
   Yo los voy a pelar.
4. No, no piquen Uds. el ajo.
   Yo lo voy a picar.
5. No, no hiervan Uds. el agua.
   Yo lo voy a hervir.
6. No, no frían Uds. el pollo.
   Yo lo voy a freír.
7. No, no tapen Uds. la sartén.
   Yo la voy a tapar.
8. No, no retiren Uds. la sartén del fuego.
   Yo la voy a retirar.

LEARNING FROM REALIA

Refer students to the advertisement at the bottom of page 235 and ask: *¿Qué venden ellos? ¿Cómo se llama la compañía? ¿Cuántas tiendas tienen? ¿Qué quiere decir "tipo rosticería"?*

COOPERATIVE LEARNING

One team member selects a favorite recipe and orally lists the ingredients. The other members in turn ask: *¿Qué hago con...?* The first member responds to each question with a command until all instructions for the recipe are given. Then the second member begins the same process with his/her chosen recipe.

El imperativo formal
Formas irregulares

236

C **¿Qué debo hacer con la carta?** Contesten con el imperativo.

1. ¿Debo aceptar la carta?
2. ¿Debo abrir la carta?
3. ¿Debo leer la carta?
4. ¿Debo contestar a la carta?
5. ¿Debo escribir la carta en inglés?

D **Debe hacer lo que quiere hacer.** Contesten según se indica.

> Quiero viajar a España.
> *Entonces, ¡viaje Ud. a España!*

1. Quiero viajar a España.
2. Quiero pasar un mes en Madrid.
3. Quiero tomar el tren a Toledo
4. Quiero visitar la capital.
5. Quiero ver los cuadros de El Greco.
6. Quiero aprender el español.
7. Quiero comer una paella.
8. Quiero beber horchata.
9. Quiero vivir con una familia española.

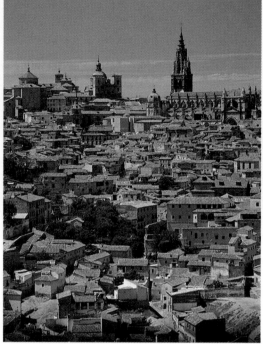

Una vista de Toledo, España

El imperativo formal   *Telling Other People What to Do*
Formas irregulares

1. A verb that has an irregularity in the *yo* form of the present tense will keep the same irregularity in the command form since the *yo* form of the present serves as the root for the command. Study the following.

INFINITIVE	YO, PRESENT	UD. COMMAND	UDS. COMMAND
hacer	hago	haga Ud.	hagan Uds.
poner	pongo	ponga Ud.	pongan Uds.
salir	salgo	salga Ud.	salgan Uds.
venir	vengo	venga Ud.	vengan Uds.
decir	digo	diga Ud.	digan Uds.
conducir	conduzco	conduzca Ud.	conduzcan Uds.

236   CAPÍTULO 9

---

2. The following are the only formal commands that are irregular.

ir	vaya Ud.	vayan Uds.
ser	sea Ud.	sean Uds.
saber	sepa Ud.	sepan Uds.
estar	esté Ud.	estén Uds.
dar	dé Ud.	den Uds.

Ejercicios

A **Voy de compras.** Contesten según el modelo.

> **Quiero hacer las compras.**
> *Pues, haga Ud. las compras.*

1. Quiero hacer las compras.
2. Quiero salir ahora.
3. Quiero ir al mercado de Santa Tecla.
4. Quiero poner mis compras en esta canasta.
5. Quiero ir a pie.
6. No quiero conducir.
7. Quiero ir en carro.

B **¿Podemos salir?** Contesten según el modelo.

> **¿Podemos salir?**
> *¡Cómo no! Salgan Uds. ahora.*

1. ¿Podemos salir?
2. ¿Podemos llevar el carro?
3. ¿Podemos llevar a Anita?
4. ¿Podemos volver mañana?
5. ¿Podemos poner las maletas en la maletera?

C **Una llamada telefónica.** Completen con el imperativo.

1. ____ Ud. por teléfono. (llamar)
2. ____ Ud. la llamada. (hacer)
3. ____ la llamada de un teléfono público. (hacer)
4. ____ Ud. a la cabina telefónica. (ir)
5. ____ Ud. el auricular. (descolgar)
6. ____ la moneda en la ranura. (introducir)
7. ____ el tono. (esperar)
8. ____ el número. (marcar)
9. ____ Ud. la contestación. (esperar)
10. ____ Ud. "Aló". (decir)
11. ____ Ud. cortés. (ser)
12. ____ Ud. por Antonio. (preguntar)
13. ____ Ud. con él. (hablar)

La voz pasiva con se

PRESENTATION (*page 238*)

A. Lead students through steps 1-3 on page 238.

B. Provide additional examples for step 2 on the board.

Ejercicios

PRESENTATION (*pages 238-239*)

Ejercicios A and B

Exercises A and B can be done with books open or closed.

ANSWERS

Ejercicio A

Answers will vary.

1. Sí, se venden habichuelas en la verdulería.
2. Se venden habichuelas en lata o en bote en el supermercado.
3. Sí, se vende pescado en la pescadería.
4. Sí, se venden bananas en la frutería.
5. Sí, se vende cordero en la carnicería.
6. Sí, se venden pasteles en la pastelería.
7. Sí, se vende leche en la lechería.
8. Sí, también se vende queso en la lechería.

Ejercicio B

1. Se ralla el queso.
2. Se fríen las papas.
3. Se pica el ajo.
4. Se asa la carne en el horno.
5. Se fríen los calamares en aceite.

La voz pasiva con *se*   *Talking in General Terms about What Is Done*

1. The impersonal passive construction in English is as follows:

   Meat is sold at the butcher shop.

2. In Spanish the pronoun *se* can be used to express the impersonal passive voice. Note that if the subject is singular, the verb is singular. If the subject is plural, the verb is plural.

   Se vende carne en la carnicería.
   Y se venden legumbres en la verdulería.

3. *Se* can also be used to convey the general subject one, they and people.

   Aquí se habla español.   *Spanish is spoken here.*
                                 One speaks Spanish here.
                                 They speak Spanish here.
                                 People speak Spanish here.

Ejercicios

A **¿Dónde se venden?** Contesten.

1. ¿Se venden habichuelas en la verdulería?
2. ¿Se venden habichuelas en lata o bote en el supermercado?
3. ¿Se vende pescado en la pescadería?
4. ¿Se venden bananas en la frutería?
5. ¿Se vende cordero en la carnicería?
6. ¿Se venden pasteles en la pastelería?
7. ¿Se vende leche en la lechería?
8. ¿Se vende queso también en la lechería?

B **¿Cuál?** Contesten.

1. ¿Se ralla el queso o el tomate?
2. ¿Se fríen las papas o los aguacates?
3. ¿Se pica el ajo o el arroz?
4. ¿Se asa la carne en una sartén o en el horno?
5. ¿Se fríen los calamares en aceite o en maíz?

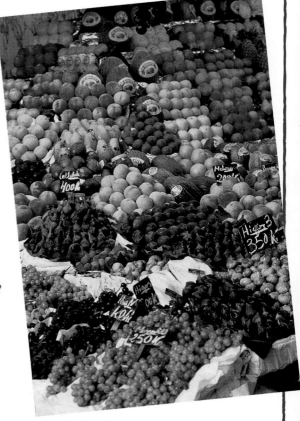

238   CAPÍTULO 9

C ¿Qué se come y dónde? Contesten según se indica.

1. ¿Se comen muchas tortillas en México? (sí)
2. ¿Se come mucho maíz en España? (no)
3. ¿Se come mucha carne de res en la Argentina? (sí)
4. ¿Se bebe mucho vino en Panamá? (no)
5. ¿Se bebe más vino en Chile? (sí)
6. ¿Se comen muchos mariscos en Chile? (sí)
7. ¿Se comen muchas comidas italianas en Uruguay? (sí)
8. ¿Se usa mucho aceite en España? (sí)
9. ¿Se come mucho arroz con habichuelas en Puerto Rico? (sí)
10. ¿Se usan muchas salsas picantes en España? (no)

D ¿Qué idioma se habla dónde? Escojan.

francés español portugués
inglés árabe alemán

1. ¿Qué idioma se habla en el Perú?
2. ¿Qué idioma se habla en el Brasil?
3. ¿Qué idioma se habla en Egipto?
4. ¿Qué idioma se habla en Alemania y en Austria?
5. ¿Qué idioma se habla en Irlanda?
6. ¿Qué idiomas se hablan en Quebec?

CAPÍTULO 9   **239**

CONVERSACIÓN

Escenas de la vida   ¿Yo? ¿En la cocina?

QUICO: Carlos, ¿te gusta cocinar?
CARLOS: A mí, ¿cocinar? De ninguna manera. En la cocina soy un desastre. ¿A ti te gusta?
QUICO: Sí, bastante.
CARLOS: ¿Qué sabes preparar?
QUICO: Muchas cosas, pero mi plato favorito es la paella.
CARLOS: La paella, dices. ¿Qué es?
QUICO: Pues, es una especialidad española—de Valencia. Lleva muchos ingredientes—¡mariscos, arroz!
CARLOS: Se comen muchos mariscos en España, ¿no?
QUICO: Sí, hombre. Y algún día te voy a preparar una buena paella.

Me gusta cocinar. Contesten según la conversación.

1. ¿A quién le gusta cocinar?
2. ¿Quién es un desastre en la cocina?
3. ¿Cuál es el plato que a Quico le gusta mucho preparar?
4. ¿Dónde se come la paella?
5. ¿De qué región de España es la paella una especialidad?
6. ¿Qué opinas? ¿Te gustaría la paella o no?

*Una calle
en Valencia, España*

240   CAPÍTULO 9

Bell Ringer Review

Write the following on the board or use BRR Blackline Master 9-6: Choose a favorite dish of yours and write out the instructions for making it.

PRESENTATION *(page 240)*

A. Tell students they will hear a conversation between Quico and Carlos. Ask them to close their books and listen as you read the conversation or play Cassette 6A.
B. Have students open their books to page 240. Allow pairs time to practice the conversation. Each partner should practice both roles.
C. Call on a volunteer to summarize the conversation in his/her own words.

Ejercicio

ANSWERS

1. A Quico le gusta cocinar.
2. Carlos es un desastre en la cocina.
3. A Quico le gusta preparar la paella.
4. La paella se come en España.
5. La paella es una especialidad de Valencia.
6. Sí (No), (no) me gustaría la paella.

LEARNING FROM PHOTOS

1. Refer students to the photo at the top of page 240. Have them say all they can about the young men eating. Cue with questions such as: *¿Qué comidas hay en la mesa? ¿Qué toman ellos?* etc.
2. In regard to the photo at the bottom of page 240, have students describe the street scene in Valencia.

CRITICAL THINKING ACTIVITY

(Thinking skills: making inferences; drawing conclusions)

La paella viene de Valencia. La paella tradicional lleva muchos mariscos. Busca Valencia en el mapa en la página 452. ¿Por qué crees que hay muchos mariscos en la paella?

Comunicación

A **En la escuela.** Haga una lista de las cosas que se hacen generalmente en la escuela. Compare su lista con la de un(a) compañero(a) de clase. Dígale a él/ella cuáles son las cosas más importantes de su lista. Su compañero(a) le dirá por qué o por qué no son importantes.

   En la escuela se…

B **Personalmente.** Tome Ud. la lista de la Actividad A y dígale a un(a) compañero(a) de clase cuándo Ud. hace cada actividad. Cambien de papel.

C **Comidas populares.** Con un(a) compañero(a) de clase preparen una lista de todos los comestibles que ya han aprendido. Luego decidan cuáles de estos comestibles se comen mucho en los Estados Unidos y cuáles no se comen con mucha frecuencia.

D **En la cocina.** Ud. está dando lecciones de cocina. Explíquele a uno(a) de sus alumnos(as), (un[a] compañero[a] de clase) qué puede hacer con los siguientes comestibles.

1. las judías verdes
2. los camarones
3. las zanahorias
4. la lechuga
5. el pollo
6. el biftec
7. los calamares
8. las papas
9. las cebollas
10. los tomates

Bell Ringer Review
Write the following on the board or use BRR Blackline Master 9-7: Your friends are hungry. Let them know what there is to eat in your refrigerator. Start with, *En mi refrigerador hay…*

Comunicación

PRESENTATION *(page 241)*
Have students do one or all of these activities, allowing them to select those in which they wish to take part.

ANSWERS
Actividades A, B, **and** *C*
Answers will vary.

Actividad D
Answers will vary but may resemble the following.
1. Se pueden hervir las judías verdes.
2. Se pueden hervir o freír los camarones.
3. Se tienen que pelar las zanahorias.
4. Se puede picar la lechuga.
5. Se puede asar, o se puede freír el pollo.
6. Se puede asar el biftec.
7. Se pueden freír los calamares.
8. Se pueden pelar las papas. Se pueden freír, o se pueden cocinar.
9. Se pueden picar las cebollas.
10. Se pueden rebanar o se pueden picar los tomates.

LEARNING FROM REALIA
Refer students to the magazine cover depicted at the bottom of page 241 and have them describe the cover of *Vanidades*. You may wish to ask: *¿Qué artículos hay en este número de la revista?*

COOPERATIVE LEARNING
Have each team create a short TV cooking lesson. The script should be on how to prepare a special dish, the wilder the better. Teams write the script as a group, and then select one or two members to be on camera. You may actually record the cooking lessons on video.

LECTURA Y CULTURA

Bell Ringer Review

Write the following on the board or use BRR Blackline Master 9-8: Tell what languages are spoken in the following places. Follow the example: Acapulco. En Acapulco se habla español.

1. **Lima**
2. **Nueva York**
3. **París**
4. **Brasil**
5. **Quebec**

READING STRATEGIES
(pages 242-243)

Reading

While going through the selection, have students repeat after you the new vocabulary in the recipe.

Post-reading

A. Have students re-read the recipe at home and write the answers to the accompanying exercises.
B. Go over the exercises in class the next day.

UNA RECETA

Como le dijo Quico a José, la paella es un plato delicioso que es una especialidad de la cocina española. Quien no ha comido una paella no sabe lo que se ha perdido. La paella valenciana lleva muchos ingredientes. Aquí tiene Ud. una receta bastante sencilla para preparar una paella. Decida si a Ud. le gustaría comer esta deliciosa comida.

INGREDIENTES

3 tomates
2 cebollas grandes
2 pimientos (uno
   verde y uno rojo)
4 dientes[1] de ajo
1/2 kilo de camarones
4 calamares
12 almejas
12 mejillones
langosta (opcional)
1 pollo en partes
3 chorizos
1 paquete de guisantes congelados
1 bote de pimientos morrones

1 1/2 tazas de arroz
3 tazas de consomé de pollo
4 pizcas[2] de azafrán[3]
1/4 taza de aceite de oliva

PREPARACIONES

1. Pique los tomates, los pimientos, las cebollas y el ajo.
2. Lave las almejas y los mejillones en agua fría.
3. Limpie y pele los camarones.
4. Limpie y corte en rebanadas los calamares.
5. Corte en rebanadas los chorizos.
6. Fría o ase el pollo aparte.

COCCIÓN

Se usa una paellera o una olla.

1. Fría ligeramente[4] en el aceite los pimientos y las cebollas picadas.
2. Agregue el ajo y los tomates y fría ligeramente a fuego lento unos dos o tres minutos.
3. Agregue el arroz.
4. Revuelva el arroz con los tomates, las cebollas, los pimientos y el ajo.
5. Agregue el consomé de pollo y llévelo a la ebullición[5].
6. Baje el fuego y agregue los camarones, los calamares, el chorizo, el pollo, las almejas y los mejillones.
7. Agregue el azafrán.
8. Ponga sal y pimienta a su gusto.

[1] dientes *cloves*   [3] azafrán *saffron*   [5] a la ebullición *to a boil*
[2] pizcas *pinches*   [4] ligeramente *lightly*

242   CAPÍTULO 9

DID YOU KNOW?

El azafrán (saffron), a basic ingredient of *paella*, is probably the world's most expensive spice. Only the stigma or pistils of the flower are used. It is estimated that it takes the pistils of 4,000 plants to produce one ounce of saffron powder. Saffron gives the rice of *paella* its distinctive orange-yellow tint.

FOR THE NATIVE SPEAKER

Have students bring a recipe from their home for a traditional Spanish dish. They should be prepared to describe the preparation of the dish in detail.

Si se prepara la paella en una olla, tape la olla y cocine (cueza) a fuego lento encima de la estufa unos 40 minutos. En una paellera, ase la paella en el horno sin tapa o cocine a fuego lento encima de la estufa.

Al final agregue los guisantes y los pimientos y sirva. Ud. notará que el arroz tiene un bonito color amarillo. Es del azafrán.

Estudio de palabras

 ¿Cuál es la palabra? Completen.

1. una ____ para hacer la paella
2. medio ____ de camarones
3. un ____ de guisantes congelados
4. tres ____ de ajo
5. una ____ de sal
6. una ____ de consomé de pollo

Comprensión

Cultivando azafrán

A Una paella.

Prepare Ud. una lista de los ingredientes que lleva una paella.

B La cocción. ¿Sí o no?

1. Se puede asar la paella en la parrilla.
2. La paella lleva muchas papas.
3. Hay muchas especias en una paella.
4. El arroz de una paella se pone amarillo.
5. El chorizo es un tipo de salchicha española.

C ¿Por qué?

Mire Ud. un mapa de España y explique por qué se comen muchos mariscos en España.

CAPÍTULO 9 **243**

Estudio de palabras

ANSWERS

1. paellera
2. kilo
3. paquete
4. dientes
5. pizca
6. taza

Comprensión

PRESENTATION (*page 243*)

ANSWERS

Comprensión A

1. Las legumbres que lleva una paella son: tomates, cebollas, pimientos, arroz, ajo y guisantes.
2. Las carnes que lleva una paella son: pollo y chorizos.
3. Los mariscos que lleva una paella son: camarones, calamares, almejas, mejillones y langosta.

Comprensión B

1. No
2. No
3. Sí
4. Sí
5. Sí

Comprensión C

España es una península. Es un país que está rodeado de mares. Por eso se comen muchos mariscos en España.

LEARNING FROM PHOTOS

1. Refer students to the top photo on page 243. The one-piece blue garment the man is wearing is the traditional Spanish working man's outfit. It is called a *mono*. Workers of all kinds wear a *mono*. They are blue and zip up the front. Until recently the standard footwear for workers were *alpargatas*, rope-soled sandals similar to "espadrilles."

INDEPENDENT PRACTICE

Assign the following:
1. Workbook, *Un poco más*

Bell Ringer Review

Write the following on the board or use BRR Blackline Master 9-9: Use the following verbs to tell someone how to make a call from a public telephone.
descolgar
introducir
colgar
esperar
marcar
hablar

Descubrimiento Cultural

(The Descubrimiento *section is optional material.)*

PRESENTATION *(pages 244-245)*

Have students read the selection on pages 244-245 aloud as a class, in pairs or groups, or silently.

DESCUBRIMIENTO CULTURAL

*E*s difícil imaginar lo que sería nuestra dieta sin las contribuciones del Nuevo Mundo. ¿Qué se comería en Europa hoy? O mejor, ¿qué no se comería? Pues sabemos que se comería pollo, pero no se comería pavo[1], porque es nativo de las Américas. ¿Y para beber? ¿Café, té? Pues sí, porque no se originaron en las Américas sino en el Medio Oriente y en Asia. Pero no se podría tomar chocolate, porque el chocolate o "chocolatl" que cultivaban los toltecas y aztecas en México no se encontraba en el Viejo Mundo.

Los tres productos más importantes de la agricultura americana precolombina son el maíz, la papa y el tomate. Los indígenas americanos los cultivaban

siglos[2] antes de la llegada de Cristóbal Colón y los españoles. El maíz se cultivaba en la tierra baja, y la papa en el altiplano.

Los incas sabían conservar las papas con un método que las secaba, y también las congelaba. Pronto los españoles reconocieron el valor de esta nueva comida. Las primeras papas llegaron a España en el siglo quince. Desde España pasaron a toda Europa donde hoy son la base de muchas cocinas.

Piense Ud. en una cocina donde nunca aparecería una papa, una mazorca[3] de maíz o un jugoso tomate. ¿Con qué se servirían las famosas hamburguesas? No habría "ketchup" de tomate, ni papas fritas. ¿Y qué harían los italianos sin salsa de tomate para sus espaguetis?

CRITICAL THINKING ACTIVITY

(Thinking skills: making inferences, drawing conclusions)

Write the following on the board or on a transparency:

La tortilla se hace de maíz y también de trigo. En los tiempos de los aztecas, ¿se podía hacer tortillas de trigo? ¿Por qué o por qué no?

Y AQUÍ EN LOS ESTADOS UNIDOS

¿Sabía Ud. que hubo una época cuando se creía que el tomate era venenoso[4]? Pues, sí. Cuando los españoles llevaron los primeros tomates a Europa, se usaban para adorno nada más. En poco tiempo los españoles y los italianos descubrieron lo deliciosos que eran. Pero los ingleses, no. Ellos creían que la persona que comía un tomate se moriría. Y los colonos ingleses en Norteamérica creían lo mismo hasta el siglo pasado.

[1] pavo   *turkey*
[2] siglos   *centuries*
[3] mazorca   *corn ear*
[4] venenoso   *poisonous*

Detalle del mural *"El cultivo del maíz"* de Diego Rivera

En un mercado al aire libre en Bolivia

Un árbol de cacao

LEARNING FROM PHOTOS

1. Refer students to the photo on page 244. Tell them that the woman is preparing tortillas. The tortilla was traditionally made from corn. The corn is still often ground into flour on a quadrangular stone *metate*. Today tortillas are also made from wheat flour.

2. Have students describe the scene in the open-air market in Bolivia in the photo at the bottom of page 245. The woman is wearing a traditional hat. Only the women wear hats of this type, not the men.

3. Tell students that the *Cacao*, in the photo at the bottom of page 245, is the source of chocolate. It is native to the Americas and it served as the basis for many Aztec dishes. Today, in Mexican cuisine, unsweetened chocolate is still used.

REALIDADES

(The Realidades *section is optional material.)*

Bell Ringer Review

Write the following on the board or use BRR Blackline Master 9-10: Make two columns on your paper. Label the left one *fruta* and the right one *legumbre.* Copy each of the following into the appropriate column.

1. el maíz
2. el coco
3. la papaya
4. la sandía
5. el arroz
6. el ajo
7. los pimientos
8. el plátano

PRESENTATION *(pages 246-247)*

The main objective of the *Realidades* is that students enjoy the photographs and gain a broader appreciation of the cultures of the Hispanic world. Following are some more structured activities which might be applied to the section.

A. Have students cover the captions. Call on volunteers to say as much as they can about each photo. Encourage them to use *creo* or *pienso* to indicate when they are guessing.

B. Call on volunteers to read the captions aloud. Some students may be able to respond to the questions in the captions.

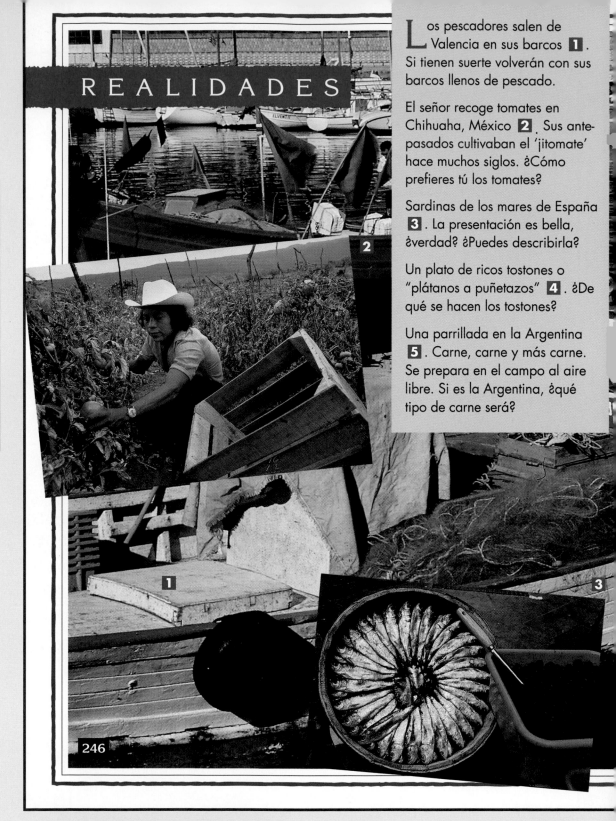

REALIDADES

Los pescadores salen de Valencia en sus barcos **1**. Si tienen suerte volverán con sus barcos llenos de pescado.

El señor recoge tomates en Chihuaha, México **2**. Sus antepasados cultivaban el 'jitomate' hace muchos siglos. ¿Cómo prefieres tú los tomates?

Sardinas de los mares de España **3**. La presentación es bella, ¿verdad? ¿Puedes describirla?

Un plato de ricos tostones o "plátanos a puñetazos" **4**. ¿De qué se hacen los tostones?

Una parrillada en la Argentina **5**. Carne, carne y más carne. Se prepara en el campo al aire libre. Si es la Argentina, ¿qué tipo de carne será?

246

LEARNING FROM PHOTOS

Have students describe and talk about the photos on student pages 246-247.

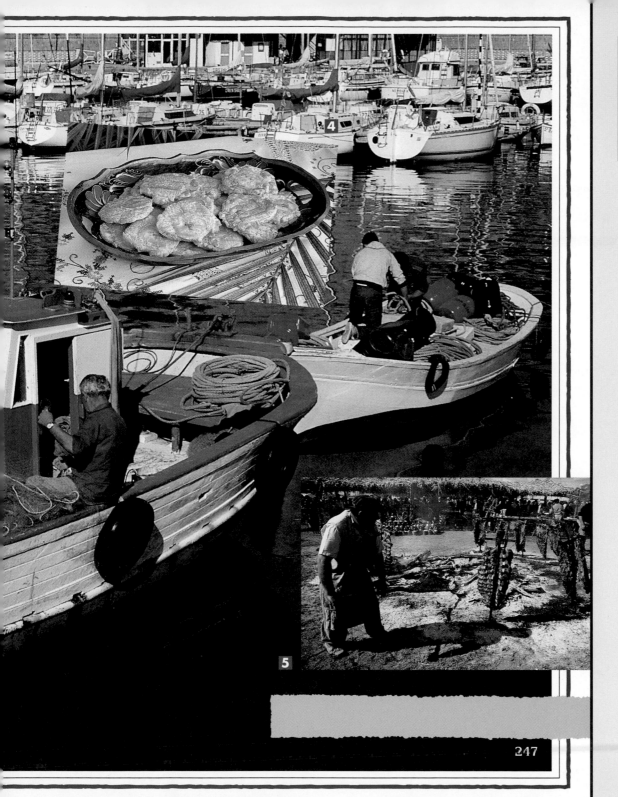

GEOGRAPHY CONNECTION

La pampa argentina con-
tiene enormes áreas de pasto
(pasture). También es uno de
los mayores productores de
carne. ¿Hay una conexión?
¿Cuál es?

247

CRITICAL THINKING ACTIVITY

(Thinking skills: making inferences, drawing conclusions)

1. *Entre los países de habla hispana, los que tienen industria pesquera importante son España, Chile y Perú. Explique por qué.*
2. *El límite costal tradicional ha sido de 12 millas. Algunos países, el Perú y Canadá, prefieren un límite mayor. ¿Por qué quieren países como éstos proteger sus costas? Los países consumidores de pescado como el Japón y Taiwán, se oponen. ¿Por qué?*

CULMINACIÓN

RECYCLING

The activities in *Comunicación oral* and *Comunicación escrita* encourage students to use all the language they have learned in the chapter and to recombine it with material from previous chapters. It is not necessary to do all the activities with all students. Select the ones you consider most appropriate or allow students to choose the ones they wish to do.

Comunicación oral

ANSWERS

Actividad A and B

Answers will vary.

Actividad C

Answers will vary but may include the following.

El maíz

El aceite de oliva

El arroz

El ajo

La papa

El pan

Los guisantes

El queso

El azúcar

Los frijoles negros

El plátano

Actividad D

Answers will vary.

INFORMAL ASSESSMENT

The *Comunicación oral* can be used to evaluate the speaking skills informally. You may assign a grade based on the student's ability to communicate in Spanish. Use the evaluation criteria given on page 24 of this Teacher's Wraparound Edition.

Comunicación escrita

ANSWERS

Actividades A and B

Answers will vary.

248

Comunicación oral

A **Un plato favorito.** Hable Ud. con un(a) compañero(a) de clase. Cada uno(a) determinará uno de sus platos favoritos y se lo describirá al otro (a la otra). Su compañero(a) tiene que adivinar qué plato es.

B **Restaurantes étnicos.** ¿Hay restaurantes étnicos, es decir, restaurantes donde preparan y sirven comidas de otras partes del mundo, cerca de donde Ud. vive? Si hay, prepare Ud. una lista de los restaurantes que Ud. conoce y note la nacionalidad de la cocina que sirven. Si Ud. puede, describa un plato de uno de los restaurantes.

C **Gustos y preferencias.** Prepare una lista de diez comestibles. Luego pregúntele a un(a) compañero(a) de clase si le gusta o no cada comestible de su lista. Su compañero(a) contestará con "mucho", "un poco", "no" o "de ninguna manera".

D **¿Te gusta comer?** Mucha gente come sólo para vivir, y mucha gente vive para comer. ¿Cómo se clasificaría Ud.? Explíquele a un(a) compañero(a) por qué.

Comunicación escrita

A **De compras.** Suponga que Ud. va a preparar una comida. Decida lo que Ud. va a cocinar y luego prepare una lista de las compras que tiene que hacer.

B **Una receta.** Escriba la receta de la comida que Ud. va preparar.

LEARNING FROM REALIA

Refer students to the book covers depicted on page 248. Have them describe and comment on them. Cue with questions such as: *¿Qué tipo de libros son? ¿Qué es "cocina casera"? ¿A qué tipo de comida se dedica el libro de arriba? ¿A qué tipo de comida se dedica el libro de abajo?*

FOR THE NATIVE SPEAKER

Have students refer to the tuna cans at the bottom of page 248 and have them respond to the following: *Las latas de atún son de dos tipos. Describa la diferencia entre los dos. Explique las ventajas y desventajas de cada una de las dos preparaciones.*

Reintegración

A **En el restaurante.** Empleen las siguientes palabras en una oración.

1. el restaurante
2. el mesero
3. el menú
4. la especialidad
5. la cuenta
6. la propina

B **La mesa.** Identifiquen según la foto.

C **Siempre, y ayer también.** Completen con el pretérito o el imperfecto.

1. Nosotros siempre ____ en aquel restaurante y ____ allí anoche. (comer)
2. Nosotros siempre ____ al restaurante en carro y ____ en carro anoche. (ir)
3. El mismo mesero siempre nos ____ y él nos ____ anoche. (servir)
4. Yo siempre ____ paella y ____ una paella anoche. (pedir)
5. El mesero siempre me ____ la cuenta y él me la ____ anoche. (dar)
6. Yo siempre ____ y ____ anoche también. (pagar)

Vocabulario

SUSTANTIVOS

			VERBOS
la cocina	las zanahorias	la salchicha	cocinar
la estufa	la lechuga	el pollo	hervir
el hornillo	las papas	la chuleta	freír
la hornilla	las habichuelas negras	la costilla	asar
el horno	los frijoles	el pescado	revolver
el horno de microondas	la coliflor	los mariscos	agregar
el refrigerador	el maíz	las almejas	limpiar
la nevera	el ajo	los mejillones	pelar
el congelador	el arroz	los camarones	picar
el/la sartén	el pimiento	las gambas	rallar
la olla	el aguacate	la langosta	rebanar
la cazuela	la lima	los calamares	cortar
la tapa	el limón	el aceite	tapar
la parrilla	la toronja	la sal	apagar
el pedacito	el melocotón	la pimienta	
el trocito	el plátano	el azúcar	OTRAS PALABRAS Y
la rebanada	la banana		EXPRESIONES
los comestibles	la carne de res		
los guisantes	el cordero		poner al fuego
las cebollas	la ternera		retirar del fuego

CAPÍTULO 9   **249**

Reintegración
PRESENTATION *(page 249)*

Ejercicios A and B
Exercises A and B recycle vocabulary associated with restaurants taught in *Bienvenidos*.

Ejercicio C
Exercise C reviews the contrast of the imperfect and the preterite.

ANSWERS
Ejercicio A
Answers will vary.

Ejercicio B
1. el tenedor
2. la cuchara
3. el cuchillo
4. el mantel
5. el vaso
6. la cucharita

Ejercicio C
1. comíamos, comimos
2. íbamos, fuimos
3. servía, sirvió
4. pedía, pedí
5. daba, dio
6. pagaba, pagué

Vocabulario
The words and phrases in the *Vocabulario* have been taught for productive use in this chapter. They are summarized here as a resource for both students and teacher. The *Vocabulario* also serves as a convenient resource for *Culminación* activities. There are approximately 12 cognates in this list.

INDEPENDENT PRACTICE

Assign any of the following:
1. Exercises on student page 249
2. Workbook, *Mi autobiografía*
3. Chapter 9, Situation Cards

STUDENT PORTFOLIO

Written assignments that may be included in students' portfolios are the *Actividades escritas* on page 248 and the *Mi autobiografía* section in the Workbook.

CHAPTER OVERVIEW

In this chapter, students will expand their ability to ask for and give directions to pedestrians and drivers. They will learn vocabulary related to driving, both on the open road and in the city. They will learn to form and use the familiar imperative, and to position pronouns correctly in the imperative. The cultural focus of Chapter 10 is on driving procedures, customs, and etiquette on the highways in parts of the Hispanic world.

CHAPTER OBJECTIVES

By the end of this chapter, students will know:

1. vocabulary associated with road travel, various traffic situations, and pedestrian traffic
2. how to give and ask for directions and express location
3. the familiar imperative forms of regular and irregular verbs, affirmative and negative constructions
4. the position of object pronouns in the imperative

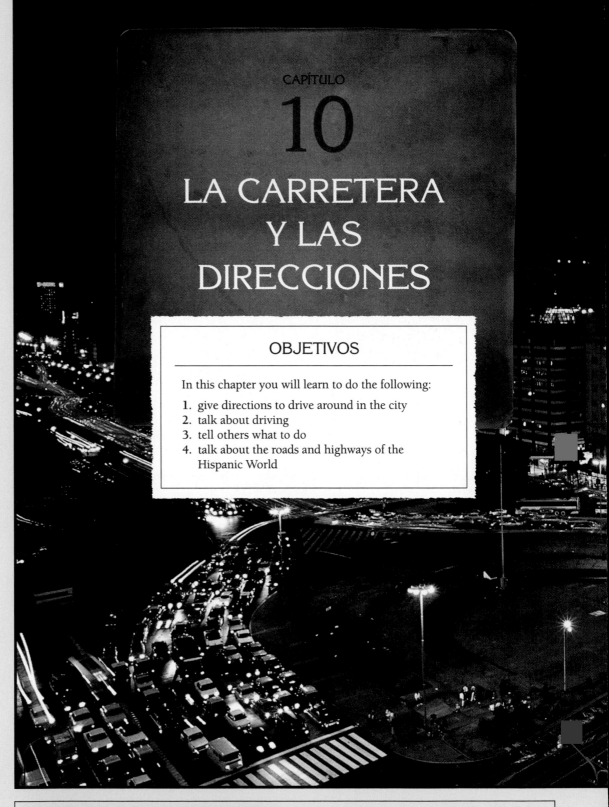

CAPÍTULO

10

LA CARRETERA
Y LAS
DIRECCIONES

OBJETIVOS

In this chapter you will learn to do the following:

1. give directions to drive around in the city
2. talk about driving
3. tell others what to do
4. talk about the roads and highways of the Hispanic World

CHAPTER PROJECTS

(optional)

1. Obtain a copy of the international pictogram for highways and explain in Spanish what the different symbols refer to (or ask students to explain them). The driver's education instructor in your school may be able to help you obtain such charts.

2. Visit a travel agency and obtain some brochures and information on Uruguay, especially Montevideo and Punta del Este. Have the class create a bulletin board display about these places.

251

Pacing

Chapter 10 will require eight to ten class sessions. Pacing will depend on the length of the class period, the age of the students, and student aptitude.

LEARNING FROM PHOTOS

Have students say as much as they can about the photo spread on pages 250-251. You may wish to tell them that this scene is of the center of the city of Buenos Aires, Argentina. The monument in the center is *un obelisco*. The pedestrian crosswalks are popularly called *cebras* (zebras). You may say the following: *El cruce de peatones se llama "cebra". La cebra es un animal como el asno o la mula. Vive en África. ¿Por qué dieron el nombre de "cebra" al cruce de peatones?*

VOCABULARIO

PALABRAS 1

LAS DIRECCIONES

el norte

el oeste   el este

el sur

detrás de

la iglesia

la casa

al lado de

delante de

enfrente de

la manzana

el semáforo, la luz

la esquina

la acera

la cuadra

la calle

la bocacalle, el cruce

252   CAPÍTULO 10

Vocabulary Teaching Resources

1. Vocabulary Transparencies, 10.1 (*A & B*)
2. Audio Cassette 6B
3. Student Tape Manual, *Palabras 1*
4. Workbook, *Palabras 1*
5. Communication Activities Masters, *A & B*
6. Chapter Quizzes, *Palabras 1*

Bell Ringer Review

Write the following on the board or use BRR Blackline Master 10-1: On a piece of paper make two columns. Head the column on the left *el avión* and the one on the right *el coche.* Copy each of the following terms into the correct column.

el compartimiento
el conductor
el chaleco salvavidas
el comandante
el descapotable
el cinturón de seguridad
la cabina
el asistente
el cruce
el aseo
el carrito
el pasillo
el intermitente

PRESENTATION *(pages 252-253)*

A. With books closed, refer to Vocabulary Transparencies 10.1 (*A & B*) and have students repeat the new words, phrases, and sentences after you or Cassette 6B.
B. You may use toy cars as props to demonstrate *doblar, estacionar,* etc.

FOR THE NATIVE SPEAKER

Ask students what term for "car" they are familiar with and what terms they recognize for it but do not use. Ask them to discuss where each of these terms is used.

252

a la izquierda

derecho

a la derecha

el peatón

el paso de peatones

Los peatones están caminando.
Están cruzando la calle.
Están cruzando en el paso de peatones.

El señor dio una vuelta.

Catalina dobló a la derecha.

el parquímetro

La señorita estacionó el coche.

C. Use gestures and dramatizations to convey the meanings of *a la derecha, a la izquierda, derecho, al lado de, detrás de, delante de,* and *en frente de.*

D. After students have had a chance to produce the sentences on page 253 several times, ask questions to elicit the material. For example: *¿Quiénes están cruzando la calle? ¿Dobló Catalina a la derecha o a la izquierda? ¿Qué hizo el señor? ¿Qué están haciendo los peatones?*

ABOUT THE LANGUAGE

1. You may wish to review the vocabulary about the automobile in chapter 5, page 114.

2. *La manzana* is the square block, bounded on four sides. *La cuadra* can be synonymous with *la manzana.* It also means the distance between two intersecting streets. In Latin America, this is usually between 100 and 150 meters.

3. *La esquina* is the corner where two streets meet. It is the outside corner or angle. An inside corner or angle is usually called *un rincón.*

4. *El norte* also has the figurative meaning of "guide" or "direction."

5. In Spain the word most often used for "to turn" is *doblar.* In Latin America it is usually *virar.* Both terms are understood everywhere.

6. *Estacionar* is the traditional term for "to park." However, *aparcar* is often used, as well as *parquear,* although *parquear* is considered an Americanism.

7. An automobile is a *coche, carro, automóvil, auto,* or *máquina,* depending on the area.

Ejercicios

Ejercicios

Ejercicios A

Exercise A is to be done with books open.

Extension of *Ejercicio B*: Speaking

After completing Exercise B, focus on the speaking skill by having students correct the false statements.

ANSWERS

Ejercicio A
1. El garaje está al lado de la casa.
2. No, el carro no está en el garaje.
3. El carro está en la entrada.
4. Detrás de la casa hay una iglesia.
5. La iglesia está detrás de la casa.

Ejercicio B
1. Sí
2. No
3. Sí
4. No
5. Sí
6. Sí
7. Sí
8. No

> **A** **¿Dónde está?** Contesten según el dibujo.
>
> 1. ¿Dónde está el garaje?
> 2. ¿Está el carro en el garaje?
> 3. ¿Dónde está el carro?
> 4. ¿Qué hay detrás de la casa?
> 5. ¿Dónde está la iglesia?
>
> **B** **Un poco de geografía.** ¿Sí o no?
>
> 1. Nueva York está al norte de Miami.
> 2. Chile y la Argentina están en el norte del continente sudamericano.
> 3. Chile y la Argentina están en el sur de la América del Sur.
> 4. California está en el este de los Estados Unidos.
> 5. El océano Pacífico está al oeste de los Estados Unidos.
> 6. El estado de Massachussetts está en el este.
> 7. El océano Atlántico está al este de los Estados Unidos.
> 8. México está al norte de los Estados Unidos.

254 CAPÍTULO 10

GEOGRAPHY CONNECTION

Have students consult the map on pages 453-454. In Spanish, have them indicate where different countries are in relation to each other. For example: *Chile está al oeste de la Argentina. Guatemala está al sur de México.*

LEARNING FROM PHOTOS

Refer students to the compass on page 254 and tell them that the word for the "compass" is *la brújula*.

FOR THE NATIVE SPEAKER

Have students write down detailed instructions on how to use a parking meter. They should indicate where the coin goes, what must be turned and in which direction, the time allowed for each coin, the penalty for parking overtime, etc.

C En el centro de la ciudad. Contesten según se indica.

1. ¿Qué hay en el centro de la ciudad? (mucho tráfico)
2. ¿Cuándo se paran los carros? (la luz está roja)
3. ¿Dónde está el semáforo? (en el cruce)
4. ¿Quiénes pueden cruzar la calle cuando se para el tráfico? (los peatones)
5. ¿Dónde deben cruzar? (en el paso de peatones)
6. ¿Dónde hay semáforos? (en las esquinas de los cruces principales)
7. ¿Se puede entrar en esta calle? (no, es de sentido único)
8. ¿Por qué dio la vuelta el señor? (porque iba en sentido contrario)
9. ¿Estacionó la señora el coche? (sí)
10. ¿Dónde introdujo (puso) la moneda? (en la ranura del parquímetro)

D Definiciones. ¿Cuál es la palabra?

1. el semáforo   a. el tránsito
2. el cruce   b. caminar
3. el tráfico   c. la luz del tránsito
4. ir a pie   d. aparcar
5. estacionar   e. la bocacalle

E Lo contrario. Pareen.

1. seguir derecho   a. la izquierda
2. la derecha   b. el norte
3. caminar   c. detrás de
4. delante de   d. dar la vuelta
5. el sur   e. conducir

La calle Florida en la Argentina

PRESENTATION *(page 255)*

Ejercicio C
Exercise C can be done with books open or closed.

Ejercicios D and E
Have students scan the *Palabras 1* vocabulary as they do Exercises D and E.

ANSWERS

Ejercicio C
1. En el centro de la ciudad hay mucho tráfico.
2. Los carros se paran cuando la luz está roja.
3. El semáforo está en el cruce.
4. Los peatones pueden cruzar la calle cuando se para el tráfico.
5. Los peatones deben cruzar en el paso de peatones.
6. Hay semáforos en las esquinas de los cruces principales.
7. No, no se puede entrar en esta calle, es de sentido único.
8. El señor dio la vuelta porque iba en sentido contrario.
9. Sí, la señora estacionó el coche.
10. Ella introdujo (puso) la moneda en la ranura del parquímetro.

Ejercicio D
1. c
2. e
3. a
4. b
5. d

Ejercicio E
1. d
2. a
3. e
4. c
5. b

CRITICAL THINKING ACTIVITY

(Thinking skills: supporting statements with reasons)

Write the following on the board or on a transparency:

La calle en la foto es "peatonal". No se permiten carros. En muchas ciudades hay calles peatonales en los centros comerciales. A algunos comerciantes les gustan las calles peatonales y a otros no. ¿Por qué?

INDEPENDENT PRACTICE

Assign any of the following:
1. Workbook, *Palabras 1*
2. Communication Activities Masters, *A & B*
3. Exercises on student pages 254-255

Bell Ringer Review

Write the following on the board or use BRR Blackline Master 10-2: Write as many words and expressions as you can think of which have to do with giving directions.

PRESENTATION (*pages 256-257*)

A. Have students close their books. Model the *Palabras 2* vocabulary using Vocabulary Transparencies 10.2 (*A & B*). Have students repeat the new material after you or Cassette 6B.

B. Intersperse repetitions with yes/no or either/or questions which elicit the new vocabulary. Then progress to more open-ended questions. For example: *¿Cuál es la velocidad máxima? ¿A qué distancia está San Pedro? ¿Dónde debe quedarse Roberto? ¿Qué tiene que pagar? ¿Por qué está prohibido adelantar?*

PALABRAS 2

¡MANEJA CON CUIDADO!

la carretera

la autopista, la autovía
la salida
la garita de peaje
el carril
la entrada

el rótulo
SAN PEDRO 28 KM
80 Km/h
la velocidad máxima

Roberto, quédate en el carril derecho.
Paga el peaje.
Y luego sal en la próxima salida.

PANTOMIME

Getting Ready

You may wish to set up a chair in front of the class and tell students to pretend that it is the driver's seat in a car. You may use as many additional props as you wish.

___ , **venga aquí, por favor. Este es su carro.**
Abra la puerta y entre en su carro.
Cierre la puerta.

Encienda el motor.
Ponga el carro en marcha.
Pise el acelerador.
Vaya derecho.
Ahora, pise el freno.
Pare el carro en la garita de peaje.
Pise el acelerador y siga derecho.
Doble a la derecha.
Estacione el carro.
Abra la puerta y salga del carro.
Gracias. Vuelva Ud. a su asiento.

Donde está el rótulo, dobla a la derecha.
Y luego sigue derecho.

Roberto, ¡cuidado!
Está prohibido adelantar.
Hay solamente un carril en cada sentido.

Vocabulary Expansion

You may wish to ask students the following questions about the two illustrations on page 257: *¿Qué indican los dos rótulos internacionales?* (The sign in the top illustration means *sentido [dirección] único[a]*. The one in the bottom illustration means *prohibido adelantar*.)

Teaching Tip You may wish to lead into some of the grammar taught later in this chapter by pointing out the sentences on pages 256-257 which make use of the familiar imperative.

ABOUT THE LANGUAGE

1. You may wish to review vocabulary about the automobile in chapter 5, page 114.
2. In Spain, drivers learn to *conducir un coche*, while in most of Latin America they learn to *manejar* or *guiar un carro*.
3. The convertible is *el descapotable* in Spain and *el convertible* in much of Latin America.

CROSS-CULTURAL COMPARISON

1. In Puerto Rico, speed limits are posted in *millas por hora*, but distances are given in *kilómetros* and *hectómetros*.
2. Have students convert the distances and speeds shown in the illustrations from the metric to the English system.

COOPERATIVE LEARNING

Have team members practice giving directions to local places in Spanish. Each team then rehearses giving one or two sets of directions and presents them to the class. The class determines what location the directions are for.

CRITICAL THINKING ACTIVITY

(*Thinking skills: evaluating consequences; problem-solving*)
Write the following on the board or on a transparency:
1. *Explica en español por qué es importante mirar a la derecha y a la izquierda antes de cruzar la calle.*
2. *¿Por qué está prohibido adelantar en algunos casos?*

Ejercicios

PRESENTATION (*pages 258-259*)

Ejercicio A

Exercise A is to be done with books open.

ANSWERS

Ejercicio A

1. Es una carretera.
2. Es la salida.
3. Tiene dos carriles.
4. Los coches se paran delante de la garita de peaje.
5. Es un rótulo.

CROSS-CULTURAL COMPARISON

In Spain there are different speed limits for different kinds of vehicles. Highway speed limits for passenger cars are usually 100 or 120 kilometers per hour. Seat belts are mandatory only for highway driving; not in the city.

Ejercicios

A ¿Qué es? Contesten según la foto.

1. ¿Es una calle o una carretera?

2. ¿Es la salida o la entrada?

3. ¿Tiene dos o cuatro carriles la autopista?

4. ¿Se paran los coches delante de la salida o delante de la garita de peaje?

5. ¿Es un rótulo o un carril?

258   CAPÍTULO 10

CRITICAL THINKING ACTIVITY

(*Thinking skills: supporting statements with reasons*)

Write the following on the board or on a transparency: *En algunas carreteras hay que pagar peaje. También hay que pagar impuestos al gobierno sobre la gasolina. ¿Cuál es la mejor forma de obtener dinero para las carreteras, y por qué?*

FOR THE NATIVE SPEAKER

Have students prepare a recruitment ad for long distance truck drivers. The name of the company might be *Transportes Continentales*. The ad should indicate the size of the truck, the kinds of cargo to be hauled, hours, salary, and benefits.

B **En la carretera.** Contesten según se indica.

1. ¿Qué vamos a tomar? (la autopista)
2. ¿Qué tenemos que pagar? (el peaje)
3. ¿Dónde lo tenemos que pagar? (en la garita)
4. ¿Cuántos carriles tiene la autopista en cada sentido? (tres)
5. ¿Cuál es la velocidad máxima? (cien kilómetros)
6. ¿Está prohibido adelantar? (no)
7. ¿Está prohibido exceder la velocidad máxima? (sí)

C **Donde vivo yo.** Preguntas personales.

1. ¿Cuál es una autopista cerca de donde tú vives?
2. ¿Es una autopista de peaje?
3. ¿Cuánto es el peaje?
4. ¿Dónde tienes que pagar el peaje? ¿En la salida de la autopista? Si no, ¿a cada cuántos kilómetros hay garitas de peaje?
5. ¿Cuál es el número de la salida más cerca de tu casa?
6. ¿Cuál es la velocidad máxima en la autopista?
7. ¿Cuántos carriles tiene?
8. A la salida, ¿hay un rótulo que indica los pueblos cercanos?

Comunicación
Palabras 1 y 2

A **Cerca de mi casa.** Descríbale a un(a) compañero(a) de clase lo que hay cerca (en los alrededores) de su casa. Dígale dónde están con relación a su casa. Cambien de papel.

B **En la escuela.** Trabaje con un(a) compañero(a) de clase. Él/ella le va a preguntar cómo se puede ir a varios lugares dentro de su escuela o del recinto (*campus*) de su escuela. Ud. va a darle las direcciones.

C **Las autopistas.** Ud. está viajando por el Ecuador. Un(a) amigo(a) ecuatoriano(a) le pregunta cómo son las autopistas donde Ud. vive. Descríbale las autopistas de su estado.

CAPÍTULO 10 **259**

LEARNING FROM REALIA

You may wish to ask students the following questions about the signs on page 259: *¿Dónde se puede encontrar cada uno de los rótulos? ¿Qué indica la parte de abajo del rótulo "Estacionamiento Reservado"? ¿Qué indica la señal internacional azul?*

INDEPENDENT PRACTICE

Assign any of the following:
1. Workbook, *Palabras 2*
2. Communication Activities Masters, *C & D*
3. Exercises on student pages 258-259

PRESENTATION

Ejercicios B and C

Exercises B and C can be done with books open or closed.

Extension of *Ejercicios B and C:* **Speaking**

After completing Exercises B and C, call on an individual to summarize each exercise in his/her own words.

ANSWERS

Ejercicio B
1. Vamos a tomar la autopista.
2. Tenemos que pagar el peaje.
3. Tenemos que pagarlo (Lo tenemos que pagar) en la garita.
4. La autopista tiene tres carriles en cada sentido.
5. La velocidad máxima es cien kilómetros.
6. No, no está prohibido adelantar.
7. Sí, está prohibido exceder la velocidad máxima.

Ejercicio C
Answers will vary.

Comunicación
(*Palabras 1 and 2*)

Bell Ringer Review

Write the following on the board or use BRR Blackline Master 10-3: What will happen in your next Spanish class? Write five predictions using the future tense. For example: *El/La profesor(a) no nos dará las tareas.*

PRESENTATION (*page 259*)

You may have students do any number of these activities. You may also allow students to select the activity or activities in which they take part.

ANSWERS

Actividades A, B, and C
Answers will vary.

ESTRUCTURA

Structure Teaching Resources

1. Workbook, *Estructura*
2. Student Tape Manual, *Estructura*
3. Audio Cassette 6B
5. Communication Activities Masters, *E-H*
6. Chapter Quizzes, *Estructura*
7. Computer Software, *Estructura*

Bell Ringer Review

Write the following on the board or use BRR Blackline Master 10-4: Write the opposites of these words and expressions:
1. la izquierda
2. detrás de
3. el este
4. la luz roja

El imperativo familiar Formas regulares

PRESENTATION *(page 260)*

A. Have students open their books to page 260. Lead them through steps 1 and 2. Have students repeat the forms.
B. Provide and elicit additional examples.

Ejercicios

PRESENTATION *(pages 260-261)*

Ejercicios A, B, and C

Exercises A, B, and C can be done with books open or closed.

ANSWERS

Ejercicio A
1. … habla.
2. … para.
3. … dobla.
4. … da la vuelta.
5. … dobla a la derecha.
6. … lee lo que hay en el rótulo.
7. … sigue derecho.
8. … vuelve.
9. … pide direcciones.

El imperativo familiar Formas regulares

Telling Friends What to Do

1. The *tú* command is used when speaking to a person you know well or to a child. The familiar *tú* form of the command for regular verbs is the same as the *Ud.* form of the verb in the present tense.

UD.	IMPERATIVE (TÚ)
Ud. habla	habla
Ud. come	come
Ud. escribe	escribe

2. The imperative of verbs with a stem change is formed in the same way.

UD.	IMPERATIVE (TÚ)
Ud. cierra	cierra
Ud. pierde	pierde
Ud. vuelve	vuelve
Ud. pide	pide
Ud. fríe	fríe

Ejercicios

 A ¿Qué debo hacer? Contesten según el modelo.

> ¿Debo hablar?
> *Sí, Pepe, habla.*

1. ¿Debo hablar?
2. ¿Debo parar?
3. ¿Debo doblar?
4. ¿Debo dar la vuelta?
5. ¿Debo doblar a la derecha?
6. ¿Debo leer lo que hay en el rótulo?
7. ¿Debo seguir derecho?
8. ¿Debo volver?
9. ¿Debo pedir direcciones?

260 CAPÍTULO 10

LEARNING FROM PHOTOS

Refer students to the photo at the bottom of page 260. Have them tell what is happening in it.

INDEPENDENT PRACTICE

Assign any of the following:
1. Workbook, *Estructura*
2. Communication Activities Masters E
3. Exercises on student pages 260-261

B **¿Cómo debo ir?** Completen con el imperativo.

1. Oye, Roberto, ___ a la derecha. (doblar)
2. ___ derecho. (seguir)
3. ___ derecho hasta la tercera bocacalle. (seguir)
4. ___ a la izquierda. (mirar)
5. A mano izquierda, verás la tienda. ___ . (entrar)
6. ___ la escalera. (buscar)
7. ___ al tercer piso. (subir)

C **Debes hacer lo que quieres hacer.** Contesten según el modelo.

> Quiero viajar a España.
> *Entonces, viaja a España.*

1. Quiero viajar a España.
2. Quiero pasar un mes en Madrid.
3. Quiero tomar el tren a Toledo.
4. Quiero visitar la capital.
5. Quiero ver los cuadros de El Greco.
6. Quiero aprender el español.
7. Quiero comer una paella.
8. Quiero beber horchata.
9. Quiero vivir con una familia española.

*"San Martín
y el pordiosero"
de El Greco*

El imperativo de los verbos irregulares

Telling Friends What to Do

The following verbs have irregular forms for the *tú* command. Study the following.

INFINITIVE	IMPERATIVE (TÚ)
decir	di
ir	ve
ser	sé
salir	sal
hacer	haz
tener	ten
venir	ven
poner	pon

CAPÍTULO 10 **261**

Ejercicios

PRESENTATION (page 262)

Ejercicios A, B, and C

Exercises A, B, and C can be done with books open or closed.

ANSWERS

Ejercicio A

1. Sí, ven mañana.
2. Sí, haz el viaje en tren.
3. Sí, sal temprano.
4. Sí, ve en taxi.
5. Sí, dile algo al taxista.
6. Sí, pon las maletas en la maletera.

Ejercicio B

1. Pues, haz las compras.
2. Pues, sal ahora.
3. Pues, ve al mercado de Santa Tecla.
4. Pues, pon tus compras en esta canasta.
5. Pues, ve a pie.
6. Pues, conduce.
7. Pues, ve en carro.

Ejercicio C

1. Llama
2. Haz
3. Haz
4. Ve
5. Descuelga
6. Introduce
7. Espera
8. Marca
9. Espera
10. Di
11. Sé
12. Pregunta
13. Habla

Ejercicios

A **¿Debo venir mañana?** Contesten con sí y el imperativo.

1. ¿Debo venir mañana?
2. ¿Debo hacer el viaje en tren?
3. ¿Debo salir temprano?
4. ¿Debo ir en taxi?
5. ¿Debo decir algo al taxista?
6. ¿Debo poner las maletas en la maletera?

B **Voy de compras.** Contesten según el modelo.

> **Quiero hacer las compras.**
> *Pues, haz las compras.*

1. Quiero hacer las compras.
2. Quiero salir ahora.
3. Quiero ir al mercado de Santa Tecla.
4. Quiero poner mis compras en esta canasta.
5. Quiero ir a pie.
6. Quiero conducir.
7. Quiero ir en carro.

C **Una llamada telefónica.** Completen con el imperativo (tú).

1. ___ por teléfono. (llamar)
2. ___ la llamada. (hacer)
3. ___ la llamada de un teléfono público. (hacer)
4. ___ a la cabina telefónica. (ir)
5. ___ el auricular. (descolgar)
6. ___ la moneda en la ranura. (introducir)
7. ___ el tono. (esperar)
8. ___ el número. (marcar)
9. ___ la contestación. (esperar)
10. ___ "Hola". (decir)
11. ___ cortés. (ser)
12. ___ por Antonio. (preguntar)
13. ___ con él. (hablar)

LEARNING FROM PHOTOS

1. Have students describe the photo at the top of page 262. Point out the juxtaposition of ancient and modern. The *escarabajo* (beetle) taxi is in front of the cathedral in Mexico. Ask students: *¿Dónde está el maletero de este taxi? ¿Por qué?*
2. Have students say as much as they can about the photo at the bottom.

FOR THE NATIVE SPEAKER

En muchos países hispanos los teléfonos y telégrafos son del gobierno. En los EE.UU. varias compañías telefónicas compiten. ¿Cuáles son las ventajas y desventajas de los dos sistemas? ¿Por qué son tan populares y tan usados los teléfonos públicos en Latinoamérica?

El imperativo negativo

Telling Someone Not to Do Something

1. The negative of the *tú* command is formed the same way as the formal commands (*Ud., Uds.*) You drop the *-o* of the *yo* form of the present tense and add *-es* to *-ar* verbs and *-as* to *-er* and *-ir* verbs.

INFINITIVE	PRESENT (YO)	NEGATIVE COMMMAND (TÚ)
hablar	yo hablø	no hables
comer	yo comø	no comas
abrir	yo abrø	no abras
volver	yo vuelvø	no vuelvas
pedir	yo pidø	no pidas
hacer	yo hagø	no hagas
salir	yo salgø	no salgas

2. The same verbs that are irregular in the formal command are irregular in the negative *tú* command.

ir	no vayas
ser	no seas
saber	no sepas
estar	no estés
dar	no dés

NO VIRE EN U

Ejercicios

A **No, Pepe. No lo hagas.** *Cambien a la forma negativa.*

1. ¡Corre, Pepe!
2. ¡Espera, Pepe!
3. ¡Vuelve, Pepe!
4. ¡Come, Pepe!
5. ¡Escribe, Pepe!
6. ¡Baja, Pepe!
7. ¡Haz otro, Pepe!
8. ¡Ven, Pepe!
9. ¡Ten cuidado, Pepe!
10. ¡Sal ahora, Pepe!

El imperativo negativo

PRESENTATION *(page 263)*

Have students open their books to page 263 and lead them through steps 1 and 2. Then have them repeat the forms after you. Provide and elicit additional examples.

Ejercicios

PRESENTATION *(pages 263-264)*

Ejercicios A and B

You may wish to assign Exercises A and B for independent practice and then go over them in class the following day.

ANSWERS

Ejercicio A

1. ¡No corras, Pepe!
2. ¡No esperes, Pepe!
3. ¡No vuelvas, Pepe!
4. ¡No comas, Pepe!
5. ¡No escribas, Pepe!
6. ¡No bajes, Pepe!
7. ¡No hagas otro, Pepe!
8. ¡No vengas, Pepe!
9. ¡No tengas cuidado, Pepe!
10. ¡No salgas ahora, Pepe!

LEARNING FROM REALIA

Refer students to the road signs on page 263. Ask students: *¿Qué indican los dos rótulos internacionales?*

INDEPENDENT PRACTICE

Assign any of the following:
1. Workbook, *Estructura*
2. Communication Activities Masters, *F*
3. Exercises on student pages 262-263

ANSWERS

Ejercicio B
1. No, no llames.
2. No, no vayas en carro.
3. No, no vayas de pie.
4. No, no salgas.
5. No, no escribas una carta.
6. No, no vendas el coche.
7. No, no hagas nada.

Bell Ringer Review

Write the following on the board or use BRR Blackline Master 10-6: Tell what you were doing when the following events occurred. Use the past progressive tense.
1. **a las doce el 31 de diciembre**
2. **el 25 de diciembre**
3. **el día de las gracias**
4. **el sábado pasado**

Los pronombres con el imperativo

PRESENTATION *(page 264)*

Have students open their books to page 264 and lead them through the presentation. Then have them repeat the forms after you. Provide and elicit additional examples.

Ejercicios

PRESENTATION *(pages 264-265)*

Ejercicio A

After calling on volunteers to present the conversation with books open, you may have pairs practice it aloud and present it the following day with books closed.

ANSWERS

Ejercicio A
Conversation practice.

B **¡Ay, bendito! ¿Lo hago o no lo hago?** Contesten según el modelo.

> Amigo, hablo o no hablo.
> *No, no hables.*

1. Amigo, ¿llamo o no llamo?
2. ¿Voy en carro o no?
3. ¿Voy a pie o no?
4. ¿Salgo o no?
5. Luego, ¿escribo una carta o no?
6. ¿Vendo el coche o no?
7. ¿Hago algo o no?

Los pronombres con el imperativo *Telling Friends What to Do*

The object pronouns are attached to the affirmative commands. They precede the negative commands.

FORMAL		INFORMAL	
AFFIRMATIVE	NEGATIVE	AFFIRMATIVE	NEGATIVE
Levántese Ud.	No se levante Ud.	Levántate.	No te levantes.
Míreme Ud.	No me mire Ud.	Mírame.	No me mires.
Escríbale Ud.	No le escriba Ud.	Escríbele.	No le escribas.
Démelo Ud.	No me lo dé Ud.	Dámelo.	No me lo des.
Dígaselo Ud.	No se lo diga Ud.	Díselo a él.	No se lo digas a él.

Ejercicios

A **¡Qué dormilona es Marisa!** Practiquen la conversación.

MAMÁ: Marisa, levántate. Ya es hora.
MARISA: ¡Ay, mamá! Que no. ¡Déjame, por favor!
MAMÁ: Bien. No te levantes. Y no te laves ni te vistas. Quédate en cama.
MARISA: Perdóname, mami. Pero tengo sueño.

264 CAPÍTULO 10

LEARNING FROM PHOTOS

You may wish to have students describe the photo at the bottom of page 264 as thoroughly as possible. Cue with questions such as: *¿Quiénes son las dos personas? ¿Qué hace la muchacha? ¿Dónde está ella? ¿Qué le dice su mamá? ¿Qué hay en las paredes? ¿Qué color le gusta a la muchacha?*

B La rutina. *Contesten según el modelo.*

¿Me levanto?
Sí, levántate.
No, no te levantes.

1. ¿Me levanto?
2. ¿Me lavo?
3. ¿Me lavo el pelo?
4. ¿Me pongo la chaqueta?
5. ¿Me acuesto?

C Sí, dámelas. *Contesten según el modelo.*

¿Te doy las direcciones?
Sí, dámelas.

1. ¿Te doy las direcciones?
2. ¿Te doy el mapa?
3. ¿Te doy el número de teléfono?
4. ¿Te doy el código?
5. ¿Te doy la zona postal?
6. ¿Te doy las estampillas?
7. ¿Te doy el sobre?

D No, no la escriba Ud. *Cambien a la forma negativa.*

1. Escríbale.
2. Mándele la carta.
3. Llámelo por teléfono.
4. Déle mis recuerdos.
5. Invítelo a visitarnos.

CAPÍTULO 10   **265**

Escenas de la vida   ¿Dónde está?

MARISA: Catalina, ¿tú estás en qué pensión?
CATALINA: La Pensión Rosa.
MARISA: Dime dónde está.
CATALINA: Pues, ¿sabes dónde está el Palacio de Telecomunicaciones?
MARISA: Sí, claro.
CATALINA: Pues, está a tres cuadras de allí. En la esquina, donde está Telecomunicaciones, verás Quevedo. Toma Quevedo hasta el primer semáforo. En el semáforo, dobla a la derecha y a mano izquierda verás la pensión.

En la pensión. Contesten según la conversación.

1. ¿En qué pensión está Catalina?
2. ¿Está cerca de qué edificio grande la pensión?
3. ¿A cuántas cuadras del Palacio de Telecomunicaciones está?
4. ¿Hasta dónde debe tomar Quevedo Marisa?
5. ¿Qué hace al llegar al primer semáforo?
6. Y luego, ¿dónde está la pensión?

HOSPEDAJE
Familiar

DID YOU KNOW?

Although *pensiones* are rooming houses, many are very elegant. In Spain the *pensiones* also are graded like hotels. Because university dormitories are not as common as in the U.S., many Spanish students live in *pensiones* with *pensión completa*—all their meals.

266

Comunicación

A **A la escuela.** Roberto Robles es de Oaxaca, México. Él está pasando un mes viviendo con su familia. Mañana él va a visitar su escuela por primera vez. Dígale a Roberto (un[a] compañero[a] de clase) cómo puede ir a su escuela.

Las ruinas de Monte Albán, Oaxaca, México

B **A la capital.** Roberto tiene su permiso de conducir y mañana su papá le va a permitir usar su carro. Roberto quiere ir a visitar la capital de su estado. Explíquele a Roberto (un[a] compañero[a] de clase) cómo puede ir de su pueblo a la capital en carro.

C **Yo no. ¡Tú!** Dígale a un(a) compañero(a) de clase algunas cosas que Ud. cree que él/ella debe hacer. Su compañero(a) no quiere hacer lo que Ud. le dice.

Estudiante 1: Estudia para el examen de español.
Estudiante 2: No quiero estudiar. Tú, estudia si quieres.

Bell Ringer Review

Write the following on the board or use BRR Blackline Master 10-8: Complete each sentence with the future tense of the indicated verb.

1. El próximo año mi familia ___ un viaje a México. (hacer)
2. Nosotros ___ en avión. (ir)
3. Mis padres ___ a todos los museos. (ir)
4. Yo ___ de compras. (ir)
5. El viaje ___ fantástico. (ser)

Comunicación

PRESENTATION (*page 267*)

Have students do one or all of these activities, allowing them to select those in which they wish to take part.

ANSWERS

Actividades A, B, and C
Answers will vary.

HISTORY CONNECTION

Monte Albán is near the city of Oaxaca. Long, low buildings with sunken courts and stairways surround an enormous plaza that is 1,000 feet long and 650 feet wide. Great archeological treasures were excavated from the tombs of Monte Albán. The Zapotecs inhabited the area from about 200 B.C. and were driven from the area by the Spaniards in 1521.

LEARNING FROM REALIA

Have students say as much as they can about the I.D. card on page 267.

INDEPENDENT PRACTICE

You may wish to assign the following: Exercises and activities on student pages 266-267

LECTURA Y CULTURA

READING STRATEGIES
(page 268)

Pre-Reading

Before reading the selection on page 268, ask some volunteers to do research on Uruguay and in particular Montevideo and Punta del Este.

Reading

A. Go over some paragraphs of the reading selection thoroughly by having volunteers read them aloud. Ask the class your own comprehension questions.

B. Have the class read the paragraphs that you did not select silently, and ask them to make up their own comprehension questions to ask their classmates.

Post-reading

Have students pretend they have just visited Montevideo. Have them write postcards in Spanish describing their experiences.

LAS DIRECCIONES A MALDONADO

*H*ablan Felipe y Luisa.

Mañana quiero ir a Maldonado y no sé precisamente dónde está. ¿Me puedes dar direcciones, por favor?

Condominios en Punta del Este, Uruguay

Sí, amigo, ¡cómo no! Es el mismo camino para ir a Punta del Este. Para salir de Montevideo, vas a tomar la Avenida Central. Sigue por la Avenida Central hasta el final. Es una calle de sentido único y no hay muchos semáforos. Al salir de la ciudad, toma la autopista del sur.

En la autopista tienes que pagar un peaje, pero vale la pena[1]. Es mucho más rápido. Tiene varios carriles en cada dirección y no hay tantos embotellamientos[2] como en la (carretera) nacional. La nacional

sólo un carril en cada sentido y no sé cuántos semáforos.

Después de pasar por la segunda garita de peaje, quédate en el carril derecho. Sal de la autopista en la primera salida después del peaje. Al salir, sigue derecho hasta la primera bocacalle donde hay un rótulo. El rótulo indica la dirección a Maldonado. En esta primera bocacalle donde está el rótulo, dobla a la izquierda. Sigue hasta el primer semáforo y estarás en el centro mismo de Maldonado. Estaciona con cuidado y no te olvides[3] de poner una moneda en el parquímetro. Si no, te van a clavar[4] con una multa[5].

[1] vale la pena   *it's worth it*
[2] embotellamientos   *traffic jams, bottlenecks*
[3] no te olvides   *don't forget*
[4] clavar   *nail, stick*
[5] multa   *fine*

Montevideo, Uruguay

Estudio de palabras

 En la carretera. Pareen.

1. la autopista
2. el carril
3. la bocacalle
4. la garita de peaje
5. el sentido
6. estacionar

a. el cruce
b. aparcar, parquear
c. la autovía
d. la dirección
e. la vía, la banda
f. la cabina de peaje

Comprensión

A **Voy a Maldonado.** Contesten.

1. ¿Adónde quiere ir Felipe?
2. ¿Quién le da las direcciones?
3. ¿Hasta dónde debe ir por la Avenida Central?
4. ¿Por qué es mejor tomar la autopista?
5. ¿Dónde va a salir Felipe de la autopista?
6. Después de salir, ¿qué hay en la primera bocacalle?
7. ¿Por qué debe tener cuidado con el estacionamiento?

B **Detalles.** Busquen los informes en la lectura.

1. el nombre de la calle que Felipe tomará para salir de la ciudad
2. el nombre de la autopista
3. cuántas veces él pagará un peaje
4. el número de carriles en la autopista
5. el número de carriles en la carretera nacional

SERVICIO DE TAXIS

Rosalío C. Juárez

TELÉFONOS:
Part. 273-24-14
Sitio 514-91-65

IMPORTE
550 PTS
E.M.T.

M 966273

EMPRESA MUNICIPAL
DE TRANSPORTES DE
MADRID, S. A.
DIEZ VIAJES EN AUTOBÚS

Instrucciones al dorso

AYUNTAMIENTO DE MADRID
ESTACIONAMIENTO REGULADO
MATRICULA
M-5922-GF
N.º DE TARJETA ó DISTINTIVO
FECHA
20-9
HORA
10'50
81505094 LUGAR P. DEL ANGEL 3
Se encuentra Vd. en zona de ESTACIONAMIENTO REGULADO
SU VEHICULO HA SIDO DENUNCIADO POR
ESTAR ESTACIONADO INDEBIDAMENTE
LE ROGAMOS ESPERE A RECIBIR EN SU DOMICILIO
LAS CORRESPONDIENTES INSTRUCCIONES.

Estudio de palabras

ANSWERS

1. c
2. e
3. a
4. f
5. d
6. b

Comprensión

PRESENTATION (*page 269*)

A. You may wish to intersperse the questions on page 269 with your own as students read the selection.
B. Students can either scan the selection for their answers, or for more of a challenge, have them answer from memory in their own words.

ANSWERS

Comprensión A

1. Felipe quiere ir a Maldonado.
2. Luisa le da las direcciones.
3. Debe ir por la Avenida Central hasta el final.
4. La autopista es mucho más rápido.
5. Debe salir en la primera salida después del peaje.
6. Hay un rótulo en la primera bocacalle.
7. Debe tener cuidado con el estacionamiento porque le pueden clavar con (poner) una multa.

Comprensión B

1. La Avenida Central
2. la autopista del sur
3. dos veces
4. tres carriles en cada dirección
5. un carril en cada sentido

ABOUT THE LANGUAGE

The abbreviation for *usted* on the parking ticket on page 269 is *Vd.*, not *Ud.* Remind students that *usted* is a shortened form of the archaic *Vuestra Merced* (Your Grace). This is why *usted* takes the third person verb form. *Una denuncia* is an accusation or citation. *Denunciar* is to accuse (denounce).

---

1. Refer students to the three pieces of realia on page 269. Ask them to identify them. They are: a business card for a Mexican taxi service, a fare card for the Madrid bus system, and a parking ticket from Madrid. The bus fare card is good for multiple trips. It is inserted into a meter and punched.

2. Ask students about the parking ticket. For example: *¿Qué día fue la infracción? ¿A qué hora? ¿Dónde ocurrió? ¿Qué matrícula llevaba el coche?*

En España, las carreteras tienen clasificaciones. "A" es para una autovía, una autopista de varios carriles en cada sentido. En 1992 eliminaron el peaje en muchas autovías. "N" es para las carreteras nacionales. Hay mucho tráfico en las carreteras nacionales porque no tienen varios carriles en cada sentido y es dificilísimo pasar o adelantar a los camiones. "C" es para los caminos pequeños y pintorescos en el campo.

En 1992 en España celebraron el Quincentenario del viaje de Cristóbal Colón con una exposición internacional, la EXPO '92, en Sevilla. En Barcelona tuvieron lugar los Juegos Olímpicos. Para estos eventos, el gobierno español decidió mejorar y extender el sistema de carreteras. Hoy las autovías van del norte al sur y del este al oeste. Son magníficas carreteras. Algunos detalles interesantes—la velocidad máxima en las

autovías—120 kilómetros por hora. Y los niños no pueden sentarse en el asiento delantero. Los niños tienen que estar sentados en el asiento trasero. Es obligatorio abrocharse el cinturón de seguridad en la carretera, pero dentro de la ciudad, no.

Bell Ringer Review

Write the following on the board or use BRR Blackline Master 10-10: Write three facts about driving in Spain and Latin America.

Descrubimiento Cultural

(The Descubrimiento *section is optional material.)*

PRESENTATION *(page 270-271)*

A. Focus on the topic by comparing the highway systems of the U.S. and Spain.

B. Have students read the selection silently.

C. Have students look at the map of Spain on page 452 and find the cities shown in the photos and/or mentioned in the reading.

270

LEARNING FROM REALIA

1. Refer students to the realia on page 270. You may wish to tell them that in Spain red signs indicate national highways, such as *Nacional 340*. In signs for towns, the larger the letters, the larger the town. Thus Cádiz and Málaga are larger than Torremolinos. The middle sign is outside the airport in Málaga because of the words *Term. Internacional* (International Terminal).

Green signs indicate provincial highways. Have students locate all the cities and towns shown on the signs on the map of Spain on page 452.

2. In 1992 there was a World's Fair in Seville called EXPO'92.

Es difícil hablar de las carreteras en Latinoamérica. ¿Por qué? Porque en los alrededores de las grandes ciudades hay carreteras bastante buenas. Pero como ya saben Uds., partes de Latinoamérica son muy grandes. El terreno puede ser muy hostil[1], como por ejemplo, en las junglas o selvas tropicales, en los picos andinos y en los descampados patagónicos. Por eso, el medio de transporte más popular en Latinoamérica es el avión. En las zonas más remotas las carreteras son bastante primitivas y no muy bien marcadas.

[1] hostil   *barren areas*

Barcelona '92

REALIDADES

(The Realidades section is optional material.)

Bell Ringer Review

Write the following on the board or use BRR Blackline Master 10-11: Sketch the inside of an airplane, looking down into it as if the top had been cut off. Label as many parts as you can. Include people you would expect to see on the plane.

PRESENTATION *(pages 272-273)*

A. Have students enjoy the photos and read the captions together.
B. Call on volunteers to read the questions in captions 1, 3, 4, and 5. Call on other volunteers to answer them.
C. After reading the captions, you may wish to share the following information.
Photo 2: *La Gran Vía* is one of the most famous avenues in all of Spain. It has been the subject of songs and *zarzuelas*. After the Spanish Civil War it was renamed *Avenida de José Antonio* after a right-wing political leader. It kept that name until after the death of the dictator Francisco Franco in 1975. With Spain's return to democracy, *La Gran Vía* got its old name back.

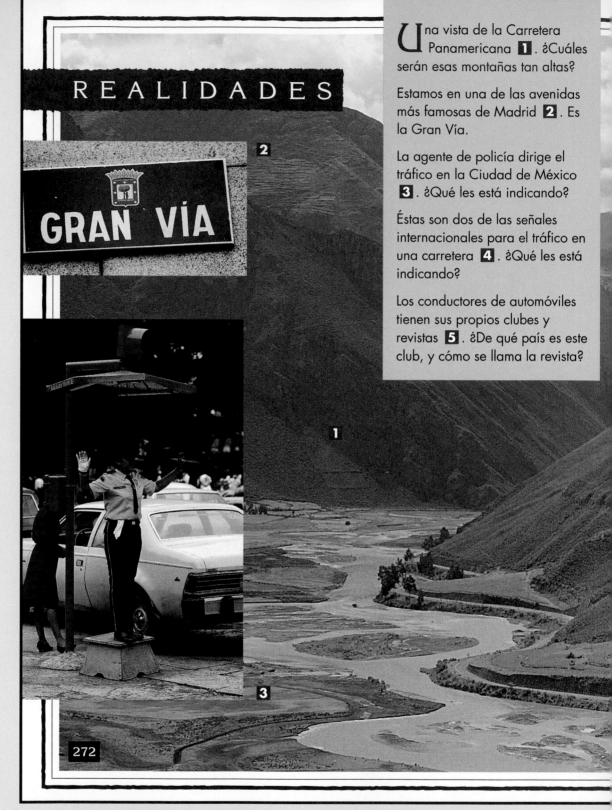

REALIDADES

GRAN VÍA

272

Una vista de la Carretera Panamericana **1**. ¿Cuáles serán esas montañas tan altas?

Estamos en una de las avenidas más famosas de Madrid **2**. Es la Gran Vía.

La agente de policía dirige el tráfico en la Ciudad de México **3**. ¿Qué les está indicando?

Éstas son dos de las señales internacionales para el tráfico en una carretera **4**. ¿Qué les está indicando?

Los conductores de automóviles tienen sus propios clubes y revistas **5**. ¿De qué país es este club, y cómo se llama la revista?

LEARNING FROM PHOTOS

Have students discuss the scene of the *Carretera Panamericana*.

CRITICAL THINKING ACTIVITY

(Thinking skills: drawing conclusions)
Write the following on the board or on a transparency:
Las Olimpíadas casi siempre tienen lugar en los países desarrollados, y casi nunca en los países pobres. ¿Por qué?

272

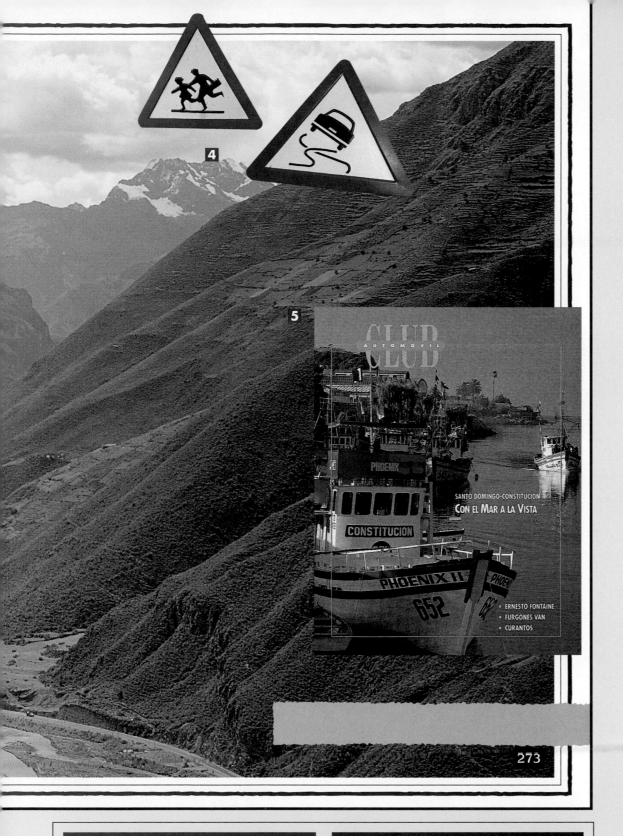

273

FOR THE NATIVE SPEAKER

Un breve ensayo Ask students to prepare a short paper on the following theme: *En Europa y las Américas hay mujeres que sirven de policías. Algunas personas creen que es demasiado peligroso. Otras personas dicen que es justo y beneficioso tener policías mujeres. ¿Qué opinas tú? ¿Es bueno o no? ¿Por qué?*

INDEPENDENT PRACTICE

You may wish to assign the following: Workbook, *Mi autobiografía*

RECYCLING

The activities in *Comunicación oral* and *Comunicación escrita* encourage students to use all the language they have learned in the chapter and recombine it with material from previous chapters. It is not necessary to do all the activities with all students. Select the ones you consider most appropriate or allow students to choose the ones they wish to do.

Comunicación oral

ANSWERS

Actividades A **and** *B*
Answers will vary.

INFORMAL ASSESSMENT

Activities A and B can be used to assess speaking skills. Use the evaluation criteria given on page 24 of this Teacher's Wraparound Edition.

Comunicación escrita

ANSWERS

Actividades A **and** *B*
Answers will vary.

Comunicación oral

A **Del aeropuerto.** Un buen amigo acaba de llegar de México. Está en el aeropuerto donde ha alquilado un carro. Le ha telefoneado para pedir direcciones a su casa. Déle las direcciones.

B **Una receta.** Su mejor amigo(a) le pregunta cómo preparar su comida favorita. Déle la receta.

Comunicación escrita

A **Direcciones.** Imagínese que un buen amigo de Buenos Aires le está visitando. Él quiere ir a ver los lugares interesantes de la ciudad donde Ud. vive. Escríbale las direcciones desde su casa.

El barrio La Boca, Buenos Aires, Argentina

B **No debes…** Sus padres van a salir este fin de semana. Ellos le han escrito una lista en español de ocho cosas que Ud. debe hacer, y ocho cosas que no debe hacer. Escriba lo que dice la lista. Luego compare su lista con la de un(a) compañero(a) de clase. ¿Cuántas cosas son similares?

274 CAPÍTULO 10

LEARNING FROM PHOTOS

Refer students to the photo on page 274. You may wish to tell them that this section of Buenos Aires called *la Boca* has been home to thousands of Italian immigrants to the city. There are more Argentines of Italian descent than of Spanish descent. Argentina, like the U.S., has received enormous populations of immigrants, primarily from Europe.

CRITICAL THINKING ACTIVITY

(Thinking skills: supporting arguments with reasons)

Write the following on the board or on a transparency: *El precio de la gasolina en España y en los países europeos es mucho más alto que en los EE.UU. Es por los altos impuestos que ponen los gobiernos. ¿Qué ventajas hay en subir los impuestos sobre la gasolina, y cuáles son las desventajas?*

Reintegración

A El automóvil. Completen.

1. ____ , ____ y ____ son tipos de automóviles.
2. El motor está debajo del ____ .
3. ____ de repuesto está en ____ .
4. Es necesario tener ____ antes de conducir.
5. Una luz roja indica que el conductor tiene que ____ . Antes es necesario poner los ____ .

B En la gasolinera. Sigan el modelo.

Favor de llenar el tanque.
Llene Ud. el tanque, por favor.

1. Favor de revisar el aceite.
2. Favor de verificar la presión.
3. Favor de poner agua en el radiador.
4. Favor de limpiar el parabrisas.
5. Favor de abrir el capó.

C Y tú también. Escriban las oraciones del Ejercicio B en la forma de *tú*.

Una gasolinera en Madrid, España

Vocabulario

SUSTANTIVOS

la calle
la bocacalle
el cruce
la esquina
el semáforo
la luz
la manzana
la cuadra
la acera
el peatón
el parquímetro
la carretera
la autopista

el peaje
la garita de peaje
la salida
la entrada
el carril
el sentido
el rótulo
la velocidad
el norte
el sur
el este
el oeste

ADJETIVOS

prohibido
máximo

VERBOS

caminar
cruzar
doblar
adelantar
estacionar
parar

OTRAS PALABRAS Y EXPRESIONES

detrás de
delante de
enfrente de
al lado de
a la derecha
a la izquierda
derecho
dar la vuelta

CHAPTER OVERVIEW

In this chapter, students will learn vocabulary associated with desirable and undesirable social behavior as well as some Hispanic social customs. They will learn to express their preferences and opinions, and to talk about actions that may or may not take place. The cultural focus of Chapter 11 is on manners, courtesy, and etiquette in many parts of the Hispanic world as contrasted with social behavior or mores in the U.S.

CHAPTER OBJECTIVES

By the end of this chapter, students will know:
1. vocabulary associated with good and bad manners
2. vocabulary associated with some parts of the body
3. vocabulary associated with greeting and leave-taking
4. formation of the present subjunctive with regular and irregular verbs
5. the use of the subjunctive to express desires, preferences, and commands
6. the use of the subjunctive after impersonal expressions

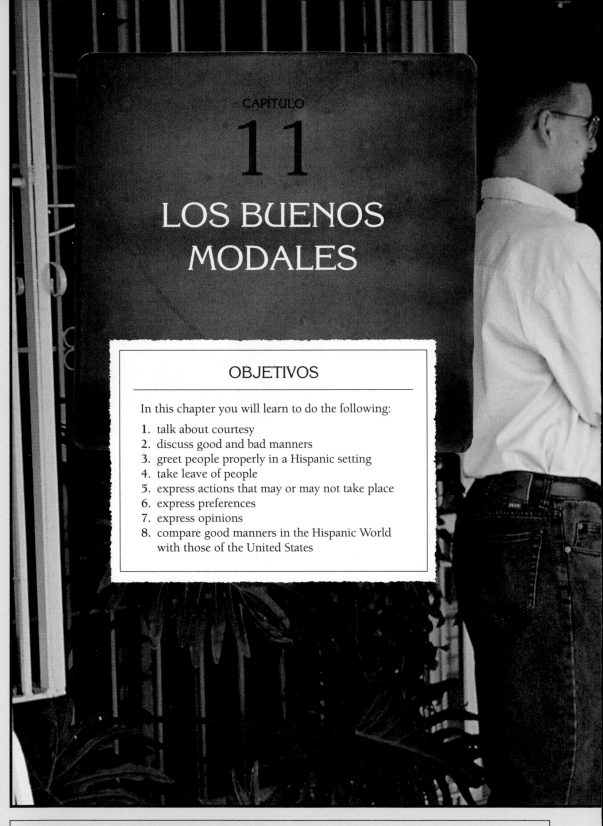

CAPÍTULO

11

LOS BUENOS MODALES

OBJETIVOS

In this chapter you will learn to do the following:

1. talk about courtesy
2. discuss good and bad manners
3. greet people properly in a Hispanic setting
4. take leave of people
5. express actions that may or may not take place
6. express preferences
7. express opinions
8. compare good manners in the Hispanic World with those of the United States

CHAPTER PROJECTS

(optional)
1. Have students prepare in Spanish a list of "do's" and "don'ts" within the range of manners common to the U.S.
2. Have students prepare a report that contrasts Hispanic and North American manners and social customs.
3. Have students prepare a list of formal and informal greetings and leave-takings in Spanish.
4. Have students create a bulletin board display on manners, with drawings and captions depicting good and bad manners.
5. Have students contribute articles to a class booklet entitled *Los Buenos Modales*.

CHAPTER 11 RESOURCES

1. Workbook
2. Student Tape Manual
3. Audio Cassette 7A
4. Vocabulary Transparencies
5. Bell Ringer Review
   Blackline Masters
6. Communication Activities
   Masters
7. Computer Software:
   Practice and Test Generator
8. Video Cassette, Unit 3
9. Video Activities Booklet,
   Unit 3
10. Situation Cards
11. Chapter Quizzes
12. Testing Program

Pacing

Chapter 11 will require eight to ten class sessions. Pacing will depend on the length of the class period, the age of the students, and student aptitude.

LEARNING FROM PHOTOS

Refer students to the photo on pages 276-277. Remind them that everyone, young and old, shakes hands when they meet and when they take leave of each other. Ask where they think the scene takes place. The foliage and dress indicate that the young people are in a tropical climate (Puerto Rico). Have students describe the four people in the photo.

FOR THE NATIVE SPEAKER

Conflicts sometimes arise over what "good and bad manners" are between Hispanic and Anglo cultures. You may ask students: *¿Cuáles son algunas cosas que se consideran malos modales entre los hispanos pero que son aceptables entre los norteamericanos, y vice versa? Cita ejemplos.*

Vocabulary Teaching Resources

1. Vocabulary Transparencies, 11.1 (*A & B*)
2. Audio Cassette 7A
3. Student Tape Manual, *Palabras 1*
4. Workbook, *Palabras 1*
5. Communication Activities Masters, *A & B*
6. Chapter Quizzes, *Palabras 1*

Bell Ringer Review

Write the following on the board or use BRR Blackline Master 11-1: List as many parts of the body as you can remember in Spanish.

PRESENTATION (pages 278-279)

A. With books closed, refer to Vocabulary Transparencies 11.1 (*A & B*) and have students repeat the new words, phrases, and sentences after you or Cassette 7A.

B. Dramatize the meaning of *saludar, despedirse,* and *confiar un secreto.*

C. Have students open their books to pages 278-279 and call on volunteers to read the material.

D. Ask any questions which elicit the new vocabulary. Examples are: *¿Tiene buenos modales el muchacho? ¿Cómo es? ¿Cómo se comporta? ¿Qué tipo de comportimiento tiene? ¿Es bien o mal educado el muchacho?*

VOCABULARIO

PALABRAS 1

¿CÓMO TE COMPORTAS?

Este muchacho tiene buenos modales.
Es cortés.
Se comporta bien.
Tiene buen comportamiento.
Es bien educado.

Y esta niña no tiene buenos modales.
No se comporta bien.
Tiene mal comportamiento.
Es muy mal educada.
Es malcriada.
Es necesario que ella aprenda buenos modales.

una persona menor

una persona mayor

278   CAPÍTULO 11

PANTOMIME

Write the following words or phrases on index cards. Have students draw a card and mime the action. The class asks questions in order to guess what the student is doing.

ser cortés
comportarse bien
comportarse mal
saludar
despedirse
confiar un secreto

saludar

Los amigos se saludan.

despedirse

Los amigos se despiden el uno del otro.

José le confía un secreto a su amiga, Anita.
Él no quiere que nadie sepa su secreto.
Él insiste en que Anita no diga nada a nadie.

ABOUT THE LANGUAGE

1. The word *educado* in the expressions *bien educado(a)* and *mal educado(a)* does not refer to formal education. A person who is *mal educado(a)* is ill-mannered, impolite, rude. A person can be *muy instruido* (well educated) and *mal educado(a)* at the same time. A child who is *malcriado(a)* reflects badly on his/her parents because *malcriado* means literally "poorly raised."

2. *Despedirse* in the reflexive form means "to say good-bye" or "to take leave" of someone. *Despedir* alone, without the reflexive pronoun, can mean "to let go of" or "to fire" an employee.

COOPERATIVE LEARNING

Have teams take sides for a debate. Each team supports one of the following statements.

1. *Los buenos modales son importantes para los adultos solamente.*

2. *Los buenos modales son importantes para todos.*

Ejercicios

PRESENTATION (*page 280*)

Ejercicios A and B

Exercises A and B are to be done with books open.

Ejercicio C

Exercise C can be done with books open or closed.

ANSWERS

Ejercicio A

1. Los amigos se saludan.
2. Los amigos se despiden.
3. Este niño es bien educado.
4. Este niño es mal educado.
5. Es una persona mayor.
6. Este niño es malcriado.

Ejercicio B

1. c
2. d
3. a
4. b

Ejercicio C

1. Él no tiene buenos modales.
2. Él no tiene buenos modales.
3. Ella tiene buenos modales.
4. Ella no tiene buenos modales.
5. Él no tiene buenos modales.

Ejercicios

A ¿Qué hacen? Contesten según el dibujo.

1. ¿Los amigos se saludan o se despiden?   2. ¿Los amigos se saludan o se despiden?

3. ¿Este niño es bien educado o mal educado?   4. ¿Este niño es mal educado o bien educado?

5. ¿Es una persona menor o mayor?   6. ¿Este niño es cortés o malcriado?

B Lo contrario. Escojan.

1. saludar	a. malcriado
2. bien educado	b. menor
3. cortés	c. despedirse
4. mayor	d. mal educado

C ¿Buenos modales o no? Decidan.

1. Él siempre habla en voz muy alta.
2. Él se queda sentado cuando alguien se acerca a la mesa.
3. Ella se levanta cuando entra una persona mayor.
4. Ella hace mucho ruido cuando come.
5. Él nunca dice "gracias".

280   CAPÍTULO 11

LEARNING FROM ILLUSTRATIONS

Refer students to the illustration in item number 2 of Exercise A on page 280. Remind them of the differences in gestures among cultures. Hispanic peoples usually wave good-bye with the palm of the hand facing inwards rather than outwards.

INDEPENDENT PRACTICE

Assign any of the following:

1. Workbook, *Palabras 1*
2. Communication Activities Masters, *A & B*
3. Exercises on student page 280

VOCABULARIO

PALABRAS 2

MODALES Y COSTUMBRES

— los labios

la mejilla

la palmadita

la espalda

Vocabulary Teaching Resources

1. Vocabulary Transparencies 11.2 (*A & B*)
2. Audio Cassette 7A
3. Student Tape Manual, *Palabras 2*
4. Workbook, *Palabras 2*
5. Communication Activities Masters, *C & D*
6. Chapter Quizzes, *Palabras 2*
7. Computer Software, *Vocabulario*

Bell Ringer Review

Write the following on the board or use BRR Blackline Master 11-2: Escriba una lista de cinco cosas que Ud. tiene que hacer todos los días en la escuela. Por ejemplo: *saludar a los amigos, hacer tareas.*

PRESENTATION (*pages 281-282*)

A. Have students close their books. Model the *Palabras 2* vocabulary using Vocabulary Transparencies 11.2 (*A & B*). Have students repeat the material after you or Cassette 7A.
B. Use yourself or a student model to demonstrate *los labios*, *las mejillas*, *la mano*, and *la espalda*.
C. Have students open their books to pages 281-282. Point to an image on the transparencies and have volunteers read the material that corresponds.
D. Have students role-play the actions in the illustrations on page 282.

LEARNING FROM ILLUSTRATIONS

For the illustrations on pages 281-282, have students provide descriptions with as much detail as possible. Remind them that a typical Hispanic handshake consists of one upward and downward motion. The typical North American "multiple-pump" handshake is sometimes considered comical.

ABOUT THE LANGUAGE

In many countries people begin to use *tú* with each other very quickly. In the past, and still today in some places, people will use *tú* only after a close friendship has been established. Usually it is the person of greater age or higher status who initiates the change from *usted* to *tú*. This was once called *romper el turrón*, a play on words very similar to "breaking the ice" in English, since *turrón* is a very hard, almond nougat candy that comes in bricks.

El señor Salas se acerca.
La señora Robles se levanta.

La señora Robles le da la mano.
Los señores se estrechan la mano.

un besito

Las dos señoras son muy buenas amigas.
Se dan un besito.
Se dan un besito en las mejillas.

un abrazo

Los dos señores son buenos amigos.
Son amigos íntimos.
Se abrazan.
Se dan unas palmaditas en la espalda.

282   CAPÍTULO 11

INDEPENDENT PRACTICE

Assign any of the following:
1. Workbook, *Palabras 2*
2. Communication Activities Masters, *C & D*
3. Exercises on student page 283

Ejercicios

A **Se saludan.** Contesten con *sí* o *no*.

1. ¿La señora Robles está sentada en una oficina?
2. ¿Se acerca el señor Salas?
3. ¿Se levanta la señora Robles?
4. ¿Le da la mano la señora Robles?
5. ¿Se estrechan la mano los dos señores?
6. ¿Se dan un besito?
7. ¿Está sentada en un café la señora Castro?
8. ¿Se acerca su amiga?
9. ¿Se dan un besito las dos amigas?
10. ¿Se dan un besito en cada mejilla?

B **Buenos modales.** Completen.

1. Los dos señores se ____ la mano.
2. Y las dos señoras se dan ____ también.
3. Las amigas se dan un ____ en las mejillas, no en los labios.
4. Los dos señores se abrazan. Se dan unas ____ en la espalda.

C **Definiciones.** Escojan la palabra.

1. ofrecer una invitación, convidar
   a. confiar   **b.** invitar
2. acciones, porte, conducta o comportamiento de un individuo
   a. la cortesía   **b.** los modales
3. hablar a una persona de "tú", no de "Ud."
   a. tutear   **b.** considerar
4. la conducta, el modo de ser de un individuo
   a. el comportamiento   **b.** el secreto
5. en confianza
   a. en consideración   **b.** en secreto
6. emplear una fórmula de cortesía para separarse de una persona
   a. desaparecer   **b.** despedirse

CAPÍTULO 11   **283**

Comunicación
(Palabras 1 and 2)

Bell Ringer Review
Write the following on the board or use BRR Blackline Master 11-3: Write an original sentence telling what the following people are doing right now. Use the present progressive tense.
1. mi madre
2. mi padre
3. yo
4. mi novio(a)
5. mi profesor(a)
6. mi mejor amigo(a)

PRESENTATION *(page 284)*

You may have students do any number of these activities. You may also allow students to select the activity or activities in which they wish to take part.

ANSWERS
Actividades A–E
Answers will vary.

284

Comunicación
Palabras 1 y 2

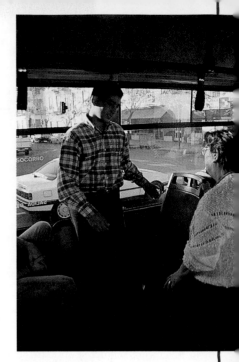

A **Buenos modales.** Prepare dos listas: una de comportamientos que Ud. considera buenos modales en los Estados Unidos y otra de comportamientos que Ud. considera como falta de buenos modales. Enséñele la lista a un(a) compañero(a) de clase y pregúntele si él o ella está de acuerdo con Ud. Luego díganle a la clase los resultados.

B **Un poco de cortesía.** Es probable que sus padres le digan cosas que Ud. debe hacer para ser cortés. ¿Cuáles son los consejos que le dan o que le han dado sus padres? Dígaselos a dos compañeros de clase. Cambien de papel.

C **Reglamentos escolares.** Escríbale una carta a un(a) amigo(a) donde le deja saber cuáles son los reglamentos de comportamiento o conducta que su profesor(a) de español considera importantes en la clase.

D **¿Cómo se comporta Carlitos?** Escriba una lista de los niños pequeños que Ud. conoce (primos, sobrinos, hermanos, etc.). Luego escriba al lado de cada nombre cómo se comporta cada uno de los niños.

E **¡Qué niño!** Imagínese que ayer por la tarde Ud. y su compañero(a) tuvieron que cuidar a unos niños, pero de familias diferentes. Ud. tuvo suerte porque el niño que cuidó tiene muy buenos modales, pero el niño que cuidó su compañero(a) es completamente lo opuesto. Comparta sus experiencias con su compañero(a).

284 CAPÍTULO 11

LEARNING FROM PHOTOS

Refer students to the photos on page 284 and have them say all they can about them.

DID YOU KNOW?

For many years, metro cars in Madrid had seats reserved for *caballeros mutilados*. These "mutilated gentlemen" were mainly veterans of the Spanish Civil War (1936-1939). Tens of thousands of men were crippled in this war. Those on the winning side (the Fascists) were awarded a small pension. Those on the losing side (the Republicans) were often reduced to begging.

El subjuntivo

Talking about Actions that May or May Not Take Place

1. All the forms of the verbs you have learned so far have been in the indicative mood. The indicative is used to indicate or express actions that definitely are taking place, did take place or will take place. Let us analyze some statements in the indicative.

> **Cuando los amigos de Teresa llegaron, ella se levantó.**
> **Ella les dio la mano.**
> **Teresita siempre se levanta cuando llegan sus amigos.**
> **Ella es muy cortés.**

The above statements express objective, factual, real information. When Teresa's friends arrived she stood up and gave them her hand. Teresa always stands up and extends her hand. She is very courteous. Because of the factual nature of the information in these sentences, they are in the indicative.

2. Now you will learn the subjunctive mood. The subjunctive is used more in Spanish than in English. The subjunctive expresses the opposite of the indicative. The indicative indicates what definitely is. The subjunctive, on the other hand, expresses what may be. Let us analyze some statements in the subjunctive and compare them with statements in the indicative.

> INDICATIVE:
> **Carlos se comporta bien. Él es cortés.**

> SUBJUNCTIVE:
> **Los padres de Carlos quieren que él se comporte bien. Ellos insisten en que él sea cortés.**

The first group of sentences in the indicative points out factual information. The second set of sentences states what Carlos' parents want or insist upon. Note, however, the information is not factual. His parents want him to behave well and they insist that he be polite. In spite of their wishes and insistence, it is not assured that Carlos will act accordingly. It may or may not happen and for this reason the subjunctive must be used in Spanish. Note that the subjunctive appears in a clause introduced by *que*.

CAPÍTULO 11 **285**

Structure Teaching Resources

1. Workbook, *Estructura*
2. Student Tape Manual, *Estructura*
3. Audio Cassette 7A
5. Communication Activities Masters, *E-H*
6. Chapter Quizzes, *Estructura*
7. Computer Software, *Estructura*

Bell Ringer Review

Write the following on the board or use BRR Blackline Master 11-4: You have just arrived in Barcelona, Spain. What are some gestures or greetings that you may observe? Write them on a piece of paper.

El subjuntivo

PRESENTATION *(page 285)*

Note The basic concept for students to understand is that the subjunctive is used when we do not know if the action will take place. If we know that it is or will be a reality, the indicative is used. If students understand this, it will not be necessary for them to memorize lists of phrases followed by the subjunctive. You may give students the following simple outline:

INDICATIVE: indicates or points something out; is factual; objective; stands alone; is independent

SUBJUNCTIVE: is subjective, not objective; not factual; cannot stand alone; is dependent on something else

A. Have students open their books to page 286. Go over steps 1 and 2 thoroughly and carefully. It is important that students understand this concept.

B. Have students repeat the verb forms after you.

C. Have students repeat each verb in the charts in steps 3 and 4.

ABOUT THE LANGUAGE

Students are often unaware that the subjunctive exists in English. It is usually replaced by an infinitive, but it does exist. You may wish to show examples such as "It is imperative that he be there on time," "Their wish is that you be happy," and "If I were you I'd keep quiet!"

Formación del subjuntivo

How to Express Desires about the Actions of Others

1. You are already familiar with the subjunctive form of verbs because of your study of the formal commands. Those forms are the subjunctive.

hable Ud. hablen Uds.	coma Ud. coman Uds.	escriba Ud. escriban Uds.	venga Ud. vengan Uds.	salga Ud. salgan Uds.

2. To form the present tense of the subjunctive drop the final *-o* from the first person singular, *yo*, of the present indicative and add *-e* endings to *-ar* verbs and *-a* endings to *-er* and *-ir* verbs.

PRESENT INDICATIVE	ROOT	PRESENT SUBJUNCTIVE
hablo	habl-	hable
como	com-	coma
escribo	escrib-	escriba
vengo	veng-	venga
salgo	salg-	salga

INFINITIVE	HABLAR	COMER	ABRIR
yo	hable	coma	abra
tú	hables	comas	abras
él, ella, Ud.	hable	coma	abra
nosotros(as)	hablemos	comamos	abramos
vosotros(as)	*habléis*	*comáis*	*abráis*
ellos, ellas, Uds.	hablen	coman	abran

3. Remember that any verb that is irregular in the first person *yo* form of the present tense, will maintain that irregularity in the present subjunctive.

INFINITIVE	INDICATIVE (YO)	SUBJUNCTIVE
venir	vengo	venga
tener	tengo	tenga
salir	salgo	salga
poner	pongo	ponga
traer	traigo	traiga
hacer	hago	haga
oír	oigo	oiga
decir	digo	diga
conducir	conduzco	conduzca

DID YOU KNOW

The present subjunctive form of the word *hay* is *haya*. In Spain, uneducated people often pronounce *haya* as "*haiga.*" Many immigrants to the Americas were poor and uneducated. Those who made their fortune in the New World would sometimes return to Spain with a large American car as evidence of their wealth. The cars were known as *haigas*.

ADDITIONAL PRACTICE

Tell students that some cognates are less obvious, but can still be guessed. Have students give a related Spanish word for each the following English terms:
conduct, conductive *(conducir)*
dictate, diction *(decir)*
aperture *(abrir)*
comestible *(comer)*
script, scribble, scribe, scripture *(escribir)*

INFINITIVE	VENIR	SALIR
yo	venga	salga
tú	vengas	salgas
él, ella, Ud.	venga	salga
nosotros(as)	vengamos	salgamos
vosotros(as)	*vengáis*	*salgáis*
ellos, ellas, Uds.	vengan	salgan

4. The following are the only verbs that do not follow the normal pattern in the present subjunctive.

DAR	ESTAR	IR	SABER	SER
dé	esté	vaya	sepa	sea
des	estés	vayas	sepas	seas
dé	esté	vaya	sepa	sea
demos	estemos	vayamos	sepamos	seamos
deis	*estéis*	*vayáis*	*sepáis*	*seáis*
den	estén	vayan	sepan	sean

Ejercicio

Los padres de Pepe quieren que él **haga muchas cosas.** Sigan el modelo.

estudiar
Los padres de Pepe quieren que él estudie.

1. estudiar mucho
2. tomar cinco cursos
3. trabajar duro
4. aprender mucho
5. leer mucho
6. comer bien
7. vivir con ellos
8. recibir buenas notas
9. asistir a la universidad
10. tener éxito
11. salir bien en sus exámenes
12. decir siempre la verdad
13. tener buenos modales
14. ser cortés
15. conducir con cuidado

PRESENTATION (*page 287*)

This Exercise can be done with books open or closed.

Note The purpose of this exercise is to give students initial practice with one form of the subjunctive. For this reason, the introductory clause *Los padres de Pepe quieren que él…* is constant.

ANSWERS

1. Los padres de Pepe quieren que él estudie mucho.
2. … tome cinco cursos.
3. … trabaje duro.
4. … aprenda mucho.
5. … lea mucho.
6. … coma bien.
7. … viva con ellos.
8. … reciba buenas notas.
9. … asista a la universidad.
10. … tenga éxito.
11. … salga bien en sus exámenes.
12. … siempre diga la verdad.
13. … siempre tenga buenos modales.
14. … sea cortés.
15. … conduzca con cuidado.

LEARNING FROM PHOTOS

Refer students to the photo on page 287 and have them say all they can about it. Tell them the academic gown is known as a *toga*. Ask them why. Also ask: *¿Por qué felicitan al joven? ¿Qué día muy especial es?*

INDEPENDENT PRACTICE

Assign any of the following:
1. Workbook, *Estructura*
2. Communication Activities Masters, *E & F*
3. Exercises on student page 287

Bell Ringer Review

Write the following on the board or use BRR Blackline Master 11-5: Your best friend has always been a good influence on you. Use the new vocabulary from *Palabras 1 and 2* to describe him/her in at least three sentences.

El subjuntivo en cláusulas nominales

PRESENTATION *(page 288)*

Have students open their books to page 288 and lead them through the explanation. Have them read the verbs and example sentences aloud.

Note Stress the concept that even though someone wants or insists that something be done, it is not certain that it will take place. It may be helpful for students to relate "subjunctive" to "subjective;" relating to one's own perception of the world, and not necessarily the world as it is. It is in cases of subjectivity that the subjunctive is used.

Ejercicios

PRESENTATION *(pages 288-290)*

Ejercicios A-F

Exercises A-F can be done with books open or closed.

Ejercicio G

Exercise G is to be done with books open.

ANSWERS

Ejercicio A

1. Sus padres quieren que ellos se comporten bien.
2. … se levanten.
3. … saluden a sus amigos.
4. … tengan buenos modales.
5. … sean corteses.

Ejercicio B

1. Yo prefiero que tú se lo digas.
2. … se lo escribas.
3. … se lo des.
4. … se los envíes.
5. … se lo expliques.

288

El subjuntivo en cláusulas nominales

Expressing Wishes, Preferences, and Commands

You have learned that the subjunctive is used after the verbs *querer* and *insistir* because even though someone wants or insists that something be done, it may or may not happen. Just as the subjunctive is used after *querer* and *insistir*, it is used for the same reason after the following verbs.

desear	*to desire*
esperar	*to hope*
temer	*to fear*
tener miedo de	*to be afraid*
preferir	*to prefer*
mandar	*to order*

Espero que vengan mis amigos.
Pero temo que lleguen tarde.
Tengo miedo de que no estén para el concierto.
Espero que traten de llegar a tiempo, que hagan un esfuerzo.

Ejercicios

A **¿Qué quieren sus padres?** Sigan el modelo.

Sus padres quieren que ____ .
Ellos se comportan bien.
Sus padres quieren que ellos se comporten bien.

1. Ellos se comportan bien.
2. Ellos se levantan.
3. Ellos saludan a sus amigos.
4. Ellos tienen buenos modales.
5. Ellos son corteses.

B **¿Qué prefieres?** Sigan el modelo.

Yo prefiero que ____ .
Tú se lo dices.
Yo prefiero que tú se lo digas.

1. Tú se lo dices.
2. Tú se lo escribes.
3. Tú se lo das.
4. Se lo envías.
5. Se lo explicas.

288 CAPÍTULO 11

SIEMPRE VISTASE BIEN PARA COMER. USE EL CUBIERTO ADECUADO. Y SI SE LE CAE LA SERVILLETA, NO ES NECESARIO RECOGERLA.

La Condesa Margara Di Persia
PRESENTA
ETIQUETA:
CLAVE PARA EL EXITO

$29.95
Agregue $4.95 para gastos de manipulación y franqueo.

288

C ¿Qué temen ellos? Sigan el modelo.

> Ellos temen que ____ .
> Yo no estoy.
> *Ellos temen que yo no esté.*

1. Yo no estoy.
2. Yo no quiero ir.
3. No voy.
4. Yo no lo hago.
5. No se lo digo al profesor.

D ¿En qué insisten sus padres? Sigan el modelo.

> Sus padres insisten en que ____ .
> Ella estudia mucho.
> *Sus padres insisten en que ella estudie mucho.*

1. Ella estudia mucho.
2. Ella hace sus tareas.
3. Ella recibe buenas notas.
4. Ella es diligente.
5. Ella tiene buenos modales.

E ¡Vamos todos! Contesten.

1. ¿Quieres que yo conduzca?
2. ¿Prefieres que yo vaya en mi carro?
3. ¿Insistes en que todos vayamos juntos?
4. ¿Quieres que Teresa y Pablo vayan también?
5. ¿Prefieres que ellos nos acompañen?
6. ¿Esperas que todos lleguemos a la misma hora?

F Un corte de pelo. Contesten.

1. ¿Quieres que el peluquero te corte el pelo?
2. ¿Quieres que él te dé un champú?
3. ¿Prefieres que él te corte el pelo con navaja o tijeras?
4. ¿Insistes en que él te ponga la raya a la izquierda o a la derecha?
5. ¿Teme el peluquero que tú no le des propina?

CAPÍTULO 11 **289**

ANSWERS

Ejercicio C
1. Ellos temen que yo no esté.
2. ... quiera ir.
3. ... vaya.
4. ... lo haga.
5. ... se lo diga al profesor.

Ejercicio D
1. Sus padres insisten en que ella estudie mucho.
2. ... haga sus tareas.
3. ... reciba buenas notas.
4. ... sea diligente.
5. ... tenga buenos modales.

Ejercicio E
1. Sí (No), (no) quiero que tú conduzcas.
2. Sí (No), (no) prefiero que tú vayas en tu carro.
3. Sí (No), (no) insisto en que todos vayamos juntos.
4. Sí (No), (no) quiero que Teresa y Pablo vayan también.
5. Sí (No), (no) prefiero que ellos nos acompañen.
6. Sí (No), (no) espero que todos lleguemos a la misma hora.

Ejercicio F
1. Sí (No), (no) quiero que el peluquero me corte el pelo.
2. Sí (No), (no) quiero que me dé un champú.
3. Prefiero que él me corte el pelo con navaja (tijeras).
4. Insisto en que él me ponga la raya a la izquierda (a la derecha).
5. Sí (No), el peluquero (no) teme que yo no le dé propina.

ABOUT THE LANGUAGE

Remind students that "to play an instrument" is *tocar un instrumento*, "to play a game" is *jugar un juego*, and "to play a part" is *hacer un papel. Jugar un papel*, though often said, is considered an anglicism

---

LEARNING FROM PHOTOS

Refer students to the photos on page 289 and have them say as much as they can about each of them.

289

Bell Ringer Review

Write the following on the board or use BRR Blackline Master 11-6: Write logical completions to these sentences:
1. Yo quiero que mis padres…
2. Yo prefiero que el/la profesor(a) de español…
3. Mis padres insisten en que yo…
4. Yo deseo que mi mejor amigo(a)…
5. Mi madre espera que…

El subjuntivo con expresiones impersonales

PRESENTATION (*page 290*)

Have students open their books to page 290 and lead them through the explanation. Then have them read the expressions and example sentences aloud. **Note** You may emphasize here that even though an action is necessary (or important or good), it is not certain that it will occur. Therefore the subjunctive is used.

ABOUT THE LANGUAGE

In Spanish as in English, new terms are being used to describe the elderly. Today's older people are said to be members of *la tercera edad*, an expression similar to the English "senior citizens."

290

G **Todos quieren hacer algo distinto.** Completen.

Pues, yo no sé lo que vamos a hacer esta noche. Antonio quiere que nosotros ___₁ (ir) al cine. No sé por qué. Pero insiste en que nosotros ___₂ (ver) la película que están poniendo ahora en el Metropol. Carlos teme que mañana ___₃ (ser) el último día. Tiene miedo de que ellos ___₄ (cambiar) las películas los sábados. ¿Y tú? ¿Qué quieres que nosotros ___₅ (hacer)? ¿Prefieres que ___₆ (ir) al cine o que ___₇ (hacer) otra cosa? ¿Qué me dices? Que Felipe quiere que Uds. ___₈ (quedarse) en casa. ¿Por qué? Ah, él quiere que todo el grupo ___₉ (ir) a su casa. Él no quiere que nosotros ___₁₀ (salir). Él prefiere que todos ___₁₁ (mirar) la televisión y que ___₁₂ (ver) el equipo de Barcelona que va a jugar contra Valencia.

El subjuntivo con expresiones impersonales
Expressing Opinions

1. The subjunctive is also used after the following impersonal expressions.

Es imposible	Es bueno
Es posible	Es mejor
Es probable	Es fácil
Es improbable	Es difícil
Es necesario	Es importante

2. Note that all the above expressions take the subjunctive since the action of the verb that follows them may or may not take place.

Es importante que ellos tengan buenos modales.
Y es necesario que sean corteses.
Pero es posible que ellos no tengan buenos modales y que no sean corteses.

290 CAPÍTULO 11

Ejercicios

A **Buenos modales.** Contesten.

1. ¿Es importante que los jóvenes tengan buenos modales?
2. ¿Es necesario que ellos se comporten bien?
3. ¿Es fácil que ellos sean corteses?
4. ¿Es importante que ellos se levanten cuando entra una persona mayor?
5. ¿Es improbable que ellos se den un besito?

B **¿Qué es posible?** Sigan el modelo.

> Es posible que ____ .
> Mañana tenemos examen.
> *Es posible que mañana tengamos examen.*

1. Mañana tenemos examen.
2. El profesor no nos dice nada.
3. Él nos da el examen como una sorpresa.
4. Todos recibimos buenas notas en el examen.
5. El profesor está contento.

C **Esperando a los nietos.** Practiquen la conversación.

ABUELITO: ¿Es posible que ellos lleguen mañana por la mañana?
ABUELITA: Sí, es posible. Pero es improbable.
ABUELITO: Pero es importante que yo sepa.
ABUELITA: Entiendo. Pero dicen que es probable que haga mal tiempo mañana.
ABUELITO: ¿Ah, sí? No lo sabía. ¿Es posible que haga mal tiempo? Entonces es mejor que lleguen tarde. No quiero que tengan un accidente en la carretera.

D **Esperando a los nietos.** Completen según la conversación.

Abuelito está un poco nervioso. Es posible que sus nietos ____ (llegar) mañana
por la mañana. Es importante que el abuelito ____ (saber) cuándo van a llegar.
Pero es difícil que la abuelita le ____ (decir) la hora de la llegada de los nietos. Es
posible que mañana ____ (hacer) muy mal tiempo. Como los nietos vienen en
carro será necesario que ellos ____ (conducir) con mucho cuidado. Será
necesario que ellos ____ (conducir) despacio si hay mucha nieve. Es mejor que
ellos ____ (llegar) un poco tarde. Abuelito no quiere que ellos ____ (tener) un
accidente. Es mejor que ____ (llegar) tarde pero sanos y salvos.

CAPÍTULO 11 **291**

CONVERSACIÓN

Bell Ringer Review

Write the following on the board or use BRR Blackline Master 11-7: Complete each sentence with a different verb expressing a wish, preference, or demand.

1. Los estudiantes ___ que los profesores se rían más.
2. Ellos ___ que la comida de la cafetería sea mejor.
3. Ellos ___ que los profesores no les den las tareas el viernes.
4. Los profesores ___ que los estudiantes salgan bien en los exámenes.
5. Ellos ___ que los estudiantes miren la televisión menos.

PRESENTATION (*page 292*)

A. Tell students they will hear a conversation between Lupe and Debbie, two young women who are working together.

B. Have students close their books and listen as you read the conversation or play Cassette 7A.

C. Have students open their books to page 292. Allow pairs time to practice the conversation. Each partner should practice both roles. Circulate and model pronunciation as necessary.

D. Call on a pair of volunteers to present the conversation to the class with as much expression as possible.

Ejercicios

ANSWERS

Ejercicio A

1. Sí	4. No
2. Sí	5. Sí
3. No	6. No

Ejercicio B

Lupe dice que ahora las dos muchachas se pueden tutear porque se conocen bien.

292

Escenas de la vida   *¿Por qué no nos tuteamos?*

LUPE: Hola, Debbie.
DEBBIE: Hola, Lupe. ¿Cómo está Ud. hoy?
LUPE: Estoy bien, gracias. Y sabes, Debbie, me puedes tutear si quieres.
DEBBIE: ¿Tutear?
LUPE: Sí, me puedes hablar de "tú".
DEBBIE: Ah, decirte ¿cómo estás?, y no ¿cómo está Ud.?
LUPE: Sí, no tenemos que ser tan formalitas. Ahora nos conocemos bién, ¿no crees?
DEBBIE: Sí, y gracias, Lupe.

A ¿Sí o no? Contesten.

1. Debbie y Lupe se conocen bien.
2. Lupe es hispana.
3. Debbie es hispana también.
4. Las muchachas siempre se hablaban de "tú".
5. Lupe sugiere que se tuteen.
6. Lupe dice que tienen que ser formalitas.

B ¿Tú o usted? Expliquen.

¿Por qué dice Lupe que ahora las dos muchachas pueden tutearse?

EL LIBRO DE
Los Buenos Modales

292   CAPÍTULO 11

COOPERATIVE LEARNING

Have teams prepare "orientation guides" for Spanish-speaking exchange students. The guides should focus on North American school etiquette. Teams should brainstorm to come up with recommendations for behavior in such areas as *en la cafetería, en los partidos, en las clases*, and *muchachos y muchachas*. Each recommendation should begin with an impersonal expression. For example: *Es importante que levantes la mano para hablar en clase. No es necesario que te levantes y les des la mano a los compañeros de clase.*

Comunicación

A **Lo que quieren mis padres.** Dígale a un(a) compañero(a) de clase lo que sus padres siempre quieren que Ud. haga. Su compañero(a) le dirá lo que quieren sus padres que él o ella haga. Luego, pongan sus dos listas juntas y decidan cuáles son los mismos consejos que Uds. dos reciben de sus padres. ¿Están de acuerdo Uds. con los consejos que reciben de sus padres? Déjenle saber su opinión a la clase.

B **Mi mejor amigo(a).** Trabaje con un(a) compañero(a) de clase. Cada uno(a) debe preparar una lista de características que Uds. quieren que tenga su mejor amigo(a). Luego comparen sus listas y determinen cuáles son las características que Uds. en común quieren que su mejor amigo(a) tenga. Escriban un párrafo describiendo cómo creen Uds. que debe ser su mejor amigo(a).

C **Buena conducta.** Trabaje con un(a) compañero(a) de clase. Escriban un párrafo en el que describen lo que Uds. consideran ejemplos de buen comportamiento en la escuela.

D **¿Qué crees tú?** Pregúntele a un(a) compañero(a) de clase qué haría él o ella en las siguientes situaciones. Cada respuesta comenzará con "Es importante que…", "Es mejor que…" o "Es recomendable que…". Luego cambien de papel.

1. ver un accidente en la carretera
2. perder una tarjeta de crédito
3. ayudar a un(a) amigo(a) en un examen
4. decir una mentira
5. no entender la tarea de matemáticas

E **Cosas fáciles y difíciles.** Prepare una lista de cosas que es probable que Ud. haga y otra lista de cosas que es difícil que Ud. haga. Luego compare sus listas con las listas de un(a) compañero(a) de clase. Díganle a la clase en qué se parecen las listas.

Comunicación

LECTURA & CULTURA

BUENOS MODALES Y FÓRMULAS DE CORTESÍA

¿Quieres que yo te diga lo que se considera buenos modales en los países hispanos? Bien, pero antes es necesario que tú sepas y reconozcas que es difícil que yo te hable en términos generales. Es importante que te des cuenta[1] de que es posible que existan diferencias en los distintos países. Sin embargo, te daré algunos ejemplos de buenos modales.

Tú estás sentado(a) en un café, en casa o en una oficina. Alguien se acerca. Tú lo conoces. Para ser cortés, es necesario que tú te levantes. Además de levantarte, es importante que tú le des la mano si no quieres que todos te consideren mal educado(a). Aun los jóvenes se dan la mano cuando se encuentran y también cuando se despiden. Es posible que me preguntes si se dan la mano sólo en una situación formal. No, se dan la mano igualmente en situaciones informales. Se le da la mano a un amigo o a un conocido.

¿Un amigo o un conocido? En los países hispanos hay una gran diferencia entre un amigo y un conocido. Un amigo es una persona que conoces muy bien. Es una persona con quien tienes confianza, en quien puedes confiar secretos. Un conocido es una persona que conoces de la escuela, de la oficina, etc., pero no se conocen muy bien. En las culturas hispanas la gente tiene muchos conocidos y pocos amigos. Es justo decir que en los Estados Unidos solemos decir[2] que tenemos muchos "friends" y pocos "acquaintances". En los países hispanos es al revés[3].

Hablando de amigos y conocidos, ¿cómo se saludan y cómo se despiden? Como ya he dicho se les da la mano a conocidos y a amigos. Pero es más común que los amigos se den un besito en cada mejilla. ¿Quiénes se dan un besito en la mejilla? Pues una amiga a otra amiga o un amigo a una amiga. ¿Y dos amigos? Dos amigos se dan un abrazo. Se abrazan dándose unas palmaditas en la espalda.

[1] darse cuenta *realize*
[2] solemos decir *usually say*
[3] al revés *the contrary*

294

Estudio de palabras

A ¿Cuál es el sustantivo? Escojan.

1. considerar
2. existir
3. despedir
4. saludar
5. confiar
6. abrazar
7. besar

a. la despedida
b. la confianza
c. el beso
d. la consideración
e. el abrazo
f. la existencia
g. el saludo

B La cortesía. Completen con un sustantivo.

1. El confía mucho en ella. Tiene mucha —— en ella.
2. Los hombres se abrazan. Se dan un —— el uno al otro.
3. Las amigas se besan en la mejilla. Se dan un —— en la mejilla.
4. Ellos se despiden por mucho tiempo. A veces las —— son tristes.

Comprensión

A ¿Sí o no? Contesten.

1. Es fácil que alguien te diga lo que son buenos modales en todos los países hispanos.
2. Los hispanos se quedan sentados cuando se acerca un amigo.
3. Los hispanos se dan la mano sólo en situaciones formales.
4. En las culturas hispanas hay una gran diferencia entre un conocido y un amigo.
5. Las mujeres que son amigas se abrazan cuando se encuentran.

B Los amigos. Contesten.

1. ¿Qué es un amigo?
2. ¿Qué es un conocido?
3. En los países hispanos, ¿cómo suelen despedirse dos amigos?
4. ¿Y dos amigas?

COOPERATIVE LEARNING

Have teams prepare composite lists of North American and Hispanic customs. They should mix up the items from both categories. Each team reads through its list to the class. Students classify each item as either *En los países hispanos* or *En los Estados Unidos*.

FOR THE NATIVE SPEAKER

Conversación Have students describe typical school dress in their country of origin. Ask if it is similar to what they see in the photos on page 295 or not. Have them discuss the following topic: *Los jóvenes en todas partes se visten de forma muy similar. ¿Quiere decir esto que todos piensan igual? ¿Qué opinas tú, y por qué?*

Bell Ringer Review

Write the following on the board or use BRR Blackline Master 11-10: Make a list of some common ways for friends to greet each other in the U.S.

Descrubimiento Cultural

(The Descubrimiento section is optional.)

PRESENTATION *(page 296-297)*

Have students open their books to pages 296-297 and ask them to read the selection aloud as a class, in pairs or groups, or silently.

DESCUBRIMIENTO CULTURAL

*E*s necesario que todos sepamos que en todas las sociedades hay convenciones de cortesía que uno debe adoptar si no quiere que los otros lo tomen por mal educado. Si Ud. viaja por los países hispanos, hay que tener cuidado con el uso de "tú" y "Ud.". En general, debe dirigirle la palabra con la forma de Ud. a personas mayores, como por ejemplo, a un(a) profesor(a), a un(a) comerciante o a una persona que Ud. no conoce muy bien, a un(a) conocido(a).

Y Ud. puede tutear, hablar de "tú" a un buen amigo, a un pariente si Ud. tiene parientes en un país hispano. Y los jóvenes de la misma edad se tutean casi siempre. Hoy día la gente se tutea más fácilmente que antes pero depende del país. En Puerto Rico, por ejemplo, en seguida se tutea. En México es mejor que espere hasta que la otra persona le tutee. Cuando alguien le tutea, es como una invitación. La persona quiere que Ud. la tutee también.

LEARNING FROM PHOTOS

Refer students to the photo on page 296 and ask: *¿Cuál de las personas es la mayor? ¿Quién será ella? ¿Cuántas generaciones están representadas en la foto? ¿Dónde están estas personas? ¿A quién prestan mucha atención?*

Hay que tener cuidado con el uso de la palabra "invitar". Si Ud. invita a una persona a tomar algo en un café o en un restaurante diciendo "José, te invito a..." significa que Ud. va a pagar. José no va a pagar y tampoco van a compartir (dividir) la cuenta. Hablando de un café o de un restaurante, si Ud. pasa por delante de una persona que está comiendo, es aconsejable que le diga "Buen provecho". Significa que Ud. quiere que la persona guste de lo que está comiendo. La gente sigue diciendo "buen provecho" pero es una costumbre que poco a poco está desapareciendo en algunos lugares.

En cuanto a las costumbres o convenciones de cortesía, si Ud. se encuentra en un país extranjero, es importante que se fije en[1] lo que hacen los otros. Hay un refrán español que dice: "A tierra que vayas, haz lo que veas". Es decir que todo no es lo mismo en todas partes. Y como decimos en inglés, "Cuando en Roma, haz (haga) lo que hacen los romanos".

[1]se fije en   *take note of*

PAIRED ACTIVITY

Have students play the roles of the two men in the upper photo on page 297, and the two women in the photo at the bottom. Ask them to use polite expressions.

FOR THE NATIVE SPEAKER

Conversación A los jóvenes les gusta la comida rápida—las hamburguesas y papas fritas. Mucha gente cree que así se van a perder las comidas típicas de cada región; que nadie va a molestarse en preparar esos platos tradicionales. ¿Qué crees? ¿Tienen razón o no? ¿Por qué?

REALIDADES

(The Realidades section is optional material.)

Bell Ringer Review

Write the following on the board or use BRR Blackline Master 11-11: Make a list of things that your parents have stressed that you do to be polite and courteous.

PRESENTATION *(pages 298-299)*

A. Allow students time to look at the photographs on pages 298-299 and discuss them among themselves. Invite them to share their questions and comments.

B. Have students describe the people and comment on the relationships they think they see. You may wish to ask questions such as: *¿En cuál de las fotos se saludan más formalmente? ¿Son muy buenos amigos o solamente conocidos? ¿Dónde están la niña y su abuelo? ¿Dónde le da el niño el besito a su abuela?*

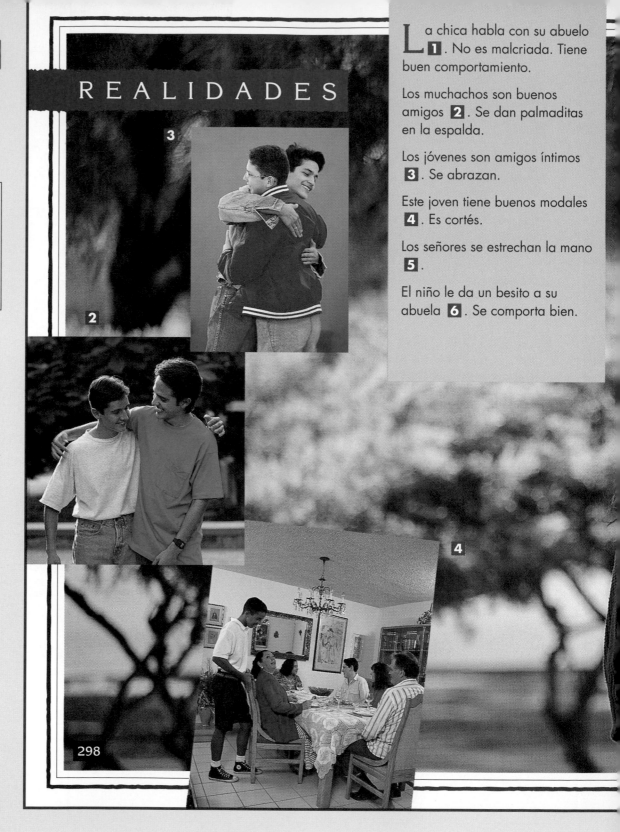

REALIDADES

La chica habla con su abuelo **1**. No es malcriada. Tiene buen comportamiento.

Los muchachos son buenos amigos **2**. Se dan palmaditas en la espalda.

Los jóvenes son amigos íntimos **3**. Se abrazan.

Este joven tiene buenos modales **4**. Es cortés.

Los señores se estrechan la mano **5**.

El niño le da un besito a su abuela **6**. Se comporta bien.

298

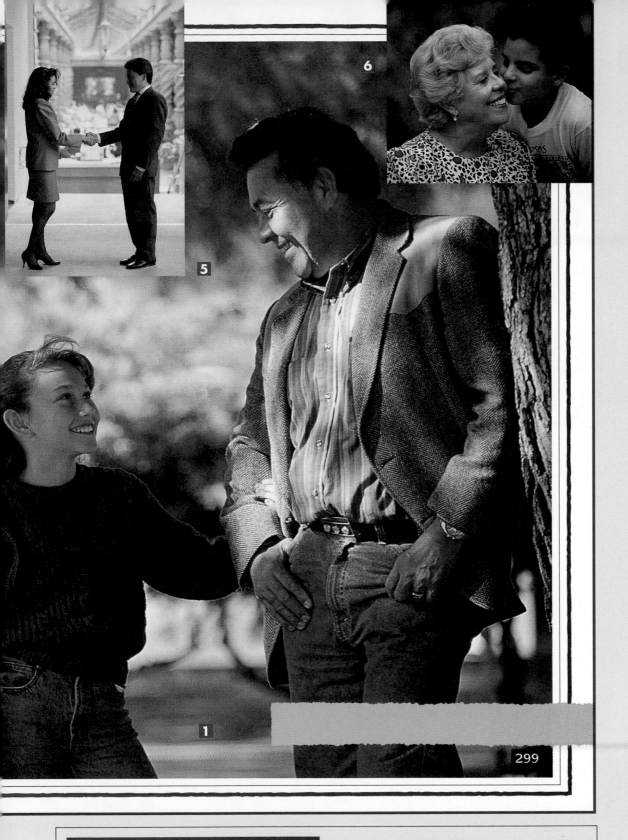

299

INDEPENDENT PRACTICE

Assign the following:
Workbook, *Un poco más*

CULMINACIÓN

RECYCLING

The activities in *Comunicación oral* and *Comunicación escrita* encourage students to use all the language they have learned in the chapter and recombine it with material from previous chapters.

Comunicación oral

ANSWERS

Actividades A, B, and C
Answers will vary.

INFORMAL ASSESSMENT

Activities A, B, and C can be used to assess speaking skills. Use the evaluation criteria given on page 24 of this Teacher's Wraparound Edition.

Comunicación escrita

ANSWERS

Actividades A, B and C
Answers will vary.

Comunicación oral

A **Saludos.** Mire las siguientes fotografías. Salude a cada persona apropiadamente. Ud. no quiere ser descortés. Mire las fotografías una vez más. Despídase de cada persona apropiadamente.

B **Convenciones de cortesía.** Trabaje con un(a) compañero(a) de clase. Imagínese que Ud. es de un país hispanohablante de la América del Sur. Hágale preguntas a su compañero(a) americano(a) sobre las convenciones de cortesía en los Estados Unidos. Su compañero(a) se las contestará.

C **Las profesiones.** Haga una lista de profesiones. Escriba varias oraciones describiendo las características que necesita una persona en cada una de las profesiones. Luego léale las oraciones a un(a) compañero(a) de clase. Su compañero(a) tiene que adivinar cuál es cada profesión. Cambien de papel.

Estudiante 1: **Es importante que sepa explicar bien.**
Es bueno que sea simpático.
Es necesario que tenga buena disciplina.

Estudiante 2: **Es un profesor.**

Comunicación escrita

A **La etiqueta.** Escriba un párrafo para un libro de etiqueta explicando algunas convenciones de cortesía y algunos ejemplos de buenos modales.

B **Los buenos modales.** Ud. está viajando por un país hispano. Escríbale una carta a un(a) amigo(a). En la carta descríbale algunas costumbres o convenciones de cortesía que Ud. ha notado (en que Ud. se ha fijado) en Latinoamérica que son distintas o diferentes de nuestras convenciones.

C **Los reglamentos.** Escríbale una nota a un(a) amigo(a) donde le dice cómo tiene que prepararse para el examen de español.

Es bueno que… y después es mejor que…

300 CAPÍTULO 11

Reintegración

■ **Cuando yo era joven.** Completen con el pretérito o el imperfecto.

1. Cuando María ＿＿ joven, siempre ＿＿ bien.
   (ser, comportarse)
2. Sus padres la ＿＿ y ella los ＿＿ . (adorar, adorar)
3. Ellos le ＿＿ mucho cariño. (tener)
4. Cuando María ＿＿ su cumpleaños, sus padres siempre
   ＿＿ una fiesta en su honor y le ＿＿ regalos.
   (celebrar, dar, comprar)
5. Sus abuelos y todos los otros parientes de María
   siempre ＿＿ a su fiesta de cumpleaños. Siempre ＿＿
   (venir, asistir)
6. Un año su abuelito ＿＿ a la fiesta con un regalo
   excepcional. (venir)
7. María ＿＿ cinco años. (tener)
8. Y su abuelito le ＿＿ una mascota, un perrito. (dar)
9. El perrito ＿＿ adorable. A María le ＿＿ mucho y
   ella ＿＿ muy contenta. (ser, gustar, estar)
10. María ＿＿ a su abuelito, ＿＿ en sus piernas y
    le ＿＿ un besito. (correr, sentarse, dar)

Vocabulario

SUSTANTIVOS

los modales
la cortesía
el comportamiento
el besito
el abrazo
la palmadita
la espalda
la mejilla

ADJETIVOS

cortés
descortés
educado(a)
malcriado(a)
íntimo(a)
menor
mayor

VERBOS

comportarse
saludar
tutear
despedirse
confiar
acercarse
desear
esperar
temer
tener miedo
preferir
mandar

OTRAS PALABRAS Y EXPRESIONES

el uno del otro
dar la mano
estrechar la mano
dar palmaditas
es bueno
es mejor
es fácil
es difícil
es importante
es necesario
es probable
es improbable
es posible
es imposible

CAPÍTULO 11   **301**

CHAPTER OVERVIEW

In this chapter, students will learn to describe and discuss several important holidays and family celebrations. They will learn some additional uses of the subjunctive, such as giving advice and making suggestions, using expressions of doubt and uncertainty, and expressing emotional reactions. The cultural focus of Chapter 12 is on important holiday celebrations, both religious and secular, in the Hispanic world.

CHAPTER OBJECTIVES

By the end of this chapter, students will know:
1. vocabulary associated with holidays and celebrations
2. the forms of the present subjunctive for radical changing verbs
3. the use of the subjunctive when giving advice and making suggestions
4. the use of the subjunctive when talking about actions that may or may not take place
5. the use of the subjunctive when expressing emotional reactions
6. the use of the subjunctive when expressing doubt or uncertainty

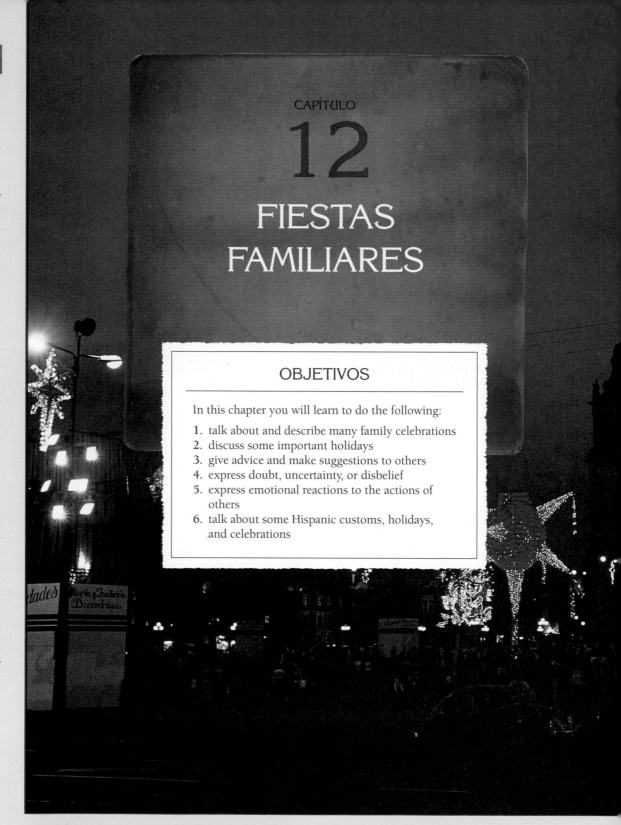

CAPÍTULO

12

FIESTAS FAMILIARES

OBJETIVOS

In this chapter you will learn to do the following:

1. talk about and describe many family celebrations
2. discuss some important holidays
3. give advice and make suggestions to others
4. express doubt, uncertainty, or disbelief
5. express emotional reactions to the actions of others
6. talk about some Hispanic customs, holidays, and celebrations

CHAPTER PROJECTS

(optional)

1. Have students prepare original greeting cards in Spanish for various holidays and occasions. Create a bulletin board display of the class's cards.
2. Have students select a holiday such as Christmas that is celebrated in both the Hispanic world and the U.S., and prepare a report comparing/contrasting the ways in which the holiday is celebrated in the two different cultures.
3. Have students prepare a report on either *el dos de noviembre* or *el seis de enero*.
4. Have students look for *tamales* in their local market and hold a party with *tamales* among the foods. If your school has a home economics department, you may have the class make their own *tamales*.

303

CHAPTER 12 RESOURCES

1. Workbook
2. Student Tape Manual
3. Audio Cassette 7B
4. Vocabulary Transparencies
5. Bell Ringer Review Blackline Masters
6. Communication Activities Masters
7. Computer Software: Practice and Test Generator
8. Video Cassette, Unit 3
9. Video Activities Booklet, Unit 3
10. Situation Cards
11. Chapter Quizzes
12. Testing Program

Pacing

Chapter 12 will require eight to ten class sessions. Pacing will depend on the length of the class period, the age of the students, and student aptitude.

GEOGRAPHY CONNECTION

The scene in the photo spread on pages 302-303 is the *Zócalo* in Mexico City. It is the largest paved square in the Western Hemisphere. Also known as the *Plaza de la Constitución*, it was constructed upon the same site as the main temple of Tenochtitlan, the ancient city of the Aztecs. The Spaniards built convents, mansions, and public buildings around the plaza. The majority of them are still standing. The Mexican government has designated the *Zócalo* as a national monument, and the *Zócalo*, together with the surrounding area, a *centro histórico*.

LEARNING FROM PHOTOS

Tell students that the scene on pages 302-303 is of Christmas in downtown Mexico City. The sign on the left reads *Alegría y Tradición Decembrina*. Ask students what this means. Also ask what holidays might be included in *alegría y tradición decembrina*. Have students say as much as they can about the photo.

Vocabulary Teaching Resources

1. Vocabulary Transparencies, 12.1 (*A & B*)
2. Audio Cassette 7B
3. Student Tape Manual, *Palabras 1*
4. Workbook pages *Palabras 1*
5. Communication Activities Masters, *A & B*
6. Chapter Quizzes, *Palabras 1*

Bell Ringer Review

Write the following on the board or use BRR Blackline Master 12-1: Complete each sentence with the correct form of the conditional tense of the verb in parentheses.

1. ¿Qué _____ tú en esta situación? (hacer)
2. ¿_____ Ud. ayudarme? (Poder)
3. Me _____ hacer un viaje a España. (gustar)
4. Yo _____ estudiar francés. (preferir)

PRESENTATION (*pages 304-305*)

A. With books closed, refer to Vocabulary Transparencies 12.1 (*A & B*) and have students repeat the new words, phrases, and sentences after you or Cassette 7B.
B. Have students open their books to pages 304-305 and call on volunteers to read the new words, phrases, and sentences.

CROSS-CULTURAL COMPARISON

Ask students: *Si el calendario es un calendario hispano, ¿qué día de la semana es el 4 de mayo? (viernes)*

304

VOCABULARIO

PALABRAS 1

¡FELIZ CUMPLEAÑOS!

el nacimiento

MAYO					
1	2	3	④	5	6
7	8	9	10	11	12	13
14	15	16	17	18	19	20
21	22	23	24	25	26	27
28	29	30	31			

El niño nació el cuatro de mayo.
El cuatro de mayo es el día de su nacimiento.
Se celebrará su cumpleaños el cuatro de mayo.

la iglesia

el padrino

el bautizo

la madrina

el cura

el niño

El cura bautiza al niño.
Los padres les piden a sus amigos que
    sean padrino y madrina.

304 CAPÍTULO 12

la vela
el pastel
la torta
el bizcocho
el salón del hotel

Rosalía cumple quince años.
Ella es quinceañera.
Sus padres le dan una fiesta.
La quinceañera se viste de gala.
Se reúne toda la familia.

el cementerio, el camposanto

la tumba

las flores

Los muertos o los difuntos son los que ya no viven, que han muerto.
Los difuntos están enterrados en las tumbas.

ABOUT THE LANGUAGE

1. The name for a baptismal font like the one shown on page 304 is *la pila de bautismo*. "Holy water" is *agua bendita*.
2. As shown on page 305, "cake" has a number of names in Spanish. In many areas it is called *"queik"* or *"queik de cumpleaños"*.
3. Other words for the clergy (*el clero*) are:
   priest: *cura, sacerdote* (Roman Catholic)
   minister: *ministro* (Protestant)
   rabbi: *rabino* (Jewish)
   imam: *imán* (Muslin)

DID YOU KNOW?

The cemetery in the illustration on page 305 is similar to a North American cemetery. Traditional village cemeteries in Spain consist of *nichos* in a wall, above ground, one on top of another. A family may retain one or more *nichos* for generations. Every few decades the bones may be removed to make room for another "tenant."

Ejercicios

Ejercicios A, C, and E
Exercises A, C, and E can be done with books open or closed.

Ejercicios B and D
Exercises B and D are to be done with books open.

ANSWERS

Ejercicio A
1. El niño nació el 4 de mayo.
2. Lo bautizaron en junio.
3. El cura lo bautizó.
4. Lo bautizó en la iglesia.
5. El señor Villabuena era el padrino.
6. Su esposa (la señora Villabuena) era la madrina.
7. Sí, los padres están contentos que sus amigos sirvan de padrinos.
8. Después de la ceremonia en la iglesia, hay una fiesta familiar en casa.

Ejercicio B
1. La muchacha tiene quince años.
2. Sus padres le dan una fiesta.
3. Se reúnen sus amigos y sus parientes.
4. Le dan (traen) regalos a la muchacha.
5. La recepción tiene lugar en (un salón de baile de) un hotel.
6. Sí, todos comen una rebanada (tajada) de torta.
7. Hay quince velas en la torta.
8. La quinceañera se viste de gala.

Ejercicios

A El bautizo. Contesten según se indica.

1. ¿Qué día nació el niño? (el 4 de mayo)
2. ¿Cuándo lo bautizaron? (en junio)
3. ¿Quién lo bautizó? (el cura)
4. ¿Dónde lo bautizó? (en la iglesia)
5. ¿Quién era el padrino? (el señor Villabuena)
6. ¿Y quién era la madrina? (su esposa)
7. ¿Están contentos los padres que sus amigos sirvan de padrinos? (sí)
8. ¿Qué hay después de la ceremonia en la iglesia? (una fiesta familiar en casa)

B La quinceañera. Contesten según el dibujo.

1. ¿Cuántos años tiene la muchacha?
2. ¿Qué le dan sus padres?
3. ¿Quiénes se reúnen?
4. ¿Qué le dan (traen) a la muchacha?
5. ¿Dónde tiene lugar la recepción?
6. ¿Comen todos una rebanada (tajada) de torta?
7. ¿Cuántas velas hay en la torta?
8. ¿Cómo se viste la quinceañera?

LEARNING FROM PHOTOS

Refer students to the photo at the top of page 306. Have them tell what is happening in it, including who each person is. The *padrinos* are much older than the parents. Who might the *padrinos* be?

C El cumpleaños. Completen.

1. El día que nace un niño o una niña es el día de su ___ .
2. En el futuro celebrarán su ___ en esta fecha.
3. El ___ es una ceremonia religiosa.
4. En la iglesia católica y en algunas otras iglesias cristianas el bautismo tiene lugar en la ___ .
5. Una muchacha que ___ quince años es una quinceañera.

D Preguntas. Formen preguntas.

1. El niño nació *el cuatro de mayo.*
2. *El cura* lo bautizó.
3. *Los padrinos* asistieron al bautizo.
4. El cura bautizó al niño *en la iglesia.*
5. Los padrinos estaban *contentos.*

E El camposanto. Contesten según se indica.

1. ¿Quiénes están enterrados en el cementerio? (los muertos)
2. ¿Cuál es otra palabra que significa muerto? (el difunto)
3. ¿Dónde están enterrados los difuntos? (en el camposanto)
4. ¿Cuál es otra palabra que significa camposanto? (el cementerio)
5. ¿Qué ponen los parientes de los difuntos en las tumbas? (flores)

Celebración del día de los Muertos en México

Ejercicio C
1. nacimiento
2. cumpleaños
3. bautizo
4. iglesia
5. cumple

Ejercicio D
1. ¿Cuándo nació el niño?
2. ¿Quién lo bautizó?
3. ¿Quiénes asistieron al bautizo?
4. ¿Dónde bautizó el cura al niño?
5. ¿Cómo estaban los padrinos?

Ejercicio E
1. Los muertos están enterrados en el cementerio.
2. El difunto es otra palabra que significa el muerto.
3. Los difuntos están enterrados en el camposanto.
4. El cementerio es otra palabra que significa camposanto.
5. Los parientes ponen flores en las tumbas de los difuntos.

DID YOU KNOW?

On November 2, *El día de los Muertos* (All Souls Day), is celebrated in most Hispanic countries. People visit the cemeteries. In parts of Mexico people bring offerings of food and drink to the dead. Cakes and candies in the form of skulls and skeletons are prepared for the occasion. The visit with the dead is an all-day outing.

INDEPENDENT PRACTICE

Assign any of the following:
1. Workbook, *Palabras 1*
2. Communication Activities Masters, *A & B*
3. Exercises on student pages 306-307

Bell Ringer Review

Write the following on the board or use BRR Blackline Master 12-2: Divide a piece of paper into two columns. Head one column *cortés* and the other *descortés*. Copy each of the following into the appropriate column.

1. llegar a una cita a la hora
2. empujar
3. ofrecer tu asiento a un anciano en el bus
4. comer con la boca cerrada
5. hablar con la boca llena
6. estrecharle la mano a alguien
7. tutear a un vendedor

PRESENTATION (*pages 308-309*)

A. Have students close their books. Model the *Palabras 2* vocabulary using Vocabulary Transparencies 12.2 (*A & B*). Have students repeat the new material after you or Cassette 7B.

VOCABULARIO

PALABRAS 2

¡FELIZ NAVIDAD Y PRÓSPERO AÑO NUEVO!

la Navidad

el árbol de Navidad

los camellos

los Reyes Magos

los regalos de Navidad, los aguinaldos

la Misa

La Navidad es el veinticinco de diciembre.
El 24 es la víspera de la Navidad, o Nochebuena.
La misa del gallo tiene lugar a la medianoche de la víspera de Navidad.

308 CAPÍTULO 12

PANTOMIME

Have students mime the following actions:
Abra tu regalo de Navidad.
Canta un villancico (Christmas carol).
Pon paja en tus zapatos.
Enciende una vela del candelabro.

DID YOU KNOW?

Los Reyes Magos son Gaspar, Melchor y Baltasar. La tradición es que le trajeron al Niño Jesús regalos de oro, incienso y mirra. La tradición también dice que el rey Baltasar era africano.

Los Reyes Magos van a llegar.
Traen regalos (aguinaldos).
Los niños ponen paja en sus zapatos.

Los padres les aconsejan a los niños que sean
buenos.
Les dicen que se comporten bien.
Los niños quieren que los Reyes les traigan
aguinaldos.

DICIEMBRE

					1	2
3	4	5	6	7	8	9
10	11	12	13	14	15	16
17	18	19	20	21	22	23
24 31	25	26	27	28	29	30

Hanuka es la fiesta de las luces.
Es una fiesta hebrea (de los judíos).
La fiesta dura ocho días.
La menora es un candelabro de siete brazos.
La menora para la fiesta de luces tiene nueve brazos.
Durante la fiesta los niños encienden las velas del candelabro.

B. After some practice, use questions such as the following to elicit the vocabulary: *¿Qué traen los Reyes Magos? ¿Qué ponen los niños en sus zapatos? ¿Qué es Hanuka? ¿Cuánto tiempo dura la fiesta de Hanuka? ¿Qué es la menora? ¿Cuándo tiene lugar la misa del gallo? ¿Quiénes quieren que los Reyes les traigan aguinaldos?*

Vocabulary Expansion

You may give students the names of a few Christmas carols in Spanish:
Noche de Paz (Silent Night)
Campana sobre Campana (Bells Over Bethlehem)
Navidad (Deck the Halls)
Paz en la Tierra (Joy to the World)

ABOUT THE LANGUAGE

La misa del gallo, on page 308, can be either midnight Mass or a Mass at dawn. The name comes from the cock's crow, *el canto del gallo*, which is always associated with the sunrise.

DID YOU KNOW?

1. Service workers of all kinds expect an *aguinaldo* (a money gift) at Christmas time. People receive Christmas greetings from the plumber, the mail carrier, the trash collector, etc. An envelope with a cash *aguinaldo* is the expected return greeting.

2. There are sizable Jewish populations in several countries in Latin America, Mexico, Panamá, and Argentina in particular.

Ejercicios

PRESENTATION (*page 310*)

Ejercicios A, B, C, and *D*

Exercises A, B, C, and D can be done with books open or closed.

Extension of *Ejercicio A:* Speaking

After completing Exercise A, have a volunteer give a description of Christmas in his/her own words.

Extension of *Ejercicio C:* Writing

After completing Exercise C, have students correct the false statements in writing.

Extension of *Ejercicio D:* Speaking

After completing Exercise D, have a volunteer describe Hanukkah in his/her own words.

ANSWERS

Ejercicio A

1. La Navidad es el veinticinco de diciembre.
2. El veinticuatro de diciembre es la víspera de la Navidad.
3. En la iglesia católica, la misa del gallo tiene lugar el veinticuatro de diciembre (Nochebuena).
4. En los Estados Unidos, los niños (y otros) reciben sus aguinaldos (regalos) el veinticinco de diciembre.
5. En los Estados Unidos, San Nicolás trae los aguinaldos.
6. En los Estados Unidos, las familias cristianas decoran el árbol de Navidad.

Ejercicio B

1. El veinticinco de diciembre
2. La misa del gallo
3. El camello
4. Un aguinaldo

Ejercicio C

1. Sí
2. No
3. Sí
4. Sí
5. No

Ejercicio D

1. Hanuka es la fiesta de las luces.
2. Los judíos celebran Hanuka.
3. La fiesta dura ocho días.

Ejercicios

A **La Navidad.** Contesten.

1. ¿Cuál es la fecha de la Navidad?
2. ¿Cuál es la fecha de la víspera de la Navidad?
3. En la iglesia católica, ¿cuándo tiene lugar la misa del gallo?
4. En los Estados Unidos, ¿cuándo reciben los niños (y otros) aguinaldos?
5. ¿Quién les trae los aguinaldos, San Nicolás (*Santa Claus*) o los Reyes?
6. Para la Navidad, ¿qué decoran las familias cristianas en los Estados Unidos?

B **Definiciones.** ¿Qué es?

1. el día que nació el niño Jesús
2. la misa que tiene lugar la medianoche de la víspera de la Navidad
3. un animal que sobrevive bien en el desierto
4. un regalo de Navidad

C **Algunas costumbres navideñas.** ¿Sí o no?

1. Los padres siempre les aconsejan a los niños que se comporten bien.
2. Los niños que son malos reciben aguinaldos.
3. La celebración de la Navidad es una costumbre cristiana.
4. El árbol de Navidad es una costumbre religiosa.
5. Los camellos llevan zapatos llenos de paja.

D **Hanuka.** Contesten según se indica.

1. ¿Qué es Hanuka? (la fiesta de las luces)
2. ¿Quiénes celebran Hanuka? (los judíos)
3. ¿Cuánto tiempo dura la fiesta? (ocho días)
4. ¿Cómo se llama el candelabro que se usa durante la fiesta de las luces? (la menora)
5. ¿Cuántos brazos tiene? (nueve)
6. ¿Quiénes encienden las velas? (los niños)
7. ¿Cuántas velas encienden cada noche de la fiesta? (una)

DID YOU KNOW?

The Christmas tree is not part of the Hispanic tradition. However, it is often found in Hispanic homes today, along with Santa Claus. The traditional Christmas display is the *nacimiento* or creche. The *nacimientos* come in infinite varieties. Some consist of primitive wood carvings. Some are made of finest porcelain. The simplest have the baby Jesus with Mary and Joseph. More elaborate *nacimientos* have the *Reyes Magos*, shepherds with their sheep, and a stable full of animals.

Comunicación

Palabras 1 y 2

A **La Navidad.** En los Estados Unidos las familias cristianas celebran la Navidad. Para ellas es una fiesta importante. Describa algunas costumbres navideñas tradicionales de los Estados Unidos.

B **Fiestas tradicionales.** Dígale a un(a) compañero(a) de clase todo lo que sabe sobre alguna fiesta tradicional, religiosa o cultural. Incluya información sobre el origen de la celebración, así como detalles de las ceremonias y las comidas tradicionales de la fiesta.

C **La familia.** Con un(a) compañero(a) de clase, prepare una conversación sobre fiestas familiares. Ud. hará las preguntas y su compañero(a) las contestará. Luego cambien de papel. Pregúntele:

1. si celebran la Navidad, Hanuka u otra ocasión religiosa
2. cómo celebran esos días
3. si cambian regalos entre todos o si se los dan sólo a los niños
4. si celebran el cumpleaños de cada miembro de la familia
5. cómo celebraron su último (*last*) cumpleaños
6. cuándo su familia tiene una reunión anual u otra ocasión cuando se reúnen todos

D **En las fiestas familiares.** Explíquele a un(a) compañero(a) de clase las fechas que celebran Ud. y su familia. Déjele saber por qué esas fechas son importantes. Dígale como las celebran. Cambien de papel.

---

4. La menora es el candelabro que se usa durante la fiesta de las luces.
5. Tiene nueve brazos.
6. Los niños encienden las velas.
7. Encienden una vela cada noche de la fiesta.

Comunicación
(*Palabras 1 and 2*)

Bell Ringer Review

Write the following on the board or use BRR Blackline Master 12-3: Complete the following impersonal expressions with a subjunctive clause:
1. Es necesario que...
2. Es importante que...
3. Es posible que...
4. Es mejor que...

PRESENTATION (*page 311*)

A. You may have students do any number of these activities. You may also allow students to select the activity(ies) in which they would like to take part.
B. After completing the activities, have each student prepare and present a description of one of his/her family holiday celebrations.

ANSWERS

Actividades A and B
Answers will vary.

Actividad C
Questions and answers will vary.

Actividad D
Answers will vary.

ABOUT THE LANGUAGE

In Spanish people often refer to *las Navidades.* The expression refers to the traditional twelve days of Christmas, commencing on the 25th of December and ending on Epiphany, the 6th of January.

CRITICAL THINKING ACTIVITY

(*Thinking skills: identifying causes; comparing and contrasting*)

El árbol de Navidad y Santa Claus no son parte de la tradición hispana. Pero hoy aparecen en muchas partes del mundo hispano durante las Navidades. ¿Cómo explicas esto?

INDEPENDENT PRACTICE

Assign any of the following:
1. Workbook, *Palabras 2*
2. Communication Activities Masters, *C & D*
3. Exercises and activities on student pages 310-311

ESTRUCTURA

Structure Teaching Resources

1. Workbook, *Estructura*
2. Student Tape Manual, *Estructura*
3. Audio Cassette 7B
4. Communication Activities Masters, *E–H*
5. Chapter Quizzes, *Estructura*
6. Computer Software, *Estructura*

Bell Ringer Review

Write the following on the board or use BRR Blackline Master 12-4: Make a list of things you have done so far today using the present perfect tense.

El subjuntivo de los verbos de cambio radical

PRESENTATION *(page 312)*

A. Have students open their books to page 312 and lead them through steps 1 and 2.
B. Write the forms of one or two of the verbs on the board.
C. Have students repeat the verb forms.
D. With books closed, call on volunteers to write conjugations of other verbs, following the model(s) which you have provided. Have the class repeat these forms.

El subjuntivo de los verbos de cambio radical

Expressing More Actions that May or May Not Take Place

1. Verbs that have a stem change in the present indicative also have a stem change in the present subjunctive. Observe the following.

(O > UE)		(E > IE)	
ENCONTRAR	PODER	CERRAR	PERDER
encuentre	pueda	cierre	pierda
encuentres	puedas	cierres	pierdas
encuentre	pueda	cierre	pierda
encontremos	podamos	cerremos	perdamos
encontréis	*podáis*	*cerréis*	*perdáis*
encuentren	puedan	cierren	pierdan

Verbs that follow the same *e > ie* pattern are *sentarse, comenzar, empezar,* and *pensar.* Verbs that follow the *o >ue* pattern are *acostarse, encontrar(se), recordar,* and *volver. Jugar* also changes to *-ue.*

2. Note that the verbs *dormir* and *sentir* have a stem change in every form of the present subjunctive. Verbs like *pedir* have an *-i* in all forms of the present subjunctive.

O > UE, U	E > IE, I	E > I
DORMIR	SENTIR	PEDIR
duerma	sienta	pida
duermas	sientas	pidas
duerma	sienta	pida
durmamos	sintamos	pidamos
durmáis	*sintáis*	*pidáis*
duerman	sientan	pidan

Morir is conjugated like *dormir,* and *preferir* is conjugated like *sentir. Repetir, freír, seguir,* and *servir* are conjugated like *pedir.*

FOR THE NATIVE SPEAKER

Have students study the following sentences. Ask them to indicate the mood for each verb: indicative, subjunctive, conditional, or imperative. If the verb is indicative, have them determine the tense, as well.

1. *Ramón, ¡no hables más!*
2. *Nadie te escuchará.*
3. *Todos dicen que tú hablas demasiado.*
4. *Yo espero que te calles.*
5. *¿Ves? Mientras te hablamos tú estás hablando.*
6. *Es imposible que tú aprendas nada.*
7. *Dudo que cambies.*
8. *Insistimos en que guardes silencio.*
9. *¡No vuelvas a decir nada!*

Ejercicio

Yo quiero. Sigan el modelo.

> Yo quiero ＿＿ .
> Él vuelve mañana.
> *Yo quiero que él vuelva mañana.*

1. Él vuelve mañana.
2. Él nos encuentra delante del restaurante.
3. Él se sienta a nuestra mesa.
4. Él pide algo bueno.
5. Él me recomienda un plato.
6. El mesero nos sirve ahora.

El subjuntivo con verbos como *pedir* y *aconsejar*

Giving Advice and Making Suggestions

1. The following verbs are followed by the subjunctive because even though one asks, advises, or tells someone to do something, it is not certain the person will do it. It may or may not happen.

pedir	*to ask*
rogar	*to beg, plead*
sugerir	*to suggest*
aconsejar	*to advise*
exigir	*to demand*
decir	*to tell (someone to do something)*
escribir	*to write (someone to do something)*

   Ellos le sugieren que termine con su trabajo en seguida.
   Él me recomienda que lo haga.
   Él nos aconseja que salgamos ahora.

2. Note too that an indirect object pronoun, *me, le,* etc. accompanies the above verbs. The indirect object pronoun serves as the subject of the dependent clause.

   Él me pide que (yo) vaya y yo le pido que (él) vaya.

3. The verbs *decir* and *escribir* are followed by the subjunctive only when they imply a command. If someone tells or writes about an event, the subjunctive is not used. Observe the following:

   Yo le digo que vaya.
   Yo le digo que el tren está llegando.
   Yo le escribo a mi abuela que la voy a visitar.
   Mi abuela me escribe que estudie.

CAPÍTULO 12   **313**

Ejercicios

PRESENTATION (*page 314*)

Ejercicios A and B

Exercises A and B can be done with books open or closed.

Variation of *Ejercicio C*: Paired Activity

Have pairs complete Exercise C. One partner reads the questions and the other responds with his/her book closed. Then partners can reverse roles.

ANSWERS

Ejercicio A

1. Mi primo me escribe que vaya a la fiesta.
2. ... que tome el tren.
3. ... que llegue un día antes de la fiesta.
4. ... que no vaya a un hotel.
5. ... que me quede en casa de mis tíos.

Ejercicio B

1. El profesor nos aconseja que lleguemos a clase a tiempo.
2. ... nos sentemos en seguida.
3. ... no digamos nada a nadie, que nos callemos.
4. ... contestemos (a) sus preguntas.
5. ... hagamos preguntas si no comprendemos
6. ... estudiemos.
7. ... hagamos nuestras tareas con cuidado.
8. ... escribamos claramente.

Ejercicio C

1. Sí, mis padres me aconsejan que sea bueno(a).
2. ... me porte bien.
3. Sí (No), mis padres (no) me piden que ayude con las tareas domésticas.
4. Sí, mis padres me piden que les diga adónde voy y con quiénes.
5. ... sugieren que haga mis tareas antes de poner la televisión.
6. Sí (No), mis padres (no) me dicen que me acueste antes de las diez y media.

314

Ejercicios

A ¿Qué te escribe tu primo? Sigan el modelo.

> Mi primo me escribe.
> ir a la fiesta
> *Mi primo me escribe que vaya a la fiesta.*

1. ir a la fiesta
2. tomar el tren
3. llegar un día antes de la fiesta
4. no ir a un hotel
5. quedarse en casa de mis tíos

B El profesor nos aconseja. Sigan el modelo.

> El profesor nos aconseja.
> Llegamos a clase a tiempo.
> *El profesor nos aconseja que lleguemos a clase a tiempo.*

1. Llegamos a clase a tiempo.
2. Nos sentamos en seguida.
3. No decimos nada a nadie. Nos callamos.
4. Contestamos a sus preguntas.
5. Hacemos preguntas si no comprendemos.
6. Estudiamos.
7. Hacemos nuestras tareas con cuidado.
8. Escribimos claramente.

C Mis padres. Contesten.

1. ¿Tus padres te aconsejan que seas bueno?
2. ¿Tus padres te aconsejan que te comportes bien?
3. ¿Tus padres te piden que ayudes con las tareas domésticas?
4. ¿Tus padres te piden que les digas adónde vas y con quiénes?
5. ¿Tus padres te sugieren que hagas tus tareas antes de poner la televisión?
6. ¿Tus padres te dicen que te acuestes antes de las diez y media?

314 CAPÍTULO 12

LEARNING FROM PHOTOS

Refer students to the photo at the top of page 314 and ask: *¿Dónde están las tres personas? ¿Qué son ellos? ¿Qué puedes decir de la ropa que ellos llevan?* (The students are wearing uniforms.)

INDEPENDENT PRACTICE

Assign any of the following:

1. Workbook, *Estructura*
2. Communication Activities Masters, *E & F*
3. Exercises on student pages 313-314

El subjuntivo con expresiones de duda

Expressing Doubt or Uncertainty

1. The subjunctive is always used after any expression that implies doubt.

   Yo dudo que ellos lleguen hoy.
   Y Elena no cree que vengan mañana tampoco.

2. Note, however, that if the statement implies certainty rather than doubt, the indicative, not the subjunctive, is used.

   Yo no dudo que ellos van a llegar.
   Y creo que llegarán hoy.

3. Note also that after an expression that implies certainty, the future is often used. Review the following expressions of doubt and certainty.

SUBJUNCTIVE	INDICATIVE
dudar	no dudar
es dudoso	no es dudoso
no estar seguro(a)	estar seguro(a)
no creer	creer
no es cierto	es cierto

Ejercicios

A ¿Lo crees o no lo crees? Comiencen la oración con *creo* o *no creo*.

1. El mundo es redondo.
2. Hace calor en la Antártida.
3. Los coches contaminan el aire.
4. Los aviones vuelan a una altura de un millón de metros.
5. Los trenes son mucho más rápidos que los aviones.

CAPÍTULO 12 **315**

PRESENTATION (*page 316*)

ANSWERS

Ejercicio B

Answers will vary.

1. Creo que mi mejor amigo(a) va a recibir una "A" en todos sus cursos. (Dudo que mi mejor amigo[a] reciba una "A" en todos sus cursos.)

2. Creo que mi mejor amigo(a) va a asistir a la universidad. (Dudo que mi mejor amigo[a] asista a la universidad.)

3. Creo que mi mejor amigo(a) va a ser médico(a). (Dudo que mi mejor amigo[a] sea médico[a].)

4. Creo que mi mejor amigo(a) va a tener una familia grande. (Dudo que mi mejor amigo[a] tenga una familia grande.)

Ejercicio C

1. invita
2. sea
3. es
4. dé
5. va
6. alquile
7. recibe

El subjuntivo con expresiones de emoción

PRESENTATION (*page 316*)

A. Have students open their books to page 3l6 and lead them through steps 1 and 2.

B. Call on volunteers to read the sample sentences aloud.

Note The use of the subjunctive after these expressions does not fit the general rule that it be used when it is uncertain whether or not an event will take place. Emphasize here that the subjunctive is used due to the subjective nature of the statements, as explained in step 1.

316

B **Mi mejor amigo(a).** Contesten con *creo* o *dudo*.

1. ¿Tu mejor amigo(a) va a recibir una "A" en todos sus cursos?
2. ¿Va a asistir a la universidad?
3. ¿Va a ser médico(a)?
4. ¿Va a tener una familia grande?

C **Una fiesta.** Completen.

1. Yo creo que él nos ____ . (invitar)
2. Dudo que la fiesta ____ el domingo. (ser)
3. Estoy seguro(a) que ____ el sábado. (ser)
4. Yo dudo que él ____ la fiesta en casa. (dar)
5. Yo creo que ____ a dar la fiesta en un hotel. (ir)
6. Yo lo dudo. Dudo que él ____ un salón en un hotel. (alquilar)
7. Es cierto que él ____ muchos regalos. (recibir)

Una fiesta en San Juan, Puerto Rico

El subjuntivo con expresiones de emoción	Expressing Emotional Reactions to the Actions of Others

1. The subjunctive is required in the dependent clause after any expression or verb that expresses an emotion. The subjunctive is used because it is a subjective opinion. One may be happy over the fact, but someone else may be sad.

   Me alegro de que él lo sepa.
   Te alegras, ¿de veras? Yo no. Yo estoy triste que él lo sepa.

   ¿Sientes que él vaya?
   Yo no. Estoy contento que él vaya.

2. The following are verbs and expressions that are used to convey emotions.

   alegrarse de
   estar alegre
   estar contento(a)
   estar triste
   sentir
   ser una lástima
   sorprender

316 CAPÍTULO 12

Ejercicios

A **Me alegro.** Sigan el modelo.

> Él lo sabe.
> *Me alegro de que él lo sepa y mi hermano*
> *siente que él lo sepa.*

1. Él lo sabe.
2. Él viene.
3. Él tiene las noticias.
4. Él nos dice lo que está pasando.
5. Él no guarda secretos.

B **Una fiesta.** Contesten.

1. ¿Te alegras de que yo vaya a la fiesta?
2. ¿Te alegras de que esté Ramón también?
3. ¿Sientes que no vaya su hermana?
4. ¿Te sorprende que ella no esté?
5. ¿Pero estás contento(a) que ella se encuentre mejor?

C **El pobre Luis.** Completen.

1. Estoy triste que Luis no ____ . (venir)
2. Me sorprende que él ____ enfermo. (estar)
3. Siento que él ____ en el hospital. (estar)
4. Estoy contento que su condición se ____ . (mejorar)
5. Es una lástima que él ____ que guardar cama. (tener)

¡Que te mejores pronto!

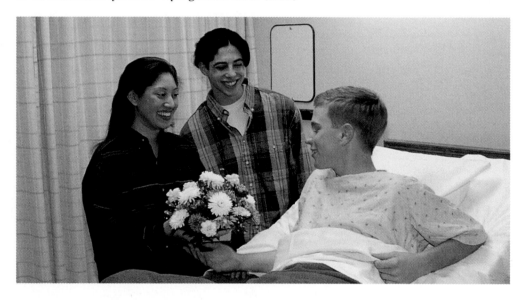

CAPÍTULO 12 **317**

Ejercicios
PRESENTATION (*page 317*)

Ejercicios A, B, and C
Exercises A, B, and C can be done with books open or closed.

ANSWERS
Ejercicio A
1. **Me alegro de que él lo sepa y mi hermano siente que él lo sepa.**
2. **Me alegro de que él no venga y mi hermano siente que él no venga.**
3. **Me alegro de que él tenga las noticias y mi hermano siente que él tenga las noticias.**
4. **Me alegro de que él nos diga lo que está pasando y mi hermano siente que él nos diga lo que está pasando.**
5. **Me alegro de que él no guarde secretos y mi hermano siente que él no guarde secretos.**

Ejercicio B
1. **Sí, me alegro de que tú vayas a la fiesta.**
2. **Sí, me alegro de que esté Ramón también.**
3. **Sí, siento que no vaya su hermana.**
4. **Sí, me sorprende que ella no esté.**
5. **Sí, estoy contento(a) que ella se encuentre mejor.**

Ejercicio C
1. **Estoy triste que Luis no venga.**
2. **Me sorprende que él esté enfermo.**
3. **Siento que él esté en el hospital.**
4. **Estoy contento(a) que su condición se mejore.**
5. **Es una lástima que él tenga que guardar cama.**

COOPERATIVE LEARNING

Have teams create conversations for the three people in the photo at the bottom of page 317. A fourth team member can act as announcer, giving a brief background for the characters and setting the scene. Have teams present their conversations to the class.

INDEPENDENT PRACTICE

Assign any of the following:
1. Workbook, *Estructura*
2. Communication Activities Masters, *G & H*
3. Exercises on student pages 315-317

CONVERSACIÓN

Escenas de la vida *El cumpleaños de Lupe*

CHEFA: Lupe, ¿cuándo es tu cumpleaños?
LUPE: El día diez de julio.
CHEFA: ¿Cuántos años vas a cumplir?
LUPE: Dieciséis.
CHEFA: ¿Vas a tener una fiesta?
LUPE: ¡Claro! Creo que voy a invitar a toda mi familia.
CHEFA: ¿Tienes una familia grande?
LUPE: Sí, somos muchos. Y me alegro de que seamos muchos.
CHEFA: Yo sé por qué. No hay duda que recibirás muchos regalos.

La fiesta. Contesten según la conversación.

1. ¿Cuándo es el cumpleaños de Lupe?
2. ¿Cuántos años va a cumplir?
3. ¿Habrá una fiesta en honor de su cumpleaños?
4. ¿A quiénes va a invitar?
5. ¿Por qué sabe Lupe que ella va a recibir muchos regalos?

318 CAPÍTULO 12

Comunicación

A **Consejero.** Aconseje a un(a) amigo(a) sobre lo que debe hacer en cada una de las siguientes situaciones. Luego cambien de papel.

> **si Mamá está triste**
> Estudiante 1: ¿Qué debo hacer si Mamá está triste?
> Estudiante 2: Te aconsejo que le des un besito.

1. si Mamá está triste
2. si recibo mala nota en un examen
3. si mi amigo(a) se enfada conmigo
4. si pierdo las llaves de mi casa
5. si mi hermano(a) me rompe un disco
6. si olvido el cumpleaños de mi madre/padre
7. si rompo un vaso de cristal

B **Mi horóscopo.** Aquí tiene Ud. su horóscopo. Dígale a un compañero(a) de clase lo que dice. Él o ella le indicará si lo cree o si lo duda y le dirá las razones por su respuesta. Luego cambien de papel.

1. Me voy a enamorar.
2. Voy a perder mucho dinero.
3. Voy a recibir buenas noticias.
4. Voy a recibir malas noticias.
5. Voy a ganar la lotería.

C **¿Pasará o no?** Con un(a) compañero(a) de clase determinen las cosas o los eventos que Uds. creen que van a pasar u ocurrir en su vida y cosas que no creen que pasen ni ocurran. Luego comparen Uds. sus dos listas para determinar lo que Uds. tienen en común.

D **Algunas emociones.** Prepare Ud. una lista de cosas que le ponen contento(a) y cosas que le ponen triste.

> **Estoy contento(a) que…**
> **Y estoy triste que…**

These activities encourage students to reincorporate previously learned vocabulary and structures and use them on their own. You may select those activities that you consider most appropriate, or you may allow students to select the ones in which they would like to participate.

ANSWERS
Actividades A–D
Answers will vary.

DID YOU KNOW?

Students should know the difference between la astronomía and la astrología. You may wish to ask: *¿Es la astronomía o la astrología?*

1. *La ciencia que trata de todo lo que se refiere a los astros: las estrellas, los planetas, etc., y especialmente de sus movimientos. Algunos descubrimientos son los cuásars, los púlsars y agujeros negros.*

2. *El arte de tratar de determinar el futuro por la situación y aspecto de los planetas.*

LECTURA Y CULTURA

Bell Ringer Review

Write the following on the board or use BRR Blackline Master 12-8: Complete the sentences with the correct form and tense of the verb in parentheses.

1. Esta mañana yo _____ el autobús para ir a la escuela. (tomar)
2. Se _____ los frenos para parar el carro. (poner)
3. Cuando era joven, yo _____ tomar el tren. (preferir)
4. Por más dinero, yo _____ alquilar un coche. (poder)
5. Mañana, yo _____ otra vez en la parada del autobús. (estar)

READING STRATEGIES

(page 320)

Note It is recommended that you present the *Lectura y Cultura* as thoroughly as you feel is necessary based on the interests of your students.

Pre-Reading

Tell students they are going to read about several important celebrations in the lives of many Hispanic people.

Reading

A. Have students open their books to page 320 and ask them to read the selection once silently.

B. Call on individuals to read about half a paragraph aloud at a time. Ask comprehension questions about the portion read and call on other students to answer them.

Post-reading

Call on volunteers to summarize what was read in their own words.

DESDE EL NACIMIENTO HASTA LA MUERTE

No hay duda que se considera a la familia el núcleo principal de las sociedades hispanas. La familia es sumamente importante y también son importantes las fiestas y celebraciones familiares. Durante estas festividades se reúne toda la familia—hasta los parientes lejanos[1].

Poco después del nacimiento de un niño, un nuevo miembro de la familia, tiene lugar el bautizo. Llevan al niño a la iglesia donde recibe el sacramento del bautismo. (La religión predominante en los países hispanos es el catolicismo, aunque hoy en día están en aumento las iglesias pentacosteses y evangélicas.) Después de la ceremonia en la iglesia hay una fiesta donde se ofrecen comida y refrescos en la casa de los padres. Para el bautizo del niño los padres escogen[2] a un padrino y a una madrina. Es una decisión importante porque el padrino y la madrina van a formar parte de la familia. Y es posible que ellos tengan que sustituir a los padres naturales.

La Navidad, o las Navidades, duran desde la Navidad, el 25 de diciembre, hasta Reyes, el 6 de enero. Muchas familias van a la misa del gallo, a la medianoche el día 24 de diciembre, la Nochebuena. En cada país se preparan platos especiales para Navidad. En España, el pavo[3] es tradicional; en el Caribe, el lechón y postres típicos. En muchas partes del mundo hispano, los niños no reciben sus regalos el 25 de diciembre. Los reciben el 6 de enero, el día de los Reyes. Es el día en que llegaron los Reyes Magos a Belén con regalos para el niño Jesús. Para la visita de los Reyes, los niños ponen sus zapatos en la puerta de la casa. En los zapatos ponen paja para los camellos. No quieren que los camellos pasen hambre. Los padres les aconsejan a los hijos que sean buenos y que se comporten bien para que los Reyes les dejen regalos en los zapatos.

Tampoco se puede olvidar[4] a los parientes que ya no están con nosotros, porque se han muerto. El dos de noviembre es el día de los Difuntos. Todos van al cementerio a poner flores en las tumbas de los miembros difuntos de la familia. En México y en el Perú, dos países con grandes poblaciones indígenas, los indios se visten de sus mejores ropas y van al cementerio con canastas llenas de comida. Ponen flores, velas y canastas de comida en las tumbas. Cantan a los parientes que ya están en el paraíso[5]. Ofrecen comida a los difuntos y después ellos comen y se divierten. Es una fiesta alegre, no triste, en honor de los parientes muertos. Comen pasteles y bizcochos en forma de esqueletos.

[1] parientes lejanos   *distant relatives*
[2] escogen   *choose*
[3] el pavo   *turkey*
[4] olvidar   *forget*
[5] paraíso   *paradise*

COOPERATIVE LEARNING

Have each team develop a proposal for a national holiday. They may choose the event or person they wish to celebrate. In their proposal, they should present the reasons for their selection. They might begin their proposal with: *Nosotros queremos que se celebre…*

Estudio de palabras

■ **¿Cuál es el sustantivo?** Escojan.

1.	reunir	a.	el consejo
2.	comer	b.	la creencia
3.	decidir	c.	el comportamiento
4.	nacer	d.	la reunión
5.	morir	e.	la llegada
6.	creer	f.	la comida
7.	llegar	g.	la muerte
8.	aconsejar	h.	la decisión
9.	comportarse	i.	el nacimiento

Comprensión

A **¿Cuándo son las fiestas?** Contesten.

1. ¿Cuándo es o cuándo tiene lugar el bautizo?
2. ¿Dónde tiene lugar el bautizo?
3. ¿Cuál es la fecha de la Navidad?
4. ¿Cuándo tiene lugar la misa del gallo?
5. ¿Qué es el seis de enero?
6. ¿Cuándo reciben los niños hispanos sus regalos?
7. ¿Quiénes se los traen?
8. ¿Dónde los ponen?
9. ¿Y qué ponen los niños en los zapatos? ¿Por qué?
10. ¿Cuándo van todos al cementerio?
11. ¿Qué ponen en las tumbas de los parientes muertos?

B **Datos de interés.** Den la información.

1. la religión predominante en los países hispanos
2. un sacramento de la iglesia católica
3. religiones en aumento en los países hispanos
4. dos países que tienen una gran población indígena

C **Explicaciones.** Contesten.

1. Explique por qué el seis de enero es el día de los Reyes y por qué los niños reciben sus aguinaldos ese día.
2. Explique lo que hacen los indios el día de los Muertos y por qué.

Estudio de palabras
ANSWERS

1.	d	4.	i	7.	e
2.	f	5.	g	8.	a
3.	h	6.	b	9.	c

Comprensión

PRESENTATION (*page 321*)

Comprensión A
   Exercise A deals with factual recall.

Comprensión B
   Exercise B has students scan for information.

Comprensión C
   Exercise C has students explain and summarize two celebrations.

ANSWERS

Comprensión A
1. **El bautizo tiene lugar poco después que nace un niño.**
2. **El bautizo tiene lugar en la iglesia.**
3. **La Navidad es el veinticinco de diciembre.**
4. **La misa del gallo tiene lugar el veinticuatro de diciembre.**
5. **El seis de enero es el día de los Reyes Magos.**
6. **Los niños hispanos reciben sus regalos el seis de enero.**
7. **Los Reyes Magos se los traen.**
8. **Los ponen en los zapatos de los niños.**
9. **Los niños ponen paja en los zapatos para que los camellos (de los Reyes) no pasen hambre.**
10. **Van al cementerio el dos de noviembre, el día de los Difuntos (muertos).**
11. **Ponen flores en las tumbas.**

Comprensión B
1. **La religión católica es la religión predominante en los países hispanos.**
2. **El bautizo es un sacramento de la iglesia católica.**
3. **Las iglesias pentecosteses y evangélicas están en aumento en los países hispanos.**
4. **México y el Perú son dos países que tienen una gran población indígena.**

Comprensión C
Answers will vary.

   Have students describe the photo on page 321 as completely as possible. You may wish to ask questions such as: *¿Dónde están los zapatos? ¿Son zapatos de adulto o de niño? ¿Quién los puso allí? ¿Por qué los puso allí? ¿Qué hay en los zapatos? ¿Quiénes o qué van a comer la paja? ¿Qué día es, probablemente?*

   Assign any of the following:
1. Workbook, *Un poco más*
2. Exercises on student page 321

DESCUBRIMIENTO CULTURAL

PRESENTATION *(pages 322-323)*

You may choose sections of this *Descubrimiento* which you think will be of particular interest to your students. Or you may allow different students to read different sections.

Note The first paragraph deals with the celebration of Roman Catholic Baptism, the second with Hanukkah, and the third with Roman Catholic Holy Week.

GEOGRAPHY CONNECTION

Seville is the capital of the province of Seville, and the major city of the region of *Andalucía*. During the period of discovery and colonization of the Americas, *la Casa de Contratación* was established by King Ferdinand and Queen Isabella in Seville (1503) to take care of all commercial dealings in the New World.

The photo on page 322 is of *Semana Santa* (Holy Week) in Seville. Processions are held during Holy Week in most Spanish cities and towns, but those of Seville are the most renowned. The large float shown is carried by dozens of men whose feet can be seen beneath the cloth. The floats weigh tons and the men have to stop often to rest. The *cofradías* are groups of people who sponsor the float and march behind it. The floats depict scenes from the crucifixion of Christ.

---

*L*a selección de los padrinos es una decisión importante porque es posible que estas personas tengan que asumir la obligación de criar y mantener a sus ahijados en el caso de la muerte de los padres naturales. Por eso una familia pobre trata de encontrar a una persona de importancia y de suficientes recursos económicos para que sea padrino o madrina de su hijo. El padrino o la madrina de un niño de la clase alta debe saber manejar la herencia del ahijado si es necesario. Ser padrino o madrina es una obligación importante, y como ya saben Uds., estas personas se consideran parte de la familia de su ahijado o ahijada.

Los adherentes de la religión judía, los judíos, no celebran la Navidad. En diciembre los judíos celebran Hanuka o el festival de las luces. Este festival empieza el 25 del mes hebreo de Kislen y dura ocho días, hasta el 2 de Tevet. Hanuka conmemora la rededicación del Templo de los Macabeos después de su victoria contra los sirios bajo el rey Antíoco IV. Cada noche, los miembros de la familia judía encienden una vela en la menora.

Hay una fiesta cristiana que coincide con una fiesta judía por muy claras razones históricas. Se trata de la Pascua. Para los cristianos la Pascua o Pascua Florida, conmemora la resurrección de Jesucristo. Pero la palabra "pascua" viene del hebreo "pesah" que es la fiesta más solemne de los judíos porque conmemora la libertad del cautiverio en Egipto. La Semana Santa de los cristianos tiene lugar durante la misma época del año que la Pascua judía. Jesucristo estuvo en Jerusalén para la Pascua cuando murió. La Semana Santa, en los países hispanos, es notable por las procesiones y ceremonias religiosas. Las procesiones de Semana Santa en Sevilla tienen fama mundial.

Semana Santa en Sevilla, España

Y AQUÍ EN LOS ESTADOS UNIDOS

En 1492 los Reyes Católicos expulsaron a los árabes y a los judíos de España. Algunos judíos fueron a Holanda, y de Holanda a Angloamérica. Otros salieron para el Nuevo Mundo con los colonizadores españoles. Muchos, para evitar la persecución, decían que eran cristianos, pero seguían practicando su religión.

En 1992, unos antropólogos norteamericanos, haciendo unas investigaciones en Nuevo México, encontraron familias "católicas" que, sin saber por qué, seguían unas tradiciones familiares muy curiosas durante la Pascua Florida. Iban a un lugar escondido[1], y allí encendían un candelabro de nueve brazos, y comían unos platos especiales. Cuando se les preguntó si eran judíos, contestaron que no, que eran católicos. ¿Por qué la comida escondida y el candelabro de nueve brazos? No sabían qué contestar, excepto que era "una tradición familiar".

[1] escondido *hidden*

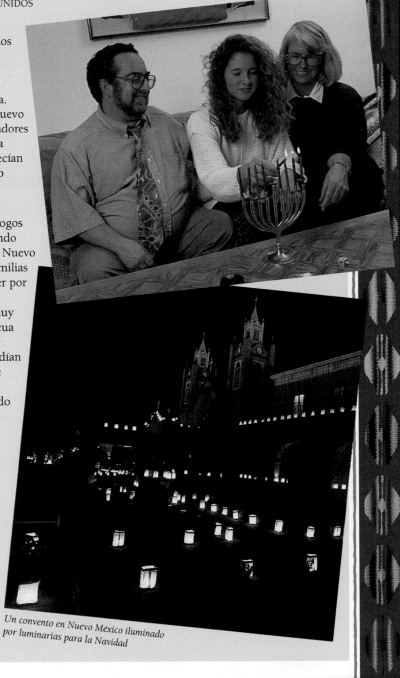

Un convento en Nuevo México iluminado por luminarias para la Navidad

HISTORY CONNECTION

The first Spanish settlement in New Mexico was in 1598, although there had been explorations under Coronado and Cabeza de Vaca as early as 1528. Santa Fe became the Spanish capital of *el reino y las provincias de Nuevo México* in 1610. A number of important missions were founded in New Mexico in the 16th and 17th centuries.

LEARNING FROM PHOTOS

Refer students to the photo at the top of page 323 and say: *La muchacha está encendiendo las velas de la menora. ¿De qué religión es la familia? ¿Qué día están celebrando?* Bottom photo: *Las luminarias son luces que se ponen en ventanas, balcones, torres y calles durante las fiestas públicas.*

REALIDADES

(The Realidades section is optional.)

Bell Ringer Review

Write the following on the board or use BRR Blackline Master 12-9: Put the following scrambled conversation into a logical order.

1. ¿De parte de quién?
2. ¿Puedo dejarle un mensaje?
3. ¿Está el señor Salas, por favor?
4. ¡Hola!
5. De acuerdo.
6. De Roberto Díaz.
7. Lo siento, pero no está.
8. Un momento. Favor de no colgar.

PRESENTATION *(pages 324-325)*

A. Allow students time to look at the photographs on pages 324-325 and to discuss them among themselves. Invite them to share their questions and comments.

B. Refer to **Photo 5** and say: *Las posadas son una costumbre tradicional de Navidad en México y el sudoeste de los EE.UU. La gente va de casa en casa como San José y la Virgen María, buscando "posada", un lugar en dónde dormir. Después de pedir varias veces, pueden entrar, y la gente de la casa les ofrece algo de comer o beber.*

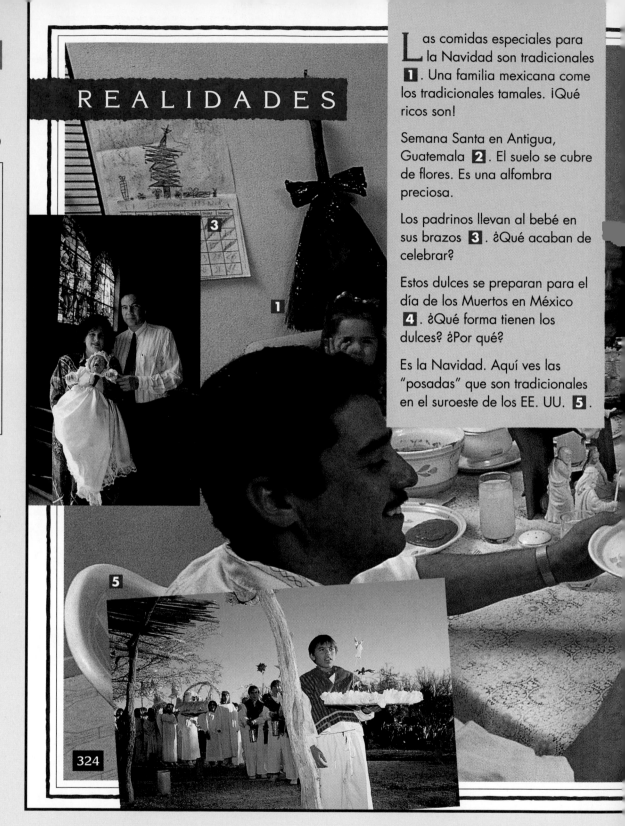

REALIDADES

Las comidas especiales para la Navidad son tradicionales **1**. Una familia mexicana come los tradicionales tamales. ¡Qué ricos son!

Semana Santa en Antigua, Guatemala **2**. El suelo se cubre de flores. Es una alfombra preciosa.

Los padrinos llevan al bebé en sus brazos **3**. ¿Qué acaban de celebrar?

Estos dulces se preparan para el día de los Muertos en México **4**. ¿Qué forma tienen los dulces? ¿Por qué?

Es la Navidad. Aquí ves las "posadas" que son tradicionales en el suroeste de los EE. UU. **5**.

324

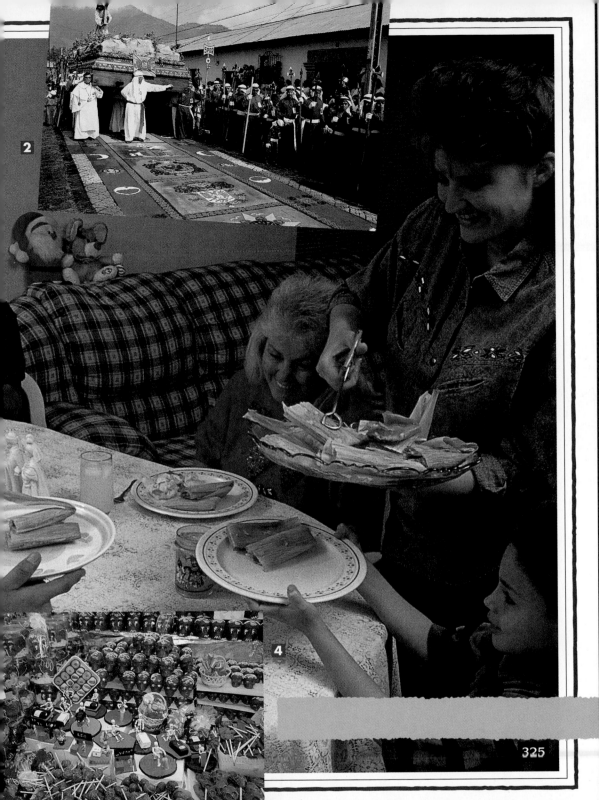

2

4

325

The *posadas* at Christmas time have people going from house to house, visiting their neighbors as part of a traditional Christmas ceremony. Ask students if they see any similarity between *las posadas* and any English or American Christmas tradition. Tell students: *En las posadas, las personas van de casa en casa "pidiendo posada". ¿Tienen los norteamericanos alguna tradición similar?*

FOR THE NATIVE SPEAKER

Have students write a description of their own family traditions for *el día de los muertos* or *el día de todos los santos*.

325

CULMINACIÓN

RECYCLING

The activities in *Comunicación oral* and *Comunicación escrita* encourage students to use all the language they have learned in the chapter and to recombine it with material from previous chapters. It is not necessary to do all the activities with all students. Select the ones you consider most appropriate or allow students to choose the ones they wish to do.

Comunicación oral

ANSWERS

Actividad A

Answers will vary according to the model.

Actividad B

Answers will vary.

INFORMAL ASSESSMENT

Activities A and B can be used to assess speaking skills. Use the evaluation criteria given on page 24 of this Teacher's Wraparound Edition.

Comunicación escrita

ANSWERS

Actividades A and B

Answers will vary.

Comunicación oral

A **Un cumpleaños especial.** Haga una lista de los regalos que le gustaría dar a cada miembro de su familia y a sus amigos para su cumpleaños. Enséñele la lista a un(a) compañero(a) de clase. Él o ella le dirá que compre otra cosa. Cambien de papel.

> Estudiante 1: A mi mamá le voy a dar (regalar) un vestido.
> Estudiante 2: No creo que le guste un vestido. Es mejor que le des (regales) una blusa.

B **Quince o dieciséis.** Haga Ud. algunas comparaciones culturales. Trabaje con un(a) compañero(a) de clase. Uno(a) de Uds. describirá lo que es el "sweet sixteen". El otro o la otra describirá la fiesta de la quinceañera. Luego hagan algunas comparaciones entre las dos fiestas.

Comunicación escrita

A **Una carta.** Escriba una carta a una persona en un país hispano. Explíquele cuál es su día de fiesta o celebración favorita. Descríbasela y explíquele por qué le gusta tanto y por qué es su favorita.

B **Otra carta.** Ud acaba de recibir una carta de un buen amigo en Paraguay. Le ha escrito muchas noticias. Contéstele usando las siguientes expresiones.

1. Me alegro de que…
2. Pero, siento que…
3. Me sorprende que…
4. No puedo creer que…
5. Es fantástico que…
6. Espero que…

COOPERATIVE LEARNING

Refer to the ads on pages 326-327. Have teams choose either "Fiesta Planners" or *el Palacio de Hierro*, and create a radio ad for their choice. They should completely script the ad. Have them select one or more of their group to give the ad "on the air" to the entire class. You may wish to actually record the ads. Encourage students to be creative!

Reintegración

A Regalos. Contesten.

1. ¿Qué compraste para tu padre o para tu madre? ¿Por qué se lo/la compraste? ¿Para cuándo o qué ocasión? ¿Dónde lo/la compraste?
2. ¿Qué compraste para un(a) hermano(a)? ¿Por qué se lo/la compraste? ¿Para cuándo o qué ocasión? ¿Dónde lo/la compraste?
3. ¿Qué compraste para un(a) amigo(a)? ¿Por qué se lo/la compraste? ¿Para cuándo o qué ocasión? ¿Dónde lo/la compraste?

B Cuestión de gustos. Sigan el modelo.

Juan quiere estos zapatos.
Le gustan.

1. Yo quiero esta mochila.
2. Ella quiere estos esquís.
3. Yo quiero esta raqueta.
4. Ellos quieren esta calculadora.
5. Quieres estas cintas.
6. Queremos este disco.
7. Quiero esta camisa.
8. Elena quiere estos tenis.

Llene su trineo de ahorros en la

Venta Prenavideña

Con su Tarjeta Palacio, compre en noviembre y pague en enero.

El Palacio de Hierro

No hay otra venta como una venta de El Palacio.

Durango y Centro abierto diariamente de 10 a.m. a 7 p.m. Miércoles y Sábados hasta las 8 p.m.

Vocabulario

SUSTANTIVOS

el nacimiento
el/la niño(a)
el bautizo
la iglesia
el cura
la madrina
el padrino
el cumpleaños
la quinceañera
el/la muerto(a)
el/la difunto(a)
el cementerio
el camposanto
la tumba
las flores
la torta
el pastel
el bizcocho
el salón del hotel

la Navidad
el árbol de Navidad
el zapato
la paja
los Reyes Magos
el camello
el regalo de Navidad
el aguinaldo
la misa
la misa del gallo
la víspera
la Nochebuena
la fiesta de las luces
el judío
la menora
el candelabro
el brazo
la vela

ADJETIVOS

hebreo

VERBOS

nacer
bautizar
cumplir (años)
alegrarse de
vivir
morir
enterrar
sentir
reunirse
encender
rogar
sugerir
aconsejar
exigir
dudar
creer

OTRAS PALABRAS Y EXPRESIONES

estar seguro(a)
estar alegre
estar triste
ser una lástima

Ejercicio A

Exercise A reviews direct and indirect object pronouns.

Ejercicio B

Exercise B reviews demonstratives and the verb *gustar* with indirect object pronouns.

ANSWERS

Ejercicio A

Answers will vary.

1. Compré… para mi padre (madre). Se la (lo) compré para… Lo(la) compré en…
2. Compré… para mi hermano(a). Se lo compré para… Se lo compré en…
3. Compré… para mi amigo(a). Se lo compré para… Lo compré en…

Ejercicio B

1. Me gusta.
2. Le gustan.
3. Me gusta.
4. Les gusta.
5. Te gustan.
6. Nos gusta.
7. Me gusta.
8. Le gustan.

Vocabulario

The words and phrases in the *Vocabulario* have been taught for productive use in this chapter. They are summarized here as a resource for both students and teacher. The *Vocabulario* also serves as a convenient resource for *Culminación* activities. There are approximately 15 cognates in this list.

INDEPENDENT PRACTICE	STUDENT PORTFOLIO
Assign any of the following:	Written assignments that may be included in students' portfolios are the *Actividades escritas* on page 326 and the *Mi autobiografía* section in the Workbook.
1. Exercises on student page 327	
2. Workbook, *Mi autobiografía*	
3. Chapter 12, Situation Cards	

(*optional material*)

OVERVIEW

All the readings presented in the *Nuestro Mundo* section are authentic, uncut texts from publications of the Hispanic world. Students should be encouraged to read the text for overall meaning, but not intensively, word for word. Students should find satisfaction in their ability to derive meaning from "real" texts. Each reading is related to a theme or themes covered in the previous four chapters.

PRESENTATION (*page 328*)

A. Ask students if they have ever heard the term "kamikaze" and what they think it means.
B. Have students open their books to page 328 and ask them to read the article silently.

Ejercicios

PRESENTATION (*page 328*)

A. Have students jot down the answers to the multiple choice questions.
B. Do Exercise B as the basis for an oral discussion.

Note You may prefer to assign the readings and questions for independent practice.

ANSWERS

Ejercicio A

1. b
2. b
3. b

Ejercicio B

1. The driver was going the wrong way on the highway.
2. Approximately 1 gram per liter of blood.
3. He was headed for Barcelona, but in the lane that goes to Madrid.
4. Rodríguez Caballero is a "kamikaze" because he was drinking and driving, and going the wrong way.

The highway is often a dangerous place. This article is from the Spanish newspaper EL INDEPENDIENTE. "Kamikaze" pilots in World War II would deliberately fly their bomb-loaded planes into enemy ships. Spain has a number of highways designated National I, II, etc.

DETENIDO UN "KAMIKAZE" EN GUADALAJARA

Fernando Rodríguez Caballero, un presunto conductor "kamikaze", fue detenido el pasado domingo en Taracena (Guadalajara), después de viajar en un Audi 80, matrícula CS 5818 W, 17 kilómetros en dirección contraria por la N-II. El detenido, de 37 años, ha sido acusado del crimen de conducción temeraria. Rodríguez Caballero dio un índice de alcoholemia de dos gramos por litro de sangre, más del doble de lo permitido. El conductor entró en la autopista en Azuqueca. De allí se dirigió a Barcelona, pero por el carril que lleva a Madrid.

A El conductor. Escojan.

1. This incident took place on a ____ .
   a. Saturday   b. Sunday   c. Monday

2. The driver's age is ____ .
   a. 17   b. 37   c. 80

3. He was headed towards ____ .
   a. Azuqueca   b. Barcelona   c. Madrid

B ¡Qué mal maneja! Answer.

1. Explain in your own words why the driver was stopped.
2. What is the legal blood alcohol limit in Spain?
3. What does the following sentence mean?
   Se dirigió a Barcelona, pero por el carril que lleva a Madrid.
4. Why do you think they call Rodríguez Caballero a "kamikaze"?

DID YOU KNOW?

Kamikaze is the Japanese word for "Divine Wind." It refers to the typhoon that destroyed the fleet of Kublai Khan when he tried to invade Japan in 1281. During World War II, many of Japan's kamikaze suicide pilots were teenagers.

The following announcements appeared in the social pages of EL DIARIO DE HOY, San Salvador, El Salvador.

CUMPLEAÑOS
En ocasión de encontrarse celebrando su cumpleaños la señorita **Claudia Elizabeth Galdámez**, será agasajada en ambiente familiar por sus padres.

LLUVIA DE REGALOS
Por la próxima visita de la cigüeña, **doña Cecilia de Lemus** fue agasajada con un té y regalos para bebé, ofrecido por un grupo de amigas, las oferentes colmaron de finas atenciones a la futura mamá.

COMUNIÓN
Este día, en la Iglesia María Auxiliadora de la ciudad de Santa Tecla, recibirá el sacramento de la comunión **Rolando Mauricio Mixco Chacón**. Después de la ceremonia será agasajado con un desayuno.

ANIVERSARIO DE BODAS
Conmemorando su aniversario de boda se encuentran el Ing. **Arnaldo Hirlemann Polh** y **doña Marina Zepeda de Hirlemann**, quienes serán objeto de cariñosas felicitaciones.

PRÓXIMAS NUPCIAS
Por su próximo matrimonio el Ing. **Carlos Salgado Lemus** y la Arq. **Claudia Lorena Cruz Solís**, fueron agasajados con un cócktail ofrecido por doña Doris Valiente de Moncada.

MISA
Este día, a las once de la mañana se oficiará una misa de fin de novenario por el alma de la señora doña **Marina Palomo de Martínez**. La familia estará recibiendo el pésame de sus numerosas relaciones sociales.

PRÓXIMO ENLACE
Por su próxima boda, la señorita **Elyen Angélica Diermissen** fue agasajada con un té para la feliz novia y demás invitadas.

■ **La crónica social.** Contesten.

1. A professional couple was given an engagement party. Who are they, and what are their professions?
2. Whose parents are giving her a birthday party?
3. What are the Hirlemann's celebrating?
4. There is a religious observance for someone who died. Who is it?
5. What are they doing for Cecilia de Lemus? Why? What kind of bird might a *cigüeña* be?
6. Who is having a First Communion, and what will happen after the ceremony?
7. What will Srta. Diermissen be doing soon? What did her friends do for her?

E.P.D.
LA SEÑORA

Doña Marina Palomo de Martínez
HA FALLECIDO

DESPUES DE RECIBIR LOS SANTOS SACRAMENTOS Y LA BENDICIÓN PAPAL

Dispuesto su entierro para el miércoles, día 2 de septiembre a las 10:00 a.m. Los que suscriben: sus hermanos y sobrinos en su nombre y en el de los demás familiares ruegan a las personas de su amistad se sirvan concurrir a la Funeraria Rivero, sita en la Calle Independencia, para desde allí acompañar el cadáver hasta el Cementerio San Felipe, previa Misa en la Iglesia Sam Ramón, favor que agradecerán eternamente

San Salvador 2 de septiembre

Antonio Martínez, José Ignacio Martínez Palomo, Eugenia Martínez de Rosas, Elena Suárez Martínez, Inés Palomo de García, Luis Antonio Palomo Serrano, Dra. Ana Palomo de Suárez

---

PRESENTATION (*page 329*)

A. Have students open their books to page 329 and ask them to scan the announcements.
B. Ask students to indicate what kind of announcement each one seems to be.

Ejercicio

PRESENTATION (*page 329*)

A. Do the exercise orally in class.
B. Allow students time to go back to the text to answer the questions.
C. Ask students to indicate the place in the text that provides the answers to each question.

Note You may prefer to assign the readings and questions for independent practice.

Ejercicio

ANSWERS

1. Carlos Salgado Lemus, engineer. Claudia Lorena Cruz Solís, architect.
2. Elizabeth Galdámez's parents.
3. A wedding aniversary.
4. Señora Marina Paloma de Martínez.
5. They're giving her a baby shower. A stork.
6. Rolando Mauricio Chacón. There will be a breakfast.
7. She'll be getting married. They gave her a tea.

LEARNING FROM REALIA

Refer students to the two sets of newspaper announcements on page 329. Ask them if they see the connection between the two. Ask them which announcement appeared first (the notice at the bottom; the one above talks about a mass for Doña Marina, which takes place nine days after the death). Have them say all they can about the obituary. *EPD* stands for *En paz descanse* (rest in peace).

OVERVIEW

This section reviews key grammatical structures and vocabulary from Chapters 9-12. The topics were first presented on the following pages: the passive voice with *se,* 238; the present subjunctive, pages 285-288, 290, 312-313, and 315-316.

˙REVIEW RESOURCES

1. Workbook, Self-Test 3
2. Video Cassette, Unit 3
3. Video Activities Booklet, Unit 3
4. Computer Software
5. Testing Program, Unit 3

Conversación

PRESENTATION (*page 330*)

With books open, break the conversation into three parts and have three pairs of students assume roles and read it aloud.

CAPÍTULOS 9–12

Conversación

FERNANDO: Tengo miedo de que lleguemos tarde. Es importante que los padrinos estén allí a tiempo para la fiesta de la quinceañera.

ELENA: Cálmate, hombre. Te digo que no te preocupes. No voy a exceder la velocidad máxima. Seguimos derecho dos o tres kilómetros más. Es la próxima salida de la autopista. Salimos, doblamos a la izquierda en el cruce y tomamos la Nacional Cuatro Norte. La iglesia está detrás del estadio.

FERNANDO: Espero que tu hermana nos prepare una de esas comidas fabulosas. ¡Carne asada, pescado frito, ensalada de mariscos! La puedo oír —Vengan todos a comer. No sean tímidos. Pruébenlo todo. —¡Qué alegría! ¡En casa de tu hermana sí que se come bien!

ELENA: No quiero que te hagas el cerdo[1]. Ya estás demasiado gordo[2]. Después de la ceremonia iremos a casa de Lupe y Rafael para la recepción. Acuérdate de darle la mano al cura. Y saluda a Rafael. Sé cortés con él. No seas mal educado.

FERNANDO: Dudo que pueda ser cortés con ése, pero por ti y por nuestra sobrina quinceañera haré lo posible.

ELENA: Gracias. ¡Qué amable! Oye, quiero que vayamos al camposanto mañana. Busca un lugar donde se venden flores para ponerlas en la tumba de mis abuelos.

FERNANDO: Sí, sí. Eloísa, mira el rótulo. Es la salida nuestra.

[1] cerdo   *pig*
[2] gordo   *fat*

330   CAPÍTULOS 9–12 REPASO

LEARNING FROM PHOTOS

Have students describe the photo on page 330 in as much detail as they can. You may wish to ask them the following questions: *¿Hay mucho tráfico en la carretera? ¿Qué tipo de vehículo es? ¿Quién está manejando? ¿Qué tiempo hace?*

Vamos a la fiesta. Escojan.

1. Las dos personas probablemente son ____ .
   a. un matrimonio   b. unas quinceañeras   c. curas

2. Ellos están en ____ .
   a. el estadio   b. la iglesia   c. la autopista

3. El hombre tiene miedo de ____ .
   a. comer mucho   b. llegar tarde   c. ir muy rápido

4. El estadio está en frente ____ .
   a. de la casa de la hermana   b. de la iglesia   c. del cruce

5. La Nacional Cuatro es ____ .
   a. una carretera   b. un estadio   c. un restaurante

6. Parece que al hombre le gusta mucho ____ .
   a. conducir   b. cocinar   c. comer

7. El hombre y la mujer son los ____ de la quinceañera.
   a. padres   b. abuelos   c. tíos

8. Y también son sus ____ .
   a. padrinos   b. curas   c. hermanos

9. Parece que al señor no le gusta ____ .
   a. Rafael   b. Lupe   c. Eloísa

10. Mañana los señores van ____ .
    a. al estadio   b. al cementerio   c. a la iglesia

Estructura

La voz pasiva con *se*

The true passive voice "Spanish is spoken," is less frequent in Spanish than in English. The construction *se* with the third person singular or plural of the verb is more common.

> **Se vende carne allí.**
> **Se sirven comidas a los pobres.**

A **Una paella.** Completen con la voz pasiva.

1. ____ la paella con arroz y mariscos. (preparar)
2. Primero ____ los camarones. (pelar)
3. ____ las almejas y los mejillones. (limpiar)
4. ____ y ____ unos chorizos. (cortar, freír)
5. ____ agregar pollo u otra carne. (poder)
6. La paella ____ bien caliente. (servir)

SE RENTA ó SE VENDE
2 SOLARES   COMERCIAL C-2
INF. Ramón Torres 881-0266
Y EMPRESAS DOBLE JJ CORP.
AGRIM. Santiago 881-1734 Financiamiento Hasta 5 Años. 75%.

Ejercicio
ANSWERS
1. a
2. c
3. b
4. b
5. a
6. c
7. c
8. a
9. a
10. b

Estructura

La voz pasiva con se

PRESENTATION *(page 331)*

Lead students through the explanation on page 331. Call on volunteers to read the sample sentences aloud.

ANSWERS

Ejercicio A

1. Se prepara
2. se pelan
3. Se limpian
4. Se cortan, se fríen
5. Se puede
6. se sirve

ABOUT THE LANGUAGE

The usual word for "to rent" is *alquilar*. *Rentar* is frequently used in Latin America. "The rent" is *el alquiler* or *la renta*. Another word for "to rent" is *arrendar*.

LEARNING FROM REALIA

Have students study the billboard on page 331. Then ask them: *¿Qué es lo que se renta o se alquila? ¿A quién se debe llamar para información? ¿Qué proporción del costo se puede financiar? ¿Por cuánto tiempo se puede financiar la compra?*

A. Lead students through steps
1-2 on page 332 and have them
repeat the verb forms aloud.

B. Now lead students through
steps 3-5. Emphasize once
again that these expressions
are followed by the subjunctive
because it is not certain that the
action expressed by the subjunctive verb will take place.

El subjuntivo—verbos regulares e irregulares

1. Review the forms of the present subjunctive.

hablar	hable, hables, hable, hablemos, *habléis*, hablen
comer	coma, comas, coma, comamos, *comáis*, coman
subir	suba, subas, suba, subamos, *subáis*, suban
hacer	haga, hagas, haga, hagamos, *hagáis*, hagan
poner	ponga, pongas, ponga, pongamos, *pongáis*, pongan
traer	traiga, traigas, traiga, traigamos, *traigáis*, traigan
conocer	conozca, conozcas, conozca, conozcamos, *conozcáis*, conozcan
oír	oiga, oigas, oiga, oigamos, *oigáis*, oigan
decir	diga, digas, diga, digamos, *digáis*, digan

Remember, like the commands, the subjunctive is formed from the first
person *yo* form of the present tense.

2. The following verbs do not follow that pattern.

dar	dé, des dé, demos *deis*, den
estar	esté estés, esté, estemos, *estéis*, estén
ir	vaya, vayas, vaya, vayamos, *vayáis*, vayan
saber	sepa, sepas, sepa, sepamos, *sepáis*, sepan
ser	sea, seas, sea, seamos, *seáis*, sean

3. The following verbs and expressions are followed by the subjunctive since it
cannot be determined whether the action expressed in the dependent clause
will actually be carried out.

querer	tener miedo de	preferir
desear	prohibir	mandar
temer	esperar	insistir

4. When a clause is introduced by a statement of doubt, the subjunctive must
be used. When the statement implies certainty, however, the indicative is
used.

Dudo que él venga.	No dudo que él vendrá.
Es dudoso que él lo sepa.	Es cierto que él lo sabe.
No creo que él esté enfermo.	Creo que él está enfermo.

5. The subjunctive is used after many impersonal expressions.

es posible	es difícil	es probable
es bueno	es importante	es mejor
es mejor	es necesario	es fácil
es imposible		

B Su padre quiere que… Completen con el presente de subjuntivo.

1. Su padre quiere que Joselito ____ bien. (portarse)
2. Él no quiere que el niño ____ ruido. (hacer)
3. Insiste en que ____ bien educado. (ser)
4. Los padres quieren que sus hijos ____ bien. (comportarse)
5. Joselito teme que sus padres no ____ contentos con él. (estar)
6. Le mandan que ____ a los mayores. (saludar)
7. Y que les ____ la mano. (dar)

C La mamá de Sara. Cambien la oración según se indica.

> Sara va de compras / mamá quiere
> *Mamá quiere que Sara vaya de compras.*

1. Sara sale en seguida / mamá prefiere
2. Sara lleva bastante dinero / mamá insiste en
3. Sara no tiene cuidado / mamá teme
4. Sara hace las compras en el centro / mamá espera
5. Sara pierde el dinero / mamá tiene miedo

D Luis va a venir. Completen.

No creo que Luis ____ (venir) hoy. Pero estoy seguro que él ____ (estar) aquí mañana. Martín duda que Luis ____ (saber) cómo venir. Yo no estoy segura tampoco de que él ____ (conocer) la ruta al pueblo. Espero que él ____ (llamar) si se pierde. Temo que él ____ (salir) sin un mapa bueno. De todos modos, me alegro que él ____ (venir) a estar con nosotros.

(números de espacios: 1, 2, 3, 4, 5, 6, 7)

E Una conversación. Completen con el subjuntivo.

MARTÍN: Ellos vienen, ¿no?
ROSA: No, es imposible que ____ . (venir)
MARTÍN: Ay, pero yo quiero que ellos ____ aquí la semana que viene. (estar)
ROSA: Es dudoso que ____ tan pronto. (llegar)
MARTÍN: Pues yo les escribiré que ____ el primer avión. (tomar)
ROSA: Y yo temo que no ____ el viaje. (hacer)

Comunicación

¿Cómo se prepara? Un estudiante de Uruguay quiere saber cómo preparar un plato típico norteamericano. Escoja uno y explíquele cómo se prepara. Déle la receta.

Ejercicios B and C
    Exercises B and C can be done with books open or closed.

Ejercicio E
    Allow students time to prepare Exercise E before working together on it. Then have pairs read the conversation as you write the verb forms on the board.

ANSWERS

Ejercicio B
1. se porte
2. haga
3. sea
4. se comporten
5. estén
6. salude
7. dé

Ejercicio C
1. Mamá prefiere que Sara salga en seguida.
2. … lleve bastante dinero.
3. … no tenga cuidado.
4. … haga las compras en el centro.
5. … pierda el dinero.

Ejercicio D
1. venga
2. estará
3. sepa
4. conozca
5. llame
6. salga
7. venga

Ejercicio E
Rosa: vengan
Martín: estén
Rosa: lleguen
Martín: tomen
Rosa: hagan

Comunicación

ANSWERS
    Answers will vary.

LEARNING FROM PHOTOS

Refer students to the photo on page 333. Have them describe the young woman in as much detail as possible, her hair style and clothes in particular.

INDEPENDENT PRACTICE

Assign any of the following:
1. Exercises and activities on pages 330-333
2. Workbook, Self-Test 3

333

FONDO ACADÉMICO

LAS CIENCIAS NATURALES
(optional material)

OVERVIEW

The three readings in this section deal with nutrition, the religious tradition in Spain and the Americas, and the importance of food as described in a literary selection by Juan Antonio de Zunzunegui.

Antes de leer

PRESENTATION *(page 334)*

A. Have students open their books to page 334 and ask them to read the *Antes de leer* section silently. On the board write the names of the three types of foods from the reading. Individually or in groups, have students make a list in Spanish of all the foods they have learned to identify in Chapter 9. Then have them give you the names of the foods and indicate in which category they belong as you write them on the board.
B. Have students quickly scan the reading selection for cognates.
C. Show students pictures of foods from Hispanic advertisements which describe the content or benefits of the particular food product. You may use food packages labeled in both Spanish and English which provide nutritional information.

Lectura

PRESENTATION *(pages 334-335)*

If you are doing the selection intensively, ask comprehension questions like these after the reading: *¿Para qué necesita el cuerpo humano alimentos formativos? ¿Qué nos dan los alimentos energéticos? ¿Qué regulan los alimentos reguladores?*

334

FONDO ACADÉMICO

LAS CIENCIAS NATURALES

Antes de leer

Living organisms need nutrients in order to exist. Green plants can produce their own food from the energy they receive from sunlight. Plants are producers. All animals are consumers. They derive their nutrients from plants or from other animals. In the following selection you will learn about the basic types of nutrients. You will learn which nutrients form cells, which provide energy and which regulate the functions of the body.

Lectura

LA NUTRICIÓN

Los alimentos que consumimos son de tres tipos: formativos, energéticos y reguladores. Los alimentos formativos son los que forman materia viva, las nuevas células. Los alimentos energéticos nos dan energía. Los alimentos reguladores regulan el funcionamiento del organismo humano.

El cuerpo humano necesita alimentos formativos para la creación de células. Las células que forman el cuerpo humano no son eternas. Cada segundo millones de células mueren, pero nuevas células toman su lugar. Las proteínas forman parte de las células. Y las proteínas se forman de aminoácidos. Hay 21 aminoácidos diferentes. El cuerpo humano no puede usar directamente las proteínas animales y vegetales que comemos. Tiene que cambiar su forma. Entonces el cuerpo descompone las proteínas en aminoácidos.

Después el cuerpo reconstruye los aminoácidos en proteínas de una forma que podemos usar.

Algunos comestibles formativos son los huevos, la leche, el pescado, la carne y las habichuelas o frijoles.

Los alimentos energéticos nos dan la energía para mantener constante la temperatura del cuerpo, la respiración y los latidos o pulsaciones del corazón[1]. Y, obviamente, necesitamos energía para todas nuestras actividades. Si somos muy activos necesitamos más alimentos energéticos. Estos alimentos son los glúcidos (hidratos de carbono[2]) y las grasas.

Algunos comestibles energéticos son las papas, el pan, el maíz[3], el azúcar, el aceite de oliva y la mantequilla[4].

334 FONDO ACADÉMICO

COOPERATIVE LEARNING

A. Have teams list the foods on the school cafeteria menu. They should divide the foods into the six categories. Ask what, if anything, should or should not be there.
B. Divide the class into six teams, one for each of the food categories. Each team prepares a list of their favorite and least favorite foods within the category.

FONDO ACADÉMICO

Los alimentos reguladores son los que controlan o regulan las funciones del cuerpo. Las vitaminas, los minerales como el calcio, el sodio y el hierro[5] y el agua son alimentos reguladores. Se encuentran en comestibles como la lechuga y otras verduras, los tomates, los mariscos, las frutas, la leche y los productos de la leche como el queso y el yogur y, obviamente, en la sal y el agua.

Una dieta que incluye comestibles de los grupos básicos provee todos los alimentos que necesitamos. Los grupos son: las carnes y las legumbres; las frutas y verduras; los productos lácteos (de la leche); y el pan y los cereales y las grasas y dulces.

[1] los latidos del corazón   *heartbeats*
[2] hidratos de carbono   *carbohydrates*
[3] el maíz   *corn*
[4] la mantequilla   *butter*
[5] el hierro   *iron*

Grasas, aceites y dulces

Productos lácteos

Carnes, pescados, aves, legumbres, huevos y nueces

Verduras

Frutas

Pan, cereales y pastas

Después de leer

A ¿En qué grupo están? Escojan.

las carnes y legumbres

los productos lácteos

las frutas y verduras

el pan y los cereales

1. las papas
2. la salchicha
3. las zanahorias
4. la toronja
5. el pescado
6. el arroz
7. la piña
8. la tarta
9. el helado
10. los huevos
11. el maíz
12. los camarones

B Más sobre los alimentos. Contesten.

1. ¿Cuáles son tres alimentos reguladores?
2. ¿Cuál es una función vital que requiere energía?
3. ¿Dónde se encuentran los aminoácidos?
4. ¿Qué tipo de alimento son los hidratos de carbono y las grasas?
5. ¿Por qué son necesarios los alimentos formativos?
6. ¿Cuántos aminoácidos hay?

C Seguimiento. Contesten.

1. Explique lo que pasa con las proteínas que comemos.
2. Los vegetarianos no comen carne. Explique cómo ellos pueden alimentarse de los grupos básicos.
3. Dé Ud. algunos ejemplos de alimentos que son al mismo tiempo energéticos y también reguladores.
4. Indique en qué grupo básico están los diferentes ingredientes de una paella.

FONDO ACADÉMICO   **335**

DID YOU KNOW?

Most major U.S. pharmaceutical companies have branches in Spain and Latin America where they produce the same medicines as in the U.S., usually for sale at prices much lower than in the U.S. Puerto Rico is one of the major U.S. producers of pharmaceuticals. Many U.S. companies have their major manufacturing operations on the island.

LAS CIENCIAS SOCIALES

Antes de leer

PRESENTATION (*page 336*)

Note This selection may especially interest those students who enjoy the study of religions.

A. Have students open their books to page 336 and ask them to do the review activity in the *Antes de leer* section.

B. Have students scan the reading for cognates.

Lectura

PRESENTATION (*pages 336-337*)

Note Most students are already familiar with much of the information in the selection after having studied Spanish for one year.

A. Have students read the selection aloud or silently.

B. Have students look for answers to *Después de leer* Exercise A as they read.

LAS CIENCIAS SOCIALES

Antes de leer

The religious traditions of Western Europe and, consequently, of Spain and the Americas, are primarily Judeo-Christian. Of course, there are other great world religions, Islam, Hinduism, and Buddhism among others. Spain was Christianized during Roman times. Later it was invaded and conquered by Islamic Arabs. In Islamic Spain the Jews lived at peace for hundreds of years with both Christians and Muslims. In preparation for the following selection please review, briefly, the history of Judaism, Christianity, and Islam.

Lectura

Maimónides (1135-1204)

ESPAÑA Y LAS GENTES DEL LIBRO

Los romanos le dieron a España su lengua y su religión. Y España hizo lo mismo con sus colonias en el Nuevo Mundo.

En el año 711 los árabes invadieron a España y trajeron con ellos su religión, Islám, la religion de Mahoma (570-632). Los mahometanos creen que Mahoma es un profeta. También consideran profetas a Abrahán y Jesucristo. Los mahometanos, igual que los judíos y los cristianos, son

monoteístas. Ellos creen en un solo dios, Alá. El libro sagrado de Islám es el Corán[1].

Los judíos estuvieron en España desde los tiempos de los romanos. Vivían tranquilamente en la España musulmana. El gran filósofo judío, Maimónides (Moisés ben Maimón) nació en Córdoba. Era sefardí. Los sefardíes son judíos españoles.

Desde 711 hasta 1492 hubo luchas[2] intermitentes entre cristianos y musulmanes. En 1492 los Reyes Católicos, Fernando e Isabel, conquistaron la última parte de España en manos de los árabes, el reino de Granada. En 1492 los reyes expulsaron a los musulmanes y a los judíos de España. En un solo año España perdió algunos de sus mejores artesanos, agricultores, comerciantes[3], científicos y pensadores[4]. Los árabes volvieron al norte de África. Los

336 FONDO ACADÉMICO

FONDO ACADÉMICO

sefardíes se fueron a Turquía, Portugal, Holanda y África. Algunos sefardíes vinieron a Nueva Amsterdam (Nueva York) con los holandeses en el siglo XVI.

Los islamitas consideran a los judíos y a los cristianos "gentes del libro" porque todos—islamitas, judíos y cristianos— creen en un solo dios y aceptan el Antiguo Testamento, la Biblia, o "el libro".

Hoy en Latinoamérica las "gentes del libro" son: 395.554.500 cristianos, de los cuales 371.863.600 son católicos; 990.000 judíos y 645.000 islamitas.

¹ el Corán   *Koran*
² luchas   *battles*
³ comerciantes   *merchants*
⁴ pensadores   *thinkers*

La Gran Mezquita de Córdoba

Después de leer

A **Los árabes.** Completen.

1. Los ____ trajeron el cristianismo a España.
2. Las colonias españolas en América recibieron su ____ y su religión de España.
3. La religión de la mayoría de los árabes es ____ .
4. El gran profeta de Islám es ____ .
5. A los que creen en un solo dios se les llama ____ .
6. El gran filósofo sefardí era ____ .
7. Después de su expulsión de España, los árabes fueron al ____ .
8. Algunos sefardíes fueron a Norteamérica con los ____ .
9. El último lugar en España en manos de los árabes era ____ .
10. La religión que predomina numéricamente en Latinoamérica es ____ .

B **Seguimiento.** Contesten.

1. Indique un resultado de la expulsión de los árabes y los judíos de España.
2. Explique lo que quiere decir "gentes del libro".
3. Indique cuáles son los libros sagrados de los judíos, los cristianos y los islamitas.

Rodrigo Díaz de Vivar, "El Cid Campeador" (1043-1099)

FONDO ACADÉMICO **337**

LEARNING FROM PHOTOS

La gran Mezquita de Córdoba o Mezquita de Abd er-Rahmán tiene más de mil años. En su época, solamente la Mezquita de La Meca era más grande. Hace más de 750 años los cristianos construyeron una catedral dentro de la Mezquita.

DID YOU KNOW?

Córdoba fue la capital de "al Andalus", la España musulmana, desde 756 hasta 1031.

LAS HUMANIDADES

Antes de leer

PRESENTATION (*page 338*)

A. Have students open their books to page 338 and ask them to read the information in the *Antes de leer* section.

B. Have students scan the reading for cognates.

Lectura

PRESENTATION (*pages 338-339*)

Have students read the selection silently.

LAS HUMANIDADES

Antes de leer

Food has played a prominent role in many literary works. The witches in *Macbeth* create a lovely pot of "Fillet of a fenny snake… eye of newt, and toe of frog, wool of bat, and tongue of dog… lizard's leg, and owlet's wing." In Hemingway's *Old man and the Sea* Santiago, the aged fisherman, dreams of how his great fish will taste. The Christmas dinner in *Oliver Twist*, the lovely smells emanating from the chocolate factory in *Willy Wonka and the Chocolate Factory* are artfully described.

Of all the regions of Spain, the one where food is most important is the Basque country. Basque men join eating clubs where monumental quantities of food are bought, prepared, and consumed by the members. The following selection ends with a brief excerpt from the novel *La quiebra*, by the Basque author Juan Antonio de Zunzunegui.

Lectura

JUAN ANTONIO DE ZUNZUNEGUI- NOTA BIOGRÁFICA

Zunzunegui nació en Bilbao en 1902 y murió en Madrid en 1982. Escribió con un estilo realista. Sus descripciones de personas son excelentes. Sus novelas y cuentos tienen como escenario a Bilbao, el puerto, el pueblo y las costumbres. Dice Zunzunegui de su arte:

—Al verdadero novelista se le ve en el diálogo. Pues hablando es cómo se muestran las personas y en el diálogo es donde se dibujan los caracteres.

Zunzunegui describe una comida en su tierra. Los invitados son gente del pueblo. Chomín trabaja en la construcción. Otro es carpintero, otro es albañil[1]. Vienen de diferentes partes de España. Cruz, es

andaluz, de Huelva. Otro es de Navarra. Comen un pescado en salsa roja. Todos tienen apetito: comen muy contentos, y toman demasiado vino. Anabitarte empieza a hablar de las regiones y de las comidas. Él dice que donde se come peor es en el sur, en Andalucía, donde todo se fríe. Él dice que los andaluces comen cualquier cosa.

De cómo la comida es lo que más nos distingue[2] a los españoles, de la novela *La quiebra,* de Juan Antonio de Zunzunegui.

—Está visto que es la comida lo que más nos distingue a los hombres de España— dijo Fermín.

Chomín comía y bebía sin decir palabra.

—Sí, a la gente no es necesario preguntarle de dónde es ni cómo piensa, sino cómo come…—opinó Anabitarte—. Mejor que dividir a España en cuarenta y nueve provincias, sería partirla[3] así: tierras donde se fríe, tierras donde se asa y tierras

DID YOU KNOW?

The traditional regions and provinces at the time Zunzunegui wrote *La quiebra* have been reorganized. Today there are *autonomías* and *comunidades,* not all of which conform to the old arrangement.

donde se guisa[4], o de otra forma: gentes de sartén, gentes de parrilla y gentes de cazuela..., y nada más.

—Tierras donde se fríe—continuó Anabitarte—; no hay necesidad de señalar cuales son.

—¡Tierras del aceite, claro!—interrumpió Chomín.

—Más al norte, en el centro de España—continuó Anabitarte—, están las tierras donde se asa. Tierras altas, frías, de heladas[5] y nieves. Aquí están las gentes de parrilla, que asan el ganado y la caza. Aquí entran los hombres de ambas[6] Castillas. Ya al Norte, vienen las tierras donde se guisa; gentes de cazuela, gentes de salsa; éstos somos nosotros. Se guisa en Bilbao, en Gijón, en San Sebastián, en Vigo, en la Coruña. La salsa en la cocina es la invención del hombre; la salsa es el progreso, la salsa es la civilización.

[1] albañil   *mason*
[2] distingue   *identifies*
[3] partirla   *divide it*
[4] guisa   *stews*
[5] heladas   *frost*
[6] ambas   *both*

Después de leer

A   Los invitados. Escojan.

1. Los invitados son trabajadores/profesionales.
2. Huelva está en Andalucía/Navarra.
3. El plato principal es de carne/pescado.
4. Ellos toman demasiado café/vino.
5. Cruz/Anabitarte dice que se come mal en Andalucía.
6. Cuando comía, Chomín hablaba/no hablaba.
7. En España había 49 platos/provincias.
8. Las tierras donde se fríe son las tierras de la salsa/del aceite.
9. Según Anabitarte, se puede determinar de qué parte de España es una persona si se sabe lo que come/piensa.

B   Seguimiento. Contesten.

1. Explique cómo Anabitarte cree que España debe dividirse.
2. Busque las siguientes ciudades en el mapa: Bilbao, Gijón, San Sebastián, Vigo y la Coruña e indique en que regiones están.
3. Explique las tres "regiones" de España según Anabitarte.
4. Indique la región que Anabitarte considera la mejor, y diga por qué.
5. En un mapa de España indique las tres regiones de Anabitarte.
6. Parece que hay algún prejuicio (*prejudice*) contra una de las regiones, ¿cuál es?
7. Explique lo que dice Zunzunegui del diálogo.

Después de leer

PRESENTATION (*page 339*)

A. Go over the *Después de leer* activities

B. Have individual students explain the general idea of what Juan Antonio de Zunzunegui has to say.

ANSWERS

Ejercicio A
1. trabajadores
2. Andalucía
3. pescado
4. vino
5. Anabitarte
6. no hablaba
7. provincias
8. del aceite
9. come

Ejercicio B
1. España debe dividirse en tres regiones.
2. Answer requires a map.
3. Las tres regiones son: donde se fríe, donde se asa y donde se guisa.
4. La mejor región, según Anabitarte, es donde se guisa, donde se tienen las mejores salsas.
5. Answer requires a map.
6. Hay cierto prejuicio contra Andalucía.
7. Zunzunegui dice que el diálogo es donde se dibujan los caracteres.

LEARNING FROM PHOTOS

La foto en la página 339 es de un clásico gazpacho andaluz. El gazpacho andaluz es una sopa que se sirve fría. Se hace a base de tomate, pepinos, ajo y aceite de oliva. Cuando se sirve se le agrega un poco de pan, tomate, pepino y cebolla, como se ve en los platitos.

CHAPTER OVERVIEW

In this chapter, students will learn the vocabulary needed to discuss clothing and its care, including using the laundromat, and requesting services at a dry cleaning establishment. They will also learn to talk about camping and backpacking. Further uses of the subjunctive are presented, along with a review of irregular verbs in the preterite. The cultural focus of Chapter 13 is on areas of Spain and Latin America of interest to campers and backpackers.

CHAPTER OBJECTIVES

By the end of this chapter, students will know:
1. vocabulary associated with doing the laundry or having it done, including visiting dry cleaners or laundromats
2. vocabulary associated with camping and nature
3. use of the subjunctive versus the infinitive when expressing wishes and preferences
4. formation and use of the preterite with irregular verbs (review)

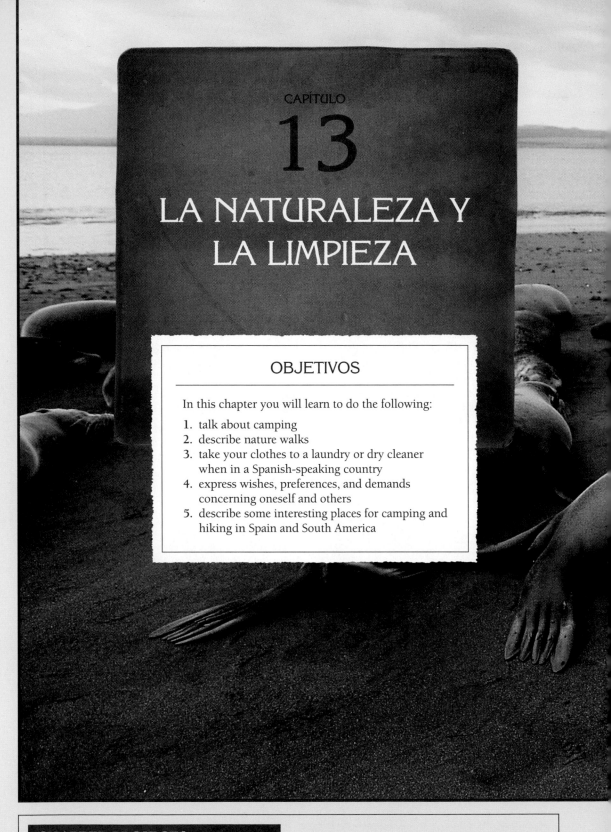

CAPÍTULO

13

LA NATURALEZA Y LA LIMPIEZA

OBJETIVOS

In this chapter you will learn to do the following:

1. talk about camping
2. describe nature walks
3. take your clothes to a laundry or dry cleaner when in a Spanish-speaking country
4. express wishes, preferences, and demands concerning oneself and others
5. describe some interesting places for camping and hiking in Spain and South America

CHAPTER PROJECTS

(optional)
1. Have students prepare a simple manual in Spanish on how to use a washing machine and dryer.
2. Have students prepare and present a report on the *Coto Doñana* in the South of Spain.
3. Have students prepare and present a report on Machu Picchu.

340

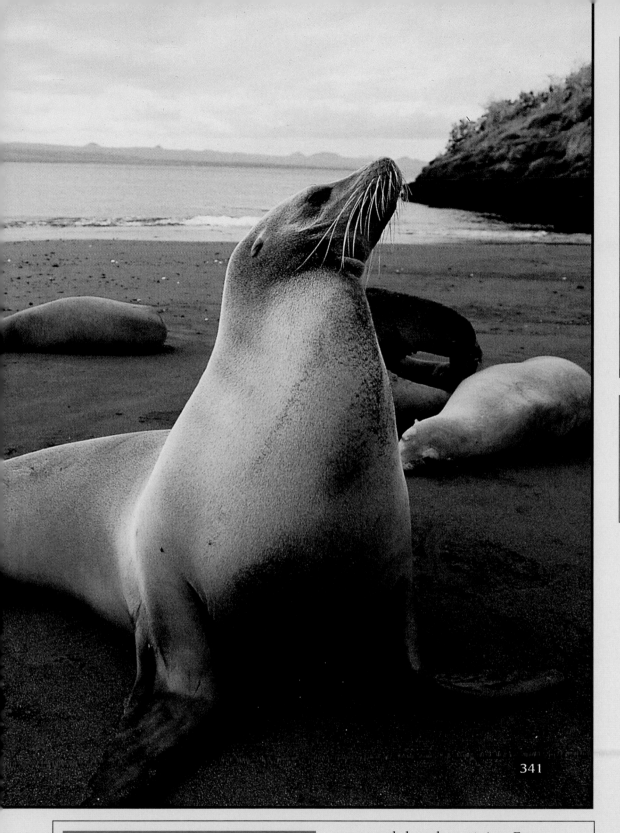

341

CHAPTER 13 RESOURCES

1. Workbook
2. Student Tape Manual
3. Audio Cassette 8A
4. Vocabulary Transparencies
5. Bell Ringer Review
   Blackline Masters
6. Communication Activities
   Masters
7. Computer Software:
   Practice and Test Generator
8. Video Cassette, Unit 4
9. Video Activities Booklet,
   Unit 4
10. Situation Cards
11. Chapter Quizzes
12. Testing Program

Pacing

Chapter 13 will require eight to ten class sessions. Pacing will depend on the length of the class period, the age of the students, and student aptitude.

LEARNING FROM PHOTOS

In regard to the spread on pages 340-341, you may wish to ask the following questions, after having completed the chapter: *¿Dónde está la península de Valdés? Búscala en el mapa de la Argentina. ¿En qué mar está? ¿Estos lobos de mar son del norte o del sur?* You may also wish to tell students the following: *Estos animales se dividen en tres grupos: los del norte, los de aguas templadas, y los antárticos. Estos "lobos de mar" son del último grupo. Están en la península de Valdés en la Argentina. Estos animales llevan varios nombres, dependiendo de su tamaño etc. Todos son de la familia "phocidae", el nombre científico en latín.*

Vocabulary Teaching Resources

1. Vocabulary Transparencies, 13.1 (*A & B*)
2. Audio Cassette 8A
3. Student Tape Manual, *Palabras 1*
4. Workbook pages *Palabras 1*
5. Communication Activities Masters, *A & B*
6. Chapter Quizzes, *Palabras 1*

Bell Ringer Review

Write the following on the board or use BRR Blackline Master 13-1: Make a list of all the words you can remember having to do with clothing.

PRESENTATION (pages 342-343)

A. With books closed, refer to Vocabulary Transparencies 13.1 (*A & B*) and have students repeat the new words, phrases, and sentences after you or Cassette 8A. Intersperse repetitions with questions that elicit the new vocabulary.
B. Have students open their books to pages 342-343 and call on volunteers to read the new words, phrases, and sentences.

VOCABULARIO

PALABRAS 1

POR EL SENDERO

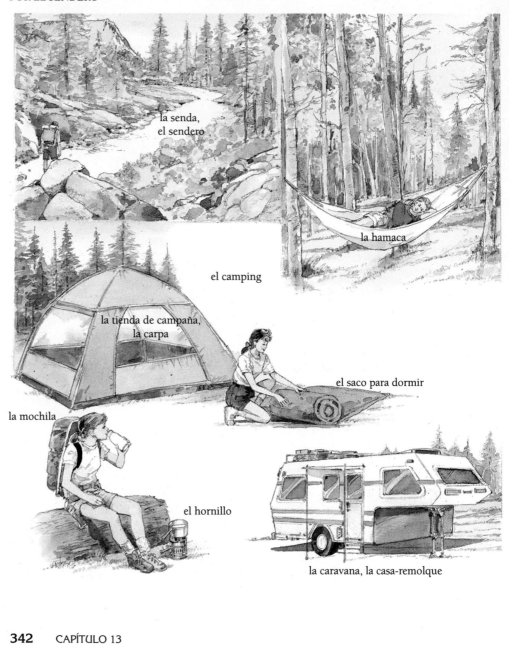

la senda, el sendero

la hamaca

el camping

la tienda de campaña, la carpa

el saco para dormir

la mochila

el hornillo

la caravana, la casa-remolque

342 CAPÍTULO 13

DID YOU KNOW?

Camping is very popular throughout Europe. Spain is one of the favorite destinations and receives many thousands of campers from the rest of Europe every year. Campsites are especially popular on the coasts, where the beaches are a particular attraction. Some campsites are quite elegant.

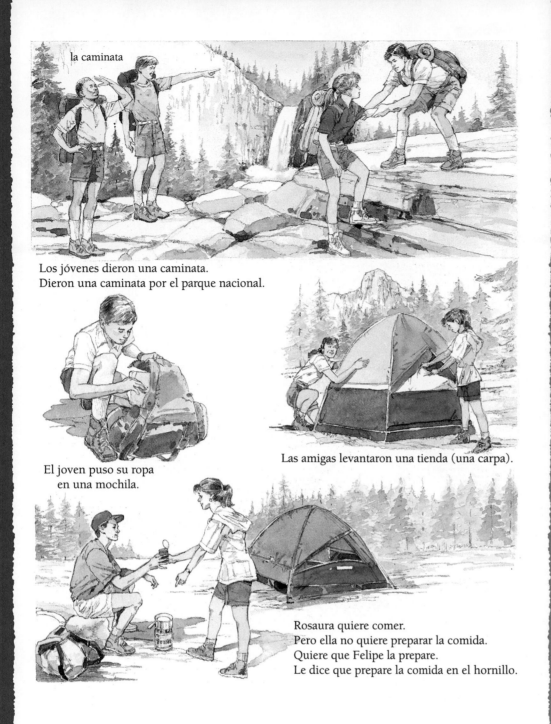

la caminata

Los jóvenes dieron una caminata.
Dieron una caminata por el parque nacional.

El joven puso su ropa
en una mochila.

Las amigas levantaron una tienda (una carpa).

Rosaura quiere comer.
Pero ella no quiere preparar la comida.
Quiere que Felipe la prepare.
Le dice que prepare la comida en el hornillo.

PAIRED ACTIVITY

Once the class has thoroughly practiced the new vocabulary, have pairs make up conversations between two people on a camping expedition.

ABOUT THE LANGUAGE

Dar una caminata is "to take a hike." However, those who are serious mountain climbers are called *alpinistas*. Their sport is *el alpinismo*. You may wish to ask students the derivation of *alpinismo* (*los Alpes*/the Alps, where the sport began).

INFORMAL ASSESSMENT

In order to check comprehension show Vocabulary Transparencies 13.1 (*A & B*) again and do the following:

1. Have students identify items at random.

2. Have students make up sentences about the illustrations.

PRESENTATION (*pages 344-345*)

Ejercicios A and C

Exercises A and C can be done with books open.

Ejercicio B

Exercise B can be done with books open or closed.

Extension of *Ejercicio B*: Writing

After completing Exercise B, have students write summaries of the information in the exercise in their own words.

ANSWERS

Ejercicio A

1. Los jóvenes dieron una caminata.
2. La senda iba por las montañas.
3. Llevaron su ropa en una mochila.
4. Prepararon la comida en el hornillo.
5. Durmieron en un saco para dormir.
6. La familia viajó en una caravana.

Ejercicios

A **De camping.** Contesten según el dibujo.

1. ¿Los jóvenes dieron un paseo o una caminata?
2. ¿Iba la senda por las montañas o por la playa?
3. ¿Llevaron ellos su ropa en una maleta o en una mochila?

4. ¿Prepararon la comida en el hornillo o en la estufa?
5. ¿Durmieron en un saco para dormir o en una hamaca?
6. ¿Viajó la familia en un camper o en una caravana?

344 CAPÍTULO 13

INDEPENDENT PRACTICE

Assign any of the following:

1. Workbook, *Palabras 1*
2. Communication Activities Masters, *A & B*
3. Exercises on student pages 344-345

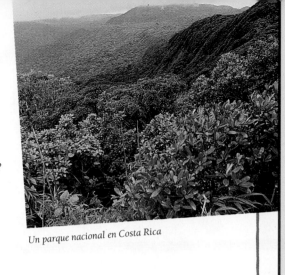

B De camping. Preguntas personales.

1. ¿Te gusta el camping?
2. ¿Vas de camping de vez en cuando?
3. ¿Hay campamentos cerca de donde tú vives?
4. ¿Tienen caravanas muchas familias?
5. ¿Tiene tu familia una caravana?
6. ¿A ti te gustan las caminatas?
7. ¿Dónde puedes dar una caminata donde tú vives?
8. Si vas de camping, ¿prefieres dormir en un saco para dormir o en una hamaca?

Un parque nacional en Costa Rica

C En el campamento. Escojan el verbo para completar la oración.

dieron	levantaron	llevaron
durmieron	anduvieron	fueron
cocinaron		

1. Los amigos ____ de camping.
2. ____ una caminata por las montañas.
3. ____ una tienda en el campamento.
4. ____ en un hornillo.
5. ____ en un saco para dormir.
6. ____ su ropa en una mochila.
7. ____ por unas sendas pintorescas en el parque.

Un camping en España

LEARNING FROM PHOTOS

1. You may wish to tell students that Costa Rica has a number of historical and archeological national parks. The government has made a dramatic effort to protect the flora and fauna of the region. The *Tortuguero* national park on the Caribbean is helping to save a number of endangered sea turtle species.

2. You may wish to ask the following questions about the photo at the bottom of page 345: *¿Cómo se llama el camping? El nombre quiere decir "Colina Verde". ¿Es español el nombre?* (The name is *Catalán*.) *Está en España, ¿qué lengua será? ¿Cuál es la velocidad máxima para los carros en el camping? ¿Qué tienen que hacer las personas que visitan?*

VOCABULARIO

PALABRAS 2

TENGO QUE LAVAR MI ROPA

arrugada

sucia

manchada

una mancha

José sacó su ropa de la mochila.
¡Qué sucia estaba!
¡Qué arrugada estaba!

el jabón en polvo

el almidón

el blanqueador

la secadora

la ropa sucia

el lavado

la máquina de lavar

la lavandería

346   CAPÍTULO 13

Vocabulary Teaching Resources

1. Vocabulary Transparencies 13.2 (*A & B*)
2. Audio Cassette 8A
3. Student Tape Manual, *Palabras 2*
4. Workbook, *Palabras 2*
5. Communication Activities Masters, *C & D*
6. Chapter Quizzes, *Palabras 2*
7. Computer Software, *Vocabulario*

Bell Ringer Review

Write the following on the board or use BRR Blackline Master 13-2: Make a list of words and expressions you might need when shopping for clothes.

PRESENTATION (*pages 346-347*)

A. Have students close their books. Model the *Palabras 2* vocabulary using Vocabulary Transparencies 13.2 (*A & B*). Have students repeat the material after you or Cassette 8A.

B. After some practice, use questions such as the following to elicit the vocabulary: *¿Qué sacó José de la mochila? ¿Cómo estaba la ropa? ¿Dónde puso la ropa? Después de lavar la ropa, ¿dónde la puso? ¿Qué le aconseja la empleada al señor? ¿Por qué? ¿Qué recomienda ella?*

PANTOMIME

Getting Ready

You may wish to use as many props as possible, or you may use pictures of items for students to perform this pantomime.
_____, saca la ropa de tu mochila.
Mírala. ¡Qué sucia está!
Pon la ropa en la mochila.
Ve a la lavandería.
Saca la ropa de la mochila otra vez.

Pon el lavado en la máquina de lavar.
Añade el jabón en polvo.
Abre la botella de blanqueador.
Pon una tapa de blanqueador en la máquina de lavar.
Prende la máquina.
¡Ya está! Saca la ropa limpia de la máquina.

346

José fue a la lavandería.
Llevó su ropa sucia a la lavandería.
Lavó su ropa.

— la plancha

El joven planchó su camisa.

la limpieza
en seco

encogerse

la tintorería

Señor, le aconsejo que no lave este suéter.
Es de lana.
Se va a encoger.
Le recomiendo (sugiero, aconsejo) que lo limpie
en seco.

COOPERATIVE LEARNING

Have students work in small groups to make up a conversation between the two people in the last illustration.

Ejercicios

Ejercicio A

Exercise A can be done with books open or closed.

Ejercicios B and C

Exercises B and C are to be done with books open.

ANSWERS

Ejercicio A

1. José sacó su ropa de la mochila.
2. La ropa estaba sucia.
3. José fue a la lavandería.
4. Llevó el lavado a la lavandería.
5. Lavó la ropa en la máquina de lavar.
6. Puso dos paquetes de detergente en la máquina.
7. Secó la ropa en la secadora.
8. No, no planchó la ropa.

Ejercicio B

1. lavar
2. limpiar en seco
3. planchar
4. lavandería
5. tintorería
6. máquina de lavar, secadora

Ejercicio C

1. c
2. e
3. g
4. a
5. f
6. d
7. b

Ejercicios

A **¡Qué ropa más sucia!** Contesten según se indica.

1. ¿De dónde sacó José su ropa? (de la mochila)
2. ¿Cómo estaba? (sucia)
3. ¿Adónde fue José? (a la lavandería)
4. ¿Qué llevó a la lavandería? (el lavado)
5. ¿Dónde lavó la ropa? (en la máquina de lavar)
6. ¿Qué puso en la máquina? (dos paquetes de detergente)
7. ¿Dónde secó la ropa? (en la secadora)
8. ¿Planchó la ropa? (no)

B **La ropa.** Completen.

1. Esta camisa está manchada. La tengo que ____ .
2. Este suéter está sucio. Lo tengo que ____ .
3. Este pantalón está arrugado. Lo tengo que ____ .
4. Me van a lavar la ropa sucia en la ____ .
5. Y me van a limpiar en seco la chaqueta en la ____ .
6. Lavo la ropa en la ____ y luego la seco en la ____ .

C **Palabras relacionadas.** Pareen.

1. lavar	a. la recomendación
2. planchar	b. el consejo
3. caminar	c. el lavado
4. recomendar	d. la limpieza
5. sugerir	e. el planchado
6. limpiar	f. la sugerencia
7. aconsejar	g. la caminata

LEARNING FROM PHOTOS

Have students say all they can about the photo at the top of page 348.

LEARNING FROM REALIA

You may wish to ask the following questions about the detergent packages on page 348: *¿Qué clase de productos son éstos? ¿Para qué se usan? ¿Cuántas veces puedes lavar la ropa con el paquete de ARIEL? ¿Qué quiere decir "limonado" en el paquete de RÁPIDO?*

Comunicación

Palabras 1 y 2

A **De camping.** Ud. y un(a) compañero(a) van a hacer una excursión. Van de camping. Piensan dar unas caminatas. Preparen una lista de la ropa que van a poner en su mochila.

B **En un hotel o en un camping.**
Con un(a) compañero(a) de clase, preparen una lista de cosas o actividades que pueden hacer los clientes de un hotel. Luego preparen una lista de las cosas que pueden hacer los viajeros que van de camping. Entonces decidan lo que Uds. preferirían hacer—quedarse en un hotel o ir de camping. Expliquen por qué. Si no están de acuerdo, expliquen sus diferencias de opinión.

C **En una lavandería.** Imagínese que Ud. está trabajando a tiempo parcial en una lavandería en un barrio donde vive mucha gente de ascendencia hispana. Explíquele a un(a) cliente cómo usar la máquina de lavar. Use las siguientes expresiones.

1. esperar media hora
2. prender *(start)* la máquina
3. escoger la temperatura
4. poner blanqueador
5. poner detergente
6. poner la ropa sucia
7. introducir monedas
8. sacar el lavado

CAPÍTULO 13 **349**

Comunicación
(Palabras 1 and 2)

PRESENTATION *(page 349)*
You may have students do any number of these activities. You may also allow students to select the activity or activities in which they wish to take part.

RECYCLING
You may quickly review the vocabulary from Chapter 16 of *Bienvenidos*, which deals with camping.

ANSWERS
Actividades A, B, and C
Answers will vary

Bell Ringer Review

Write the following on the board or use BRR Blackline Master 13-3: Answer the questions using object pronouns. For example: ¿Has dado la foto a tu amigo? No. No se la he dado.

1. ¿Has dado tus libros a tus compañeros?
2. ¿Has explicado tus tareas a tu profesor(a)?
3. ¿Has vendido tu bolígrafo a tu amigo?
4. ¿Has mostrado tu composición a tu profesora de inglés?
5. ¿Has cantado el villancico a los alumnos?

El infinitivo o el subjuntivo

PRESENTATION *(page 350)*

A. Lead students through steps 1 and 2 on page 350.
B. Call on volunteers to read the sample sentences aloud.

Ejercicios

PRESENTATION *(pages 350-351)*

Ejercicios A and B
Exercises A and B can be done with books open or closed.

Ejercicios C and D
Exercises C and D are to be done with books open.

350

El infinitivo o el subjuntivo

Expressing Your Wishes and Preferences and Those of Others

1. With any verbs or expressions that require the subjunctive, the subjunctive is used only when there is a change of subject. That is to say the subjunctive is used when the subject of the main clause is different from the subject of the dependent clause that follows *que*.

MAIN		DEPENDENT
Yo quiero	que	Juan nos acompañe.
Él prefiere	que	vayamos juntos.
Pues, es necesario	que	decidamos lo que vamos a hacer.

2. If there is no change of subject, the infinitive is used.

> Juan quiere acompañarnos.
> Él prefiere no salir.
> Es necesario decidir.

Ejercicios

A **Estoy de acuerdo.** Contesten según el modelo.

> **Ellos quieren que tú vayas.**
> *Pues, no hay problema. Quiero ir.*

1. Ellos quieren que tú hagas el viaje.
2. Ellos quieren que tú vayas con ellos.
3. Ellos quieren que tú conduzcas.
4. Ellos quieren que tú tomes la autopista.
5. Ellos quieren que tú vuelvas con ellos también.

350 CAPÍTULO 13

B El lavado. Contesten.

1. ¿Quieres lavar la ropa sucia?
2. ¿O prefieres que yo te la lave?
3. ¿Quieres ir a la lavandería?
4. ¿O quieres que yo vaya a la lavandería?
5. ¿Es posible lavar el suéter o es necesario limpiarlo en seco?
6. ¿Quieres que yo lo lleve a la tintorería?

C Juan quiere pero yo prefiero.
Completen según el modelo.

> ir al museo/ir al cine
> *Juan quiere que yo vaya al museo pero yo prefiero ir al cine.*

1. ir en autobús/ir en tren
2. ir a un hotel/ir de camping
3. nadar/esquiar en el agua
4. esquiar/patinar
5. cocinar/comer en un restaurante

D Un pequeño conflicto. Completen.

Pilar quiere _____ (mirar) la televisión pero Tomás prefiere que todos _____ (salir)
de casa. Él desea _____ (estudiar) y no quiere que nadie _____ (hacer) ruido. Él le
pide a Pilar que no _____ (poner) la tele. Y Pilar no quiere _____ (perder) el
campeonato de tenis en la tele. Ella insiste en que Tomás _____ (ir) a otro cuarto a
estudiar, pero Tomás no quiere _____ (ir) a otro cuarto. Quiere _____ (quedarse)
donde está.

Micolor
elimina la suciedad
protege los colores

Unico detergente con
protectores del color

CAPÍTULO 13 **351**

Bell Ringer Review

Write the following on the board or use BRR Blackline Master 13-4: Complete with the present tense. Then keep your paper.

1. Yo _____ un viaje. (hacer)
2. Yo _____ a España. (ir)
3. Nosotros _____ en el aeropuerto. (estar)
4. Mi amigo, Juan, _____ conmigo. (venir)
5. Nosotros _____ por toda España. (andar)
6. Yo _____. (conducir)

Repaso del pretérito de los verbos irregulares

PRESENTATION *(page 352)*

Note This segment reviews the forms of irregular verbs in the preterite in a convenient, condensed chart format. They are reviewed in order to prepare students for the introduction of the imperfect subjunctive in the next chapter.

A. Have students open their books to page 352 and ask them to repeat the verb forms in unison.

Ejercicios

PRESENTATION *(pages 352-353)*

Ejercicios A, B, and C
Exercises A, B, and C can be done with books closed.

Ejercicio D
Exercise D is to be done with books open.

ANSWERS

Ejercicio A
Answers will vary.
1. Sí (No), (no) fui al mercado.
2. Sí (No), (no) anduve por todo el mercado.
3. Sí (No), (no) fui de un puesto a otro.
4. Sí (No), (no) pude comprar frutas frescas.
5. Sí (No), (no) hice muchas compras.
6. Puse las compras en una bolsa (en una canasta).

352

Repaso del pretérito de los verbos irregulares

Telling What You and Others Did in the Past: A Review

Review the forms of the preterite of the following irregular verbs.

estar	estuve, estuviste, estuvo, estuvimos, *estuvisteis*, estuvieron
tener	tuve, tuviste, tuvo, tuvimos, *tuvisteis*, tuvieron
andar	anduve, anduviste, anduvo, anduvimos, *anduvisteis*, anduvieron
poner	puse, pusiste, puso, pusimos, *pusisteis*, pusieron
poder	pude, pudiste, pudo, pudimos, *pudisteis*, pudieron
saber	supe, supiste, supo, supimos, *supisteis*, supieron
querer	quise, quisiste, quiso, quisimos, *quisisteis*, quisieron
hacer	hice, hiciste, hizo, hicimos, *hicisteis*, hicieron
venir	vine, viniste, vino, vinimos, *vinisteis*, vinieron
decir	dije, dijiste, dijo, dijimos, *dijisteis*, dijeron
traer	traje, trajiste, trajo, trajimos, *trajisteis*, trajeron
conducir	conduje, condujiste, condujo, condujimos, *condujisteis*, condujeron
ir	fui, fuiste, fue, fuimos, *fuisteis*, fueron

Ejercicios

A **Al mercado.** Contesten.

1. ¿Fuiste al mercado?
2. ¿Anduviste por todo el mercado?
3. ¿Fuiste de un puesto a otro?
4. ¿No pudiste comprar frutas frescas?
5. ¿Hiciste muchas compras?
6. ¿Pusiste tus compras en una bolsa o en una canasta?

Un mercado en México

352   CAPÍTULO 13

LEARNING FROM PHOTOS

Give students the following information about the photo on page 352: *El mercado en la foto es típico de los mercados en los pueblos de Latinoamérica en las zonas tropicales. Tienen techo para protección contra la lluvia, pero no tienen paredes porque no hace mucho frío. Los mercados son del municipio. Los vendedores pagan al municipio para vender sus productos allí.*

ADDITIONAL PRACTICE

Have students take the sentences from the **Bell Ringer Review** above and ask them to rewrite them in the preterite.

B Hoy y ayer también. Cambien al pretérito.

1. Ella va.
2. Ella no puede.
3. Ella lo sabe.
4. Ella no quiere.
5. Ella lo dice.
6. Ella conduce.
7. Ella lo trae.
8. Ella no lo hace.

C Hoy y ayer también. Cambien *ella* en *ellos* en el Ejercicio B.

D Un picnic. Completen.

Ayer nosotros ___ (hacer) un picnic. ¿Me preguntas adónde (nosotros) ___ (ir)? Pues, ___ (ir) al parque Florida. No solamente una persona ___ (traer) la comida. Todos nosotros ___ (traer) algo. ¿Qué ___ (hacer) yo? Pues, yo ___ (hacer) empanadas. Estaban muy buenas, muy ricas y todos mis amigos ___ (pedir) más. Todos ___ (repetir).

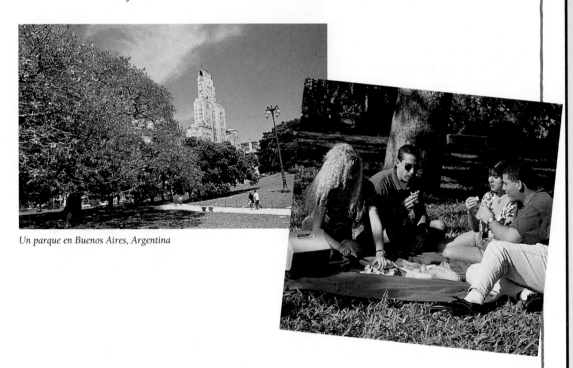

Un parque en Buenos Aires, Argentina

LEARNING FROM PHOTOS

Have students describe the scenes in the two photos on page 353 as completely as they can. You may wish to ask: *¿Qué hacen los jóvenes en la foto a la derecha?*

CRITICAL THINKING ACTIVITY

(*Thinking skills: comparing and contrasting; evaluating facts; identifying causes*)

¿El parque en Buenos Aires se parece a parques en los EE.UU.? ¿Cómo? ¿La vegetación nos dice algo de la posición geográfica? ¿Está el parque en una zona tropical? ¿Cómo sabes que no es tropical? ¿Qué tipo de clima será? ¿Por qué?

PRESENTATION *(page 354)*

A. Tell students they will hear a conversation between Antonio and an employee at a laundromat.

B. Have students close their books and listen as you read the conversation or play Cassette 8A.

C. Now have students open their books to page 354. Read or play the conversation a second time and have students read aloud along with you or the cassette.

D. Allow pairs time to practice the conversation. Then call on a volunteer pair to present it to the class.

Ejercicio

ANSWERS

1. Antonio lleva una camisa.
2. Quiere que el señor la lave y la planche.
3. No quiere almidón.
4. La mancha está en la manga.
5. Antonio no sabe de qué es la mancha.
6. No quiere prometer quitar la mancha.
7. La quiere para mañana.

CONVERSACIÓN

Escenas de la vida *En la lavandería*

ANTONIO: ¿Me puede lavar y planchar esta camisa, por favor?
EMPLEADO: Sí, señor. ¿Quiere Ud. almidón o no?
ANTONIO: No, sin almidón, por favor.
EMPLEADO: ¿Ve Ud. que aquí hay una mancha en la manga? ¿De qué es? ¿Sabe Ud.?
ANTONIO: No, no sé.
EMPLEADO: Pues, trataré de quitársela pero no quiero prometerle.
ANTONIO: De acuerdo.
EMPLEADO: ¿Para cuándo quiere Ud. la camisa?
ANTONIO: La necesito para mañana.
EMPLEADO: Muy bien.

La lavandería. Contesten según la conversación.

1. ¿Qué lleva Antonio a la lavandería?
2. ¿Qué quiere que el señor haga con la camisa?
3. ¿Quiere almidón o no?
4. ¿Dónde está manchada la camisa?
5. ¿De qué es la mancha?
6. ¿Promete el señor quitar la mancha?
7. ¿Para cuándo quiere Antonio la camisa?

TINTORERÍA POPOCATEPETL
PLAZA POPOCATEPETL Nº 35
COL. HÍPODROMO CONDESA
5-14-95-12
SERVICIO A DOMICILIO
55 AÑOS DE EXPERIENCIA
ACABADO A MANO
LA MEJOR CALIDAD Y SERVICIO

354 CAPÍTULO 13

Comunicación

A **Consejos.** Trabaje con un(a) compañero(a) de clase. Ud. le va a aconsejar que haga cinco cosas. Él o ella le va a decir si lo quiere hacer o no. Si no lo quiere hacer, le dirá que lo haga Ud.

B **Sugerencias.** Un(a) compañero(a) de clase le va a decir algunas cosas que no quiere hacer. Cada vez que él o ella le dice algo que no quiere hacer, Ud. le va a sugerir que haga algo diferente.

C **En la tintorería.** Ud. tiene una chaqueta que está sucia y arrugada. Hay también una mancha en la chaqueta y le falta un botón. Con un(a) compañero(a) de clase, preparen Uds. un diálogo que tiene lugar en la tintorería.

D **Favores muy grandes.** Dígale a un(a) compañero(a) de clase que haga lo siguiente. Su compañero(a) le dirá si puede hacerlo o no.

> quitarme la mancha de…
> Estudiante 1: Deseo que me quites la mancha de la camisa.
> Estudiante 2: Lo intentaré. No creo que sea posible.

1. quitarme la mancha de…
2. plancharme los pantalones
3. lavarme los calcetines
4. llevar mi chaqueta a la tintorería
5. poner mi traje de baño en la secadora
6. lavarme la ropa sucia

Comunicación
PRESENTATION *(page 355)*

These activities encourage students to reincorporate previously learned vocabulary and structures and use them on their own. You may select those activities that you consider most appropriate, or you may allow students to select the ones in which they participate.

ANSWERS

Actividades A, B, and C
Answers will vary.

Actividad D
Answers will vary according to the model.

LEARNING FROM PHOTOS

You may wish to use the buttons on page 355 for an exercise on location and description. Have students make up questions in order to locate specific buttons and ask them of their partners. For example: *Este botón es blanco. Está a la izquierda y debajo del botón azul en forma de corazón. ¿Cuál es?* When a partner is stumped, roles are exchanged.

LECTURA Y CULTURA

Bell Ringer Review

Write the following on the board or use BRR Blackline Master 13-7: Write a list of any geographical terms you remember.

READING STRATEGIES
(page 356)

Pre-Reading
Refer students to the map of Spain on page 452. Point out the *Coto Doñana* area and the Guadalquivir River.

Reading
Have students open their books to page 356 and ask volunteers to read aloud four or five sentences of the selection at a time. After each person reads, ask the class your own content questions, or use the *Comprensión* questions on page 357.

Post-reading
Ask students to tell about their own camping experiences in Spanish.

HISTORY CONNECTION

Coto Doñana was the private hunting preserve of Spanish kings until early in this century. King Alfonso XIII (1886-1941), an avid hunter, was a frequent visitor.

ISABEL LA NATURALISTA

A Isabel Dávila le encanta la naturaleza. Le interesan mucho la ecología y la protección ambiental.

Recientemente Isabel y algunos amigos fueron de camping en el sur de España. Dieron una caminata por el Coto Doñana. Es una gran extensión de tierra donde desemboca[1] el río Guadalquivir en el océano Atlántico. ¿Por qué le interesó tanto a Isabel esta región? Le interesó porque es un tesoro ecológico. La Reserva del Coto Doñana se divide en tres partes y cada parte es un ecosistema. Primero hay dunas. Los vientos del Atlántico soplan[2] sobre las arenas y forman dunas. El segundo ecosistema es un área baja y pantanosa[3] donde entran frecuentemente las aguas del mar. El tercer ecosistema es el de los matorrales[4] o cotos.

El Coto Doñana

El río Guadalquivir, España

En estos tres ecosistemas viven una gran variedad de aves[5], mamíferos y reptiles. Y aquí descansan las aves durante su migración del norte de Europa a África. La posible destrucción de este tesoro ecológico afectaría la ecología de Europa y gran parte de África. Hace poco un fuego[6] destruyó una parte de esta reserva biológica. ¿Cuál fue la causa del fuego o incendio? El descuido de algunos turistas que estaban de excursión en la región.

[1] desemboca *empties*
[2] soplan *blow*
[3] pantanosa *swampy, marshy*
[4] matorrales *underbrush, thicket*
[5] aves *birds*
[6] fuego *fire*

DID YOU KNOW?

1. The importance of *Coto Doñana* has been recognized by the European Community. The Community has collaborated in maintaining the *Coto* as a wildlife sanctuary for migratory birds as well as rare native species. Two rare species of eagle, *el águila real* and *el águila imperial* are found there, as well as the *lince* (lynx), among other rare fauna.

2. Francisco de Goya painted a famous portrait of the Duchess of Alba at *Coto Doñana*. The painting hangs in the museum of the Hispanic Society of America in New York City. Ask students to try to find a reproduction of the painting.

3. Honduras is one of the world's major producers of timber, especially of valuable hardwoods such as mahogany.

Estudio de palabras

A **La naturaleza.** ¿Cuál es la palabra?

1. no hace mucho tiempo
2. del ambiente
3. de la ecología
4. un monte de arena en los desiertos o en las playas
5. animales vertebrados, las hembras producen leche
6. cocodrilos, iguanas, víboras, cobras, boas, etc.
7. animal de sangre caliente que tiene pico, plumas y alas y puede volar
8. un incendio

B **Palabras relacionadas.** Pareen.

1. la protección   a. extender
2. la caminata   b. interesar
3. la extensión   c. descansar
4. la desembocadura   d. proteger
5. el interés   e. destruir
6. la migración   f. desembocar
7. el descanso   g. caminar
8. la destrucción   h. migrar

Comprensión

A **El Coto Doñana.** Contesten.

1. ¿Cuáles son algunas cosas que le interesan a Isabel Dávila?
2. ¿Dónde fueron de camping Isabel y sus amigos?
3. ¿Por qué le interesó a Isabel el Coto Doñana?
4. ¿Qué viven en los tres ecosistemas del Coto Doñana?
5. ¿Cuándo descansan las aves en la reserva?
6. ¿Qué destruyó una parte de la reserva?
7. ¿Quiénes causaron el fuego?

B **Informes.** Busquen dónde dice lo siguiente.

1. lo que es el Coto Doñana y dónde está
2. el número de ecosistemas en el Coto Doñana
3. lo que hay en cada uno de los ecosistemas
4. un río en el sur de España
5. el mar en que desemboca este río

Un incendio forestal en Honduras

CAPÍTULO 13   **357**

CRITICAL THINKING ACTIVITY

(Thinking skills: making inferences)
    Read the following to the class or write it on the board or on a transparency.
¿Qué tipo de persona tendría interés en las regiones descritas en la Lectura?

INDEPENDENT PRACTICE

Assign any of the following:
1. Workbook, *Un poco más*
2. Exercises on page 357

Estudio de palabras

PRESENTATION *(page 357)*

Ejercicios A and B
    Allow students to scan the selection for answers to Exercises A and B.

ANSWERS

Ejercicio A
1. recientemente
2. ambiental
3. ecológico
4. duna
5. mamífero
6. reptiles
7. ave
8. fuego

Ejercicio B
1. d
2. g
3. a
4. f
5. b
6. h
7. c
8. e

Comprensión

PRESENTATION *(page 357)*

Comprensión B
    Students may need to scan the selection for the answers to Exercise B.

ANSWERS

Comprensión A
1. Le interesan la ecología y la protección ambiental.
2. En el sur de España.
3. El Coto Doñana le interesó porque es un tesoro ecológico.
4. En los tres ecosistemas viven una gran variedad de aves, mamíferos y reptiles.
5. Las aves descansan durante su migración del norte de Europa a África.
6. Un fuego destruyó una parte de la reserva.
7. Unos turistas descuidados causaron el fuego.

Comprensión B
1. Paragraph 2, lines 4-6
2. Paragraph 2, lines 9-10
3. Paragraph 2, lines 11-17
4. Paragraph 2, line 5
5. Paragraph 2, line 6

Write the following on the board or use BRR Blackline Master 13-8: What did you do this morning before you left for school? Write five sentences. For example:
Me desperté a las siete.

Descubrimiento Cultural

(*The* Descubrimiento *section is optional.*)

PRESENTATION (*pages 358-359*)

A. Refer students to a map of the areas discussed in the reading.
B. Have students open their books to pages 358-359 and read the selection silently.

DESCUBRIMIENTO CULTURAL

Una calle en Cuzco

¿*A* ti te gustan las caminatas? Pues, debes dar una caminata por el camino de los incas, una de las más interesantes caminatas del mundo. Es el camino que usaban los incas para llegar a Machu Picchu. El camino se encuentra por encima del fondo de un valle andino. Para llegar al camino puedes tomar el tren de Cuzco. En vez de continuar hasta Machu Picchu, bajas en el kilómetro 88 y allí empiezas tu caminata por el camino. ¿En cuántas horas vas a llegar a Machu Picchu? No es cuestión de horas. Es cuestión de días. Te tomará entre tres y seis días. Depende de tu manera de caminar. No olvides de llevar una carpa y un hornillo. Pero si decides dar una caminata por este camino famoso, tienes que ser aventurero. Hoy en día hay que tener mucho cuidado por dos motivos o razones. Si sales de los senderos y circulas por los matorrales, debes tener cuidado con las víboras[1]. También hay que preocuparse de los guerrilleros—que son miembros de un grupo revolucionario radical que quieren derrocar[2] al gobierno peruano. Estos guerrilleros han cometido muchos actos terroristas.

Si te interesan los animales debes ir a la península Valdés en la Argentina. Aquí es donde pasan el verano los famosos pingüinos magallánicos. En marzo salen de la península Valdés a pasar el invierno en la Antártida. Aquí hay también adorables lobos del mar y elefantes marinos. Por lo general, estos animales grandes no son peligrosos. ¡Pero cuidado! No bloquees su camino al mar.

En todos los idiomas hay palabras o sonidos para imitar los sonidos que hacen los animales. En inglés los perros dicen "bow-wow" o "woof-woof", los gallos dicen "cockadoodledoo", las gallinas, "cluck-cluck" y los pajaritos, "tweet-tweet". "Baa-baa" dice la oveja. Pero los animales españoles y latinoamericanos no van a "hablar inglés", ¿verdad? ¿Qué dicen ellos, pues?

El camino inca

358 CAPÍTULO 13

Ask students to prepare the following: *Estás en una universidad hispana. Tienes que reclutar estudiantes para colaborar en un proyecto de repoblación forestal. Prepara una hoja que explica la importancia ecológica del proyecto y lo que tendrán que hacer los voluntarios.*

Nuestro mejor amigo, el señor perro, dice "jau-jau" o "guau-guau". El gallo, cuando nos despierta por la mañana canta "quiquiriquí", y la señora gallina, "clo-clo". El pajarito hispano, canta dulcemente "pío-pío", y la oveja castellana dice "bé".

Curiosos son dos animales que hablan un idioma multinacional.
El pato inglés puede decir "quack-quack", pero su primo chileno le entiende perfectamente porque él dice "cuá-cuá". Y la elegante felina, doña gata se entiende en Londres, Nueva York, París y Buenos Aires, cuando dice "miau".

[1] víboras   *snakes*
[2] derrocar   *overthrow*

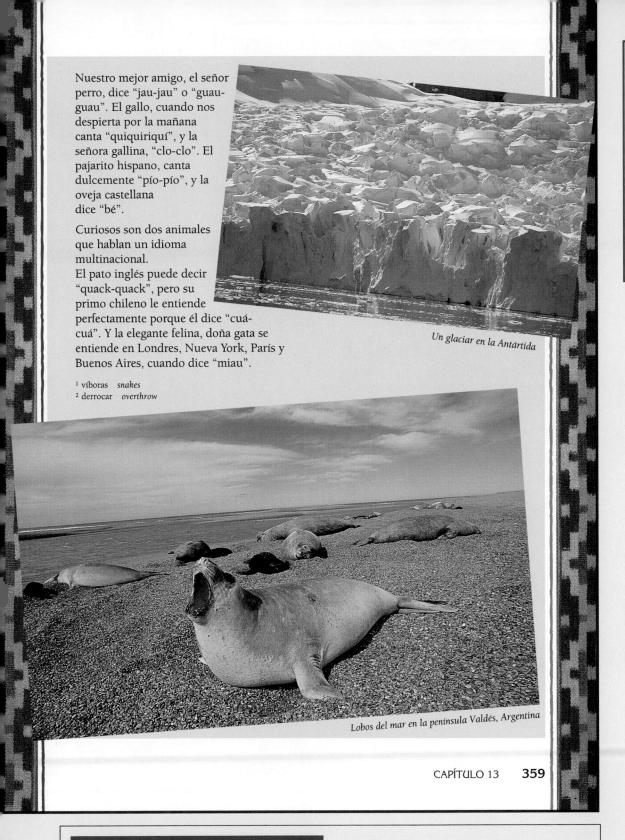

Un glaciar en la Antártida

Lobos del mar en la península Valdés, Argentina

HISTORY CONNECTION

Cuzco was the center of Inca civilization. The Incas dominated western South America from Quito, Ecuador to the Río Maule in Chile, until the Spanish conquest in 1532. According to tradition, Cuzco was founded by Manco Cápac I, *hijo del Sol*, early in the 13th century. *El camino inca* leads from Cuzco to the fortress city of Machu Picchu, high in the Andes.

DID YOU KNOW?

La Antártida es el quinto más grande de los continentes, con una superficie de 14.245.000 kilómetros cuadrados. El capitán inglés James Cook la descubrió en 1772-75. Hoy varios países tienen centros científicos en la Antártida. Los países son los EE.UU., Nueva Zelanda, Australia, Francia, la Argentina, Japón, Rusia, el Reino Unido y Sudáfrica.

Bell Ringer Review

Write the following on the board or use BRR Blackline Master 13-19: Choose the correct completion for each sentence:

1. **Alano está cierto que tú (vas, vayas) a ganar el partido.**
2. **Estamos contentos que Josefina (viene, venga) a la fiesta.**
3. **Yo creo que Raquel (sabe, sepa) preparar una paella.**
4. **No creo que ella (sabe, sepa) utilizar una parrilla.**
5. **Espero que tú (sacas, saques) buenas notas.**

PRESENTATION (*pages 360-361*)

Allow students time to look at the photographs and discuss them among themselves. Invite them to share their questions and comments.

REALIDADES

Camino Inka
Machupicchu

FONDO DE PROMOCION TURISTICA
OFICINA DESCENTRALIZADA CUSCO

FOPTUR

Las orillas del río Guadalquivir cerca de la Torre del oro en la maravillosa ciudad andaluza, Sevilla **1**.

¿Qué te parece dar una caminata por el Camino Inca **2**?

¿O prefieres ver las vistas preciosas mientras cruzas el estrecho de Magallanes en barco **3**?

¿O te interesaría más explorar las famosas cuevas de Camuy cerca de la costa norte de Puerto Rico **4**?

¿Qué llevas cuando vas de camping **5**?

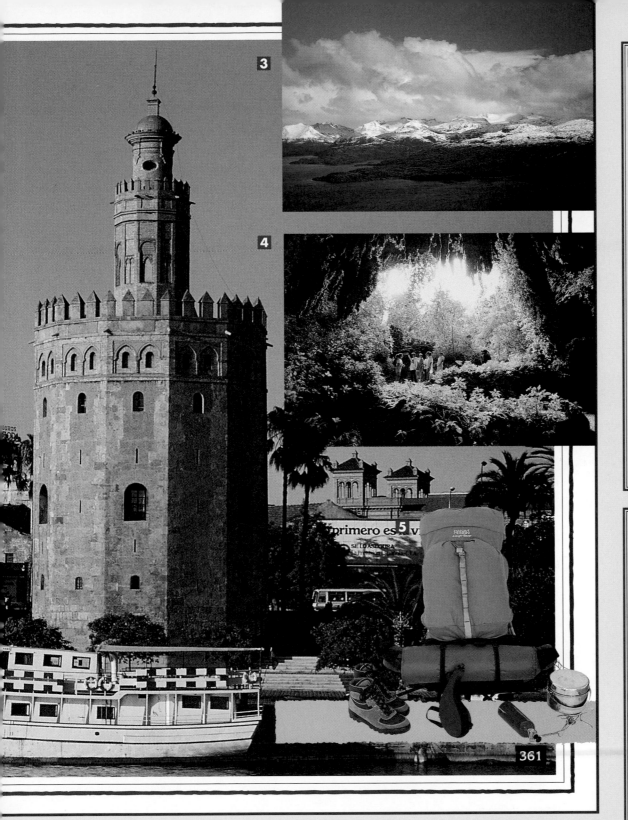

3

4

5

361

HISTORY CONNECTION

Photo 1: *La Torre del Oro (1220) era el lugar donde se guardaba el oro que venía a España desde las Américas. La torre está a orillas del Guadalquivir en Sevilla. Aunque Sevilla no está en la costa, todavía es un puerto, porque los barcos pueden subir por el río Guadalquivir.*

Photo 2: The "lost city" of Machu Picchu was found again in 1911 during an exploration by the North American Hiram Bingham. Machu Picchu lies about 80 kilometers northwest of Cuzco, 600 meters above the Río Urubamba. The city contains 13 square kilometers of terrace and construction, and over 3,000 steps joining different levels. It is considered by many to be the most important ruin in the Americas. Some historians think that Machu Picchu was the Inca capital prior to Cuzco.

GEOGRAPHY CONNECTION

Photo 3: *El Estrecho de Magallanes* or Strait of Magellan separates South America from Tierra del Fuego. It is 530 kilometers long and 4 to 24 kilometers wide. It was discovered by Fernando Magallanes (Ferdinand Magellan) in 1520. It was the sea route around South America until the opening of the Panama Canal. Have students locate the Strait of Magellan on a map.

Photo 4: The Camuy River disappears into the "Hoyo Azul" or "Blue Hole" near Lares, Puerto Rico. The river runs underground through a massive network of caves. A part of the network has been developed into the Río Camuy Cave Park. At some point the river flows hundreds of feet below the surface.

361

RECYCLING

The activities in *Comunicación oral* and *Comunicación escrita* encourage students to use all the language they have learned in the chapter and recombine it with material from previous chapters. It is not necessary to do all the activities with all students. Select the ones you consider most appropriate or allow students to choose the ones they wish to do.

Comunicación oral

ANSWERS

Actividad A

Answers will vary from the following model.

E1: Quiero que vayamos al cine.

E2: No quiero ir al cine. Quiero ir a…

E1: No quiero… Quiero…

Actividad B

Answers will vary.

INFORMAL ASSESSMENT

Activities A and B can be used to assess speaking skills. Use the evaluation criteria given on page 24 of this Teacher's Wraparound Edition.

Comunicación escrita

ANSWERS

Actividades A and B

Answers will vary.

362

CULMINACIÓN

Comunicación oral

A **¿Quieres que…?** Ud. llama a un amigo(a) (un[a] compañero[a] de clase) y le pregunta si quiere hacer las cosas o ir a los lugares indicados. Su amigo(a) le dice que no, que prefiere que Uds. vayan a otro lugar o que hagan algo diferente. Ud. le contesta diciendo que Ud. no quiere hacer eso, y ofrece otra opción.

1. ir al cine
2. jugar al tenis
3. visitar a *(name a friend)*
4. escuchar mi nuevo disco de *(name an album)*
5. ir al supermercado
6. jugar a las cartas

B **Una encuesta.** Con un(a) compañero(a) de clase escriban diez preguntas para una encuesta sobre la opinión de los estudiantes sobre el camping. Hágales las preguntas a cuatro estudiantes, y luego déle los resultados a la clase.

> Estudiante 1: ¿Te gusta ir de camping?
> Estudiante 2: Mucho / De vez en cuando / Nunca

Comunicación escrita

A **Lo que necesito.** Ud. va de camping por dos semanas en una región montañosa, donde también hay un lago. Escriba una lista de la ropa, cosas personales y equipo de camping que necesita llevar. Luego compare su lista con la de su compañero(a) de clase.

Ropa	Cosas Personales	Equipo De Camping

B **Mis vacaciones de primavera.** Imagínese que Ud. acaba de regresar a la escuela después de pasar sus vacaciones de primavera en un campamento de jóvenes que está en la orilla del mar. Escriba una lista de diez cosas interesantes que Ud. hizo mientras estuvo en el campamento.

362 CAPÍTULO 13

CRITICAL THINKING ACTIVITY

(Thinking skills: supporting arguments with reasons)

Have students respond to the following: *Se les acusa a los detergentes y las lavadoras de contribuir mucho a la contaminación del agua. ¿Por qué crees que los productores de SKIP y BALAY están regalando los arbolitos y están iniciando una campaña de repoblación forestal?*

COOPERATIVE LEARNING

Have teams create and present original conversations which might take place at these places:

1. la lavandería
2. la tintorería
3. un campamento

PLANTEMOS UN ÁRBOL

Los bosques son la esperanza, el camino para salvar la naturaleza. En **Skip** y **Balay** lo sabemos. Por eso Skip ha creado el Eco-Pack, que utiliza menos material de envase, y por eso las lavadoras Balay le ofrecen el sistema IRIS, que ahorra agua, energía y utiliza el detergente de forma más eficaz… pero no nos parece suficiente. Así, hemos iniciado un proyecto de repoblación forestal para el que necesitamos su apoyo.

Sólo tiene que enviarnos al comprar una lavadora Bala compra de Skip Eco-Pack, y nosot Fundación Medioambiental, plant en zonas de especial valor natural en nombre del bosque… (Valencia (Huesca) y Catalán (Lérida) y e (Huelva). Sólo con su ayuda podemo más personas nos apoyen, más árbole

Reintegración

 Lo que yo quiero. Comiencen la oración con
Yo quiero que…

1. Sacas tu ropa sucia de la mochila.
2. Vas a la lavandería.
3. Lavas tu ropa sucia.
4. La lavas en agua caliente.
5. Pones el lavado en la máquina de lavar.
6. Echas dos tazas de jabón en polvo.
7. Pones también una tapa de blanqueador.
8. Sacas el lavado de la secadora.

B **¿Dónde lo puedes lavar?** Escojan.

En la lavandería   En la tintorería

1. una camisa
2. un suéter de lana
3. un traje de baño
4. los calcetines
5. una chaqueta
6. un pantalón de lana
7. un pantalón de denim
8. la ropa interior

Vocabulario

SUSTANTIVOS

el camping
la caravana
la casa-remolque
la tienda de campaña
la carpa
el saco para dormir
la hamaca
el hornillo
la caminata
la senda
el sendero

la lavandería
la ropa
el lavado
la máquina de lavar
la secadora
el jabón en polvo
el blanqueador
el almidón
la tintorería
la limpieza en seco
la plancha
el suéter

ADJETIVOS

sucio(a)
arrugado(a)
manchado(a)

VERBOS

planchar
encoger

**OTRAS PALABRAS Y
EXPRESIONES**

limpiar en seco

PRESENTATION (*page 363*)

Ejercicio A

Exercise A recycles the forms of the present subjunctive.

Ejercicio B

Exercise B recycles vocabulary from *Bienvenidos* associated with clothing.

ANSWERS

Ejercicio A

1. Yo quiero que saques tu ropa sucia de la mochila.
2. … vayas a la lavandería.
3. … laves tu ropa sucia.
4. … la laves en agua caliente.
5. … pongas el lavado en la máquina de lavar.
6. … eches dos tazas de jabón en polvo.
7. … pongas también una tapa de blanqueador.
8. … saques el lavado de la secadora.

Ejercicio B

1. en la lavandería
2. en la tintorería
3. en la lavandería
4. en la lavandería
5. en la tintorería
6. en la tintorería
7. en la lavandería
8. en la lavandería

Vocabulario

The words and phrases in the *Vocabulario* have been taught for productive use in this chapter. They are summarized here as a resource for both students and teacher. The *Vocabulario* also serves as a convenient resource for *Culminación* activities. There are approximately 5 cognates in this list.

CHAPTER OVERVIEW

In this chapter, students will learn to communicate in situations involving changing money, and carrying out simple financial and banking transactions. Vocabulary presented includes activities associated with currency exchange, savings accounts, and checks. Forms and uses of the imperfect tense of the subjunctive are also taught. The cultural focus of Chapter 14 is on the cost of education in the Hispanic world as contrasted with that in the U.S.

CHAPTER OBJECTIVES

By the end of this chapter, students will know:
1. vocabulary associated with the exchange of money in the Hispanic world
2. vocabulary associated with a variety of banking transactions
3. the forms and uses of the imperfect subjunctive
4. the use of the subjunctive in *si* clauses

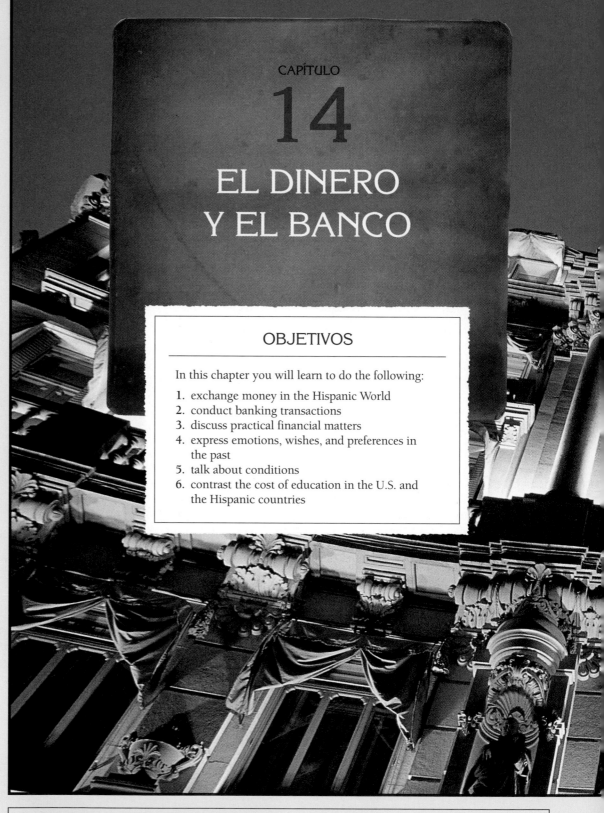

CAPÍTULO

14

EL DINERO
Y EL BANCO

OBJETIVOS

In this chapter you will learn to do the following:

1. exchange money in the Hispanic World
2. conduct banking transactions
3. discuss practical financial matters
4. express emotions, wishes, and preferences in the past
5. talk about conditions
6. contrast the cost of education in the U.S. and the Hispanic countries

CHAPTER PROJECTS

(optional)

1. Check the newspaper for exchange rates of the Spanish *peseta* and the Mexican *peso*. Have students keep track of the rates throughout the chapter.
2. Have students draw up a personal budget and keep a diary of their expenditures throughout the chapter. At chapter's end, have them write or tell what they have learned about themselves from doing this.
3. If available, pass around money from Hispanic countries. If this is not available, show students photos of foreign money, including those on student pages 381-382.

365

CHAPTER 14 RESOURCES

1. Workbook
2. Student Tape Manual
3. Audio Cassette 8B
4. Vocabulary Transparencies
5. Bell Ringer Review
   Blackline Masters
6. Communication Activities
   Masters
7. Computer Software:
   Practice and Test Generator
8. Video Cassette, Unit 4
9. Video Activities Booklet,
   Unit 4
10. Situation Cards
11. Chapter Quizzes
12. Testing Program

Pacing

Chapter 14 will require eight to ten class sessions. Pacing will depend on the length of the class period, the age of the students, and student aptitude.

ABOUT THE LANGUAGE

The word *banco* also means "bench." The origin of *banco* is the Latin word with the same meaning. In Roman times money transactions were carried out on a bench *(banco)*. In modern Spanish *el banco* is the physical bank, the building. *La banca* is the banking industry.

LEARNING FROM PHOTOS

Refer students to the photo on pages 364-365. You may wish to tell them that the *Banco Hispano Americano* is located on the *Calle de Alcalá* in Madrid. Many of the great banks of Spain are located on *Alcalá* in magnificent, palatial buildings constructed mostly in the early 20th century.

Bell Ringer Review

Write the following on the board or use BRR Blackline Master 14-1: List at least five ways in which you spend money in any given week.

PRESENTATION (*pages 366-367*)

A. With books closed, refer to Vocabulary Transparencies 14.1 (*A & B*) and have students repeat the new words, phrases, and sentences after you or Cassette 8B.

B. Point to items on the screen randomly and have students repeat the vocabulary after you.

C. After some practice, ask *¿Qué es esto?* as you point to the items and call on volunteers to respond.

D. Have students open their books to pages 366-367. Ask for volunteers to read the words, phrases, and sentences. Ask questions such as: *¿Qué quisiera la mujer? ¿Qué preferiría ella? ¿A cuánto está el cambio?*, etc.

E. Pass around bills or coins from Spanish-speaking countries that you or your students have brought in.

VOCABULARIO

PALABRAS 1

¿NECESITAS DINERO?

el banco

el cajero

la ventanilla

la caja

el empleado del banco

el dinero

las monedas

los billetes
el dinero en efectivo

el cheque

el cheque de viajero

366 CAPÍTULO 14

366

BANCO NACIONAL

una oficina de cambio

el cambista

cambiar dinero

el tipo de cambio,
la tasa de cambio

Quisiera que Ud. me cambiara este cheque de viajero.
Preferiría que Ud. me diera billetes pequeños.

¿Cuál es el tipo de cambio?

El cambio está a 130 pesos el dólar.

El tipo (la tasa) de
cambio fluctúa.

Vocabulary Expansion

You may give students the
following additional vocabulary in order to talk about
money and banking:
la tasa de interés
los servicios bancarios
cobrar interés
los préstamos
las hipotecas
la transacción

LEARNING FROM ILLUSTRATIONS

Refer students to the illustrations on
page 367. Have them find the current
exchange rate for each of the currencies
listed in them. This will provide a review
of the names of countries and adjectives of
nationality. The exchange rates appear in
most major newspapers. Also, ask questions about the lists, such as: *¿Cuál es la
moneda alemana? ¿Dónde usan marcos?*,
etc.

Ejercicios

Ejercicios

A **Dinero y más dinero.** Contesten según las fotos.

1. ¿Es un cheque de un banco mexicano?
2. ¿Son pesetas españolas o pesos mexicanos?
3. ¿Cuántos billetes hay?
4. ¿Hay billetes de 1000 pesetas?
5. ¿Cuál es el tipo de cambio?

B **La moneda estadounidense.** Completen.

La moneda de los Estados Unidos es el dólar. Hay $\underset{1}{\underline{\quad}}$ de 1, 5, 10, 20, 50 y 100 dólares. Hay algunos $\underset{2}{\underline{\quad}}$ de 2 dólares, pero no muchos. El $\underset{3}{\underline{\quad}}$ estadounidense se divide en 100 centavos. Hay $\underset{4}{\underline{\quad}}$ de 1, 5, 10, 25 y 50 centavos.

C **Asuntos financieros.** Contesten según se indica.

1. ¿Quién está haciendo un viaje? (Sarita)
2. ¿Dónde está? (en España)
3. ¿Cuál es la moneda española? (la peseta)
4. ¿Tiene Sarita pesetas? (no)
5. ¿Qué tiene? (dólares)
6. ¿Qué tiene que hacer? (cambiar dinero)
7. ¿Cuánto va a cambiar? (cincuenta dólares)
8. ¿Adónde va? (al banco)
9. ¿Cuál es el tipo de cambio? (cien pesetas al dólar)
10. ¿Cuántas pesetas va a recibir Sarita? (cinco mil)

CRITICAL THINKING ACTIVITY

(Thinking skills: identifying causes)

En muchos países, especialmente en los países donde hay mucho analfabetismo (*falta de habilidad para leer*), los billetes de banco son de diferentes tamaños. Los que valen más son más grandes. También son de diferentes colores dependiendo del valor. ¿Cuál será la razón por tener billetes de diferentes tamaños y colores?

INDEPENDENT PRACTICE

Assign any of the following:

1. Workbook, *Palabras 1*
2. Communication Activities Masters, *A & B*
3. Exercises on student page 368

VOCABULARIO

PALABRAS 2

¿TIENE UD. UNA CUENTA EN ESTE BANCO?

la cuenta de ahorros

el saldo

la libreta

la cuenta corriente

la chequera, el talonario

firmar el cheque

endosar el cheque

el estado del banco (de cuenta)

cobrar el cheque

verificar el saldo
conciliar la cuenta

CAPÍTULO 14 **369**

ROLE-PLAY

Getting Ready

This is a paired activity. Have students use their own money or supply play money. Demonstrate *vacío*.

_____ y _____, vengan Uds. aquí, por favor.

_____, tú no tienes dinero.

Muestra tus bolsillos vacíos a _____.

Pídele dinero.

_____, saca tu billetera.

Saca unos billetes.

Dale los billetes a _____.

_____, pon los billetes en tu bolsillo.

Estás contento(a).

Dile gracias a _____.

Dale la mano.

VOCABULARIO
PALABRAS 2

Vocabulary Teaching Resources

1. Vocabulary Transparencies 14.2 (*A & B*)
2. Audio Cassette 8B
3. Student Tape Manual, *Palabras 2*
4. Workbook, *Palabras 2*
5. Communication Activities Masters, *C & D*
6. Chapter Quizzes, *Palabras 2*
7. Computer Software, *Vocabulario*

Bell Ringer Review

Write the following on the board or use BRR Blackline Master 14-2: In Spanish, write down at least three different ways you can earn some extra money.

PRESENTATION (*pages 369-370*)

A. Have students close their books. Model the *Palabras 2* vocabulary using Vocabulary Transparencies 14.2 (*A & B*). Have students repeat the new material after you or Cassette 8B.

B. Intersperse repetitions with questions which elicit the new vocabulary. For example (referring to the bottom illustrations on student page 370): *¿Qué era necesario? ¿Qué quería hacer la señora? ¿Qué quería el cajero? ¿Qué quería mamá?*

ABOUT THE LANGUAGE

The verb *cobrar* has a number of meanings: *cobrar un cheque* is "to cash a check," *cobrar un sueldo* is "to receive one's pay" and *cobrar mucho por el producto* is "to charge a lot for the product."

hacer un depósito
depositar (ingresar) dinero

llenar un formulario de retiro

sacar (retirar) dinero de la cuenta

Era necesario que la señora firmara el cheque.
La señora quería cobrar el cheque.
El cajero quería que ella endosara el cheque.

Mamá me pidió que fuera al banco.
Quería que yo hiciera un depósito.
Quería que yo ingresara 100 dólares
en su cuenta de ahorros.

370 CAPÍTULO 14

COOPERATIVE LEARNING

Have teams create and present skits based on bank conversations like the ones on page 370.

Ejercicios

A **El banco.** Preguntas personales.

1. ¿Te gusta ahorrar dinero?
2. ¿Tienes una cuenta de ahorros?
3. ¿Haces muchos depósitos en tu cuenta de ahorros?
4. ¿Cuál es el saldo de tu cuenta?
5. ¿Cuál es el tipo (la tasa) de interés? ¿Sabes?
6. ¿Tienes una libreta o un certificado de depósito?
7. ¿Tienes una cuenta corriente?
8. ¿Tienen tus padres una cuenta corriente?
9. ¿Pagan ellos sus cuentas o facturas con cheque?
10. ¿Prefieren pagar sus facturas con cheque o en efectivo?

B **Finanzas.** Completen.

1. Una ____ o un ____ tiene una cantidad de cheques.
2. Un cheque no es válido si la persona que escribe el cheque no lo ____ .
3. Es necesario tener una cuenta ____ en el banco si uno quiere escribir cheques.
4. El banco manda (envía) un ____ a sus clientes cada mes (mensualmente).
5. El cliente tiene que verificar el ____ en el estado del banco y el ____ que tiene en su chequera.

C **Ahorros para el futuro.** Escojan.

1. Roberto quiere tener dinero para el futuro. Debe abrir ____ .
   a. una cuenta corriente   b. una cuenta de ahorros   c. un banco

2. Si Roberto quiere ahorrar mucho dinero, tendrá que ____ .
   a. retirar mucho dinero   b. ingresar muchos fondos
   c. cobrar muchos cheques

3. Roberto no paga siempre con dinero en efectivo o tarjeta de crédito. Él paga con ____ .
   a. billetes   b. libretas   c. cheques

4. Roberto no tiene más cheques. Necesita ____ .
   a. otra cuenta   b. otro talonario   c. otro estado

5. No se puede escribir otro cheque si no hay ____ en la cuenta corriente.
   a. fondos   b. cheques   c. depósitos

PLANES DE AHORRO MEDICO

EN EL FONDO GANA USTED

CAPÍTULO 14   **371**

Comunicación
(*Palabras 1 and 2*)

Bell Ringer Review
Write the following on the board or use BRR Blackline Master 14-3: Write down several reasons why it is a good idea to have a savings account.

PRESENTATION (*page 372*)

You may have students do any number of these activities. You may also allow students to select the activity or activities in which they would like to take part.

ANSWERS

Actividades A–D
Answers will vary.

Comunicación
Palabras 1 y 2

A **Necesito cambiar dinero.** Ud. está viajando por un país hispano y tiene que cambiar dinero. Ud. va al banco y habla con el empleado del banco.

Dígale:
a. cuánto dinero Ud. quiere cambiar
b. si va a cambiar dinero en efectivo o cheques de viajero
c. que Ud. no quiere sólo billetes grandes

Pregúntele:
a. cuál es el tipo de cambio
b. si necesita ver su pasaporte
c. si Ud. tiene que pasar a la caja para cobrar su dinero

B **Vacaciones y gastos pagados.** Ud. acaba de ganarse unas vacaciones a Europa, incluso 500 dólares para sus gastos personales en cada país. Use la tabla de tipos de cambio que se da a continuación para saber a cuánto equivalen los 500 dólares en la moneda de cada país.

> 1 dólar equivale a 1.7 marcos alemanes
> *Entonces, en Alemania, tendré 850 marcos alemanes.*

UN DOLAR EQUIVALE A...	
1. 130 pesetas españolas	5. 1625 liras italianas
2. 1.7 marcos alemanes	6. 170 escudos portugueses
3. 5.8 francos franceses	7. 1.5 francos suizos
4. .66 libras esterlinas (inglesas)	8. 1300 chelines austríacos

C **Un poco de matemáticas.** Practique un poco de matemáticas con un(a) compañero(a) de clase. Pregúntele cuánto equivale cierta cantidad de dólares (cualquier cantidad) con relación a los tipos de cambio que se dan en la Actividad B. Busque en un periódico los tipos de cambio de las monedas de algunos países latinoamericanos con relación al dólar e inclúyalos en esta actividad.

D **Una cuenta bancaria.** Ud. está interesado en abrir una cuenta en un banco. Hable con el empleado del banco (un[a] compañero[a] de clase) para obtener la información necesaria. Pregúntele qué tipo de cuenta paga más intereses (cuenta corriente o cuenta de ahorros); cuál es la tasa de interés que pagan; si el banco da gratis los talonarios de cheques; y si se puede pagar la cuenta de la electricidad directamente por medio del banco. Finalmente, pregúntele a qué hora se abre y se cierra el banco todos los días.

372 CAPÍTULO 14

FOR THE NATIVE SPEAKER

If possible, have students bring in a bank note from their country of origin. Have them tell the class who or what appears on the bill and what the importance of that person or object is. An example would be the *quetzal* of Guatemala.

INDEPENDENT PRACTICE

Assign any of the following:
1. Workbook, *Palabras 2*
2. Communication Activities Masters, *C & D*
3. Exercises and activities on student pages 371-372

372

ESTRUCTURA

El imperfecto de subjuntivo *Speaking about the Past Using the Subjunctive*

The imperfect subjunctive of all verbs is formed by dropping the ending *-on* of the *ellos(as)* form of the preterite tense.

PRETERITE	STEM	IMPERFECT SUBJUNCTIVE
hablaron	*hablar-*	hablar*a*
vendieron	*vendier-*	vendier*a*
abrieron	*abrier-*	abrier*a*
estuvieron	*estuvier-*	estuvier*a*
pusieron	*pusier-*	pusier*a*
dijeron	*dijer-*	dijer*a*

El Banco de Bilbao, Madrid, España

To this root the following endings are added.

INFINITIVE	HABLAR	COMER	ABRIR	ENDINGS
STEM	HABLAR-	COMIER-	ABRIER-	
yo	hablara	comiera	abriera	-a
tú	hablaras	comieras	abrieras	-as
él, ella, Ud.	hablara	comiera	abriera	-a
nosotros(as)	habláramos	comiéramos	abriéramos	-amos
vosotros(as)	*hablarais*	*comierais*	*abrierais*	*-ais*
ellos, ellas, Uds.	hablaran	comieran	abrieran	-an

Stem-changing verbs

INFINITIVE	PRETERITE (ELLOS)	STEM	IMPERFECT SUBJUNCTIVE
pedir	pidier*on*	*pidier-*	pidiera
servir	sirvier*on*	*sirvier-*	sirviera
dormir	durmier*on*	*durmier-*	durmiera

CAPÍTULO 14   **373**

LEARNING FROM PHOTOS

Ask the following questions about the photo on page 373: *¿Dónde está el señor? ¿Cómo se llama el banco? ¿En qué país está? ¿Está haciendo cola el señor? ¿Hay mucha gente esperando en el banco?*

Bell Ringer Review

Write the following on the board or use BRR Blackline Master 14-4: Write down three things that can be found in *una cartera.*

El imperfecto del subjuntivo

PRESENTATION *(pages 373-374)*

Have students open their books to page 373. Ask them to repeat the verb forms after you.

GEOGRAPHY CONNECTION

Vascongadas, the Basque region of Spain is one of the wealthiest in the country. A number of major banks originated there: *el Banco de Vizcaya* and *el Banco de Bilbao* (the two have merged), are major examples. Have students locate *Vascongadas, Bilbao,* and *Vizcaya* on a map of Spain. The Basque name for their region is *Euzkadi* and their language is *euskara.*

Usos del imperfecto del subjuntivo

PRESENTATION (*page 374*)

A. Ask students to open their books to page 374. Lead them through steps 1-2.

B. Call on volunteers to read the sample sentences in each step aloud.

Irregular verbs

INFINITIVE	PRETERITE (ELLOS)	STEM	IMPERFECT SUBJUNCTIVE
andar	anduvieron	*anduvier-*	anduviera
estar	estuvieron	*estuvier-*	estuviera
tener	tuvieron	*tuvier-*	tuviera
poder	pudieron	*pudier-*	pudiera
poner	pusieron	*pusier-*	pusiera
saber	supieron	*supier-*	supiera
querer	quisieron	*quisier-*	quisiera
venir	vinieron	*vinier-*	viniera
hacer	hicieron	*hicier-*	hiciera
leer	leyeron	*leyer-*	leyera
oír	oyeron	*oyer-*	oyera
decir	dijeron	*dijer-*	dijera
conducir	condujeron	*condujer-*	conducira
traer	trajeron	*trajer-*	trajera
ir	fueron	*fuer-*	fuera
ser	fueron	*fuer-*	fuera

Usos del imperfecto del subjuntivo

Speaking about the Past Using the Subjunctive

1. The same rules that govern the use of the present subjunctive govern the use of the past subjunctive. The tense of the verb of the main clause determines whether the present or imperfect subjunctive is to be used in the dependent clause. If the verb of the main clause is in the present or the future, the present subjunctive is used in the dependent clause.

> Quiero que él me cobre el cheque.
> Él nos pide que abramos una cuenta en el banco.
> Ellos insistirán en que paguemos la factura en dólares.
> Será necesario que tengas el cambio exacto.

2. When the verb of the main clause is in the preterite, imperfect, or conditional, the verb of the dependent clause must be in the imperfect subjunctive.

> Yo quería que él me cobrara el cheque.
> Él nos pidió que abriéramos una cuenta en el banco.
> Ellos insistirían en que pagáramos la factura en dólares.
> Sería necesario que tuvieras el cambio exacto.

FOR THE NATIVE SPEAKER

Fill in the blanks with the appropriate form of the verb in parentheses.

1. *El gobierno temía que los banqueros (especular) _____ sobre el valor de la moneda.*

2. *Los alcistas esperaban que (subir) _____ y los bajistas que (caer) _____.*

3. *Algunos preferían que el gobierno (emitir) _____ más billetes.*

4. *Así harían que (circular) _____ más dinero.*

5. *Los que debían mucho dinero deseaban que los bancos (negociar) _____ con ellos.*

6. *Los cambistas no querían que se (descontar) _____ la moneda.*

7. *No querían que los bancos les (abonar) _____ sólo una parte de sus obligaciones.*

8. *Los accionistas les decían a sus clientes que (cargar) _____ todas sus compras a sus tarjetas de crédito.*

Ejercicios

A **En el banco.** Contesten.

1. ¿Quería el cliente que el cajero le cobrara el cheque?
2. ¿Quería el cajero que el cliente endosara el cheque?
3. ¿Quería el cajero que el cliente presentara alguna identificación?
4. ¿Quería el cliente que el cajero le diera billetes pequeños?
5. ¿Quería el cajero que el cliente pasara a la caja para cobrar su dinero?

B **Los padres de Susana querían que...** Sigan el modelo.

> estudiar
> *Los padres de Susana querían que ella estudiara.*

1. estudiar mucho
2. tomar cinco cursos
3. trabajar duro
4. aprender mucho
5. leer mucho
6. comer bien
7. vivir con ellos
8. recibir buenas notas
9. asistir a la universidad
10. tener éxito
11. salir bien en sus exámenes
12. decir siempre la verdad
13. ser cortés
14. conducir con cuidado

C **¿Qué preferirías?** Sigan el modelo.

> Yo preferiría que —— .
> Tú se lo dices.
> *Yo preferiría que tú se lo dijeras.*

1. Tú se lo dices.
2. Tú se lo escribes.
3. Tú se lo das.
4. Se lo envías.
5. Se lo explicas.

D **¿Qué temían ellos?** Sigan el modelo.

> Ellos temían que —— .
> Yo no estoy.
> *Ellos temían que yo no estuviera.*

1. Yo no estoy.
2. Yo no quiero ir.
3. No voy.
4. Yo no lo hago.
5. Yo no se lo digo a nadie.

La Universidad de Córdoba, Córdoba, Argentina

CAPÍTULO 14   **375**

Ejercicios

ANSWERS

Ejercicio A

1. Sí, el cliente quería que el cajero le cobrara el cheque.
2. Sí, el cajero quería que el cliente endosara el cheque.
3. Sí, el cajero quería que el cliente presentara identificación.
4. Sí (No), el cliente (no) quería que el cajero le diera billetes pequeños.
5. Sí, el cajero quería que el cliente pasara a la caja para cobrar su dinero.

Ejercicio B

1. Los padres de Susana querían que ella estudiara mucho.
2. ... tomara cinco cursos.
3. ... trabajara duro.
4. ... aprendiera mucho.
5. ... leyera mucho.
6. ... comiera bien.
7. ... viviera con ellos.
8. ... recibiera buenas notas.
9. ... asistiera a la universidad.
10. ... tuviera éxito.
11. ... saliera bien en sus exámenes.
12. ... dijera siempre la verdad.
13. ... fuera cortés.
14. ... condujera con cuidado.

Ejercicio C

1. Yo preferiría que tú se lo dijeras.
2. ... lo escribieras.
3. ... lo dieras.
4. ... lo enviaras.
5. ... lo explicaras.

Ejercicio D

1. Ellos temían que yo no estuviera.
2. ... quisiera ir.
3. ... fuera.
4. ... lo hiciera.
5. ... se lo dijera a nadie.

ANSWERS

Ejercicio E

1. Sus padres insistieron en que ella estudiara mucho.
2. ... hiciera sus tareas.
3. ... recibiera buenas notas.
4. ... fuera diligente.

Ejercicio F

1. ... cambiara
2. ... hablaras
3. ... tuviera
4. ... hiciera
5. ... pusieran

Ejercicio G

1. fuéramos
2. viéramos
3. fuera
4. cambiaran
5. hiciéramos
6. fuéramos
7. hiciéramos
8. nos quedáramos
9. saliéramos
10. miráramos
11. viéramos

E ¿En qué insistieron sus padres? Sigan el modelo.

> Sus padres insistieron en que ____ .
> Ella estudia mucho.
> *Sus padres insistieron en que ella estudiara mucho.*

1. Ella estudia mucho.
2. Ella hace sus tareas.
3. Ella recibe buenas notas.
4. Ella es diligente.

F Ella sabe mucho de finanzas. Completen.

1. Ella quiere que yo cambie el dinero.
   Ella quería que yo ____ el dinero.
2. Ella te pide que hables con el empleado del banco.
   Ella te pidió que ____ con el empleado del banco.
3. Ella me aconseja que tenga cheques de viajero.
   Ella me aconsejó que ____ cheques de viajero.
4. Ella insiste en que el banco le haga cambio.
   Ella insistió en que el banco le ____ cambio.
5. Ella les dice que pongan su dinero en el banco.
   Ella les dijo que ____ su dinero en el banco.

G ¿Qué íbamos a hacer anoche? Completen.

Yo no sabía lo que íbamos a hacer anoche. Antonio quería que nosotros ____ (ir) al cine. No sé por qué. Pero él insistió en que nosotros ____ (ver) la película que estaban poniendo en el Metropol. Antonio temía que ayer ____ (ser) el último día. Tenía miedo de que ellos ____ (cambiar) las películas los sábados. Y tú, ¿qué querías que nosotros ____ (hacer)? ¿Preferías que ____ (ir) al cine o que ____ (hacer) otra cosa? Felipe quería que nosotros ____ (quedarse) en casa. ¿Por qué? Ah, él no quería que ____ (salir). El prefería que todos ____ (mirar) la televisión para que ____ (ver) el campeonato entre Barcelona y Valencia.

VISA DINERO LOCAL, 24 HORAS AL DIA, EN TODO EL MUND

Cuando viaja por el extranjero, puede su tarjeta Visa para obtener dinero local sólo pulsar un botón.*

La red de cajeros automáticos de Visa la mayor del mundo. Sólo en Europa cue con 14.000 terminales muy bien situados.

Cuando le falte dinero en efectivo, busc un cajero con la marca Visa.

*Si no tiene aún su PIN (Número de Identificación Personal) llame a la entidad emisora de su tarjeta.

VISA

LO UNICO QUE NECESITA

376 CAPÍTULO 14

LEARNING FROM REALIA

You may wish to ask the following questions about the advertisement on page 376: *¿Para qué se puede usar la tarjeta Visa? ¿Qué es un "cajero automático" en inglés? ¿En cuántos sitios en Europa hay cajeros automáticos de Visa?*

INDEPENDENT PRACTICE

Assign any of the following:

1. Workbook, *Estructura*
2. Communication Activities Masters, *E–G*
3. Exercises on student pages 375-377

Cláusulas con *si*   *Expressing Conditions*

1. *Si* clauses (if clauses) have a fixed sequence of tenses. Observe the following sentences.

> Si yo tengo bastante dinero, iré a Puerto Rico.
> Si voy a Puerto Rico, visitaré el Morro.
> Si yo tuviera bastante dinero, iría a Puerto Rico.
> Si fuera a Puerto Rico, visitaría el Morro.

2. Note the sequence of tenses for *si* clauses:

SI CLAUSE	MAIN CLAUSE
Present Indicative	Future
Imperfect Subjunctive	Conditional

Ejercicios

A Si tengo dinero, iré a España. Contesten.

1. Si recibes mucho dinero, ¿lo pondrás en el banco o no?
2. Si alguien te da mil dólares, ¿harás un viaje a España?
3. Si vas a España, ¿tendrás que cambiar tus dólares en pesetas?
4. Si estás en España, ¿cambiarás tu dinero en el banco o en el hotel?
5. Si vas a España, ¿irás a Sevilla?
6. Si vas a Sevilla, ¿visitarás el famoso Alcázar de Sevilla?
7. Si haces el viaje a España, ¿irás en avión?

B Lo que haría si pudiera. Contesten.

1. Si recibieras mucho dinero, ¿lo pondrías en el banco o lo gastarías?
2. Si alguien te diera mil dólares, ¿harías un viaje a España?
3. Si fueras a España, ¿tendrías que cambiar tus dólares en pesetas?
4. Si estuvieras en España, ¿cambiarías tu dinero en el banco o en el hotel?
5. Si fueras a España, ¿irías a Sevilla?
6. Si fueras a Sevilla, ¿visitarías el famoso Alcázar de Sevilla?
7. Si hicieras un viaje a España, ¿irías en avión?

El Alcázar de Sevilla, España

PRESENTATION *(page 378)*

A. Tell students they will hear a conversation between a customer in a bank and a teller.

B. Have students close their books and listen as you read the conversation on page 378 or play Cassette 8B.

C. Divide the class into two groups, each of which assumes the role of one of the women in the conversation. Have each group repeat its part of the conversation in unison after you or the cassette.

D. Choose a volunteer from each group to present the conversation to the class.

E. Supply substitutions for the amount of money exchanged and the rate of exchange. Call on pairs to present the conversation making these substitutions.

Ejercicio

ANSWERS

1. veinte dólares
2. el banco
3. el tipo de cambio hoy
4. cheque de viajero
5. a quinientos pesos el dólar
6. firmar el cheque
7. le dé billetes pequeños

378

CONVERSACIÓN

Escenas de la vida   *En el banco*

SEÑORITA: Quisiera cambiar veinte dólares, por favor.
EMPLEADA: Sí, señorita.
SEÑORITA: ¿Cuál es el tipo de cambio hoy?
EMPLEADA: ¿Tiene Ud. dinero en efectivo o un cheque de viajero?
SEÑORITA: Un cheque de viajero.
EMPLEADA: Está a quinientos pesos el dólar.
SEÑORITA: De acuerdo.
EMPLEADA: Favor de firmar el cheque aquí. Y su pasaporte, por favor.
SEÑORITA: Aquí lo tiene Ud. Quisiera que Ud. me diera billetes pequeños, por favor.

El banco. Completen según la conversación.

1. La señorita quiere cambiar ____ .
2. Va a cambiar el dinero en ____ .
3. Quiere saber ____ .
4. Ella tiene ____ .
5. El cambio está ____ .
6. La señorita tiene que ____ .
7. Ella insiste en que la empleada del banco ____ .

378   CAPÍTULO 14

Comunicación

A **En el banco.** Trabaje con un(a) compañero(a) de clase. Ud. es el/la cliente, y su compañero(a) de clase es el/la empleado(a) del banco. Ud. quiere cambiar cien dólares. Preparen una conversación en el banco.

B **Cuando era joven.** Prepare Ud. una lista de las cosas que sus padres siempre querían que Ud. hiciera cuando era niño(a). Decida lo que Ud. creía que era importante que hiciera y lo que francamente no era tan necesario que hiciera.

C **El profesor exigente.** Ud. y un(a) compañero(a) de clase van a escoger a un(a) profesor(a) con quien Uds. estudiaron el año pasado (profesores distintos). Cada uno de Uds. va a decir lo que su profesor(a) insistió en que Uds. hicieran. Luego comparen sus listas y decidan cuáles son las cosas que los dos profesores exigían que Uds. hicieran. Decidan cuál era el profesor más exigente y por qué.

D **¿Qué harías si…?** Trabaje con un(a) compañero(a) de clase. Pregúntele lo que haría en cada una de las siguientes circunstancias. Luego cambien de papel. ¡Sean originales e imaginativos!

1. si ganaras un viaje a cualquier parte del mundo
2. si te olvidaras de llevar tu boleto en el tren
3. si pudieras pasar un mes de vacaciones en tu lugar favorito
4. si perdieras todas las cosas de tu casa
5. si recibieras un millón de dólares

PRESENTATION (*page 379*)

These activities encourage students to reincorporate previously learned vocabulary and structures and use them on their own. You may select those activities that you consider most appropriate, or you may allow students to select the ones in which they would like to participate.

ANSWERS

Actividades A–D

Answers will vary.

ABOUT THE LANGUAGE

Earrings are *los aretes, los colgantes, los zarcillos, las candongas, los aros,* or *las caravanas* in Latin America and *los pendientes* in Spain. Bracelets are *los brazaletes* or *las pulseras.*

INDEPENDENT PRACTICE

Assign any of the following:
1. Workbook, *Un poco más*
2. Exercises and activities on student pages 378-379

LECTURA Y CULTURA

EL DINERO ES ORO[1]

*H*ay un refrán español que dice que "el dinero vaya y venga y con sus frutos nos mantenga". Y es verdad. El dinero es algo que necesitamos para vivir. En los Estados Unidos, los padres se preocupan[2] del dinero que necesitan para darles una buena educación a sus hijos. Siempre están tratando de ahorrar dinero para poder pagar los gastos[3] universitarios que son muy altos. Los padres saben que tendrán que ingresar muchos fondos en su cuenta corriente para pagar la matrícula (la inscripción) y la pensión[4] de sus hijos.

En España y en Latinoamérica los padres se preocupan igualmente del dinero que necesitan para mandar a sus hijos a la escuela. Pero note, hemos dicho a la escuela, no a la universidad. En los países hispanos, las grandes universidades son del estado y son gratis. Pero la gran mayoría de las familias de la clase media envían a sus hijos a escuelas privadas, academias o colegios. Por consiguiente, es la educación preuniversitaria que les cuesta mucho. Por lo general los padres tienen que pagar la matrícula y los otros gastos mensualmente. Y claro que ellos pagan sus gastos en la moneda nacional—la peseta en España, el peso en México y el bolívar en Venezuela.

Sería importante que Ud. supiera algo sobre la economía si Ud. pensara viajar al extranjero. Cada moneda tiene su propio valor con relación a las otras divisas del mundo. Por ejemplo, en un momento dado el dólar estadounidense puede valer[5] 100 pesetas españolas y 400 pesos chilenos. Pero el tipo de cambio no es constante. Cambia cada día. Algunos países latinoamericanos tienen una economía bastante estable y el valor de su moneda no fluctúa mucho. Pero otros países tienen economías menos estables y la gente habla de la hiperinflación. Hasta recientemente, existía la hiperinflación en la Argentina, por ejemplo. Lo que costaba cien australes hoy, costaba doscientos mañana. Hoy el dólar estaba a 2.000 y mañana a 2.200. Cuando existe la hiperinflación nadie quiere ahorrar dinero. El dinero no tiene valor. No es nada más que papel. La gente lo gasta inmediatamente porque saben que lo que cuesta cien hoy costará el doble dentro de poco. Y si no gastan el dinero lo convierten en una moneda firme. Compran dólares, yenes japoneses, francos suizos o libras esterlinas. En la Argentina ha habido muchos cambios económicos y ha bajado la inflación. El gobierno Argentino cambió una vez más el austral en el peso argentino. El nuevo peso empezó a la par con el dólar. Suprimieron cinco ceros al viejo austral.

[1] oro   *gold*
[2] se preocupan   *worry about*
[3] gastos   *expenses*
[4] pensión   *room and board*
[5] valer   *is worth*

CRITICAL THINKING ACTIVITY

(Thinking skills: supporting statements with reasons)

Put the following on the board or on a transparency:

1. *En tu opinión, ¿es importante ahorrar dinero? ¿Por qué?*
2. *¿Es importante o no hacerse rico(a)? ¿Por qué?*

Estudio de palabras

 Definiciones. Escojan.

1. el colegio
2. firme
3. mensualmente
4. la mayoría
5. suprimir
6. preocuparse
7. convertir
8. gratis
9. preuniversitario

a. el porcentaje más alto
b. ponerse nervioso
c. una escuela secundaria
d. que no cuesta nada
e. omitir
f. cambiar en
g. cada mes
h. antes de la universidad
i. estable

Comprensión

A Problemas económicos. Contesten.

1. ¿Qué problema financiero preocupa a los padres en los EE.UU.?
2. ¿Qué problema financiero preocupa a los padres en España y en Latinoamérica?
3. ¿Con qué paga la gente sus gastos?
4. ¿Por qué no se ahorra dinero cuando hay hiperinflación?

B La economía. ¿Sí o no?

1. Todos los países latinoamericanos tienen una economía estable.
2. Todos los países latinomericanos tienen la misma moneda nacional.
3. Todas las monedas latinoamericanas tienen el mismo tipo de cambio con el dólar.
4. La hiperinflación existe cuando los precios no cambian mucho y el valor de la moneda no fluctúa radicalmente.

C Informes. ¿Cuál es?

1. la moneda estadounidense
2. la moneda española
3. la moneda mexicana
4. la moneda japonesa
5. la moneda suiza
6. la moneda de Gran Bretaña
7. la moneda venezolana

D Diferencias. Contesten.

¿Cuál es la gran diferencia que hay entre los sistemas de educación en los Estados Unidos y España y Latinoamérica?

Estudio de palabras

ANSWERS

1. c
2. i
3. g
4. a
5. e
6. b
7. f
8. d
9. h

Comprensión

ANSWERS

Comprensión A

1. Ellos se preocupan del dinero que necesitan para darles una buena educación a sus hijos.
2. En España y en Latinoamérica los padres se preocupan de la educación preuniversitaria de los hijos.
3. La gente paga sus gastos en moneda nacional.
4. La gente no quiere ahorrar cuando hay hiperinflación porque el dinero no tiene valor.

Comprensión B

1. No
2. No
3. No
4. No

Comprensión C

1. el dólar
2. la peseta
3. el peso
4. el yen
5. el franco suizo
6. la libra esterlina
7. el bolívar

Comprensión D

En España y en Latinoamérica las grandes universidades son del estado y son gratis.

FOR THE NATIVE SPEAKER

Algunas monedas tienen un alto valor respecto a otras divisas. Durante los años 80 y 90, el marco alemán y el yen japonés tenían un valor muy superior a otras divisas. ¿Qué desventaja existe con una moneda con un valor muy alto?

INDEPENDENT PRACTICE

Assign any of the following:
1. Workbook, *Un poco más*
2. Exercises on student page 381

Descubrimiento Cultural

(*The* Descubrimiento *section is optional.*)

PRESENTATION (*pages 382-383*)

A. Before reading, focus on the topic by sharing with students the list of exchange rates taken from a major newspaper. You may distribute photocopies of the list and discuss it with the class.

B. Have students open their books to pages 382-383. Ask them to read the selection silently.

DESCUBRIMIENTO CULTURAL

Ya sabemos que la peseta es la moneda nacional de España y que muchos países de Latinoamérica como México, Colombia, Chile y la Argentina tienen el peso como moneda nacional. Pero las monedas de algunos países llevan nombres interesantes.

La moneda de Guatemala es el quetzal. El quetzal es un ave bonita de plumaje suave, de color verde y rojo, con una cola[1] larga. El quetzal se considera un ave sagrada en Guatemala. En la civilización azteca y maya el quetzal era el ave del paraíso.

La tradicional moneda peruana era el sol. Debido a la hiperinflación el gobierno introdujo una nueva moneda el inti. Hace algunos años, la hiperinflación de nuevo obligó al cambio. ¿Qué moneda introdujeron entonces? El sol. El nuevo sol tiene el valor de miles de antiguos intis. Entre los antiguos peruanos, los incas, cuya lengua es el quechua, el inti es el sol.

En Venezuela la gente paga sus deudas con bolívares. El bolívar lleva el nombre de Simón Bolívar. Él nació en Caracas en 1783. Recibió su educación en España y en los Estados Unidos. Volvió a Venezuela en 1810 donde tomó parte en la rebelión de la colonia contra la dominación española. Entró triunfante en Caracas en 1813 y fue recibido con el nombre de El Libertador. Continuó luchando contra los españoles en Colombia, Venezuela, Ecuador y el Perú.

¿Han oído hablar de Balboa—Vasco Núñez de Balboa? Pues, él nació en Badajoz, España, en 1475. Atravesó el

La Santa María, réplica de la carabela de Colón, Barcelona, España

382 CAPÍTULO 14

LEARNING FROM REALIA

Refer students to the advertisement for coins on page 382. Have them study the ad and ask: *¿Para qué ocasión emitieron las monedas? ¿Cuántos años representa un "quinto centenario"? ¿Qué representa la abreviatura "PTAS."? Algunas monedas son de 20.000 pesetas, otras de 5.000. ¿Cuál es la diferencia entre las dos monedas? ¿Qué querrá decir "de curso legal"? ¿Cómo se dice eso en inglés?*

382

istmo de Panamá en 1513 y descubrió el océano Pacífico. Hizo un viaje de exploración por la costa occidental de la América del Sur hasta el Perú, donde fue decapitado por orden de su suegro (el padre de su esposa) en 1517. Y, ¿en qué país es el balboa la moneda nacional? En Panamá, donde el dólar circula libremente. El "balboa" es un "dólar". Hay monedas panameñas, pero los billetes son billetes de dólar.

En Costa Rica y el Salvador la gente usa el colón. El colón lleva el nombre del famoso descubridor del Nuevo Mundo, el genovés Cristóbal Colón, que en 1492 salió del puerto de Palos en el sur de España con tres carabelas—la Pinta, la Niña y la Santa María—rumbo a[2] las Indias. Pero en vez de llegar a las Indias, llegó a las Américas.

[1] cola   *tail*
[2] rumbo a   *towards, in direction of*

La estatua de Simón Bolívar en la plaza Bolívar, Caracas, Venezuela

Vasco Núñez de Balboa descubriendo el océano Pacífico

Ask students to read the poem "On First Looking into Chapman's Homer" by the English poet John Keats. Ask them if they can find the historical error in the last stanza.

ADDITIONAL PRACTICE

Set up a mock bank with students playing the roles of bank personnel at a new accounts window and a currency exchange desk. Distribute play money, photocopied checks, traveler's checks, and any other appropriate forms you can get from a local bank. Have other students act as customers engaging in various bank transactions studied in this chapter.

DID YOU KNOW?

Spanish children used to learn this rhyme:
Por Castilla y con Pinzón
Nuevas tierras halló Colón.
Ask students what they think the rhyme means. Pinzón was one of Columbus' co-captains.

(The Realidades section is optional.)

Bell Ringer Review

Write the following on the board or use BRR Blackline Master 14-8: Write five original sentences. Use your imagination. ¿Qué harías si ganaras la lotería?

PRESENTATION *(pages 384-385)*

The object of this section is for students to enjoy the photographs. However, if you would like to apply more structured activities to it, here are some suggestions.

A. Ask students what they know about current economic changes taking place in Europe, such as the formation of the new European Economic Community.

B. Ask volunteers to read the captions on the photos. Hold a class discussion on the captions and photographs.

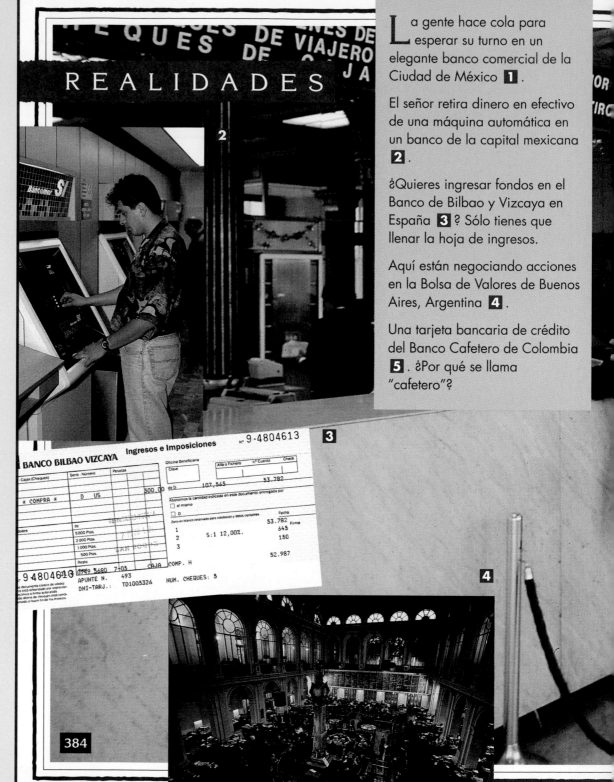

La gente hace cola para esperar su turno en un elegante banco comercial de la Ciudad de México **1**.

El señor retira dinero en efectivo de una máquina automática en un banco de la capital mexicana **2**.

¿Quieres ingresar fondos en el Banco de Bilbao y Vizcaya en España **3**? Sólo tienes que llenar la hoja de ingresos.

Aquí están negociando acciones en la Bolsa de Valores de Buenos Aires, Argentina **4**.

Una tarjeta bancaria de crédito del Banco Cafetero de Colombia **5**. ¿Por qué se llama "cafetero"?

CRITICAL THINKING ACTIVITY

(Thinking skills: supporting statements with reasons)

Put the following on the board or on a transparency: *¿Cómo prefieres pagar: en efectivo, con una tarjeta de crédito, con un cheque o con un cheque de viajero? Explica por qué.*

CULMINACIÓN

RECYCLING

The activities in *Comunicación oral* and *Comunicación escrita* sections encourage students to use all the language they have learned in the chapter and to recombine it with material from previous chapters. It is not necessary to do all the activities with all students. Select the ones you consider most appropriate or allow students to choose the ones they wish to do.

Comunicación oral

ANSWERS

Actividad A

El día de la comida, la comida valía quince dólares.

Cuando pagó la cuenta, la comida valía veintiún dólares con ochenta y un centavos. Ud. perdió seis dólares con ochenta y un centavos.

Actividades B and C

Answers will vary.

INFORMAL ASSESSMENT

Activities A, B, and C can be used to assess speaking skills. Use the evaluation criteria given on page 24 of this Teacher's Wraparound Edition.

PAIRED ACTIVITY

Have pairs find the current exchange rate in the newspaper. Each partner takes a turn as a tourist from Spain or a country in Latin America and exchanges whatever amount he/she wishes from the national currency into U.S. dollars. The other partner is the money changer. Students should be sure that exchanges are accurate.

Comunicación escrita

ANSWERS

Actividades A, B, and C

Answers will vary.

386

CULMINACIÓN

Comunicación oral

A **¿Pagó más o pagó menos?** Ud. estaba viajando por un país latinoamericano. Ud. fue a un restaurante y pagó su cuenta con una tarjeta de crédito. La comida le costó 1.200 pesos. Ud. fue al restaurante el 10 de agosto y el cambio estaba a 80 pesos el dólar. ¿Cuánto le costó la comida?

Pero Ud. no pagó la factura de su tarjeta de crédito el 10 de agosto. La compañía de crédito registró la transacción el 22 de agosto. Entre el día 10 y el 22, habían revaluado el peso y aquel día el tipo de cambio subió a 55 pesos el dólar. ¿Cuánto le costó la comida en dólares? ¿Cuánto perdió o ganó Ud.?

B **Un hermanito travieso.** Ud. le dice a un(a) compañero(a) de clase que su hermanito acaba de hacer las siguientes cosas. Su compañero(a) de clase demuestra su disgusto y replica que le había dicho que no lo hiciera.

1. romper el estéreo
2. manchar la alfombra con jugo de tomate
3. sacar toda tu ropa del armario
4. escribir en los libros y revistas
5. acostarse muy tarde

C **Las quejas.** Dígale a su compañero(a) las cosas que le gustaría a Ud. que hiciera el presidente por el país. También dé una razón por qué el presidente debe hacerlas. Cambien de papel e informen a la clase.

Comunicación escrita

A **Escritor publicitario.** Escriba un anuncio comercial para un banco. Incluya información sobre la tasa de interés que paga, tipos de cuentas y servicios bancarios que presta. Anuncie que el banco cobra intereses muy bajos por préstamos (*loans*) e hipotecas (*mortgages*). Podría anunciar también que el banco ofrece regalos especiales a los clientes que abren una nueva cuenta con cierta cantidad mínima.

B **Un anuncio comercial.** Trabaje con un(a) compañero(a) de clase. Usen la información de la Actividad A para crear un anuncio comercial para la televisión. Escriban un guión (*script*) y ensayen el anuncio. Luego lo pueden presentar a la clase o a un grupo de compañeros de clase.

386 CAPÍTULO 14

DID YOU KNOW?

The Spanish language is called either *español* or *castellano*. Spanish is the language that was spoken in *Castilla*. There were two other Latin-derived languages on the Iberian Peninsula: Castilian in the center, Galaico/Portuguese in the west and Catalan/Provençale in the east. In Spain, Castilian came to predominate, but the other languages, and Basque as well, still thrive. The ad on page 387 is written in *gallego* or Galician, the variant of Portuguese spoken in northwestern Spain. Have students try to translate the title of the ad into *castellano*. (The rest of the ad is in *castellano*.)

C **Hay que ahorrar, pero…** Escriba cinco razones por qué se debe ahorrar dinero. Luego escriba dos circunstancias bajo las que no es razonable o posible ahorrar.

Reintegración

A **En el hotel.** Completen

1. Mucha gente come en el _____ del hotel.
2. Después de comer los clientes piden la _____ . Se la pagan al mesero o la pagan en la _____ .
3. Aun si el servicio está incluido, los clientes le dejan una _____ al mesero, sobre todo si les ha dado buen servicio.
4. Al salir de un hotel, los clientes abandonan el cuarto y luego pasan a la _____ .
5. Ellos le piden su _____ al cajero.
6. La cuenta o _____ contiene una lista de todos los _____ del cliente.
7. El cliente mira la cuenta para verificar el _____ .
8. Muchos clientes pagan con una _____ . Los clientes pueden pagar con _____ o _____ , pero la mayoría de los hoteles no aceptan _____ personales.

B **No en el pasado.** Sigan el modelo.

> **Él preferiría que yo fuera al banco.**
> *Él prefiere que yo vaya al banco.*

1. Él preferiría que yo hablara con el cajero.
2. Él quería que yo hiciera un depósito.
3. Me aconsejó que no retirara dinero de la cuenta.
4. Yo quería que él me cambiara el dinero.
5. Yo le pedí al cambista que me diera billetes pequeños.
6. Él me pidió que llenara un formulario y que firmara el cheque de viajero.

Vocabulario

SUSTANTIVOS

el banco	el/la cambista	el estado de banco	verificar
la caja	el tipo de cambio	(de cuenta)	conciliar
la ventanilla	la tasa de cambio	el saldo	llenar
el/la cajero(a)	la cuenta		
el/la empleado(a) del banco	la cuenta de ahorros	VERBOS	OTRAS PALABRAS Y
el dinero	la libreta	firmar	EXPRESIONES
el dinero en efectivo	el depósito	endosar	¿Cuál es el tipo de
el billete	el ingreso	cobrar	cambio?
la moneda	el retiro	depositar	
el cheque	el formulario de retiro	ingresar	
el cheque de viajero	la cuenta corriente	retirar	
el cambio	el talonario	sacar	
la oficina de cambio	la chequera	cambiar	

STUDENT PORTFOLIO

Written assignments that may be included in students' portfolios are the *Actividades escritas* on pages 386-387 and the *Mi autobiografía* section in the Workbook.

INDEPENDENT PRACTICE

Assign any of the following:
1. Exercises on student page 387
2. Workbook, *Mi autobiografía*
3. Chapter 14, Situation Cards

Reintegración

PRESENTATION (*page 387*)

Ejercicio A

Exercise A recycles hotel vocabulary from Chapter 6, as well as money terms from this chapter.

Ejercicio B

Exercise B has students concentrating on the difference between the present and imperfect subjunctives.

ANSWERS

Ejercicio A
1. comedor
2. cuenta, caja
3. propina
4. caja
5. cuenta
6. factura, gastos
7. saldo
8. tarjeta de crédito, dinero en efectivo, cheque de viajero, cheques

Ejercicio B
1. El prefiere que yo hable con el cajero.
2. El quiere que yo haga un depósito.
3. Me aconseja que no retire dinero de la cuenta.
4. Yo quiero que él me cambie el dinero.
5. Yo le pido al cambista que me dé billetes pequeños.
6. El me pide que llene un formulario y que firme el cheque de viajero.

Vocabulario

The words and phrases in the *Vocabulario* have been taught for productive use in this chapter. They are summarized here as a resource for both students and teacher. The *Vocabulario* also serves as a convenient resource for *Culminación* activities. There are approximately 12 cognates in this list.

CHAPTER OVERVIEW

In this chapter, students will learn to describe and discuss dating and wedding customs in Spanish-speaking countries. Additional uses of the subjunctive are presented. The cultural focus of Chapter 15 is on dating, courtship, and marriage in Hispanic countries.

CHAPTER OBJECTIVES

By the end of this chapter, students will know:
1. vocabulary associated with dating
2. vocabulary associated with engagements
3. vocabulary associated with weddings
4. the use of the subjunctive in various kinds of adverbial clauses

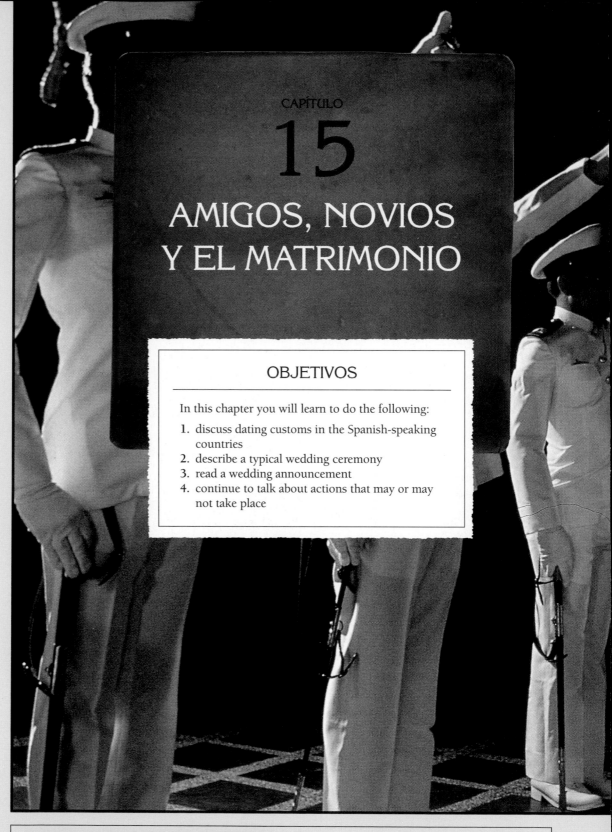

CAPÍTULO

15

AMIGOS, NOVIOS Y EL MATRIMONIO

OBJETIVOS

In this chapter you will learn to do the following:

1. discuss dating customs in the Spanish-speaking countries
2. describe a typical wedding ceremony
3. read a wedding announcement
4. continue to talk about actions that may or may not take place

CHAPTER PROJECTS

(optional)
1. Have students prepare wedding announcements and/or wedding invitations.
2. Have students prepare an advertisement for engagement and wedding rings.
3. Have students visit a travel agency and collect brochures relating to honeymoon places. Then have them write captions in Spanish and use the materials to create a bulletin board display.

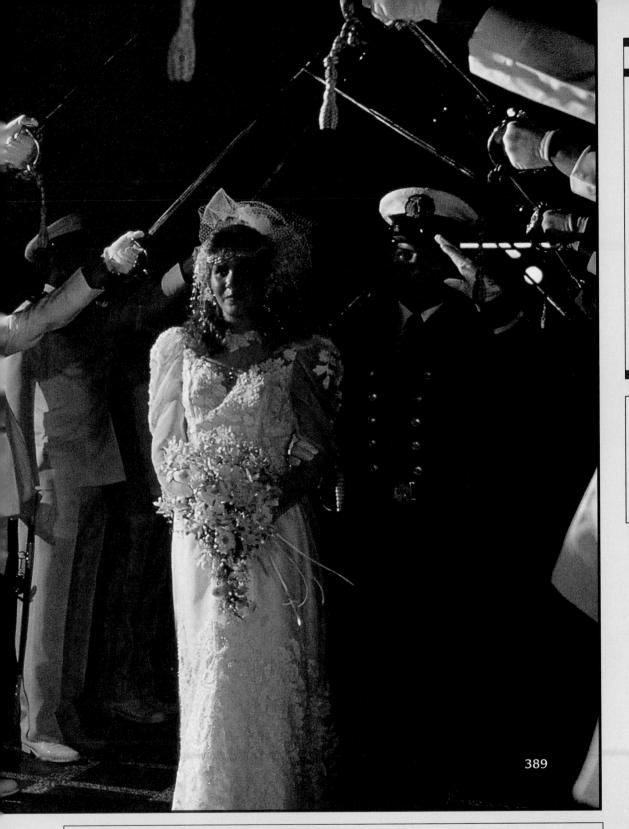

389

CHAPTER 15 RESOURCES

1. Workbook
2. Student Tape Manual
3. Audio Cassette 9A
4. Vocabulary Transparencies
5. Bell Ringer Review
   Blackline Masters
6. Communication Activities
   Masters
7. Computer Software:
   Practice and Test Generator
8. Video Cassette, Unit 4
9. Video Activities Booklet,
   Unit 4
10. Situation Cards
11. Chapter Quizzes
12. Testing Program

Pacing

Chapter 15 will require eight to ten class sessions. Pacing will depend on the length of the class period, the age of the students, and student aptitude.

LEARNING FROM PHOTOS

Have students say all they can about the photo on pages 388-389. Cue with questions such as: *¿Qué están celebrando? ¿Cómo se viste la novia? ¿Qué profesión tiene el novio? El joven saluda a sus compañeros. ¿Qué tipo de saludo es?*

Bell Ringer Review

Write the following on the board or use BRR Blackline Master 15-1: Name five occasions for celebration in the Hispanic family.

PRESENTATION (pages 390-391)

A. With books closed, refer to Vocabulary Transparencies 15.1 (*A & B*) and have students repeat the new words, phrases, and sentences after you or Cassette 9A.

B. Have students open their books and read the new words, phrases, and sentences.

PALABRAS 1

EL COMPROMISO

la pareja

la sortija de compromiso

el anillo de boda

la dueña

los novios

ADDITIONAL PRACTICE

Show Vocabulary Transparencies 15.1 (*A & B*) and have students describe each illustration saying as much as they can. This actitivity can also serve as an informal assessment.

Te quiero, José.

Te quiero a ti también, Elena.

La pareja tiene una cita.
Salen juntos.
Son novios.

Se están enamorando.
Se quieren mucho.

ABOUT THE LANGUAGE

Un anillo is literally "a ring."
Un anillo de boda is "a wedding
band." *Una sortija* is a ring with
stones or other adornment.
Engagement rings can also be *anillos de compromiso*. Wedding rings
are sometimes called *arras* or
alianzas. *Las arras* used to be thirteen gold coins that were given by
the groom to the bride in
exchange for her dowry (*la dote*).

Se comprometen.
Anuncian su compromiso.

Los padres de los novios se conocen antes de que los
jóvenes se casen.
Se conocen antes de que tenga lugar el enlace nupcial.

el marido y la mujer

el esposo y la esposa

el matrimonio

DID YOU KNOW?

Until recent years, it was customary in
Hispanic countries for a dowry to accompany the bride. The value of the dowry
corresponded to the status of the bride's
family. Affluent families would provide a
dowry of lands, money, or investments.
Farm families' dowries consisted of livestock or acreage. Poorer families might
provide little more than clothing and linens. The custom of the dowry has virtually disappeared except in some rural
areas.

Ejercicios

PRESENTATION (pages 392-393)

Ejercicio A

Exercise A can be done with books open or closed.

Extension of *Ejercicio A*: Speaking

After completing Exercise A, call on a volunteer to read the entire exercise as a story.

Ejercicios B, C, and D

Exercises B, C, and D are to be done with books open.

Extension of *Ejercicio C*

After completing Exercise C, have students correct the false statements.

ANSWERS

Ejercicio A

1. Sí, José y Elena se conocen.
2. Sí, salen juntos cada fin de semana.
3. Sí, los jóvenes se están enamorando.
4. Sí, José quiere mucho a Elena.
5. Sí, Elena quiere a José.
6. Sí, la pareja se quiere mucho.
7. Sí, se van a comprometer.
8. Sí, van a anunciar el compromiso el mes que viene.

Ejercicio B

1. a
2. b
3. b
4. a
5. b

Ejercicios

A **Una pareja romántica.** Contesten.

1. ¿Se conocen José y Elena?
2. ¿Salen juntos cada fin de semana?
3. ¿Se están enamorando los jóvenes?
4. ¿José quiere mucho a Elena?
5. ¿Y Elena quiere a José?
6. ¿Se quiere mucho la pareja?
7. ¿Se van a comprometer?
8. ¿Van a anunciar el compromiso el mes que viene?

B **Los enamorados.** Escojan.

1. Los novios son ——— .
   a. una pareja   b. una cita

2. El novio le da a la novia ——— cuando se comprometen.
   a. un anillo de boda   b. una sortija

3. La ——— es una chaperona.
   a. esposa   b. dueña

4. El marido y la mujer son ——— .
   a. un matrimonio   b. comprometidos

5. No van a seguir saliendo juntos a menos que ——— .
   a. se conozcan   b. se enamoren

LA POPULARIDAD ETERNA DE LOS DIAMANTES DE COMPROMISO

392 CAPÍTULO 15

LEARNING FROM PHOTOS/REALIA

1. Have students comment on the advertisement on page 392. You may wish to ask the following questions: *¿Para qué es el anuncio? ¿Para quiénes es el anuncio? ¿Qué llevan la mayoría de los anillos de compromiso? ¿Qué es un "solitario"?*
2. In regard to the wedding photo and invitation on page 393, have students say all they can about them. Cue with questions such as: *¿Cómo se llaman los novios? ¿Cuál será el nombre completo de "Salva"? ¿Cuáles son los apellidos de las familias? ¿Dónde será la ceremonia? ¿Qué van a tener después de la ceremonia? ¿Dónde?*

C **El amor y el matrimonio.** ¿Sí o no?

1. Los novios no serán un matrimonio hasta que se casen.
2. En Latinoamérica los jóvenes se casan antes de que sus padres se conozcan.
3. Los jóvenes se casan antes de enamorarse.
4. El enlace matrimonial (nupcial) tiene lugar el día del casamiento.
5. Los enamorados se quieren.

D **Palabras relacionadas.** Escojan.

1. comprometerse   a. los casados, el casamiento
2. casarse   b. el conocimiento
3. enamorarse   c. el enlace
4. conocer   d. el anuncio
5. anunciar   e. el/la comprometido(a), el compromiso
6. enlazar   f. el/la enamorado(a)

ANSWERS

Ejercicio C
1. Sí
2. No
3. No
4. Sí
5. Sí

Ejercicio D
1. e
2. a
3. f
4. b
5. d
6. c

DID YOU KNOW?

You may wish to tell students that the custom of the *dueña* has disappeared. Traditionally the role of the *dueña* was played by a widowed or single female relative, usually the sister of one of the parents, who lived with the family.

INDEPENDENT PRACTICE

Assign any of the following:
1. Workbook, *Palabras 1*
2. Communication Activities Masters, *A & B*
3. Exercises on student page 392-393

Bell Ringer Review

Write the following on the board or use BRR Blackline Master 15-2: Write as many terms for members of the family as you can remember.

PRESENTATION (pages 394-395)

A. Have students close their books. Model the *Palabras 2* vocabulary using Vocabulary Transparencies 15.2 (A & B). Have students repeat the new material after you or Cassette 9A.

B. Call individuals to the screen and have them point to the appropriate illustration as you say: *Son las damas de honor. Es el padrino.*

C. Have students open their books to pages 394-395 and ask them to read the words, phrases, and sentences aloud.

D. Ask questions to elicit the new vocabulary. For example: *¿Quiénes se casan? ¿Qué intercambian los novios? ¿Quiénes dan la recepción? ¿Quiénes reciben a los invitados? ¿Qué les dan los invitados a los novios? ¿Quién hace un brindis? ¿Para qué les brindó? ¿Quiénes salen para su viaje de novios? ¿Dónde van a pasar su luna de miel?*

394

VOCABULARIO

PALABRAS 2

LA CEREMONIA

la boda

la iglesia

el altar

el matrimonio

la madrina

el padrino

los pajes de honor

las damas de honor

PANTOMIME

Have students mime the following actions:

Intercambien Uds. anillos de boda.
Reciban Uds. a los invitados.
Den Uds. la enhorabuena.
Hagan Uds. un brindis.
Salgan Uds. para su viaje de novios.

la recepción

Los novios se casan.
Durante la ceremonia intercambian anillos de boda.

el banquete

Los padres de la novia dan una recepción.
Los novios reciben a los invitados.
Los invitados les dan la enhorabuena. ¡Felicitaciones!

El padrino hace un brindis.
Brindó por los novios.
Les brindó para que tuvieran mucha
felicidad y muy buena suerte.

Los recién casados salen para su viaje de novios.
Van a pasar su luna de miel en Europa.

E. When presenting the wedding vocabulary, you may
have students stage a mock
wedding ceremony.

Vocabulary Expansion

You may provide students
with the following additional
vocabulary in order to talk
about weddings:
el ramo de novia (bouquet)
el velo (veil)
el smoking (tuxedo)
el frac/el traje de etiqueta
(tails)
el traje de novia (wedding
gown)

ABOUT THE LANGUAGE

"The honeymoon" is literally *la
luna de miel*. It refers to the period
of time immediately after the wedding. The *viaje de novios* is the traditional honeymoon trip.

CAPÍTULO 15   **395**

Ejercicios

Ejercicios

A **¿Quién es?** Identifiquen según el dibujo.

1.   2.   3.   4.   5.

B **¿Qué es o quién es?** Identifiquen.

1. El lugar donde tiene lugar la mayoría de las ceremonias nupciales religiosas.
2. Es de oro. Durante la boda el novio se lo pone en el dedo de la novia y viceversa.
3. Son los amigos del novio. Asisten a la boda y toman parte en la ceremonia.
4. Estas mujeres desfilan con la novia y le sirven durante la ceremonia. Son amigas o parientes.
5. Es de oro y frecuentemente tiene diamantes. El novio se la da a la novia cuando se comprometen.
6. En la boda este señor está siempre al lado del novio. Es su hombre de confianza.
7. Esta señorita o señora es para la novia lo que es el hombre de confianza para el novio.
8. Lo que dan los padres de la novia después de la ceremonia nupcial.
9. Lo que hace el padrino durante la recepción.
10. El viaje que hacen los recién casados.

C **Las bodas.** Contesten.

1. ¿Dónde tiene lugar la ceremonia nupcial religiosa?
2. En los Estados Unidos, ¿es necesario tener una ceremonia civil y otra religiosa?
3. ¿Quiénes acompañan a los novios durante la ceremonia?
4. ¿Qué intercambian los novios?
5. ¿Qué dan los padres de la novia después de la ceremonia?
6. ¿Qué les dan los invitados a los recién casados?

Comunicación
Palabras 1 y 2

A **Mis opiniones.** Conteste a las siguientes preguntas personales. Si quiere divertirse, puede dar respuestas falsas.

1. ¿Sales siempre con el/la mismo(a) muchacho(a)?
2. ¿Tienes novio(a)?
3. ¿Van Uds. a la misma escuela?
4. ¿Hace cuánto tiempo que Uds. salen juntos?
5. ¿Conoces a sus padres?
6. ¿Adónde van cuando tienen cita?
7. ¿Quién paga?
8. ¿Cuántos años quieres tener cuando te cases?
9. ¿Cuántos hijos quieres tener?
10. ¿Quieres casarte con una persona menor o mayor que tú?

B **El novio o la novia ideal.** Prepare una lista de las características que Ud. quiere en un(a) novio(a). Luego compare su lista con la de un(a) compañero(a) de clase. Decidan si Uds. podrían tener el/la mismo(a) novio(a).

C **No te cases.** Escríbale una carta a un(a) amigo(a) donde le explica por qué no es conveniente casarse muy joven.

D **En la agencia de viajes.** Ud. es el/la cliente y un(a) compañero(a) de clase es un(a) agente de viajes. Ud. está en su oficina para hacer reservaciones para su viaje de novios. Preparen la conversación que Uds. tienen.

E **El/la más popular.** Ud. está entrevistando al/a la muchacho(a) más popular de su escuela (un[a] compañero[a] de clase). Pregúntele si en este momento tiene novio(a), si ha tenido muchos(as) novios(as), si prefiere salir en pareja o con un grupo de amigos, si sale entre semana o solamente los fines de semana, y por qué cree que es el/la muchacho(a) más popular de la escuela.

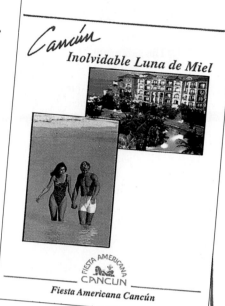

Cancún
Inolvidable Luna de Miel

FIESTA AMERICANA
CANCUN
Fiesta Americana Cancún

CAPÍTULO 15   **397**

ANSWERS
Ejercicio C
1. La ceremonia nupcial religiosa tiene lugar en la iglesia.
2. No, en los Estados Unidos no es necesario tener una ceremonia civil y otra religiosa.
3. El padrino, la madrina, los pajes y las damas de honor acompañan a los novios durante la ceremonia.
4. Los novios intercambian anillos.
5. Los padres de la novia dan una recepción después de la ceremonia.
6. Los invitados les dan las felicitaciones a los recién casados.

Comunicación
(Palabras 1 and 2)

PRESENTATION *(page 397)*
You may have students do any number of these activities. You may also allow students to select the activity or activities in which they take part.

ANSWERS
Actividades A–E
Answers will vary.

Structure Teaching Resources

1. Workbook, *Estructura*
2. Student Tape Manual, *Estructura*
3. Audio Cassette 9A
4. Communication Activities Masters, *E-G*
5. Chapter Quizzes, Estructura
6. Computer Software, *Estructura*

Bell Ringer Review

Write the following on the board or use BRR Blackline Master 15-4: ¿Por qué irías a los lugares siguientes?:
1. un balneario
2. una estación de esquí
3. el campo
4. un camping
5. una ciudad

El subjuntivo en cláusulas adverbiales

PRESENTATION (*page 398*)

A. Have students open their books to page 398. Lead them through steps 1-3.
B. Call on volunteers to read the expressions in step 1 aloud.
C. Have students read the sample sentences in step 3 aloud.

PAIRED ACTIVITY

Have pairs invent conversations which might take place between the two young people in the photo at the top of page 399.

El subjuntivo en cláusulas adverbiales

Using the Subjunctive After Certain Conjunctions

1. The subjunctive is used after the following expressions.

para que	*so that*
de manera que	*so that*
de modo que	*so that*
con tal de que	*provided that*
sin que	*without, unless*
a menos que	*unless*

2. Note the logic in the use of the subjunctive. The subjunctive is used because the information in the clause is not definite.

> **El profesor habla claramente para que (de manera que) sus alumnos comprendan.**
> *The teacher speaks clearly so that his students may understand.*

Even though the teacher tries his/her best to explain the lesson clearly so that all students will understand, there still exists the possibility that some do not understand.

3. Note that the tense of the verb in the main clause determines the tense of the subjunctive in the dependent clause.

MAIN	DEPENDENT
Present Future	**Present subjunctive**
Preterite Imperfect Conditional	**Imperfect subjunctive**

Él irá con tal de que Ud. vaya.
Él iría con tal de que Ud. fuera.
Él lo hace para que Ud. no tenga que hacerlo.
Él lo hizo para que Ud. no tuviera que hacerlo.

FOR THE NATIVE SPEAKER

Have students do the following exercise. *Hay que unir las dos oraciones usando la palabra o frase indicada y cambiando el verbo si es necesario.*
1. Todos vamos a asistir. No hay sitio. (a menos que)
2. Iría. Tú me acompañabas. (con tal de que)
3. No lo llamaron. No se incomodó. (para que)
4. Creen que lo pueden hacer. Nos quejamos. (sin que)
5. Te lo digo. Sabes lo que pasa. (para que)
6. Llevaría a Teresa. No quería ir. (a menos que)
7. Ellos te pagarán. Les das un recibo. (con tal de que)
8. Tratamos de explicárselo. El se ofendió. (sin que)

Ejercicios

A Todo para que yo comprenda. Contesten.

1. ¿Él te lee la carta en español para que tú la comprendas?
2. ¿Él te habla despacio de manera que tú sepas lo que está diciendo?
3. ¿Él hablará más despacio con tal de que tú le digas que lo haga?

B Todo para que yo comprendiera. Contesten.

1. ¿Él te leyó la carta en español para que tú la comprendieras?
2. ¿Él te habló despacio para que supieras lo que estaba diciendo?
3. ¿Tú comprendiste sin que él tradujera?
4. ¿Él hablaría más despacio con tal de que tú le dijeras que lo hiciera?

C No lo haré solo. Contesten según el modelo.

¿Lo harás?
Sí, lo haré con tal de que tú lo hagas también.

1. ¿Harás el viaje?
2. ¿Irás?
3. ¿Tomarás el avión?
4. ¿Te quedarás en un hotel de lujo?
5. ¿Esquiarás en el agua?

D No lo haría. Contesten según el modelo.

¿Lo harías?
No, no lo haría sin que ellos lo hicieran.

1. ¿Irías al partido?
2. ¿Comprarías las entradas?
3. ¿Te sentarías en la primera fila?
4. ¿Mirarías el partido en la televisión?

Un partido de béisbol en Caracas, Venezuela

CAPÍTULO 15   **399**

LEARNING FROM PHOTOS

Refer students to the photos on page 398. About the top photo ask: *¿Dónde están los muchachos? ¿Quién es la persona a la derecha de la foto? ¿Qué estudian ellos? ¿Llevan uniforme? ¿Cómo es el uniforme?* About the photo at the bottom, give students the following information: *El béisbol es muy popular en Venezuela. Varios jugadores venezolanos han jugado en las Grandes Ligas norteamericanas.*

INDEPENDENT PRACTICE

Assign any of the following:
1. Workbook, *Estructura*
2. Communication Activities Masters, E
3. Exercises on student page 399

Ejercicios

PRESENTATION (*page 399*)

Ejercicios A, B, C, and D

Exercises A, B, C and D can be done with books open or closed. **Note** Have students pay particular attention to the chart on page 398, as these exercises are specifically designed to practice the sequence of tenses presented there.

ANSWERS

Ejercicio A

1. Sí, él me lee la carta en español para que yo la comprenda.
2. Sí, él me habla despacio de manera que yo sepa lo que está diciendo.
3. Sí, él hablará más despacio con tal de que yo le diga que lo haga.

Ejercicio B

1. Sí, él me leyó la carta en español para que yo la comprendiera.
2. Sí, él me habló despacio para que yo supiera lo que estaba diciendo.
3. Sí, yo comprendí sin que él tradujera.
4. Sí, él hablaría más despacio con tal de que yo le dijera que lo hiciera.

Ejercicio C

1. Sí, lo haré con tal de que tú lo hagas también.
2. Sí, iré con tal de que tú vayas también.
3. Sí, lo tomaré con tal de que tú lo tomes también.
4. Sí, me quedaré con tal de que tú te quedes también.
5. Sí, esquiaré en el agua con tal de que tú esquíes en el agua también.

Ejercicio D

1. No, no iría sin que ellos fueran.
2. No, no las compraría sin que ellos las compraran.
3. No, no me sentaría en la primera fila sin que ellos se sentaran en la primera fila.
4. No, no miraría el partido en la televisión sin que ellos lo miraran.

Bell Ringer Review

Write the following on the board or use BRR Blackline Master 15-5: ¿Que hace Ud. cuando...

1. ... hace buen tiempo?
2. ... hace mal tiempo?
3. ... hace calor?
4. ... hace frío?

El subjuntivo con aunque

PRESENTATION *(page 400)*

A. Have students open their books to page 400. Lead them through steps 1-2.
B. Have volunteers read the sample sentences aloud.

Ejercicios

PRESENTATION *(pages 400-401)*

Ejercicios A and B

Exercises A and B can be done with books open or closed. Exercise B contrasts the use of the subjunctive with that of the indicative.

Ejercicio C

Exercise C is to be done with books open.

ANSWERS

Ejercicio A

1. Sí, iría a la playa aunque hiciera muy mal tiempo.
2. Sí, nadaría aunque estuviera fría el agua.
3. Sí, me metería en el agua aunque no tuviera traje de baño.
4. Sí, me sentaría en la playa aunque no hubiera sol.

Ejercicio B

1. Sí, iré a la playa aunque hace tan mal tiempo.
2. Sí, iré a la playa aunque llueva.
3. Sí, nadaré aunque el agua esté muy fría.
4. Sí, nadaré aunque el agua está muy fría.
5. Sí, nadaré aunque no tengo traje de baño.
6. Sí, me sentaré en la playa aunque no hay sol.

El subjuntivo con *aunque* *Using the Subjunctive With Aunque*

1. *Aunque* ("although, even though") can be followed by either the subjunctive or the indicative depending upon the meaning.

> Ellos saldrán aunque llueva.
> Ellos saldrán aunque llueve.

The first sentence uses the subjunctive because they will go out even if it rains and it is not sure that it will rain. The second sentence uses the indicative. The meaning here is that they will go out even though it is raining and it is a fact that it is raining. Since it is a fact, there is no reason to use the subjunctive.

2. Note that the tense of the verb in the main clause determines whether the present or imperfect subjunctive is used.

> Se casarán aunque no tengan mucho dinero.
> Se casarían aunque no tuvieran mucho dinero.

A **Te gusta mucho la playa.** Contesten con *sí*.

1. ¿Irías a la playa aunque hiciera muy mal tiempo?
2. ¿Nadarías aunque estuviera fría el agua?
3. ¿Te meterías en el agua aunque no tuvieras traje de baño?
4. ¿Te sentarías en la playa aunque no hubiera sol?

B **¿Estás seguro(a) que irás?** Contesten con *sí*.

1. ¡Qué mal tiempo está haciendo! ¿Irás a la playa aunque hace tan mal tiempo?
2. Creo que va a llover. ¿Irás a la playa aunque llueva?
3. Es posible que el agua esté fría. ¿Nadarás aunque esté muy fría?
4. Aquí el agua siempre está fría. ¿Nadarás aunque está tan fría?
5. Pero no tienes traje de baño. ¿Nadarás aunque no lo tienes?
6. Está completamente nublado. ¿Te sentarás en la playa aunque no hay sol?

400 CAPÍTULO 15

INDEPENDENT PRACTICE

Assign any of the following:
1. Workbook, *Estructura*
2. Communication Activities Masters, *F*
3. Exercises on student pages 400-401

C No importa. Escojan.

1. Ayer ellos fueron a la playa aunque ___ muy mal tiempo.
   a. hacía   b. hiciera

2. A Carlos no le importa. El nadaría aunque el agua ___ a cinco grados.
   a. estaba   b. estuviera

3. Él está loco. Se metió en el agua aunque no ___ traje de baño.
   a. tenía   b. tuviera

4. Él me dijo que no sabía la temperatura del agua pero que nadaría aunque ___ muy fría.
   a. estaba   b. estuviera

El subjuntivo con cláusulas adverbiales de tiempo

Using the subjunctive with time expressions

1. Study the following adverbial time expressions.

cuando	*when*
en cuanto	*as soon as*
tan pronto como	*as soon as*
hasta que	*until*
después de que	*after*

2. Observe the following sentences.

   Yo lo veré cuando llegue.
   Le hablaré tan pronto como lo vea.

   Yo lo vi cuando llegó.
   Le hablé tan pronto como lo vi.
   Le saludé en cuanto bajó del tren.

   Note that in the first set of sentences the subjunctive was used. Since the action of each sentence is in the future, the action in the time clause has not yet occurred and it cannot be assured that it will occur. It may take place and it may not. For this reason the subjunctive must be used.

   In the second set of sentences the indicative was used because the action of each sentence is in the past, the event already took place. The indicative is used because the verb states what in reality happened.

3. The adverbial conjunction of time *antes de que* is an exception. It is always followed by the subjunctive, even in the past.

   Él saldrá antes de que los otros vuelvan.
   Él salió antes de que los otros volvieran.

CAPÍTULO 15   **401**

Ejercicio C
1. a
2. b
3. a
4. b

El subjuntivo con cláusulas adverbiales de tiempo
PRESENTATION (*page 401*)
A. Have students open their books to page 401. Lead them through topics 1-3.
B. Call on volunteers to read the sample sentences and time expressions aloud.

FOR THE NATIVE SPEAKER

Have a group of students develop a short story based on the photograph on page 401. Say: *Usando la foto como inspiración, escriban ustedes un cuento corto. En el cuento deben indicar quiénes son las dos personas, qué relación existe entre ellos, la razón por la que están en la estación de ferrocarril, cuál es el problema, si es que hay uno, etc.*

Ejercicios

Ejercicios

PRESENTATION (*pages 402-403*)

Ejercicios A, B, C, D, and E

Exercises A, B, C, D and E can be done with books open or closed.

Extension of *Ejercicio E*: Speaking

After completing Exercise E, call on one volunteer to read the entire exercise as a story.

ANSWERS

Ejercicio A

Answers will vary.

1. Sí, (No, no) veré a mi primo una vez más antes de que se case.
2. Sí, felicitaré a los novios en cuanto salgan de la iglesia.
3. Sí, les llevaré un regalo cuando vaya a la recepción.
4. Sí, (No, no) los veré cuando regresen (vuelvan) de su luna de miel.

Ejercicio B

Answers will vary.

1. Sí, (No, no) vi a mi primo antes de que se casara.
2. Sí, les di la enhorabuena a los novios en cuanto salieron de la iglesia.
3. Les llevé un regalo cuando fui a la recepción.
4. Sí, (No, no) los vi cuando regresaron (volvieron) de su luna de miel.

Ejercicios

A La boda de mi primo. Contesten.

1. ¿Verás a tu primo una vez más antes de que se case?
2. ¿Felicitarás a los novios en cuanto salgan de la iglesia?
3. ¿Les llevarás un regalo cuando vayas a la recepción?
4. ¿Los verás después de que regresen (vuelvan) de su luna de miel?

Papelería e Impresos Orly, S.A. de C.V.
Homero 1433, Polanco, 11540 México, D.F.
Citas: 395-5045 y 395-6993 Fax. (52-5) 395-6637

Pedro Ruiz Alarcón   *Anastasio Pérez Tomé*
Ester Muñyoz Carrión   *Hilda Aparicio Yábar*

Tienen el gusto de participarles el enlace de sus hijos

Mónica   y   *Enrique*

é invitarles a la ceremonia religiosa, que se realizará el día 30 de Junio a las 3 p.m. en la Iglesia de La Merced

Lima   *Junio de 1994*

B La boda de mi primo. Contesten.

1. ¿Viste a tu primo antes de que se casara?
2. ¿Les diste la enhorabuena a los novios en cuanto salieron de la iglesia?
3. ¿Les llevaste un regalo cuando fuiste a la recepción?
4. ¿Los viste cuando regresaron (volvieron) de su luna de miel?

Una boda en Chincheros, Perú

402   CAPÍTULO 15

LEARNING FROM REALIA

1. Have students describe the advertisement at the top of page 402. Cue with questions such as: *¿Cómo se llama la compañía del anuncio? ¿Cuál es el producto de la compañía? ¿De qué ciudad y país viene el anuncio? ¿Cómo puede una persona comunicarse con Orly?*
2. Have students say everything they can about the wedding invitation on page 402.

You may wish to ask questions such as: *¿Qué es esta tarjeta? ¿Quiénes son los novios? ¿Cuál es la fecha de la boda? ¿Quiénes son las personas que aparecen en la parte de arriba? ¿Cuándo y dónde es la boda?*

C **¿Cuándo irás?** Completen con el verbo indicado.

Iré tan pronto como ellos me ——.

1. pagar
2. llamar
3. invitar
4. escribir
5. avisar
6. ver

D **¿Cuándo fuiste?** Completen con el verbo indicado.

Yo fui en cuanto ellos me ——.

1. pagar
2. llamar
3. invitar
4. escribir
5. avisar
6. ver

E **Las bodas.** Completen.

1. Los invitados llegarán a la iglesia antes de que —— los novios. (llegar)
2. Ellos entrarán en la iglesia antes de que —— los novios. (entrar)
3. Los invitados se sentaron antes de que —— la marcha nupcial. (empezar)
4. El cura les dio la bendición antes de que —— la ceremonia. (terminar)
5. Los novios no se levantaron para salir antes de que —— el órgano. (sonar)

CAPÍTULO 15 **403**

ANSWERS

Ejercicio C
1. paguen
2. llamen
3. inviten
4. escriban
5. avisen
6. vean

Ejercicio D
1. pagaran
2. llamaran
3. invitaran
4. escribieran
5. avisaran
6. vieran

Ejercicio E
1. lleguen
2. entren
3. empezara
4. terminara
5. sonara

LEARNING FROM REALIA AND PHOTOS

1. Refer students to the two photos of weddings on pages 402-403. Have students describe them in as much detail as possible. Then have them compare and contrast the two weddings shown. Cue with questions such as: *¿Cuáles son algunas diferencias que notan ustedes entre las dos bodas?*

2. Ask students to comment on the ad on page 403. Ask questions such as: *¿Qué clase de arras son éstas? ¿Cómo "personalizan" las arras?*

PRESENTATION *(page 404)*

A. Tell students they will hear a conversation between Marcos and Elena, two young people who work together.
B. Have students close their books and listen as you read the conversation or play Cassette 9A.
C. Have students open their books to page 404 and ask them to repeat the conversation chorally after you or the cassette.
D. Call on a pair of volunteers to read the conversation with as much expression as possible.

ANSWERS

Ejercicio A
1. Elena tiene cita con Pepe.
2. Tiene cita con Pepe el viernes.
3. Sí, están saliendo mucho.
4. Marcos cree que están saliendo mucho.
5. No, no es nada serio.
6. Elena dice que son buenos amigos, nada más.

Ejercicio B
Marcos se refiere a la amistad (relación amistosa) entre Elena y Pepe.

CONVERSACIÓN

Escenas de la vida   ¿Te estás enamorando?

MARCOS: ¿Qué haces el viernes, Elena?
ELENA: ¿El viernes? Tengo una cita con Pepe.
MARCOS: Estás saliendo mucho con Pepe, ¿no? ¿Se está poniendo serio esto?
ELENA: No, no es nada serio. Somos muy buenos amigos, nada más.

A **Está enamorada.** Contesten según la conversación.

1. ¿Con quién tiene cita Elena?
2. ¿Cuándo tiene una cita con Pepe?
3. ¿Están saliendo mucho los dos?
4. ¿Quién cree que están saliendo mucho?
5. ¿Se está poniendo seria la cosa?
6. ¿Qué dice Elena?

B **La cita.** ¿A qué se refiere Marcos con la palabra "esto"?

404   CAPÍTULO 15

Comunicación

A **Agente de atletas profesionales.** Ud está negociando un contrato para una famosa tenista norteamericana para jugar en Latinoamérica. Dígale al empresario que ella no jugará a menos que…

B **Papá, quiero casarme.** Su amigo(a) quiere casarse. Dígale que sus padres no se opondrían al casamiento con tal que…

C **Quiero que todo salga bien.** Ud. tiene que organizar la recepción para una prima que se casa. Su compañero es el dueño del restaurante. Dígale todo lo que Ud. quiere que ellos hagan.

D **Me quiero casar.** Imagínese que Ud. es una persona famosa que recibió una propuesta de matrimonio de parte de un(a) admirador(a) secreto(a). Escríbale una nota diciéndole que Ud. no se casaría aunque…

E **Te lo hacen muy difícil.** Los gobiernos imponen reglamentos para las personas que van a casarse. Con un grupo, prepare una lista de reglamentos. Por ejemplo: Los novios no pueden casarse sin que tengan un millón de dólares. Preparen tantos reglamentos como puedan. Mientras más raros, ¡mejor!

F **Sí, hazlo, pero antes de que lo hagas…** Dígale a un(a) compañero(a) de clase que Ud. tiene que hacer lo siguiente. Su compañero(a) le dirá que haga otra cosa primero.

Antes de que te acuestes, quiero que estudies.

1. poner la televisión
2. preparar el desayuno
3. llevar el perro de paseo
4. lavar el coche
5. tomar un baño

Arantxa Sánchez-Vicario, tenista española

CAPÍTULO 15   **405**

Comunicación
PRESENTATION *(page 405)*

These activities encourage students to reincorporate previously learned vocabulary and structures and use them on their own. You may select those activities that you consider most appropriate, or you may allow students to select the ones in which they participate.

ANSWERS
Actividades A-E
Answers will vary.
Actividad F
Answers will vary according to model and cues provided.

ABOUT THE LANGUAGE

The tennis player in the photo is Arantxa Sánchez. The name is Basque. During the Franco dictatorship (1939-1975), people were not to use names in any language other than Castilian. Today Catalan, Galician and Basque names are commonly used.

LEARNING FROM REALIA

Refer students to the advertisement at the bottom of page 405. Point out the references to Bar Mitzvah and Kosher. The restaurant is in Mexico City, where there is a large Jewish population.

COOPERATIVE LEARNING

Have each team create their own radio advertisement for "Oresta." They should include all the features that appear in the printed ad, plus their own embellishments. Have each team select one *locutor* to present the ad to the class.

LECTURA Y CULTURA

Bell Ringer Review

Write the following on the board or use BRR Blackline Master 15-7: Make at least four comparisons between various members of your family.

READING STRATEGIES
(*page 406*)

Note Present the *Lectura y Cultura* as thoroughly as you feel necessary, based on the interests of your students.

Pre-Reading

Tell students they are going to read a love story which takes place in Medellín, Colombia.

Reading

A. Have students open their books to page 406 and ask them to read the selection once silently.

B. Call on a volunteer to read about a half paragraph aloud.

C. Ask content questions on what was read, and call on other volunteers to answer them.

GEOGRAPHY CONNECTION

Medellín is a city of some 1.7 million people. It has a wonderful climate and it is called "the City of Flowers, friendship and Eternal spring." It is considered the orchid capital of the world.

HISTORY CONNECTION

Medellín was founded in 1675. Most of the original settlers were Jewish. They wanted to develop their own way of life, without the presence of the Spanish overlords. The early settlers did their own work. There were very few Indians in that area and they refused to use African slave labor.

EL AMOR ES UNA COSA DIVINA

Como dice el refrán español, "el amor es una cosa divina". Pero antes de que haya amor es necesario que los dos individuos se conozcan. Aquí tenemos la historia de Mónica y Ángel. Ellos son de Medellín, Colombia, y se conocieron en la universidad. En cuanto Ángel vio a Mónica supo que esta muchacha le interesaba. Y Mónica encontró a Ángel un buen mozo[1]. Los dos empezaron a salir juntos, y después de salir dos o tres veces, Mónica invitó a Ángel a su casa de manera que sus padres lo conocieran. Y dentro de poco Ángel invitó a Mónica a su casa para que ella y sus padres se conocieran. Los padres hispanos quieren saber con quién están saliendo sus hijos. Hoy en día los jóvenes salen solos. Ya no hay dueñas como en tiempos pasados, pero es de rigor[2] que los padres sepan con quién están saliendo. Los padres les aconsejan a los jóvenes que se conozcan bien antes de que se casen y que esperen hasta que estén seguros que quieren pasar la vida juntos. Mónica y Ángel saben que el matrimonio es una decisión importante y seria. En los países hispanos todavía hay pocos divorcios y en algunos países el divorcio está prohibido.

Ángel y Mónica seguían saliendo juntos y cada mes se querían más. Sabían que querían casarse. Ángel fue a la casa de Mónica y le pidió al padre la mano de su hija. Poco después los padres anunciaron el compromiso de sus hijos. Hubo un cóctel[3] elegante en el que fijaron la fecha para sus bodas, y todos los parientes de las dos familias y los amigos íntimos festejaron a los nuevos comprometidos. Estas fiestas y reuniones familiares son muy importantes porque el matrimonio es el enlace de las dos familias y durante las fiestas antenupciales las dos familias van conociéndose.

Se casaron un año después. El día de la boda hay generalmente dos ceremonias— la civil y la religiosa. Los novios van a la iglesia acompañados del padrino y de la madrina, de sus pajes de honor y de sus damas de honor. Mónica le pidió a su madre que le sirviera de madrina y Ángel le pidió a su padre que fuera su padrino. Después de la ceremonia Ángel y Mónica salieron de la iglesia como esposo y esposa y fueron a una recepción en donde sus familiares y sus amigos íntimos les dieron la enhorabuena.

Al terminar la recepción, Ángel y Mónica salieron para su viaje de novios. Fueron a Europa a pasar su luna de miel.

[1]buen mozo   *nice looking young man*
[2]de rigor   *essential*
[3]cóctel   *party*

FOR THE NATIVE SPEAKER

You may give students the following assignment:

Tú eres el reportero que escribe acerca de la "sociedad". Tienes que describir la boda de una pareja famosa. Puedes inventar la pareja que quieras—atletas, cantantes, políticos, etc. Incluye todos los detalles que puedas.

DID YOU KNOW?

In Madrid there was a refrain: *El que no pasa por la calle de la Pasa no se casa.* The church offices for registering weddings were on the *calle de la Pasa* in Old Madrid. The saying means that if one didn't marry in the Church, one didn't marry.

Estudio de palabras

█ Definiciones. Pareen.

1. el refrán
2. buen mozo
3. la dueña
4. rogar
5. seguro
6. un cóctel
7. los parientes
8. el marido

a. (joven) guapo
b. el esposo
c. el proverbio
d. cierto
e. miembros de la familia
f. la chaperona
g. una fiesta
h. pedir

Comprensión

A █ Los novios. Contesten.

1. ¿De dónde son Mónica y Ángel?
2. ¿Dónde se conocieron?
3. ¿Qué hizo Ángel cuando supo que él y Mónica iban a comprometerse?
4. ¿Qué hubo para anunciar su compromiso?
5. ¿Para qué sirven las fiestas antenupciales?

B █ La pareja. Completen.

1. Antes de que una pareja se enamore, es necesario que ——— .
2. Los padres hispanos insisten en que sepan ——— .
3. El día de la boda hay ——— .
4. Durante la recepción los invitados les ——— .

C █ El matrimonio. ¿Sí o no?

1. Los padres no conocieron a los novios de sus hijos hasta mucho después de que comenzaron a salir juntos.
2. Los jóvenes no pueden salir sin ser acompañados de una dueña.
3. Les dan fiestas a los novios para que los parientes puedan ir conociéndose antes de las bodas.
4. Las parejas hispanas suelen casarse algunos días después de anunciar su compromiso.
5. Los novios hispanos siempre escogen a un(a) amigo(a) íntimo(a) para su padrino o madrina.

INDEPENDENT PRACTICE

Assign any of the following:
1. Workbook, *Un poco más*
2. Exercises on student page 407

Post-reading
Call on volunteers to summarize what was read in their own words.

Estudio de palabras
ANSWERS

1. c
2. a
3. f
4. h

5. d
6. g
7. e
8. b

Comprensión

PRESENTATION (*PAGE 407*)

Ejercicio A
Exercise A deals with factual recall.

Ejercicios B and C
Exercises B and C have students read for information.

ANSWERS

Comprensión A
1. Ellos son de Medellín, Colombia.
2. Ellos se conocieron en la universidad.
3. Angel fue a la casa de Mónica y le pidió al padre la mano de su hija.
4. Hubo un cóctel elegante.
5. Las fiestas antenupciales sirven para que las dos familias se conozcan.

Comprensión B
1. se conozca
2. con quién andan sus hijos
3. dos ceremonias, la civil y la religiosa
4. les dan la enhorabuena

Comprensión C
1. No
2. No
3. Sí
4. No
5. No

HISTORY CONNECTION
The requirement of a double ceremony, one religious and one civil, is a result of anticlericalism at the turn of the century and the movement to separate church and state. In Mexico for example, priests were not allowed to wear clerical garb in the street. Only civil marriages were officially recognized.

Descubrimiento Cultural

(The Descubrimiento *section is optional.)*

PRESENTATION *(pages 408-409)*

Have students open their books to pages 408-409 and ask them to read the selection aloud as a class, in pairs or groups, or silently.

CROSS-CULTURAL COMPARISON

In remote areas of Latin America, where a priest might not come by for years, a common sight would be the wedding of a couple and the simultaneous baptizing of two or three of their children, taking advantage of the priest's visit to formalize a relationship that had begun some years before.

DESCUBRIMIENTO CULTURAL

Los términos "novio" y "novia" tienen, y han tenido varios significados a través del tiempo. Según el diccionario, "novio/novia" es:

1. una persona recién casada
2. la persona que está próxima a casarse
3. la persona que mantiene relaciones amorosas en expectativa de futuro matrimonio

Ahora bien, existen otros términos más específicos para estos diferentes estados. Por ejemplo, "el pretendiente" es el hombre que "pretende" o tiene la intención de casarse. No se han formalizado las relaciones, necesariamente, pero todo el mundo sabe que la intención del joven es casarse. La "prometida" o el "prometido" es la persona que con cierta formalidad ha hecho y recibido promesa de casamiento. Y el "desposado" o la "desposada" es la persona recién casada. Los religiosos, algunos oficiales del gobierno, y los capitanes de barcos están autorizados para "desposar" a los que se presentan para casarse.

Antiguamente, cuando una persona tenía novio, se esperaba que los dos se casaran. Por eso, se evitaba que una pareja saliera sola. La legendaria "dueña", casi siempre una tía soltera[1] o viuda[2], acompañaba a los jóvenes a los bailes o los paseos[3]. En los paseos por la plaza del pueblo, los muchachos iban en una dirección y las muchachas en la otra. Cuando pasaban, se miraban, y más de un amor comenzó en el paseo. Más tarde, sin una dueña, se les permitía salir a los jóvenes, pero siempre en grupo, nunca solos.

Hoy, los "novios" son de varias categorías. En muchas partes del mundo hispano, un "novio" o una "novia" es, más o menos como el *boyfriend* o *girlfriend* de Norteamérica. Pero también hay "novios formales". Los "novios formales" son mucho más que un simple *boyfriend* o *girlfriend*. Los novios formales son "prometidos".

CRITICAL THINKING ACTIVITY

(Thinking skills: supporting arguments with reasons; presenting your side)

Las bodas lujosas y elegantes, y muy caras, están otra vez de moda. Algunos dicen que esto representa un deseo de volver al formalismo y tradición del pasado. Otros dicen que es cuestión de "status" social. ¿Qué opinas tú? ¿Quiénes deben determinar el tipo de boda que tienen los novios, los novios o los padres de los novios? ¿Por qué?

Cuando los "prometidos" declaran su intención de casarse, existe el compromiso. El novio le da un anillo a la novia. En las familias tradicionales, el anillo de compromiso y el anillo de matrimonio era el mismo. Antes de la boda, la novia llevaba el anillo en la mano izquierda, y después, en la mano derecha. Algunas familias mantienen esa tradición, otras no. Y en muchos lugares las novias lucen anillos de compromiso con diamantes igual que en los Estados Unidos.

¹soltera   *unmarried older woman*
²viuda   *widow*
³paseos   *walks*

REALIDADES

(The Realidades section is optional.)

Bell Ringer Review

Write the following on the board or use BRR Blackline Master 15-9: Write down a suggestion you might make to a friend who is going with you to each of the following places. Use the *tú* form of the imperative.

1. al restaurante o al café
2. a la clase
3. a la peluquería
4. al hotel

PRESENTATION *(pages 410-411)*

A. Allow students time to enjoy the photos and discuss them among themselves. Answer any comments and address any questions they may have.

B. In regard to the photos in the *Realidades* section you may wish to ask the following questions:

Photo 1: *Describe la iglesia en la foto.*

Photo 2: *¿Dónde tiene lugar esta boda? ¿De qué religión son los novios? ¿Cuál de las personas es el rabino?*

Photo 3: *¿Qué están diciendo estos dos jóvenes?*

Photo 4: *Describe los trajes de los novios.*

Photo 5: *Explica la costumbre de tirar el ramo.*

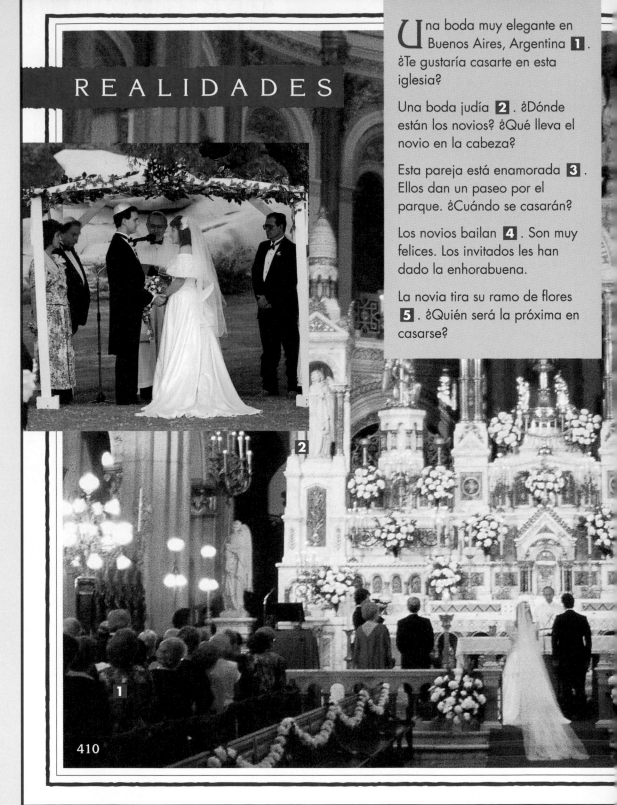

REALIDADES

Una boda muy elegante en Buenos Aires, Argentina **1**. ¿Te gustaría casarte en esta iglesia?

Una boda judía **2**. ¿Dónde están los novios? ¿Qué lleva el novio en la cabeza?

Esta pareja está enamorada **3**. Ellos dan un paseo por el parque. ¿Cuándo se casarán?

Los novios bailan **4**. Son muy felices. Los invitados les han dado la enhorabuena.

La novia tira su ramo de flores **5**. ¿Quién será la próxima en casarse?

410

RECYCLING

The activities in *Comunicación oral* and *Comunicación escrita* encourage students to use all the language they have learned in the chapter and to recombine it with material from previous chapters. It is not necessary to do all the activities with all students. Select the ones you consider most appropriate or allow students to choose the ones they wish to do.

Comunicación oral

ANSWERS

Actividades A-C

Answers will vary.

INFORMAL ASSESSMENT

Activities A and B can be used to assess speaking skills. Use the evaluation criteria given on page 24 of this Teacher's Wraparound Edition.

Comunicación escrita

ANSWERS

Actividades A-D

Answers will vary.

CULMINACIÓN

Comunicación oral

A **Mi novio(a) ideal.** Describa a su novio(a) ideal. ¿Cómo será esta persona? Describa sus características físicas, su personalidad, sus intereses, sus gustos, su condición económica, etc.

B **Una ceremonia nupcial.** Ud. está hablando con un amigo de Chile. Él quiere saber algo sobre las bodas en los Estados Unidos. Descríbale una ceremonia nupcial a la que Ud. ha asistido.

C **¿Te casarías con un millonario?** Haga una lista de personas famosas. Pregúntele a un(a) compañero(a) de clase si se casaría con esa persona.

Comunicación escrita

A **Una invitación.** Prepare Ud. una invitación a una boda.

B **Notas sociales.** Ud. está haciendo planes para su casamiento. Su familia es bien conocida en su comunidad. El periódico local ha pedido información sobre la boda para publicar un artículo en la sección social. Escríbales la información, incluyendo la fecha y la hora del casamiento, dónde va a tener lugar, los nombres del padrino, la madrina y de las damas y pajes de honor, el lugar de la recepción y el número de invitados.

C **El evento social del año.** Escriba un reporte para un periódico sobre la boda más espectacular que Ud. pueda imaginar. Dé la mayor cantidad posible de detalles.

D **¡Ay, Dios! ¡Qué desastre!** Una recepción de bodas, a la que Ud. asistió recientemente, resultó ser un completo desastre. Escriba una carta a un(a) amigo(a) describiéndole todo lo que pasó. Use mucho humor y creatividad.

ENLACE BERRÍOS-GARC

Fotos por Carlos Esteva

El pasado 5 de diciembre y en la iglesia de Nuestra Señora de la Merced, de Ponce, quedaron unidos en sagrado matrimonio los jóvenes contrayentes María de los Ángeles Berríos y Emigdio García Collazo. La encantadora novia vistió un traje nupcial creación de Carlota Alfaro, y llevaba como detalle familiar una sortija de brillantes y unos pendientes de pe recuerdo de su querida abuela. La recepción tuvo lugar en el ant La ambientación floral fue obra de Colón tuvo a su cargo la coordinación d ¡Que la felicidad los acompañe si

412 CAPÍTULO 15

FOR THE NATIVE SPEAKER

Conversación *En la Lectura, Mónica y Angel se casaron un año después del compromiso. En algunas sociedades los noviazgos duran varios años, en otras los novios se casan después de conocerse sólo algunos meses. ¿Qué crees? ¿Cuáles son las ventajas y desventajas de ser novios por mucho tiempo o solo unos meses? ¿Cuál es un período de tiempo ideal? ¿Por qué?*

LEARNING FROM PHOTOS

Have students tell all they can in their own words about the Berríos-García wedding on page 412.

Reintegración

A **La familia.** Identifiquen.

1. el hermano de mi madre
2. la hermana de mi padre
3. el padre de mi padre
4. la madre de mi padre
5. otro hijo de mis padres
6. los hijos de mis tíos

B **Mi casa.** Describa lo que para Ud. sería una casa ideal.

C **Un viaje.** Preguntas personales.

1. Si ganaras la lotería, ¿harías un viaje?
2. ¿Adónde irías?
3. ¿Quién te acompañaría?
4. ¿Cómo viajarían?
5. ¿Qué harían Uds. durante el viaje?
6. ¿Qué verían y qué visitarían?

D **Otro viaje.** En el Ejercicio C, cambien "si ganaras" la lotería en "si ganas" la lotería. Hagan los cambios necesarios en las preguntas y contéstenlas.

Vocabulario

SUSTANTIVOS

los novios
los enamorados
la pareja
la cita
la dueña
el compromiso
el/la comprometido(a)
la sortija de compromiso
el matrimonio
el anillo de boda
el esposo
la esposa
el marido
la mujer
el enlace

la boda
la ceremonia
el altar
la iglesia
el padrino
la madrina
el paje de honor
la dama de honor
la recepción
el cóctel
el banquete
el/la invitado(a)
el brindis
la felicidad
la suerte

el/la recién casado(a)
el viaje de novios
la luna de miel

ADJETIVOS

nupcial

VERBOS

enamorarse
querer a
comprometerse
casarse
anunciar
intercambiar
brindar

OTRAS PALABRAS Y EXPRESIONES

para que
de manera que
de modo que
con tal que
sin que
a menos que
aunque
cuando
en cuanto
tan pronto como
hasta que
después de que
antes de que

CAPÍTULO 15   **413**

Reintegración

PRESENTATION (*page 413*)

Ejercicio A
Exercise A recycles family vocabulary.

Ejercicio B
Exercise B recycles vocabulary associated with the home.

Ejercicio C
Exercise C reviews the conditional mood with *si* clauses.

Ejercicio D
Exercise D reviews the future tense with *si* clauses.

ANSWERS

Ejercicio A
1. mi tío
2. mi tía
3. mi abuelo
4. mi abuela
5. mi hermano
6. mis primos

Ejercicio B
Answers will vary.

Ejercicio C
Answers will vary but may resemble the following:
1. **Si ganara la lotería, (no) haría un viaje.**
2. **Iría a…**
3. **Me acompañaría…**
4. **Viajaríamos…**
5. **Visitaríamos…**
6. **Veríamos…**

Ejercicio D
1. **Si gano la lotería, (no) haré un viaje.**
2. **Iré a…**
3. **Me acompañará…**
4. **Viajaremos…**
5. **Visitaremos…**
6. **Veremos…**

PAIRED ACTIVITY

Have pairs create classified advertisements designed to sell the house in the photo on page 413. Ads must at least describe the house as it appears in the photo. Students should then use their imaginations from that point.

Vocabulario

There are approximately 13 cognates in this list.

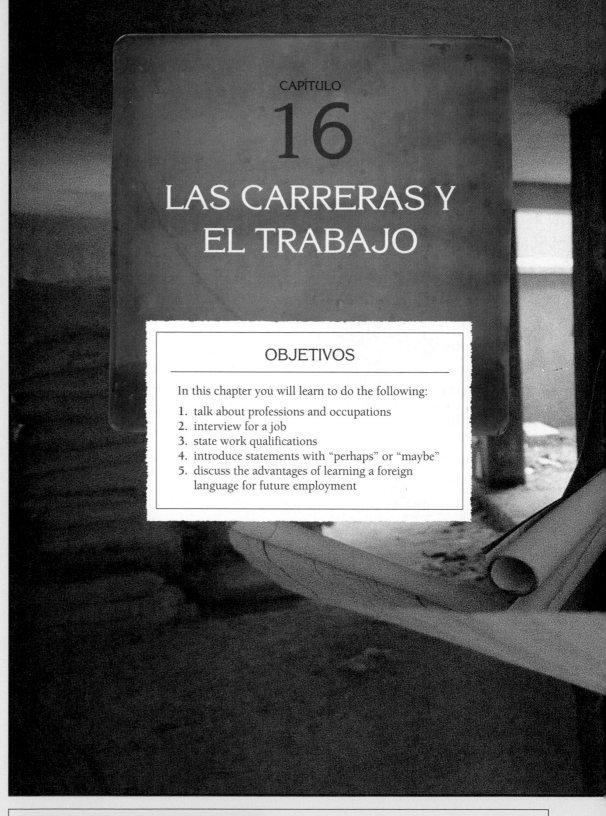

CAPÍTULO
16
LAS CARRERAS Y EL TRABAJO

OBJETIVOS

In this chapter you will learn to do the following:

1. talk about professions and occupations
2. interview for a job
3. state work qualifications
4. introduce statements with "perhaps" or "maybe"
5. discuss the advantages of learning a foreign language for future employment

CAPÍTULO 16

CHAPTER OVERVIEW

In this chapter, students will learn to identify and discuss professions and trades. They will learn how their knowledge of Spanish can help them in their future careers. They will also learn language related to conducting themselves at job interviews and developing résumés. The cultural focus of Chapter 16 is on jobs and the importance of the Spanish language in the business world.

CHAPTER OBJECTIVES

By the end of this chapter, students will know:

1. vocabulary associated with professions and trades
2. vocabulary associated with job hunting and the workplace
3. the use of the subjunctive in relative clauses
4. the use of the subjunctive after expressions like *ojalá*, *tal vez*, and *quizá(s)*

CHAPTER PROJECTS

(optional)

1. Have students prepare a report on what they think they would like to do when they complete their education, and how Spanish might help them in their careers.
2. Have students fill out a job application. They might refer to the one in Spanish on page 425.
3. Have students prepare their *curriculum vitae* in Spanish.

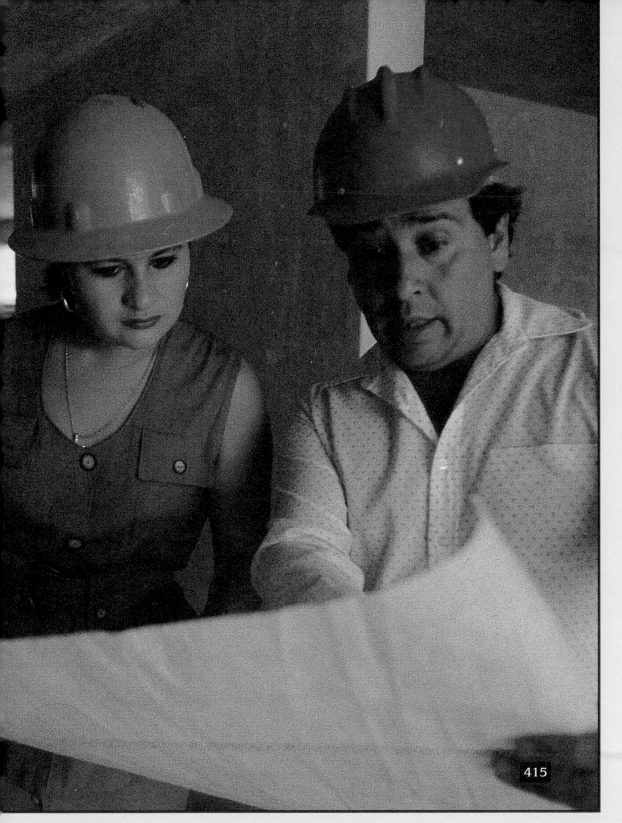

415

CHAPTER 16 RESOURCES

1. Workbook
2. Student Tape Manual
3. Audio Cassette 9B
4. Vocabulary Transparencies
5. Bell Ringer Review
   Blackline Masters
6. Communication Activities
   Masters
7. Computer Software:
   Practice and Test Generator
8. Video Cassette, Unit 4
9. Video Activities Booklet,
   Unit 4
10. Situation Cards
11. Chapter Quizzes
12. Testing Program

Pacing

Chapter 16 will require eight to ten class sessions. Pacing will depend on the length of the class period, the age of the students, and student aptitude.

ABOUT THE LANGUAGE

1. You may wish to tell students that the woman in the photo on pages 414-415 is *una arquitecta*. Although the names of most professions have both masculine and feminine forms (*la ingeniera, la doctora, la farmacéutica*), some change only in the article: *el/la cartero* ("letter carrier"—*la cartera* is a "wallet"), *el/la contable, el/la juez,* and all those that end in -*a: el/la anestesista, el/la electricista, el/la artista,* etc.
2. Both people in the photo are wearing *un casco*.

Vocabulary Teaching Resources

1. Vocabulary Transparencies, 16.1 (*A & B*)
2. Audio Cassette 9B
3. Student Tape Manual, *Palabras 1*
4. Workbook *Palabras 1*
5. Communication Activities Masters, *A & B*
6. Chapter Quizzes, *Palabras 1*

Bell Ringer Review

Write the following on the board or use BRR Blackline Master 16-1: Make a list of the trades and professions you know in Spanish.

PRESENTATION (*pages 416-417*)

A. With books closed, refer to Vocabulary Transparencies 16.1 (*A & B*) and have students repeat the new words, phrases, and sentences after you or Cassette 9B.
B. Have students open their books to pages 416-417 and ask them to read the new words, phrases, and sentences.
C. Call on volunteers to designate various illustrations at random and name the professions.

VOCABULARIO

PALABRAS 1

EL TRABAJO O EL OFICIO

la escuela

el profesor

el consejero de orientación
el orientador

la directora

la oficina

el secretario

la contable

el programador de informática

la fábrica

los obreros
los trabajadores

la tienda

el comerciante
el mercader

la tienda por departamentos

la empleada
la dependiente

416 CAPÍTULO 16

PANTOMIME

Write the following sentences on cards, one to a card, and distribute them for students to mime the actions. Have the rest of the class guess what profession each individual is miming.

Tú eres artista.
Tú eres juez.
Tú eres escultor(a).
Tú eres secretario(a).
Tú eres profesor(a).
Tú eres programador(a) de informática.

el hospital

la médica

la enfermera

el técnico

el taller

el artesano

el artista
el pintor

la escultora

la alcaldía,
el ayuntamiento

la corte, el tribunal

la juez

el funcionario

el abogado

Nota: Aquí tiene Ud. más profesiones que ya conoce.

el cajero	el peluquero
el mozo	el recepcionista
el botones	el agente
el piloto	el policía
el controlador	el operador
el revisor	el mecánico
el cartero	

ABOUT THE LANGUAGE

1. *Programadores* work with *ordenadores* in Spain, *computadoras* in Latin America, but their field (computer science) is called *la informática*.
2. *La fábrica* is the most common word for "factory." *Factoría* is also used and is not an Anglicism. *Manufactura* also exists but is less frequent.

LEARNING FROM ILLUSTRATIONS

You may wish to ask the following questions about the illustrations at the bottom of page 417: *Miren la bandera. ¿Qué bandera es? Entonces, ¿en qué país están estas personas? Describan la bandera.*

Ejercicios

A Los lugares de trabajo. Contesten según el dibujo.

1. ¿Es una escuela o una oficina?

2. ¿Es un hospital o una farmacia?

3. ¿Es una oficina o una fábrica?

4. ¿Es la corte o la consulta del médico?

5. ¿Es la alcaldía o la iglesia?

6. ¿Es el garaje o el bufete del abogado?

B ¿Quién trabaja dónde? Contesten.

1. ¿Quién trabaja en la fábrica?
2. ¿Quién trabaja en la alcaldía?
3. ¿Quién trabaja en el hospital?
4. ¿Quién trabaja en un hotel?
5. ¿Quién trabaja a bordo del avión?
6. ¿Quién trabaja en la escuela?
7. ¿Quién trabaja en la farmacia?
8. ¿Quién trabaja en el banco?
9. ¿Quién trabaja en el correo?
10. ¿Quién trabaja en la consulta del médico?

CRITICAL THINKING ACTIVITY

(Thinking skills: making inferences, drawing conclusions)

Write the following on the board or on an overhead transparency.

La dentista y el técnico de laboratorio llevan máscara. El uso de máscara en las consultas de los dentistas y en los laboratorios es reciente. ¿Por qué llevan máscara? ¿Por qué no llevaban máscara antes?

C ¿Quién hace este trabajo? Identifiquen.

1. Ayuda al médico en el hospital.
2. Trabaja en el laboratorio anatómico.
3. Prepara las recetas que escribe el médico.
4. Ayuda a las personas a defenderse en la corte.
5. Vende mercancías.
6. Prepara cuentas y estados financieros.
7. Da cortes de pelo.
8. Dirige la circulación (el tránsito, el tráfico).
9. Reparte el correo.
10. Registra a los clientes (huéspedes) cuando llegan al hotel.

D Una carrera que me interesaría. Contesten según el modelo.

agente de policía
Sí, me gustaría ser agente de policía. Me interesaría.
No, no me gustaría ser agente de policía. No me interesaría.

1. médico
2. director de una gran empresa (compañía)
3. industrial
4. abogado
5. farmacéutico
6. dentista
7. piloto
8. contable
9. funcionario en una agencia del gobierno
10. veterinario

ANSWERS
Ejercicio C
1. El enfermero
2. El técnico
3. El farmacéutico
4. El abogado
5. El mercader, el comerciante
6. El contable
7. El peluquero
8. El policía
9. El cartero
10. El recepcionista

Ejercicio D
1. Sí, (No, no) me gustaría ser médico(a). (No) Me interesaría.
2. Sí, (No, no) me gustaría ser director(a) de una gran empresa. (No) Me interesaría.
3. Sí, (No, no) me gustaría ser industrial. (No) Me interesaría.
4. Sí, (No, no) me gustaría ser abogado(a). (No) Me interesaría.
5. Sí, (No, no) me gustaría ser farmacéutico(a). (No) Me interesaría.
6. Sí, (No, no) me gustaría ser dentista. (No) Me interesaría.
7. Sí, (No, no) me gustaría ser piloto. (No) Me interesaría.
8. Sí, (No, no) me gustaría ser contable. (No) Me interesaría.
9. Sí, (No, no) me gustaría ser funcionario(a) en una agencia del gobierno. (No) Me interesaría.
10. Sí, (No, no) me gustaría ser veterinario(a). (No) Me interesaría.

LEARNING FROM PHOTOS

You may wish to ask the following questions about the three photos on page 419: *¿Cuál es la foto de un veterinario? ¿A quién o qué examina el veterinario? En la foto del medio, ¿qué tipo de consulta es? ¿Qué es la señora? ¿Cuál de las fotos es de un laboratorio?*

INDEPENDENT PRACTICE

Assign any of the following:
1. Workbook, *Palabras 1*
2. Communication Activities Masters, *A & B*
3. Exercises on student pages 418-419

VOCABULARIO

PALABRAS 2

EN BUSCA DE EMPLEO

el aspirante
el candidato

una solicitud de empleo
un historial (currículo) profesional

el departamento (servicio) de personal,
el servicio de recursos humanos

La señorita está libre.
No tiene trabajo. Está desempleada (desocupada).
Puede comenzar a trabajar en seguida.
Quizá empiece a trabajar mañana. Puede ser.

Él no trabaja a tiempo completo. (40 horas por semana)
Él trabaja a tiempo parcial. (unas veinte horas por semana)

420 CAPÍTULO 16

la electricista

el plomero,
el fontanero

el carpintero

Las profesiones son los trabajos que requieren un título universitario en campos como la medicina, arquitectura, farmacia, economía, pedagogía, etc.

Los oficios son los trabajos de especialistas como electricistas, fontaneros (plomeros), carpinteros, etc.

Los que trabajan en la agricultura y labran la tierra son labradores.

Los que se dedican a la compra y venta son comerciantes.

Y hay técnicos especialistas que trabajan en laboratorios y en campos como la energía nuclear, la informática, etc.

Nota:
la población activa   la gente que trabaja o que ejerce una profesión
el desempleado   una persona que no tiene trabajo y lo busca

Ejercicios

Ejercicios

PRESENTATION (*page 422*)

Ejercicios A, B, and C

Exercises A, B, and C can be done with books closed or open.

Extension of Ejercicio A:

After completing Exercise A, call on a volunteer to retell the story in his/her own words.

ANSWERS

Ejercicio A

1. Sí, Juana busca trabajo.
2. Ella lee un anuncio en el periódico.
3. La Compañía Austral está buscando candidatos.
4. Juana va al servicio (departamento) de personal.
5. Ella llena una solicitud de empleo.
6. Ella le da su historial profesional a la recepcionista.
7. Sí, tiene referencias en su historial.
8. Ella tiene su título universitario en informática.
9. Sí, ella va a tener una entrevista.
10. Ella puede empezar a trabajar inmediatamente.

Ejercicio B

Answers will vary.

1. Sí, (No, no) trabajo.
2. Trabajo en…
3. Trabajo a tiempo parcial (tiempo completo).
4. Sí, (No, no) estoy desempleado(a).
5. Sí, (No, no) tengo un salario.
6. Es un salario bueno (módico).

Ejercicio C

Answers will vary.

Ejercicios

A **Ella solicita trabajo.** Contesten según se indica.

1. ¿Juana busca trabajo? (sí)
2. ¿Qué lee? (un anuncio en el periódico)
3. ¿Qué compañía está buscando (reclutando) candidatos? (Austral)
4. ¿Adónde va Juana? (al servicio o departamento de personal)
5. ¿Qué llena ella? (una solicitud de empleo)
6. ¿Qué le da a la recepcionista en el servicio de personal? (su historial profesional)
7. ¿Ella tiene referencias en su historial? (sí)
8. ¿En qué tiene su título universitario Juana? (en informática)
9. ¿Ella va a tener una entrevista? (sí)
10. ¿Cuándo puede empezar a trabajar? (inmediatamente)

B **Mi trabajo.** Preguntas personales.

1. ¿Trabajas?
2. ¿Dónde?
3. ¿Trabajas a tiempo completo o a tiempo parcial?
4. ¿Estás desempleado(a)?
5. ¿Tienes un salario?
6. ¿Es un salario bueno o módico?

C **¿Qué campo te interesa?**
Contesten con *sí* o *no*.

1. la arquitectura
2. las ciencias naturales
3. la ciencia política
4. la medicina
5. la pedagogía
6. la criminología
7. las finanzas y la contabilidad
8. la informática
9. la publicidad
10. el marketing, el mercadeo
11. la sociología
12. el turismo

LEARNING FROM REALIA

1. Refer students to the ad on page 422 and have them say all they can about it. You may ask: *¿En qué ciudad, y en qué parte de la ciudad, está el centro? ¿Para qué profesiones prepara el centro?*
2. Have students look for the Spanish equivalents for "graphic design," "dental surgeon," "business administration," and "marketing."
3. Have students say in their own words what the motto means: *Recibimos a sus hijos en preescolar y los entregamos profesionistas.*

Comunicación
Palabras 1 y 2

A **Te recomiendo que...** Imagínese que Ud. es consejero(a) de orientación en su escuela. Ud. está dándoles entrevistas a sus alumnos. ¿Qué profesiones u oficios recomendaría Ud. a los alumnos a quienes les interesan los siguientes campos?

las matemáticas	el comercio
la biología	los deportes
la literatura	las artes
los idiomas	

B **Adivina lo que hago en mi trabajo.** Piense en un trabajo o profesión y dígale a su compañero(a) de clase dónde trabaja Ud. Su compañero(a) tiene que adivinar lo que Ud. hace. Si no acierta la primera vez, continúe dándole más pistas hasta que su compañero(a) adivine correctamente. Luego cambien de papel, alternándose hasta que adivinen tres veces cada uno.

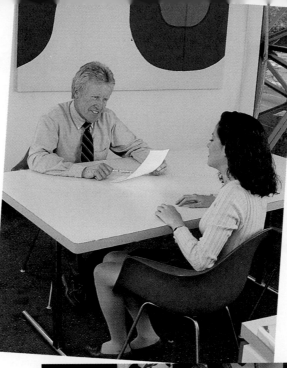

C **La entrevista.** Imagínese que Ud. es un(a) consejero(a) en una agencia de empleos. Un(a) compañero(a) de clase es un(a) aspirante. Entreviste al/a la aspirante. Pregúntele acerca de sus estudios, experiencia, aptitudes personales, talentos artísticos y buen sentido para los negocios *(business)*. Después de la entrevista recomiéndele un puesto al/a la aspirante.

Tengo un trabajo...

D **Lo positivo y lo negativo.** Con su compañero(a) de clase discutan las siguientes carreras y ocupaciones. Uno de Uds. hace el papel de optimista y el otro, de pesimista (y viceversa). Si Ud. dice algo positivo sobre cada trabajo, su compañero(a) dice algo negativo. Cambien de papel.

1. mecánico	5. músico
2. agente de viajes	6. técnico de computadoras
3. abogado	7. artista
4. profesor	8. cocinero

CAPÍTULO 16   **423**

PRESENTATION *(page 423)*

You may have students do any number of these activities. You may also allow students to select the activity or activities in which they take part.

ANSWERS

Actividad A

Answers will vary but may include the following.

las matemáticas: las finanzas, programador(a) de informática

la biología: las ciencias naturales, la medicina

la literatura: la pedagogía, la publicidad

los idiomas: la pedagogía, la publicidad, el turismo

el comercio: el mercadeo

los deportes: la publicidad, la pedagogía

las artes: la arquitectura, la pedagogía

Actividades B, C, and D

Answers will vary.

ESTRUCTURA

Bell Ringer Review

Write the following on the board or use BRR Blackline Master 16-4: Write the names of your favorite subjects. Tell why they are your favorite.

El subjuntivo en cláusulas relativas

PRESENTATION (*page 424*)

A. Have students open their books to page 424. Lead them through the explanation.
B. Call on volunteers to read the sample sentences aloud.

ANSWERS
Ejercicio A
1. tenga, conozca, pueda
2. esté
3. tiene, quiere, puede
4. hable, conozca

Ejercicio B
1. Sí, está buscando un representante La Compañía Lemur.
2. Sí, están ofreciendo un puesto que paga bien.
3. Sí, buscan alguien que tenga experiencia en ventas.
4. Sí, quieren alguien que pueda viajar.
5. Sí, necesitan una persona que conozca más de un idioma.
6. Sí, están buscando un candidato que esté libre inmediatamente.

424

El subjuntivo en cláusulas relativas   *Describing Indefinite Persons or Things*

A grouping of words that modifies a noun is called a relative clause. A relative clause can modify or describe a noun that refers to a specific, definite person or thing, or an indefinite person or thing. When the clause describes a definite person or thing, the verb in the clause is in the indicative. If, however, it modifies an indefinite person or thing, the verb is in the subjunctive. Note too that the *a personal* is omitted when the object is indefinite.

> **Conocemos a una secretaria que habla bien el español.**
> **Buscamos una secretaria que hable bien el español.**

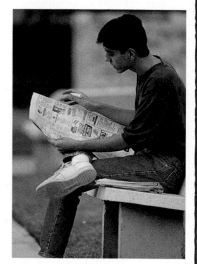

Ejercicios

A   **Hay que tener ciertas cualificaciones.** Completen.

1. La compañía Vensa está buscando alguien que ____ (tener) experiencia, que ____ (conocer) bien el español y el inglés y que ____ (poder) viajar.
2. El director del servicio de personal me dijo que necesitan alguien que ____ (estar) libre inmediatamente.
3. Han entrevistado a dos candidatos. Hay un candidato que ____ (tener) experiencia, que ____ (querer) y ____ (poder) trabajar en seguida.
4. Desgraciadamente él no habla inglés y la compañía sigue buscando alguien que ____ (hablar) inglés y que ____ (conocer) el mercado norteamericano.

B   **Están buscando empleados.** Contesten.

1. ¿Está buscando un representante la compañía Vensa?
2. ¿Están ofreciendo un puesto que paga bien?
3. ¿Buscan alguien que tenga experiencia en ventas?
4. ¿Quieren alguien que pueda viajar?
5. ¿Necesitan una persona que conozca más de un idioma?
6. ¿Están buscando un candidato que esté libre inmediatamente?

424   CAPÍTULO 16

El subjuntivo con *ojalá, tal vez, quizá(s)*

Introducing Statements With Perhaps or Maybe

1. The expressions *ojalá (que)*, "would that, I wish," and *quizá(s)*, "perhaps," are always followed by the subjunctive.

> ¡Ojalá que encontrara trabajo!
> ¡Ojalá que le den una entrevista!
> ¡Quizás lo llamen mañana!

2. The expression *tal vez*, "perhaps, maybe," can be followed by either the subjunctive or the future of the indicative.

> ¡Tal vez venga!
> ¡Tal vez vendrá!

Ejercicios

A ¡Ojalá que tenga trabajo! Contesten según el modelo.

> ¿Va a buscar trabajo Eduardo?
> *¡Ojalá que busque trabajo!*

1. ¿Va a buscar trabajo Eduardo?
2. ¿Va a leer los anuncios en el periódico?
3. ¿Va a preparar su historial profesional?
4. ¿Va a mandar su historial profesional a varias compañías?
5. ¿Va a tener una entrevista?
6. ¿Va a encontrar un puesto?

B No sé. ¡Quizá! Contesten según el modelo.

> ¿Va a venir Sandra?
> *No sé. ¡Quizá venga!*

1. ¿Va a venir Sandra?
2. ¿Va a llegar mañana?
3. ¿Va a pasar algunos días aquí?
4. ¿Va a volver a vivir aquí?
5. ¿Va a buscar trabajo aquí?

SOLICITUD DE EMPLEO

FOR THE NATIVE SPEAKER

Have students do the following exercises: *Agrega "Ojalá" a la oración y haz los cambios necesarios.*

1. Podemos tener una entrevista hoy.
2. Vamos a conseguir un puesto.
3. Nos pagarán muy bien.
4. Al jefe le gustará nuestro trabajo.
5. En pocos años nos dará un ascenso.

LEARNING FROM REALIA

Refer students to the employment application at the bottom of page 425. Have them try filling it out, using their own paper.

El *subjuntivo con* ojalá, tal vez, quizá(s)

PRESENTATION (*page 425*)

A. Have students open their books to page 425. Lead them through steps 1-2.
B. Have volunteers read the sample sentences aloud.

Ejercicios

PRESENTATION (*page 425*)

Ejercicios A and B

Exercises A and B can be done with books open or closed.

ANSWERS

Ejercicio A

1. ¡Ojalá que busque trabajo!
2. ¡Ojalá que lea los anuncios en el periódico!
3. ¡Ojalá que prepare su historial profesional!
4. ¡Ojalá que mande su historial profesional a varias compañías!
5. ¡Ojalá que tenga una entrevista!
6. ¡Ojalá que encuentre un puesto!

Ejercicio B

1. No sé. Quizá venga.
2. No sé. Quizá llegue mañana.
3. No sé. Quizá pase algunos días aquí.
4. No sé. Quizá vuelva a vivir aquí.
5. No sé. Quizá busque trabajo aquí.

CONVERSACIÓN

PRESENTATION (*page 426*)

A. Tell students they will hear a conversation between a woman and a young applicant for employment.

B. Have students close their books and listen as you read the conversation or play Cassette 9B.

C. Have students open their books to page 425 and call on a pair of volunteers to read the conversation with as much expression as possible.

D. Go over the *Comprensión* exercise.

E. Call on a volunteer to retell the story of the conversation in his/her own words.

PAIRED ACTIVITY

Have pairs prepare job interview skits. One partner is the applicant and the other is the interviewer. Allow them time to practice and have them present their skits to the class.

Ejercicio

ANSWERS

1. Sí, Carolina es alumna.
2. Sí, ella va a continuar con sus estudios.
3. Sí, ella asistirá a la universidad.
4. Sí, recibirá su título.
5. Piensa especializarse en marketing.
6. Le gustaría trabajar con una empresa multinacional.
7. Porque ella quiere ver el mundo.
8. Porque es necesario para el trabajo que quiere.

426

Escenas de la vida   *Me interesa el mercadeo*

SEÑORA: ¿Es Ud. alumna?
CAROLINA: Sí, soy alumna.
SEÑORA: ¿Ud. piensa asistir a la universidad?
CAROLINA: Sí.
SEÑORA: ¿Qué va a estudiar? ¿Qué campos le interesan?
CAROLINA: Quizás me especialice en marketing. Y después, quisiera trabajar en una empresa multinacional.
SEÑORA: ¿Le gustaría viajar?
CAROLINA: Mucho. ¡Ojalá que pudiera ver el mundo!
SEÑORA: Entonces, debe seguir con sus estudios de español.

■ **El mercadeo.** Contesten según la conversación.

1. ¿Carolina es alumna?
2. ¿Ella va a continuar con sus estudios?
3. ¿Ella asistirá a la universidad?
4. ¿Recibirá su título?
5. ¿En qué piensa especializarse?
6. ¿Con qué tipo de compañía le gustaría trabajar?
7. ¿Por qué?
8. ¿Por qué debe seguir con sus estudios del español?

426   CAPÍTULO 16

Comunicación

A **El trabajo ideal.** Piense en lo que Ud. consideraría un trabajo ideal—algo que a Ud. le gustaría hacer, que le interesaría mucho. Mencione todos sus deseos usando ¡Ojalá!

B **Posibles carreras.** Trabaje Ud. con un(a) compañero(a) de clase. Cada uno(a) de Uds. preparará una lista de las cosas que le interesan y de las materias o asignaturas que prefieren en la escuela. Luego miren sus listas. Determinen los intereses que tienen en común y los que son muy diferentes. Sugiérale a su compañero(a) algunas profesiones que posiblemente le interesarían. Su compañero(a) le hará a Ud. algunas sugerencias también.

C **Entrevista de candidatos.** Imagínese que Ud. es un oficial de recursos humanos que tiene que entrevistar a varios alumnos de nivel secundario para el puesto de consejero orientador en un campamento de niños. Prepare una lista de las preguntas que hará durante las entrevistas. Después, use estas preguntas entrevistando al primer candidato (su compañero[a] de clase). Luego cambien de papel.

Roberto C. Goizueta,
presidente de Coca-Cola

Franklin Chang Díaz, astronauta

Isabel Allende,
escritora chilena

Comunicación

PRESENTATION (*page 427*)

These activities encourage students to reincorporate previously learned vocabulary and structures and use them on their own. You may select those activities that you consider most appropriate, or you may allow students to select the ones in which they would like to participate.

ANSWERS

Actividades A, B, and C

Answers will vary.

FOR THE NATIVE SPEAKER

Give students the following assignment. *Escoge a una de las tres personas en las fotos. Ve a la biblioteca y prepara una breve biografía en español. Revisa la biografía y asegúrate de que no hay errores antes de entregarla.*

INDEPENDENT PRACTICE

Assign any of the following:
1. Workbook, *Un poco más*
2. Exercise and activities on student pages 426-427

LECTURA Y CULTURA

READING STRATEGIES
(page 428)

Pre-Reading

Ask students how they think their knowledge of Spanish will help them in their careers.

Reading

A. Have students open their books to page 428 and ask them to read the selection once silently.
B. Call on individuals to read one paragraph each. Ask content questions about each paragraph.

Post-reading

Ask students to summarize in their own words what they have learned from the reading.

EL ESPAÑOL Y SU CARRERA

¿Cree Ud. que el español le será útil en su carrera? Quizá diga que Ud. no sabe. Tal vez tenga Ud. razón por no saber precisamente lo que Ud. hará ni dónde trabajará cuando tenga su título universitario. Pero no hay duda que el conocimiento de un idioma extranjero como el español será un gran beneficio.

Hoy en día el comercio internacional es de suma importancia. No es suficiente exportar nuestros productos al extranjero. Hay que tener una presencia real en muchos países. Así, muchas grandes empresas norteamericanas han llegado a ser multinacionales. Quiere decir que tienen instalaciones o sucursales[1] y filiales en el extranjero. Por esta razón es posible que Ud. trabaje con una compañía norteamericana pero que su oficina esté en un país hispanohablante. Una gran parte de los ingresos[2] de las empresas multinacionales vienen de sus inversiones[3] en el extranjero.

Acuérdese[4] que el español en sí no es una carrera. Pero, el español con otra

especialización le da a uno una ventaja de valor incalculable. Si Ud. conoce la contabilidad, la medicina o el marketing, por ejemplo, y además tiene un buen conocimiento del español, podrá trabajar con una empresa multinacional. Con el español y su otra especialización, Ud. podrá encontrar un trabajo que le pague bien, le sea interesante y le permita viajar y conocer el mundo. ¡Ojalá! ¿No?

[1] sucursales   *branches*
[2] ingresos   *income*
[3] inversiones   *investments*
[4] acuérdese   *remember*

CRITICAL THINKING ACTIVITY

(Thinking skills: communicating; classifying information)

Write the following on the board or on an overhead transparency.

1. *Haz una lista de ventajas que tiene una persona que habla varias lenguas.*
2. *Clasifica estas ventajas en las siguientes categorías: ventajas culturales, ventajas económicas, ventajas comerciales.*

Estudio de palabras

■ **El nombre y el verbo.** Pareen.

<table>
<tr><td>1. trabajar</td><td>a. el pago</td></tr>
<tr><td>2. invertir</td><td>b. el viaje</td></tr>
<tr><td>3. conocer</td><td>c. el trabajo</td></tr>
<tr><td>4. pagar</td><td>d. la exportación</td></tr>
<tr><td>5. beneficiar</td><td>e. la inversión</td></tr>
<tr><td>6. especializarse</td><td>f. la especialización</td></tr>
<tr><td>7. viajar</td><td>g. el conocimiento</td></tr>
<tr><td>8. exportar</td><td>h. el producto</td></tr>
<tr><td>9. producir</td><td>i. el beneficio</td></tr>
<tr><td>10. ingresar</td><td>j. los ingresos</td></tr>
</table>

Una fábrica de Ford, México

Comprensión

A **El español.** Contesten.

1. ¿Cree Ud. que el español le será útil en su carrera?
2. ¿Ha escogido Ud. una carrera que quisiera seguir? Si Ud. contesta que sí, ¿cuál es?
3. Hoy en día, ¿qué es muy importante?
4. ¿Cuál es una ventaja de valor incalculable?

B **El comercio y las lenguas.** ¿Sí o no?

1. El único comercio internacional es la exportación de bienes (productos).
2. Es posible tener un puesto con una empresa norteamericana y trabajar en el extranjero.
3. Muchas empresas multinacionales tienen instalaciones y sucursales en países extranjeros.
4. El español en sí es una carrera excelente.
5. El conocimiento de un idioma como el español le podrá beneficiar en muchas carreras diferentes.

Una fábrica de la empresa Hewlett Packard, Barcelona, España

Estudio de palabras

ANSWERS

1. c
2. e
3. g
4. a
5. i
6. f
7. b
8. d
9. h
10. j

Comprensión

ANSWERS

Comprensión A

1. Sí, (No,) el español (no) me será útil en mi carrera.
2. Sí, quisiera seguir la carrera de...
   No, no he escogido la carrera.
3. Hoy en día (el comercio internacional) es muy importante.
4. El español es una ventaja de valor incalculable.

Comprensión B

1. No
2. Sí
3. Sí
4. No
5. Sí

LEARNING FROM PHOTOS

Refer students to the photos on pages 428-429 and ask: *¿A qué se dedica la IBM? ¿Qué tipo de producto fabrican ellos? ¿Para qué se usan esos productos? ¿Cuál de las tres compañías es la más antigua? ¿Qué fabrica la Ford? ¿La planta en la foto fabrica automóviles? ¿Qué quiere decir "ensamble"? ¿Qué productos fabrica la Hewlett Packard?*

INDEPENDENT PRACTICE

Assign the exercises on student page 429

Bell Ringer Review

Write the following on the board or use BRR Blackline Master 16-8: Choose the correct verb form in the following sentences:

1. **La compañía está buscando alguien que (tiene/tenga) experiencia.**
2. **Conocemos a una secretaria que (habla/hable) bien el español.**
3. **Están ofreciendo un puesto que (paga/pague) bien.**
4. **Ojalá que me (llaman/llamen) mañana.**

Descubrimiento Cultural

(The Descubrimiento *section is optional.)*

PRESENTATION *(pages 430-431)*

Have students open their books to pages 430-431 and ask them to read the selection silently. Ask if they can think of any other Spanish companies that do business in the United States.

DESCUBRIMIENTO CULTURAL

Desde hace ya mucho tiempo se habla de la presencia de empresas norteamericanas en el extranjero. En todas las grandes ciudades de España y Latinoamérica se veía anuncios para IBM de México, Ford de España o Xerox Venezolano. Tanto que en México había un chiste que decía:—si dice "de México" es porque no lo es.

Hoy, no solamente las empresas o compañías norteamericanas son multinacionales. Cada día vemos más y más empresas japonesas, europeas y latinoamericanas con sucursales y filiales en los Estados Unidos. La famosa casa de porcelanas Lladró tiene una sucursal en la Calle 57 de Nueva York. Las cadenas españolas HUSA y Meliá tienen hoteles en ciudades norteamericanas. La línea aérea Iberia pensaba utilizar Miami como centro para vuelos a Latinoamérica. Importantes periódicos y revistas de Nueva York tienen dueños británicos. Los japoneses fabrican automóviles en

Una sucursal de la empresa Xerox, Caracas, Venezuela

Tennessee y Kentucky. Las acciones de las compañías telefónicas de México y España se negocian[1] en Wall Street.

Así es posible que algún día Ud. trabaje con una empresa española o latinoamericana sin tener que salir de los Estados Unidos.

[1] se negocian   *are traded*

Una fábrica en Córdoba, Argentina

LEARNING FROM PHOTOS

Refer students to the photos on page 430. Ask them to compare the kind of work done in the two locations. Cue with questions such as: *¿Qué tipo de trabajo hacen las personas en el edificio de la Xerox? ¿Es trabajo de fábrica o de oficina? ¿Allí hay más obreros o secretarios? ¿Qué tipo de trabajo están haciendo en Córdoba, Argentina? ¿Qué son los señores que están en la foto?*

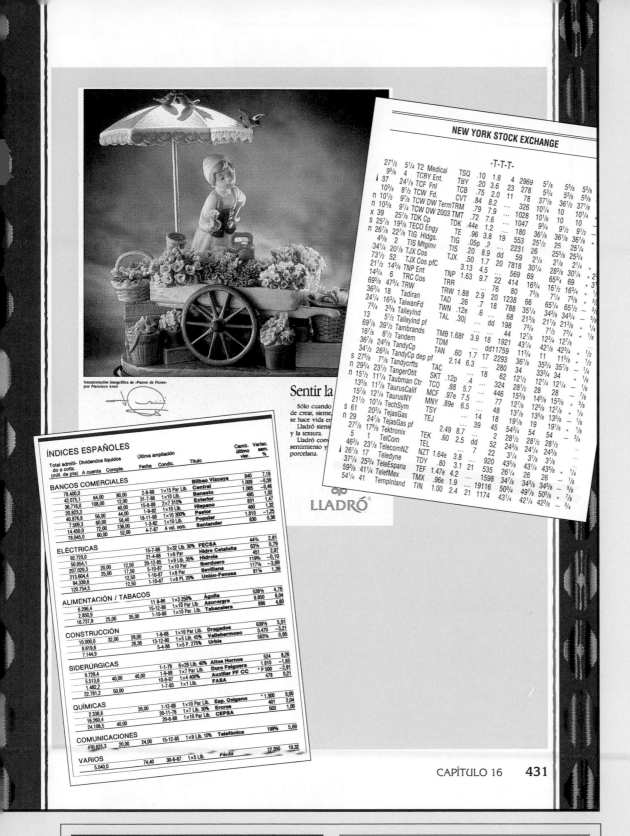

FOR THE NATIVE SPEAKER

Have students describe the categories shown in the Spanish Stock Exchange report and explain them. *Bancos Comerciales, Eléctricas, Alimentación/Tabacos, Construcción, Siderúrgicas, Químicas, Comunicaciones, Varios.* Ask: *¿Qué tipos de compañías están en cada categoría? Indica cuál sería una compañía norteamericana que figuraría en cada categoría.*

LEARNING FROM REALIA

You may wish to ask the following questions about the stock market reports on page 431: *¿Cuál es una compañía española que negocia en la Bolsa de Nueva York? ¿Cuál es una compañía mexicana? ¿En qué industria están las dos compañías? ¿Cuáles valen más, las acciones de la telefónica española o la mexicana?*

REALIDADES

Bell Ringer Review

Write the following on the board or use BRR Blackline Master 16-9: Imagine you are a doctor. Write five sentences telling what you did yesterday.

PRESENTATION *(pages 432-433)*

Allow students time to enjoy the photos and discuss them among themselves. Answer any comments and address any questions they may have.

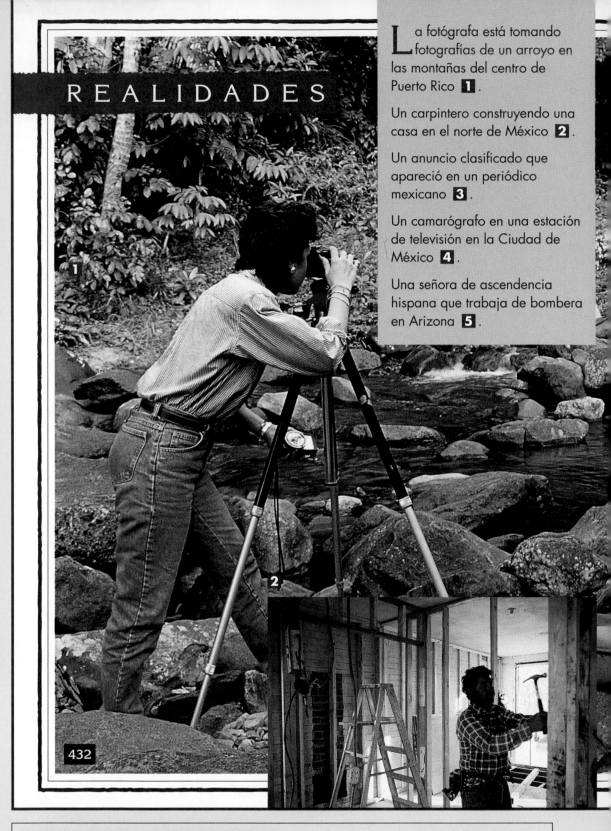

REALIDADES

La fotógrafa está tomando fotografías de un arroyo en las montañas del centro de Puerto Rico **1**.

Un carpintero construyendo una casa en el norte de México **2**.

Un anuncio clasificado que apareció en un periódico mexicano **3**.

Un camarógrafo en una estación de televisión en la Ciudad de México **4**.

Una señora de ascendencia hispana que trabaja de bombera en Arizona **5**.

CRITICAL THINKING ACTIVITY

(Thinking skills: evaluating facts; weighing arguments)

Write the following on the board or on an overhead transparency:

Las grandes empresas multinacionales tienen filiales o sucursales en muchos países. Varias compañías extranjeras han establecido fábricas en los EE.UU. ¿Se debe permitir que compañías extranjeras establezcan fábricas en los EE.UU. o no? ¿Cuáles son las ventajas y desventajas?

432

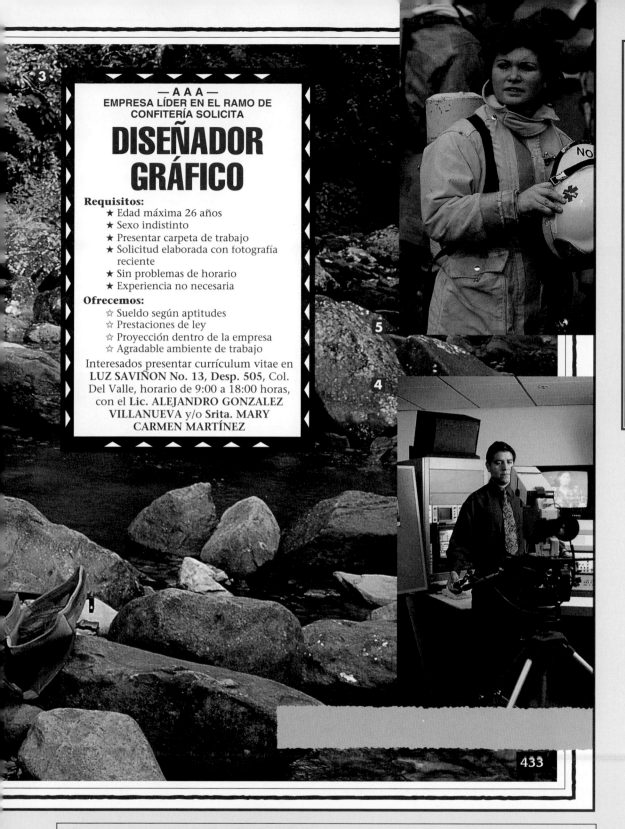

— A A A —
EMPRESA LÍDER EN EL RAMO DE CONFITERÍA SOLICITA

DISEÑADOR GRÁFICO

Requisitos:
★ Edad máxima 26 años
★ Sexo indistinto
★ Presentar carpeta de trabajo
★ Solicitud elaborada con fotografía reciente
★ Sin problemas de horario
★ Experiencia no necesaria

Ofrecemos:
☆ Sueldo según aptitudes
☆ Prestaciones de ley
☆ Proyección dentro de la empresa
☆ Agradable ambiente de trabajo

Interesados presentar currículum vitae en **LUZ SAVIÑON No. 13, Desp. 505,** Col. Del Valle, horario de 9:00 a 18:00 horas, con el **Lic. ALEJANDRO GONZALEZ VILLANUEVA** y/o **Srita. MARY CARMEN MARTÍNEZ**

LEARNING FROM PHOTOS

Refer students to the *Realidades* photos. Have them describe each of the people in them.

RECYCLING

The activities in *Comunicación oral* and *Comunicación escrita* encourage students to use all the language they have learned in the chapter and to recombine it with material from previous chapters. It is not necessary to do all the activities with all students. Select the ones you consider most appropriate or allow students to choose the ones they wish to do.

Comunicación oral

ANSWERS

Actividades A, B, and C
Answers will vary.

INFORMAL ASSESSMENT

Activities A, B, and C can be used to assess speaking skills. Use the evaluation criteria given on page 24 of this Teacher's Wraparound Edition.

Comunicación escrita

ANSWERS

Actividades A, B, C, and D
Answers will vary.

CULMINACIÓN

Comunicación oral

A **¿Qué te interesa?** Hable Ud. con un(a) compañero(a). Discutan las cosas que les interesan y las cosas que les aburren. Después de la conversación, decidan cuáles son algunas profesiones que les interesarían y cuáles no les interesarían, y diga por qué.

B **Puestos deseables.** Ud. está hablando con un amigo latinoamericano. Él quiere saber cuáles son las profesiones u oficios más populares en los EE.UU. Contéstele.

C **La importancia del español.** A Ud. se le ha encargado la tarea de animar a los estudiantes de primer año de español a que continúen aprendiendo español hasta su último año en la escuela. Con un(a) compañero(a) de clase preparen una lista de razones importantes, personales y profesionales, para que los estudiantes norteamericanos aprendan español. Luego, preparen y presenten una conversación para animar a los estudiantes de su clase a que continúen estudiando español. Traten de ser creativos y utilicen su sentido de humor, si así lo desean, de modo que el mensaje se presente con claridad.

Comunicación escrita

A **Mi currículo profesional.** Prepare Ud. su historial profesional en español.

B **Quisiera estudiar para…** Escriba uno o dos párrafos en los que Ud. indica lo que Ud. quisiera hacer, es decir, la carrera que a Ud. le gustaría tener. Indique por qué.

C **¿Necesita trabajo?** Imagínese que Ud. trabaja para una agencia de empleos. Escriba varios anuncios breves para los siguientes puestos. Indique los requisitos y cualidades que los patrones buscan en los solicitantes.

1. mecánico de coches
2. camarero(a) para un restaurante español
3. enfermero(a)
4. dependiente de una tienda de modas

D **¡Muchas gracias por todo!** Imagínese que Ud. acaba de obtener un puesto maravilloso. Escríbale una carta a su maestro(a) favorito(a) dándole las gracias por todo el apoyo *(support)* que le dio. Cuéntele de su nuevo puesto, lo que va a hacer, cuánto paga, las tareas que tiene que hacer, etc.

434 CAPÍTULO 16

STUDENT PORTFOLIO

Written assignments that may be included in students' portfolios are the *Actividades escritas* on page 434 and the *Mi autobiografía* section in the Workbook.

Reintegración

Todos los tiempos. Completen con *hacer, ir o decir.*

1. Ellos —— un viaje hoy (hacer)
2. Ellos —— un viaje ayer. (hacer)
3. Ellos —— muchos viajes cuando eran jóvenes. (hacer)
4. Ellos —— un viaje mañana. (hacer)
5. Nosotros —— a España cada año. (ir)
6. Nosotros —— a España el año pasado. (ir)
7. Nosotros siempre —— a España cuando nuestros primos vivían allí. (ir)
8. Nosotros —— a España el año que viene. (ir)
9. Yo se lo —— a él ahora. (decir)
10. Yo se lo —— a él ayer. (decir)
11. Yo siempre le —— la misma cosa. (decir)
12. Yo se lo —— mil veces si fuera necesario. (decir)

Un edificio de apartamentos diseñado por el arquitecto español Antonio Gaudí, Barcelona, España

Vocabulario

SUSTANTIVOS

el trabajo	el/la funcionario(a)	la informática	universitario(a)
la profesión	el/la juez	la energía nuclear	especialista
el oficio	el/la abogado(a)	la arquitectura	nuclear
el/la director(a)	el/la electricista	la pedagogía	
el/la secretario(a)	el/la plomero(a)		VERBOS
el/la contable	el/la fontanero(a)	el departamento	ejercer (una profesión)
el/la programador(a)	el/la carpintero(a)	(servicio) de personal	requerir
el/la consejero(a) de orientación	el/la desempleado(a)	el departamento de recursos humanos	labrar (la tierra) solicitar (trabajo)
el/la orientador(a)	el desempleo	el/la candidato(a)	
el/la comerciante	la oficina	el/la aspirante	OTRAS PALABRAS Y EXPRESIONES
el/la mercader	la fábrica	la solicitud de empleo	
el/la empleado(a)	el taller	el historial profesional	en seguida
el/la dependiente	el laboratorio	el currículo profesional	a tiempo completo
el/la médico(a)	la alcaldía	el título	a tiempo parcial
el/la enfermero(a)	el ayuntamiento		la población activa
el/la técnico(a)	la corte	ADJETIVOS	ojalá (que)
el/la artesano(a)	el tribunal	libre	tal vez
el/la artista	el campo	desocupado(a)	quizá(s)
el/la pintor(a)	la agricultura	desempleado(a)	
el/la escultor(a)	la compra y venta		

Reintegración

PRESENTATION (*page 435*)

The Exercise recycles all verb tenses learned thus far.

Ejercicio

ANSWERS

1. hacen
2. hicieron
3. hacían
4. harán
5. vamos
6. fuimos
7. íbamos
8. iremos
9. digo
10. dije
11. decía
12. diría

Vocabulario

The words and phrases in the *Vocabulario* have been taught for productive use in this chapter. They are summarized here as a resource for both students and teacher. The *Vocabulario* also serves as a convenient resource for *Culminación* activities. There are approximately 41 cognates in this list.

OVERVIEW

All the readings presented in the *Nuestro Mundo* section are authentic, uncut texts from publications of the Hispanic world. Students should be encouraged to read the text for overall meaning, but not intensively, word for word. Students should find satisfaction in their ability to derive meaning from "real" texts. Each reading is related to a theme or themes covered in the previous four chapters.

PRESENTATION *(pages 436-437)*

A. Ask students what they would expect to find on a medicine label.

B. Have students open their books to pages 436-437 and ask them to read the information taken from the labels for the two medications.

Here are labels for two medications.

This one is from Mexico.

NAXEN

DOSIS: La que el médico señale.

VÍA DE ADMINISTRACIÓN: Oral

Su venta requiere receta médica.

Consérvese en lugar fresco y seco.

Protéjase de la luz.

No se deje al alcance de los niños.

No se administre en el embarazo y lactancia, ni en niños menores de 12 años.

FÓRMULA: Cada tableta contiene: Naproxén** 500 mg

DID YOU KNOW?

Medications such as NAXEN, sold in the U.S. as Naprosyn, require a doctor's prescription in the U.S., but are sold "over the counter" in Spain and Latin America. There, it is very common for pharmacists to listen to symptoms and suggest medications.

This one is from Spain.

CORTAL

Alivia los dolores de cabeza, dolores musculares, neuralgia, los malestares de resfriados y baja la fiebre.

DOSIS: Adultos de 1 a 2 tabletas con agua. Repítase 1 tableta cada 3 o 4 horas si fuera necesario. Niños de 6 a 12 años, la mitad de las dosis para adultos. Para niños menores de 6 años, consúltese al médico.

MUESTRA GRATIS

Cortal
MARCA REGISTRADA

corta el dolor

2 TABLETAS

FÓRMULA: cada tableta contiene: aspirina, 500 mg.; cafeína, 30 mg.

ADVERTENCIA: MANTENGA ÉSTE Y TODO MEDICAMENTO FUERA DEL ALCANCE DE LOS NIÑOS. EN CASO DE DOSIS EXCESIVA ACCIDENTAL, LLÁMESE AL MÉDICO INMEDIATAMENTE.

■ Los medicamentos. Now answer the following questions based on the information on the two labels.

1. Which of the medications would you probably take for a headache?
2. Which of the two medications always requires a doctor's prescription?
3. Both medications give the same warning. What is it?
4. Both medications are administered the same way. How?
5. Both contain the same amount of medication. How much is it?
6. Who should NOT take the medication *Naxen*?
7. With regard to *Cortal*, when should a doctor be notified?
8. What are the two ingredients of *Cortal*?
9. What is the price given for *Cortal*?
10. Which of the two medications probably has more serious side effects?

CRITICAL THINKING ACTIVITY

(*Thinking skills: making inferences; drawing conclusions*)

Write the following on the board or on an overhead transparency:

Compara las dosis para los dos medicamentos. ¿Qué diferencia hay entre las dos? ¿Qué nos puede indicar la diferencia?

OVERVIEW

This section reviews key grammatical structures and vocabulary from Chapters 13-16. The topics were first presented on the following pages: the use of the subjunctive as contrasted with the infinitive, page 350; uses of the present subjunctive, pages 288, 290, 313, 315 and 316; the subjunctive in time and other adverbial clauses, pages 398 and 400-401.

REVIEW RESOURCES

1. Workbook, Self-Test 4
2. Video Cassette, Unit 4
3. Video Activities Booklet, Unit 4
4. Computer Software
5. Testing Program, Unit 4

Conversación

PRESENTATION (page 438)

Have students open their books to page 438. Call on two volunteers to read the conversation aloud with as much expression as possible.

Ejercicio

ANSWERS

1. **Manuel quiere que le limpien, le planchen y le quiten las manchas del uniforme.**
2. **Porque quiere ir al banco antes de que cierren.**
3. **Mañana se casa la hermana de Manuel.**
4. **Probablemente Manuel es militar.**
5. **Manuel tiene que cobrar un cheque.**
6. **Sara se casa con Daniel.**
7. **El padre de Daniel es abogado.**
8. **Si se muriera el Sr. Ferraz, Daniel se haría rico.**

438

Conversación

MERCE: Hola, Manuel. ¿Adónde vas tan de prisa?

MANUEL: A la tintorería y después al banco antes de que cierren. Les pedí que limpiaran, plancharan y le quitaran unas manchas a mi uniforme de gala. Ojalá que puedan. Espero llegar a tiempo al banco. Tengo que cobrar un cheque. Mañana se casa mi hermana, y yo soy uno de los pajes.

MERCE: Ella se casa con Daniel, el hijo del abogado Ferraz, ¿verdad? El hombre tiene cuentas en todos los bancos. Tan pronto como se muera el viejo, se hará rico Danielito.

MANUEL: ¡Qué cosas dices, mujer! Y si no tuviera un céntimo, Sara todavía se casaría con él. Están enamorados, ¿no comprendes?

MERCE: Me callaré entonces, para que no te enfades, capitán. Oye, ¿te dije que tengo un puesto nuevo? Soy administradora con Teleuropa S.A.

MANUEL: ¿La multinacional? ¡Enhorabuena, Merce! Quizás te hagas millonaria igual que el viejo Ferraz.

MERCE: Si me hiciera millonaria, ¿te casarías conmigo?

MANUEL: Merce, contigo me casaría aunque fueras la mujer más pobre del mundo.

MERCE: Anda, guapo. Muchas gracias, pero busco un hombre que siempre diga la verdad. Hasta luego.

Los mandados. Contesten.

1. ¿Qué quiere Manuel que le hagan en la tintorería?
2. ¿Por qué tiene tanta prisa?
3. ¿Qué va a pasar mañana?
4. ¿Cuál será la profesión de Manuel?
5. ¿Por qué tiene que ir al banco?
6. ¿Con quién se casa Sara?
7. ¿Cuál es la profesión del padre del novio de Sara?
8. Según Merce, ¿que pasaría si se muriera el Sr. Ferraz?
9. ¿Por qué se casarían los novios aunque fuera pobre Daniel?
10. ¿Por qué no dice más Merce?
11. ¿Cuál es la nueva profesión de Merce?
12. ¿Qué le dice Manuel?
13. ¿Qué le pregunta Merce?
14. ¿Por qué no se casaría Merce con Manuel?

FOR THE NATIVE SPEAKER

1. Assign the following "creative writing" task based on the conversation: *Es obvio que Manuel y Merce se conocen bastante bien. Prepara una breve historia de los dos jóvenes hasta el punto del encuentro en la tintorería.*

2. Have students translate the following sentences. Remind them: *Si no hay un cambio de sujeto o una cláusula subordinada, se usa el infinitivo.*

1. I want to go. I want you to go.
2. He is afraid to climb the hill. He is afraid that you will climb the hill.
3. We prefer that you take the trip. We prefer to take the trip.
4. Do you want to stay here? Do you want me to stay here?
5. Paco is happy that you play the guitar. Paco is happy to play the guitar.

Estructura

El subjuntivo y el infinitivo

Remember, the subjunctive is used when there is a change of subject from the main clause to the dependent clause. If the subject of both clauses is the same, then the infinitive is used.

CHANGE OF SUBJECT	NO CHANGE OF SUBJECT
Yo quiero que tú comas.	**Yo quiero comer.**

A Quieren que... Contesten con *no* según el ejemplo.

> **Ella quiere que Luis juegue.**
> *Pues, él no quiere jugar.*

1. El profesor quiere que tú escribas.
2. Nosotros queremos que Uds. se vayan.
3. El director quiere que Rodríguez trabaje esta noche.
4. Mamá quiere que yo lave los platos.
5. Jorge quiere que Elena conduzca.

El imperfecto del subjuntivo

1. In order to form the imperfect subjunctive of all verbs, the ending of the third person plural of the preterite indicative *-on* is dropped and the appropriate imperfect subjunctive endings are added. Review the forms of the imperfect subjunctive.

hablar	hablara, hablaras, hablara, habláramos, *hablarais*, hablaran
comer	comiera, comieras, comiera, comiéramos, *comierais*, comieran
escribir	escribiera, escribieras, escribiera, escribiéramos, *escribierais*, escribieran

pedir	pidiera, pidieras, pidiera, pidiéramos, *pidierais*, pidieran
saber	supiera, supieras, supiera, supiéramos, *supierais*, supieran
venir	viniera, vinieras, viniera, viniéramos, *vinierais*, vinieran
oír	oyera, oyeras, oyera, oyéramos, *oyerais*, oyeran
decir	dijera, dijeras, dijera, dijéramos, *dijerais*, dijeran
ir/ser	fuera, fueras, fuera, fuéramos, *fuerais*, fueran

2. The past subjunctive functions as does the present subjunctive. If the verb of the main clause is present or future, the present subjunctive is used in the dependent clause. If the verb of the main clause is in the preterite, imperfect, or conditional, the verb of the dependent clause will be in the past subjunctive.

---

9. Se casarían porque están enamorados.
10. Para que no se enfade Manuel.
11. Es administradora con Teleuropa S.A.
12. ¡Enhorabuena! Quizás te hagas millonaria.
13. Si me hiciera millonaria, ¿te casarías conmigo?
14. Por que ella busca un hombre que siempre diga la verdad.

Estructura

El subjuntivo y el infinitivo

PRESENTATION (*page 439*)

Note This section reviews the use of the subjunctive when there is a change of subject, as contrasted with the use of the infinitive when the subject is the same.

Have students open their books to page 439. Ask them to read the explanation silently.

PRESENTATION

Ejercicio A

Have a pair of students do the exercise with books open. Have one student make the statement and have the other respond.

ANSWERS

Ejercicio A

1. **Pues, yo no quiero escribir.**
2. **Pues, nosotros no queremos ir.**
3. **Pues, Rodríguez no quiere trabajar esta noche.**
4. **Pues, yo no quiero lavar los platos.**
5. **Pues, Elena no quiere conducir.**

El imperfecto del subjuntivo

PRESENTATION (*page 439*)

A. Lead students through steps 1 and 2.
B. Then have students repeat the verb forms in step 1.

Ejercicios B and C

Exercises B and C are to be done with books open.

ANSWERS

Ejercicio B

1. No, aunque yo quería que ganaran.
2. ... recibieran el cheque.
3. ... vendiera el coche.
4. ... estuviera contenta.
5. ... dijera la verdad.
6. ... tú lo hicieras bien.

Ejercicio C

1. trabajáramos
2. permitiera
3. tuviera
4. hiciéramos
5. pagara

El subjuntivo en cláusulas adverbiales

PRESENTATION *(page 440)*

Have students open their books to page 440 and ask them to read the explanation silently and to repeat the conjunctions after you.

PRESENTATION

Ejercicio D

Allow students time to prepare Exercise D before going over it together in class.

ANSWERS

Ejercicio D

1. acompañara
2. dieran
3. paguen
4. pudiéramos
5. viaje

B **¿Quién ganó?** Contesten según el modelo.

¿Roberto vino ayer?
No, aunque yo quería que viniera.

1. ¿Los "Osos" ganaron?
2. ¿Uds. recibieron el cheque?
3. ¿Francisco vendió el coche?
4. ¿La maestra estuvo contenta?
5. ¿Ernesto dijo la verdad?
6. ¿Tú lo hiciste bien?

C **El trabajo.** Completen.

1. El jefe quería que nosotros ____ el domingo. (trabajar)
2. Le pedimos que nos ____ trabajar el sábado. (permitir)
3. Yo le dije que ____ confianza en nosotros. (tener)
4. Era importante que ____ un trabajo perfecto. (hacer)
5. Sería bueno si el jefe nos ____ más. (pagar)

El subjuntivo en cláusulas adverbiales

Review the conjunctions that are followed by the subjunctive in the dependent clause:

para que	*so that*
de manera que	*so that*
de modo que	*so that*
con tal que	*provided that*
sin que	*without, unless*
a menos que	*unless*

Remember that *aunque* can be followed by either the subjunctive or the indicative. If there is a doubt expressed in the verb following *aunque,* the subjunctive is used. If there is no doubt, the indicative is used.

D **Vamos a la capital.** Completen.

Yo le dije a Rita que no iría a la capital sin que ella me ____ (acompañar).
Ella dijo que sí, con tal que sus padres le ____ (dar) el dinero para el viaje.
A menos que ellos le ____ (pagar) el viaje, ella no podrá ir. Papá me dio unos
10.000 pesos para que nosotros ____ (poder) alquilar un carro. Pero, a menos
que ____ (viajar) Rita conmigo, yo no iré.

LEARNING FROM REALIA

Refer students to the advertisement on page 440 and have them say all they can about it. Cue with questions such as: *¿Ellos venden o alquilan carros? ¿Dónde tienen oficinas?*

El subjuntivo en cláusulas adverbiales de tiempo

1. Review the following adverbial expressions of time:

cuando	*when*
en cuanto	*as soon as*
tan pronto como	*as soon as*
hasta que	*until*
después de que	*after*

2. Remember, the subjunctive is used with these expressions when the action is to occur in the future. If the action has already occurred, then the indicative is used.

   Yo le hablaré tan pronto como llegue.
   Yo le hablé tan pronto como llegó.

3. The expression *antes de que* always takes the subjunctive, whether in past, present, or future.

E El baile. Completen.

1. Nosotros saldremos en cuanto nos ____ (servir) el café.
2. Pero tan pronto como ____ (sonar) la música, todos nos pusimos de pie.
3. Ya te dije, cuando tú y yo ____ (tener) una oportunidad, nos escaparemos.
4. Podremos salir después de que ____ (terminar) este baile.
5. Pero hasta que no se ____ (acabar) estaremos aquí.
6. Me mataré antes de que ____ (ir) a otra boda.
7. Te digo que no asistiré a otra boda hasta que ____ (casarse) nuestra hija.

Comunicación

A **Su amigo.** Su amigo mexicano se va a casar. Llame al periódico Excélsior y déles los detalles de la boda: nombres, fecha, lugar, hora, padrino, madrina, etc.

B **Una doctora muy famosa.** El periódico de su escuela le ha encargado a Ud. para que entreviste a una famosa doctora venezolana. Pregúntele sobre sus estudios, dónde trabaja, qué es lo que más le gusta de su trabajo, etc. Un(a) compañero(a) de clase hará el papel de la doctora.

EXCELSIOR
EL PERIODICO DE LA VIDA NACIONAL

Registrado Como Artículo de Segunda Clase en la Administración de Correos, el 18 de Marzo de 1917

CAPÍTULOS 13–16 REPASO **441**

El subjuntivo en cláusulas adverbiales de tiempo

PRESENTATION (*page 441*)
A. Have students open their books to page 441 and lead them through steps 1-3.
B. Call on volunteers to read the sample expressions and sentences aloud.

PRESENTATION (*page 441*)
Ejercicio E
  Go over exercise E, calling on individual students to do each item.
  Then call on one student to do the entire contextualized exercise.

ANSWERS
Ejercicio E
1. sirvan
2. sonó
3. tengamos
4. termine
5. acabe
6. vaya
7. se case

Comunicación
PRESENTATION
Actividad A
  Activity A may be presented as a paired activity. One student will call in the wedding announcement, the other will be the editor of *Excélsior*. Then they can reverse roles.

Actividad B
  Activity B should be done as a paired activity.

ANSWERS
Actividades A and B
  Answers will vary.

CRITICAL THINKING ACTIVITY

(Thinking skills: making inferences, drawing conclusions)
  Write the following on the board or on an overhead transparency:
  Los gobiernos permiten que se envíen los periódicos y revistas por correo a precios muy bajos. ¿Por qué será? ¿Cuál será el propósito?

441

FONDO ACADÉMICO

LAS CIENCIAS: LA ECOLOGÍA
(optional material)

OVERVIEW

The three readings in this section deal with ecology, economics, and the Spanish artist, Pablo Picasso.

Antes de leer

PRESENTATION *(page 442)*

A. Have students answer the questions in the *Antes de leer* section.

B. Provide students with a list of cognates in the selection or have them scan the selection and find them for themselves.

Lectura

PRESENTATION *(pages 442-443)*

A. Allow students 2-3 minutes to read each paragraph silently. Then ask what the paragraph is about.

B. Divide the class into four groups. Each group discusses one topic within the selection and reports on it to the rest of the class. You might divide the selection this way:
1. coyotes in the U.S.
2. car emissions
3. Chernobyl and Bhopal
4. overpopulation.

ABOUT THE LANGUAGE

The *coyote* gets its name from the Aztecs. They gave it the name *coyotl*.

LAS CIENCIAS

El emblema de Madrid

Antes de Leer

Recent years have witnessed a growing concern for the ecology. The very word is of relatively recent origin. In 1878 the German biologist Ernest Heinrich Haeckel coined the term to describe the relationship between animals and their organic and inorganic environments. In the following selection look for responses to these questions: What causes deserts?; Why have some species of animals disappeared?; What are some effects of overpopulation?; How do predators help humankind?

Lectura

EL HOMBRE, ¿ENEMIGO DE LA NATURALEZA?

El emblema de Madrid es el oso[1] y el madroño. Todavía se ven algunos madroños, un tipo de árbol, en Madrid. Pero los únicos osos están en el zoológico. No es solamente que el hombre los matara, sino que también destruyó su habitat. Para construir sus casas y plantar[2] sus cosechas[3] el hombre limpió la tierra de vegetación. Los bosques desaparecieron. Sin árboles, las lluvias y los vientos erosionaban la tierra y en poco tiempo la tierra misma estaba tan seca y gastada[4] que ya no era productiva. Las plantas evitan la erosión. Las plantas conservan el agua de la lluvia, proveen nutrimentos a la tierra, y ayudan a conservar la humedad. Sin vegetación la tierra se convierte en desierto.

Existe un equilibrio[5] precario entre todos los seres vivientes[6], plantas y animales. Un ejemplo. En los EE.UU. muchos rancheros consideran enemigos a los coyotes porque de vez en cuando se comen una vaca o una oveja. Pero los coyotes se alimentan mayormente de ratones[7] y conejos[8]. Sin los coyotes, los conejos y ratones se multiplicarían rápidamente y se comerían grandes cantidades de la hierba[9] que necesita el ganado. Así, perderían los rancheros.

El aire, la tierra y el agua son tres elementos necesarios para la vida, pero los seguimos contaminando. Algunas sustancias químicas que llegan a los ríos desde las fábricas directamente o por lluvia ácida matan las plantas y los peces[10]. Los detergentes y las aguas negras[11] hacen multiplicar microorganismos que acaban con el oxígeno del agua. Sin oxígeno, las plantas, los peces y otros animales acuáticos mueren. Hay ríos "muertos"

LEARNING FROM REALIA

The shield of Madrid depicts a bear and a *madroño* tree. Shields or coats of arms date back to the Middle Ages. In Spain, *blasón* is the word for the art of heraldry. Cities, states, families, and universities all have coats of arms. Have students find the coat of arms or shield of their state or city, and describe it in detail, in Spanish.

donde no vive nada. En algunas zonas la contaminación del aire, causada por las emisiones de vehículos y fábricas, es tan grave que mucha gente se enferma y muere. La Ciudad de México es un ejemplo. La contaminación del aire hizo que el gobierno limitara el uso de automóviles en la ciudad. Y no podemos olvidarnos del desastre de Chernobil (1986), cuando el reactor atómico se destruyó por fusión emitiendo cantidades de material radiactivo al aire; y la tragedia de Bhopal en la India (1984), donde un accidente en una fábrica química contaminó el aire de gases tóxicos que mataron a más de 2.000 e hicieron daño a unos 150.000. La población humana está creciendo aceleradamente. En México unos 34 niños nacen al año por cada 1.000 personas; en España 12, y en los EE.UU. 16. La superpoblación resulta en una demanda excesiva de energía, de tierra, de vivienda[12] y de varios recursos naturales[13]. Perdemos para siempre bosques y acuíferos. Queremos satisfacer las necesidades de la humanidad sin destruir la naturaleza y la calidad de vida. No será fácil.

[1] el oso *bear*
[2] plantar *to plant*
[3] cosechas *crops*
[4] gastada *spent, barren*
[5] equilibrio *balance*
[6] los seres vivientes *living beings*
[7] ratones *mice*
[8] conejos *rabbits*
[9] la hierba *grass*
[10] los peces *fish*
[11] las aguas negras *sewage*
[12] vivienda *housing*
[13] recursos naturales *natural resources*

Después de leer

A **¿Por qué?** Contesten.

1. ¿Cómo ayudan los coyotes a los rancheros?
2. ¿Qué ocurre cuando echan grandes cantidades de detergentes y aguas negras a los ríos?
3. ¿Cómo y por qué "mueren" los ríos?
4. ¿Cuáles son algunos problemas que causa la superpoblación?
5. ¿Por qué quieren algunos rancheros eliminar a los coyotes?

B **Seguimiento.** Contesten.

1. Explique por qué desaparecen algunas especies de animales.
2. Explique como se forman los desiertos.
3. ¿Qué es la "lluvia ácida"?
4. El acidente nuclear afectó plantas y animales en otras partes de Europa lejos de Chernobil. Explique por qué.
5. Infórmese sobre el desastre de Bhopal y escriba un breve informe en español.

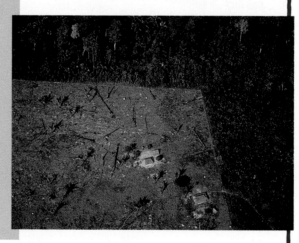

Después de leer

PRESENTATION (*page 443*)

Ejercicios A and B

Allow students time to prepare Exercises A and B on their own. Then go over them as a class.

ANSWERS

Ejercicio A

1. Se alimentan mayormente de los conejos y ratones.
2. Los detergentes y las aguas negras hacen multiplicar microorganismos que acaban con el oxígeno en el agua.
3. Sin oxígeno, las plantas, los peces y otros animales acuáticos mueren. Así, un río muerto es un río donde no vive nada.
4. La superpoblación resulta en una demanda excesiva de energía, de tierra, de vivienda y de varios recursos naturales.
5. Algunos rancheros consideran enemigos a los coyotes porque de vez en cuando se comen una vaca o una oveja.

Ejercicio B

1. En ciertos casos, el hombre ha destruido su hábitat.
2. Sin vegetación, los vientos causan la erosión de la tierra y la tierra se convierte en desierto.
3. La "lluvia ácida" es una lluvia que contiene elementos tóxicos.
4. Porque emitió cantidades de material radiactivo al aire.
5. Answers will vary.

LEARNING FROM PHOTOS

Have students describe the scenes in the two photos on pages 442-443 and comment on them. You may wish to cue them with questions such as: *¿Para qué usan máquinas como la que vemos en la página 442? ¿Qué ha ocurrido en la foto de la página 443? ¿Qué problemas pueden resultar de este tipo de actividad?*

CRITICAL THINKING ACTIVITY

(*Thinking skills: making inferences*)
Write the following on the board or on an ovehead transparency:
Los ecologistas dicen que el suelo de las selvas tropicales es muy "frágil". ¿Qué significa "frágil" en este contexto?

LAS CIENCIAS SOCIALES: LA ECONOMÍA

Antes de leer

PRESENTATION (*page 444*)

A. Allow students time to read the *Antes de leer* material silently and review the terms it contains.

B. Have pairs of students compile lists of cognates from the reading selection.

Lectura

PRESENTATION (*pages 444-445*)

Have students read the selection aloud or silently.

FONDO ACADÉMICO

LAS CIENCIAS SOCIALES: LA ECONOMÍA

Antes de leer

The British economist Robert Malthus (1766-1834) called economics "the dismal science." Dismal or not, a knowledge of economic principles is essential to survival in the modern world. The following selection provides a brief explanation of economics. Please review the following terms in preparation: capital, natural resources, human resources, raw material, real property, opportunity costs.

Lectura

LA ECONOMÍA

Hay varias definiciones de economía. Es el estudio de las decisiones que se toman en la producción, distribución y consumo[1] de bienes[2] y servicios. Es el estudio de las maneras en que las sociedades deciden lo que se va a producir, cómo se va a producir, y para quién. Y es el estudio del uso y control de recursos limitados para satisfacer las necesidades y los deseos humanos.

Las necesidades materiales de individuos e instituciones no tienen límite. Hay artículos de primera necesidad como la comida y la ropa. Hay bienes y servicios que no son de primera necesidad, pero son importantes para algunas personas: los diamantes, los perfumes, los viajes de turismo. Los recursos económicos sí tienen límite. Los recursos son escasos[3]. Los recursos económicos son el total de recursos naturales, humanos y fabricados que se usan en la producción de bienes y la provisión de servicios.

Los recursos se dividen en dos categorías: los recursos de propiedad[4] —bienes raíces[5], materia prima[6] y capital— y los recursos humanos. Debido a que los recursos productivos son escasos, es imposible dar a la sociedad todos los bienes y servicios que desea. La escasez de recursos nos obliga a escoger entre los diferentes bienes y servicios.

Si usamos los recursos para una cosa, perdemos la oportunidad de usar esos recursos para otra cosa. Este sacrificio se llama "el costo de oportunidad". Si decides ir al cine en lugar de estudiar para un examen, estás sacrificando la oportunidad de estudiar. Es el costo de oportunidad de ir al cine.

Los economistas tratan de contestar preguntas como: ¿Por qué sufrimos

---

CRITICAL THINKING ACTIVITY

(*Thinking skills: seeing relationships; evaluating sources of ideas*)

Write the following on the board or on a transparency:

Malthus decía que mientras la población crecía geométricamente, las fuentes de comestibles crecían aritméticamente. Ésta es la "teoría de Malthus". Explique lo que quiere decir la teoría y, si fuera verdad, ¿cuál sería el resultado?

FONDO ACADÉMICO

períodos de desempleo? ¿Cuál es el efecto del déficit público en la inflación y en el desempleo? ¿Cómo afecta el valor del dólar a la economía de los EE.UU.?

1 consumo *consumption*
2 bienes *goods*
3 escasos *scarce*
4 propiedad *property*
5 bienes raíces *real estate*
6 materia prima *raw material*

La Bolsa de Valores, Argentina

Después de leer

A **¿Qué es?** Escojan.

　recurso de propiedad
　recurso humano

1. una fábrica
2. el carbón
3. una ingeniera
4. el dinero
5. los obreros
6. una máquina

B **La economía.** Contesten.

1. ¿Cuáles son algunos bienes de primera necesidad?
2. ¿Cuáles son dos bienes que no son de primera necesidad?
3. ¿Qué son escasos?
4. ¿Cuáles son las dos categorías de recursos?
5. ¿Por qué hay que escoger entre diferentes bienes y servicios?

C **Seguimiento.** Contesten.

1. Malthus tenía una teoría económica muy famosa. Busque la teoría y escriba un resumen breve de la teoría en español.
2. Dé un ejemplo original de un "costo de oportunidad".
3. Dé las tres definiciones de "economía".
4. Diga cuál de los dos tipos de recursos — recursos de propiedad y recursos humanos— Ud. considera más importantes y explique por qué.

Have the students scan the *Lectura* for the answers to the exercises.

ANSWERS
Ejercicio A
1. recurso de propiedad
2. recurso de propiedad
3. recurso humano
4. recurso de propiedad
5. recurso humano
6. recurso de propiedad

Ejercicio B
1. La comida y la ropa son bienes de primera necesidad.
2. Dos bienes que no son de primera necesidad son los diamantes y los perfumes.
3. Los recursos son escasos.
4. Las dos categorías de recursos son: los recursos de propiedad y los recursos humanos.
5. La escasez de recursos nos obliga a escoger entre los diferentes bienes y servicios.

Ejercicio C
1. Answers will vary.
2. Answers may resemble the following model. Tengo la oportunidad de trabajar o ir de viaje durante el verano. Si escojo el viaje, tengo que sacrificar la oportunidad de trabajar y ganar dinero.
3. La economía es el estudio de las decisiones que se toman en la producción, distribución y consumo de bienes y servicios. Es el estudio de las maneras en que las sociedades deciden lo que se va a producir. Es el estudio del uso y control de recursos limitados para satisfacer las necesidades y los deseos humanos.
4. Answers will vary.

445

LAS HUMANIDADES:
LAS BELLAS ARTES

Antes de leer

PRESENTATION (*page 446*)

Allow students some time to
study the photo and art on pages
446-447.

Lectura

PRESENTATION (*page 446*)

Have students read the selection silently.

FONDO ACADÉMICO

LAS HUMANIDADES: LAS BELLAS ARTES

Antes de leer

The work people do has often been a source of artistic
expression. In the work of the Spanish artist, Pablo Picasso,
for example, bullfighters and circus performers appear again
and again. Picasso began painting in the 19th century and
continued until his death in 1973. He went through various
styles, from realism, to cubism. Here are four paintings by
Picasso that depict members of different professions or callings.
Please study the pictures.

Las profesiones en cuatro obras de Picasso.

*Pablo Picasso
(1881-1973)*

b.

a.

LEARNING FROM REALIA

Refer to the four paintings reproduced
on pages 446-447. Have students describe
each of them. Ask them to respond emo-
tionally to the works as well. Cue with
questions such as the following:
a. *¿Cómo te sientes al ver el cuadro del
actor? ¿Dónde está el público? ¿Por qué
no pone Picasso el público en el cuadro?*
b. *Mira el cuadro de "El peinado". ¿Cómo es
la señora? ¿Qué se le ve a la señora que la
peina? ¿Por qué sólo se le ven las manos?*
c. *Mira la "Familia de saltimbanquis".
Describe su actitud. ¿Qué expresión
parecen tener todos en la cara? ¿Por qué
será?*
d. *El cuadro de "Los músicos" es uno de los
más famosos de Picasso. ¿Cómo se sabe
que son músicos? ¿Qué otros pintores eran
cubistas? ¿Qué querían decirnos con ese
estilo?*

c.

d.

Después de Leer

A **Las obras.** Contesten.

1. ¿Cuál de las obras es cubista?
2. ¿Qué oficios o profesiones representan?
3. ¿Cuál de los cuadros es de un actor?
4. ¿En qué cuadro aparecen artistas del circo?
5. Picasso pintó tres de los cuadros durante un período de dos o tres años. ¿Cuál de los cuadros pintó Picasso quince años más tarde? ¿Qué lo indica?

B **El título.** Pareen el título con el cuadro.

1. ____ La familia de saltimbanques (acróbatas)
2. ____ El peinado
3. ____ Tres músicos
4. ____ El actor

C **Seguimiento.** Contesten

1. Indique cuál de las obras Ud. considera la menos realista y por qué.
2. Tres de los oficios o profesiones que se representan en los cuadros tienen algo en común. ¿Qué? Comenten.
3. Los historiadores del arte hablan del "período rosa" y del "período azul" en la obra de Picasso. ¿Cuál de los cuadros es de cada uno de los dos períodos?

Después de leer

PRESENTATION *(page 447)*

A. After completing the *Después de leer* activities, have students prepare their own lists of painters, authors, and other artists whom they particularly like.

B. Ask students: *¿Quiénes son algunos artistas españoles y mexicanos?*

ANSWERS

Ejercicio A
1. d
2. actor, peluquera, saltimbanque, músico
3. a
4. c
5. Los músicos. El estilo ha cambiado mucho.

Ejercicio B
1. c
2. b
3. d
4. a

Ejercicio C
Answers will vary.

APÉNDICES

449

450

MAPAS

451

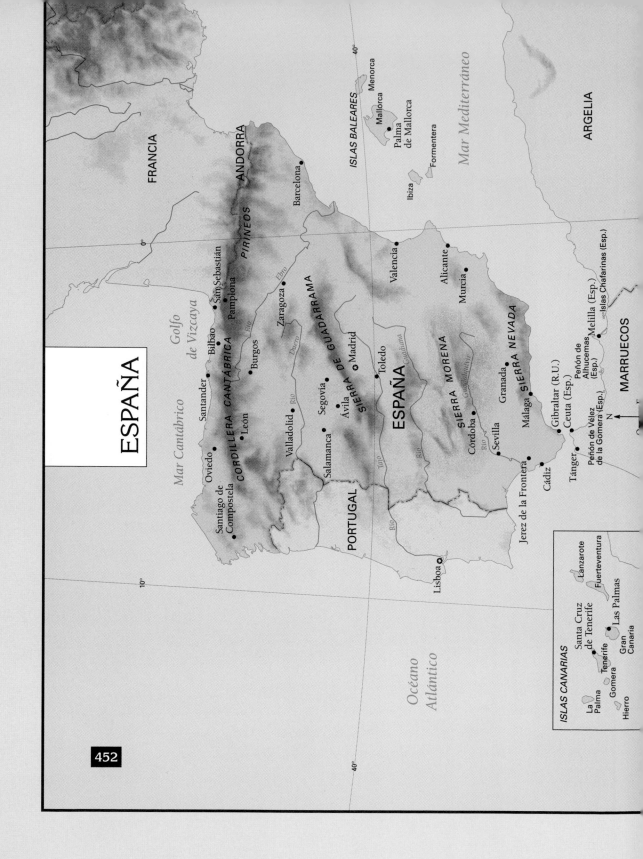

ESPAÑA

FRANCIA

ANDORRA

PIRINEOS

Golfo
de Vizcaya

Mar Cantábrico

San Sebastián
Bilbao
Pamplona
Santander
Zaragoza
Burgos
CORDILLERA CANTÁBRICA
León
Oviedo
Río
Ebro
Río
Duero
Valladolid
Santiago de
Compostela

Barcelona

ISLAS BALEARES

Menorca

Mallorca
Palma
de Mallorca
Formentera

Ibiza

Mar Mediterráneo

Valencia

SIERRA DE GUADARRAMA

Segovia
Ávila
Madrid
SIERRA
Toledo
Salamanca

ESPAÑA

Río
Tajo
Guadiana

Alicante

Murcia

SIERRA NEVADA

SIERRA MORENA

Granada

Córdoba
Guadalquivir
Sevilla
Málaga

Río

Gibraltar (R.U.)
Ceuta (Esp.)

Peñón de
Alhucemas
(Esp.)
Melilla (Esp.)

Islas Chafarinas (Esp.)

ARGELIA

MARRUECOS

Peñón de Vélez
de la Gomera (Esp.)

Jerez de la Frontera
Cádiz
Tánger

N

PORTUGAL

Lisboa

Océano
Atlántico

10°

40°

0°

40°

452

LA AMÉRICA DEL SUR

90° 80° 20° 30°

Mar Caribe

Maracaibo
Caracas
VENEZUELA
GUYANA
Georgetown
SURINAM
Medellín
Paramaribo
Cayena
Bogotá
GUAYANA
COLOMBIA
FRANCESA

Océano
Atlántico

Islas
Galápagos
(Ecuador)

Quito
ECUADOR
Guayaquil
Iquitos
Río Amazonas

CORDILLERA DE LOS ANDES

PERÚ
BRASIL
Lima
Cuzco
Brasilia
BOLIVIA
La Paz
Sucre

Océano
Pacífico

PARAGUAY
São Paulo
Asunción
Río de Janeiro

CORDILLERA DE LOS ANDES

Córdoba
Rosario
URUGUAY
Valparaíso
Buenos Aires
Montevideo
Santiago
ARGENTINA
Mar del Plata
CHILE
Puerto Montt
Bariloche

0 500 1000
Kilómetros

Islas
Malvinas
(R.U.)

N
O   E
S

Punta Arenas

453

110° 100° 90° 80° 70° 60° 50° 40° 30° 20° 10°

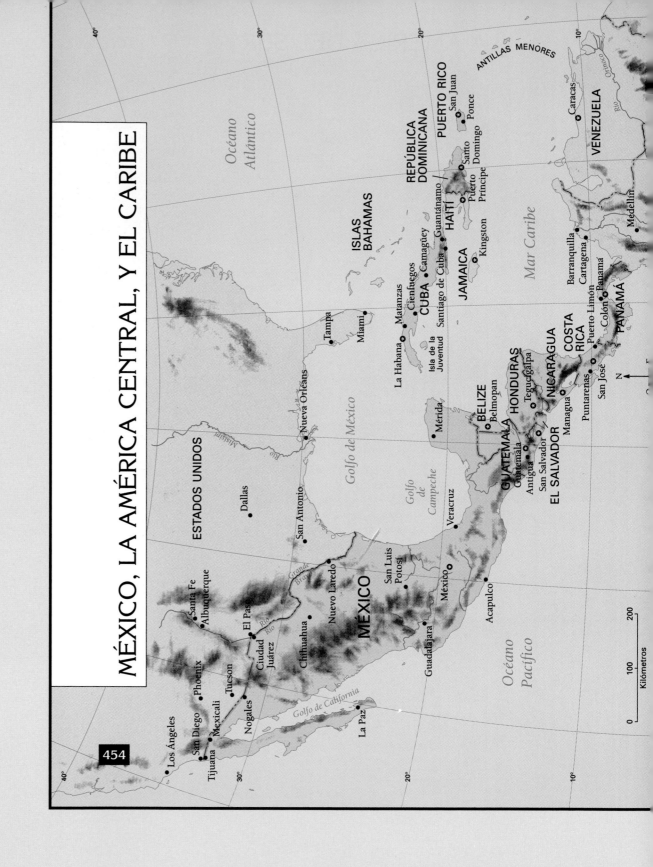

MÉXICO, LA AMÉRICA CENTRAL, Y EL CARIBE

VERBOS

455

A. Verbos regulares

INFINITIVO	hablar *to speak*	comer *to eat*	vivir *to live*
PRESENTE PROGRESIVO[1]	estar hablando	estar comiendo	estar viviendo
PRESENTE	yo hablo tú hablas él, ella, Ud. habla nosotros(as) hablamos *vosotros(as) habláis* ellos, ellas, Uds. hablan	yo como tú comes él, ella, Ud. come nosotros(as) comemos *vosotros(as) coméis* ellos, ellas, Uds. comen	yo vivo tú vives él, ella, Ud. vive nosotros(as) vivimos *vosotros(as) vivís* ellos, ellas, Uds. viven
PRETÉRITO	yo hablé tú hablaste él, ella, Ud. habló nosotros(as) hablamos *vosotros(as) hablasteis* ellos, ellas, Uds. hablaron	yo comí tú comiste él, ella, Ud. comió nosotros(as) comimos *vosotros(as) comisteis* ellos, ellas, Uds. comieron	yo viví tú viviste él, ella, Ud. vivió nosotros(as) vivimos *vosotros(as) vivisteis* ellos, ellas, Uds. vivieron
IMPERFECTO	yo hablaba tú hablabas él, ella, Ud. hablaba nosotros(as) hablábamos *vosotros(as) hablabais* ellos, ellas, Uds. hablaban	yo comía tú comías él, ella, Ud. comía nosotros(as) comíamos *vosotros(as) comíais* ellos, ellas, Uds. comían	yo vivía tú vivías él, ella, Ud. vivía nosotros(as) vivíamos *vosotros(as) vivíais* ellos, ellas, Uds. vivían
FUTURO	yo hablaré tú hablarás él, ella, Ud. hablará nosotros(as) hablaremos *vosotros(as) hablaréis* ellos, ellas, Uds. hablarán	yo comeré tú comerás él, ella, Ud. comerá nosotros(as) comeremos *vosotros(as) comeréis* ellos, ellas, Uds. comerán	yo viviré tú vivirás él, ella, Ud. vivirá nosotros(as) viviremos *vosotros(as) viviréis* ellos, ellas, Uds. vivirán
POTENCIAL	yo hablaría tú hablarías él, ella, Ud. hablaría nosotros(as) hablaríamos *vosotros(as) hablaríais* ellos, ellas, Uds. hablarían	yo comería tú comerías él, ella, Ud. comería nosotros(as) comeríamos *vosotros(as) comeríais* ellos, ellas, Uds. comerían	yo viviría tú vivirías él, ella, Ud. viviría nosotros(as) viviríamos *vosotros(as) viviríais* ellos, ellas, Uds. vivirían

[1]Verbos con gerundio irregular: *caer: cayendo, construir: construyendo, contribuir: contribuyendo, distribuir: distribuyendo*

A. Verbos regulares

INFINITIVO	hablar *to speak*	comer *to eat*	vivir *to live*
PRESENTE PERFECTO[2]	yo he hablado tú has hablado él, ella, Ud. ha hablado nosotros(as) hemos hablado *vosotros(as) habéis hablado* ellos, ellas, Uds. han hablado	yo he comido tú has comido él, ella, Ud. ha comido nosotros(as) hemos comido *vosotros(as) habéis comido* ellos, ellas, Uds. han comido	yo he vivido tú has vivido él, ella, Ud. ha vivido nosotros(as) hemos vivido *vosotros(as) habéis vivido* ellos, ellas, Uds. han vivido
SUBJUNTIVO PRESENTE	yo hable tú hables él, ella, Ud. hable nosotros(as) hablemos *vosotros(as) habléis* ellos, ellas, Uds. hablen	yo coma tú comas él, ella, Ud. coma nosotros(as) comamos *vosotros(as) comáis* ellos, ellas, Uds. coman	yo viva tú vivas él, ella, Ud. viva nosotros(as) vivamos *vosotros(as) viváis* ellos, ellas, Uds. vivan
SUBJUNTIVO IMPERFECTO	yo hablara tú hablaras él, ella, Ud. hablara nosotros(as) habláramos *vosotros(as) hablarais* ellos, ellas, Uds. hablaran	yo comiera tú comieras él, ella, Ud. comiera nosotros(as) comiéramos *vosotros(as) comierais* ellos, ellas, Uds. comieran	yo viviera tú vivieras él, ella, Ud. viviera nosotros(as) viviéramos *vosotros(as) vivierais* ellos, ellas, Uds. vivieran
IMPERATIVO FORMAL	hable (Ud.) hablen (Uds.)	coma (Ud.) coman (Uds.)	viva (Ud.) vivan (Uds.)
IMPERATIVO FAMILIAR	habla (tú)	come (tú)	vive (tú)

[2]Verbos con participio pasado irregular: *abrir: abierto, cubrir: cubierto, devolver: devuelto, escribir: escrito, freír: frito, morir: muerto, ver: visto*

B. Verbos con cambio radical

INFINITIVO	preferir[3] (e>ie) *to prefer*	volver[4] (o>ue) *to return*	pedir[5] (e>i) *to ask for*
PRESENTE PROGRESIVO	estar prefiriendo	estar volviendo	estar pidiendo
PRESENTE	yo prefiero tú prefieres él, ella, Ud. prefiere nosotros(as) preferimos *vosotros(as) preferís* ellos, ellas, Uds. prefieren	yo vuelvo tú vuelves él, ella, Ud. vuelve nosotros(as) volvemos *vosotros(as) volvéis* ellos, ellas, Uds. vuelven	yo pido tú pides él, ella, Ud. pide nosotros(as) pedimos *vosotros(as) pedís* ellos, ellas, Uds. piden
PRETÉRITO	yo preferí tú preferiste él, ella, Ud. prefirió nosotros(as) preferimos *vosotros(as) preferisteis* ellos, ellas, Uds. prefirieron	yo volví tú volviste él, ella, Ud. volvió nosotros(as) volvimos *vosotros(as) volvisteis* ellos, ellas, Uds. volvieron	yo pedí tú pediste él, ella, Ud. pidió nosotros(as) pedimos *vosotros(as) pedisteis* ellos, ellas, Uds. pidieron
IMPERFECTO	yo prefería tú preferías él, ella, Ud. prefería nosotros(as) preferíamos *vosotros(as) preferíais* ellos, ellas, Uds. preferían	yo volvía tú volvías él, ella, Ud. volvía nosotros(as) volvíamos *vosotros(as) volvíais* ellos, ellas, Uds. volvían	yo pedía tú pedías él, ella, Ud. pedía nosotros(as) pedíamos *vosotros(as) pedíais* ellos, ellas, Uds. pedían
FUTURO	yo preferiré tú preferirás él, ella, Ud. preferirá nosotros(as) preferiremos *vosotros(as) preferiréis* ellos, ellas, Uds. preferirán	yo volveré tú volverás él, ella, Ud. volverá nosotros(as) volveremos *vosotros(as) volveréis* ellos, ellas, Uds. volverán	yo pediré tú pedirás él, ella, Ud. pedirá nosotros(as) pediremos *vosotros(as) pediréis* ellos, ellas, Uds. pedirán
POTENCIAL	yo preferiría tú preferirías él, ella, Ud. preferiría nosotros(as) preferiríamos *vosotros(as) preferiríais* ellos, ellas, Uds. preferirían	yo volvería tú volverías él, ella, Ud. volvería nosotros(as) volveríamos *vosotros(as) volveríais* ellos, ellas, Uds. volverían	yo pediría tú pedirías él, ella, Ud. pediría nosotros(as) pediríamos *vosotros(as) pediríais* ellos, ellas, Uds. pedirían

[3]Verbos similares: *sugerir: sugiriendo*

[4]Verbos similares: *morir: muriendo, jugar*

[5]Verbos similares: *freír: friendo, pedir: pidiendo, repetir: repitiendo, seguir: siguiendo, sentir: sintiendo, servir: sirviendo*

B. Verbos con cambio radical

INFINITIVO	preferir[3] (e>ie) *to prefer*	volver[4] (o>ue) *to return*	pedir[5] (e>i) *to ask for*
PRESENTE PERFECTO	yo he preferido tú has preferido él, ella, Ud. ha preferido nosotros(as) hemos preferido *vosotros(as) habéis preferido* ellos, ellas, Uds. han preferido	yo he vuelto tú has vuelto él, ella, Ud. ha vuelto nosotros(as) hemos vuelto *vosotros(as) habéis vuelto* ellos, ellas, Uds. han vuelto	yo he pedido tú has pedido él, ella, Ud. ha pedido nosotros(as) hemos pedido *vosotros(as) habéis pedido* ellos, ellas, Uds. han pedido
SUBJUNTIVO PRESENTE	yo prefiera tú prefieras él, ella, Ud. prefiera nosotros(as) preferamos *vosotros(as) preferáis* ellos, ellas, Uds. prefieran	yo vuelva tú vuelvas él, ella, Ud. vuelva nosotros(as) volvamos *vosotros(as) volváis* ellos, ellas, Uds. vuelvan	yo pida tú pidas él, ella, Ud. pida nosotros(as) pidamos *vosotros(as) pedáis* ellos, ellas, Uds. piden
SUBJUNTIVO IMPERFECTO	yo prefiriera tú prefirieras él, ella, Ud. prefiriera nosotros(as) prefiriéramos *vosotros(as) prefirierais* ellos, ellas, Uds. prefirieran	yo volviera tú volvieras él, ella, Ud. volviera nosotros(as) volviéramos *vosotros(as) volvierais* ellos, ellas, Uds. volvieran	yo pidiera tú pidieras él, ella, Ud. pidiera nosotros(as) pidiéramos *vosotros(as) pidierais* ellos, ellas, Uds. pidieran
IMPERATIVO FORMAL	prefiera (Ud.) prefieran (Uds.)	vuelva (Ud.) vuelvan (Uds.)	pida (Ud.) pidan (Uds.)
IMPERATIVO FAMILIAR	prefiere (tú)	vuelve (tú)	pide (tú)

[3]Verbos similares: *sugerir: sugiriendo*

[4]Verbos similares: *morir: muriendo, jugar*

[5]Verbos similares: *freír: friendo, pedir: pidiendo, repetir: repitiendo, seguir: siguiendo, sentir: sintiendo, servir: sirviendo*

C. Verbos irregulares

INFINITIVO	**andar** *to walk*	**conocer** *to know*	**dar** *to give*
PRESENTE PROGRESIVO	estar andando	estar conociendo	estar dando
PRESENTE	yo ando tú andas él, ella, Ud. anda nosotros(as) andamos *vosotros(as) andáis* ellos, ellas, Uds. andan	yo conozco tú conoces él, ella, Ud. conoce nosotros(as) conocemos *vosotros(as) conocéis* ellos, ellas, Uds. conocen	yo doy tú das él, ella, Ud. da nosotros(as) damos *vosotros(as) dais* ellos, ellas, Uds. dan
PRETÉRITO	yo anduve tú anduviste él, ella, Ud. anduvo nosotros(as) anduvimos *vosotros(as) anduvisteis* ellos, ellas, Uds. anduvieron	yo conocí tú conociste él, ella, Ud. conoció nosotros(as) conocimos *vosotros(as) conocisteis* ellos, ellas, Uds. conocieron	yo di tú diste él, ella, Ud. dio nosotros(as) dimos *vosotros(as) disteis* ellos, ellas, Uds. dieron
IMPERFECTO	yo andaba tú andabas él, ella, Ud. andaba nosotros(as) andábamos *vosotros(as) andabais* ellos, ellas, Uds. andaban	yo conocía tú conocías él, ella, Ud. conocía nosotros(as) conocíamos *vosotros(as) conocíais* ellos, ellas, Uds. conocían	yo daba tú dabas él, ella, Ud. daba nosotros(as) dábamos *vosotros(as) dabais* ellos, ellas, Uds. daban
FUTURO	yo andaré tú andarás él, ella, Ud. andará nosotros(as) andaremos *vosotros(as) andaréis* ellos, ellas, Uds. andarán	yo conoceré tú conocerás él, ella, Ud. conocerá nosotros(as) conoceremos *vosotros(as) conoceréis* ellos, ellas, Uds. conocerán	yo daré tú darás él, ella, Ud. dará nosotros(as) daremos *vosotros(as) daréis* ellos, ellas, Uds. darán
POTENCIAL	yo andaría tú andarías él, ella, Ud. andaría nosotros(as) andaríamos *vosotros(as) andaríais* ellos, ellas, Uds. andarían	yo conocería tú conocerías él, ella, Ud. conocería nosotros(as) conoceríamos *vosotros(as) conoceríais* ellos, ellas, Uds. conocerían	yo daría tú darías él, ella, Ud. daría nosotros(as) daríamos *vosotros(as) daríais* ellos, ellas, Uds. darían

C. Verbos irregulares

INFINITIVO	andar *to walk*	conocer *to know*	dar *to give*
PRESENTE PERFECTO	yo he andado tú has andado él, ella, Ud. ha andado nosotros(as) hemos andado *vosotros(as) habéis andado* ellos, ellas, Uds. han andado	yo he conocido tú has conocido él, ella, Ud. ha conocido nosotros(as) hemos conocido *vosotros(as) habéis conocido* ellos, ellas, Uds. han conocido	yo he dado tú has dado él, ella, Ud. ha dado nosotros(as) hemos dado *vosotros(as) habéis dado* ellos, ellas, Uds. han dado
SUBJUNTIVO PRESENTE	yo ande tú andes él, ella, Ud. ande nosotros(as) andemos *vosotros(as) andéis* ellos, ellas, Uds. anden	yo conozca tú conozcas él, ella, Ud. conozca nosotros(as) conozcamos *vosotros(as) conozcáis* ellos, ellas, Uds. conozcan	yo dé tú des él, ella, Ud. dé nosotros(as) demos *vosotros(as) deis* ellos, ellas, Uds. den
SUBJUNTIVO IMPERFECTO	yo anduviera tú anduvieras él, ella, Ud. anduviera nosotros(as) anduviéramos *vosotros(as) anduvierais* ellos, ellas, Uds. anduvieran	yo conociera tú conocieras él, ella, Ud. conociera nosotros(as) conociéramos *vosotros(as) conocierais* ellos, ellas, Uds. conocieran	yo diera tú dieras él, ella, Ud. diera nosotros(as) diéramos *vosotros(as) dierais* ellos, ellas, Uds. dieran
IMPERATIVO FORMAL	ande (Ud.) anden (Uds.)	conozca (Ud.) conozcan (Uds.)	dé (Ud.) den (Uds.)
IMPERATIVO FAMILIAR	anda (tú)	conoce (tú)	da (tú)

C. Verbos irregulares

INFINITIVO	**decir** *to tell*	**empezar** *to begin*	**estar** *to be*
PRESENTE PROGRESIVO	estar diciendo	estar empezando	
PRESENTE	yo digo tú dices él, ella, Ud. dice nosotros(as) decimos *vosotros(as) decís* ellos, ellas, Uds. dicen	yo empiezo tú empiezas él, ella, Ud. empieza nosotros(as) empezamos *vosotros(as) empezáis* ellos, ellas, Uds. empiezan	yo estoy tú estás él, ella, Ud. está nosotros(as) estamos *vosotros(as) estáis* ellos, ellas, Uds. están
PRETÉRITO	yo dije tú dijiste él, ella, Ud. dijo nosotros(as) dijimos *vosotros(as) dijisteis* ellos, ellas, Uds. dijeron	yo empecé tú empezaste él, ella, Ud. empezó nosotros(as) empezamos *vosotros(as) empezasteis* ellos, ellas, Uds. empezaron	yo estuve tú estuviste él, ella, Ud. estuvo nosotros(as) estuvimos *vosotros(as) estuvisteis* ellos, ellas, Uds. estuvieron
IMPERFECTO	yo decía tú decías él, ella, Ud. decía nosotros(as) decíamos *vosotros(as) decíais* ellos, ellas, Uds. decían	yo empezaba tú empezabas él, ella, Ud. empezaba nosotros(as) empezábamos *vosotros(as) empezabais* ellos, ellas, Uds. empezaban	yo estaba tú estabas él, ella, Ud. estaba nosotros(as) estábamos *vosotros(as) estabais* ellos, ellas, Uds. estaban
FUTURO	yo diré tú dirás él, ella, Ud. dirá nosotros(as) diremos *vosotros(as) diréis* ellos, ellas, Uds. dirán	yo empezaré tú empezarás él, ella, Ud. empezará nosotros(as) empezaremos *vosotros(as) empezaréis* ellos, ellas, Uds. empezarán	yo estaré tú estarás él, ella, Ud. estará nosotros(as) estaremos *vosotros(as) estaréis* ellos, ellas, Uds. estarán
POTENCIAL	yo diría tú dirías él, ella, Ud. diría nosotros(as) diríamos *vosotros(as) diríais* ellos, ellas, Uds. dirían	yo empezaría tú empezarías él, ella, Ud. empezaría nosotros(as) empezaríamos *vosotros(as) empezaríais* ellos, ellas, Uds. empezarían	yo estaría tú estarías él, ella, Ud. estaría nosotros(as) estaríamos *vosotros(as) estaríais* ellos, ellas, Uds. estaría

C. Verbos irregulares

INFINITIVO	decir *to tell*	empezar *to begin*	estar *to be*
PRESENTE PERFECTO	yo he dicho tú has dicho él, ella, Ud. ha dicho nosotros(as) hemos dicho *vosotros(as) habéis dicho* ellos, ellas, Uds. han dicho	yo he empezado tú has empezado él, ella, Ud. ha empezado nosotros(as) hemos empezado *vosotros(as) habéis empezado* ellos, ellas, Uds. han empezado	yo he estado tú has estado él, ella, Ud. ha estado nosotros(as) hemos estado *vosotros(as) habéis estado* ellos, ellas, Uds. han estado
SUBJUNTIVO PRESENTE	yo diga tú digas él, ella, Ud. diga nosotros(as) digamos *vosotros(as) digáis* ellos, ellas, Uds. digan	yo empiece tú empieces él, ella, Ud. empiece nosotros(as) empecemos *vosotros(as) empecéis* ellos, ellas, Uds. empiecen	yo esté tú estés él, ella, Ud. esté nosotros(as) estemos *vosotros(as) estéis* ellos, ellas, Uds. estén
SUBJUNTIVO IMPERFECTO	yo dijera tú dijeras él, ella, Ud. dijera nosotros(as) dijéramos *vosotros(as) dijerais* ellos, ellas, Uds. dijeran	yo empezara tú empezaras él, ella, Ud. empezara nosotros(as) empezáramos *vosotros(as) empezarais* ellos, ellas, Uds. empezaran	yo estuviera tú estuvieras él, ella, Ud. estuviera nosotros(as) estuviéramos *vosotros(as) estuvierais* ellos, ellas, Uds. estuvieran
IMPERATIVO FORMAL	diga (Ud.) digan (Uds.)	empiece (Ud.) empiecen (Uds.)	esté (Ud.) estén (Uds.)
IMPERATIVO FAMILIAR	di (tú)	empieza (tú)	está (tú)

C. Verbos irregulares

INFINITIVO	**hacer** *to do*	**ir** *to go*	**leer** *to read*
PRESENTE PROGRESIVO	estar haciendo	estar yendo	estar leyendo
PRESENTE	yo hago tú haces él, ella, Ud. hace nosotros(as) hacemos *vosotros(as) hacéis* ellos, ellas, Uds. hacen	yo voy tú vas él, ella, Ud. va nosotros(as) vamos *vosotros(as) vais* ellos, ellas, Uds. van	yo leo tú lees él, ella, Ud. lee nosotros(as) leemos *vosotros(as) leéis* ellos, ellas, Uds. leen
PRETÉRITO	yo hice tú hiciste él, ella, Ud. hizo nosotros(as) hicimos *vosotros(as) hicisteis* ellos, ellas, Uds. hicieron	yo fui tú fuiste él, ella, Ud. fue nosotros(as) fuimos *vosotros(as) fuisteis* ellos, ellas, Uds. fueron	yo leí tú leíste él, ella, Ud. leyó nosotros(as) leímos *vosotros(as) leísteis* ellos, ellas, Uds. leyeron
IMPERFECTO	yo hacía tú hacías él, ella, Ud. hacía nosotros(as) hacíamos *vosotros(as) hacíais* ellos, ellas, Uds. hacían	yo iba tú ibas él, ella, Ud. iba nosotros(as) íbamos *vosotros(as) ibais* ellos, ellas, Uds. iban	yo leía tú leías él, ella, Ud. leía nosotros(as) leíamos *vosotros(as) leíais* ellos, ellas, Uds. leían
FUTURO	yo haré tú harás él, ella, Ud. hará nosotros(as) haremos *vosotros(as) haréis* ellos, ellas, Uds. harán	yo iré tú irás él, ella, Ud. irá nosotros(as) iremos *vosotros(as) iréis* ellos, ellas, Uds. irán	yo leeré tú leerás él, ella, Ud. leerá nosotros(as) leeremos *vosotros(as) leeréis* ellos, ellas, Uds. leerán
POTENCIAL	yo haría tú harías él, ella, Ud. haría nosotros(as) haríamos *vosotros(as) haríais* ellos, ellas, Uds. harían	yo iría tú irías él, ella, Ud. iría nosotros(as) iríamos *vosotros(as) iríais* ellos, ellas, Uds. irían	yo leería tú leerías él, ella, Ud. leería nosotros(as) leeríamos *vosotros(as) leeríais* ellos, ellas, Uds. leerían

C. Verbos irregulares

INFINITIVO	hacer *to do*	ir *to go*	leer *to read*
PRESENTE PERFECTO	yo he hecho tú has hecho él, ella, Ud. ha hecho nosotros(as) hemos hecho *vosotros(as) habéis hecho* ellos, ellas, Uds. han hecho	yo he ido tú has ido él, ella, Ud. ha ido nosotros(as) hemos ido *vosotros(as) habéis ido* ellos, ellas, Uds. han ido	yo he leído tú has leído él, ella, Ud. ha leído nosotros(as) hemos leído *vosotros(as) habéis leído* ellos, ellas, Uds. han leído
SUBJUNTIVO PRESENTE	yo haga tú hagas él, ella, Ud. haga nosotros(as) hagamos *vosotros(as) hagáis* ellos, ellas, Uds. hagan	yo vaya tú vayas él, ella, Ud. vaya nosotros(as) vayamos *vosotros(as) vayáis* ellos, ellas, Uds. vayan	yo lea tú leas él, ella, Ud. lea nosotros(as) leamos *vosotros(as) leáis* ellos, ellas, Uds. lean
SUBJUNTIVO IMPERFECTO	yo hiciera tú hicieras él, ella, Ud. hiciera nosotros(as) hiciéramos *vosotros(as) hicierais* ellos, ellas, Uds. hicieran	yo fuera tú fueras él, ella, Ud. fuera nosotros(as) fuéramos *vosotros(as) fuerais* ellos, ellas, Uds. fueran	yo leyera tú leyeras él, ella, Ud. leyera nosotros(as) leyéramos *vosotros(as) leyerais* ellos, ellas, Uds. leyeran
IMPERATIVO FORMAL	haga (Ud.) hagan (Uds.)	vaya (Ud.) vayan (Uds.)	lea (Ud.) lean (Uds.)
IMPERATIVO FAMILIAR	haz (tú)	ve (tú)	lee (tú)

C. Verbos irregulares

INFINITIVO	oír *to hear*	poder *to be able*	poner *to put*
PRESENTE PROGRESIVO	estar oyendo		estar poniendo
PRESENTE	yo oigo tú oyes él, ella, Ud. oye nosotros(as) oímos *vosotros(as) oís* ellos, ellas, Uds. oyen	yo puedo tú puedes él, ella, Ud. puede nosotros(as) podemos *vosotros(as) podéis* ellos, ellas, Uds. pueden	yo pongo tú pones él, ella, Ud. pone nosotros(as) ponemos *vosotros(as) ponéis* ellos, ellas, Uds. ponen
PRETÉRITO	yo oí tú oíste él, ella, Ud. oyó nosotros(as) oímos *vosotros(as) oísteis* ellos, ellas, Uds. oyeron	yo pude tú pudiste él, ella, Ud. pudo nosotros(as) pudimos *vosotros(as) pudisteis* ellos, ellas, Uds. pudieron	yo puse tú pusiste él, ella, Ud. puso nosotros(as) pusimos *vosotros(as) pusisteis* ellos, ellas, Uds. pusieron
IMPERFECTO	yo oía tú oías él, ella, Ud. oía nosotros(as) oíamos *vosotros(as) oíais* ellos, ellas, Uds. oían	yo podía tú podías él, ella, Ud. podía nosotros(as) podíamos *vosotros(as) podíais* ellos, ellas, Uds. podían	yo ponía tú ponías él, ella, Ud. ponía nosotros(as) poníamos *vosotros(as) poníais* ellos, ellas, Uds. ponían
FUTURO	yo oiré tú oirás él, ella, Ud. oirá nosotros(as) oiremos *vosotros(as) oiréis* ellos, ellas, Uds. oirán	yo podré tú podrás él, ella, Ud. podrá nosotros(as) podremos *vosotros(as) podréis* ellos, ellas, Uds. podrán	yo pondré tú pondrás él, ella, Ud. pondrá nosotros(as) pondremos *vosotros(as) pondréis* ellos, ellas, Uds. pondrán
POTENCIAL	yo oiría tú oirías él, ella, Ud. oiría nosotros(as) oiríamos *vosotros(as) oiríais* ellos, ellas, Uds. oirían	yo podría tú podrías él, ella, Ud. podría nosotros(as) podríamos *vosotros(as) podríais* ellos, ellas, Uds. podrían	yo pondría tú pondrías él, ella, Ud. pondría nosotros(as) pondríamos *vosotros(as) pondríais* ellos, ellas, Uds. pondrían

C. Verbos irregulares

INFINITIVO	oír *to hear*	poder *to be able*	poner *to put*
PRESENTE PERFECTO	yo he oído tú has oído él, ella, Ud. ha oído nosotros(as) hemos oído *vosotros(as) habéis oído* ellos, ellas, Uds. han oído	yo he podido tú has podido él, ella, Ud. ha podido nosotros(as) hemos podido *vosotros(as) habéis podido* ellos, ellas, Uds. han podido	yo he puesto tú has puesto él, ella, Ud. ha puesto nosotros(as) hemos puesto *vosotros(as) habéis puesto* ellos, ellas, Uds. han puesto
SUBJUNTIVO PRESENTE	yo oiga tú oigas él, ella, Ud. oiga nosotros(as) oigamos *vosotros(as) oigáis* ellos, ellas, Uds. oigan	yo pueda tú puedas él, ella, Ud. pueda nosotros(as) podamos *vosotros(as) podáis* ellos, ellas, Uds. puedan	yo ponga tú pongas él, ella, Ud. ponga nosotros(as) pongamos *vosotros(as) pongáis* ellos, ellas, Uds. pongan
SUBJUNTIVO IMPERFECTO	yo oyera tú oyeras él, ella, Ud. oyera nosotros(as) oyéramos *vosotros(as) oyerais* ellos, ellas, Uds. oyeran	yo pudiera tú pudieras él, ella, Ud. pudiera nosotros(as) pudiéramos *vosotros(as) pudierais* ellos, ellas, Uds. pudieran	yo pusiera tú pusieras él, ella, Ud. pusiera nosotros(as) pusiéramos *vosotros(as) pusierais* ellos, ellas, Uds. pusieran
IMPERATIVO FORMAL	oiga (Ud.) oigan (Uds.)	pueda (Ud.) puedan (Uds.)	ponga (Ud.) pongan (Uds.)
IMPERATIVO FAMILIAR	oye (tú)	puede (tú)	pon (tú)

C. Verbos irregulares

INFINITIVO	querer *to want*	saber *to know*	salir *to leave*
PRESENTE PROGRESIVO	estar queriendo	estar sabiendo	estar saliendo
PRESENTE	yo quiero tú quieres él, ella, Ud. quiere nosotros(as) queremos *vosotros(as) queréis* ellos, ellas, Uds. quieren	yo sé tú sabes él, ella, Ud. sabe nosotros(as) sabemos *vosotros(as) sabéis* ellos, ellas, Uds. saben	yo salgo tú sales él, ella, Ud. sale nosotros(as) salimos *vosotros(as) salís* ellos, ellas, Uds. salen
PRETÉRITO	yo quise tú quisiste él, ella, Ud. quiso nosotros(as) quisimos *vosotros(as) quisisteis* ellos, ellas, Uds. quisieron	yo supe tú supiste él, ella, Ud. supo nosotros(as) supimos *vosotros(as) supisteis* ellos, ellas, Uds. supieron	yo salí tú saliste él, ella, Ud. salió nosotros(as) salimos *vosotros(as) salisteis* ellos, ellas, Uds. salieron
IMPERFECTO	yo quería tú querías él, ella, Ud. quería nosotros(as) queríamos *vosotros(as) queríais* ellos, ellas, Uds. querían	yo sabía tú sabías él, ella, Ud. sabía nosotros(as) sabíamos *vosotros(as) sabíais* ellos, ellas, Uds. sabían	yo salía tú salías él, ella, Ud. salía nosotros(as) salíamos *vosotros(as) salíais* ellos, ellas, Uds. salían
FUTURO	yo querré tú querrás él, ella, Ud. querrá nosotros(as) querremos *vosotros(as) querréis* ellos, ellas, Uds. querrán	yo sabré tú sabrás él, ella, Ud. sabrá nosotros(as) sabremos *vosotros(as) sabréis* ellos, ellas, Uds. sabrán	yo saldré tú saldrás él, ella, Ud. saldrá nosotros(as) saldremos *vosotros(as) saldréis* ellos, ellas, Uds. saldrán
POTENCIAL	yo querría tú querrías él, ella, Ud. querría nosotros(as) querríamos *vosotros(as) querríais* ellos, ellas, Uds. querrían	yo sabría tú sabrías él, ella, Ud. sabría nosotros(as) sabríamos *vosotros(as) sabríais* ellos, ellas, Uds. sabrían	yo saldría tú saldrías él, ella, Ud. saldría nosotros(as) saldríamos *vosotros(as) saldríais* ellos, ellas, Uds. saldrían

C. Verbos irregulares

INFINITIVO	**querer** *to want*	**saber** *to know*	**salir** *to leave*
PRESENTE PERFECTO	yo he querido tú has querido él, ella, Ud. ha querido nosotros(as) hemos querido *vosotros(as) habéis querido* ellos, ellas, Uds. han querido	yo he sabido tú has sabido él, ella, Ud. ha sabido nosotros(as) hemos sabido *vosotros(as) habéis sabido* ellos, ellas, Uds. han sabido	yo he salido tú has salido él, ella, Ud. ha salido nosotros(as) hemos salido *vosotros(as) habéis salido* ellos, ellas, Uds. han salido
SUBJUNTIVO PRESENTE	yo quiera tú quieras él, ella, Ud. quiera nosotros(as) queramos *vosotros(as) queráis* ellos, ellas, Uds. quieran	yo sepa tú sepas él, ella, Ud. sepa nosotros(as) sepamos *vosotros(as) sepáis* ellos, ellas, Uds. sepan	yo salga tú salgas él, ella, Ud. salga nosotros(as) salgamos *vosotros(as) salgáis* ellos, ellas, Uds. salgan
SUBJUNTIVO IMPERFECTO	yo quisiera tú quisieras él, ella, Ud. quisiera nosotros(as) quisiéramos *vosotros(as) quisierais* ellos, ellas, Uds. quisieran	yo supiera tú supieras él, ella, Ud. supiera nosotros(as) supiéramos *vosotros(as) supierais* ellos, ellas, Uds. supieran	yo saliera tú salieras él, ella, Ud. saliera nosotros(as) saliéramos *vosotros(as) salierais* ellos, ellas, Uds. salieran
IMPERATIVO FORMAL	quiera (Ud.) quieran (Uds.)	sepa (Ud.) sepan (Uds.)	salga (Ud.) salgan (Uds.)
IMPERATIVO FAMILIAR	quiere (tú)	sabe (tú)	sal (tú)

C. Verbos irregulares

INFINITIVO	ser *to be*	tener *to have*	traer *to bring*
PRESENTE PROGRESIVO	estar siendo	estar teniendo	estar trayendo
PRESENTE	yo soy tú eres él, ella, Ud. es nosotros(as) somos *vosotros(as) sois* ellos, ellas, Uds. son	yo tengo tú tienes él, ella, Ud. tiene nosotros(as) tenemos *vosotros(as) tenéis* ellos, ellas, Uds. tienen	yo traigo tú traes él, ella, Ud. trae nosotros(as) traemos *vosotros(as) traéis* ellos, ellas, Uds. traen
PRETÉRITO	yo fui tú fuiste él, ella, Ud. fue nosotros(as) fuimos *vosotros(as) fuisteis* ellos, ellas, Uds. fueron	yo tuve tú tuviste él, ella, Ud. tuvo nosotros(as) tuvimos *vosotros(as) tuvisteis* ellos, ellas, Uds. tuvieron	yo traje tú trajiste él, ella, Ud. trajo nosotros(as) trajimos *vosotros(as) trajisteis* ellos, ellas, Uds. trajeron
IMPERFECTO	yo era tú eras él, ella, Ud. era nosotros(as) éramos *vosotros(as) erais* ellos, ellas, Uds. eran	yo tenía tú tenías él, ella, Ud. tenía nosotros(as) teníamos *vosotros(as) teníais* ellos, ellas, Uds. tenían	yo traía tú traías él, ella, Ud. traía nosotros(as) traíamos *vosotros(as) traíais* ellos, ellas, Uds. traían
FUTURO	yo seré tú serás él, ella, Ud. será nosotros(as) seremos *vosotros(as) seréis* ellos, ellas, Uds. serán	yo tendré tú tendrás él, ella, Ud. tendrá nosotros(as) tendremos *vosotros(as) tendréis* ellos, ellas, Uds. tendrán	yo traeré tú traerás él, ella, Ud. traerá nosotros(as) traeremos *vosotros(as) traeréis* ellos, ellas, Uds. traerán
POTENCIAL	yo sería tú serías él, ella, Ud. sería nosotros(as) seríamos *vosotros(as) seríais* ellos, ellas, Uds. serían	yo tendría tú tendrías él, ella, Ud. tendría nosotros(as) tendríamos *vosotros(as) tendríais* ellos, ellas, Uds. tendrían	yo traería tú traerías él, ella, Ud. traería nosotros(as) traeríamos *vosotros(as) traeríais* ellos, ellas, Uds. traerían

C. Verbos irregulares

INFINITIVO	ser *to be*	tener *to have*	traer *to bring*
PRESENTE PERFECTO	yo he sido tú has sido él, ella, Ud. ha sido nosotros(as) hemos sido *vosotros(as) habéis sido* ellos, ellas, Uds. han sido	yo he tenido tú has tenido él, ella, Ud. ha tenido nosotros(as) hemos tenido *vosotros(as) habéis tenido* ellos, ellas, Uds. han tenido	yo he traído tú has traído él, ella, Ud. ha traído nosotros(as) hemos traído *vosotros(as) habéis traído* ellos, ellas, Uds. han traído
SUBJUNTIVO PRESENTE	yo sea tú seas él, ella, Ud. sea nosotros(as) seamos *vosotros(as) seáis* ellos, ellas, Uds. sean	yo tenga tú tengas él, ella, Ud. tenga nosotros(as) tengamos *vosotros(as) tengáis* ellos, ellas, Uds. tengan	yo traiga tú traigas él, ella, Ud. traiga nosotros(as) traigamos *vosotros(as) traigáis* ellos, ellas, Uds. traigan
SUBJUNTIVO IMPERFECTO	yo fuera tú fueras él, ella, Ud. fuera nosotros(as) fuéramos *vosotros(as) fuerais* ellos, ellas, Uds. fueran	yo tuviera tú tuvieras él, ella, Ud. tuviera nosotros(as) tuviéramos *vosotros(as) tuvierais* ellos, ellas, Uds. tuvieran	yo trajera tú trajeras él, ella, Ud. trajera nosotros(as) trajéramos *vosotros(as) trajerais* ellos, ellas, Uds. trajeran
IMPERATIVO FORMAL	sea (Ud.) sean (Uds.)	tenga (Ud.) tengan (Uds.)	traiga (Ud.) traigan (Uds.)
IMPERATIVO FAMILIAR	sé (tú)	ten (tú)	trae (tú)

C. Verbos irregulares

INFINITIVO	**venir** *to come*	**ver** *to see*	
PRESENTE PROGRESIVO	estar viniendo	estar viendo	
PRESENTE	yo vengo tú vienes él, ella, Ud. viene nosotros(as) venimos *vosotros(as) venís* ellos, ellas, Uds. vienen	yo veo tú ves él, ella, Ud. ve nosotros(as) vemos *vosotros(as) veis* ellos, ellas, Uds. ven	
PRETÉRITO	yo vine tú viniste él, ella, Ud. vino nosotros(as) vinimos *vosotros(as) vinisteis* ellos, ellas, Uds. vinieron	yo vi tú viste él, ella, Ud. vio nosotros(as) vimos *vosotros(as) visteis* ellos, ellas, Uds. vieron	
IMPERFECTO	yo venía tú venías él, ella, Ud. venía nosotros(as) veníamos *vosotros(as) veníais* ellos, ellas, Uds. venían	yo veía tú veías él, ella, Ud. veía nosotros(as) veíamos *vosotros(as) veíais* ellos, ellas, Uds. veían	
FUTURO	yo vendré tú vendrás él, ella, Ud. vendrá nosotros(as) vendremos *vosotros(as) vendréis* ellos, ellas, Uds. vendrán	yo veré tú verás él, ella, Ud. verá nosotros(as) veremos *vosotros(as) veréis* ellos, ellas, Uds. verán	
POTENCIAL	yo vendría tú vendrías él, ella, Ud. vendría nosotros(as) vendríamos *vosotros(as) vendríais* ellos, ellas, Uds. vendrían	yo vería tú verías él, ella, Ud. vería nosotros(as) veríamos *vosotros(as) veríais* ellos, ellas, Uds. verían	

C. Verbos irregulares

INFINITIVO	venir *to come*	ver *to see*	
PRESENTE PERFECTO	yo he venido tú has venido él, ella, Ud. ha venido nosotros(as) hemos venido *vosotros(as) habéis venido* ellos, ellas, Uds. han venido	yo he visto tú has visto él, ella, Ud. ha visto nosotros(as) hemos visto *vosotros(as) habéis visto* ellos, ellas, Uds. han visto	
SUBJUNTIVO PRESENTE	yo venga tú vengas él, ella, Ud. venga nosotros(as) vengamos *vosotros(as) vengáis* ellos, ellas, Uds. vengan	yo vea tú veas él, ella, Ud. vea nosotros(as) veamos *vosotros(as) veáis* ellos, ellas, Uds. vean	
SUBJUNTIVO IMPERFECTO	yo viniera tú vinieras él, ella, Ud. viniera nosotros(as) viniéramos *vosotros(as) vinierais* ellos, ellas, Uds. vinieran	yo viera tú vieras él, ella, Ud. viera nosotros(as) viéramos *vosotros(as) vierais* ellos, ellas, Uds. vieran	
IMPERATIVO FORMAL	venga (Ud.) vengan (Uds.)	vea (Ud.) vean (Uds.)	
IMPERATIVO FAMILIAR	ven (tú)	ve (tú)	

D. Verbos reflexivos

INFINITIVO	**lavarse** *to wash oneself*		
PRESENTE PROGRESIVO	estar lavándose		
PRESENTE	yo me lavo tú te lavas él, ella, Ud. se lava nosotros(as) nos lavamos *vosotros(as) os laváis* ellos, ellas, Uds. se lavan		
PRETÉRITO	yo me lavé tú te lavaste él, ella, Ud. se lavó nosotros(as) nos lavamos *vosotros(as) os lavasteis* ellos, ellas, Uds. se lavaron		
IMPERFECTO	yo me lavaba tú te lavabas él, ella, Ud. se lavaba nosotros(as) nos lavábamos *vosotros(as) os lavabais* ellos, ellas, Uds. se lavaban		
FUTURO	yo me lavaré tú te lavarás él, ella, Ud. se lavará nosotros(as) nos lavaremos *vosotros(as) os lavaréis* ellos, ellas, Uds. se lavarán		
POTENCIAL	yo me lavaría tú te lavarías él, ella, Ud. se lavaría nosotros(as) nos lavaríamos *vosotros(as) os lavaríais* ellos, ellas, Uds. se lavarían		

D. Verbos reflexivos

INFINITIVO	**lavarse** *to wash oneself*		
PRESENTE PERFECTO	yo me he lavado tú te has lavado él, ella, Ud. se ha lavado nosotros(as) nos hemos lavado *vosotros(as) os habéis lavado* ellos, ellas, Uds. se han lavado		
SUBJUNTIVO PRESENTE	yo me lave tú te laves él, ella, Ud. se lave nosotros(as) nos lavemos *vosotros(as) os lavéis* ellos, ellas, Uds. se laven		
SUBJUNTIVO IMPERFECTO	yo me lavara tú te lavaras él, ella, Ud. se lavara nosotros(as) nos laváramos *vosotros(as) os lavarais* ellos, ellas, Uds. se lavaran		
IMPERATIVO FORMAL	lávese (Ud.) lávense (Uds.)		
IMPERATIVO FAMILIAR	lávate (tú)		

E. Verbos reflexivos con cambio radical

INFINITIVO	acostarse (o>ue) *to go to bed*	despertarse (e>ie) *to wake up*	dormirse (o>ue, u) *to fall asleep*
PRESENTE PROGRESIVO	estar acostándose	estar despertándose	estar durmiéndose
PRESENTE	yo me acuesto tú te acuestas él, ella, Ud. se acuesta nosotros(as) nos acostamos *vosotros(as) os acostáis* ellos, ellas, Uds. se acuestan	yo me despierto tú te despiertas él, ella, Ud. se despierta nosotros(as) nos despertamos *vosotros(as) os despertáis* ellos, ellas, Uds. se despiertan	yo me duermo tú te duermes él, ella, Ud. se duerme nosotros(as) nos dormimos *vosotros(as) os dormís* ellos, ellas, Uds. se duermen
PRETÉRITO	yo me acosté tú te acostaste él, ella, Ud. se acostó nosotros(as) nos acostamos *vosotros(as) os acostasteis* ellos, ellas, Uds. se acostaron	yo me desperté tú te despertaste él, ella, Ud. se despertó nosotros(as) nos despertamos *vosotros(as) os despertasteis* ellos, ellas, Uds. se despertaron	yo me dormí tú te dormiste él, ella, Ud. se durmió nosotros(as) nos dormimos *vosotros(as) os dormisteis* ellos, ellas, Uds. se durmieron
IMPERFECTO	yo me acostaba tú te acostabas él, ella, Ud. se acostaba nosotros(as) nos acostábamos *vosotros(as) os acostabais* ellos, ellas, Uds. se acostaban	yo me despertaba tú te despertabas él, ella, Ud. se despertaba nosotros(as) nos despertábamos *vosotros(as) os despertabais* ellos, ellas, Uds. se despertaban	yo me dormía tú te dormías él, ella, Ud. se dormía nosotros(as) nos dormíamos *vosotros(as) os dormíais* ellos, ellas, Uds. se dormían
FUTURO	yo me acostaré tú te acostarás él, ella, Ud. se acostará nosotros(as) nos acostaremos *vosotros(as) os acostaréis* ellos, ellas, Uds. se acostarán	yo me despertaré tú te despertarás él, ella, Ud. se despertará nosotros(as) nos despertaremos *vosotros(as) os despertaréis* ellos, ellas, Uds. se despertarán	yo me dormiré tú te dormirás él, ella, Ud. se dormirá nosotros(as) nos dormiremos *vosotros(as) os dormiréis* ellos, ellas, Uds. se dormirán
POTENCIAL	yo me acostaría tú te acostarías él, ella, Ud. se acostaría nosotros(as) nos acostaríamos *vosotros(as) os acostaríais* ellos, ellas, Uds. se acostarían	yo me despertaría tú te despertarías él, ella, Ud. se despertaría nosotros(as) nos despertaríamos *vosotros(as) os despertaríais* ellos, ellas, Uds. se despertarían	yo me dormiría tú te dormirías él, ella, Ud. se dormiría nosotros(as) nos dormiríamos *vosotros(as) os dormiríais* ellos, ellas, Uds. se dormirían

E. Verbos reflexivos con cambio radical

INFINITIVO	acostarse (o>ue) *to go to bed*	despertarse (e>ie) *to wake up*	dormirse (o>ue, u) *to fall asleep*
PRESENTE PERFECTO	yo me he acostado tú te has acostado él, ella, Ud. se ha acostado nosotros(as) nos hemos acostado *vosotros(as) os habéis acostado* ellos, ellas, Uds. se han acostado	yo me he despertado tú te has despertado él, ella, Ud. se ha despertado nosotros(as) nos hemos despertado *vosotros(as) os habéis despertado* ellos, ellas, Uds. se han despertado	yo me he dormido tú te has dormido él, ella, Ud. se ha dormido nosotros(as) nos hemos dormido *vosotros(as) os habéis dormido* ellos, ellas, Uds. se han dormido
SUBJUNTIVO PRESENTE	yo me acueste tú te acuestes él, ella, Ud. se acueste nosotros(as) nos acostemos *vosotros(as) os acostéis* ellos, ellas, Uds. se acuesten	yo me despierte tú te despiertes él, ella, Ud. se despierte nosotros(as) nos despertemos *vosotros(as) os despertéis* ellos, ellas, Uds. se despierten	yo me duerma tú te duermas él, ella, Ud. se duerma nosotros(as) nos durmamos *vosotros(as) os durmáis* ellos, ellas, Uds. se duerman
SUBJUNTIVO IMPERFECTO	yo me acostara tú te acostaras él, ella, Ud. se acostara nosotros(as) nos acostáramos *vosotros(as) os acostarais* ellos, ellas, Uds. se acostaran	yo me despertara tú te despertaras él, ella, Ud. se despertara nosotros(as) nos despertáramos *vosotros(as) os despertarais* ellos, ellas, Uds. se despertaran	yo me durmiera tú te durmieras él, ella, Ud. se durmiera nosotros(as) nos durmiéramos *vosotros(as) os durmierais* ellos, ellas, Uds. se durmieran
IMPERATIVO FORMAL	acuéstese (Ud.) acuéstense (Uds.)	despiértese (Ud.) despiértense (Uds.)	duérmase (Ud.) duérmanse (Uds.)
IMPERATIVO FAMILIAR	acuéstate (tú)	despiértate (tú)	duérmete (tú)

E. Verbos reflexivos con cambio radical

INFINITIVO	divertirse (e>ie, i) *to enjoy oneself*	sentarse (e>ie) *to sit down*	vestirse (e>i, i) *to dress oneself*
PRESENTE PROGRESIVO	estar divirtiéndose	estar sentándose	estar vistiéndose
PRESENTE	yo me divierto tú te diviertes él, ella, Ud. se divierte nosotros(as) nos divertimos *vosotros(as) os divertís* ellos, ellas, Uds. se divierten	yo me siento tú te sientas él, ella, Ud. se sienta nosotros(as) nos sentamos *vosotros(as) os sentáis* ellos, ellas, Uds. se sientan	yo me visto tú te vistes él, ella, Ud. se viste nosotros(as) nos vestimos *vosotros(as) os vestís* ellos, ellas, Uds. se visten
PRETÉRITO	yo me divertí tú te divertiste él, ella, Ud. se divirtió nosotros(as) nos divertimos *vosotros(as) os divertisteis* ellos, ellas, Uds. se divirtieron	yo me senté tú te sentaste él, ella, Ud. se sentó nosotros(as) nos sentamos *vosotros(as) os sentasteis* ellos, ellas, Uds. se sentaron	yo me vestí tú te vestiste él, ella, Ud. se vistió nosotros(as) nos vestimos *vosotros(as) os vestistéis* ellos, ellas, Uds. se vistieron
IMPERFECTO	yo me divertía tú te divertías él, ella, Ud. se divertía nosotros(as) nos divertíamos *vosotros(as) os divertíais* ellos, ellas, Uds. se divertían	yo me sentaba tú te sentabas él, ella, Ud. se sentaba nosotros(as) nos sentábamos *vosotros(as) os sentabais* ellos, ellas, Uds. se sentaban	yo me vestía tú te vestías él, ella, Ud. se vestía nosotros(as) nos vestíamos *vosotros(as) os vestíais* ellos, ellas, Uds. se vestían
FUTURO	yo me divertiré tú te divertirás él, ella, Ud. se divertirá nosotros(as) nos divertiremos *vosotros(as) os divertiréis* ellos, ellas, Uds. se divertirán	yo me sentaré tú te sentarás él, ella, Ud. se sentará nosotros(as) nos sentaremos *vosotros(as) os sentaréis* ellos, ellas, Uds. se sentarán	yo me vestiré tú te vestirás él, ella, Ud. se vestirá nosotros(as) nos vestiremos *vosotros(as) os vestiréis* ellos, ellas, Uds. se vestirán
POTENCIAL	yo me divertiría tú te divertirías él, ella, Ud. se divertiría nosotros(as) nos divertiríamos *vosotros(as) os divertiríais* ellos, ellas, Uds. se divertirían	yo me sentaría tú te sentarías él, ella, Ud. se sentaría nosotros(as) nos sentaríamos *vosotros(as) os sentaríais* ellos, ellas, Uds. se sentarían	yo me vestiría tú te vestirías él, ella, Ud. se vestiría nosotros(as) nos vestiríamos *vosotros(as) os vestiríais* ellos, ellas, Uds. se vestirían

E. Verbos reflexivos con cambio radical

INFINITIVO	divertirse (e>ie, i) *to enjoy oneself*	sentarse (e>ie) *to sit down*	vestirse (e>i, i) *to dress oneself*
PRESENTE PERFECTO	yo me he divertido tú te has divertido él, ella, Ud. se ha divertido nosotros(as) nos hemos divertido *vosotros(as) os habéis divertido* ellos, ellas, Uds. se han divertido	yo me he sentado tú te has sentado él, ella, Ud. se ha sentado nosotros(as) nos hemos sentado *vosotros(as) os habéis sentado* ellos, ellas, Uds. se han sentado	yo me he vestido tú te has vestido él, ella, Ud. se ha vestido nosotros(as) nos hemos vestido *vosotros(as) os habéis vestido* ellos, ellas, Uds. se han vestido
SUBJUNTIVO PRESENTE	yo me divierta tú te diviertas él, ella, Ud. se divierta nosotros(as) nos divirtamos *vosotros(as) os divirtáis* ellos, ellas, Uds. se diviertan	yo me siente tú te sientes él, ella, Ud. se siente nosotros(as) nos sentemos *vosotros(as) os sentéis* ellos, ellas, Uds. se sienten	yo me vista tú te vistas él, ella, Ud. se vista nosotros(as) nos vistamos *vosotros(as) os vistáis* ellos, ellas, Uds. se vistan
SUBJUNTIVO IMPERFECTO	yo me divirtiera tú te divirtieras él, ella, Ud. se divirtiera nosotros(as) nos divirtiéramos *vosotros(as) os divirtierais* ellos, ellas, Uds. se divirtieran	yo me sentara tú te sentaras él, ella, Ud. se sentara nosotros(as) nos sentáramos *vosotros(as) os sentarais* ellos, ellas, Uds. se sentaran	yo me vistiera tú te vistieras él, ella, Ud. se vistiera nosotros(as) nos vistiéramos *vosotros(as) os vistierais* ellos, ellas, Uds. se vistieran
IMPERATIVO FORMAL	diviértase (Ud.) diviértanse (Uds.)	siéntese (Ud.) siéntense (Uds.)	vístase (Ud.) vístanse (Uds.)
IMPERATIVO FAMILIAR	diviértete (tú)	siéntate (tú)	vístete (tú)

480

VOCABULARIO
ESPAÑOL-INGLÉS

The *Vocabulario español-inglés* contains all productive and receptive vocabulary from Levels 1 and 2.

The numbers following each entry indicate the chapter and vocabulary section in which the word is introduced. For example, **3.2** means that the word first appeared in Level 2, *Capítulo 3, Palabras 2*. Numbers preceded by I indicate vocabulary introduced in Level I; I-BV refers to the introductory *Bienvenido* lesson.

Words without chapter references indicate receptive vocabulary (not taught in the *Palabras* sections) in *A bordo*.

The following abbreviations are used in this glossary.

adj.	adjective
adv.	adverb
conj.	conjunction
dem. adj.	demonstrative adjective
dem. pron.	demonstrative pronoun
dir. obj.	direct object
f.	feminine
fam.	familiar
form.	formal
ind. obj.	indirect object
inf.	infinitive
inform.	informal
interr.	interrogative
interr. adj.	interrogative adjective
interr. pron.	interrogative pronoun
inv.	invariable
irreg.	irregular
m.	masculine
n.	noun
past. part.	past participle
pl.	plural
poss. adj.	possessive adjective
prep.	preposition
pron.	pronoun
sing.	singular
subj.	subject
subjunc.	subjunctive

A

a bordo on board, 7.1
a eso de about, around
a menudo often, 1
abajo down; below
abandonar to leave, 6.1
el/la abogado(a) lawyer, 16.1
el/la abonado(a) subscriber
abordar to get on, board, I-8.1
el pase de abordar boarding
pass, I-8.1
abotonar to button
abrazar to embrace, hug, 11.2
el abrazo hug, 11.2
la abreviatura abbreviation
el abrigo overcoat, I-13.1
abril April, I-BV
abrir to open, I-8.2
abrocharse to fasten, 7.1
absorber to absorb
la abuela grandmother, I-6.1
el abuelo grandfather, I-6.1
los abuelos grandparents, I-6.1
abundante abundant
aburrido(a) boring, I-1.1
aburrir to bore, I-13
el abuso abuse
acabar de to have just (done
something), 8.2
la academia academy
académico(a) academic
acampar to camp, I-16.2
el accidente accident, 4.1
las acciones stock
el aceite oil, I-15.2
aceleradamente quickly
acelerar to accelerate, 5.1
aceptar accept
la acera sidewalk, 10.1
acercarse to approach, 11.2
acomodar to accommodate
acompañado(a) accompanied
acompañar to accompany
aconsejable advisable
aconsejar to advise, 12.2
acordarse (ue) to remember
acostarse (ue) to go to bed,
I-16.1
la actividad activity
activo(a) active, 16.2
el acto act
el actor actor, I-12.2
la actriz actress, I-12.2
actual present, current

la actualidad present time
actualmente at the present
time
acuático(a) aquatic, I-11.1
acudir to go; to attend
el acueducto aqueduct
acuerdo: de acuerdo
according to
acuífero(a) aquiferous, water-
bearing
acusar to accuse; to
acknowledge (receipt of a
letter)
adaptar to adapt
adecuado(a) adequate
adelantar to overtake, 5.1
además (de) besides
el/la adherente adherent
la adicción addiction
adiós good-bye, I-BV
la adivinanza riddle, puzzle
adivinar to guess
el/la adolescente adolescent
¿adónde? (to) where?, I-4
adoptar to adopt
adorable adorable
adorar to adore, 1.2
adornar to adorn
el adorno ornament
la aduana customs, I-8.2
la advertencia warning
aérea: la línea aérea airline
aeróbico aerobic, I-10.2
el aerodeslizador hydrofoil
el aerograma aerogram, 3.1
el aeropuerto airport, I-8.1
afectar to affect
el afecto affection, fondness
afectuoso(a) affectionate
afeitarse to shave, I-16.1
la crema de afeitar shaving
cream, I-16.2
las afueras outskirts, I 5.1
agasajar to entertain
splendidly
la agencia de viajes travel
agency
el/la agente agent, I-8.1
ágil agile
la aglomeración agglomeration
agonizante dying
agosto August (m.), I-BV
agotador(a) exhausting
agradable pleasant
agregar to add, 9.2

el/la agricultor(a) farmer
la agricultura agriculture, 16.2
el agua (f.) water
el agua de colonia cologne
el agua mineral mineral
water
las aguas negras sewage
el aguacate avocado, 9.2
agudo(a) sharp
el águila eagle
el aguinaldo Christmas present,
12.2
el/la ahijado(a) godchild
ahora now
ahorrar to save
los ahorros savings
el aire air, 5.2
al aire libre outdoors, I-9.2
el aire acondicionado air
conditioning, 6.2
aislado(a) isolated
el ajo garlic, 9.2
al (a + el) to the
el ala (las alas) wing, 7.2
el alambre wire
el/la albañil mason
la alberca swimming pool,
I-11.2
el albergue juvenil youth hostel,
I-16.2
la alcaldía city hall, 16.1
el alcance reach
alcanzar (c) reach
el alcohol alcohol
la alcoholemia blood alcohol
level
el alcoholismo alchoholism
alegrarse de to be glad about,
12
alegre happy, 12
alemán (alemana) German
la alergia allergy, I-10.2
el alga seaweed
el álgebra algebra, I-2.2
algo something, I-9.1
¿Algo más? Something
more?, 2.2
alguien somebody, I-13
algún, alguno(a) some, any
la alimentación food
alimentar to feed
alimentario nourishing
el alimento food
aliviar to alleviate
el alma azul

el **almacén** department store
la **almeja** clam, **9.2**
el **almidón** starch, **13.2**
la **almohada** pillow, **6.2**
el **almuerzo** lunch, I-5.2
  alojar to lodge, stay
  alquilar to rent, I-11.1
el **alquiler** rent
  alrededor (de) around, I-6.2
los **alrededores** outskirts
el **altar** altar, **15.2**
la **alteración** alteration
  alternativo(a) alternate
el **altiplano** plateau, **7.2**
  la **altitud** altitude, **7.2**
  alto(a) tall, I-1.1; high
la **altura** height; altitude, **7.2**
el/la **alumno(a)** student, I-1.1
  allá there
  allí there
  amable kind, I-2.1
  amarillo(a) yellow, I-13.2
  amazónico(a) Amazon,
    Amazonian
  ambiental environmental
el **ambiente** environment
  ambos(as) both
la **ambulancia** ambulance, **4.1**
la **ameba** amoeba
la **América del Sur** South
    America, I-8.1
  americano(a) American, I-1.2
el/la **amigo(a)** friend, I-1.1
el **aminoácido** amino acid
el **amor** love
  amoroso(a) amorous
  amplio(a) large, roomy
  analizar to analyze
  anaranjado(a) orange, I-13.2
el/la **anarquista** anarchist
el/la **anatomista** anatomist
el **análisis** analysis
  ancho(a) wide, I-13.2
la **anchura** width
  andar to walk
el **andén** railway platform, I-14.1
  andino(a) Andean
la **anestesia** anesthesia
  la **anestesia local** local
    anesthesia
el/la **anestesista** anesthetist, **4.2**
el **ángulo** angle
el **anillo** ring, **15.1**
  el **anillo de boda** wedding
    ring, **15.1**

el **animal** animal
el **aniversario** anniversary
  anoche last night, I-11.2
  anónimo(a) anonymous
el **anorak** anorak, I-9.1
  antártico(a) antarctic
la **Antártida** Antarctic
  anteayer the day before
    yesterday, I-11.2
  antenupcial prenuptial
los **anteojos de (para el) sol**
    sunglasses, I-11.1
  antes de que before, **15.1**
  anticipar to anticipate
  antiguo(a) ancient, old
  antipático(a) unpleasant
    (person), I-1.1
la **antropología** anthropology
el/la **antropólogo(a)** anthropologist
  anunciar to announce, **15.1**
el **anuncio** advertisement,
    announcement, **7.1**
el **año** year, I-11.2
  el año pasado last year,
    I-11.2
  este año this year, I-11.2
  hace muchos años it's been
    many years
  ¡Próspero año nuevo!
    Happy New Year!, **12.2**
  apagar (gu) to turn off, **9.2**
el **aparato** apparatus
  aparcar (qu) to park, **5.1**
  aparecer (zc) to appear
el **apartado postal** post office
    box, **3.2**
el **apartamento** apartment, I-5.1
  aparte apart
el **apellido** last name
el **apetito** appetite
el **apio** celery, **2.1**
  aplaudir to applaude, I-12.2
el **aplauso** applause
el **apodo** nickname
el **apoyo** support
  aprender to learn, I-5.2
el **aprendizaje** learning
  apretar (ie) to pinch, I-13.2
  Me aprieta. It pinches me.
    I-13.2; It's tight on me.
  aprobado(a) passing
  aproximadamente
    approximately
los **apuntes** notes, I-3.2
  aquel, aquella that, I-9.2

  aquí here
el/la **árabe** Arab
el/la **árbitro(a)** referee, I-7.1
el **árbol** tree, I-6.2
  el árbol de Navidad
    Christmas tree, **12.2**
  el árbol genealógico family
    tree
el **área** (f.) area
la **arena** sand, I-11.1
  argentino(a) Argentinian, I-2.1
la **aritmética** arithmetic, I-2.2
  armar una tienda to put up a
    tent, I-16.2
el **armario** closet, **6.2**
el **aro** hoop, I-7.2
la **arquitectura** architecture, **16.2**
las **arras** thirteen coins given by
    bridegroom to bride at a
    wedding ceremony
  arreglar to fix
  arriba above, **8.2**
  arrimar to put or place near
el **arroz** rice, I-15.2
  arrugado(a) wrinkled, **13.2**
el **arte** (f.) art, I-2.2
  las bellas artes fine arts
el **artefacto** artifact
  arterial arterial, **4.2**
la **artesanía** handicraft
el/la **artesano(a)** artisan, **16.1**
el **artículo** article
  el artículo de tocador
    toiletry
el/la **artista** artist, I-12.2
  artístico(a) artistic, I-12
  asar to broil, **9.1**
la **ascendencia** ancestry
el **ascensor** elevator, I-5.1
  asegurar to insure, **3.2**
el **aseo** lavatory, **7.1**
  así thus
el **asiento** seat, I-8.1
  el número del asiento seat
    number, I-8.1
la **asignatura** subject, I-2.2
la **asistencia** assistance;
    attendance
el/la **asistente(a) de vuelo** flight
    attendant, I-8.2
  asistir to attend, to assist,
    I-5.2
el **asombro** amazement
el/la **aspirante** candidate, **16.2**
  asumir to assume

el **asunto** subject
atacar to attack
el **ataque** attack
la **atención** attention, kindness
atender (ie) to attend to, take care of
atento(a) polite, courteous
el **aterrizaje** landing, 7.2
aterrizar to land, I-8.2
Atlántico: Océano Atlántico Atlantic Ocean
el/la **atleta** athelete
la **atmósfera** atmosphere
atómico(a) atomic
atractivo(a) attractive, I-1.2
atrapar to catch, I-7.2
atrás behind, 8.2
atravesar to cross; to go through
el **atún** tuna, 2
los **audífonos** earphones, 7.1
auditivo(a) auditive
el **aumento** increase
en aumento on the increase
aun even
aunque although, 15
el **auricular** receiver (of telephone), 1.1
austral southern
el **autobús** bus, I-3.1
perder el autobús to miss the bus, I-12.1
automáticamente automatically
automático(a) automatic, 1.1
el **automóvil** car
la **autopista** super highway, 10.2
el/la **autor(a)** author, I-12.2
autorizado(a) authorized
la **autovía** super highway, 10.2
avanzado(a) advanced
el **ave** bird
la **avenida** avenue, I-5.1
el/la **aventurero(a)** adventurer
el/la **aviador(a)** aviator
el **avión** airplane, I-8.1
en avión by plane, I-8
el **avión reactor** jet, 7.2
la **avioneta** small airplane
el **aviso** warning
ayer yesterday, I-11.1
ayer por la mañana yesterday morning, I-11.2
ayer por la tarde yesterday afternoon, I-11.2

la **ayuda** help
ayudar to help
el **ayuntamiento** city hall, 16.1
el **azafrán** saffron
el **azúcar** sugar, 9.1
azul blue, I-13.2
azul marino navy blue

B

la **bacteria** bacterium
bailar to dance, I-4.2
el **baile** dance
bajar to go down, I-9.1
bajar(se) del tren to get off the train, I-14.2
bajo below (prep.), I-9.1
bajo cero below zero, I-9.1
bajo(a) short (person), I-1.1; low
el **balcón** balcony, I-6.2
el **balneario** beach resort, I-11.1
el **balón** ball, I-7.1
el **baloncesto** basketball, I-7.2
la **ballena** whale
la **banana** banana, 9.2
bancario(a) banking
el **banco** bank, I-BV; bench
el estado de banco (de cuenta) bank statement, 14.2
la **banda** (music) band
el **banquete** banquet, 15.2
el/la **bañador(a)** bather, I-11.1
bañarse to go for a swim, I-16.2; to take a bath
la **bañera** bathtub, 6.2
el **baño** bathroom, 6.2
baño: el traje de baño bathing suit, I-11.1
barato(a) cheap, I-13.1
la **barba** beard
el/la **barbero(a)** barber, 8.2
el **barco** boat
el **barquito** small boat, I-11.1
la **barra** bar (of soap), I-16.2
el **barrio** neighborhood
basar to base
basarse to be based
la **báscula** scale, I-8.1
la **base** base, I-7.2
básico(a) basic
el **básquetbol** basketball, I-7.2
bastante enough, 1.1

el **bastón** pole, I-9.1; driver (golf), I-11.2
la **batalla** battle
el **bate** bat, I-7.2
el/la **bateador(a)** batter, I-7.2
batear to hit (sports), I-7.2
la **batería** battery, 5.2
bautizar to baptize, 12.1
el **bautizo** baptism, 12.1
el/la **bebé** baby
beber to drink, I-5.2
la **bebida** drink, 7.1
el **béisbol** baseball, I-7.2
belga Belgian
la **belleza** beauty
bello(a) beautiful
las bellas artes fine arts
bendito: ¡Ay, bendito! Dear Lord!
el **beneficio** benefit
el **beso, besito** kiss, 11.2
la **biblioteca** library, I-4.1
la **bicicleta** bicycle, I-6.2
bien fine, well, I-BV
bien cocido (hecho) well done (cooked), I-15.2
los **bienes** goods
los **bienes raíces** real estate
la **bienvenida** welcome, 7.1
el **biftec** beefsteak, I-15.2
el **bigote** mustache, 8.1
bilingüe bilingual
la **bilis** bile
el **billete** ticket, I-8.1; bill (money), 14.1
el billete de ida y vuelta round trip ticket, I-14.1
el billete sencillo one-way ticket, I-14.1
biográfico(a) biographical
la **biología** biology, I-2.2
biológico(a) biological
el/la **biólogo(a)** biologist
el **bizcocho** cookie, 12.1
blanco(a) white, I-13.2
el **blanqueador** bleach, 13.2
el **bloc** writing pad, I-3.2
bloquear to block, I-7.1
el **blue jean** blue jeans, I-13.1
la **blusa** blouse, I-13.1
la blusa de cuello sin espalda halter, 13
el **blusón** smock, I-13.1
la **boca** mouth, I-10.2
la **bocacalle** intersection, 10.1

el **bocadillo** sandwich, I-5.2
la **bocina** receiver (of telephone), **1.1**; horn, **5.1**
la **boda** wedding, **15.2**
    el **anillo de boda** wedding ring, **15.1**
la **bola** ball, I-11.2
la **boletería** ticket office, I-9.1
el **boleto** ticket, I-8.1
el **bolígrafo** ballpoint pen, I-BV
la **bolsa** bag, **2.2**
    la **bolsa de plástico** plastic bag, **2.2**
    bonito(a) pretty, I-6.2
    borde: al borde de on the brink of
el **bosque** forest, I-16.2
la **bota** boot, I-9.1
la **botánica** botany
el **bote** can, **2.2**
la **botella** bottle, **2.2**
el **botiquín** medical kit, first aid kit, I-16.2
el **botón** button, I-13.2
    de (a) botones push button, **1.1**
el **botones** bellhop, **6.1**
    brasileño(a) Brazilian
el **brazo** arm, **4.1**; branch (of candalabra), **12.2**
    brillar to shine, I-11.1
    brincar to jump
    brindar to toast (one's health), **15.2**
el **brindis** toast (to one's health), **15.2**
    brillante bright, shining
    británico(a) British
    bronceador(a) tanning, I-11.1
    broncearse to get a tan
    bucear to skindive, I-11.1
el **buceo** skindiving, I-11.1
el **bucle** curl, **8.1**
la **buenaventura** fortune (as told by a fortune teller)
    bueno(a) good, I-1.2
    Buenas noches. Good evening., Good night., I-BV
    Buenas tardes. Good afternoon., I-BV
    Buenos días. Good morning., I-BV
el **burro** donkey
el **bus** bus, I-3.1
la **busca** search

    buscar to look forz
la **butaca** orchestra seat, I-12.1
el **buzón** mailbox, **3.1**

C

el **caballo** horse
el **cabello** hair, **8.1**
la **cabeza** head, I-7.1
    el **dolor de cabeza** headache, I-10.1
la **cabina** booth
    la **cabina telefónica** telephone booth, **1.1**
la **cabina de mando (vuelo)** cockpit, **7.1**
    cabotaje: de cabotaje domestic, I-8
el **cacahuete** peanut
el **cacique** chief
    cada each
la **cadena** chain
    caerse (irreg.) to fall, **4.1**
el **café** coffee, I-5.2; café
la **cafetería** cafeteria
la **caja** cashbox, I-13.1; box, checkstand, **2.2**; cashier desk, **6.1**
el/la **cajero(a)** cashier, **6.1**; teller, **14.1**
el **calamar** squid, **9.2**
los **calcetines** socks, I-13.1
el **calcio** calcium
la **calculadora** calculator, I-BV
el **calendario** calendar
    calentarse (ie) to warm, become warm
la **calidad** quality
    caliente warm
la **calificación** grading, I-3.2
la **calistenia** calisthenics
el **calmante** sedative
el **calor** heat, I-11.1
    Hace calor. It's hot., I-11.1
la **caloría** calorie, I-10.2
la **calle** street, I-5.1
la **callejuela** side street; alley
la **cama** bed, I-10.1
la **cámara: de cámara** court, royal
la **camarera** maid, **6.2**
el **camarón** shrimp, prawn, **2.1**
    cambiar to change, exchange, **6.2**

    cambiar de velocidad to shift gears, **5.1**
el **cambio** change; exchange rate, **14.1**
el/la **cambista** broker, **14.1**
el **camello** camel, **12.2**
la **camilla** stretcher, **4.1**
    caminar to walk, **4.2**
la **caminata** hike, I-16.2
    dar una caminata to take a hike, I-16.2
el **camino** road
el **camión** truck
la **camisa** shirt, I-13.1
    la **camisa de deporte** sports shirt
la **camiseta** undershirt, I-13.1
el **campamento** camp, I-16.2
la **campaña** campaign
el **campeonato** championship
el **camping** camping, I-16.2
    ir de camping to go camping, I-16.2
el **campo** country, I-5.1; field, I-7.1
    el **campo de fútbol** football field, I-7.1
el **camposanto** cemetery, **12.1**
el **canal** channel, **7.1**
el **canario** canary
la **canasta** basket, **2.2**
el **canasto** basket, I-7.2
el **cáncer** cancer
la **canción** song
la **cancha** court (sports), I-7.2
    la **cancha de esquí** ski course, I-9
    la **cancha de tenis** tennis court, I-11.2
el **candelabro** candalabra, **12.2**
el/la **candidato(a)** candidate, **16.2**
    cansado(a) tired, I-10.1
el/la **cantante** singer
    cantar to sing, I-4.2
la **cantidad** quantity
la **cantimplora** canteen, I-16.2
la **cantina** lunchroom
el **cañón** canyon
el **capacho** basket
la **capa** layer
    en capas layered
la **capital** capital
el **capó** hood, **5.1**
    capturar to capture
la **cara** face, I-16.1

la **carabela** caravel

el **caracol** cochlea (internal ear)

el **carácter** character

la **característica** characteristic

la **caravana** trailer, **13.1**; caravan

el **carbohidrato** carbohydrate, I-10.2

cardíaco(a) heart

el **Caribe** Caribbean

la **caridad** charity

cariñosamente affectionately

cariñoso(a) affectionate

la **carne** meat, I-5.2

la carne de res beef, **2.1**

la **carnicería** butcher shop, **2.1**

el/la **carnicero(a)** butcher

carnívoro(a) carnivorous

caro(a) expensive, I-13.1

la **carpa** tent, I-16.2

el/la **carpintero(a)** carpenter, **16.2**

la **carrera** career

la **carretera** highway, **10.2**

el **carril** lane (of highway), **10.2**

el **carrito** cart, **2.1**

el **carro** car, I-3.1

la **carta** letter, I-5.2

la carta de memoria memory chart

el/la **cartero(a)** mail carrier, **3.2**

la **casa** house, I-4.1

a casa home, I-4.2

la casa de huéspedes guest house

la casa particular private house

la **casa-remolque** trailer, **13.1**

el **casamiento** marriage, wedding

casarse to get married, **15.1**

casi almost

casi crudo rare (cooked), I-15.2

la **casilla** post office box, **3.2**

el **casino** casino

el **caso** case

castaño(a) brown, **8.1**

el **castigo** punishment

castizo(a) real, legitimate, genuine

el **catálogo** catalogue

el **catarro** cold (medical), I-10.1

el/la **cátcher** catcher, I-7.2

la **catedral** cathedral

la **categoría** category

el **catolicismo** Catholicism

católico(a) Catholic

la **causa** cause

a causa de because of

causar to cause

el **cautiverio** captivity

cautivo(a) captured

la **caza** (wild) game

cazar to hunt

la **cazuela** pot, **9.1**

la **cebolla** onion, **9.1**

la **celebración** celebration

celebrar to celebrate, **12.1**

la **célula** cell

celular cellular, **1.1**

el **cementerio** cemetery, **12.1**

la **cena** dinner, I-5.2

cenar to dine

el **centígrado** centigrade, I-9.1

el **centro** center

el centro comercial shopping center, I-4.1

Centroamérica Central America

cepillarse to brush, I-16.1

el **cepillo** brush, I-16.2

la **cera** wax

cerca de near

las **cercanías** outskirts

el **cerdo** pig, **2.1**

el **cereal** cereal

la **ceremonia** ceremony, **15.2**

la **cereza** cherry, **9.2**

cero zero

el **cesto** basket, I-7.2

la **cicatriz** scar, **4.1**

el **ciclomotor** motorbike, I-6.2

el **cielo** sky, I-11.1

cien(to) one hundred, I-BV

la **ciencia** science, I-2.2

la ciencia política political science

las ciencias naturales natural sciences

las ciencias sociales social sciences, I-2.2

el/la **científico** scientist

científico(a) scientific (adj.)

cierto(a) certain

la **cigüeña** stork

cinco five, I-BV

cincuenta fifty, I-BV

el **cine** movie theater, I-12.1

cinematográfico(a) cinematographic

la **cinta** tape, I-4.1; ribbon

el **cinturón** belt, I-13.1

el cinturón de seguridad seat belt, **5.1**

la **circulación** circulation; traffic, **5.1**

circular to circulate, travel

circular circular (adj.)

el **círculo** circle

el/la **cirujano(a)** surgeon, **4.2**

la **cirugía** surgery

la **cita** date, **15.1**

la **ciudad** city, I-5.1

el/la **ciudadano(a)** citizen

civil civil

la **civilización** civilization

el **clarinete** clarinet

claro of course (adv.)

claro(a) clear (adj.)

la **clase** class, I-2.1

la clase alta upper class

la clase media middle class

clásico(a) classic, I-4

la **clasificación** classification

clasificar to classify

clavar to nail, stick

la **clave de área** area code, **1.1**

el **claxon** horn, **5.1**

el/la **cliente** client, customer, I-5.2

el **clima** climate

climático(a) climatic

la **clínica** clinic, I-10.2; private hospital

cobijar to cover

cobrar to cash, **14.2**

la **cocción** cooking

cocido(a) cooked, I-15.2

bien cocido (hecho) well done (cooked), I-15.2

la **cocina** cooking; kitchen, I-4.1

cocinar to cook, **9.1**

el/la **cocinero(a)** cook, I-15.1

el **coco** coconut, **9.2**

el **cóctel** cocktail, **15**

el **coche** car, I-3.1; train car, I-14.2

el coche deportivo sports car, **5**

el **coche-cama** sleeping car, I-14.2

el **coche-comedor** dining car, I-14.2

el **código de área** area code, **1.1**

el **código postal** zip code, **3.1**

el **codo** elbow, **4.1**

coeducacional coeducational

coincidir to coincide
la cola line (of people), I-12.1; tail
la cola de caballo pony tail, 8.1
la colección collection
la colecta collection
el colegio school, I-1.1
la coleta pigtail, queue
el colgador clothes hanger, 6.2
colgar (ue) to hang up, 1
la coliflor cauliflower, 9.1
la colina hill, I-16.2
colmar to lavish, heap
colombiano(a) Colombian, 1
el colon colon
la colonia colony
el/la colonizador(a) colonist
el/la colono colonist
el color color, I-13.2
    de color crema, vino, café, oliva, marrón, turquesa cream, wine, coffee, olive, brown, turquoise colored, I-13.2
la comadrona midwife
el/la comandante captain, I-8.2
la combinación combination
combinar to combine
la comedia comedy
el comedor dining room, I-5.1
el comentario commentary
comenzar (ie) to begin, 7
comer to eat, I-5.2
comercial of or pertaining to business
el/la comerciante businessman(woman); merchant, 16.1
el comercio business
el comestible food, 2.1
cometer to commit
la comida meal, I-5.2
    la comida rápida fast food
como as, like
    ¿cómo? what?; how?, I-1.1
    ¿Cómo estás? How are you?
cómodo(a) comfortable
la compañía company
la comparación comparison
comparar to compare
el compartamiento compartment, I-14.2
compartir to share
la competencia competition

competir to compete
completamente completely
completar to complete
completo: a tiempo completo full time, 16.2
complicado(a) complicated, 4.1
el comportamiento behavior, 11.1
comportarse to behave, 11.1
la compra y venta trade, 16.2
el/la comprador(a) buyer
comprar to buy, I-5.2
compras: de compras shopping, I-13.1
comprender to understand, I-5.2
el comprimido pill, I-10.2
comprometerse to get engaged, 15.1
el/la comprometido(a) fiancé(e), 15
el compromiso engagement, 15.1
    la sortija de compromiso engagement ring, 15.1
el compuesto compound
la computadora computer, I-BV
común common
la comunicación communication
comunicar to communicate
la comunidad community
la comunión communion
con with
    con frecuencia frequently, 1
    con retraso late, I-14.2
    con una demora late, I-14.2
    con tal que provided that, 15
el concepto concept
el concierto concert, I-12.2
conciliar to reconcile, 14.2
el concurso contest
condensar to condense
el condominio condominium
la conducción driving
conducir (zc) to drive, 5.1
la conducta conduct
el/la conductor(a) driver, 5.1
conectar to connect
el conejo rabbit
la conexión connection
la conferencia conference
la confianza confidence, trust

confiar to confide, 11.1
la confirmación confirmation
confrontar to confront
congelado(a) frozen, 2.2
el congelador freezer, 9.1
conmemorar to commorate
conocer (zc) to know (a person), I-9.1
el/la conocido(a) acquaintance
el conocimiento knowledge
la conquista conquest
conquistar to conquer
el/la consejero(a) de orientación counselor, 16.1
el consejo advice
conservar to conserve, preserve
el consomé consommé
considerar to consider
constante constant
la construcción construction
construir to build, construct
la consulta del médico doctor's office, I-10.2
el consultorio del médico doctor's office, I-10.2
el/la consumidor(a) consumer
consumir to consume
el consumo consumption
la contabilidad accounting
el/la contable accountant, 16.1
la contaminación contamination
el contaminante contaminant
contaminar to contaminate
contemporáneo(a) contemporary
contener to contain
contento(a) happy, I-10.1
la contestación answer
el contestador automático answering machine, 1.1
contestar to answer
el continente continent
continuar to continue
contra against
el/la contralor comptroller
la contraloría comptrollership
contraer to contract
contrario(a) opposite, I-7
    lo contrario the opposite
la contribución contribution
el control inspection, I-8.1
    el control de seguridad security inspection, I-8.1

el **control de pasaportes**
passport inspection, I-8.1
controlado(a) controlled
el/la **controlador(a)** controller,
16.1
controlar to control
la **convención** convention;
agreement
el **convento** convent
la **conversación** conversation
convertir (ie) to convert
la **copa** cup
la **Copa mundial** World
Cup
el/la **copiloto** copilot, I-8.2
el **Corán** Koran
el **corazón** heart
el **latido del corazón**
heartbeat
la **corbata** necktie, I-13.1
el **cordero** lamb, 9.1
la **cordillera** mountain range,
7.2
corregir to correct
el **correo** mail, 3.2
por correo aéreo air mail,
3.2
por correo certificado
certified mail, 3.2
por correo ordinario
regular mail, 3.2
por correo recomendado
certified mail, 3.2
correr to run, I-7.2
la **correspondencia**
correspondence, 3
corresponder to correspond,
3
la **corrida de toros** bullfight
cortar to cut, 4.1
la **corte** court, 16.1
el **corte de pelo** haircut, 8.2
cortés courteous, 11.1
la **cortesía** courtesy, 11
corto(a) short, I-13.2
la **cosa** thing
la **cosecha** crop
los **cosméticos** cosmetics
la **costa** coast
costal coastal
costar (ue) to cost, I-13.1
la **costilla** rib, 9.1
la **costumbre** custom
el **cráter** crater
la **creación** creation

creer to believe, 12
la **crema** cream, I-11.1
la **crema bronceadora**
suntan cream, I-11.1
la **crema de afeitar** shaving
cream, I-16.2
la **crema protectora**
sunblock, I-11.1
la **cremallera** zipper, I-13.2
crespo(a) curly, 8.1
criar to raise
el **crimen** crime
cristalino(a) crystalline
cristiano(a) Christian
el **cruce** intersection, 5.1
crudo(a) raw, I-15.2
casi crudo rare (cooked),
I-15.2
cruel cruel
cruzar to cross, 10.1
el **cuaderno** notebook, I-BV
la **cuadra** (city) block, 10.1
cuadrado(a) square
el **cuadrante** quadrant
el **cuadro** painting, picture,
I-12.2
cuadros: a cuadros plaid,
I-13.2
¿cuál? what?, which?, I-BV
¿Cuál es la fecha de hoy?
What is today's date?, I-BV
la **cualidad** quality
la **cualificación** qualification
cualquier any
cuando when, 15
¿cuándo? when?, I-3.1
cuanto as
en cuanto as soon as, 1.2
en cuanto a as to
¿cuánto(a)? how much?, I-BV
¿A cuánto está(n)? How
much is it?, 2.2
¿Cuánto cuesta? How
much does it cost?, I-13.1
¿Cuánto es? How much is
it?, I-BV
¿Cuánto le debo? How
much do I owe you?, 2.2
cuarenta forty, I-BV
cuarto(a) fourth, I-5.1
el **cuarto** room, I-5.1; quart
el **cuarto de baño**
bathroom, I-5.1
el **cuarto de dormir**
bedroom, I-5.1

el **cuarto doble** double
room, 6.1
el **cuarto sencillo** single
room, 6.1
cuatro four, I-BV
cubano(a) Cuban
cubierto(a) covered, I-9.2
cubrir to cover
la **cuchara** spoon, I-15.1
la **cucharita** teaspoon, I-15.1
la **cuchilla** blade, I-9.2
el **cuchillo** knife, I-15.1
el **cuello** neck, 8.2
la **cuenta** bill, I-12.2; account,
14.2
la **cuenta corriente**
checking account, 14.2
la **cuenta de ahorros**
savings account, 14.2
el **cuento** story
el **cuentagotas** eyedropper
el **cuerpo** body
la **cuesta** slope, I-9.1
la **cuestión** question
el **cuidado** care
con cuidado carefully, 5.1
¡cuidado! be careful!
cuidar to take care of
cultivar to grow
la **cultura** culture
el **cumpleaños** birthday, I-6.2
cumplir to be (so many years)
old
cumplir años to have one's
birthday, 12.1
el **cupé** coupe, 5.1
la **cura** cure, treatment
el **cura** priest, 12.1
el/la **curandero(a)** faith healer
curar to cure
curioso(a) curious
el **currículo profesional**
curriculum vitae, 16.2
el **curso** course, I-2.1
curvo(a) curved

CH

la **chabola** shack
el **chaleco salvavidas** life vest,
7.1
el **chaman** shaman
el **champú** shampoo, I-16.2
chao good bye, I-BV

la chaqueta jacket, I-13.1
charlar to chat
el cheque check, 14.1
   el cheque de viajero
      traveler's check, 14.1
la chequera check book, 14.2
el/la chico(a) boy (girl)
el chimpancé chimpanzee
chino(a) Chinese
el chiste joke
el chocolate chocolate
el chorizo pork and garlic
   sausage
la choza shack
la chuleta chop, 2.1
el churro a type of doughnut

D

la dama de honor bridesmaid,
   15.2
dar to give, I-4.2
   dar a luz to deliver, give
      birth
   dar la bienvenida to
      welcome, 7.1
   dar(se) la mano to offer
      one's hand, 11.2; to shake
      hands
   dar la vuelta to turn
      around, 10.1
   dar palmaditas to slap
      gently, 11.2
   dar(se) prisa to rush, hurry
   dar (presentar) una película
      to show a movie, I-12
   dar una caminata to take a
      hike, I-16.2
   dar vuelta to go around
   darse cuenta to realize
el dátil date (fruit)
el dato fact
de of, from, for, I-1.1
   de equipo team, I-7
   de jazz jazz, I-4
   de nada you're welcome,
      I-BV
   de nuevo again
   de rock rock, I-4
   de vez en cuando now and
      then
debajo de under, 7.1
deber to owe; + infinitive
   should, ought

debido a due to
débil weak
decapitar to decapitate
decidir to decide
decimal decimal
décimo(a) tenth, I-5.1
decir to say, I-9
la decisión decision
declarar to declare
dedicado(a) dedicated
el dedo finger, 4.1
   el dedo pequeño little
      finger
el déficit deficit
la definición definition
dejar to leave (something
   behind), I-12.2; to allow
del (de + el) from the, of the
delante de in front of, 10.1
delantero(a) front
delicioso(a) delicious, I-15.2
la demanda demand
demasiado too, too much,
   I-13.2
la demografía demography
la demora delay, I-14.2
   con una demora late, I-14.2
la densidad density
denso(a) thick
dentro de in; inside (adv.)
   dentro de poco soon
el departamento (servicio) de
   personal personnel
   department, 16.2
el departamento de recursos
   humanos personnel
   department, 16.2
depender (ie) to depend
el/la dependiente salesperson,
   I-13.1; clerk, 16.1
el deporte sport, I-2.2
deportivo(a) related to sports
depositar to deposit, 14.2
el depósito deposit, 14.2
depredador(a) plunderer
la derecha right, I-5.1
   a la derecha to the right,
      I-5.1
   derecho(a) straight, 10.1;
      right, right-hand
derretir to melt
derrocar to overthrow
derrotar to defeat
derrumbar to fail
desaparecer (zc) to disappear

desaprobado(a) failing
el desastre disaster
desayunarse to eat breakfast,
   I-16.1
el desayuno breakfast, I-5.2
el descampado open country
el descapotable convertible, 5.1
descender (ie) to descend
el/la descendiente descendent
descolgar (ue) to pick up (the
   telephone), 1.1
descomponer to decompose
descortés discourteous, 11
describir to describe
la descripción description
el descubridor discoverer
el descubrimiento discovery
descubrir to discover
el descuido carelessness
desde from, since
desear to wish, want, 11
desembarcar to disembark,
   I-8
desembocar to empty
desempleado(a) unemployed
   (adj.), 16.2
el/la desempleado(a) unemployed
   person, 16.2
el desempleo unemployment,
   16.2
desgraciadamente
   unfortunately
el desierto desert
desocupado(a) unemployed,
   16.2
el desodorante deodorant,
   I-16.2
despachar to wait on or help
   customers, I-10.2
despedirse (i, i) to say good-
   bye, 11.1
despegar to take off
   (airplane), I-8.2
el despegue the take off, 7.2
despertarse (ie) to wake up,
   I-16.1
desplazar to displace
el/la desposado(a) newlywed
desposar to wed, marry
después de (que) after, I-4.1
el/la destinatario(a) receiver, 3.1
el destino destination, I-8.1
la destrucción destruction
desviarse to get lost, go astray
el detalle detail

detener to stop

el **detergente** detergent, **2.2**

determinar to determine

detrás de behind, **10.1**

la **deuda** debt

devolver (ue) to return, I-7.2

el **día** day

el **Día de los Reyes** Day of the Three Kings

el **día de los difuntos** Day of the Dead

la **diagnosis** diagnosis, I-10.2

el **diálogo** dialogue

el **diamante** diamond

diariamente daily

diario(a) daily; diary

dibujar to sketch

el **dibujo** drawing

el **diccionario** dictionary

diciembre December, I-BV

el **diente** tooth, I-16.1; clove

la **dieta** diet, I-10.2

diez ten, I-BV

la **diferencia** difference

diferente different

difícil difficult, I-2.1

el/la **difunto(a)** dead person, **12.1**

el **día de los difuntos** Day of the Dead

dinámico(a) dynamic

el **dinero** money, **14.1**

el **dinero en efectivo** cash, **14.1**

el/la **dios(a)** god (goddess)

el/la **diplomado(a)** graduate

la **dirección** address, **3.1**; direction

la **direccional** turning signal, **5**

directamente directly

el **directivo** board of directors, management

directo(a) direct

el/la **director(a)** conductor, I-12.2; director; principal, **16.1**

dirigir to direct

discar to dial, **1**

la **disciplina** instruction, I-2.2

el **disco** record, I-4.1; dial (of telephone), **1.1**

la **discoteca** discotheque

la **disección** dissection

el/la **diseñador(a)** designer

diseñar to design

disfrutar to enjoy

el **dispensario** dispensary

la **distancia** distance

distinguido(a) distinguished

distinguir to identify

distinto(a) distinct

la **distribución** distribution

distribuir to distribute, **7.1**

el **distrito** district

la **diversión** amusement

divertido(a) fun, I-1.1

divertirse (ie, i) to enjoy oneself, I-16.2

dividir to divide

divino(a) divine

la **divisa** foreign currency

el **divorcio** divorce

doblado(a) dubbed

doblar to turn, **5.1**

doble double, **6.1**

la **documentación** documentation

el **dólar** dollar

doler (ue) to hurt, ache, I-10.2

me duele it hurts, aches, I-10

el **dolor** ache, pain, I-10.1

el **dolor de cabeza** headache, I-10.1

el **dolor de garganta** sore throat, I-10.1

la **dominación** domination

dominante dominant

dominar to dominate

el **domingo** Sunday, I-BV

dominicano(a) Dominican

el **dominio** power

¿dónde? where?, I-1.2

dormir (ue, u) to sleep, I-7

dormirse (ue, u) to fall asleep, I-16.1

el **dormitorio** bedroom, I-5.1

dos two, I-BV

la **dosis** dose, I-10.2

dramáticamente dramatically

dramático(a) dramatic

driblar con to dribble (sports), I-7.2

la **droga** drug, I-10.2

la **drogadicción** drug addiction

la **droguería** drug store

la **ducha** shower, I-16.2

tomar una ducha to take a shower, I-16.2

la **duda** doubt

no hay duda there is no doubt

dudar to doubt, **12**

la **dueña** chaperone, **15.1**

el/la **dueño(a)** owner

la **duna** dune

durante during, I-4.2

durar to last, **12.2**

E

e and (used instead of **y** before words beginning with **i** or **hi**)

la **ebullición** boiling

a la ebullición to a boil

echar to throw, **3.1**

echar una siesta to take a nap, I-11.1

la **ecología** ecology

ecológico(a) ecologic

la **economía** economy; economics, **16.2**

la **economía doméstica** domestic economy, I-2.2

económico(a) economical

el **ecosistema** ecosystem

el **ecuador** equator

ecuatorial equatorial

ecuatoriano(a) Ecuadorean

la **edad** age

la **Edad Media** Middle Ages

el **edificio** building, I-5.1

la **educación** education

la **educación cívica** civic education, I-2.2

la **educación física** physical education, I-2.2

educacional educational

educado(a) well-mannered, polite, **11.1**

educar to educate

el **efecto** effect

el **eje** axis

el **ejemplo** example

por ejemplo for example

ejercer (una profesión) to practice (a profession), **16.2**

el **ejercicio** exercise, I-10.2

el **ejercicio aeróbico** aerobic exercise, I-10.2

el **ejercicio físico** physical exercise, I-10.2

el **the** (m. sing.), I-1.1

él he, I-1.1
elaborado(a) elaborate
elástico(a) elastic, 4.2
el/la electricista electrician, 16.2
el electrodoméstico domestic
    appliance
el elefante elephant
el elefante marino walrus
    elegante elegant
el elemento element
la elevación elevation
    eliminar to eliminate
    ella she, her, I-1.2
    ellos(as) they, them
el embarazo pregnancy
el emblema emblem
el embotellamiento traffic jam,
    bottleneck
el/la emigrante emigrant
    emigrar to emigrate
la emisión emission
    la emisión deportiva sports
        broadcast, I-5.2
    emitir to emit
la emoción emotion; excitement
    empatado(a) tied, 7
    empezar (ie) to begin, I-7.1
el/la empleado(a) employee,
    attendant, 5.2
    el/la empleado(a) de correo
        postal employee, 3.2
    el/la empleado(a) del banco
        bank clerk, 14.1
    emplear to employ; to use
el empleo job, 16.2
    la solicitud de empleo job
        application, 16.2
la empresa business; company
    empujar to push, 2.1
    en in, I-1.1
    en avión by plane, I-8
    en cuanto as soon as, 1.2
    en cuanto a as to
    en este momento at this
        moment, I-8.1
    en seguida right away, 1.2
    en todas partes everywhere
el/la enamorado(a) sweetheart, 15
    enamorarse to fall in love,
        15.1
el encabezamiento heading
    encantar to delight, I-13
    encargarse to take charge of
    encender (ie) to light, 12.2

encestar to put in a basket,
    I-7.2
encima above; overhead
    por encima de above, over
encoger to shrink, 13.2
encontrar (ue) to find
encontrarse (ue) to meet
endosar to endorse, 14.2
el/la enemigo(a) enemy
    energético(a) energetic
la energía energy
    la energía nuclear nuclear
        energy, 16.2
    enero January, I-BV
    enfadar to annoy, anger, I-13
la enfermedad sickness
el/la enfermero(a) nurse, I-10.2
el/la enfermo(a) sick person,
    I-10.1
    enfermo(a) sick, I-10.1
    enfrente de in front of, 8.2;
        opposite, 10.1
    enfriarse to become cold
la enhorabuena congratulations,
    15.2
el enlace union
    el enlace nupcial wedding,
        15.1
    enlatado(a) canned
    enlazar to join, connect
    enojar to annoy, anger, I-13
    enorme enormous
    enrarecido(a) thin (air)
el enrarecimiento thinning (of
    the air)
la ensalada salad, I-5.2
    enseguida at once,
        immediately, I-16
la enseñanza teaching
    enseñar to teach, I-3.2
    entero(a) whole
    enterrar (ie) to bury, 12.1
la entidad entity
el entierro burial
la entrada entrance, I-6.2;
    admission ticket, I-7.2
    entrar to enter, I-3.1
    entrar en escena to come
        on the stage, I-12.2
    entre between, among
la entrega delivery, 3.2
    entregar to deliver, 3.2
el entremés appetizer
la entrevista interview
el envase container, 2.2

enviar to send, 3.1
envidiar to envy
enyesar to put in a plaster
    cast, 4.2
épico(a) epic
el época epoch
el equilibrio equilibrium,
    balance
el equipaje baggage, luggage,
    I-8.1
    el equipaje de mano hand
        baggage, I-8.1
    el reclamo de equipaje
        baggage claim, I-8.2
el equipo team, I-7.1; equipment
    equivalente equivalent
    equivocado(a) wrong, 1.1
    eres you (sing. fam.) are
    erosionar to erode
    es he/she/it is, I-1.1
la escalera stairway, I-5.1
los escalofríos chills, I-10.1
    escandinavo(a) Scandinavian
    escapar to escape
el escaparate shop window,
    I-13.1
    escaso(a) scarce
la escena scene; stage, I-12.2
    entrar en escena to come
        on the stage, I-12.2
el escenario stage, scenery
    escoger to choose
    escolar of or pertaining to
        school, I-3.1
    escondido(a) hidden
    escribir to write, I-5.2
    escrito(a) written
    escuchar to listen, I-4.1
la escuela school, I-1.1
    la escuela intermedia
        intermediate school
    la escuela primaria
        elementary school
    la escuela secundaria high
        school, I-1.1
    la escuela superior
        advanced school
    la escuela vocacional
        vocational school
el/la escultor(a) sculptor, I-12.2
la escultura sculpture
    eso that, I-3.1
    a eso de about, I-3.1
el espacio space
la espalda back, 11.2

España Spain
español(a) Spanish, I-2.2
el espagueti spagetti
la especia spice
la especialidad specialty
el/la especialista specialist
especialista specialist (adj.),
16.2
la especialización specialization
especializado(a) specialized
especialmente especially
específicamente specifically
específico(a) specific
espectacular spectacular
el espectáculo show,
performance, I-12.2
el/la espectador(a) spectator, I-7
el espejo mirror, I-16.1
la esperanza hope
la esperanza de vida life
expectancy
esperar to wait for, I-14
la espinaca spinach
la esposa wife, I-6.1
las esposas handcuffs
el esposo husband, I-6.1
el esquí ski, I-9.1
el esquí skiing, I-9.1
el esquí alpino Alpine
skiing, I-9.1
el esquí acuático water
skiing, I-11.1
el esquí de descenso
downhill skiing, I-9.1
el esquí de fondo cross-
country skiing, I-9.1
el esquí nórdico Nordic
skiing, I-9.1
el/la esquiador(a) skier, I-9.1
esquiar to ski, I-9.1
la esquina corner, 5.1
estable stable
establecer (zc) to establish
la estación season, I-9.1; station,
I-12.1
la estación del ferrocarril
train station, I-14.1
la estación de servicio service
station, 5.2
estacionar to park, 5.1
el estadio stadium, I-7.1
el estado state
el estado de banco (de
cuenta) bank statement,
14.2

el estado libre asociado
commonwealth
los Estados Unidos United States
estadounidense from the
United States
la estampilla stamp, 3.1
están they/you (pl. form.) are,
I-4.1
Están hablando. They are
speaking., 1.1
el estanco tobacco store
estar to be, I-4.1
estar enfermo(a) to be sick
estar en onda to be in
vogue
¿Está (el nombre de una
persona)? May I talk to
(name of person)?, 1.1
estás you (sing. fam.) are
estatal of the state
la estatua statue, I-12.2
el este east, 10.1
este(a) this
estereofónico(a)
stereophonic, 7.1
esterlino(a) sterling
el estilo style
el estómago stomach, I-10.1
el dolor de estómago
stomachache, I-10.1
estornudar to sneeze, I-10.1
éstos(as) these (ones)
estoy I am
estrechar la mano to shake
the hand, 11.2
estrecho(a) tight, I-13.2
la estrella star
el estrés stress
la estructura structure
el/la estudiante student
estudiar to study, I-3.2
el estudio study
la estufa stove, 9.1
estupendo(a) terrific
eterno(a) eternal
la etnicidad ethnicity
étnico(a) ethnic
el eucalipto eucalyptus tree
la Europa Europe
europeo(a) European
la evaluación evaluation
evangelista Evangelistic
el evento event
evitar to avoid
exacto(a) exact

el examen examination, I-3.2
examinar to examine, I-10.2
excelente excellent
la excepción exception
excesivo(a) excessive
el exceso excess
exclusivamente exclusively
la excursión excursion
exigente demanding
exigir to demand, 12
existir to exist
exótico(a) exotic
expandir to expand
la expectativa expectation
el experimento experiment
experto(a) expert, I-9.1
explicar to explain
la exploración exploration
el/la explorador(a) explorer
exponer to explain, expound
exportar to export
la exposición exhibition, I-12.2
la expresión expression
expulsar to expel
extender (ie) to extend
la extensión extension
externo(a) external
extranjero(a) foreign
el extranjero abroad
extraordinario(a)
extraordinary
extremadamente extremely
extremo(a) extreme

F

la fábrica factory, 16.1
fabricar to make
fabuloso(a) fabulous
fácil easy, I-2.1
fácilmente easily
la factura bill
facturar to check (luggage),
I-8.1
facultativo(a) optional
la falda skirt, I-13.1
falso(a) false
la falta lack
faltar to lack
la fama fame
la familia family, I-5.1
familiar of the family (adj.)
famoso(a) famous
fanfarrón(a) boasting, I-9.1

fantástico(a) fantastic, I-1.2
el/la farmacéutico(a) pharmacist, I-10.2
la farmacia pharmacy, I-10.2
el faro headlight, 5.1
fascinante fascinating
fascinar to fascinate
el favor favor
el fax fax
febrero February, I-BV
la fecha date, I-BV
    ¿Cuál es la fecha de hoy? What is today's date?, I-BV
la felicidad happiness, 15.2
la felicitación congratulations, 15.2
femenino(a) feminine
el fenómeno phenomenum
la feria fair
el ferrocarril railway, railroad
festejar to celebrate
la festividad festivity
la fibra fiber, I-10.2
la ficha token; registration card, 6.1
la fiebre fever, I-10.1
la fiesta party, I-4.2
    la fiesta de las luces celebration of lights, 12.2
la figura figure
fijar to fix
fijarse en to take note of
la fila row, I-8
la filial branch office
el film(e) film, I-12.1
el/la filósofo(a) philosopher
el fin end
    el fin de semana weekend
    en fin finally
el final end
financiero(a) financial
la finanza finance
fino(a) fine
el fiordo fiord
firmar to sign, 14.2
firme firm, stable
la física physics, I-2.2
físicamente physically
el/la físico physicist
físico(a) physical, I-10.2
la fisiología physiology
flamenco(a) Flemish
el flequillo bangs, 8.1
la flexibilidad flexibility

la flor flower, I-6.2
fluctuar to fluctuate, 14.1
el fondo bottom; fund
el/la fontanero(a) plumber, 16.2
la formación formation
formal formal
la formalidad formality
formalizar to formalize
formar to form, make
formativo(a) formative
la fórmula method, pattern
la formulación formation, formulation
el formulario form, 4.2
    el formulario de retiro withdrawal slip, 14.2
la foto photo
la fractura fracture, 4.1
francamente frankly
francés (francesa) French, I-2.2
el franco Franc
el franqueo postage, 3.2
el frasco jar, 2.2
la frase sentence; phrase
la frecuencia frecuence
    con frecuencia frequently
frecuentar to frequent
frecuentemente frequently
freír (i, i) to fry, I-15.1
frenar to brake, 5.1
el freno brake, 5.1
frente a facing, opposite
la frente forehead, 4.1
la fresa strawberry, 2.1
fresco(a) fresh, cool
    hace fresco it's cool
el frijol bean, I-15.2
el frío cold (weather), I-9.1
    Hace frío. It's cold., I-9.1
frito(a) fried
la frontera frontier
la fruta fruit, I-15.2
el fuego fire
fuerte strong
la fuerza aérea air force
la fuerza ascensional lift
la función function
el funcionamiento functioning
funcionar to function
el/la funcionario(a) city hall employee, 16.1
el/la fundador(a) founder
fundir to found
la fusión fusion

el fútbol football, I-7.1
    el campo de fútbol football field, I-7.1
el futuro future

G

la gabardina raincoat, I-13.1
las gafas glasses, I-9.1
el galón gallon
gallego(a) Galician
la gallina hen
el gallo rooster
la gama range
la gamba shrimp, 9.2
el ganado cattle
el/la ganador(a) winner
ganar to win, I-7.1; to earn
el gancho clothes hanger, 6.2
la ganga bargain
el garaje garage, I-6.2
la garganta throat, I-10.1
    el dolor de garganta sore throat, I-10.1
la garita de peaje toll booth, 10.2
gas: con gas carbonated
la gaseosa soft drink, soda, I-5.2
la gasolina gas, 5.2
la gasolinera gas station, 5.2
gastado(a) spent, barren
el gasto expense; charge, 6.1
el/la gato(a) cat, I-6.1; jack, 5.1
gastronómico(a) gastronomic
la gelatina gelatin
la generación generation
el general general
generalizar to generalize
generalmente generally
el género kind, sort, type
generoso(a) generous
genovés(a) Genoese
la gente people
la geografía geography, I-2.2
geográfico(a) geographic
la geometría geometry, I-2.2
el gesto gesture
gigantesco(a) gigantic, huge
el gimnasio gymnasium
girar to rotate
el giro postal money order
el glaciar glacier
el gobierno government
el gol goal, I-7.1
el golf golf, I-11.2

el campo de golf golf course, I-11.2

el juego de golf golf game, I-11.2

la bolsa de golf golf bag, I-11.2

golpear to hit, I-11.2

la goma eraser, I-BV; tire, 5.1

el gorro cap, I-9.1

gozar to enjoy

gracias thank you, I-BV

el grado grade; degree, I-9.1

el gramo gram

gran, grande big, I-2.1

las Grandes Ligas Major League

la grasa grease

gratis free

grato(a) agreeable, pleasant

grave serious, grave

el green green (golf), I-11.2

griego(a) Greek

la gripe influenza, cold, I-10.1

gris grey, I-13.2

gritar to shout

el grito shout, cry

el grupo group

el guante glove, I-7.2

guardar cama to stay in bed, I-10.1

gubernamental governmental

la guerra war

el/la guerrillero(a) guerrilla

la guía telefónica telephone book, 1.1

el guisante pea, 9.1

guisar to stew

la guitarra guitar, I-4.2

gustar to like, enjoy, I-13.1

H

haber to have (auxiliary verb)

la habichuela bean, I-15.2

la habichuela negra black bean, 9.2

la habitación room, I-5.1

el/la habitante inhabitant

hablar to speak, I-3.1

hace: Hace calor. It's hot., I-11.1

Hace frío. It's cold., I-9.1

hace mucho tiempo a long time ago

hace muchos años it's been many years

hace poco a short time ago

hacer to do; to make, I-8.1

hacer cola to line up

hacer el viaje to make the trip, I-8.1

hacer juego con to go with, I-13.2

hacer la cama to make the bed, 6.2

hacer la maleta to pack the suitcase, I-8

hacer los negocios to get down to business

hacer obras to do repair work

hacer una llamada to make a call, 1.1

hacerse daño to hurt oneself, 4.1

hacia toward

el hallazgo finding

la hamaca hammock, I-11.1

la hambre hunger, I-15.1

pasar hambre to go hungry

tener hambre to be hungry, I-15.1

la hamburguesa hamburger

la harina flour

hasta (que) until, I-BV; up to

Hasta la vista. See you later., I-BV

Hasta luego. See you later., I-BV

Hasta mañana. See you tomorrow., I-BV

Hasta pronto. See you soon., I-BV

hay there is, there are, I-5.1

Hay (Hace) sol. It's sunny., I-11.1

hebreo(a) Hebrew, 12.2

la helada frost

el helado ice cream, I-5.2

las hélices propellers, 7.2

el helicóptero helicopter, 7.2

el hemisferio hemisphere

herbívoro(a) herbivorous

el/la herbolario(a) herbalist

heredar to inherit

la herencia inheritance

la herida wound

el/la hermanastro(a) stepbrother (stepsister)

el/la hermano(a) brother (sister), I-2.1

el héroe hero

hervir (ie) to boil, 9.1

la hibridación hybridization

el hidrato de carbono carbohydrate

el hidrofoil hydrofoil

el hielo ice, I-9.2

la hierba herb; grass

el hierro iron

higiénico(a) sanitary, 2.2

el papel higiénico toilet paper, 2.2

el/la hijastro(a) stepson (stepdaughter)

el/la hijo(a) son (daughter), I-6.1

los hijos children (sons and daughters), I-6.1

hinchado(a) swollen, 4.1

la hiperinflación hyperinflation

el hipermercado supermarket, 2.1

el hipopótamo hippopotamus

hispánico(a) Hispanic

hispano(a) Hispanic

hispanohablante Spanish-speaking

la historia history, I-2.2; story

el/la historiador(a) historian

el historial profesional curriculum vitae, 16.2

histórico(a) historic

el hit hit (sports), I-7.2

la hoja sheet, I-BV; blade, I-9.2

la hoja de papel sheet of paper, I-BV

hola hello, I-BV

el hombre man

el hombro shoulder, 4.1

honesto(a) honest, I-1.2

el honor honor

la hora hour; time

el horario schedule, I-14.1

el hornillo portable stove, I-16.2

el/la hornillo(a) (stove) burner, 9.1

el horno oven, 9.1

el horno de microondas microwave oven, 9.1

el horóscopo horoscope

la horquilla bobby pin, 8.2

hospedar to lodge, stay

el hospital hospital, I-10.2

hostil hostile

el **hotel** hotel, 6.1
   hotelero(a) hotelkeeper
   hoy today, I-11.2
      hoy día nowadays; today
      hoy en día nowadays
      ¿Cuál es la fecha de hoy?
         What is today's date?,
         I-BV
el **hoyo** hole, I-11.2
el **hueco** hole
el **hueso** bone
el/la **huésped** guest, 6.1
   el **huevo** egg, I-15.2
      los huevos duros poached
         eggs
      los huevos pasados por
         agua softboiled eggs
las **humanidades** humanities
el/la **humanista** humanist
   humano(a) human
la **humedad** dampness
   humilde humble
el **humor** mood, I-10; fluid
      de buen humor in a good
         mood, I-10
      de mal humor in a bad
         mood, I-10
el **huso horario** time zone

I

la **idea** idea
   idéntico(a) identical
la **identidad** identity
   identificar to identify
el **idioma** language
el **ídolo** idol
la **iglesia** church, 10.1
   igual equal
   imaginar to imagine
   imitar to imitate
   impar odd
el **imperio** empire
   imponer to impose
   importado(a) imported
la **importancia** importance
   importante important, 11
   importar to be important
   imposible impossible, 11
   impresionado(a) impressed
   impresionante amazing,
      impressive
   improbable improbable, 11
el **impuesto** tax

   inaccesible inaccessible
   inalámbrico(a) cordless, 1.1
   incalculable incalculable
el **incendio** fire
   inclinado(a) slanted
   incluir to include
   incluso including
   inconveniente inconvenient
   increíble incredible
   independiente independent
   indicar to indicate
el **índice** ratio, index
   indígena native
   indio(a) Indian
   individual individual, I-7
el/la **individuo** individual
la **industria** industry
   industrializado(a)
      industrialized
el/la **infante** infant
   inferior inferior; lower
el **infierno** hell
la **inflación** inflation
la **influencia** influence
la **información** information
   informal informal
   informar to inform
la **informática** computer
      sciences, 16.1
el **informe** report
el **inglés** English, I-2.2
el **ingrediente** ingredient
   ingresar to deposit, 14.2
el **ingreso** deposit, 14.2; income
   inhóspito(a) inhospitable
   inmediatamente immediately
   inmenso(a) immense
el **inodoro** toilet, 6.2
el/la **inquilino(a)** tennant
la **inscripción** enrollment
   insistir to insist, 11.1
   inspeccionar to inspect, I-8.2
   inspirar to inspire
la **instalación** installation
   instalarse to establish oneself
la **institución** institution
el **instituto** institute
las **instrucciones** instructions,
      I-5.2
el **instrumento** instrument
   insuficiente insufficient
el **insulto** insult
   íntegro(a) integral
   inteligente intelligent, I-2.1
la **intención** intention

la **intensidad** intensity
   intensivo(a) intensive, 4.2
   interactuar to interact
   intercambiar to exchange,
      15.2
   intercambio exchange
el **interés** interest
   interesante interesting, I-2.1
   interesar to interest, I-13.1
el/la **interlocutor(a)** caller, 1.1
el **intermitente** turning signal,
      5.1
   intermitente intermitent
      (adj.)
   internacional international
   interno(a) internal
el/la **intérprete** interpreter
   interrogativo(a) interrogative
   interrumpir to interrupt
   interurbano(a) interurban
   intervenir to intervene
la **intimidad** intimacy
   íntimo(a) close, intimate, 11.2
   introducir (zc) to insert, 1.1;
      to introduce
   invadir to invade
la **invención** invention
la **inversión** investment
la **investigación** investigation
el **invierno** winter, I-9.1
la **invitación** invitation, I-5.2
el/la **invitado(a)** guest, 15.2
   invitar to invite, I-4.2
la **inyección** injection
   ir to go, I-4.1
      ir a... to go to, I-6
      ir de camping to go
         camping, I-16.2
      ir de compras to go
         shopping
      ir de paseo to go for a walk
la **isla** island
el **istmo** isthmus
   italiano(a) Italian, I-2.2
la **izquierda** left, I-5.1
   a la izquierda to the left, I-5.1

J

el **jabón** soap, I-16.2
el **jabón en polvo** powdered
      soap, 13.2
   jamás never, 6
el **jamón** ham, I-15.2

japonés (japonesa) Japanese
el jardín garden, I-6.2
el/la jardinero(a) outfielder
(sports), I-7.2
el/la jefe(a) leader, chief
el jersey sweater, I-13.1
el jet jet, 7.2
el jonrón home run, I-7.2
el/la joven young person
joven young (adj.), I-6.1
las joyas jewelry
la judía verde string bean, 2.1
el/la judío(a) Jew, 12.2
el juego game
el jueves Thursday, I-BV
el/la juez judge, 16.1
el/la jugador(a) player, I-7.1
jugar (ue) to play, I-7.1
el jugo juice
jugoso(a) juicy
julio July, I-BV
la jungla jungle
junio June, I-BV
junto(a) together, 15.1
el juramento oath
justo(a) fair, reasonable

K

el kilogramo kilogram
el kilómetro kilometer

L

la the (f. sing.), I-1.1
el laberinto labyrinth
el labio lip, 4.1
el laboratorio laboratory, 16.2
el/la labrador(a) farm worker, 16.2
labrar (la tierra) to farm (the
land), 16.2
la laca hair spray, 8.2
lacio(a) straight (hair), 8.1
la lactancia nursing period
lado: al lado de to the side of,
8.2
el lago lake, 7.2
la lana wool, 13.2
la langosta lobster, 2.1
la lanza spear
el/la lanzador(a) pitcher, I-7.2
lanzar to throw, I-7.1
el lápiz pencil, I-5.2

largo(a) long, I-13.2
largo: a lo largo de along the
las the (f. pl.)
la lástima pity, 12
ser una lástima to be a pity,
12
lastimarse to get hurt, 4.1
la lata can, 2.2
el latido beat
el latido del corazón
heartbeat
la Latinoamérica Latin America
latinoamericano(a) Latin
American
la latitud latitude
el latín Latin, I-2.2
el lavabo lavatory, 7.1
el lavado wash, 8.2; laundry,
13.2
la lavandería laundromat, 13.2
lavar(se) to wash (oneself),
I-16.1
le (pron.) him, her, you
(form.)
la lección lesson, I-3.2
la lectura reading
la leche milk, I-5.2
el lechón roast suckling pig, 2.1
la lechuga lettuce, I-15.2
leer to read, I-5.2
legendario(a) legendary
la legumbre vegetable, I-15.2
lejano(a) distant
la lengua language, I-2.2; tongue
la lengua materna mother
tongue
lento(a) slow
les (pron.) them, you (form.)
levantar to raise
levantarse to get up, I-16.1
la ley law
la leyenda legend
la libertad freedom
el/la libertador(a) liberator
la libra pound
libre free, I-14.2
la libreta notebook, I-3.2;
passbook, 14.2
el libro book, I-BV
la licencia driver's license, 5.1
el liceo (primary school in
México, but high school in
most places)
ligeramente lightly
ligero(a) light

la lima lime, 9.1
limitar to limit
el límite limit; boundary
el limón lemon, 9.1
la limonada lemonade, I-BV
el limpiaparabrisas windshield
wiper, 5.1
limpiar to clean, 5.2
limpiar en seco to dry
clean, 13.2
la limpieza en seco dry
cleaning, 13.2
limpio(a) clean
la línea line, 1.1
La línea está ocupada. The
line is busy., 1.1
la línea aérea airline, I-8.1
la linfa lymph
la linterna lantern, I-16.2
la liquidación sale
el líquido liquid
líquido(a) liquid (adj.), 2.2
liso(a) straight (hair), 8.1;
smooth
la lista list
la litera berth, I-14.2
la literatura literature
el litro liter
el lobo de mar sea lion
la localidad seat (in theater),
I-12.1
loco(a) crazy
la longitud longitude
la lonja slice, 2.2
los the (m. pl.)
lucir (zc) to display
la lucha fight, battle
luchar to fight
luego then
el lugar place
tener lugar to take place
lujo: de (gran) lujo deluxe
el lujo luxury
la luna de miel honeymoon, 15.2
el lunes Monday, I-BV
la luz light, 10.1

LL

la llamada call, 1
llamar por teléfono to call by
telephone, 1.1
llamarse to be called, named,
I-16.1

la **llanta** tire, **5.1**
la **llanura** plain, **7.2**
la **llave** key, **6.1**
la **llegada** arrival, I-8.1
    el **tablero de llegadas y salidas** arrival and departure board, I-8.1
    llegar to arrive, I-3.1
    llenar to fill, fill out, **4.2**
    llevar to carry, I-3.2; to wear

M

la **madera** wood
la **madre** mother, I-6.1
el/la **madrileño(a)** native of Madrid
la **madrina** godmother, **12.1**; maid of honor, **15.2**
el **madroño** madrone tree
    maestro(a) master, teacher
    magallánico(a) Magellanic
    magnífico(a) magnificent
el/la **mahometano(a)** Muslim
el **maíz** corn, **9.2**
el **mal** illness
    malcriado(a) bad-mannered, spoiled, **11.1**
el **malestar** malaise
la **maleta** suitcase, I-8.1
    hacer la maleta to pack the suitcase, I-8
el/la **maletero(a)** porter, I-8.1; trunk (of car), **5.1**
    malo(a) bad, I-1
la **mamá** mother, I-5.2
el **mamífero** mammal
la **mancha** stain, **13.2**
    manchado(a) stained, **13.2**
    mandar to send, **11**; to rule
    manejar to drive, **10.2**; to manage
    manera way, manner, I-1.1
    de manera que so that, **15**
    de ninguna manera by no means, I-1.1
la **manga** sleeve, I-13.2
el **mango** handle, I-11.2
la **manía** mania
la **mano** hand, I-7.1
    dar la mano to offer one's hand, **11.2**
    el **equipaje de mano** hand baggage, I-8.1

    estrechar la mano to shake the hand, **11.2**
la **mansión** mansion
la **manteca** lard
la **mantequilla** butter, **2.1**
el **mantel** tablecloth, I-15.1
    mantener to maintain
el **mantenimiento** maintenance
la **manzana** apple, **2.1**; (city) block, **10.1**
la **mañana** morning
    esta mañana this morning, I-11.2
    mañana tomorrow (adv.)
el **mapa** map
la **máquina de lavar** washing machine, **13.2**
la **maquinilla** electric hair clipper, **8.2**
el **mar** sea, I-11.1
    maravilloso(a) wonderful
    marcado(a) marked
    marcar to score (sports), I-7.1; to dial, **1.1**
    mareado(a) dizzy
el **marido** husband, I-6.1
el **marisco** shellfish, I-15.2
el **martes** Tuesday, I-BV
    marzo March, I-BV
    más more
la **masa** mass
    la **masa harina** flour
la **máscara de oxígeno** oxygen mask, **7.1**
    masculino(a) masculine
    matar to kill
las **matemáticas** mathematics, I-2.2
la **materia** material, I-2.2
    la **materia prima** raw material
el **material** material
    materno(a) maternal
los **matorrales** underbrush, thickets
la **matrícula** registration
el **matrimonio** wedding; marriage; married couple, bride and groom, **15.1**
    máximo(a) maximum, **10.2**
el/la **maya** Maya, Mayan
    mayo May, I-BV
la **mayonesa** mayonnaise, **2**
    mayor great, greater, greatest; older, **11.1**

la **mayoría** majority
    mayormente principally, mainly
la **mazorca** corn ear
    me (to, for) me
el/la **mecánico** mechanic
la **mecha** lock (of hair), **8.1**
    mechado(a) shreded
la **media** sock, stocking, I-13.1
    media: y media half past the hour
la **medianoche** midnight, I-2
el **medicamento** medication, I-10.2
la **medicina** medicine, I-10
    médico(a) medical
el/la **médico(a)** doctor, I-10.2
la **medida** measurement; method
    medieval medieval
el **medio** mean, way
    medio(a) middle (adj.)
    la **clase media** middle class
    medio: a término medio medium (cooked), I-15.2
el **mediodía** midday, noon, I-2
    medir (i, i) to measure
la **mejilla** cheek, **4.1**
el **mejillón** mussel, **9.2**
    mejor better, **11**
    mejorar to improve
el **melocotón** peach, **9.1**
la **membrana** membrane
la **memoria** memory
    la **carta de memoria** memory chart
    menor younger, **11.1**
la **menora** menorah, **12.2**
    menos less
    a menos que unless, **15**
    menos de less than
el **mensaje** message
    mensualmente monthly
    mental mental
el **menú** menu, I-12.2
el/la **mercader** merchant, **16.1**
el **mercado** market, **2.1**
la **mercancía** merchandise
el **meridiano** meridian
la **merienda** snack, I-4.1
la **mermelada** marmalade
el **mes** month
la **mesa** table, I-12.2
    la **mesa de operaciones** operating table, **4.2**

el/la **mesero(a)** waiter (waitress), I-12.2
la **meseta** plateau, **7.2**
la **mesita** tray table, **7.1**
el **metal** metal
la **meteorología** meteorology
meter to put in, I-7.1
el **método** method
métrico(a) metric
el **metro** meter; subway, I-12.1
mexicano(a) Mexican, I-1.1
mezclar to mix
mi my
mí me
el **microbio** microbe
microscópico(a) microscopic
el **microscopio** microscope
el/la **miembro** member
mientras while
el **miércoles** Wednesday, I-BV
la **migración** migration
mil (one) thousand, I-BV
el **militar** soldier
la **milla** mile
el **millón (de)** million
el/la **millonario(a)** millonaire
mineral mineral, **2.2**
el **ministerio** minestry
el **minuto** minute
mirar to look at, I-3.2
mirarse to look at oneself, I-16.1
la **misa** Mass, **12.2**
la misa del gallo midnight Mass, **12.2**
mismo(a) same; myself, yourself, him/her/itself, ourselves, yourselves, themselves
lo mismo the same
la **mitad** half
la **mitología** mythology
mixto(a) mixed
la **mochila** bookbag, knapsack, I-BV
la **moda** style
de moda in style
los **modales** manners, **11.1**
el **modelo** model
moderado(a) moderate
moderno(a) modern
modesto(a) modest
modificar to modify
el/la **modisto(a)** designer (clothes)

modo: de modo que so that, **15**
la **molécula** molecule
molestar to bother, I-13
el **momento** moment
en este momento at this moment, I-8.1
Un momento, por favor. One moment, please., **1.1**
la **moneda** coin, **1.1**
el **monje** monk
el **monocultivo** monoculture
el **monopatín** skateboard
el **monopolio** monopoly
el/la **monoteísta** monotheist
el **monstruo** monster
la **montaña** mountain, I-9.1
montañoso(a) mountainous
montar to assemble
el **monto** total, **6.1**
el **monumento** monument
el **moño** bun, chignon, **8.1**
moreno(a) dark, I-1.1
morir (ue, u) to die, I-15
el **morrón** large, red, sweet pepper
el **mostrador** counter, I-8.1
mostrar to show
el **motel** motel
el **motivo** motive, reason
el **moto** motorcycle
el **motor** motor, engine, **7.2**
la **motricidad** motor function
mover (ue) to move
el/la **mozo(a)** porter, I-14.1; bellhop, **6.1**; young person
la **muchacha** girl, I-BV
el **muchacho** boy, I-BV
mucho(a) a lot; many, I-5
mucho gusto nice to meet you, I-BV
el **mueble** piece of furniture
el/la **muerto(a)** dead person, **12.1**
la **mujer** woman, I-6.1; wife, **15.1**
la **muleta** crutch, **4.1**
la **multa** fine
multinacional multinational
múltiple multiple
multiplicar to multiply
mundial worldwide
la Copa mundial World Cup
la Serie Mundial World Series

el **mundo** world
el Nuevo Mundo New World
la **muñeca** wrist, **4.1**
el **mural** mural, I-12.2
muscular muscular
el **museo** museum, I-12.2
la **música** music, I-2.2
musical musical, I-12.2
el/la **músico** musician, I-12.2
musulmán(ana) Muslim
muy very, I-1.1

N

nacer (zc) to be born, **12.1**
el **nacimiento** birth, **12.1**
nacional national
la **nacionalidad** nationality, I-1
nada nothing, I-13.1
nadar to swim, I-11.1
nadie no one, nobody, I-13
la **naranja** orange, **2.1**
los **narcóticos** narcotics
natural natural
la **naturaleza** nature
el/la **naturalista** naturalist
la **navaja** razor, I-16.1
navegable navegable
la **Navidad** Christmas, **12.2**
Feliz Navidad Merry Christmas, **12.2**
el regalo de Navidad Christmas present, **12.2**
la víspera de Navidad Christmas eve, **12.2**
necesariamente necessarily
necesario(a) necessary, **11.1**
la **necesidad** necessity
necesitar to need
negativo(a) negative
negociarse to trade
negro(a) black, I-13.2
el **nervio** nerve
nervioso(a) nervous, I-10.1
el **neumático** tire, **5.1**
la **nevada** snowfall, I-9.1
nevar (ie) to snow, I-9.1
Nieva. It is snowing., I-9
la **nevera** refrigerator, **9.1**
ni... ni neither... nor
ni yo tampoco me neither, .I-13
nicaragüense Nicaraguan

el/la **nieto(a)** grandchild, I-6.1
los **nietos** grandchildren, I-6.1
la **nieve** snow, I-9.1
ninguno(a) not any, none, I-1.1
  de ninguna manera by no means, I-1.1
el/la **niño(a)** boy (girl), 12.1
el **nivel** level
  el nivel del mar sea level, 7.2
no no
  No hay de qué. You're welcome., I-BV
el **noble** noble
nocturno(a) nocturnal
la **noche** night
  esta noche tonight, I-11.2
la **Nochebuena** Christmas eve, 12.2
el **nombre** name, 3.1
normal regular, 5.2
el **norte** north, 10.1
norteamericano(a) North American
nos us (pron.)
nosotros(as) we, I-2.2
la **nota** grade, I-3.2; bill, 6.1; note
notable outstanding; notable
notar to note
las **noticias** news, I-5.2
la **novela** novel, I-5.2
el/la **novelista** novelist
el **novenario** nine days of mourning
noveno(a) ninth, I-5.1
noventa ninty, I-BV
noviembre November, I-BV
el/la **novio(a)** fiancé(e), boyfriend (girlfriend), 15.1
la **nube** cloud, I-11.1
nublado(a) cloudy, I-11.1
  Está nublado. It's cloudy., I-11.1
nuclear nuclear, 16.2
  la energía nuclear nuclear energy, 16.2
el **núcleo** nucleus
nuestro(a) our
nueve nine, I-BV
nuevo(a) new, I-6.2
el **número** number, I-8.1
  el número de teléfono telephone number, 1.1

  el número del asiento seat number, I-8.1
  el número del vuelo flight number, I-8.1
numeroso(a) numerous
nunca never, I-13.1
la **nutrición** nutrition
el **nutrimento** nutriment

O

o or
el **objetivo** objective
el **objeto** object
oblicuo(a) angled, oblique
la **obligación** obligation
obligar to force
obligatorio(a) mandatory
la **obra** work, I-12.2
obrar to work
el/la **obrero(a)** worker, 16.1
observar to observe
la **obstetricia** obstetrics
obtener to obtain
obviamente obviously
obvio(a) obvious
la **ocasión** occasion
  de ocasión second hand
occidental western
el **Occidente** West
el **océano** ocean
  el océano Atlántico Atlantic Ocean
  el océano Pacífico Pacific Ocean
octavo(a) eighth, I-5.1
octubre October, I-BV
oculto(a) hidden
ocupado(a) occupied, I-14.2; busy, 1.1
  el tono de ocupado busy tone, 1.1
  La línea está ocupada. The line is busy., 1.1
  Suena ocupado. It is busy., 1.1
ocupar to occupy
ochenta eighty, I-BV
ocho eight, I-BV
el **oeste** west, 10.1
el/la **oferente** offerer
la **oferta** offer
oficialmente oficially
oficiar to officiate, celebrate

la **oficina** office, 16.1
  la oficina de correos post office, 3.2
  la oficina de cambio exchange office, 14.1
el **oficio** trade, 16.2
ofrecer (zc) to offer
el **oído** ear
oír to hear
ojalá (que) I hope (that), 16
la **ola** wave, I-11.1
olímpico(a) Olympic
oliva olive colored
olvidar to forget
  no te olvides don't forget
la **olla** pot, 9.1
omnívoro(a) omnivorous
la **onda** wave, 8.1
  las ondas sonoras sound waves
la **onza** ounce
la **opción** option
la **ópera** opera
el/la **operador(a)** operator, 16.1
la **opereta** operetta
opinar to think; to express an opinion
oponer to oppose
la **oportunidad** opportunity
oprimir to push
la **oración** sentence; prayer
el **orangután** orangutan
la **órbita** orbit
el **orden** order
el **ordenador** computer
la **oreja** ear
orgánico(a) organic
el **organismo** organism
el/la **orientador(a)** counselor, 16.1
oriental eastern
el **origen** origin
original original
originar to originate
originario(a) originating; native, descendant
la **orilla** bank (of a river), I-16.2
el **oro** gold
la **orquesta** orchestra, I-12.2
ortopédico(a) orthopedic, 4.2
el/la **ortopedista** orthopedist, 4.2
el **oso** bear
el **otoño** autumn, I-7.1
otro(a) other, I-2.2
  el uno del otro each other, 11.1

el **out** out (sports), I-7.2
la **ovación** ovation
　ovalado(a) oval
la **oveja** sheep
el **oxígeno** oxygen
　oye listen

P

el **padre** father, I-6.1
los **padres** parents, I-6.1
el **padrino** godfather, **12.1**; best man, **15.2**
los **padrinos** godparents
la **paella** Valencian rice dish with meat, chicken, or fish and vegetables
la **paellera** paella pan
　pagar to pay, I-13.1
el **pago** pay; payment
el **país** country
el **paisaje** countryside
la **paja** straw, **12.2**
el **pájaro** bird
el **paje de honor** usher, **15.2**
la **palabra** word
el **palacio** palace
la **palmadita** slap, **11.2**
　dar palmaditas to slap gently, **11.2**
la **palmera** palm tree
el **palo** club, I-11.2
el **pan** bread, I-15.2
　el pan tostado toast
la **panadería** bakery, **2.1**
el/la **panadero(a)** baker
　panameño(a) Panamanian
el **panqueque** pancake
los **pantalones** pants, I-13.1
　el pantalón corto shorts
　el traje pantalón pantsuit
la **pantalla** screen, I-8.1
　pantanoso(a) swampy, marshy
el **papá** father, I-5.2
la **papa** potato, I-5.2
　las papas fritas french fries, **2.2**
la **papaya** papaya, **9.2**
el **papel** paper, I-BV
　la hoja de papel sheet of paper, I-BV
　el papel higiénico toilet paper, I-16.2
el **paquete** package, **2.2**

el **par** pair
　par equal (adj.)
　para for; to
　　para que in order that, so that, **15.2**
el **parabrisas** windshield, **5.1**
el **parachoques** bumper, **5.1**
la **parada** stop, I-14.2
el **parador** inn
el **paraíso** paradise
el **paramecio** paramecium
　parar to stop, I-7.1
el **parasol** parasol, I-11.1
　parcial: a tiempo parcial part time, **16.2**
　parear to pair, match
　parecer (zc) to seem; to resemble
　parecido(a) similar
la **pareja** couple, **15.1**
el/la **pariente** relative
　los parientes lejanos distant relatives
el **paro** stop, stoppage
el **parque** park, I-6.2
el **parquímetro** parking meter, **10.1**
la **parrilla** grill, **9.1**
la **parte** part
　¿De parte de quién? Who is calling?, **1.1**
　particular private; particular, I-5.1
el **partido** game, I-7.1
　partir to divide
el **pasado** past
　pasado(a) past, gone by
el/la **pasajero(a)** passenger, I-8.1
el **pasaporte** passport, I-8.1
　el control de pasaportes passport inspection, I-8.1
　pasar to pass, I-7.2; to happen
　pasar hambre to go hungry
el **pasatiempo** pastime, hobby
la **Pascua** Easter
el **pase de abordar** boarding pass, I-8.1
el **paseo** stroll, walk
el **pasillo** corridor, I-14.2; aisle, **2.1**
el **paso de peatones** crosswalk, **10.1**
la **pasta dentífrica** toothpaste, I-16.2
el **pastel** pie, **2.1**; pastry, **12.1**

la **pastelería** pastry shop, **2.1**
la **pastilla** pill, I-10.2; bar (of soap), I-16.2
el/la **pastor(a)** shepherd
　el pastor vasco Basque shepherd
la **patata** potato, **2.1**
　paterno(a) paternal
la **patilla** sideburn, **8.1**
el **patín** skate, I-9.2
el **patinadero** skating rink, I-9.2
el/la **patinador(a)** skater, I-9.2
el **patinaje** skating, I-9.2
　el patinaje artístico figure skating, I-9.2
　el patinaje sobre hielo ice-skating, I-9.2
　el patinaje sobre ruedas roller skating, I-9.2
　la pista de patinaje skating rink, I-9.2
　patinar to skate, I-9
el **patio** patio, courtyard
la **patología** pathology
la **patria** homeland, native land
　patrón (patrona) patron
el **pavo** turkey
el **peaje** toll, **10.2**
el **peatón** pedestrian, **10.1**
el **pecho** chest, I-10.2
el **pedacito** piece, **9.2**
la **pedagogía** education, **16.2**
　pedir (i, i) to ask for, I-15.1
el **peinado** hairdo
　el peinado afro afro hairstyle, **8.1**
　peinarse to comb one's hair, I-16.1
el **peine** comb, I-16.2
　pelar to peel, **9.2**
la **película** movie, film, I-5.2
　dar (presentar) una película to show a movie, I-12
el **peligro** danger
　peligroso(a) dangerous
el **pelo** hair, I-16.1
la **pelota** ball, I-7.2
la **peluca** wig
la **peluquería** hair salon, **8.2**
el/la **peluquero(a)** hair stylist, **8.2**
la **península** peninsula
el/la **pensador(a)** thinker
　pensar to think

la **pensión** boarding house, I-16.2; small hotel; room and board
pentecostal Pentecostal
peor worse
el **pepino** cucumber, 9.1
pequeño(a) small, I-2.1
la **pera** pear, 2.1
la **percepción** perception
la **percha** clothes hanger, 6.2
perder (ie) to lose, I-7.1
  perder el autobús to miss the bus, I-12.1
el **perdiz** partridge
perdón excuse me
el **peregrinaje** pilgrimage
el **perfume** perfume
la **perfumería** perfume shop
el **periódico** newspaper, I-5.2
el **período** period, space of time
perjudicial harmful
permanente permanent
el **permiso de conducir** driver's license, 5.1
permitido(a) permitted
permitir to permit
pero but
el/la **perro(a)** dog, I-6.1
la **persecución** persecution
la **persona** person
el **personaje** character
personal personal
personalmente personally
pertenecer (zc) to belong
el **pésame** condolences
pesar to weigh, 3.2
la **pescadería** fish market, 2.1
el **pescado** fish (when caught), I-15.2
el/la **pescador(a)** fisherman(woman)
pescar to fish
el **peso** weight
el **pez** fish (alive)
el/la **pianista** pianist
el **piano** piano, I-4.2
picar to dice, 9.2
el **pico** peak, 7.2
el/la **pícher** pitcher, I-7.2
el **pie** foot, I-3.1
  a pie on foot, I-3.1
la **piel** skin
la **pierna** leg, 4.1
la **píldora** pill, I-10.2
el/la **piloto** pilot, I-8.2

la **pimienta** pepper, I-15.1
el **pimiento** bell pepper, 9.2
el **pinar** pine grove
el **pingüino** penguin
el **pino** pine tree
la **pinta** pint
pintar to paint
el/la **pintor(a)** painter, 16.1
pintoresco(a) picturesque
la **pintura** painting
la **pinza para el cabello** hair clip, 8.2
la **piña** pineapple, 2.1
la **piscina** swimming pool, I-11.2
el **piso** floor, I-5.1
la **pista** trail, I-9.1; runway, 7.2
  la pista de patinaje skating rink, I-9.2
la **pizarra** chalkboard, I-BV
el **pizarrón** chalkboard, I-3.2
la **pizca** pinch
la **placa** license plate
el **plan** plan
la **plancha** iron, 13.2
la **plancha de vela** sailboard, I-11.1
planchar to iron, 13.2
el **planeta** planet
la **planta** floor; plant, I-6.2
  la planta baja ground floor, I-5.1
plantar to plant
plástico(a) plastic; **de plástico** plastic, 2.2
  la bolsa de plástico plastic bag, 2.2
la **plata** silver
el **plátano** plantain; banana, 9.2
el **platillo** base (sports), I-7.2; saucer, I-15.1
el **platino** platinum
el **plato** plate, dish, I-15.1
la **playa** beach, I-11.1
playero(a) of the beach (adj.), I-11.1
  la toalla playera beach towel, I-11.1
plegable folding, I-11.1
el/la **plomero(a)** plumber, 16.2
plomo: con plomo leaded, 5.2; **sin plomo** unleaded, 5.2
la **pluma** feather
el **plumaje** plummage

la **población** population, 16.2
pobre poor
la **poción** potion
poco(a) little, small (amount), I-5.2
  poco a poco little by little
poder (ue) to be able, I-7.1
el **poder extranjero** foreign power
el **poema** poem
polar polar
el/la **policía** police officer, 16.1
político(a) political
los **políticos (parientes)** in-laws, 6
el **polo** pole
  polvo: en polvo powdered, 2.2
el **pollo** chicken, I-15.2
el **poncho** poncho, cape
poner to put, I-8.1
  ponerse to put on, I-16.1
  poner al fuego to put on the fire, 9.2
  poner la mesa to set the table
popular popular, I-2.1
la **popularidad** popularity
poquito más a little more
por about, for, by
  por consiguiente consequently
  por ejemplo for example
  por encima over, I-7.2
  por eso therefore
  por favor please, I-BV
  por lo menos at least
  por supuesto of course
  ¿por qué? why?
la **porcelana** porcelain
la **porción** portion
porque because
la **portería** goal, I-7.1
el/la **portero(a)** goalkeeper, I-7.1
posible possible, 11
positivo(a) positive
postizo(a) false
el **postre** dessert, I-5.2
el/la **practicante** hospital nurse
practicar to practice
precario(a) precarious
el **precepto** precept
el **precio** price, I-13.1
precioso(a) precious, beautiful, I-6.2
la **precipitación** precipitation

precisamente precisely
precolombino(a) pre-Columbian
predominante predominant
la preferencia preference
preferir (ie, i) to prefer, I-7
el prefijo prefix
    el prefijo del país country code, 1.1
    el prefijo telefónico area code, 1.1
la pregunta question
preguntar to ask
el premio prize
la prenda garment, article of clothing
preocuparse to worry
la preparación preparation
preparar to prepare, I-4.1
la presencia presence
presentar to present, I-12
    presentar (dar) una película to show a movie, I-12
el presente present
el/la presidente(a) president
la presión pressure, 5.2
    la presión arterial blood pressure, 4.2
presunto(a) presumed
pretender (ie) to seek
el pretendiente suitor
primario(a) primary
la primavera spring, I-7.2
primer, primero(a) first, I-BV
primitivo(a) primitive
el/la primo(a) cousin, I-6.1
principal main
principiante beginning, I-9.1
principio: al principio in the beginning
la prioridad priority
la prisa haste, hurry
    dar prisa to rush, hurry
    de prisa fast
el/la prisionero(a) prisoner
privado(a) private, I-5.1
la privatización privatization
privatizar to privatize
probable probable, 11
probar (ue) to try; to taste
el problema problem
la procesión procession
el proceso process
producir (zc) to produce
productivo(a) productive

el producto product
el/la productor(a) producer
la profesión profession; career, 16.1
profesional professional (adj.)
el/la profesional professional
el/la profesor(a) teacher, I-2.1
el/la profeta prophet
profundo(a) profound
el programa program
el/la programador(a) programmer, 16.1
el progreso progress
prohibido(a) forbidden, 10.2
prohibir to prohibit
la promesa promise
el/la prometido(a) fiancé(e)
la propiedad property
el/la propietario(a) owner
la propina tip, I-12.2
propio(a) one's own
la protección protection
protector(a) protective, protecting, I-11.1
proteger to protect
la proteína protein, I-10.2
protestante Protestant
el provecho benefit, advantage
    buen provecho enjoy your meal
proveer to provide
la provincia provence
la proximidad proximity, nearness
próximo(a) next, I-14.2
la prueba test
publicado(a) published
la publicidad advertising
el público public; audience, I-12.2
público(a) public (adj.)
el pueblo town, I-5.1; people
el puente bridge
el puerco pork
la puerta gate, I-8.1; door, 5.1
    la puerta de salida departure gate, I-8.1; exit door, 7.1
el puerto port
puertorriqueño(a) Puerto Rican, I-2
pues well
el puesto stall, 2.1
la pulgada inch
pulmonar pulmonary

la pulsación beat
el pulso pulse, 4.2
el punto dot, I-3.1; stitch, 4.2
    en punto on the dot, I-3.1

Q

que that
¿qué? what?; how?, I-BV
    ¿Qué es? What is it?, I-BV
    ¿Qué tal? How are you?, I-BV
    ¿Qué hora es? What time is it?, I-2
    ¿Qué tiempo hace? What's the weather like?, I-9.1
quedarse to stay, remain, I-13.2
    quedar empatado(a) to end up tied (sports), I-7.1
    me queda bien it fits me, I-13.2
querer (ie) to want, I-7; to love, 15.1
    querer decir to mean
el queso cheese, I-15.2
¿quién? who?, I-BV
    ¿De parte de quién? Who is calling?, 1.1
    ¿Quién es? Who is it?, I-BV
la química chemistry, I-2.2
el/la químico chemist
químico(a) chemical
la quinceañera young woman's fifteenth birthday, 12.1
quinto(a) fifth, I-5.1
el quiosco newstand, I-14.1
el quirófano operating room, 4.2
    quitar del fuego to take off the fire, 9.2
quizá(s) perhaps, 16.2

R

el radiador radiator, 5.2
radical radical
radioactivo(a) radioactive
la radiografía X ray, 4.2
rallar to grate, 9.2
la rama branch
el/la ranchero(a) rancher
la ranura slot (for money), 1.1

rápidamente quickly
rápido fast, I-9.1
la raqueta raquet, I-11.2
el rasgo feature
el ratón mouse
la raya part (in hair), 8.1
    rayas: a rayas striped,
       I-13.2
el rayo ray
los rayos esquis X ray, 4.2
la razón reason
    razonable reasonable
    real real, actual
    realista realistic
    realizar to carry out, put into
       effect
    realmente really; actually
la rebaja reduction
la rebanada slice, 9.2
    rebanar to slice, 9.2
la rebelión rebellion
el recado message
    recambio: de recambio spare,
       5.1
la recepción reception, 6.1
el/la recepcionista receptionist, 6.1
el/la receptor(a) catcher (sports),
       I-7.2
la receta prescription, I-10.2;
       recipe
    recetar to prescribe, I-10
    recibir to receive, I-6
el recibo receipt
el/la recién casado(a) newlywed,
       15.2
    reciente recent
    recientemente recently
    reclamar to claim, I-8.2
el reclamo de equipaje baggage
       claim, I-8.2
    recoger to pick up, collect,
       I-8.2
la recomendación
       recommendation
    recomendar (ie) to
       recommend, 13.2
    reconocer (zc) to recognize
    reconstruir to reconstruct
    recordar (ue) to remember
el recorrido distance traveled,
       trip
    recortar to trim, 8.2
el recorte trim, 8.2
el recurso resource

los recursos naturales
       natural resources
la red net, I-7.2; network
la rededicación rededication
    redondo(a) round
    reducido(a) reduced
    reducir (zc) to reduce, 4.2
    referir (ie) to refer
    reflejar to reflect
el refrán proverb
el refresco soft drink, I-4.1
el refrigerador refrigerator, 9.1
el refugio refuge
el regalo gift, I-6.2
    el regalo de Navidad
       Christmas present, 12.2
    regatear to bargain
el regateo bargaining
el régimen regimen
la región region
la regla rule
el reglamento rule
    regresar to return
el regreso return
    regulador regulating (adj.)
    regular regular (adj.)
    regular to regulate
    reinar to reign
el reino kingdom
la relación relationship
    relacionar to relate
    relativamente relatively
    religioso(a) religious
    rellenar to fill
el/la remitente sender, 3.1
    remontar to go back (to some
       date in time)
    remoto(a) remote
    repartir to deliver, 3.2
el reparto delivery, 3.2
    repetir (i, i) to repeat, I-15
la representación performance,
       I-12.2
el/la representante representative
    representar to represent
la reproducción reproduction
el reptil reptile
la república republic
    repuesto: de repuesto spare,
       5.1
    requerir (ie) to require, 16.2
    resbalarse to slip, 4.1
la reserva reserve
la reservación reservation, 6.1
    reservado(a) reserved, I-14.2

    reservar to reserve, 6.1
el resfriado (head) cold
la residencia residence, home
    residencial residential
    resolver (ue) to resolve
el respaldo seatback, 7.1
el respeto respect
la respiración breathing
    respirar to breathe
    responder to respond, answer
la responsabilidad responsibility
el restaurante restaurant, I-12.2
los restos remains
la restricción restriction
el resultado result
    resultar to result
la resurrección resurrection
    retirar to withdraw, 14.2
    retirar del fuego to take off
       the fire, 9.2
    retirarse to retire
el retiro withdrawal, 14.2
    el formulario de retiro
       withdrawal slip, 14.2
el retraso delay, I-14.2
    con retraso late, I-14.2
el retrato portrait
    reunirse to get together, 12.1
    revés: al revés the contrary
    revisar to inspect, I-8; to
       check, 5.2
el/la revisor(a) (train) conductor,
       I-14.2; auditor, 16.1
la revista magazine, I-5.2
    revolucionario(a)
       revolutionary
    revolver (ue) to stir, 9.1
    revueltos scrambled (eggs)
el rey king
los Reyes Magos Three Wise
       Men, 12.2
    el Día de los Reyes Day of
       the Three Kings
    rico(a) rich; tasty, I-15.2
    rigor: de rigor essential
    riguroso(a) rigorous
el río river, I-16.2
el rito rite
el rizado curling, 8
    rizado(a) curly, 8.1
el rizador curling iron, 8.2
    rizar to curl, 8
el rizo curl, 8.1
    robar to steal, I-7.2
    rodar (ue) to roll

la **rodilla** knee, **4.1**
rogar (ue) to beg; to request, **12**
rojo(a) red, I-13.2
el **rollo** roll (of paper), I-16.2
el/la **romano(a)** Roman
romántico(a) romantic
romperse to break, **4.1**
la **ropa** clothes, I-8.2
la **rotación** rotation
el **rótulo** sign, **10.2**
rubio(a) blond(e), I-1.1
la **rueda** wheel, roller, I-9.2
el **ruido** noise
la **ruina** ruin
el **rulo** hair roller, **8.2**
rumbo a toward, in the direction of
la **ruta** route
rutinario(a) routine

S

el **sábado** Saturday, I-BV
la **sábana** sheet, **6.2**
saber to know how, I-9.1
sacar to get, receive, I-3.2; to take out, **13.2**
el **sacerdote** priest
el **saco** jacket, I-13.1; sack
el **saco de dormir** sleeping bag, I-16.2
el **sacramento** sacrament
sacrificar to sacrifice
el **sacrificio** sacrifice
sagrado(a) sacred
la **sal** salt, I-15.1
la **sala** living room, I-4.1
la **sala de clase** classroom, I-3.1
la **sala de emergencia** emergency room, **4.1**
la **sala de espera** waiting room, I-14.1
la **sala de operaciones** operating room, **4.2**
la **sala de recepción** waiting room, **4.2**
la **sala de recuperación** recovery room, **4.2**
la **sala de restablecimiento** recovery room, **4.2**
la **sala de urgencias** emergency room, **4.1**

el **salario** salary
la **salchicha** sausage, **9.1**
el **saldo** total; balance (bank), **14.2**
la **salida** departure, I-8.1; exit, **7.1**
la **puerta de salida** departure gate, I-8.1
la **salida de emergencia** emergency exit, **7.1**
el **tablero de llegadas y salidas** arrival and departure board, I-8.1
salir to leave, I-8.1; to go out
el **salón de clase** classroom, I-3.1
el **salón del hotel** hotel ballroom, **12.1**
la **salsa** sauce
saltar de to jump out
la **salud** health
saludable healthy
saludar to greet, **11.1**
el **saludo** greeting
las **sandalias** sandals, I-13.1
la **sandía** watermelon, **9.2**
el **sándwich** sandwich, I-5.2
la **sangre** blood
la **sanidad** health
el/la **santo(a)** saint
el/la **sartén** frying pan, **9.1**
satisfacer to satisfy
el **saxofón** saxophone
el **secador** hair dryer, **8.2**
la **secadora** clothes dryer, **13.2**
secar to dry
la **sección** section
la **sección de no fumar** nonsmoking section, I-8.1
seco(a) dry
el/la **secretario(a)** secretary, **16.1**
el **secreto** secret, **11.1**
el **sector** section
secundario(a) secondary, I-1.1
la **escuela secundaria** high school, I-1.1
secuoya sequoia
la **sed** thirst, I-15.1
tener sed to be thirsty, I-15.1
el **sedán** sedan, **5.1**
el/la **sefardí** Sephardic Jew
el **segmento** segment
segregar to segregate

seguida: en seguida at once, immediately
seguir (i, i) to follow, I-15; to continue
según according to
segundo second, I-5.1
la **seguridad** security, I-8.1
el **control de seguridad** security inspection, I-8.1
seguro(a) reliable, dependable; sure; safe, **12**
el **seguro social** social security
seis six, I-BV
la **selección** selection
la **selva** rainforest
el **sello** stamp, **3.1**
el **semáforo** traffic light, **10.1**
la **semana** week, I-11.2
la **semana pasada** last week, I-11.2
la **Semana Santa** Holy Week
el **semestre** semester
el/la **senador(a)** senator
sencillo(a) simple, I-14.1; single, **6.1**
la **senda** path, **13.1**
el **sendero** path, **13.1**
la **sensación** sensation
sensible sensitive
sentarse (ie) to sit down, I-16.1
me sienta bien it fits me well, I-13.1
el **sentido** sense; way, direction, **10.2**
de sentido único one way
sentirse (ie) to feel, **12**
la **señal** dial tone, **1.1**; signal, **7.1**
la **señal de no fumar** no smoking signal, **7.1**
señalar to point out
el **señor** Mr., sir, I-BV
la **señora** Mrs., ma'am, I-BV
la **señorita** Miss, I-BV
separado(a) separated
separar to separate
septiembre September, I-BV
séptimo(a) seventh, I-5.1
el **ser** being
el **ser viviente** living being
ser to be, I-1
ser una lástima to be a pity, **12**

la **serie** series
    la Serie Mundial World
    Series
  serio(a) serious, I-1.2
el **servicio** service
    el servicio de primer
    socorro first aid service,
    4.1
    el servicio de primeros
    auxilios first aid service,
    4.1
el/la **servidor(a)** servant
    su seguro servidor your
    humble servant
la **servilleta** napkin, I-15.1
  servir (i, i) to serve, I-15.1
  sesenta sixty, I-BV
la **sesión** session; sitting, I-12.1
  setenta seventy, I-BV
  severo(a) severe
el **sexo** gender
  sexto(a) sixth, I-5.1
  si if
  sí yes
el **SIDA** AIDS
  siempre always, I-5.2
la **sierra** mountain range
la **siesta** nap, I-11.1
    echar (tomar) una siesta to
    take a nap, I-11.1
  siete seven, I-BV
el **siglo** century
el **significado** meaning
  significar to mean
  siguiente following
la **silla** chair, I-BV
    la silla de ruedas
    wheelchair, 4.1
    la silla plegable folding
    chair, I-11.1
el **sillín** seat
  simpático(a) pleasant,
  likeable
  simple simple
  simplemente simply
  sin without
    sin embargo nevertheless
    sin escala nonstop
    sin que without, 15
la **sinagoga** synagogue
  sincero(a) sincere, I-1.2
  sino but
el **sinónimo** synonym
el **síntoma** symptom, I-10.2
la **sirena** siren

el **sistema** system
    el sistema nervioso
    nervous system
la **situación** situation
  situar to situate
el **slálom** slalom, I-9.1
el **sobre** envelope, 3.1
  sobre above, over, 7.1; about
    sobre todo especially, above
    all
el/la **sobrecargo** flight attendant,
  7.1
  sobresaliente outstanding
  sobrevolar to fly over, 7.2
la **sobrina** niece, I-6.1
el **sobrino** nephew, I-6.1
los **sobrinos** niece(s) and
  nephew(s), I-6.1
  social social
la **sociedad** society
  sociología sociology, I-2.2
el/la **sociólogo(a)** sociologist
el/la **socorrista** first aid worker, 4.1
el **socorro** help
el **sodio** sodium
  sofisticado(a) sophisticated
el **sol** sun, I-11.1
    Hay sol. It's sunny., I-11.1
    tomar el sol to sunbathe,
    I-11.1
  solamente only
el/la **soldado** soldier
  solemne solemn
  soler (ue) to tend to, to be
  accustomed, to be in the
  habit of
    suelen servir they usually
    serve
    solemos decir we usually
    say
  solicitar (trabajo) to apply for
  (work), 16
la **solicitud de empleo** job
  application, 16.2
  sólido(a) solid
  solitario(a) solitary, lone
  solo(a) alone
  sólo only
la **solución** solution
la **sombra** shade
el **sombrero** hat, I-13.1
la **sombrilla** umbrella, I-11.1
  somos we are, I-2.2
  son they/you (pl. form.) are,
  I-2.1

  sonar (ue) to ring, 1.1
    Suena ocupado. It is busy.,
    1.1
el **sonido** sound
la **sopa** soup, I-5.2
  soplar to blow
  soportar to support
el **soroche** mountain sickness
  sorprender to surprise, I-13
la **sortija** ring, 15.1
    la sortija de compromiso
    engagement ring, 15.1
el **sostén** support
  sostener to sustain
  soy I am, I-1.2
  su his, her, your (form.), their
  suave soft
la **subcultura** subculture
  subir to go up, I-5.1; to take
  up, 6.1
    subir a to get on, to board,
    I-8.1
  subscribir to subscribe
  subsistir to continue to exist
la **substancia** substance
  subterráneo(a) underground,
  I-12
el **subtítulo** subtitle
los **suburbios** suburbs, I-5.1
  sucesivo(a) successive
  sucio(a) dirty, 13.2
la **sucursal** branch (office)
  sudamericano(a) South
  American
la **suegra** mother-in-law
el **suegro** father-in-law
el **suelo** ground, I-7
el **sueño** dream
la **suerte** luck, 15.2
el **suéter** sweater, I-13.1
  suficiente sufficient, enough,
  5.1
  sufrir to suffer
  sugerir (ie) to suggest, 12
  suizo(a) Swiss
  sumamente extremely
  sumo(a) highest, greatest
  súper super, 5.2
la **superficie** surface
  superior superior; higher; top,
  upper
el **supermercado** supermarket,
  2.1
  supervisar to supervise

supuesto: por supuesto of course

el sur south, 10.1

el suroeste southwest

suspenso(a) failing

la sustancia substance

sustituir to substitute

la sutura stitch, 4.2

T

el T shirt T shirt, I-13.1

el tabaco tobacco

la tabla hawaiiana surf board

el tablero scoreboard, I-7.2; board, I-8.1

    el tablero de llegadas y salidas arrival and departure board, I-8.1

    el tablero indicador scoreboard, I-7.1

la tableta tablet

el tacón heel, I-13.2

la tajada slice, 2.2

    tal such

    tal vez perhaps, 16

el talco talcum powder

el talento talent

    talentoso(a) talented; gifted

el talón luggage claims ticket, I-8.1

el talonario check book, 14.2

la talla size, I-13.1

el taller artisan's shop, 16.1

el tamaño size, I-13.1

    también also, too, I-1.1

    tampoco neither, either

    ni yo tampoco me neither, I-13

    tan so

    tan pronto como as soon as, 15

el tanque tank, 5.2

el tanto point (score), I-7.1

la tapa cover, 9

    tapar to cover, 9.2

la taquilla ticket office, I-12.1

la tarde afternoon

    esta tarde this afternoon, I-11.2

    tarde late, I-8.1

la tarifa fare, rate

la tarjeta card, I-5.2; registration card, 6.1

la tarjeta de crédito credit card, I-13.1

la tarjeta de embarque boarding card, I-8.1

la tarjeta postal postcard, I-5.2

la tasa de cambio exchange rate, 14.1

el taxi taxi, I-8.1

la taza cup, I-15.1

    te you (fam. pron.)

el té tea

    teatral theatrical, I-12.2

el teatro theater, I-12.2

la tecla key, 1

el teclado keypad, 1.1

la técnica technique

    técnico(a) technical

el/la técnico(a) technician, 4.2

la telecomunicación telecommunication

    telefonear to telephone, 1.1

    telefónico(a) pertaining to the telephone, 1.1

el/la telefonista telephone operator

el teléfono telephone, I-4.1

    por teléfono on the phone, I-4.1

el telégrafo telegraph

la telenovela soap opera, I-5.2

el telesilla chair lift, I-9.1

el telesquí ski lift, I-9.1

la televisión television, I-4.1

el televisor television set, 6.2

el telón curtain, I-12.2

el tema theme

    temer to be afraid, 11

    temerario(a) reckless

la temperatura temperature, I-9.1

la tempestad storm

    templado(a) temperate

el templo temple

    tender (ie) to tend

    tender la cama to make the bed, 6.2

el tenedor fork, I-15.1

    tener to have, I-6.1

    tener... años to be... years old, I-6.1

    tener cuidado to be careful

    tener hambre to be hungry, I-15.1

    tener lugar to take place

    tener miedo to be afraid, 11

    tener que to have to, I-6

    tener que ver con to have to do with

    tener sed to be thirsty, I-15.1

los tenis tennis shoes, I-13.1

el tenis tennis, I-11.2

    la cancha de tenis tennis court, I-11.2

    el juego de tenis tennis game, I-11.2

la tensión arterial blood pressure, 4.2

la teoría theory

    tercer(o) (tercera) third, I-5.1

    terminar to end, finish

el término term, word

la ternera veal chop, 2.1

la terraza terrace

el terreno land, terrain

el territorio territory

    terrorista terrorist

el tesoro treasure

la tía aunt, I-6.1

el tiempo time, I-7.1; weather

    a tiempo on time, I-8.1

    a tiempo completo full time, 16.2

    a tiempo parcial part time, 16.2

    al mismo tiempo at the same time

    hace mucho tiempo a long time ago

la tienda store, I-4.1

    armar una tienda to put up a tent, I-16.2

    la tienda de abarrotes grocery store, 2.1

    la tienda de campaña tent, I-16.2

    la tienda de departamento department store

    la tienda de ropa para caballeros (señores) men's clothing store, I-13.1

    la tienda de ropa para damas (señoras) women's clothing store, I-13.1

la tienda por
departamentos
department store, **16.1**
la tierra land
la Tierra Santa Holy Land
el tigre tiger
las tijeras scissors, **8.2**
el timbre tone
tímido(a) timid, shy, I-1.2
el tímpano ear drum
tinto(a) red
la tintorería dry cleaners, **13.2**
el tío uncle, I-6.1
los tíos aunt(s) and uncle(s), I-6.1
típicamente typically
típico(a) typical
el tipo type
el tipo de cambio exchange rate,
14.1
¿Cuál es el tipo de cambio?
What is the exchange
rate?, **14.1**
tirar to throw, I-7.1
titulado(a) entitled
el título degree
el título universitario
university diploma, **16.2**
la tiza chalk, I-BV
la toalla playera beach towel,
I-11.1
el tobillo ankle, **4.1**
tocar to play (an instrument),
I-4.2; to touch, I-7
el tocino bacon
todavía yet, still
todavía no not yet, **6**
todo everything
todo(a) every, all, I-4.2
en todas partes everywhere
sobre todo especially
todo el mundo everybody
tomar to take, I-3.2; to drink,
I-4.1
tomar el sol to sunbathe,
I-11.1
tomar una ducha to take a
shower, I-16.2
el tomate tomato
la tonelada ton
el tono dial tone, **1.1**; pitch
el tono de ocupado busy
tone, **1**
la tonsura tonsure
torcer (ue) to twist, **4.1**
el/la torero(a) bullfighter

el toro bull
la toronja grapefruit, **9.1**
la torre tower
la torre de control control
tower, **7.2**
tórrido(a) torrid
la torta cake, **12.1**
la tortilla tortilla, I-15.2
torturar to torture
la tos cough, I-10.1
toser to cough, I-10.1
tostadito(a) tanned
el tostón fried plantain slice
el total total, **6.1**
totalmente totally
tóxico(a) toxic
el/la trabajador(a) worker, **16.1**
trabajar to work, I-4.1
el trabajo work, job, **16.1**
el trabajo a tiempo
completo (parcial) full-
time (part-time) job, **16.2**
la tradición tradition
tradicional traditional
la traducción translation
traer to bring, I-8
el tráfico traffic, **5.1**
la tragedia tragedy
el traje suit, I-13.1
el traje de baño bathing
suit, I-11.1
el traje pantalón pantsuit
tranquilamente peacefully
transbordar to transfer, I-14.2
el tránsito traffic, **5.1**
transmitir to transmit
el transporte transportation, I-12
trasero(a) back, rear
trasladar to transfer
el tratado treatise
el tratamiento treatment
tratar to deal with; to treat
tratar de to be about; to try
través: a través de through,
across
treinta thirty, I-BV
el tren train, I-14.1
el tren de vía estrecha
narrow gauge train
subir al tren to get on the
train, I-14.2
la trenza braid, **8.1**
tres three, I-BV
la tribu tribe
el tribunal court, **16.1**

el trigo wheat
la trigonometría trigonometry,
I-2.2
la tripulación crew, I-8.2
triste sad, I-10.1
triunfante triumphant
triunfar to win, triumph
el trocito piece, **9.2**
la trompeta trumpet, I-4.2
el tronco trunk
tropical tropical
el truco trick, device
tu your (sing. fam.)
tú you (sing. fam.)
el tubo tube, I-16.2
la tumba tomb, **12.1**
la turbulencia turbulence
turbulento(a) turbulent
el turismo tourism
el/la turista tourist, I-12.2
tutear to be on familiar terms
with, **11**

U

u or (used instead of o before
words beginning with o or
ho)
Uds., ustedes you (pl. form.),
I-2.2
último(a) last
un(a) a, an, I-BV
único(a) only
la unidad unit
la unidad de cuidado intensivo
intensive care area, **4.2**
el uniforme uniform
unir to unite
la universidad university
universitario(a) pertaining to
the university, **16.2**
el título universitario
university diploma, **16.2**
uno one, I-BV
el uno del otro each other,
11.1
unos cuantos a few
uruguayo(a) Uruguayan
usado(a) used
usar to use
el uso use
útil useful
utilizar to use
la uva grape, **2.1**

V

va he/she/it goes
la vaca cow
las vacaciones vacation
el vacío vacuum
el vagón train car, I-14.1
valiente brave, valient
valer to be worth
   vale la pena it's worth it
el valor value
el valle valley, 7.2
vamos we go, we are going
van they/you (pl. form.) go,
   I-4.1
la variación variation
variar to vary
la variedad variety
vario(a) various, varied
varios(as) several
el varón male
vas you (sing. fam.) go, you
   are going
el vaso (drinking) glass, I-5.2
el váter toilet, 6.2
veces: a veces sometimes,
   I-5.2
la vegetación vegetation
el vegetal vegetable, I-15.2
el/la vegetariano(a) vegetarian
el vehículo vehicle
veinte twenty, I-BV
la vela candle, 12.1
la velocidad speed, 10.2
   la velocidad máxima speed
      limit, 10.2
vencer to overcome, conquer
la venda band aid, 4.2
el vendaje bandage, 4.2
el/la vendedor(a) salesperson
vender to sell, I-5.2
venenoso(a) poisonous
venezolano(a) Venezuelan
venir to come
la venta sale
   en venta for sale
la ventaja advantage
la ventanilla ticket window,
   I-9.1; window, 3.2
ver (irreg.) to see, to watch,
   I-5.2
el verano summer
el verbo verb
la verdad truth, I-1.1

¿No es verdad? Isn't it
   true?, I-1.1
¿verdad? right?, I-1.1
verde green, I-13.2
verdadero(a) real, true
la verdulería greengrocer shop,
   2.1
el/la verdulero(a) greengrocer
la verdura vegetable, I-15.2
verificar to check, 5.2; to
   verify, 14.2
versátil versatile
la versión version
el vestido dress, I-13.1
   el vestido de boda wedding
      dress
vestirse (i, i) to get dressed,
   I-16.1
la vez time
   de vez en cuando now and
      then
   en vez de instead of
la vía track, I-14.1
viajar to travel
el viaje trip, I-8.1
   el viaje de novios
      honeymoon trip, 15.2
   hacer el viaje to make the
      trip, I-8.1
el/la viajero(a) traveler
la víbora snake
la vibración vibration
vibrar to vibrate
la victoria victory
victorioso(a) victorious
la vida life
viejo(a) old, I-6.1
el viento wind, I-11.1
   Hace viento. It's windy.,
      I-11.1
el viernes Friday, I-BV
vigilar to guard
el vino wine
el violín violin, I-4.2
virar to turn
el virus virus
la visita visit
la víspera de Navidad Christmas
   eve, 12.2
la vista view, I-6.2
la vitamina vitamin, I-10.2
la vitrina shop window, I-13.1
el/la viudo(a) widower, widow
la vivienda housing
vivir to live, I-5.1

vivo(a) live; bright, vivid
el vocabulario vocabulary
volar (ue) to fly
volcán volcano
el vólibol volleyball, I-7.2
el volumen volume
volver (ue) to go back, I-7.1
   volver a to do again, I-7.1
vosotros(as) you (pl. fam.)
voy I go, I am going
el vuelo flight, I-8.1
   el/la asistente(a) de vuelo
      flight attendant, I-8.2
   el número del vuelo flight
      number, I-8.1
la vuelta turn; rotation
   dar vuelta to go around
vuestro(a) your (pl. fam.)

Y

y and, I-1.2
ya already, 6.1
   ya no no longer
el yate yacht
el yen yen
el yeso cast, 4.2
yo I, I-1.2

Z

la zanahoria carrot, 2.2
las zapatillas de baloncesto
   tennis shoes
el zapato shoe, I-13.1
el zíper zipper, I-13.2
la zona district, zone
   la zona postal zip code, 3.1
la zoología zoology
el zoológico zoo
el zumo de naranja orange juice

510

VOCABULARIO
INGLÉS-ESPAÑOL

The *Vocabulario inglés-español* contains all productive vocabulary from Levels 1 and 2. The numbers following each entry indicate the chapter and vocabulary section in which the word is introduced. For example, **2.2** means that the word first appeared actively in Level 2, *Capítulo 2, Palabras 2*. Boldface numbers without a *Palabras* reference indicate vocabulary introduced in the grammar sections of the given chapter of Level 2. Numbers preceded by I indicate vocabulary introduced in Level I; I-BV refers to the Level 1 introductory *Bienvenido* chapter.

The following abbreviations are used in this glossary.

adj.	adjective
adv.	adverb
conj.	conjunction
dem. adj.	demonstrative adjective
dem. pron.	demonstrative pronoun
dir. obj.	direct object
f.	feminine
fam.	familiar
form.	formal
ind. obj.	indirect object
inf.	infinitive
inform.	informal
interr.	interrogative
interr. adj.	interrogative adjective
interr. pron.	interrogative pronoun
inv.	invariable
irreg.	irregular
m.	masculine
n.	noun
past. part.	past participle
pl.	plural
poss. adj.	possessive adjective
prep.	preposition
pron.	pronoun
sing.	singular
subj.	subject
subjunc.	subjunctive

A

a, an un(a), I-BV
above sobre, 7.1; arriba, 8.2
to accelerate acelerar, 5.1
accident el accidente, 4.1
account la cuenta, 14.2
accountant el/la contable, 16.1
to ache doler (ue), I-10.2
  it hurts, aches me duele, I-10
active activo(a), 16.2
actor el actor, I-12.2
actress la actriz, I-12.2
to add agregar, 9.2
address la dirección, 3.1
admission ticket la entrada, I-7.2
to adore adorar, 1.2
to advise aconsejar, 12.2
aerobic aeróbico(a), I-10.2
aerogram el aerograma, 3.1
afro hairstyle el peinado afro, 8.1
after después de, I-4.1; después de que, 15
afternoon la tarde
  good afternoon buenas tardes, I-BV
  this afternoon esta tarde, I-11.2
agent el/la agente, I-8.1
agriculture la agricultura, 16.2
aisle el pasillo, 2.1; 7.1
air el aire, 5.2
air conditioning el aire acondicionado, 6.2
airline la línea aérea, I-8.1
air mail por correo aéreo, 3.2
airplane el avión, I-8.1
airport el aeropuerto, I-8.1
algebra el álgebra, I-2.2
allergy la alergia, I-10.2
already ya, 6.1
also también, I-1.1
altar el altar, 15.2
although aunque, 15
altitude la altura, la altitud, 7.2
always siempre, I-5.2
am soy, I-1.2
ambulance la ambulancia, 4.1
American americano(a), I-1.2
and y, I-1.2
anesthetist el/la anestesista, 12
to anger enojar, enfadar, I-13

ankle el tobillo, 4.1
to announce anunciar, 15.1
announcement el anuncio, 7.1
to annoy enojar, enfadar, I-13
anorak el anorak, I-9.1
answering machine el contestador automático, 1.1
apartment el apartamento, I-5.1
to applaude aplaudir, I-12.2
apple la manzana, 2.1
application la solicitud, 16.2
  job application la solicitud de empleo, 16.2
to apply for (work) solicitar (trabajo), 16
to approach acercarse, 11.2
April abril (m.), I-BV
aquatic acuático(a), I-11.1
architecture la arquitectura, 16.2
are son, I-2.1; están, I-4.1
area code la clave de área, el código de área, el prefijo telefónico, 1.1
Argentinian argentino(a), I-2.1
arithmetic la aritmética, I-2.2
arm el brazo, 4.1
around alrededor de, I-6.2
arrival la llegada, I-8.1
  arrival and departure board el tablero de llegadas y salidas, I-8.1
to arrive llegar, I-3.1
art el arte, I-2.2
arterial arterial, 4.2
artisan el/la artesano(a), 16.1
artisan's shop el taller, 16.1
artist el/la artista, I-12.2
artistic artístico(a), I-12
as soon as en cuanto, 1.2; tan pronto como, 15
to ask for pedir (i, i), I-15.1
to assist asistir, I-5.2
at once enseguida, I-16.1
to attend asistir, I-5.2
attendant el/la empleado(a), 5.2
attractive atractivo(a), I-1.2
audience el público, I-12.2
auditor el/la revisor(a), 16.1
August agosto (m.), I-BV
aunt la tía, I-6.1
aunt(s) and uncle(s) los tíos, I-6.1
author el/la autor(a), I-12.2

automatic automático(a), 1.1
autumn el otoño, I-7.1
avenue la avenida, I-5.1
avocado el aguacate, 9.2

B

back la espalda, 11.2
backpack la mochila, I-14.1
bad malo(a), I-1
bad-mannered malcriado(a), 11.1
bag la bolsa, 2.2
  plastic bag la bolsa de plástico, 2.2
baggage el equipaje, I-8.1
  baggage claim el reclamo de equipaje, I-8.2
  hand baggage el equipaje de mano, I-8.1
bakery la panadería, 2.1
balance (bank) el saldo, 14.2
balcony el balcón, I-6.2
ball el balón, I-7.1; la pelota, I-7.2; la bola, I-11.2
ballpoint pen el bolígrafo, I-BV
banana el plátano, la banana, 9.2
band aid la venda, 4.2
bandage el vendaje, 4.2
bangs el flequillo, 8.1
bank (of a river) la orilla, I-16.2
bank el banco, I-BV
bank clerk el/la empleado(a) del banco, 14.1
bank statement el estado de cuenta, 14.2
banquet el banquete, 15.2
baptism el bautizo, 12.1
to baptize bautizar, 12.1
bar la barra, I-16.2; la pastilla, 6.2
barber el/la barbero(a), 8.2
base la base, el platillo, I-7.2
baseball el béisbol, I-7.2
basket el cesto, el canasto, I-7.2; la canasta, 2.2
basketball el baloncesto, el básquetbol, I-7.2
bat el bate, I-7.2
bather el/la bañador(a), I-11.1
bathing suit el traje de baño, I-11.1

bathroom el cuarto de baño, I-5.1; el baño, 6.2
bathtub la bañera, 6.2
batter el/la bateador(a), I-7.2
battery la batería, 5.2
to be ser (irreg.), I-1; estar (irreg.), I-4.1
  to be… years old tener… años, I-6.1
  to be a pity ser una lástima, 12
  to be hungry tener hambre, I-15.1
  to be thirsty tener sed, I-15.1
  to be tied (sports) quedar empatado(a), I-7.1
to be able poder (ue), I-7.1
to be afraid temer, tener miedo, 11
to be born nacer (zc), 12.1
to be called llamarse, I-16.1
to be glad about alegrarse de, 12
to be named llamarse, I-16.1
to be on familiar terms with tutear, 11
beach la playa, I-11.1
beach resort el balneario, I-11.1
beach towel la toalla playera, I-11.1
beach, of the playero(a), I-11.1
bean la habichuela, el frijol, I-15.2
beautiful precioso(a), I-6.2
bed la cama, I-10.1
bedroom el cuarto de dormir, el dormitorio, I-5.1
beef la carne de res, 2.1
beefsteak el biftec, I-15.2
before antes de que, 15.1
to beg rogar (ue), 12
to begin empezar (ie), comenzar (ie), I-7.1
beginner el/la principiante(a), I-9.1
to behave comportarse, 11.1
behavior el comportamiento, 11.1
behind atrás, 8.2; detrás de, 10.1
to believe creer, 12
bell pepper el pimiento, 9.2
bellhop el botones, el mozo, 6.1
below bajo, I-9.1
  below zero bajo cero, I-9.1
belt el cinturón, I-13.1

berth la litera, I-14.2
best man el padrino, 15.2
better mejor, 11
bicycle la bicicleta, I-6.2
big grande, I-2.1
bill la cuenta, I-12.2; la nota, 6.1; (money) el billete, 14.1
biology la biología, I-2.2
birth el nacimiento, 12.1
birthday el cumpleaños, I-6.2
black negro(a), I-13.2
black bean la habichuela negra, el frijol negro, 9.2
blade la cuchilla, la hoja, I-9.2
bleach el blanqueador, 13.2
to block bloquear, I-7.1
block (city) la manzana, la cuadra, 10.1
blond(e) rubio(a), I-1.1
blood pressure la tensión arterial, la presión arterial, 4.2
blouse la blusa, I-13.1
blue azul, I-13.2
blue jeans el blue jean, I-13.1
to board abordar, subir a, I-8.1
board el tablero, I-8.1
  arrival and departure board el tablero de llegadas y salidas, I-8.1
boarding house la pensión, I-16.2
boarding pass la tarjeta de embarque, el pase de abordar, I-8.1
boasting fanfarrón (fanfarrona), I-9.1
boat el barco
  small boat el barquito, I-11.1
bobby pin la horquilla, 8.2
to boil hervir (ie), 9.1
book el libro, I-BV
bookbag la mochila, I-BV
boot la bota, I-9.1
to bore aburrir, I-13
boring aburrido(a), I-1.1
to bother molestar, I-13
bottle la botella, 2.2
box la caja, 2.2
boy el muchacho, I-BV; el niño, 12.1
boyfriend el novio, 15.1
braid la trenza, 8.1
brake el freno, 5.1
to brake frenar, 5.1

branch (of candelabra) el brazo, 12.2
bread el pan, I-15.2
to break romperse, 4.1
breakfast el desayuno, I-5.2
bridesmaid la dama de honor, 15.2
to bring traer (irreg.), I-8
to broil asar, 9.1
broker el/la cambista, 14.1
brother el hermano, I-2.1
brown castaño(a), 8.1
to brush cepillarse, I-16.1
brush el cepillo, I-16.2
building el edificio, I-5.1
bumper el parachoques, 5.1
bun (hair) el moño, 8.1
burner (stove) el/la hornillo(a), 9.1
to bury enterrar (ie), 12.1
bus el autobús, el bus, I-3.1
busy ocupado(a), 1.1
  busy tone el tono de ocupado, 1
  It is busy. Suena ocupado., 1.1
  The line is busy. La línea está ocupada., 1.1
butcher shop la carnicería, 2.1
butter la mantequilla, 2.1
button el botón, I-13.2
to buy comprar, I-5.2

C

cake la torta, 12.1
calculator la calculadora, I-BV
to call by telephone llamar por teléfono, 1.1
  Who is calling? ¿De parte de quién?, 1.1
call la llamada, 1
caller el/la interlocutor(a), 1.1
calorie la caloría, I-10.2
camel el camello, 12.2
to camp acampar, I-16.2
camp el campamento, I-16.2
camping el camping, I-16.2
  to go camping ir de camping, I-16.2
can la lata, el bote, 2.2
candelabra el candelabro, 12.2
candidate el/la candidato(a), el/la aspirante, 16.2

candle la vela, **12.1**
canteen la cantimplora, **I-16.2**
cap el gorro, **I-9.1**
captain el/la comandante, **I-8.2**
car el coche, el carro, **I-3.1**;
   (**train**) el vagón, **I-14.1**; el
   coche, **I-14.2**
carbohydrate el carbohidrato,
   I-10.2
card la tarjeta, **I-13.1**
   credit card la tarjeta de
   crédito, **I-13.1**
career la profesión, **16.1**
carefully con cuidado, **5.1**
carpenter el/la carpintero(a),
   16.2
carrot la zanahoria, **2.2**
to carry llevar, **I-3.2**
cart el carrito, **2.1**
to cash cobrar, **14.2**
cash el dinero en efectivo, **14.1**
cashbox la caja, **I-13.1**
cashier el/la cajero(a), **6.1**
cashier desk la caja, **6.1**
cast el yeso, **4.2**
cat el/la gato(a), **I-6.1**
to catch atrapar, **I-7.2**
catcher el/la cátcher, el/la
   receptor(a), **I-7.2**
cauliflower la coliflor, **9.1**
to celebrate celebrar, **12.1**
   celebration of lights la fiesta de
   las luces, **12.2**
celery el apio, **2.1**
cellular celular, **1.1**
cemetery el cementerio, el
   camposanto, **12.1**
centigrade el centígrado, **I-9.1**
ceremony la ceremonia, **15.2**
certified mail por correo
   certificado, por correo
   recomendado, **3.2**
chair la silla, **I-BV**
   folding chair la silla plegable,
   I-11.1
chair lift el telesilla, **I-9.1**
chalk la tiza, **I-BV**
chalkboard la pizarra, **I-BV**; el
   pizarrón, **I-3.2**
to change cambiar, **6.2**
channel el canal, **7.1**
chaperone la dueña, **15.1**
charge el gasto, **6.1**
cheap barato(a), **I-13.1**
check el cheque, **14.1**

to check revisar, verificar, **5.2**
to check (**luggage**) facturar, **I-8.1**
checkbook el talonario, la
   chequera, **14.2**
checking account la cuenta
   corriente, **14.2**
checkstand la caja, **2.2**
cheek la mejilla, **4.1**
cheese el queso, **I-15.2**
chemistry la química, **I-2.2**
cherry la cereza, **9.2**
chest el pecho, **I-10.2**
chicken el pollo, **I-15.2**
chignon el moño, **8.1**
children los hijos, **I-6.1**
chills los escalofríos, **I-10.1**
chop la chuleta, **2.1**
Christmas la Navidad, **12.2**
   Christmas eve la víspera de
   Navidad, la Nochebuena,
   12.2
   Christmas present el regalo
   de Navidad, el aguinaldo,
   12.2
   Christmas tree el árbol de
   Navidad, **12.2**
   Merry Christmas Feliz
   Navidad, **12.2**
church la iglesia, **10.1**
city la ciudad, **I-5.1**
city hall la alcaldía, el
   ayuntamiento, **16.1**
city hall employee el/la
   funcionario(a), **16.1**
civic education la educación
   cívica, **I-2.2**
to claim reclamar, **I-8.2**
clam la almeja, **9.2**
class la clase, **I-2.1**
classic clásico(a), **I-4**
classroom la sala de clase, el
   salón de clase, **I-3.1**
to clean limpiar, **5.2**
clerk el/la dependiente, **16.1**
client el/la cliente, **6.1**
clinic la clínica, **I-10.2**
close íntimo(a), **11.2**
closet el armario, **6.2**
clothes la ropa, **I-8.2**
clothes dryer la secadora, **13.2**
clothes hanger la percha, el
   colgador, el gancho, **6.2**
cloud la nube, **I-11.1**
cloudy nublado(a), **I-11.1**

It's cloudy. Está nublado.,
   I-11.1
club el palo, **I-11.2**
cockpit la cabina de vuelo
   (mando), **7.1**
cocktail el cóctel, **15**
coconut el coco, **9.2**
code el prefijo, **1.1**
   country code el prefijo del
   país, **1.1**
coffee el café, **I-5.2**
coin la moneda, **1.1**
cold (**medical**) el catarro, la
   gripe, **I-10.1**
cold (**weather**) el frío, **I-9.1**
   It's cold. Hace frío., **I-9.1**
to collect recoger, **I-8.2**
Colombian colombiano(a), **I-1**
color el color, **I-13.2**
   cream, wine, coffee, olive,
   maroon, turquoise colored
   de color crema, vino, café,
   oliva, brown, turquesa,
   I-13.2
comb el peine, **I-16.2**
to comb one's hair peinarse, **I-16.1**
to come on the stage entrar en
   escena, **I-12.2**
compartment el comparti-
   miento, **I-14.2**
complicated complicado(a),
   4.1
computer la computadora, **I-BV**
computer sciences la
   informática, **16.1**
concert el concierto, **I-12.2**
conductor el/la director(a),
   I-12.2; (**train**) el/la
   revisor(a), **I-14.2**
to confide confiar, **11.1**
congratulations la
   enhorabuena, la felicitación,
   15.2
container el envase, **2.2**
control tower la torre de
   control, **7.2**
controller el/la controlador(a),
   16.1
convertible el descapotable, **5.1**
cook el/la cocinero(a), **I-15.1**
to cook cocinar, **9.1**
cookie el bizcocho, **12.1**
copilot el/la copiloto, **I-8.2**
cordless inalámbrico(a), **1.1**
corn el maíz, **9.2**

corner la esquina, **5.1**
to **correspond** corresponder, **3**
correspondence la
  correspondencia, **3**
corridor el pasillo, I-14.2
to **cost** costar (ue), I-13.1
cough la tos, I-10.1
to **cough** toser, I-10.1
counselor el/la consejero(a)
  de orientación, el/la
  orientador(a), **16.1**
counter el mostrador, I-8.1
country el campo, I-5.1
coupe el cupé, **5.1**
couple la pareja, **15.1**
course el curso, I-2.1
court la corte, el tribunal, **16.1**
court (sports) la cancha, I-7.2
  tennis court la cancha de
    tenis, I-11.2
courteous cortés, **11.1**
courtesy la cortesía, **11**
cousin el/la primo(a), I-6.1
cover la tapa, **9**
to **cover** tapar, **9.2**
covered cubierto(a), I-9.2
cream la crema, **2.2**
credit card la tarjeta de crédito,
  6.1
crew la tripulación, I-8.2
to **cross** cruzar, **10.1**
crosswalk el paso de peatones,
  10.1
crutch la muleta, **4.1**
cucumber el pepino, **9.1**
cup la taza, I-15.1
curl el rizo, el bucle, **8.1**
to **curl** rizar, **8**
curling el rizado, **8**
curling iron el rizador, **8.2**
curly rizado(a), crespo(a), **8.1**
curriculum vitae el historial
  profesional, el currículo
  profesional, **16.2**
curtain el telón, I-12.2
customer el/la cliente, I-5.2
customs la aduana, I-8.2
to **cut** cortar, **4.1**

D

dad el papá, I-5.2
to **dance** bailar, I-4.2
dark moreno(a), I-1.1

date (calendar) la fecha, I-BV;
  (appoinment) la cita, **15.1**
daughter la hija, I-6.1
day el día
  the day before yesterday
    anteayer, I-11.2
dead person el/la muerto(a),
  el/la difunto(a), **12.1**
December diciembre (m.), I-BV
degree el grado, I-9.1
delay el retraso, la demora,
  I-14.2
delicious delicioso(a), I-15.2
to **delight** encantar, I-13
to **deliver** repartir, entregar, **3.2**
delivery la entrega, el reparto,
  3.2
to **demand** exigir, **12**
deodorant el desodorante,
  I-16.2
department store la tienda por
  departamentos, **16.1**
departure la salida, I-8.1
  arrival and departure board
    el tablero de llegadas y
    salidas, I-8.1
  departure gate la puerta de
    salida, I-8.1
to **deposit** depositar, ingresar, **14.2**
deposit el depósito, el ingreso,
  14.2
dessert el postre, I-5.2
destination el destino, I-8.1
detergent el detergente, **2.2**
diagnosis la diagnosis, I-10.2
dial (of telephone) el disco, **1.1**
to **dial** discar, **1**; marcar, **1.1**
dial tone la señal, el tono, **1.1**
to **dice** picar, **9.2**
to **die** morir (ue, u), I-15
diet la dieta, I-10.2
difficult difícil, I-2.1
dining car el coche-comedor,
  I-14.2
dining room el comedor, I-5.1
dinner la cena, I-5.2
direction el sentido, **10.2**
dirty sucio(a), **13.2**
discourteous descortés, **11**
to **disembark** desembarcar, I-8
to **distribute** distribuir, **7.1**
to **do again** volver (ue) a, I-7.1
  doctor el/la médico(a), I-10.2

doctor's office la consulta del
  médico, el consultorio del
  médico, I-10.2
dog el/la perro(a), I-6.1
domestic economy la economía
  doméstica, I-2.2
door la puerta, **5.1**
dose la dosis, I-10.2
dot punto, I-3.1
  on the dot en punto, I-3.1
double doble, **6.1**
to **doubt** dudar, **12**
dress el vestido, I-13.1
to **dribble** driblar con, I-7.2
drink la bebida, **7.1**
to **drink** tomar, I-4.1; beber, I-5.2
to **drive** conducir (zc), **5.1**;
  manejar, **10.2**
driver el/la conductor(a), **5.1**
driver (golf) el bastón, I-11.2
driver's license la licencia, el
  permiso de conducir, **5.1**
drug la droga, I-10.2
to **dry clean** limpiar en seco, **13.2**
dry cleaners la tintorería, **13.2**
dry cleaning la limpieza en
  seco, **13.2**
during durante, I-4.2

E

each other el uno del otro, **11.1**
earphones los audífonos, **7.1**
east el este, **10.1**
easy fácil, I-2.1
to **eat breakfast** desayunarse,
  I-16.1
to **eat** comer, I-5.2
economics la economía, **16.2**
education la pedagogía, **16.2**
egg el huevo, I-15.2
eight ocho, I-BV
eighth octavo(a), I-5.1
eighty ochenta, I-BV
elastic elástico(a), **4.2**
elbow el codo, **4.1**
electric hair clipper la
  maquinilla, **8.2**
electrician el/la electricista,
  16.2
elevator el ascensor, I-5.1
to **embrace** abrazar, **11.2**
emergency exit la salida de
  emergencia, **7.1**

emergency room la sala de urgencias, la sala de emergencia, 4.1

employee el/la empleado(a), 5.2

to endorse endosar, 14.2

energy la energía, 16.2

nuclear energy la energía nuclear, 16.2

engagement el compromiso, 15.1

engagement ring la sortija de compromiso, 15.1

engine el motor, 7.2

English el inglés, I-2.2

to enjoy oneself divertirse (ie, i), I-16.2

enough bastante, I-1.1; suficiente, 5.1

to enter entrar, I-3.1

entrance la entrada, I-6.2

envelope el sobre, 3.1

eraser la goma, I-BV

evening la noche

good evening buenas noches, I-BV

everyone todos, I-4.2

examination el examen, I-3.2

to examine examinar, I-10.2

to exchange cambiar, 6.2; intercambiar, 15.2

exchange el cambio, 14.1

exchange office la oficina de cambio, 14.1

exchange rate el tipo de cambio, la tasa de cambio, 14.1

What is the exchange rate? ¿Cuál es el tipo de cambio?, 14.1

exercise el ejercicio, I-10.2

aerobic exercise el ejercicio aeróbico, I-10.2

physical exercise el ejercicio físico, I-10.2

exhibition la exposición, I-12.2

exit la salida, 7.1

expensive caro(a), I-13.1

expert experto(a), I-9.1

F

face la cara, I-16.1

factory la fábrica, 16.1

to fall caerse (irreg.), 4.1

to fall asleep dormirse (ue, u), I-16.1

to fall in love enamorarse, 15.1

family la familia, I-5.1

fantastic fantástico(a), I-1.2

to farm (the land) labrar (la tierra), 16.2

farm worker el/la labrador(a), 16.2

fast rápido, I-9.1

to fasten abrocharse, 7.1

father el padre, I-6.1

February febrero (m.), I-BV

to feel sentir (ie), 12

fever la fiebre, I-10.1

fiancé(e) el/la novio(a), el/la comprometido(a), 15.1

fiber la fibra, I-10.2

field el campo, I-7.1

football field el campo de fútbol, I-7.1

fifteenth: young woman's fifteenth birthday la quinceañera, 12.1

fifth quinto(a), I-5.1

fifty cincuenta, I-BV

to fill, fill out llenar, 4.2

film la película, el film(e), I-12.1

fine bien, I-BV

finger el dedo, 4.1

fire el fuego, 9.1

first primer, primero(a), I-BV

first aid service el servicio de primeros auxilios, el servicio de primer socorro, 4.1

first aid worker el/la socorrista, 4.1

fish el pescado, I-15.2

fish market la pescadería, 2.1

to fit sentar (ie) bien a, I-13.1

It fits me. Me sienta bien., I-13.1

five cinco, I-BV

flight el vuelo, I-8.1

flight attendant el/la asistente(a) de vuelo, I-8.2; el/la sobrecargo, 7.1

flight number el número del vuelo, I-8.1

floor el piso, I-5.1

flower la flor, I-6.2

to fluctuate fluctuar, 14.1

to fly over sobrevolar (ue), 7.2

folding plegable, I-11.1

folding chair la silla plegable, I-11.1

to follow seguir (i, i), I-15

food el comestible, 2.1

foot el pie, I-3.1

on foot a pie, I-3.1

football el fútbol, I-7.1

football field el campo de fútbol, I-7.1

forbidden prohibido(a), 10.2

forehead la frente, 4.1

forest el bosque, I-16.2

fork el tenedor, I-15.1

form el formulario, 4.2

forty cuarenta, I-BV

four cuatro, I-BV

fourth cuarto(a), I-5.1

fracture la fractura, 4.1

free libre, I-14.2

freezer el congelador, 9.1

French francés (francesa), I-2.2

french fry la papa frita, 2.2

frequently con frecuencia, 1

Friday el viernes, I-BV

friend el/la amigo(a), I-1.1

from de, I-1.1

front: in front of enfrente, 8.2; delante de, 10.1

frozen congelado(a), 2.2

fruit la fruta, I-15.2

to fry freír (i, i), I-15.1

frying pan el/la sartén, 9.1

full time a tiempo completo, 16.2

fun divertido(a), I-1.1

G

game el partido, I-7.1; el juego, I-11.2

tennis game el juego de tenis, I-11.2

garage el garaje, I-6.2

garden el jardín, I-6.2

garlic el ajo, 9.2

gas la gasolina, 5.2

gas station la gasolinera, 5.2

gate la puerta, I-8.1

departure gate la puerta de salida, I-8.1

geography la geografía, I-2.2

geometry la geometría, I-2.2

to get sacar, I-3.2

to get dressed vestirse (i, i), I-16.1

to **get engaged** comprometerse, **15.1**
to **get hurt** lastimarse, **4.1**
to **get married** casarse, **15.1**
to **get off the train** bajar(se) del tren, I-14.2
to **get on** subir a, I-8.1
    to get on the train subir al tren, I-14.2
to **get together** reunirse, **12.1**
to **get up** levantarse, I-16.1
    gift el regalo, I-6.2
    girl la muchacha, I-BV; la niña, **12.1**
    girlfriend la novia, **15.1**
to **give** dar (irreg.), I-4.2
    glass (drinking) el vaso, I-5.2
    glasses (eye) las gafas, I-9.1
    glove el guante, I-7.2
to **go back** volver (ue), I-7.1
to **go down** bajar, I-9.1
to **go for a swim** bañarse, I-16.2
to **go** ir (irreg.), I-4.1
    they go van, I-4.1
    to go camping ir de camping, I-16.2
    to go to... ir a..., I-6
to **go to bed** acostarse (ue), I-16.1
to **go up** subir, I-5.1
to **go with** hacer juego con, I-13.2
    goal el gol, la portería, I-7.1
    goalkeeper el/la portero(a), I-7.1
    godfather el padrino, **12.1**
    godmother la madrina, **12.1**
    golf el golf, I-11.2
    golf course el campo de golf, I-11.2
    golf game el juego de golf, I-11.2
    golf bag la bolsa de golf, I-11.2
    good bueno(a), I-1.2
    good evening, good night buenas noches, I-BV
    good afternoon buenas tardes, I-BV
    good morning buenos días, I-BV
    good-bye adiós, chao, I-BV
    grade la nota, I-3.2
    grading la calificación, I-3.2
    grandchild el/la nieto(a), I-6.1
    grandfather el abuelo, I-6.1
    grandmother la abuela, I-6.1

    grandparents los abuelos, I-6.1
    grape la uva, **2.1**
    grapefruit la toronja, **9.1**
to **grate** rallar, **9.2**
    green (golf) el green, I-11.2
    green verde, I-13.2
    greengrocer shop la verdulería, **2.1**
to **greet** saludar, **11.1**
    grey gris, I-13.2
    grill la parrilla, **9.1**
    grocery store la tienda de abarrotes, **2.1**
    ground el suelo, I-7
    ground floor la planta baja, I-5.1
    guest el/la huésped, **6.1**; el/la invitado(a), **15.2**
    guitar la guitarra, I-4.2

H

    hair el pelo, I-16.1; el cabello, **8.1**
    hair clip la pinza para el cabello, **8.2**
    hair dryer el secador, **8.2**
    hair roller el rulo, **8.2**
    hair salon la peluquería, **8.2**
    hair spray la laca, **8.2**
    hair stylist el/la peluquero(a), **8.2**
    haircut el corte de pelo, **8.2**
    ham el jamón, I-15.2
    hammock la hamaca, I-11.1
    hand la mano, I-7.1
    handle el mango, I-11.2
to **hang up** colgar (ue), **1**
    happiness la felicidad, **15.2**
    happy contento(a), I-10.1; alegre, **12**
    hat el sombrero, I-13.1
to **have** tener (irreg.), I-6.1
    to have to tener que, I-6
to **have just (done something)** acabar de, **8.2**
to **have one's birthday** cumplir años, **12.1**
    he él, I-1.1
    head la cabeza, I-7.1
    headache el dolor de cabeza, I-10.1
    headlight el faro, **5.1**
    heat el calor, I-11.1

    Hebrew hebreo(a), **12.2**
    heel el tacón, I-13.2
    helicopter el helicóptero, **7.2**
    hello hola, I-BV
    high tableland el altiplano, **7.2**
    highway la carretera, **10.2**
    hike la caminata, I-16.2
    to take a hike dar una caminata, I-16.2
    hill la colina, I-16.2
    history la historia, I-2.2
to **hit** golpear, I-11.2
to **hit (sports)** batear, I-7.2
    hit (sports) el hit, I-7.2
    hole el hoyo, I-11.2
    home casa, I-4.2
    at home en casa, I-4.2
    home run el jonrón, I-7.2
    honest honesto(a), I-1.2
    honeymoon la luna de miel, **15.2**
    honeymoon trip el viaje de novios, **15.2**
    hood el capó, **5.1**
    hoop el aro, I-7.2
    hope: I hope (that) ojalá (que), **16**
    horn la bocina, el claxon, **5.1**
    hospital el hospital, I-10.2
    hot: It's hot. Hace calor., I-11.1
    hotel el hotel, **6.1**
    hotel ballroom el salón del hotel, **12.1**
    house la casa, I-4.1
    how much? ¿cuánto(a)?, I-BV
    How much do I owe you? ¿Cuánto le debo?, **2.2**
    How much does it cost? ¿Cuánto cuesta?, I-13.1; ¿A cuánto está(n)?, ¿Cuánto es?, **2.2**
    How much is it? ¿Cuánto es?, I-BV
    how? ¿qué?, I-BV; ¿cómo?, I-1.1
    How are you? ¿Qué tal?, I-BV
to **hug** abrazar, **11.2**
    hug el abrazo, **11.2**
    hunger el hambre, I-15.1
    to be hungry tener hambre, I-15.1
to **hurt** doler (ue), I-10.2
    it hurts, aches me duele, I-10
to **hurt oneself** hacerse daño, **4.1**
    husband el marido, el esposo, I-6.1

I

I yo, I-1.2
ice el hielo, I-9.2
ice cream el helado, I-5.2
ice-skating el patinaje sobre
  hielo, I-9.2
ill-bred malcriado(a), 11.1
immediately enseguida, I-16
important importante, 11
impossible imposible, 11
improbable improbable, 11
in en, I-1.1
individual el/la individuo(a), 7
influenza la gripe, I-10.1
to insert introducir (zc), 1.1
to insist insistir, 11.1
to inspect revisar, I-8;
  inspeccionar, I-8.2
inspection el control, I-8.1
  passport inspection el
    control de pasaportes, I-8.1
  security inspection el control
    de seguridad, I-8.1
instruction la disciplina, I-2.2
instructions las instrucciones,
  I-5.2
to insure asegurar, 3.2
intelligent inteligente, I-2.1
intensive intensivo(a), 4.2
intensive care area la unidad
  de cuidado intensivo, 4.2
to interest interesar, I-13.1
interesting interesante, I-2.1
intersection el cruce, 5.1; la
  bocacalle, 10.1
intimate íntimo(a), 11.2
invitation la invitación, I-5.2
to invite invitar, I-4.2
iron la plancha, 13.2
to iron planchar, 13.2
is es, I-1.1
  It looks good on me. Me queda
    bien., I-13.2
Italian italiano(a), I-2.2

J

jack el gato, 5.1
jacket la chaqueta, el saco,
  I-13.1
January enero (m.), I-BV
jar el frasco, 2.2
jazz de jazz, I-4

jet el avión reactor, el jet, 7.2
Jew el/la judío(a), 12.2
job el trabajo, el empleo, 16.1
job application la solicitud de
  empleo, 16.2
judge el/la juez, 16.1
July julio (m.), I-BV
June junio (m.), I-BV

K

key la llave, 6.1
keypad la tecla, 1; el teclado,
  1.1
kind amable, I-2.1
kiss el besito, 11.2
kitchen la cocina, I-4.1
knapsack la mochila, I-BV
knee la rodilla, 4.1
knife el cuchillo, I-15.1
to know (a person) conocer (zc),
  I-9.1
to know how saber (irreg.), I-9.1

L

laboratory el laboratorio, 16.2
lake el lago, 7.2
lamb el cordero, 9.1
to land aterrizar, I-8.2
landing el aterrizaje, 7.2
lane (of highway) el carril,
  10.2
language la lengua, I-2.2
lantern la linterna, I-16.2
to last durar, 12.2
late tarde, I-8.1; con retraso,
  con una demora, I-14.2
Latin el latín, I-2.2
laundromat la lavandería, 13.2
laundry el lavado, 8.2
lavatory el aseo, el lavabo, 7.1
lawyer el/la abogado(a), 16.1
leaded con plomo, 5.2
to learn aprender, I-5.2
to leave (something behind)
  dejar, I-12.2
to leave salir, I-8.1; abandonar, 6.1
left la izquierda, I-5.1
  to the left a la izquierda,
    I-5.1
leg la pierna, 4.1
lemon el limón, 9.1

lemonade la limonada, I-BV
lesson la lección, I-3.2
letter la carta, I-5.2
lettuce la lechuga, I-15.2
library la biblioteca, I-4.1
life vest el chaleco salvavidas,
  7.1
light la luz, 10.1
to light encender (ie), 12.2
to like gustar, I-13.1
lime la lima, 9.1
line la línea, 1.1
  The line is busy. La línea está
    ocupada., 1.1
line (of people) la cola, I-12.1
lip el labio, 4.1
liquid líquido(a), 2.2
to listen escuchar, I-4.1
little poco(a), I-5.2
to live vivir, I-5.1
living room la sala, I-4.1
lobster la langosta, 2.1
lock (of hair) la mecha, 8.1
long largo(a), I-13.2
to look at mirar, I-3.2
  to look at oneself mirarse,
    I-16.1
to lose perder (ie), I-7.1
to love querer (ie), 15.1
luck la suerte, 15.1
luggage el equipaje, I-14.1
lunch el almuerzo, I-5.2

M

ma'am la señora, I-BV
magazine la revista, I-5.2
maid la camarera, 6.2
maid of honor la madrina, 15.2
mail el correo, 3.2
  air mail por correo aéreo, 3.2
  certified mail por correo
    certificado, por correo
    recomendado, 3.2
  regular mail por correo
    ordinario, 3.2
mailbox el buzón, 3.1
mail carrier el/la cartero(a),
  3.2
to make hacer (irreg.), I-8.1
  to make a call hacer una
    llamada, 1.1
  to make the bed hacer
    (tender) la cama, 6.2

to make the trip hacer el
viaje, I-8.1
manner la manera, I-1.1
manners los modales, 11.1
many muchos(as), I-5
March marzo (m.), I-BV
market el mercado, 2.1
married couple el matrimonio,
15.1
Mass la misa, 12.2
midnight Mass la misa del
gallo, 12.2
material la materia, I-2.2
mathematics las matemáticas,
I-2.2
maximum máximo(a), 10.2
May mayo (m.), I-BV
May I talk to (name of person)?
¿Está (el nombre de una
persona)?, 1.1
mayonnaise la mayonesa, 2
meal la comida, I-5.2
means: by no means de
ninguna manera, I-1.1
meat la carne, I-5.2
mechanic el/la mecánico, 16
medical kit el botiquín, I-16.2
medication el medicamento,
I-10.2
medicine la medicina, I-10
medium a término medio,
I-15.2
menorah la menora, 12.2
menu el menú, I-12.2
merchant el/la comerciante,
el/la mercader, 16.1
Mexican mexicano(a), I-1.1
microwave oven el horno de
microondas, 9.1
midday el mediodía, I-2
midnight la medianoche, I-2
milk la leche, I-5.2
mineral mineral, 2.2
mirror el espejo, I-16.1
Miss la señorita, I-BV
to miss the bus perder el autobús,
I-12.1
mom la mamá, I-5.2
moment momento, I-8.1
at this moment en este
momento, I-8.1
One moment, please. Un
momento, por favor., 1.1
Monday el lunes, I-BV
money el dinero, 14.1

mood humor, I-10
in a good mood de buen
humor, I-10
in a bad mood de mal
humor, I-10
morning la mañana
good morning buenos días,
I-BV
this morning esta mañana,
I-11.2
mother la madre, I-6.1
motorbike el ciclomotor, I-6.2
mountain la montaña, I-9.1
mountain range la cordillera,
7.2
mouth la boca, I-10.2
movie la película, I-5.2
to show a movie dar
(presentar) una película,
I-12
movie theater el cine, I-12.1
Mr. el señor, I-BV
Mrs. la señora, I-BV
mural el mural, I-12.2
museum el museo, I-12.2
music la música, I-2.2
musical musical, I-12.2
musician el/la músico, I-12.2
mussel el mejillón, 9.2
mustache el bigote, 8.1

N

name el nombre, 3.1
nap la siesta, I-11.1
to take a nap echar (tomar)
una siesta, I-11.1
napkin la servilleta, I-15.1
narrow estrecho(a), I-13.2
nationality la nacionalidad, I-1
necessary necesario(a), 11.1
neck el cuello, 8.2
necktie la corbata, I-13.1
neither: me neither ni yo
tampoco, I-13
nephew el sobrino, I-6.1
nervous nervioso(a), I-10.1
net la red, I-7.2
never nunca, I-13.1; jamás, 6
new nuevo(a), I-6.2
newlywed el/la novio(a), el/la
recién casado(a), 15.1
news las noticias, I-5.2
newspaper el periódico, I-5.2

newstand el quiosco, I-14.1
next próximo(a), I-14.2
nice to meet you mucho gusto,
I-BV
niece la sobrina, I-6.1
niece(s) and nephew(s) los
sobrinos, I-6.1
night la noche
good night buenas noches,
I-BV
last night anoche, I-11.2
nine nueve, I-BV
ninety noventa, I-BV
ninth noveno(a), I-5.1
no one, nobody nadie, I-13
no smoking signal la señal de
no fumar, 7.1
noncarbonated soft drink el
refresco, I-4.1
none ninguno(a), I-1.1
nonsmoking section la sección
de no fumar, I-8.1
noon el mediodía, I-2
north el norte, 10.1
not any ninguno(a), I-1.1
by no means de ninguna
manera, I-1.1
not yet todavía no, 6
notebook el cuaderno, I-BV; la
libreta, I-3.2
notes los apuntes, I-3.2
nothing nada, I-13.1
novel la novela, I-5.2
November noviembre (m.),
I-BV
now and then de vez en
cuando, 1
nuclear nuclear, 16.2
nuclear energy la energía
nuclear, 16.2
number el número, I-8.1
flight number el número del
vuelo, I-8.1
seat number el número del
asiento, I-8.1
telephone number el número
de teléfono, 1.1
nurse el/la enfermero(a), I-10.2

O

occupied ocupado(a), I-14.2
October octubre (m.), I-BV
of de, I-1.1

to **offer one's hand** dar la mano, **11.2**

office la oficina, **16.1**

often a menudo, **1**

oil el aceite, I-15.2

old viejo(a), I-6.1

older mayor, **11.1**

on board a bordo, **7.1**

one hundred cien(to), I-BV

one uno, I-BV

  One moment, please. Un
    momento, por favor., **1.1**

onion la cebolla, **9.1**

to **open** abrir, I-8.2

operating room la sala de
  operaciones, el quirófano, **4.2**

operating table la mesa de
  operaciones, **4.2**

operator el/la operador(a),
  16.1

opposite contrario(a), I-7;
  enfrente de, **10.1**

orange la naranja, **2.1**

orange anaranjado(a), I-13.2

orchestra la orquesta, I-12.2

orchestra seat la butaca, I-12.1

orthopedic ortopédico(a), **4.2**

orthopedist el/la ortopedista,
  4.2

other otro(a), I-2.2

out (sports) el out, I-7.2

outdoors al aire libre, I-9.2

outfielder (sports) el/la
  jardinero(a), I-7.2

outskirts las afueras, I-5.1

oven el horno, **9.1**

over por encima, I-7.2

overcoat el abrigo, I-13.1

to **overtake** adelantar, **5.1**

oxygen mask la máscara de
  oxígeno, **7.1**

P

to **pack the suitcase** hacer la
  maleta, I-8

package el paquete, **2.2**

painter el/la pintor(a), **16.1**

painting el cuadro, I-12.2

pants los pantalones, I-13.1

papaya la papaya, **9.2**

paper el papel, I-BV

  sheet of paper la hoja de
    papel, I-BV

parasol el parasol, I-11.1

parents los padres, I-6.1

park el parque, I-6.2

to **park** aparcar, estacionar, **5.1**

parking meter el parquímetro,
  10.1

part (in hair) la raya, **8.1**

part time a tiempo parcial, **16.2**

party la fiesta, I-4.2

to **pass** pasar, I-7.2

passbook la libreta, **14.2**

passenger el/la pasajero(a),
  I-8.1

passport el pasaporte, I-8.1

  passport inspection el
    control de pasaportes, I-8.1

pastry el pastel, **12.1**

pastry shop la pastelería, **2.1**

path la senda, el sendero, **13.1**

patient el/la enfermo(a), I-10.1

to **pay** pagar, I-13.1

pea el guisante, **9.1**

peach el melocotón, **9.1**

peak el pico, **7.2**

pear la pera, **2.1**

pedestrian el peatón, **10.1**

to **peel** pelar, **9.2**

pencil el lápiz, I-5.2

pepper la pimienta, I-15.1

performance la representación,
  el espectáculo, I-12.2

perhaps tal vez, quizá(s), **16.2**

personnel department el
  departamento (servicio) de
  personal, el departamento de
  recursos humanos, **16.2**

pharmacist el/la
  farmacéutico(a), I-10.2

pharmacy la farmacia, I-10.2

physical físico(a), I-10.2

  physical education la
    educación física, I-2.2

physics la física, I-2.2

piano el piano, I-4.2

to **pick up** recoger, I-8.2;
  descolgar (ue), **1.1**

picture el cuadro, I-12.2

pie el pastel, **2.1**

piece el pedacito, el trocito, **9.2**

pill la pastilla, la píldora, el
  comprimido, I-10.2

pillow la almohada, **6.2**

pilot el/la piloto, I-8.2

to **pinch** apretar (ie), I-13.2

  It pinches me. Me aprieta.,
    I-13.2

pineapple la piña, **2.1**

pitcher el/la pícher, el/la
  lanzador(a), I-7.2

pity la lástima, **12**

  to be a pity ser una lástima,
    12

plaid a cuadros, I-13.2

plain la llanura, **7.2**

plane el avión, I-8

  by plane en avión, I-8

plant la planta, I-6.2

plastic de plástico, **2.2**

  plastic bag la bolsa de
    plástico, **2.2**

plate el plato, I-15.1

to **play (an instrument)** tocar,
  I-4.2

to **play** jugar (ue), I-7.1

player el/la jugador(a), I-7.1

please por favor, I-BV

plumber el/la plomero(a), el/la
  fontanero(a), **16.2**

point (score) el tanto, I-7.1

pole el bastón, I-9.1

police officer el policía, la
  mujer policía **16.1**

polite educado(a), **11.1**

pony tail la cola de caballo, **8.1**

popular popular, I-2.1

population la población, **16.2**

pork el cerdo, **2.1**

portable stove el hornillo,
  I-16.2

porter el/la maletero(a), I-8.1;
  el mozo, I-14.1

possible posible, **11**

post office la oficina de
  correos, **3.2**

post office box el apartado
  postal, la casilla, **3.2**

postage el franqueo, **3.2**

postal employee el/la
  empleado(a) de correo, **3.2**

postcard la tarjeta postal, I-5.2

pot la olla, la cazuela, **9.1**

potato la papa, I-5.2; la patata,
  2.1

powdered en polvo, **2.2**

to **practice (a profession)** ejercer
  (una profesión), **16.2**

prawn el camarón, **2.1**

precious precioso(a), I-6.2

to **prefer** preferir (ie, i), I-7

to **prepare** preparar, I-4.1
to **prescribe** recetar, I-10
  prescription la receta, I-10.2
to **present** presentar, I-12
  present el regalo, 12.2
    Christmas present el regalo de Navidad, el aguinaldo, 12.2
  pressure la presión, 5.2
  pretty bonito(a), I-6.2
  price el precio, I-13.1
  priest el cura, 12.1
  principal el/la director(a), 16.1
  private particular, privado(a), I-5.1
  probable probable, 11
  profession la profesión, 16.1
  programmer el/la programador(a), 16.1
  prop las hélices, 7.2
  protective protector(a), I-11.1
  protein la proteína, I-10.2
  provided that con tal que, 15
  public el público, I-12.2
  public público(a), 1.1
  Puerto Rican puertorriqueño(a), I-2
  pulse el pulso, 4.2
to **push** empujar, 2.1
  push button de (a) botones, 1.1
to **put** poner (irreg.), I-8.1
  to put on the fire poner al fuego, 9.2
  to put in meter, I-7.1
  to put in a basket encestar, I-7.2
  to put in a plaster cast enyesar, 4.2
  to put on ponerse, I-16.1
  to put up a tent armar una tienda, I-16.2

R

  radiator el radiador, 5.2
  railway platform el andén, I-14.1
  railway track la vía, I-14.1
to **rain** llover (ue), I-11.1
  it rains llueve, I-11.1
  raincoat la gabardina, I-13.1
  raquet la raqueta, I-11.2
  rare casi crudo, I-15.2

  raw crudo(a), I-15.2
  razor la navaja, I-16.1
to **read** leer, I-5.2
to **receive** sacar, I-3.2; recibir, I-6
  receiver el/la receptor(a), I-7.2; el/la destinatario(a), 3.1
  receiver (of telephone) el auricular, la bocina, 1.1
  reception la recepción, 6.1
  receptionist el/la recepcionista, 6.1
to **recommend** recomendar (ie), 13.2
to **reconcile** conciliar, 14.2
  record el disco, I-4.1
  recovery room la sala de recuperación, la sala de restablecimiento, 4.2
  red rojo(a), I-13.2
to **reduce** reducir (zc), 4.2
  referee el/la árbitro(a), I-7.1
  refrigerator el refrigerador, la nevera, 9.1
  registration card la tarjeta, la ficha, 6.1
  regular normal, 5.2
  regular mail por correo ordinario, 3.2
to **remain** quedarse, I-13.2
to **rent** alquilar, I-11.1
to **repeat** repetir (i, i), I-15
to **request** rogar, 12
to **require** requerir (ie), 16.2
  reservation la reservación, 6.1
to **reserve** reservar, 6.1
  reserved reservado(a), I-14.2
  restaurant el restaurante, I-12.2
to **return** devolver (ue), I-7.2
  rib la costilla, 9.1
  rice el arroz, I-15.2
  right la derecha, I-5.1
  to the right a la derecha, I-5.1
  right? ¿verdad?, I-1.1
  right away en seguida, 1.2
to **ring** sonar (ue), 1.1
  ring el anillo, la sortija, 15.1
    engagement ring la sortija de compromiso, 15.1
    wedding ring el anillo de boda, 15.1
  river el río, I-16.2
  roast suckling pig el lechón, 2.1
  rock (music) de rock, I-4
  roll (of paper) el rollo, I-16.2

  roller la rueda, I-9.2
  room el cuarto, la habitación, I-5.1
    double room el cuarto doble, 6.1
    single room el cuarto sencillo, 6.1
    waiting room la sala de espera, I-14.1
  row la fila, I-8
to **run** correr, I-7.2
  runway la pista, 7.2

S

  sad triste, I-10.1
  safe seguro(a), 12
  sailboard la plancha de vela, I-11.1
  salad la ensalada, I-5.2
  salesperson el/la dependiente, I-13.1
  salt la sal, I-15.1
  sand la arena, I-11.1
  sandals las sandalias, I-13.1
  sandwich el sándwich, el bocadillo, I-5.2
  sanitary higiénico(a), 2.2
  Saturday el sábado, I-BV
  saucer el platillo, I-15.1
  sausage la salchicha, 9.1
  savings account la cuenta de ahorros, 14.2
to **say** decir (irreg.), I-9
to **say good-bye** despedirse (i, i), 11.1
  scale la báscula, I-8.1
  scar la cicatriz, 4.1
  schedule el horario, I-14.1
  school el colegio, la escuela, I-1.1
    high school la escuela secundaria, I-1.1
  school (pertaining to) escolar, I-3.1
  science la ciencia, I-2.2
  scissors las tijeras, 8.2
  scooter el monopatín, I-9
to **score (sports)** marcar, I-7.1
  scoreboard el tablero indicador, I-7.1
  screen la pantalla, I-8.1
  sculptor el/la escultor(a), I-12.2

sea el mar, I-11.1
sea level el nivel del mar, 7.2
season la estación, I-9.1
seat (in theater) la localidad, I-12.1
seat el asiento, I-8.1
  seat number el número del asiento, I-8.1
seat belt el cinturón de seguridad, 5.1
seatback el respaldo, 7.1
second segundo(a), I-5.1
secondary secundario(a), I-1.1
secret el secreto, 11.1
secretary el/la secretario(a), 16.1
security la seguridad, I-8.1
  security inspection el control de seguridad, I-8.1
sedan el sedán, 5.1
to see ver, I-5.2
to sell vender, I-5.2
to send enviar, 3.1; mandar, 11
  sender el remitente, 3.1
September septiembre (m.), I-BV
serious serio(a), I-1.2
to serve servir (i, i), I-15.1
service station la estación de servicio, 5.2
session la sesión, I-12.1
seven siete, I-BV
seventh séptimo(a), I-5.1
seventy setenta, I-BV
shampoo el champú, I-16.2
to shake the hand estrechar la mano, 11.2
to shave afeitarse, I-16.1
shaving cream la crema de afeitar, I-16.2
she ella, I-1.2
sheet la hoja, I-BV
  sheet of paper la hoja de papel, I-BV
sheet (bed) la sábana, 6.2
shellfish el marisco, I-15.2
to shine brillar, I-11.1
to shift gears cambiar de velocidad, 5.1
shirt la camisa, I-13.1
shoes el zapato, I-13.1
shop window el escaparate, la vitrina, I-13.1
shopping de compras, I-13.1

shopping center el centro comercial, I-4.1
short (person) bajo(a), I-1.1; (length) corto(a), I-13.2
shoulder el hombro, 4.1
show el espectáculo, I-12.2
to show a movie dar (presentar) una película, I-12
shower la ducha, I-16.2
  to take a shower tomar una ducha, I-16.2
shrimp la gamba, 9.2; el camarón
to shrink encoger, 13.2
shy tímido(a), I-1.2
sick enfermo(a), I-10.1
sick person el/la enfermo(a), I-10.1
side: to the side of al lado de, 8.2
sideburn la patilla, 8.1
sidewalk la acera, 10.1
sign el rótulo, 10.2
to sign firmar, 14.2
simple sencillo(a), I-14.1
sincere sincero(a), I-1.2
to sing cantar, I-4.2
single sencillo(a), 6.1
sir el señor, I-BV
sister la hermana, I-2.1
to sit down sentarse (ie), I-16.1
  sitting (in theater) la sesión, I-12.1
six seis, I-BV
sixth sexto(a), I-5.1
sixty sesenta, I-BV
size el tamaño, la talla, I-13.1
skate el patín, I-9.2
to skate patinar, I-9
skater el/la patinador(a), I-9.2
skating el patinaje, I-9.2
  figure skating el patinaje artístico, I-9.2
  roller skating el patinaje sobre ruedas, I-9.2
skating rink el patinadero, la pista de patinaje, I-9.2
ski el esquí, I-9.1
to ski esquiar, I-9.1
ski lift el telesquí, I-9.1
ski path la cancha de esquí, I-9
skier el/la esquiador(a), I-9.1
skiing el esquí, I-9.1
  Alpine skiing el esquí alpino, I-9.1

cross-country skiing el esquí de fondo, I-9.1
downhill skiing el esquí de descenso, I-9.1
Nordic skiing el esquí nórdico, I-9.1
to skindive bucear, I-11.1
skindiving el buceo, I-11.1
skirt la falda, I-13.1
sky el cielo, I-11.1
slalom el slálom, I-9.1
slap la palmadita, 11.2
to slap gently dar palmaditas, 11.2
to sleep dormir (ue, u), I-7
sleeping bag el saco de (para) dormir, I-16.2
sleeping car el coche-cama, I-14.2
sleeve la manga, I-13.2
slice la tajada, la lonja, 2.2; la rebanada, 9.2
to slice rebanar, 9.2
to slip resbalarse, 4.1
slope la cuesta, I-9.1
slot (for money) la ranura, 1.1
small pequeño(a), I-2.1; (amount) poco(a), I-5.2
smock el blusón, I-13.1
snack la merienda, I-4.1
to sneeze estornudar, I-10.1
snow la nieve, I-9.1
to snow nevar (ie), I-9.1
  It's snowing. Nieva., I-9
snowfall la nevada, I-9.1
so that para que, de manera que, de modo que, 15.2
soap el jabón, I-16.2
  powdered soap el jabón en polvo, 13.2
soap opera la telenovela, I-5.2
social science las ciencias sociales, I-2.2
sociology la sociología, I-2.2
socks los calcetines, I-13.1
soda la gaseosa, I-5.2
soft drink la gaseosa, I-5.2
somebody alguien, I-13
something algo, I-9.1
  Something more? ¿Algo más?, 2.2
sometimes a veces, I-5.2
son el hijo, I-6.1
soon: as soon as tan pronto como, 15

sore throat el dolor de garganta, I-10.1
soup la sopa, I-5.2
south el sur, 10.1
South America la América del Sur, I-8.1
Spanish español(a), I-2.2
spare de repuesto, de recambio, 5.1
to **speak** hablar, I-3.1
    They are speaking. Están hablando., 1.1
specialist especialista, 16.2
spectator el/la espectador(a), I-7
speed la velocidad, 10.2
speed limit la velocidad máxima, 10.2
spoon la cuchara, I-15.1
sport el deporte, I-2.2
sports broadcast la emisión deportiva, I-5.2
sports car el coche deportivo, 5
spring la primavera, I-7.2
squid el calamar, 9.2
stadium el estadio, I-7.1
stage la escena, I-12.2
    to come on the stage entrar en escena, I-12.2
stain la mancha, 13.2
stained manchado(a), 13.2
stairway la escalera, I-5.1
stall el puesto, 2.1
stamp el sello, la estampilla, 3.1
starch el almidón, 13.2
station la estación, I-12.1
    train station la estación del ferrocarril, I-14.1
statue la estatua, I-12.2
to **stay** quedarse, I-13.2
to **stay in bed** guardar cama, I-10.1
to **steal** robar, I-7.2
stereophonic estereofónico(a), 7.1
to **stir** revolver (ue), 9.1
stitch el punto, la sutura, 4.2
stockings las medias, I-13.1
stomach el estómago, I-10.1
    stomachache el dolor de estómago, I-10.1
stop la parada, I-14.2
to **stop** parar, I-7.1
store la tienda, I-4.1

men's clothing store la tienda de ropa para caballeros (señores), I-13.1
women's clothing store la tienda de ropa para damas (señoras), I-13.1
stove la estufa, 9.1
straight (hair) liso(a), lacio(a), 8.1
straight (direction) derecho, 10.1
straw la paja, 12.2
strawberry la fresa, 2.1
street la calle, I-5.1
stretcher la camilla, 4.1
string bean la judía verde, 2.1
striped a rayas, I-13.2
student el/la alumno(a), I-1.1
to **study** estudiar, I-3.2
subject la asignatura, I-2.2
suburbs los suburbios, I-5.1
subway el metro, I-12.1
sufficient suficiente, 5.1
sugar el azúcar, 9.1
to **suggest** sugerir (ie), 12
suit el traje, I-13.1
suitcase la maleta, I-8.1
    to pack the suitcase hacer la maleta, I-8
sun el sol, I-11.1
    It's sunny. Hay sol., I-11.1
    sunblock la crema protectora, I-11.1
to **sunbathe** tomar el sol, I-11.1
Sunday el domingo, I-BV
sunglasses los anteojos de (para el) sol, I-11.1
suntan cream la crema bronceadora, I-11.1
super súper, 5.2
super highway la autopista, la autovía, 10.2
supermarket el supermercado, el hipermercado, 2.1
sure seguro(a), 12
surgeon el/la cirujano(a), 4.2
to **surprise** sorprender, I-13
sweater el suéter, el jersey, I-13.1
sweetheart el/la enamorado(a), 15
to **swim** nadar, I-11.1
swimming pool la piscina, la alberca, I-11.2
swollen hinchado(a), 4.1

symptom el síntoma, I-10.2

T

T shirt el T shirt, I-13.1
table la mesa, I-12.2
tablecloth el mantel, I-15.1
tableland la meseta, 7.2
tablet la pastilla, I-16.2
to **take** tomar, I-3.2
    to take a hike dar una caminata, I-16.2
    to take a nap echar (tomar) una siesta, I-11.1
    to take a shower tomar una ducha, I-16.2
    to take off (airplane) despegar, I-8.2
    to take off the fire quitar del fuego, retirar del fuego, 9.2
    to take out sacar, 13.2
    to take up subir, 6.1
take-off el despegue, 7.2
tall alto(a), I-1.1
tank el tanque, 5.2
tanning bronceador(a), I-11.1
tape la cinta, I-4.1
tasty rico(a), I-15.2
taxi el taxi, I-8.1
to **teach** enseñar, I-3.2
teacher el/la profesor(a), I-2.1
team el equipo; (adj.) de equipo, I-7.1
teaspoon la cucharita, I-15.1
technician el/la técnico(a), 4.2
to **telephone** telefonear, 1.1
telephone (adj.) telefónico(a), 1.1
telephone (n.) el teléfono, I-4.1
    on the phone por teléfono, I-4.1
telephone book la guía telefónica, 1.1
telephone booth la cabina telefónica, 1.1
television la televisión, I-4.1
television set el televisor, 6.2
teller el/la cajero(a), 14.1
temperature la temperatura, I-9.1

ten diez, I-BV

tennis el tenis, I-11.2

    tennis court la cancha de tenis, I-11.2

        tennis game el juego de tenis, I-11.2

tennis shoes los tenis, I-13.1

tent la tienda de campaña, la carpa, I-16.2

tenth décimo(a), I-5.1

thank you gracias, I-BV

that eso, I-3.1; aquel, aquella, I-9.2

    about a eso de, I-3.1

the el, la, I-1.1

theater el teatro, I-12.2

theatrical teatral, I-12.2

there is/are hay, I-5.1

third tercer, tercero(a), I-5.1

thirst la sed, I-15.1

    to be thirsty tener sed, I-15.1

thirty treinta, I-BV

thousand one, I-BV

three tres, I-BV

Three Wise Men los Reyes Magos, 12.2

throat la garganta, I-10.2

    sore throat el dolor de garganta, I-10.1

to throw tirar, lanzar, I-7.1; echar, 3.1

Thursday el jueves, I-BV

ticket el boleto, el billete I-8.1

    one-way ticket el billete sencillo, I-14.1

    roundtrip ticket el billete de ida y vuelta, I-14.1

    ticket office la boletería, I-9.1; la taquilla, I-12.1

    ticket window la ventanilla, I-9.1

tied empatado(a), I-7

time tiempo, I-7.1

    At what time? ¿A qué hora?, I-2

    full time a tiempo completo, 16.2

    on time a tiempo, I-14.2

    part time a tiempo parcial, 16.2

timid tímido(a), I-1.2

tip la propina, I-12.2

tire el neumático, la goma, la llanta, 5.1

tired cansado(a), I-10.1

to toast (one's health) brindar, 15.2

toast (to one's health) el brindis, 15.2

today hoy, I-11.2

together junto(a), 15.1

toilet el inodoro, el váter, 6.2

toilet paper el papel higiénico, I-16.2

toll el peaje, 10.2

toll booth la garita de peaje, 10.2

tomb la tumba, 12.1

tone el tono, 1

    busy tone el tono de ocupado, 1

tonight esta noche, I-11.2

too, also también, I-1.1

too, too much demasiado, I-13.2

tooth el diente, I-16.1

toothpaste la pasta dentífrica, I-16.2

tortilla la tortilla, I-15.2

total el total, el monto, 6.1

to touch tocar, I-7

tourist el/la turista, I-12.2

towel la toalla, I-11.1

    beach towel la toalla playera, I-11.1

town el pueblo, I-5.1

trade el oficio, la compra y venta, 16.2

trail la pista, I-9.1

train el tren, I-14.1

    train station la estación del ferrocarril, I-14.1

traffic la circulación, el tráfico, el tránsito, 5.1

traffic light el semáforo, 10.1

trailer la caravana, la casa-remolque, 13.1

to transfer transbordar, I-14.2

transportation el transporte, I-12

traveler's check el cheque de viajero, 14.1

tray table la mesita, 7.1

tree el árbol, I-6.2

    Christmas tree el árbol de Navidad, 12.2

trigonometry la trigonometría, I-2.2

trim el recorte, 8.2

to trim recortar, 8.2

trip el viaje, I-8.1

    to make the trip hacer el viaje, I-8.1

trumpet la trompeta, I-4.2

trunk (of a car) el/la maletero(a), 5.1

truth la verdad, I-1.1

    Isn't it true? ¿No es verdad?, I-1.1

tube el tubo, I-16.2

Tuesday el martes, I-BV

tuna el atún, 2

to turn doblar, 5.1

to turn around dar la vuelta, 10.1

to turn off apagar, 9.2

turning signal el intermitente, la direccional, 5.1

twenty veinte, I-BV

to twist torcer (ue), 4.1

two dos, I-BV

U

umbrella la sombrilla, I-11.1

uncle el tío, I-6.1

under debajo de, 7.1

underground subterráneo(a), I-12

undershirt la camiseta, I-13.1

to understand comprender, I-5.2

unemployed desocupado(a), desempleado(a), 16.2

unemployed person el/la desempleado(a), 16.2

unemployment el desempleo, 16.2

university universitario(a), 16.2

    university diploma el título universitario, 16.2

unleaded sin plomo, 5.2

unless a menos que, 13

unpleasant antipático(a), I-1.1

until hasta, I-BV; hasta que, 15

    see you later hasta la vista, hasta luego, I-BV

    see you tomorrow hasta mañana, I-BV

    see you soon hasta pronto, I-BV

usher el paje de honor, 15.2

V

valley el valle, 7.2
veal la ternera, 2.1
vegetable la legumbre, la verdura, el vegetal, I-15.2
to verify verificar, 14.2
very muy, I-1.1
view la vista, I-6.2
violin el violín, I-4.2
vitamin la vitamina, I-10.2
volleyball vólibol, I-7.2

W

to wait for esperar, I-14
to wait on or help customers despachar, I-10.2
waiter el mesero, I-12.2
waiting room la sala de recepción, 4.2
waitress la mesera, I-12.2
to wake up despertarse (ie), I-16.1
to walk caminar, 4.2
to want querer (ie), I-7; desear, 11
to wash (oneself) lavar(se), I-16.1
wash (n.) el lavado, 8.2
washing machine la máquina de lavar, 13.2
to watch ver, I-5.2
water skiing (n.) el esquí acuático, I-11.1
watermelon la sandía, 9.2
wave la ola, I-11.1; la onda, 8.1
way la manera, I-1.1; el sentido, 10.2
we nosotros(as), I-2.2
we are somos, I-2.2
wedding la boda, el enlace nupcial, 15.1
wedding ring el anillo (la sortija) de boda, 15.1
Wednesday el miércoles, I-BV
week la semana, I-11.2
last week la semana pasada, I-11.2
this week esta semana, I-11.2
to weigh pesar, 3.2
to welcome dar la bienvenida, 7.1
welcome (n.) la bienvenida, 7.1
well bien, I-BV
well done bien cocido (hecho), I-15.2

well-mannered educado(a), 11.1
west el oeste, 10.1
what? ¿cuál?, ¿qué?, I-BV; ¿cómo?, I-1.1
What is it? ¿Qué es?, I-BV
What is today's date? ¿Cuál es la fecha de hoy?, I-BV
What time is it? ¿Qué hora es?, I-2
What's the weather like? ¿Qué tiempo hace?, I-9.1
wheel la rueda, I-9.2
wheelchair la silla de ruedas, 4.1
when cuando, 15
when? ¿cuándo?, I-3.1
where? ¿dónde?, I-1.2; ¿adónde?, I-4
which? ¿cuál?, I-BV
white blanco(a), I-13.2
who? ¿quién?, I-BV
Who is it? ¿Quién es?, I-BV
Who is calling? ¿De parte de quién?, 1.1
wide ancho(a), I-13.2
wife la esposa, I-6.1; la mujer, 15.1
to win ganar, I-7.1
wind el viento, I-11.1
It's windy. Hace viento., I-11.1
window la ventanilla, 3.2
windshield el parabrisas, 5.1
windshield wiper el limpiaparabrisas, 5.1
wing el ala (las alas), 7.2
winter el invierno, I-9.1
to wish desear, 11
to withdraw retirar, 14.2
withdrawal el retiro, 14.2
withdrawal slip el formulario de retiro, 14.2
without sin que, 15
woman la mujer, I-6.1
wool la lana, 13.2
work la obra, I-12.2; el trabajo, 16.1
to work trabajar, I-4.1
worker el/la obrero(a), el/la trabajador(a), 16.1
wrinkled arrugado(a), 13.2
wrist la muñeca, 4.1
to write escribir, I-5.2
writing pad el bloc, I-3.2

wrong equivocado(a), 1.1

X

X ray los rayos equis, la radiografía, 4.2

Y

year el año, I-11.2
Happy New Year! ¡Próspero año nuevo!, 12.2
last year el año pasado, I-11.2
this year este año, I-11.2
yellow amarillo(a), I-13.2
yesterday ayer, I-11.1
the day before yesterday anteayer, I-11.2
yesterday afternoon ayer por la tarde, I-11.2
yesterday morning ayer por la mañana, I-11.2
you Uds., ustedes (pl. form.), I-2.2
you are son (pl. form.), I-2.1; están (pl. form.), I-4.1
you go van (pl. form.), I-4.1
You're welcome. De nada., No hay de qué., I-BV
young joven, I-6.1
younger menor, 11.1
youth hostel el albergue juvenil, I-16.2

Z

zip code la zona postal, el código postal, 3.1
zipper la cremallera, el zíper, I-13.2

ÍNDICE GRAMATICAL

527

acabar de plus infinitive, 189 (8)

adjectives comparative and superlative: regular forms, 64 (3); irregular forms, 89 (4)

adverbial clauses using the subjunctive in, 362 (15)

-ar **verbs** imperfect tense, 10 (1); future tense, 62 (3); conditional tense, 110 (5); present perfect tense, 136 (6); present progressive tense, 162 (7); formal commands, 210 (9); informal commands, 236 (10); present subjunctive, 262 (11); imperfect subjunctive, 337 (14)

aunque using the subjunctive with, 364 (15)

comparative see adjectives

comparing equal quantities with nouns, 165 (7)

conditional tense see regular, irregular, and stem-changing verbs

conditions expressing with *si* clauses, 341 (14)

decir imperfect tense, 11 (1); future tense, 87 (4); conditional tense, 112 (5); present perfect tense, 139 (6); present progressive tense, 163 (7); informal command, 237 (10); present subjunctive, 262 (11); imperfect subjunctive, 338 (14)

direct object pronouns with indirect object pronouns, 114 (5); placement with present participle and infinitive, 186 (8); with affirmative and negative commands, 240 (10)

-er **verbs** imperfect tense, 11 (1); future tense, 62 (3); conditional tense, 110 (5); present perfect tense, 136 (6); present progressive tense, 162 (7); formal commands, 210 (9); informal commands, 236 (10); present subjunctive, 262 (11); imperfect subjunctive, 337 (14)

future tense see regular, irregular, and stem-changing verbs

haber present tense, 136 (6); used to form present perfect tense, 136 (6)

hacer future tense, 87 (4); conditional tense, 112 (5); formal command, 212 (9); informal command, 237 (10); present subjunctive, 262 (11); imperfect subjunctive, 338 (14)

imperative formal commands: regular verbs, 210 (9); stem-changing verbs, 210 (9); irregular verbs, 212 (9); informal commands, regular verbs, 236 (10); stem-changing verbs, 236 (10); irregular verbs, 237 (10); negative, 239 (10)

imperfect tense contrasted with the preterite, 36 (2); narrating a sequence of events, 39 (2); verbs most often expressed in the imperfect, 41 (2); also see regular, irregular, and stem-changing verbs

indirect object pronouns with direct object pronouns, 114 (5); placement with present participle and infinitive, 186 (8); with affirmative and negative commands, 240 (10)

infinitive versus the subjunctive, 314 (13)

ir imperfect tense, 13 (1); formal command, 212 (9); informal command, 237 (10); present subjunctive, 263 (11); imperfect subjunctive, 338 (14)

-ir **verbs** imperfect tense, 11 (1); future tense, 62 (3); conditional tense, 110 (5); present perfect tense, 136 (6); present progressive tense, 162 (7); formal commands, 210 (9); informal commands, 236 (10); present subjunctive, 262 (11); imperfect subjunctive, 337 (14)

irregular verbs imperfect tense: *decir,* 11 (1); *ir,* 13 (1); *poder,* 11 (1); *querer,* 11 (1); *ser,* 13 (1); future tense: *poder,* 86 (4); *poner,* 86 (4); *saber,* 86 (4); *salir,* 86 (4); *tener,* 86 (4); *venir,* 86 (4); *decir,* 87 (4); *hacer,* 87 (4); *querer,* 87 (4); conditional tense: *decir,* 112 (5); *hacer,* 112 (5); *poder,* 112 (5); *poner,* 112 (5); *querer,* 112 (5);

saber, 112 (5); *salir,* 112 (5); *tener,* 112 (5); present perfect tense: *abrir,* 139 (6); *cubrir,* 139 (6); *decir,* 139 (6); *devolver,* 139 (6); *escribir,* 139 (6); *hacer,* 139 (6); *morir,* 139 (6); *poner,* 139 (6); *ver,* 139 (6); *volver,* 139 (6); formal commands: *conducir,* 212 (9); *dar,* 212 (9); *decir,* 212 (9); *estar,* 212 (9); *hacer,* 212 (9); *ir,* 212 (9); *poner,* 212 (9); *saber,* 212 (9); *salir,* 212 (9); *ser,* 212 (9); *venir,* 212 (9); informal commands: *decir,* 237 (10); *hacer,* 237 (10); *ir,* 237 (10); *poner,* 237 (10); *salir,* 237 (10); *ser,* 237 (10); *tener,* 237 (10); *venir,* 237 (10); present subjunctive: *conducir,* 262 (11); *decir,* 262 (11); *hacer,* 262 (11); *oír,* 262 (11); *poner,* 262 (11); *salir,* 262 (11); *tener,* 262 (11); *traer,* 262 (11); *venir,* 262 (11); *dar,* 263 (11); *estar,* 263 (11); *ir,* 263 (11), *saber,* 263 (11); *ser,* 263 (11); review of preterite tense, 316 (13); imperfect subjunctive: *andar,* 338 (14); *decir,* 338 (14); *conducir,* 338 (14); *estar,* 338 (14); *hacer,* 338 (14); *ir,* 338 (14); *leer,* 338 (14); *oír,* 338 (14); *poder,* 338 (14); *poner,* 338 (14); *querer,* 338 (14); *saber,* 338 (14); *ser,* 338 (14); *tener,* 338 (14); *venir,* 338 (14)

ojalá using the subjunctive with, 389 (16)

passive voice with *se* 214 (9)

poder imperfect tense, 11 (1); future tense, 86 (4); conditional tense, 112 (5); imperfect subjunctive, 338 (14)

poner future tense, 86 (4); conditional tense, 112 (5); present perfect tense, 139 (6); formal command, 212 (9); informal command, 237 (10); present subjunctive, 262 (11); imperfect subjunctive, 338 (14)

present perfect tense see regular, irregular, and stem-changing verbs

present progressive tense see regular, irregular, and stem-changing verbs

preterite tense review of irregular verbs, 316 (13)

pronouns direct and indirect object pronouns, 114 (5); *se* with two object pronouns, 140 (6); placement of direct and indirect object pronouns with present participle and infinitive, 186 (8); direct and indirect object pronouns with affirmative and negative commands, 240 (10)

querer imperfect tense, 11 (1); future tense, 87 (4); conditional tense, 112 (5); imperfect subjunctive, 338 (14)

quizá(s) using the subjunctive with, 389 (16)

regular verbs imperfect tense: *-ar* verbs, 10 (1); *-er* and *-ir* verbs, 11 (1); future tense: *-ar, -er,* and *-ir* verbs, 62 (3); conditional tense: *-ar, -er,* and *-ir* verbs, 110 (5); present perfect tense: *-ar, -er,* and *-ir* verbs, 136 (6); present progressive tense: *-ar, -er,* and *-ir* verbs, 162 (7); formal commands: *-ar, -er,* and *-ir* verbs, 210 (9); informal commands: *-ar, -er,* and *-ir* verbs, 236 (10); present subjunctive: *-ar, -er,* and *-ir* verbs, 262 (11); imperfect subjunctive, 337 (14)

relative clauses using the subjunctive in, 388 (16)

saber future tense, 86 (4); conditional tense, 112 (5); formal command, 212 (9); present subjunctive, 263 (11); imperfect subjunctive, 338 (14)

salir future tense, 86 (4); conditional tense, 112 (5); formal command, 212 (9); informal command, 237 (10); present subjunctive, 262 (11)

se with two object pronouns, 140 (6); with passive voice, 214 (9)

ser imperfect tense, 13 (1); formal command, 212 (9); informal command, 237 (10); present subjunctive, 263 (11); imperfect subjunctive, 338 (14) *si* expressing conditions with *si* clauses

stem-changing verbs imperfect tense: (e>ie) *querer*, 11 (1); (o>ue) *poder*, 11 (1); present progressive tense: (e>i) *decir*, 163 (7); *pedir*, 163 (7); *repetir*, 163 (7); *sentir*, 163 (7); *servir*, 163 (7); (o>u) *dormir*, 163 (7); *morir,* 163 (7); formal commands, 210 (9); informal commands, 236 (10); present subjunctive tense: (e>i) *pedir*, 288 (12); *sentir*, 288 (12); (e>ie) *cerrar*, 288 (12); *perder*, 288 (12); (o>u) *dormir*, 288 (12); (o>ue) *encontrar*, 288 (12); *poder*, 288 (12); imperfect subjunctive, 337 (14)

subjunctive when to use, 261 (11); expressing wishes, preferences, and commands, 264 (11); giving advice and making suggestions, 289 (12); expressing doubt or uncertainty, 291 (12); expressing emotional reactions to the actions of others, 292 (12); versus the infinitive, 314 (13); speaking about the past, 338 (14); in adverbial clauses, 362 (15); using the subjunctive with *aunque,* 364 (15); using the subjunctive with time expressions, 365 (15); using the subjunctive in relative clauses, 388 (16); using the subjunctive with *ojalá, tal vez, quizá(s),* 389 (16); also see regular, irregular, and stem-changing verbs

superlative see adjectives

tal vez using the subjunctive with, 389 (16)

tanto... como comparing equal quantities using nouns, 165 (7)

tener future tense, 86 (4); conditional tense, 112 (5); informal command, 237 (10); present subjunctive, 262 (11); imperfect subjunctive, 338 (14)

time expressions used with present perfect tense, 137 (6); using the subjunctive with, 365 (15)

venir (e>ie) future tense, 86 (4); formal command, 212 (9); informal command, 237 (10); present subjunctive, 262 (11); imperfect subjunctive, 338 (14)

531

532

Photography

Front Cover: Ron Watts/Westlight

Algaze, M./The Image Works: 182R; Arizona Daily Star: 324B; AT&T: 22; Aubrey, Daniel: 147, 161, 243B, 360-361, 377; Baird, David/Tony Stone Images: 402; Balterman, Lee/FPG: 133; Banus, Jose Luis/FPG: R48TL; Bavendam, Fred/Peter Arnold, Inc.: 340-341; Bertinetti, M./Photo Researchers: 178B; Bettmann: 108T, 223, 336, 383B; Boxer, Tim/Archive Photos: 446T; Bronfman, Larry/Archive Photos: 204L, 204CL; Burckhalter, David: 96-97; Cameramann/The Image Works: 398; Club Telemundo: 241; Cohen, Stuart/Comstock: 206, 399; Cooper, Martha/Peter Arnold, Inc.: 204BR; Crandall, Rob/The Image Works: 337T; De Wys, Leo/Leo De Wys, Inc.: 405; Diesendruck, Ary/Tony Stone Images: 135TR; Durrance, Richard S./National Geographic: 357; Dykinga, J.: R50-R51; Elmore, Steven D./The Stock Market: 302-303; Englebert, Victor/Photo Researchers: 95L; Everton, Macduff/The Image Works: 224-225; Focus: xiiiB, 177, 353L, 359B, 428B; Frazier, David R./Photo Researchers: 23; Frerck, Robert/Glencoe: R42-R43; Frerck, Robert/Odyssey: 22-23, 37B, 46L, 48B, 65, 110, 149R, 157, 160-161, 160T, 160B, 183B, 206C, 220, 244, 245B, 247B, 246T, 246-247, 250-251, 255B, 267I, 270C, 273TR, 273TL, 272B, 336T, 337B, 349T, 349B, 356T, 356B, 358T, 360L, 382, 384B, 400, 410-411, 429T; Frerck, Robert/The Stock Market: 352; Froomer, Brett/The Image Bank: 20; Fuller, Tim/Tim Fuller Photography: viiB, viiiC, ixB, xT, xB, xiB, xiiiT, xivTR, xvB, R55L, R55R, 4, 9T, 16, 17, 18, 19, 21, 22, 23, 30, 36, 41, 42, 43, 47, 48-49, 48T, 51, 52-53, 57, 66T, 67B, 70, 71T, 72-73, 73TR, 74B, 75, 90T, 92, 93, 94T, 95TR, 96BL, 97B, 102, 104, 112-113, 122, 123, 126, 128T, 129T, 134TL, 135TL, 136TR, 136C, 137, 142, 149L, 150, 152, 153C, 153B, 154, 156T, 164-165, 173, 176, 192, 193, 196, 197, 199, 201, 202T, 203, 205, 208TL, 208-209, 210, 215, 217, 234, 235, 255T, 258TL, 258TR, 260, 262T, 264, 266B, 267B, 283T, 283, 289, 291, 292T, 295, 296, 297, 298-299, 300, 311B, 313, 314B, 317, 318, 321, 324L, 325BL, 330, 334, 339, 348, 355, 361B, 379, 384T, 386, 392, 393BR, 399T, 401, 404T, 411TL, 414-415, 419T, 423T, 424, 426, 432B, 433BR, 434, 438, 439; General Electric Company, reproduced with permission of the copyright owner: 351; Glencoe: 62, 66B, 68, 180, 181B, 246B, 258B, 314T, 331, 350, 358, 413, 423B, 435; Glencoe/Scribner-Macmillan: xiT, xiiCL, 61T, 208BR, 209T, 209B, 259, 261T, 262B, 263, 272T, 325T, 333, 361C, 425; Gscheidle, Gerhard: 31T, 237, 238; Goldin, Carlos: 2-3, 188-189; Gottschalk, Manfred/West Light: 274; Grames, Eberhard/The Stock Market: 443; Harrington III, Blaine/The Stock Market: 172; Heimann, Anne/The Stock Market: 345T; Hewlett Packard: 429B; Hill, Jr., W./The Image Works: 109T; Humberto, Carlos/The Stock Market: 445; Inman, Nick: viiiT, viiiB, xiiB, xivTL, R40, R54, 8, 10, 11, 14, 25, 39, 45, 46R, 60, 71B, 73TL, 73CR, 85, 90B, 94B, 97TR, 125, 127TR, 129B, 134CL, 136BR, 155, 158, 159B, 168, 174T, 178T, 185TL, 202B, 206T, 207, 208CR, 211, 239, 240T, 243C, 248, 249, 254, 266T, 270L, 270R, 275, 284T, 290, 292B, 294, 345B, 363, 368R, 378, 393T, 393BL 442; Johnson, Jeff S./World Transport Photography, Inc.: 181T; Kanus, H./Superstock: 109B; Lehmann, Yoram/Peter Arnold, Inc.: 163; Lessin, Leonard/Peter Arnold, Inc.: 107; Levenson, Alan/Tony Stone Images: 108B; Lloyd, Harvey/The Stock Market: 361T; Mangino/The Image Works: 373; Mason, Don/The Stock Market: 245C; Mason, John F./The Stock Market: 240B; Mathers, Michael/Peter Arnold, Inc.: 233B; Mazzatenta, Louis O./National Geographic: 388-389; McCain, Edward: 284B, 311T, 323T, 324-325; McDonald, Dennis: 183T; McIntyre, Will & Deni/Photo Researchers: 67T; Meadows, Matt/Peter Arnold, Inc.: 258CL; Menzel, Peter: xC, 9B, 26-27, 35, 38B, 72, 89, 128B, 130, 131, 132, 134-135, 143, 174B, 184-185, 184C, 187, 243T, 268B, 306, 307, 322, 384-385; Meyers, Jonathan/FPG: 272-273, 323B; Mug Shots/The Stock Market: 408; NASA: 427L; O'Rourke, Randy/The Stock Market: 310; Philips, Mark/Superstock, Inc.: xvT, 433TR; Photo Researchers: 61B; Pfriender, Stephanie/The Stock Market: 204TR; Picture Box/Viesti Associates: 268T; Rumack, Gary: xivB, 329, 403, 404B, 407, 409, 410TL, 411TR, 411CR; Sanders, David/Arizona Daily Star: 228; Sauer, Jennifer: 423; Schroeder-Eastwood/Superstock, Inc.: 419C; Share, Jed/Westlight: 448; Smestad, Mark: xiiTR, R36, R48TR, R48BL, 12, 37T, 38T, 76-77, 99, 156B, 159T, 247T, 258CR, 271, 276-277, 287, 298B, 293, 316, 353R, 354, 432-433, 444; Smith, Jeff/Fotosmith: 81, 127C, 127L, 338, 374, 381; Sorensen, Chris/The Stock Market: 185TR; Stein, Art/Photo Researchers: 49; Superstock, Inc.: R34-R35, 236; Svensson, Erik/The Stock Market: 233T; Ventura, Michael/Tony Stone Images: 419B; Viesti, Joe/Viesti Associates: 430B; Villota, L./The Stock Market: 74T, 383T; Wassman, Bill/The Stock Market: 138-139, 364-365; Welsch, Ulrike/Photo Researchers: 13, 96TL; Werner, Mike & Carol/Comstock: R48BR; White, Jeanne/Photo Researchers: 61C; Wide World: 427R, 427C; Wiltsie, Gordon/Peter Arnold Inc.: 359T; Wojnarowicz/Image Works: 153T; Xerox: 430T.

Fine Art

Photo courtesy The Art Institute of Chicago: 222; ©1993 Artists Rights Society (ARS), New York/SPADEM, Paris: 15, 446BL, 446BR, 447T, 447B; Glencoe: 245T; Lessing, Erich/Art Resource, NY: R49; National Gallery of Art, Washington: R44, 261B; Scala/Art Resource, NY: 31B; Schalkwijk, Bob: 111.

Illustration

Briseño, José Luis: 118-119; Castro, Antonio: 2-3, 304-305, 306, 308-309, 319, 342-343, 344, 416-417; Gregory, Lane: 81, 82-83; Hicks, Gail: 144-145, 346-347, 369-370, 394-395, 396; Loccisano, Karen: 40, 78-79, 80, 146, 194-195, 252-253, 254; Catalina Osuna: 28-29; Phillips, Gary: 281-282, 366-367, 390-391, 420-421; Pond & Giles: 106, 226, 227T, 231T, 335; Roberge, Beth: 58-59; Sanfilippo, Margaret: R52, R53, 6-7, ..32-33, 140-141, 166-167, 190-191, 278-279; Spellman, Susan: 54-55, 84, 172, 226CL, 227C, 227B, 230, 231B, 232; Torrisi, Gary: 114-115, 116, 170-171, 256-257

Realia

Realia courtesy of the following: AeroPeru: 179; Antenas Tecno: 21; AT&T: 101; Arras Nupciales: 403; Automundo: 117; Auto Pecos: 121; Ballet Folklórico: 200; Bancahsa: 375; Banco Bilboa Vizcaya: 384; Banco Cafetero: 385; Banco Gallego: 387; Banco Santander: 372; Bayer Aspirin: 105; Blanco y Negro: R39; Budget: 440; Central Cultural Universitario: 422; Cepsa: 125; CIGA Hotels: 162; Continente: 34, 47; Cristóbal Inn: 162; Della Novia: 392, 412; Dolores: 248; Ediciones Arribas: R37; Elle: R57; Elevage Hotel: 161; Eres: R38; Fiat: 123; Fibra Optica: 5; Fiesta Americana Cancún: 397; Fiesta Planners: 326; Foresta Restaurants: 405; Gallina Blanca: 239; General Motors: 131; Gofy Restaurante: R39; Guía del Ocio: R47, R56; Hallmark-Primor cards: 87, 301; Hola: 288, 351, 362; Hotel Apoquindo: 151; Hoteles Paraíso Radisson: 147; Hotel Principado: 214; Iberia: 175; Juárez, Rosalío C.: 269; Locatel: 8; L'Oreal: 193; Médica Sur: 86; Mexicana: R41, 188; Navarro, Ruíz: R37; Nexus: 203; Novias Vogue: 409; Orly: 402; Oso-Pez: 315; Panadol: 91; Pemex: 133; Plaza Hotel: 161; PolySwing: 197; Publix: 229; Restaurante Botín: R45; Servicio Postal Mexicana: 57; Subdirección General de Medios de Promoción: R36; SDFN: 382; Turespaña: 270, 271; Universidad Del Valle De Mexico: 426; Vanidades: 241; VISA: 376.

Fabric designs: Guatemalan–contemporary fabric: 44; Mexican–Los Colores Museum, Corrales, New Mexico: 92; Peruvian–private collection: 18; Spanish–Musée national des Tissus, Lyon, France: 68.

Maps

Eureka Cartography, Berkeley, CA.

T = top C = center B = bottom L = left R = right